Aus dem Programm Huber:
Psychologie Lehrbuch

Statistik und Methodenlehre bei Hans Huber (eine Auswahl):

Ingwer Borg und Thomas Staufenbiel
Theorien und Methoden der Skalierung
Eine Einführung
Dritte, überarbeitete Auflage
243 Seiten (ISBN 3-456-82881-0)

Willi Hager / Jean-Luc Patry / Hermann Brezing (Hrsg.)
Evaluation psychologischer Interventionsmaßnahmen
Standards und Kriterien: Ein Handbuch
289 Seiten (ISBN 3-456-83245-1)

Rainer Leonhart
Lehrbuch Statistik
Einstieg und Vertiefung
Etwa 512 Seiten (ISBN 3-456-84034-9)

Helfried Moosbrugger
Lineare Modelle
Regressions- und Varianzanalysen
Dritte, gründlich überarbeitete und ergänzte Auflage
249 Seiten (ISBN 3-456-83901-4)

Stephan Jeff Rustenbach
Metaanalyse
Eine anwendungsorientierte Einführung
291 Seiten, mit beigelegter CD (ISBN 3-456-83802-6)

Heinrich Wottawa / Heike Thierau
Lehrbuch Evaluation
Dritte, korrigierte Auflage
176 Seiten (ISBN 3-456-84051-9)

Jürgen Rost

Lehrbuch Testtheorie – Testkonstruktion

Zweite, vollständig überarbeitete und erweiterte Auflage

Verlag Hans Huber
Bern · Göttingen · Toronto · Seattle

Das Umschlagbild stammt von Carl Lambertz. Es trägt den Titel „Marionettentänzerin“ (1982, Gouache, 70 cm x 51cm). Wiedergabe mit freundlicher Erlaubnis des Künstlers.

Adresse des Verfassers:
Prof. Dr. Jürgen Rost
Institut für Pädagogik der Naturwissenschaften
Mitglied in der Wissenschaftsgemeinschaft Gottfried Wilhelm Leibniz e.V.
Olshausenstraße 62
D-24098 Kiel

Lektorat: Dr. Peter Stehlin
Herstellung: Anja Müller
Satz: Anneliese Hirsch, Kristina Müller und Florian Groß
Umschlag: Atelier Mühlberg, Basel
Druck und buchbinderische Verarbeitung: AZ Druck und Datentechnik GmbH, Kempten
Printed in Germany

Bibliografische Information der Deutschen Bibliothek
Die Deutsche Bibliothek verzeichnet diese Publikation in der Deutschen Nationalbibliografie; detaillierte bibliografische Daten sind im Internet über http://dnb.ddb.de abrufbar.

Anregungen und Zuschriften bitte an:
Verlag Hans Huber
Länggass-Strasse 76
CH-3000 Bern 9
Tel: 0041 (0)31 300 4500
Fax: 0041 (0)31 300 4593
E-Mail: verlag@hanshuber.com
Internet: http://verlag.hanshuber.com

2., vollständig überarbeitete und erweiterte Auflage 2004

ISBN 3-456-83964-2

Inhaltsverzeichnis

Vorwort

zur zweiten Auflage

Die wichtigste Frage, die sich an eine 'überarbeitete zweite Auflage' stellt, ist wohl, ob neue Inhalte hinzugekommen sind und aktuelle Entwicklungen berücksichtigt wurden. Beides ist der Fall, auch wenn dies weitgehend im Rahmen der bewährten Gliederung der ersten Auflage geschah.

Neue Methoden der Reliabilitätsschätzung werden in Kapitel 6.3 dargestellt und neue Verfahren der Berechnung von Fähigkeitsausprägungen werden in Kapitel 4.2 berichtet. Die Möglichkeiten von Hybrid-Modellen sind jetzt ausführlicher dargestellt, mehrdimensionale Modelle werden detaillierter behandelt, der Umgang mit missing data wird thematisiert, auf neue Methoden der Modellgeltungstests wird verwiesen und Itemfit- sowie Personenfit-Maße werden aktualisiert dargestellt, Im Gegenzug wurde etwas 'entrümpelt', insbesondere in den Kapiteln 4, 5 und 6.

Andere Bereiche, deren Fehlen schon an der ersten Auflage kritisiert wurde, sind auch jetzt nicht ergänzt worden. Hier ist vor allem das computer-unterstützte Testen (CAT) zu nennen, bei dem die Vorzüge und mathematischen Möglichkeiten des Rasch-Modells so richtig zum Tragen kommen. Das Verfassen von didaktisch brauchbaren Texten hierzu bleibt denen überlassen, die selbst über reichhaltige Erfahrungen auf diesem Gebiet verfügen.

Was hat sich an der Didaktik verändert? Keine grundsätzliche Umorientierung, sondern Verstärkung der schon bisher verfolgten Prinzipien:

- Der Formelapparat ist in mehreren Kapiteln weiter nach hinten gerutscht zugunsten einer breiteren verbalen Beschreibung, graphischen Repräsentation und numerischen Veranschaulichung.

- Die Möglichkeiten des 'learning by doing' sind dadurch erweitert worden, dass jetzt zwei Software-Produkte zur Verfügung stehen, WINMIRA und MULTIRA, die beide auf einer CD-ROM mitgeliefert werden, das letztere sogar in der Vollversion. Der praktisch unbeschränkte Platz auf der beigefügten CD wird für Manuale, Beispielrechnungen und Bedienungshinweise genutzt.

- Die Übungsaufgaben sind ebenfalls auf die CD gerutscht und haben jetzt mehr Platz für Musterlösungen und Rechenschritte.

- Als spezieller Service für Dozentinnen und Dozenten wird eine Powerpoint-Präsentation aller Abbildungen, Tabellen und Formeln angeboten. Dafür wurde auf eine Empfehlung verschiedener Kurse in Form von Kapitelzusammenstellungen verzichtet.

Zu einem konnte ich mich nicht durchringen: Ein Ablaufschema einer typischen Testauswertung an den Anfang oder das Ende des Buches zu stellen. Studierende lieben und brauchen ab und zu derartige Kochrezepte und fast in jedem Semester wird danach gefragt. Für mich ist die Einsicht, dass Testauswertung in der Anwendung von Modellen besteht, das erste und vielleicht wichtigste Lernziel der Ausbildung in Testtheorie. Welche Modelle jemand für seinen Test als plausibel ansieht und welche Alternativen er oder sie in welcher Reihenfolge testet oder testen sollte - dies vorzuschreiben hieße die dringend notwendige Kreativität bei der Testanalyse sowie den heilsamen Druck zur Theorienbildung einzuschränken.

Wie schon für die erste Auflage hat Anneliese Hirsch weite Teile des Textes geschrieben, Kristina Müller hat mit unermüdlichem Einsatz und hoher Kompetenz die druckfertige Fassung gestaltet.

Matthias von Davier hat viele kleine und große Wünsche in WINMIRA realisiert und stellt eine großzügige Demoversion zur Verfügung. Claus Carstensen erschließt mit MULTIRA die mehrdimensionale Welt der Rasch-Modelle und bietet das Programm in der Vollversion kostenfrei an. Heino Reimers hat ein Manual für WINMIRA verfasst, das sich auf der CD befindet.

Viele Jahrgänge von Kieler Psychologie-Studenten haben mich auf Mängel hingewiesen und mit positiven Rückmeldungen motiviert, das Lehrbuch weiter zu bearbeiten. Ninja Raack und Florian Groß haben mich in der Endphase der Fertigstellung wirkungsvoll unterstützt. Ihnen allen sei herzlich gedankt. Gewidmet ist dieses Buch meiner Familie.

Kiel im August 2003 Jürgen Rost

Über dieses Buch

Die Konzeption dieses Buches ist durch zwei Merkmale geprägt, die es von den meisten vergleichbaren Texten unterscheidet: Erstens, es macht Schluss mit der künstlichen Alternative zwischen sogenannter *klassischer* und *probabilistischer* Testtheorie, indem es beide Ansätze als komplementäre, nicht als konkurrierende Theorien behandelt (s.u. den Abschnitt über klassische Testtheorie). Zweitens, werden nicht nur Methoden behandelt, die Personeneigenschaften mittels Tests *quantifizieren*, sondern auch solche, die Personen anhand von Testergebnissen *klassifizieren*, also qualitative Personenunterschiede erfassen (s.u. den Abschnitt über klassifizierende Testtheorie). Beide Merkmale sind nicht unproblematisch, denn mehr als 95 % aller standardisierten Test- und Fragebogeninstrumente sind nach der *klassischen* Testtheorie entwickelt worden, und ein ebenso großer Anteil von Test- und Fragebogenverfahren zielt darauf ab, *quantitative* Personenmerkmale zu erheben.

Schaut man sich dagegen an, was auf dem Gebiet der Psychometrie und Testtheorie derzeit an Methoden entwickelt und publiziert wird, so scheint dieses Unterfangen weniger gewagt: Arbeiten zur probabilistischen Testtheorie dominieren die Szene ebenso, wie es auch immer mehr psychometrische Arbeiten gibt, die qualitativen Unterschieden zwischen den getesteten Personen Rechnung tragen. Dabei ist die Gesamtheit der Neuentwicklungen in den letzten dreißig Jahren durchaus nicht divergent oder zersplittert, sondern sie stellt ein - zwar mosaikartig zusammengefügtes - aber letztlich einheitliches und konsistentes Gebäude psychometrischer Verfahren dar.

Es ist das Anliegen dieses Buches, einen Einblick in dieses Gebäude zu vermitteln und dem Leser die damit verbundenen vielfältigen Möglichkeiten psychometrischer Methoden zu erschließen.

Wie in allen Bereichen der universitären Ausbildung dürfen sich auch die Inhalte der Testtheorie nicht daran orientieren, was derzeit der Standard der *Testpraxis* ist, sondern daran, welche Möglichkeiten für die Praxis der derzeitige *Forschungsstand* bietet. Das Potential der Testtheorie für eine Verbesserung der Testpraxis ist enorm groß, jedoch ist die Nutzung dieses Potentials an eine wesentliche Voraussetzung geknüpft: Neue Verfahren müssen *anwendbar* sein, d.h., es muss benutzerfreundliche Computerprogramme geben. So werden in diesem Buch auch nur solche Verfahren und Methoden vorgestellt, für die entsprechende Software angeboten wird. Für die wichtigsten in diesem Buch dargestellten Verfahren der Testanalyse stehen zwei Programme zur Verfügung, WINMIRA und MULTIRA, die auf der beigefügten CD-ROM zu finden sind, und deren Updates jederzeit vom Netz geladen werden können. Mit diesen beiden Programmen können fast alle im Text verwendeten Rechenbeispiele nachgerechnet werden. Für alle anderen, nicht durch WINMIRA und MULTIRA abgedeckten Auswertungsverfahren, wird auf entsprechende, allgemein zugängliche Software verwiesen.

Das Buch versteht sich nicht als Aufbaukurs für Studierende, die 'noch etwas mehr' lernen möchten, sondern als *Basisliteratur* für alle Studiengänge der Psychologie, Soziologie und Pädagogik, in denen Kenntnisse der Test- und Fragebogenkonstruktion und -analyse zur Grundausbildung gehören. Deshalb werden auch keine vertieften Kenntnisse der Wahrscheinlichkeitsrechnung und Statistik vorausgesetzt, sondern es werden alle benötigten Begriffe bei ihrem ersten Auftauchen im Text erläutert.

Klassische Testtheorie

Jedes Auswertungsverfahren beruht auf bestimmten *Annahmen* über die empirischen Daten und macht sich die - behauptete oder nachgewiesene - Geltung dieser Annahmen zunutze, um einzelne Auswertungsschritte zu rechtfertigen oder zu begründen. Die Annahmen der sogenannten klassischen Testtheorie beziehen sich auf vorliegende, fehlerbehaftete *Messwerte* von Personen. Diese Annahmen bestehen aus bestimmten Aussagen über den Messfehler dieser Messwerte, z.B. über seine Größe oder darüber, dass er nicht mit dem Messfehler anderer Messwerte korreliert. Die *Existenz* von Messwerten, wenn auch fehlerbehafteter, wird aber *vorausgesetzt*.

Anders verhält es sich mit der sogenannten probabilistischen Testtheorie, deren Annahmen sich darauf beziehen, *wie* die beobachteten Antworten in einem Test von der zu messenden Eigenschaft abhängen. Die Berechnung von Messwerten für die Personen ist hier erst das *Ergebnis* einer Testanalyse und nicht ihre *Voraussetzung*. Insofern ergänzen sich die klassische und die probabilistische Testtheorie: die eine fängt dort an (die klassische Testtheorie), wo die andere aufhört (die probabilistische Testtheorie), nämlich bei den Messwerten.

Beide Begriffe sind zudem höchst irreführend: die klassische Testtheorie ist ebenso wenig eine Theorie über Tests, wie die probabilistische Testtheorie unbedingt probabilistisch sein muss. Erstere wird in diesem Buch daher als *allgemeine Messfehlertheorie* bezeichnet und letztere untergliedert sich in eine Vielzahl von *Testmodellen* - probabilistische und deterministische. Die Behandlung dieser Testmodelle nimmt zweifelsohne den größeren Raum in diesem Buch ein - weil es so viele interessante und brauchbare Testmodelle gibt und weil in ihnen die psychologischen Annahmen über das Verhalten der Personen bei der Beantwortung der Testaufgaben stecken.

Dennoch wird auch die klassische Testtheorie (die Messfehlertheorie) in diesem Buch recht ausführlich behandelt, allerdings verteilt auf mehrere Kapitel. Die hier behandelten Themen reichen von den Testgütekriterien über die Axiome der klassischen Testtheorie, die Berechnung der Objektivität, Reliabilität und Validität, die Bestimmung von Vertrauensintervallen, Reliabilitätssteigerung durch Testverlängerung, Verdünnungsformeln, Reliabilitäts-Validitäts-Dilemma, normorientierte Testauswertung bis hin zu den klassischen Problemen der Veränderungsmessung.

Klassifizierende Testtheorie

Jede Art der Testauswertung basiert auf einer Annahme über die *Art der Personenunterschiede*, die der Test oder Fragebogen erfassen soll. Zumeist erfasst ein Test *quantitative* Personenunterschiede, d.h. er soll den Ausprägungsgrad der Intelligenz, der Extraversion oder der Einstellung zum Umweltschutz ermitteln, also quantifizieren. Das Gegenstück hierzu besteht darin, *qualitative* Personenunterschiede zu erfassen, also z.B. Attributionsstile, Coping-Stile, kognitive Stile oder Strategien, Einstellungsstrukturen, generalisierte Kognitionen oder persönlichkeitspsychologische Typenkonstrukte.

Die Erfassung qualitativer Personenunterschiede kommt dabei einer *Klassifizierung* der Person gleich, da man über Personen, die sich qualitativ voneinander unterscheiden, nur sagen kann, dass sie unterschiedlichen Gruppen, Typen, Kategorien oder eben 'Klassen' angehören. Der Begriff 'klassifizierende' Testtheorie wird hier bevorzugt, um die Diskussion um 'qualitative Methoden' zu entlasten.

Während es in der inhaltlichen Theorienbildung eine Vielzahl solcher Konstrukte gibt, mit denen *qualitative* Personenunterschiede beschrieben werden, wird bei ihrer Erfassung durch einen Test oder Fragebogen in der Regel dann doch quantifiziert. Wann immer man einen *Summenwert* über die Items eines Tests bildet, also etwa die mit 'ja' beantworteten Fragen zusammenzählt, hat man die Schwelle zur Quantifizierung unwiederbringlich überschritten: Ein Summenwert enthält nicht mehr die Information, *welche* Person *welches* Item bejaht hat, sondern nur den quantitativen Aspekt, *wie viele* Fragen bejaht wurden. Eine qualitative oder klassifizierende Testtheorie berücksichtigt dagegen, *welche* Fragen mit 'ja' und welche mit 'nein' beantwortet wurden, also das *Antwortmuster*.

Es stellt keine böse Unterstellung gegenüber Testkonstrukteuren dar, wenn man sagt, dass deswegen immer wieder auf eine quantifizierende Testauswertung zurückgegriffen wird, weil keine Alternativen bekannt sind: Es *gab* diese Alternativen einer qualitativen Testtheorie bislang nicht und sie sind auch bis heute nicht so ausgereift wie quantitative Auswertungsverfahren. Trotzdem werden klassifizierende Testmodelle in diesem Buch gleichberechtigt neben quantifizierenden Modellen behandelt.

Der Hauptgrund für diese Gleichbehandlung liegt in der Überzeugung, dass es der Testpraxis nur gut tut und berechtigte Kritik an der Testpraxis entkräftet, wenn man qualitative Personenunterschiede auch als solche erfasst und nicht stets und überall quantifiziert. Aber es gibt noch weitere Gründe. Gerade wenn man eine *quantitative* Personenvariable messen will, können klassifizierende Testmodelle dabei helfen. Zum einen lässt sich durch einen Vergleich eines quantitativen und eines klassifizierenden Modells *prüfen*, ob die Personenunterschiede tatsächlich quantitativer Natur sind. Zum anderen können sie bei der Testoptimierung durch Selektion von Personen oder Items herangezogen werden, um einen quantitativen Test zu verbessern. Schließlich stellen sie einfach einen brauchbaren Ausweg dar, wenn es *nicht* gelingt, einen quantifizierenden Test zu konstruieren: Anstatt den Test als unbrauchbar aufzugeben, kann er unter Umständen mit einem klassifizierenden Testmodell ausgewertet werden.

In ein 'Lehrbuch' gehören klassifizierende Testmodelle allein schon aus didaktischen Gründen: Die Beschäftigung mit ihnen fördert das Verständnis dafür, was es heißt, wenn man mit einem Test oder Fragebogen eine Personeneigenschaft *quantifizieren* möchte.

Zur Didaktik des Buches

Eines der hilfreichsten Merkmale der Testtheorie ist zugleich ihr problematischstes Merkmal: Hier werden psychologische Annahmen über das Verhalten von Menschen, nämlich über ihr Antwortverhalten, in Formeln verpackt. Tatsächlich sind die meisten, in diesem Buch abgedruckten Formeln so etwas wie 'Verhaltensgleichungen': Sie beschreiben die Abhängigkeit des beobachtbaren Verhaltens von Personen- und Situationsmerkmalen. Dies ist sehr hilfreich, denn es führt zu eindeutigen Auswertungsverfahren und sichert ein wichtiges Gütemerkmal von Tests, ihre Objektivität. Es ist aber deshalb problematisch, weil sich viele Studierende von Formeln derart abschrecken lassen, dass sie die Psychologie dahinter nicht mehr sehen. Auch wenn die formalisierten Annahmen oft nicht besonders tiefschürfend sind, ist es umso wichtiger, sie zu erkennen und zu durchschauen.

Es gibt (mindestens) vier verschiedene Modi der Wissensvermittlung in einem solchen Gebiet wie der Testtheorie: den verbalen, den graphischen, den numerischen und den formalen Modus. Besonders im zentralen, dritten Kapitel wurde versucht, alle vier Modi zur Darstellung eines Testmodells einzusetzen: Seine Annahmen und Eigenschaften werden verbal beschrieben, der Zusammenhang zwischen der zu messenden Personeneigenschaft und dem Antwortverhalten wird durch Graphiken dargestellt, es werden Zahlenbeispiele vorgeführt und - so spät wie möglich in jedem Unterkapitel - wird die Formalisierung eingeführt.

Was mit diesen vier Darstellungsmodi vermittelt wird, ist weitgehend redundant, so dass es dem Verständnis vieler Kapitel keinen entscheidenden Abbruch tut, wenn man z.B. mit den Formeln nicht klar kommt.

Trotzdem wurde einiges unternommen, um auch die Formalisierung der Testtheorie verständlich zu machen. Alle Funktionszeichen, mathematischen Symbole und Rechenregeln, die über das Abiturwissen im Fach Mathematik hinausgehen, werden bei ihrem ersten Auftreten erläutert. Über die verwendete *Notation* gibt eine ausführliche Tabelle am Ende des Buches Auskunft. Statistische Konzepte wie 'Varianz' und 'Korrelation' werden ebenfalls bei ihrem ersten Auftreten erläutert, die entsprechende Seitenzahl lässt sich über das Stichwortverzeichnis jederzeit wiederfinden.

Längere *Ableitungen* und Beweise werden aus dem laufenden Text herausgenommen, um den ungeübten Leser nicht zu irritieren. Solche Ableitungen finden sich in abgesetzten Kästchen wieder. Obwohl es empfehlenswert ist, diese Ableitungen nachzuvollziehen, ist es für das weitere Verständnis des Textes nicht erforderlich. Oft dienen die ebenfalls in abgesetzten Kästchen wiedergegebenen *Datenbeispiele* allein dazu, die Bedeutung der in den Formeln auftauchenden Modellparameter plastischer zu machen.

Schließlich werden in den *Übungsaufgaben* keine Beweisführungen verlangt, sondern es handelt sich um Anwendungsaufgaben, Kreativleistungen oder Abfragen mit leichter Transferanforderung. Es ist bei vielen Aufgaben *nicht* zielführend ist, die entsprechenden Formeln zu suchen, um die Antwort zu berechnen. Die Lösung ist oft leichter durch logische Schlüsse zu finden.

Ein eigenes Thema stellen die *Literaturverweise* dar. Es nützt den Studierenden wenig, wenn sie im laufenden Text erfahren, dass Mayer (1974) oder Schulze (1975) auch zu diesem Thema etwas geschrieben haben, was man eigentlich lesen sollte, aber nie lesen wird. Für mich war es eine notwendige Konsequenz, auf solche

Verweise beim Schreiben ganz zu verzichten. Es beeinflusst nämlich den Schreibstil sehr, wenn man stets die Verantwortung für das Geschriebene anderen Autoren zuschreiben darf oder muss.

Die notwendigen Referenzen auf die jeweiligen Originalarbeiten oder andere lesenswerte Texte erfolgen am Ende jedes Unterkapitels in Literatur-Kästchen. Aber auch hier stellt sich ein Problem, nämlich das der ungeheuren Fülle testtheoretischer Arbeiten. Es kann nicht die Aufgabe eines Lehrbuchs sein, ganze Jahrgänge von einschlägigen Fachzeitschriften zu zitieren. Einige Kriterien für die sicherlich subjektive Auswahl an Literatur sind:

- historisch bedeutsame Arbeiten, in denen ein Ansatz erstmals ausführlich behandelt wurde,

- Arbeiten, die von ihrem Inhalt und Stil her geeignet sind, von den Adressaten dieses Buches, also Studierenden der Fächer Psychologie, Pädagogik und Soziologie gewinnbringend als Teil ihres Studiums gelesen zu werden,

- Arbeiten, die dieselben Inhalte anders darstellen, also als Konkurrenz oder Alternative zu diesem Lehrbuch fungieren können.

Die Untergliederung des Buches in 6 Kapitel stellt insofern eine chronologische Gliederung dar als die Kapitel den Ablauf einer Testentwicklung widerspiegeln: Nach der Testkonstruktion (Kapitel 2) folgt die Auswahl und Anwendung eines geeigneten Testmodells (Kapitel 3). Zunächst müssen die Parameter dieses Testmodells geschätzt werden (Kapitel 4), welche dann die Grundlage für Modellgeltungskontrollen darstellen (Kapitel 5). Der letzte und vielleicht wichtigste Schritt einer Testentwicklung besteht in der Optimierung des Tests oder Fragebogens hinsichtlich Messgenauigkeit und Gültigkeit (Kapitel 6). Wissenschaftstheoretische Überlegungen sollten stets am Anfang stehen und werden in Kapitel 1 behandelt.

Dieses Gliederungsprinzip muss unter didaktischen Gesichtspunkten nicht das sinnvollste sein, denn oft versteht man die ersten Schritte besser, wenn man schon weiß, welche Schritte noch folgen. So braucht man, um Kapitel 1 zu verstehen das Beispiel eines Modells aus Kapitel 3, z.B. die Guttman-Skala.

Um probabilistische Testmodelle zu verstehen, also bereits bei den Antwortfehlermodellen (3.1.1.1.2) oder beim Binomialmodell (3.1.1.2.1), muss man wissen, was Parameterschätzung ist (4.). Und wenn es um die Alternative 'quantitative oder klassifizierende Testmodelle' geht (3.1.2) muss man wissen, was Modellgeltungstests sind (5.). Einige Kapitel lassen sich zum Zweck der Zeitersparnis problemlos überspringen (z.B. 3.2 oder 3.5) und zum Gegenstand eines Vertiefungskurses machen. Andere Kapitel zu überspringen, z.B. Kapitel 1, kann sich verständnismindernd auf den ganzen Rest auswirken oder enthält den Studierenden eine wichtige Generalisierungsleistung vor, z.B. den Übergang von dichotomen zu ordinalen Daten in Kapitel 3.3.

Originalkommentare von Schülern zu einem Fragebogen zur ,Gestaltungskompetenz'

...zum Thema Lernen während der Testbearbeitung

Am Anfang waren diese Fragen ein wenig kompliziert aber dann war es eigentlich leicht *(Schüler, 15 J.)*

...zum Thema Testakzeptanz

Gute Fragen, aber was soll es denn bringen 16-jährige nach solchen Sachen zu fragen? Trotzdem toll!!! *(Schülerin, 16 J.)*

...zum Thema Testmotivation

Tut mir wirklich Leid....Ich wollte gerne helfen, jedoch weiß ich bei Aufg. 1 keine Antwort. *(Schülerin 16 J.)*

...zum Thema test wiseness

Über solche Fragen sollte man öfters mal nachdenken, um schon früh eine Art „Gespür" für soziale Fragen zu bekommen. *(Schüler, 16 J.)*

...zum Thema statistische Auswertung

Schön, dass mal jemand solche Fragen stellt, allerdings sollte wirklich mal etwas unternommen werden, anstatt dass immer nur Statistiken über Antworten bei solchen Fragebögen erstellt werden und ähnliches. Aber das liegt schließlich auch nicht in Ihrer Macht! Schade! *(Schüler 18 J.)*

1. Was ist Testtheorie?

In diesem Kapitel soll beschrieben werden, was Tests sind, was Testtheorie ist (Kap. 1.1), wozu man sie braucht und inwiefern es sich bei der Testtheorie um eine wissenschaftliche Teildisziplin der Psychologie handelt (Kap. 1.2).

1.1 Der Gegenstand der Testtheorie

In der sozialwissenschaftlichen Methodenlehre gibt es *zwei Begriffe von Testtheorie.* Der eine bezeichnet die Theorie über statistische Schlüsse, also Schlüsse, die man aufgrund von Stichprobendaten bezüglich bestimmter Eigenschaften der Population zieht. Man nennt solch einen statistischen Schluss einen *Test*, weil man damit eine Hypothese testet, d.h. sie einer Prüfung unterzieht. Dieser Begriff von Testtheorie ist *nicht* Gegenstand dieses Buches, auch wenn in vielen Kapiteln von derartigen '*statistischen Tests*' die Rede sein wird.

Der geläufigere Begriff, der auch hier gemeint ist, bezeichnet dagegen die Theorie über '*psychologische Tests*', also Verfahren zur Erfassung psychischer Eigenschaften oder Merkmale von Personen. Solche Tests können sehr unterschiedlich aussehen: Unter Tests im *weiteren* Sinne kann man auch Fragebögen, standardisierte Interviews und standardisierte Beobachtungen verstehen, Tests im *engeren* Sinne sind nur solche Verfahren, welche die getestete Person nicht willentlich in eine gewünschte Richtung verfälschen kann.

Der Gegenstand der Testtheorie sind Tests im weiteren Sinne, also auch Daten von Fragebögen, Beobachtungen und Interviews.

1.1.1 Was ist ein Test?

Eine klassische Definition von Tests lautet:

'Ein Test ist ein wissenschaftliches Routineverfahren zur Untersuchung eines oder mehrerer empirisch abgrenzbarer Persönlichkeitsmerkmale mit dem Ziel einer möglichst quantitativen Aussage über den relativen Grad der individuellen Merkmalsausprägung', (Lienert, 1969, S.7).

Diese Definition ist auch heute noch recht brauchbar, auch wenn sie in einem wesentlichen Punkt erweitert werden muss. Doch zunächst die Aspekte, die beibehalten werden sollen:

- Ein Test ist insofern ein *Routineverfahren* als er hinsichtlich seiner Durchführung und Auswertung bereits an einer größeren Stichprobe erprobt und so detailliert beschrieben sein muss, dass er auch von anderen Personen mit anderen Testleitern durchgeführt werden kann.

- Ein solches Verfahren wird dadurch '*wissenschaftlich*', dass es eine Theorie darüber gibt, unter welchen Bedingungen aus den Testergebnissen welche Aussagen über die getesteten Personen abgeleitet werden können (eben eine 'Testtheorie').

- *Persönlichkeitsmerkmale* sind insofern Gegenstand der Untersuchung, als es stets um die Erfassung eines relativ stabilen und konsistenten Merkmals der Personen geht, das für das im Test gezeigte Verhalten verantwortlich ist.

Zu eng gefasst ist diese Definition insofern, als es nicht immer um eine 'möglichst *quantitative* Aussage über den relativen Grad der individuellen Merkmalsausprägung' gehen muss. Vielmehr können auch *qualitative, d.h. kategoriale* Aussagen über die individuelle Ausprägung eines (nominal skalierten) Merkmals Ziel des Testens sein.

Nicht nur im Alltagsverständnis weisen die Begriffe 'Psychologischer Test' und 'Psychologisches Experiment' eine gewisse Verwandtschaft auf. Es stellt sich daher die Frage, worin sich ein *Test* von einem *Experiment* unterscheidet, zumal die experimentelle Methode in der empirischen Psychologie eine exponierte Stellung einnimmt.

Bei näherer Betrachtung stellt sich ein psychologischer Test als ein spezieller Fall eines Experiments dar. Ein Experiment zeichnet sich durch eine bewusste, vom Versuchsleiter durchgeführte Variation einer Variable aus, der sogenannten *unabhängigen Variable* (UV). Unter den so hergestellten, verschiedenen Versuchsbedingungen wird die *abhängige Variable* (AV) beobachtet oder gemessen. Das Ziel eines Experiments besteht meistens darin, Aussagen über die Wirkungen der unabhängigen Variable auf die abhängige Variable zu machen. Bei einem Test besteht die unabhängige Variable darin, dass verschiedene Items vorgegeben werden.

Was ist ein Item?

Als Item (das Wort wird üblicherweise englisch ausgesprochen und dekliniert) bezeichnet man die Bestandteile eines Tests, die eine Reaktion oder Antwort hervorrufen sollen, also die Fragen, Aufgaben, Bilder etc. Wenn auch die Items von Test zu Test sehr unterschiedlich aussehen können, sind sie *innerhalb* eines Tests sehr ähnlich (*homogen*), da sie dasselbe Merkmal der Personen ansprechen.

Die unabhängige Variable hat also so viel Stufen wie der Test Items hat. Jede Person wird unter jeder Experimentalbedingung, sprich bezüglich jedes Items, beobachtet. Die abhängige Variable ist die Itemantwort. In Form der abhängigen Variablen wird registriert, wie die 'Versuchsperson' auf die verschiedenen Bedingungen (Items) reagiert.

Bei der unabhängigen Variable handelt es sich - versuchsplanerisch ausgedrückt - um einen Messwiederholungsfaktor, da jede Versuchsperson alle Items beantwortet. Im Gegensatz zu einem 'normalen' Experiment ist man bei Tests jedoch weniger an dem Haupteffekt der unabhängigen Variable 'Items' interessiert, sondern an den Unterschieden zwischen den Personen hinsichtlich ihrer Reaktionen auf alle Items. Auch dies ist im Rahmen experimenteller Untersuchungsdesigns vorgesehen, da man die Versuchspersonen als zweiten Faktor betrachten kann, und man so ein zweifaktorielles Design mit einer Beobachtung pro Zelle erhält:

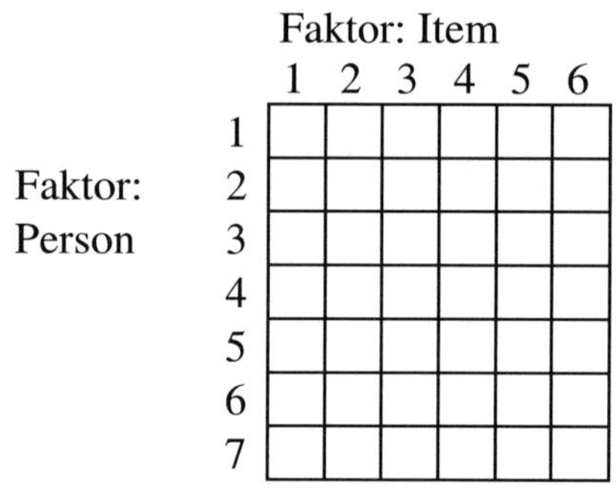

Diese Analogie zur experimentellen Versuchsplanung liesse sich weiter ausbauen. An dieser Stelle dient sie jedoch nur zur Begründung der folgenden Definition:

Bei einem Test handelt es sich um ein spezielles psychologisches Experiment mit dem Ziel, vergleichende Aussagen über die Personen abzuleiten.

Einen Nutzen hat diese Einordnung in die Experimentalpsychologie insofern, als viele Prinzipien der Versuchsplanung,

Durchführung und Auswertung gleichermaßen für die Konstruktion, Durchführung und Auswertung von Tests gelten.

Ein bedeutsamer Unterschied besteht allerdings in der Tatsache, dass die abhängige Variable bei Tests in der Regel *kategorial* ist, d.h. man registriert, in welche 'Kategorie' die Antwort einer Versuchsperson auf ein Item fällt. Die *Itemantwort* als abhängige Variable ist also nur nominalskaliert (sofern die verschiedenen Kategorien qualitativ unterschiedlich sind), oder ordinalskaliert (sofern sie sich quantitativ unterscheiden). Somit verbieten sich für die Testauswertung alle Verfahren, die man zur Auswertung von Experimenten zur Verfügung hat, da diese Intervallskalenniveau der abhängigen Variable voraussetzen.

Variablen und ihr Skalenniveau

Eine Variable stellt das Gegenstück zu einer Konstanten dar. Mit 'Variable' bezeichnet man *eine* Eigenschaft, meist von Personen, welche in mehreren Ausprägungen vorkommt. Jede Person hat dann genau eine Ausprägung dieser Eigenschaft.

Ordnet man den verschiedenen Ausprägungen der Eigenschaft unterschiedliche Zahlenwerte zu, so erhält man eine *numerische Variable*. Die Zahlenwerte einer numerischen Variable können jedoch Unterschiedliches bedeuten. Je nachdem, welche algebraischen Transformationen mit einer Variablen durchgeführt werden können, ohne dass sich ihre Bedeutung ändert, spricht man von unterschiedlichen *Skalenniveaus* der Variablen.

Die unabhängige Variable in einem Experiment ist typischerweise eine nominale Variable, denn sie ordnet jeder Versuchsperson als Variablenwert zu, ob sie der Versuchsgruppe, der Kontrollgruppe oder einer anderen Gruppe angehört. Kodiert man diese Gruppenzugehörigkeit mit Zahlenwerten, so spricht man von einer *nominalskalierten Variable*, da ihre Zahlenwerte nur Kategorien bezeichnen und nichts anderes als Namen (lat. nomen) für die Eigenschaftsausprägungen darstellen. Allerdings ist schon der Zusatz nominal-*skaliert* widersprüchlich, da die Werte einer nominalen Variable gerade *keine* Skala (dt. Treppe) bilden.

Die einfachste Form einer 'echten' Skala stellt die Ordinalskala dar. Die Zahlenwerte einer *ordinalen* oder *ordinalskalierten* Variable bedeuten mehr als nur Kategoriennamen, sie weisen eine Ordnung auf. Eine ordinale Variable repräsentiert die Ordnung der Personen hinsichtlich einer Eigenschaft.

Die Antworten der Personen auf die Items eines Tests stellen in der Regel nominale oder ordinale Variablen dar. Nominal sind z.B. die Antworten auf die Frage nach den eigenen Hobbies, wenn man sie den Kategorien 'Sport', 'Musik/Kultur', 'Tiere', 'Sammeln/Basteln' und 'soziale Aktivitäten' zuordnet. Ordinale Antwortvariablen sind zum Beispiel dann gegeben, wenn abgestufte Einschätzungen auf sog. Ratingskalen (s. Kap. 2.3.1.3) als Itemantwort erfasst werden.

Mit der Durchführung eines Tests erhebt man zwar nominale oder ordinale Daten, ist aber bei der Test*auswertung* oft daran interessiert, für die Personen Messwerte auf einem höheren, metrischen Skalenniveau zu erhalten.

Bei Variablen mit einem metrischen Skalenniveau bedeuten die numerischen Werte der Variable mehr als dass sie nur die Rangordnung der Personen angeben. Das niedrigste metrische Niveau ist das der *Intervallskala*, bei der alle linearen Transformationen erlaubt sind und somit an der Bedeutung der Variablenwerte nichts ändern. Der größte Teil der statistischen Auswertungverfahren setzt Intervallskalenqualität der Variablenwerte voraus, insbesondere diejenigen Verfahren, die mit den Varianzen und Korrelationen von Variablen arbeiten.

Bei einigen Verfahren der Testanalyse erhält man für die Personen Messwerte, die auf einem höheren Niveau als dem der Intervallskala liegen. Die bei intervallskalierten Variablen zulässigen linearen Transformationen X' = a·X + b verschieben mit dem Summanden b den *Nullpunkt* der Skala und stauchen oder dehnen mit dem Multiplikator a die *Einheit* der Skala. Das bedeutet, dass bei Intervallskalen weder der Nullpunkt noch die Einheit festliegt. Die gängigen Temperaturskalen wie Celsius oder Fahrenheit sind ein bekanntes Beispiel dafür. Während Celsius als Nullpunkt den Gefrierpunkt von Wasser und als Einheit ein Hundertstel der Differenz von Gefrier- und Siedepunkt gewählt hat, hat Fahrenheit seine Skala so gewählt, dass der Gefrierpunkt 32°F und der Siedepunkt 212°F entspricht.

Die beiden oberhalb der Intervallskala angesiedelten Skalentypen sind die *Differenzenskala*, bei der die Einheit, nicht aber der Nullpunkt festliegt, und die *Verhältnisskala*, bei welcher der Nullpunkt, nicht aber die Einheit festliegt. Verhältnisskalen sind in der Physik schon eher die Regel als die Ausnahme, man denke nur an die Längenmessung, die in Inch oder Zentimeter vorgenommen werden kann, aber stets denselben Nullpunkt hat. Für Differenzenskalen gibt es kein besonders anschauliches Beispiel, man kann sie sich aber leicht konstruieren, indem man eine Verhältnisskala logarithmiert. Die logarithmische Transformation rückt den Nullpunkt einer Verhältnisskala in unerreichbare Ferne (auf -∞) und aus den (gegenüber den zulässigen Skalentransformationen) *invarianten Verhältnissen* von Messwerten (daher der Name *Verhältnis*skala) werden invariante Differenzen. Ist z.B. eine Strecke doppelt so lang wie eine andere (in Inch wie in cm), so ist die Differenz der Logarithmen dieser Längen immer gleich, egal ob in Inch oder cm gemessen wurde.

Skalenniveaus und ihre zulässigen Transformationen:

Absolutskala:
x' = x (Identitätstransformation)

Differenzenskala:
x' = x + b (Translation)

Verhältnisskala:
x' = a · x (proportionale Transformation)

Intervallskala:
x' = a · x + b (lineare Transformation)

Ordinalskala:
x' = f(x) mit x>y ⇒ f(x)>f(y)
(monotone Transformation)

Nominalskala:
x' = x für alle x
(äquivalente Transformation)

Das höchste Skalenniveau ist das der *Absolutskala*, bei der sowohl der Nullpunkt als auch die Einheit festliegt. Häufigkeiten stellen gute Beispiele für Absolutskalen dar, denn die Nullhäufigkeit ist ebenso wohldefiniert wie die Einheiten, die gezählt werden. Es stellt sich allerdings die Frage, ob Häufigkeiten überhaupt ein Skalenniveau haben, d.h. ob sie überhaupt Variablen sind. Nicht überall, wo Ereignisse oder Objekte ausgezählt werden, wird dies getan, um eine Variable zu messen.

Zusammenfassend lässt sich sagen, dass ein Test der Durchführung eines Experimentes ähnelt. Schließlich dient auch ein Test dazu, möglichst 'objektive' Erkenntnisse zu gewinnen. Die Besonderheiten sind: Das Design eines Tests umfasst zwei unabhängige Variablen, die Items und die Personen, und es gibt nur eine Beobachtung pro Zelle im Versuchsplan. Darüber hinaus hat die beobachtete abhängige Variable nicht einmal metrisches Niveau, sondern ist nominal- oder ordinalskaliert. Das Erkenntnisinteresse richtet sich auf die Haupteffekte der Personenvariable sowie auf überschaubare Interaktionen mit den Items. Insgesamt gesehen eine eher schwierige Ausgangslage. Da wundert es nicht, dass man eine Theorie darüber braucht, was man beim Testen tut.

1.1.2 Warum eine Theorie über Tests?

Genauer betrachtet handelt es sich bei der Testtheorie *nicht* um eine Theorie über Tests, also z.B. über verschiedene Arten von Tests, ihren Aufbau und ihre Konstruktionsprinzipien. Vielmehr geht es um eine Theorie darüber, wie das zu erfassende psychische Merkmal der Personen ihr Verhalten im Test beeinflusst, also zum Beispiel ihre Antworten in einem Fragebogen. Eine solche Theorie ist wichtig, weil man bei der Auswertung eines Tests den umgekehrten Weg geht: Man schließt von dem Antwortverhalten im Test auf das psychische Merkmal.

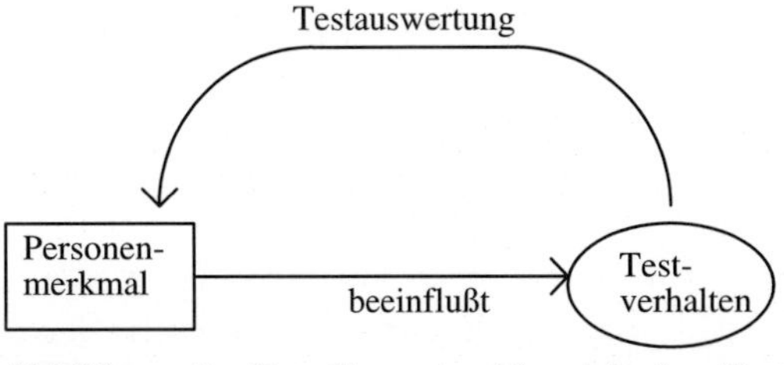

Abbildung 1: Der Gegenstandsbereich der Testtheorie

Ein solcher Schluss bedarf aber einer Theorie über den Zusammenhang von beidem, dem psychischen Merkmal und dem Testverhalten.

Die Testtheorie beschäftigt sich mit dem Zusammenhang von Testverhalten und dem zu erfassenden psychischen Merkmal.

Aus dieser vorläufigen Definition wird deutlich, dass es sich bei der Testtheorie um eine ureigenst psychologische Disziplin handelt, denn es wird menschliches Verhalten mit intrapsychischen Strukturen in Verbindung gebracht.

Es wird allerdings auch deutlich, dass man immer dann *keine* Testtheorie braucht, wenn das Antwortverhalten in einem Test oder Fragebogen selbst dasjenige ist, was erfasst werden soll. Das ist z.B. dann der Fall, wenn man in einem Fragebogen nach der Mitgliedschaft in einer Umweltschutzorganisation fragt, man aber an der Tatsache selbst interessiert ist und sie nicht als Indikator für ein hohes Umweltbewusstsein nimmt.

Natürlich gibt es auch keine *einheitliche* Theorie, die sich auf *den* Zusammenhang von Testverhalten und psychischen Merkmalen bezieht. Vielmehr handelt es sich - im besten Fall - um eine formale Rahmentheorie, die sich in mehrere *formale Modelle* untergliedert, welche wiederum erst durch Anwendung auf einen bestimmten Test, eine bestimmte Stichprobe und ein bestimmtes psychisches Merkmal zu einer Theorie werden. Hierauf wird in Kapitel 1.2 näher eingegangen.

Es gibt auch die Auffassung, dass man *keine* Theorie über den Zusammenhang von Antwortverhalten in einem Test und dem zu erfassenden psychischen Merkmal braucht. Nach dieser Auffassung ist es legitim, aus den Antworten in einem Test ein Maß für eine Eigenschaft abzuleiten, z.B. die Anzahl der mit 'ja' beantworteten Fragen. Erst in einem zweiten Schritt ist dann die Brauchbarkeit dieses Maßes empirisch nachzuweisen.

Man nennt solch eine Art von Messung *'per fiat'- Messung* (fiat = lat.: Es möge sein!). Etwas wissenschaftlicher ausgedrückt, ist eine solche Messung Bestandteil einer *operationalen Definition*.

Eine operationale Definition beschreibt eine Variable lediglich dadurch, dass sie die Operationen festlegt, mit Hilfe derer man diese Variable messen kann. Ein klassisches Beispiel für eine operationale Definition wäre der Satz: 'Intelligenz ist das, was der Intelligenztest xy misst.' Obwohl jede empirische Überprüfung einer psychologischen Theorie erfordert, dass die Variablen operationalisiert werden, läuft ein empirisches Vorgehen, das sich *ausschließlich* auf operationale Definitionen stützt, Gefahr, theorielos zu werden.

Im Falle von Testresultaten, die man per fiat zu Messungen erklärt, ohne eine Testtheorie heranzuziehen, handelt es sich um ein Stück vermeidbare 'Theorielosigkeit'. Trotzdem ist diese Auffassung sehr weit verbreitet, und bezeichnenderweise hat sogar der 'grand old man' der US-amerikanischen Testtheorie, Frederik Lord, diese Position am treffendsten ausgedrückt:

'Wenn man einen Testwert, z.B. durch Aufsummierung richtiger Antworten bildet und die resultierenden Werte so behandelt als hätten sie Intervalleigenschaften, so kann dieses Verfahren einen guten Prädiktor für ein bestimmtes Kriterium hervorbringen, muss aber nicht. In dem Ausmaß, in dem diese Skalierungs-prozedur einen guten empirischen Prädiktor hervorbringt, ist auch die postulierte Intervallskala gerechtfertigt' (Lord & Novick 1968, S.22, Übers. d. Verf.).

Das Ausmaß, in dem ein Testergebnis mit einem externen Kriterium zusammenhängt, wird *externe Validität* genannt. Die externe Validität von Messwerten als Nachweis für die Richtigkeit des Messvorganges zu nehmen - wie in diesem Zitat ausgedrückt wird - ist jedoch sehr problematisch. Das setzt nämlich voraus, dass bei jeder Neuentwicklung eines Tests bereits eine Theorie besteht, mit welchen anderen Variablen das Testergebnis zusammenhängt, und dass diese Variablen auch zuverlässig gemessen werden können.

Der in diesem Buch beschrittene Weg, ein Testergebnis zu legitimieren, besteht darin, die Gültigkeit eines Testmodells für einen bestimmten Test nachzuweisen. Diese wissenschaftstheoretische Auffassung über psychologische Tests wird im folgenden Kapitel näher ausgeführt.

1.2 Die wissenschaftstheoretischen Grundlagen der Testtheorie

Wissenschaftliches Arbeiten zeichnet sich dadurch aus, dass das Verhältnis von Theorie und Empirie in nachvollziehbarer Weise offengelegt wird. Eine Aussage wie z.B. 'Person a ist intelligenter als Person b' ist dann wissenschaftlich, wenn ich angeben kann, aufgrund welcher theoretischen Annahmen und aufgrund welcher Beobachtungen ich diese Aussage für wahr halte. Wohlgemerkt zeichnen sich wissenschaftliche Aussagen *nicht* dadurch aus, dass man sie beweisen oder ihren Wahrheitsgehalt objektiv nachweisen kann. Dies wäre ein positivistischer Wissenschaftsbegriff, der nach den radikalen philosophischen Arbeiten von Sir Karl Popper nicht mehr Grundlage der empirischen Wissenschaften sein kann.

Vielmehr entwerfen sich Wissenschaftler mit Theorien Abbilder der Welt (oder Teilen der Welt), die mit möglichst vielen Beobachtungen in Einklang stehen oder zumindest nicht von diesen widerlegt werden sollten.

Theorien sind der Intention nach *Abbilder der Welt*, die man immer wieder daraufhin prüft, ob sie diese Abbildungsfunktion auch erfüllen. *Wie* dies geschieht, ist sehr schwer zu sagen, und wissenschaftliche Disziplinen wie auch einzelne Forschungsrichtungen innerhalb derselben Disziplin unterscheiden sich in der Art der Theorienprüfung sehr. Dieser Frage kommt auch in diesem Buch ein großer Stellenwert zu; speziell geht Kapitel 5 auf entsprechende Methoden ein.

1.2.1 Was sind Theorien?

Eine Theorie ist zunächst einmal nichts anderes als eine *Menge von Aussagen*, wobei eine Aussage ein sprachliches Gebilde ist, das wahr oder falsch sein kann. So gesehen kann die eingangs gemachte Aussage

'Person a ist intelligenter als Person b'

bereits eine Theorie sein, denn eine Menge (von Aussagen) kann auch aus nur einem Element bestehen. Allerdings muß dieses sprachliche Gebilde einen *Wahrheitswert* haben, d.h. es muß möglich sein, den Wert 'wahr' oder 'falsch' zuzuordnen. Diesen Wahrheitswert muß man nicht kennen, er muss nur 'potentiell' bestimmbar sein.

An diesem Beispiel erkennt man ein Hauptproblem psychologischer Theorien: Niemand hätte Probleme, das sprachliche Gebilde 'Person a ist größer als Person b' als Aussage (mit Wahrheitswert!) anzuerkennen, da jeder Zollstock den Wahrheitswert zutage fördert. Bei 'intelligenter als' muß man dagegen erst angeben, was man unter 'intelligenter als' versteht und wie man den Wahrheitswert der Aussage ermitteln kann. Das wäre dann ein Bestandteil der Theorie. Genau mit solchen Fragen befasst sich die Testtheorie, und im folgenden ist dargestellt, wie das Problem gelöst wird.

Der Wahrheitswert der Beispiel-Aussage kann nicht allein damit bestimmt werden, dass nur die Personen a und b beobachtet werden, und auch nicht damit, daß nur *ein* Indikator für Intelligenz beobachtet wird. Vielmehr wird das Prädikat 'intelligenter als' dadurch zu einem *'wissenschaftlichen' Prädikat* gemacht, dass eine Theorie formuliert und überprüft wird, nach der sich Personen tatsächlich entlang eines Kontinuums als 'intelligenter' oder 'weniger intelligent' anordnen lassen.

Nur wenn sich diese Theorie bestätigen lässt, d.h. nach einem vorher festgelegten Kriterium in Einklang mit empirischen Beobachtungen steht, ist die Aussage 'Person a ist intelligenter als Person b' eine wissenschaftliche Aussage. Sie ist das aber nur als *Bestandteil der jeweiligen Theorie* über das Intelligenzkontinuum, die man zugrunde gelegt hat.

Wie sehen Theorien aus, in deren Rahmen Aussagen wie 'a ist intelligenter als b' sinnvoll sind, d.h. einen Wahrheitswert erlangen können? Wie in jeder psychologischen Theorie, die sich mit der Abhängigkeit der Verhaltens V von der Person P und der Situation U (wie Umwelt) nach der klassischen Verhaltensgleichung:

$$V = P \times U$$

befasst, so muss auch in einer solchen Theorie festgelegt werden:

- welche *Verhaltensweisen* muss man
- bei welchen *Personen*
- in welchen *Situationen* beobachten ?

Mit diesen drei Bestimmungsstücken formuliert eine Theorie dann die Abhängigkeit des Verhaltens von Eigenschaften der Personen und Situationen. Inhaltlich sind diese Theorien recht *einfach* und oft nicht sehr spannend, denn sie dienen *nur als Mittel zum Zweck*, nämlich dem Zweck, Aussagen wie 'a ist intelligenter als b' Sinn zu verleihen. Andererseits dürfen die Theorien nicht zu stark vereinfachen, sonst kann man ihre Übereinstimmung mit der Empirie nicht mehr zeigen und sie sind wertlos.

Hier zwei Beispiele, wie der Zusammenhang von Verhalten, Personeneigenschaften und Situationsmerkmalen in der Theorie formuliert wird:

Theorie A:

Die Situationen sind definiert durch die Menge aller verbalen *Analogieaufgaben* des Typs

„'Vogel' verhält sich zu 'Flügel'
wie 'Fisch' zu ?“

Als Verhaltensweisen werden nur unterschieden: 'sinnvoll ergänzt' und 'unsinnig oder gar nicht ergänzt'. Die Theorie soll sich auf alle erwachsenen Personen mit Deutsch als Muttersprache beziehen. Die Theorie besagt, daß die Wahrscheinlichkeit einer sinnvollen Ergänzung abhängt von einer *quantitativen Eigenschaft* der Person, die 'Intelligenz' genannt werden soll, und von der jeweiligen 'Leichtigkeit' der Analogie.

Theorie B:

Die Situationen sind durch die Notenbekanntgabe von Klassenarbeiten und Klausuren in allgemeinbildenden Schulen definiert. Als Verhaltensweisen werden *externe und interne Attributionen* des jeweiligen Erfolgs oder Mißerfolgs unterschieden (Aussagen wie 'Es lag an mir' (= intern) oder 'Es war Zufall' (= extern)). Die Theorie soll sich auf alle Schülerinnen und Schüler beziehen und besagt, daß es einen *Typ von Schülerinnen und Schülern* gibt, die Erfolge (gute Noten) extern und Mißerfolge intern attribuieren.

Mit Theorie A ist beabsichtigt, Aussagen wie 'Person a ist intelligenter als Person b' und mit Theorie B Aussagen wie 'Schüler a hat einen negativen Attributionsstil' sinnvoll zu machen.

Wie lässt sich prüfen, ob diese Theorien gelten? Man benötigt hierfür ein *formales Modell*, das in Form einer mathematischen Gleichung den angenommenen Zusammenhang zwischen der Wahrscheinlichkeit des Auftretens der Verhaltensweisen ('sinnvolle Ergänzung', 'interne Attribution') und der Personeneigenschaft ('Intelligenz', 'Attributionsstil') sowie den Situationsmerkmalen ('Leichtigkeit', 'Erfolg oder Mißerfolg') beschreibt. Ein formales Modell ist notwendig, weil sonst nicht über die Gültigkeit der Theorie und somit die Wissenschaftlichkeit der Aussagen entschieden werden kann.

Ein solches formales Modell hat die allgemeine Form

$$p\left(V_{pu}\right)=f\left(M_p,M_u\right),$$

d.h. die Wahrscheinlichkeit p eines Verhaltens V_{pu} der Person p in Situation u ist eine Funktion f einer Personeneigenschaft M_p und eines Situationsmerkmals M_u. Derartige formale Modelle werden *Testmodelle* genannt und stehen im Zentrum der Testtheorie (vgl. Kap. 3).

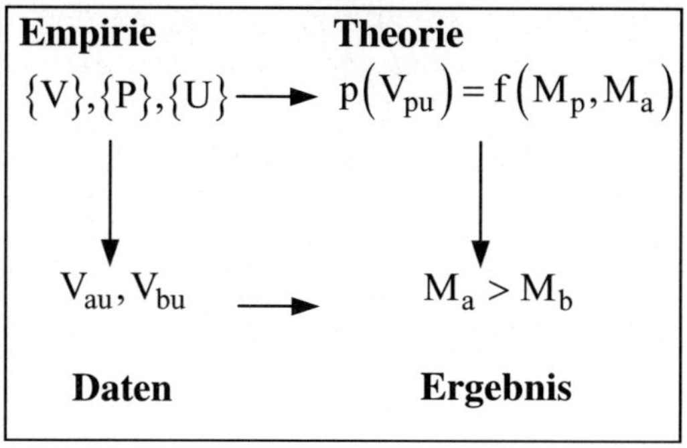

Abbildung 2: Vereinfachtes Schema des Verhältnisses von Theorie und Empirie beim Testen (nach Rost & Spada,1978)

Abbildung 2 veranschaulicht die Rolle einer Theorie bzw. eines formalen Modells bei der wissenschaftlichen Fundierung einer vergleichenden Aussage über zwei Personen wie z.B. ‚Person p ist intelligenter als Person q' oder $M_a > M_b$. Die Empirie besteht in diesem Fall aus einer Menge von Verhaltensweisen {V}, einer Menge von Personen {P}, und einer Menge von Situationen {U}, in denen das Verhalten zweier Personen a und b (in Form eines Tests) beobachtet wurde. Die Ableitung der Aussage $M_a > M_b$ aus dem Verhalten der beiden Personen macht nur Sinn, wenn sie aus der Theorie folgt.

1.2.2 Was ist ein formales Modell?

Ein Modell ist dem allgemeinen Sprachverständnis nach ein *reduziertes* Abbild der Wirklichkeit. Die Wirklichkeit wird in Modellen auf diejenigen Aspekte reduziert, die gerade von Interesse sind.

Beispiele von Modellen:

Auf dem Computer kann man Modelle für bestimmte Ausschnitte der Wirklichkeit programmieren. Derartige Modelle nennt man *Computer-Simulations-Modelle*.

Automodelle im Spielzeugladen sind oft nur Modelle für das äußere Erscheinungsbild und die Fortbewegungsart, nicht aber für den Antriebsmechanismus. Hierfür gibt es in der Fahrschule andere Modelle. *Wasserkreislaufmodelle* für den elektrischen Stromkreis haben für einige zentrale Gesetzmäßigkeiten des elektrischen Stroms Abbildungsqualität, bei näherer Betrachtung sind sie jedoch falsch.

Ein mathematisches oder formales Modell ist eine algebraische Struktur, die zunächst *auf keinen Inhalt bezogen* ist. Man kann das formale Modell aber auf einen konkreten Inhalt anwenden, so daß daraus eine *Theorie* wird.

Ein formales Modell, das auf einen Inhalt angewendet wird, wird zu einer Theorie.

So kann ein Computer-Simulations-Modell für Binnengewässer zu einer Theorie über den Bodensee werden, wenn man behauptet, daß es - mit den richtigen Parametern 'gefüttert' - zu korrekten Aussagen über den Bodensee führt.

Das Gesagte sei anhand eines einfachen formalen Modells erläutert. Die meisten biologisch bedingten quantitativen Merkmale einer Spezies, wie z.B. Körpergröße, Körpergewicht, mittlere Herzfrequenz etc., folgen einer *glockenförmigen Verteilung* wie sie in Abbildung 3 dargestellt ist.

Abbildung 3: Die Gauss`sche Glockenkurve oder Normalverteilung

Diese Kurve ist zunächst ein *graphisches* Modell. Es wird zu einer Theorie, wenn man für ein bestimmtes Merkmal behauptet, daß seine Verteilung diese Form habe. Die Theorie kann falsch werden, wenn man für dieses Merkmal eine andere Verteilungsform beobachtet. Das Modell selbst (d.h. die Kurve) kann nicht falsch werden, nur seine *Anwendung* auf einen konkreten Inhalt.

Um die Geltung dieses Modells für einen Inhalt (ein Merkmal) genau prüfen zu können, muß man die Kurve durch eine mathematische Gleichung beschreiben. Diese Gleichung, die der Mathematiker Gauss abgeleitet hat, lautet

$$f(x) = \frac{1}{\sigma\sqrt{2\pi}} e^{-\frac{(x-\mu)^2}{2\sigma^2}}.$$

In dieser Gleichung bezeichnet x die Merkmalsausprägungen, deren Wahrscheinlichkeitsverteilung (Dichtefunktion) f(x) durch eben diese Gleichung definiert wird. Die Konstante e = 2.7... ist die Eulersche Zahl und $\pi = 3.14...$ die Konstante Pi. Es verbleiben zwei unbekannte Größen, nämlich μ (My) und σ (Sigma). Sie sind die beiden *freien Parameter* dieses Modells. μ bezeichnet den *Populationsmittelwert* des Merkmals, also den Abszissenwert des Gipfelpunktes der Kurve. σ beschreibt die *Breite der Glockenkurve*, und zwar genau den Abstand der beiden Wendepunkte vom Mittelwert.

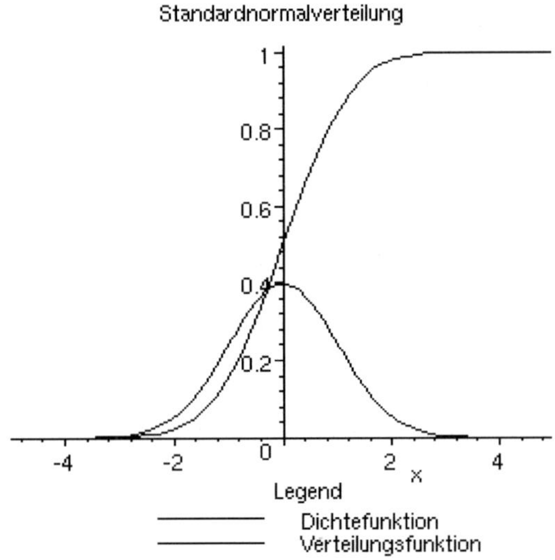

Abbildung 4: Dichtefunktion (Glockenkurve) und Verteilungsfunktion (Normalogive) der Standardnormalverteilung

Die Parameter heißen solange 'freie' Parameter, wie sie noch nicht durch konkrete Zahlenwerte ersetzt worden sind.

Wendet man das Modell der Glockenkurve oder Normalverteilung auf ein konkretes Merkmal an, so sind zunächst die beiden freien Parameter μ und σ zu bestimmen. Man kann sie nie genau berechnen, da es unbekannte Größen der Population sind. Man kann sie nur mehr oder weniger genau anhand von Stichprobendaten *schätzen* und spricht daher von *'Parameterschät-*

zung'. Wie man die Parameter eines Modells schätzt, ist eine Frage, die bei jeder Modellentwicklung geklärt werden muß. Sie wird in Kapitel 4 für die dargestellten Testmodelle behandelt.

In jedem Fall wird ein Modell erst mit der Schätzung der Modellparameter zu einer Theorie für den betreffenden Inhalt. Diese Parameterschätzungen stellen einerseits *selbst ein Ergebnis* dar, denn es ist z.B. eine Information, zu wissen, dass der Populationsmittelwert der Körpergröße $\mu = 172$ cm und ihre Streuung $\sigma = 10.3$ cm in dem Modell der Glockenkurve beträgt (hypothetische Zahlen).

Andererseits werden die Parameterschätzungen selbst zu einem *Teil der Theorie*, wenn man mit dem Modell andere Aussagen ableiten will, z.B. ob die Kieler Psychologiestudenten im Durchschnitt größer sind als erwachsene Bundesbürger. Dann wird ein Stichprobenmittelwert der Kieler Psychologiestudenten mit einem Populationsmittelwert verglichen, nämlich mit dem geschätzten Parameter μ der Population aller Erwachsenen. Die Theorie kann dann behaupten, dass die Kieler Psychologiestudenten eine Teilmenge dieser Population sind oder gerade nicht. In jedem Fall sind die (geschätzten) Populationsparameter, μ und σ, Bestandteil der Theorie, denn sie definieren die fragliche Population der Erwachsenen.

Zusammenfassend kann man sagen, daß ein formales Modell eine Vorstufe für eine Theorie ist, sozusagen ein *'Theorie-Gerippe'*. Hinzukommen müssen zwei Dinge, nämlich ein *konkreter Realitätsbereich*, auf den man das Modell anwendet, und die *Schätzungen der freien Modellparameter* für diesen Realitätsbereich. Gemeinsam mit den Parameterschätzungen bildet das Modell den Realitätsbereich ab, ist also eine Theorie (die natürlich auch falsch sein kann).

Bei näherer Betrachtung stellt *jede statistische Auswertung* von empirischen Daten eine Anwendung eines formalen Modells dar. Jedes Auswertungsverfahren beruht nämlich auf bestimmten Annahmen über die Daten und somit über den untersuchten Realitätsbereich. Die übliche Prüfung der Voraussetzungen von statistischen Verfahren entspricht der Prüfung der Gültigkeit eines formalen Modells. Nur wenn dieses Modell passt (die Voraussetzungen erfüllt sind), machen die Ergebnisse einen Sinn.

Formale Modelle sind also im wahrsten Sinne des Wortes überall in der empirischen Forschung anzutreffen. Im folgenden soll jedoch nur ein bestimmter Typ von formalen Modellen von Interesse sein, die 'Testmodelle'.

1.2.3 Was sind Testmodelle?

Testmodelle sind spezielle formale Modelle, die durch die Art der empirischen Daten, auf die sie sich anwenden lassen, definiert sind. So wie die Gauss`sche Glockenkurve als 'Verteilungsmodell' bezeichnet werden kann, da sie sich nur auf Verteilungen eindimensionaler Merkmale anwenden lässt, lassen sich auch Testmodelle nur auf Datenstrukturen anwenden, wie man sie mit Hilfe von Tests erhält.

Diese *Datenstruktur* zeichnet sich dadurch aus, dass eine Menge von Personen auf eine Menge von Items geantwortet hat. Die Daten lassen sich somit in einer rechteckigen Personen × Item Matrix darstellen, in deren Zellen die kodierte Itemantwort, also eine Kodezahl für das beobachtete Verhalten steht (s. Abbildung 5).

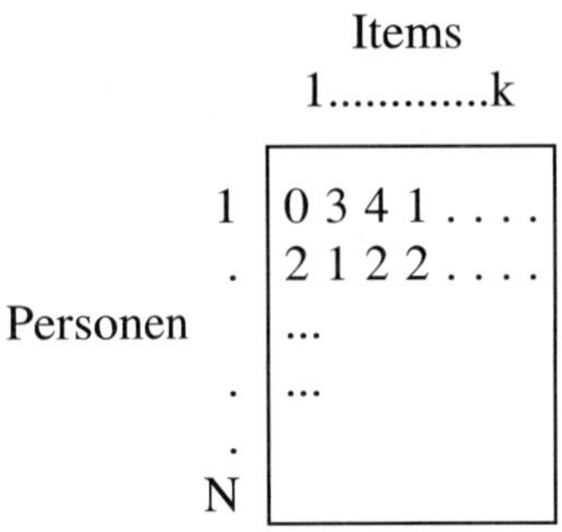

Abbildung 5: Datenstruktur für Testmodelle

Formale Modelle, die sich auf solche Daten anwenden lassen, werden in Kapitel 3 behandelt. Es stellt sich hier jedoch die Frage, warum man Testmodelle *unabhängig von einer konkreten inhaltlichen* Anwendung entwickelt (und in Lehrbüchern behandelt) und wie man - wenn es schon verschiedene Testmodelle gibt - ein geeignetes Modell für einen bestimmten Test auswählt. Beide Fragen hängen zusammen.

Idealerweise sollte man natürlich für jedes inhaltliche Problem ein 'passendes' Testmodell (deduktiv) ableiten. Es ist aber leicht einzusehen, dass sehr viele *psychometrische Probleme* (*Psychometrie* bezeichnet die Messung psychischer Eigenschaften) zu demselben formalen Modell führen würden, da die Struktur dessen, was mit einem Test erfasst werden soll, ähnlich ist. Aus ökonomischen Gründen ist es daher sehr sinnvoll, verschiedene Modelle 'zur Auswahl' zu haben.

Das beantwortet auch die Frage, welches Modell man auswählt: Natürlich dasjenige, welches die *Annahmen der jeweiligen Theorie* am besten widerspiegelt und welches diejenigen Aspekte der Wirklichkeit abzubilden vermag, die mit dem Test erfasst werden sollen.

Da ein Modell, wie oben ausgeführt, immer eine *Reduktion* der Wirklichkeit ist, ist es wichtig, diese auf die *gewünschten* Merkmale zu reduzieren. So wäre es z.B. falsch, mit dem Modell der Glockenkurve für die Intelligenzverteilung zu arbeiten, wenn man nachweisen will, dass die Population der Mathematikstudenten besonders viele extrem intelligente Individuen umfasst. Damit würde man eine asymmetrische, 'nach oben hin' gestreckte Intelligenzverteilung für diese Population annehmen, die mit dem Modell der Glockenkurve gar nicht abgebildet werden kann.

Im Falle von Testmodellen wäre es genauso unsinnig, ein Modell mit einer quantitativen Personenvariable anzuwenden, wenn man qualitative Unterschiede zwischen Gruppen von Personen bezüglich ihres Antwortverhaltens nachweisen will. Die wissenschaftliche Fundierung von Aussagen wie 'a ist intelligenter als b' mit Hilfe von Theorien über das Antwortverhalten hat also zwei *Seiten von 'Modellgültigkeit'*: Zum einen muß das Modell diejenigen Aspekte des Testverhaltens korrekt *abbilden können*, die für die spätere Interpretation wichtig sind; zum anderen muß das Modell auch *auf die Daten passen.* Beides kann durchaus zueinander im Widerspruch stehen, d.h. es kann ein Modell passen, das die gewünschten Aussagen gar nicht abzuleiten gestattet. Insofern kann sich eine richtig verstandene Testtheorie als größter Kritiker der Testpraxis erweisen.

1.2.4 Was erklären Theorien über das Testverhalten?

Theorien sollen dem allgemeinen Sprachverständnis nach etwas erklären und nicht bloß beschreiben. Tatsächlich ist die Unterscheidung von 'Erklären' und 'Beschreiben' wissenschaftstheoretisch sehr schwer zu fassen. Dennoch fällt auf, dass in der bisherigen Darstellung der Aspekt der *Beschreibung* von Wirklichkeit durch Theorien dominierte.

Was *erklären* denn Testmodelle, die man auf einen Inhalt anwendet und die sich für einen Test als gültig erwiesen haben, eigentlich?

Sehr abstrakt ausgedrückt, erklärt ein Testmodell *systematische Zusammenhänge zwischen den Antworten* oder Reaktionen der Personen bezüglich der verschiedenen Items dadurch, dass *latente Personenvariablen* eingeführt werden. Dies ist folgendermaßen zu verstehen:

In der Testdatenmatrix (s. Abbildung 5) wird es in aller Regel bestimmte systematische Zusammenhänge zwischen den Itemantworten geben, d.h. Personen, die bei einem Item eine bestimmte Verhaltensweise zeigen, werden auch überzufällig oft bei einem anderen Item entweder dieselbe oder eine bestimmte andere Verhaltensweise zeigen. Etwas genauer lassen sich '*Zusammenhänge zwischen den Itemantworten*' folgendermaßen definieren:

Die Spalten in dieser Datenmatrix enthalten die Ausprägungen der einzelnen *Itemvariablen.* Diese Itemvariablen werden als *manifeste Variablen* bezeichnet, da sie direkt beobachtbar sind, also selbst Manifestationen im Verhalten darstellen.

Diese manifesten Variablen sind nicht unabhängig voneinander, sondern weisen - wie zuvor beschrieben - bestimmte Zusammenhänge oder *Kontingenzen* auf.

Kontingenz

Der Begriff *'Kontingenz'* bezeichnet die Eigenschaft zweier Variablen, dass bestimmte Ausprägungen der einen Variable gehäuft mit bestimmten Ausprägungen der anderen Variablen zusammen auftreten.

Nehmen beide Variablen nur zwei Werte an, '0' und '1', so lässt sich ihre Kontingenz anhand einer *Vierfeldertafel* darstellen. Ohne darauf einzugehen, wie man die Kontingenz berechnet, lässt sich an dem folgenden Beispiel sehen, dass in der linken Vierfeldertafel keine, in der rechten eine starke Kontingenz gegeben ist:

	0	1
0	4	6
1	6	9

	0	1
0	1	9
1	9	6

In der linken Tafel ist das Verhältnis von 0-Werten zu 1-Werten stets 2:3, in der rechten Tafel treten dagegen die Kombinationen 0-1 und 1-0 extrem häufig auf.

Um diese Kontingenzen zu erklären, erfindet oder *konstruiert* man eine oder mehrere *latente* Personenvariable(n) (latent = verborgen, nicht sichtbar), die für das Antwortverhalten im Test verantwortlich ist (sind).

Latente Variable oder Konstrukte?

Latente Variablen heißen auch *Konstrukte*, weil sie im Rahmen der Theorienbildung konstruiert worden sind. Dies gilt auch für eine so prominente Variable wie 'Intelligenz'.

Im Gegensatz zum Begriff des 'Konstruktes', der keine speziellen mess- oder testtheoretischen Eigenschaften impliziert, ist mit 'latente Variable' in der Regel gemeint, dass es sich um genau *eine* Variable handelt, die allerdings quantitativ oder kategorial (nominal) sein kann.

Im Falle der oben genannten Beispiele ist die latente Variable die Intelligenz der Person oder ihr Attributionsstil. Abbildung 6 verdeutlicht das Vorgehen.

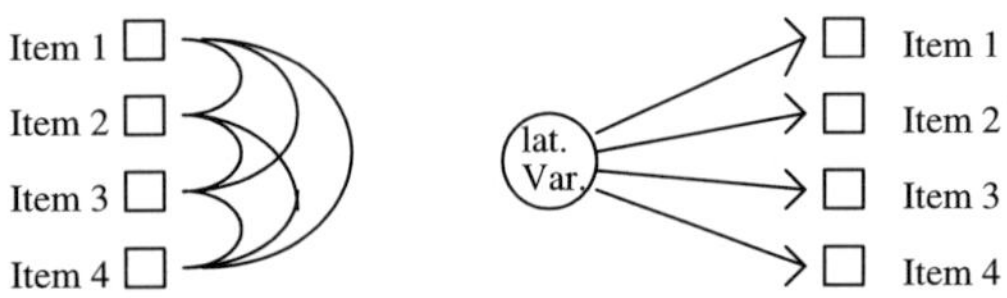

Abbildung 6: Beobachtete Zusammenhänge zwischen den manifesten Variablen (den Items, linkes Bild) werden auf den Einfluss einer latenten Personenvariable zurückgeführt (rechtes Bild).

Es wird also angenommen, dass eine (zunächst unbekannte) Variable für das Zustandekommen der Itemantworten 'verantwortlich' ist und daher deren beobachtbare Kontingenzen (Zusammenhänge) 'produziert'. Wenn diese 'Erklärung' der Daten (Itemantwort) richtig ist, so müssten die Zusammenhänge zwischen den Items 'verschwinden', wenn man die latente Variable 'ausschaltet', also z.B. konstant hält. Genau das wird in den meisten Testmodellen angestrebt: Wenn ein bestimmtes Testmodell gelten soll, dürfen die Itemantworten bei festgehaltener latenter Variable untereinander keine Zusammenhänge mehr aufweisen.

Ein Dialog zum Erklärungswert von Testmodellen

Frage: Warum löst Person A fast alle Aufgaben in diesem Test und Person B fast gar keine?

Antwort: Weil A intelligenter ist als B.

Frage: Aha. Du meinst Person A ist intelligenter, weil sie mehr Aufgaben löst!

Antwort: Genau!

Frage: Das ist doch zirkulär! Du erklärst das eine mit dem anderen!

Antwort: Ich definiere eben Intelligenz als die Fähigkeit, genau diese Aufgaben zu lösen.

Frage: Und was hat das für einen Erklärungwert?

Antwort: Die Definition hat gar keinen Erklärungswert. Aber wenn ich Dir zeigen kann, dass es tatsächlich nur eine einzige Variable gibt, von der es abhängt, ob ein Item gelöst wird oder nicht, dann hat das Erklärungswert. Und diese eine Variable nenne ich dann einfach Intelligenz.

Frage: Wie willst Du denn zeigen, dass das Antwortverhalten nur von einer einzigen Variable abhängt?

Antwort: Z.B. indem ich mir Gruppen von Personen mit jeweils gleichem Intelligenzgrad anschaue. Innerhalb dieser Gruppen dürfte es keine systematischen Zusammenhänge mehr zwischen den Itemantworten geben.

Frage: Was meinst Du mit 'systematische Zusammenhänge'?

Antwort: Na, z.B. dass Personen, die häufiger Item x lösen auch häufiger Item y lösen.

Frage: Aber es könnte doch sein, dass diese Personen einen Trick kennen, mit dem man genau diese beiden Items x und y gut lösen kann.

Antwort: Ja, aber dann erklärt mein Intelligenzbegriff nicht mehr die Daten, weil ich zusätzlich annehmen muss, dass es 'Tricks' gibt, die nur einige Personen kennen.

Frage: Ach, das meinst Du mit 'erklären'.

Antwort: Genau.

Als *Resümee* zum Erklärungswert von Testtheorien sei festgehalten: Gilt ein Testmodell, in dem eine latente Variable angenommen wird, für eine Datenmatrix, so hat dies insofern eine Erklärungsfunktion, als eine einzige erfundene latente Variable die Zusammenhänge zwischen sehr vielen manifesten Variablen beschreibt. Die Beschreibung eines relativ komplexen Sachverhalts (die multivariaten Zusammenhänge zwischen den manifesten Variablen) durch eine relativ einfache 'Erfindung' (die latente Variable) kann als 'Erklärung' gelten.

Literatur

Einführende Texte in die Testdiagnostik finden sich in den meisten Lehrbüchern der psychologischen Diagnostik, z.B. Stieglitz & Baumann (1994), Jäger & Petermann (1995), Guthke & Wiedl (1996), Amelang & Zielinski (1994) oder Langfeld & Tent (1999).

Lehrbücher, die auf der klassischen Testtheorie aufbauen, stammen von Steyer & Eid (1993), Lienert & Raatz (1994) und Krauth (1995). Kritisch setzten sich Grubitzsch & Rexilius (1999) und Krope (1996) mit Tests auseinander.

Wissenschaftstheoretische Grundlagen von Forschungsmethoden sind bei Popper (1972) nachzulesen oder in der Sekundärliteratur, z.B. Schnell, Hill & Esser (1999), Balzer (1997), Kriz, Lück & Heidbrink (1996), Westmeyer (1996) oder Westermann (2000). Veränderungen des Konzeptes von ‚Testtheorie' sprechen Embretson (1996a) und Mislevy (1996) an.

2. Testkonstruktion

Dieses Kapitel befasst sich mit Fragen und Problemen der Entwicklung und Konstruktion von Fragebögen und Testinstrumenten. Die Erörterung von Fragen der Testkonstruktion wendet sich dabei nicht allein an diejenigen LeserInnen, die tatsächlich selbst einen *Test entwickeln* möchten (obwohl das im Rahmen vieler Diplomarbeiten im Fach Psychologie der Fall ist). Die Darstellung soll vielmehr auch dem Verständnis und der kritischen Beurteilung *existierender Verfahren* dienen.

Das Gliederungsprinzip des Kapitels ergibt sich aus den Phasen, die bei einer Testentwicklung zu durchlaufen sind. Idealerweise nimmt jede Testentwicklung ihren Ausgangspunkt in einer Theorie über die Personeneigenschaft, die der Test erfassen soll.

Aus der Theorie sollte ableitbar sein, ob die zu testende Personeneigenschaft *quantitativer Natur oder qualitativer Natur* ist. Mit quantitativer Natur ist gemeint, dass sich die Personen hinsichtlich eines Merkmals 'mehr oder weniger' voneinander unterscheiden, das zu testende Personenmerkmal also graduelle Abstufungen annimmt.

Mit qualitativer Natur ist gemeint, dass sich *Gruppen von Personen* qualitativ voneinander unterscheiden. Das zu messende Personenmerkmal ist dann lediglich *nominal skaliert.*

Weiterhin sollte aus der Theorie ableitbar sein, ob es sich um ein *univariates oder ein multivariates* Persönlichkeitsmerkmal handelt. Univariat bedeutet, dass nur *eine* Variable variiert, multivariat heißt ein Merkmal, das sich nur mit Hilfe von *mehreren* Variablen beschreiben lässt. Im Fall von mehreren quantitativen Personeneigenschaften spricht man auch von einer *mehrdimensionalen* Personenvariable.

Auch die Auswahl eines geeigneten Testmodells gehört in die Planungsphase, d.h. in die Phase der Konstruktion eines Testinstrumentes. Idealerweise sollte auch hier die Theorie über das jeweilige Personenmerkmal so präzise sein, dass die Annahmen über den Zusammenhang von Antwortverhalten im Test und latenter Personenvariable direkt ableitbar sind.

Die Auswahl eines passenden Testmodells in der Planungsphase kann auch damit enden, dass man zwei oder drei alternative *Testmodelle zur Auswahl* hat und man empirisch darüber entscheiden will, welches Modell am besten passt. Dies ist im Sinne eines Entscheidungsexperimentes nicht nur ein legitimes Vorgehen, sondern kann ausgesprochen interessante Fragestellungen einer empirischen Klärung zuführen. Dies reicht hin bis zu der Grundfragestellung, ob eine angenommene Persönlichkeitseigenschaft dimensionaler oder typologischer Natur ist (ob die Personenvariable quantitativ oder kategorial ist).

Kapitel 2.1 befasst sich mit den Gütekriterien für Tests, d.h. mit der Frage, wodurch sich ein 'guter' Test auszeichnet. Kapitel 2.2 beschreibt unterschiedliche Arten von Tests. Kapitel 2.3 geht auf Fragen der *Itemkonstruktion* ein, d.h. auf die praktische Seite der Testentwicklung. Nach der Darstellung von Problemen der *Datenerhebung* in Kapitel 2.4 beschäftigt sich Kapitel 2.5 abschließend mit der *Kodierung* der Testantworten, d.h. mit der Transformation der Itemantworten in Zahlen, auf die man Testmodelle anwenden kann.

2.1 Gütekriterien für Tests

Wenn man einen Test konstruieren will, muss man eine Vorstellung davon haben, was einen 'guten' Test auszeichnet. Das ist die Frage nach den sogenannten *Gütekriterien* für Tests. Klassischerweise werden hier drei Gütekriterien genannt, nämlich Objektivität, Reliabilität und Validität, die jeder Test in einem Mindestausmaß zu erfüllen hat.

> Mit *Objektivität* ist gemeint, inwieweit das Testergebnis unabhängig ist von jeglichen Einflüssen außerhalb der getesteten Person, also vom Versuchsleiter, der Art der Auswertung, den situativen Bedingungen, der Zufallsauswahl der Testitems usw. Es ist ersichtlich, dass es sehr viele verschiedene Arten von Objektivität bei Tests zu unterscheiden gilt.
>
> Mit *Reliabilität* (Zuverlässigkeit) ist das Ausmaß gemeint, wie genau der Test das misst, was er misst (egal, was er misst). Es ist hier lediglich die *Messgenauigkeit*, die numerische Präzision der Messung angesprochen, unabhängig davon, was der Test überhaupt misst. Als Messgenauigkeit wird dabei nicht die Zahl der Dezimalstellen der Messwerte bezeichnet, sondern die Zuverlässigkeit, mit der bei einer wiederholten Messung unter gleichen Bedingungen dasselbe Messergebnis herauskommt.
>
> Mit *Validität* ist gemeint, inwieweit der Test das misst, was er messen soll. Es geht also um den Grad der *Gültigkeit* der Messung oder der Aussagefähigkeit des Testergebnisses bezüglich der Messintention.

Diese *klassische Trias* von Testgütekriterien entstammt einer testtheoretischen Tradition, die die Auswertung von Tests noch *nicht* aus dem Blickwinkel der *Anwendung eines Testmodells* sah. Trotzdem lassen sich die drei Konzepte der Objektivität, Reliabilität und Validität auch in einem modellbasierten Ansatz zur Beschreibung der Güte eines Tests verwenden.

Zwischen den drei Gütekriterien eines Tests bestehen *logische Beziehungen*, die sich unter bestimmten mathematischen Annahmen sogar in Formeln beschreiben lassen. Und zwar ist die Objektivität eine logische Voraussetzung für die Reliabilität und diese wiederum ist logische Voraussetzung für die Validität:

Validität
↑
Reliabilität
↑
Objektivität

Ein Test, der bei einem anderen Testleiter oder in einem anderen Raum bei denselben Personen gänzlich andere Resultate erbringt, also nicht objektiv ist, kann auch keine hohe Messgenauigkeit haben, d.h. nicht reliabel sein.

Ebenso kann ein Test mit einer sehr geringen Messgenauigkeit (Reliabilität) keine besonders hohe *Validität* erreichen. Soll z.B. ein Test entwickelt werden, der die Schulleistung vorherzusagen gestattet, so kann diese Vorhersage nicht besonders gut ausfallen, wenn der Test nur sehr ungenau misst.

Die konzeptuellen Ausdifferenzierungen der drei Gütekriterien werden in den folgenden drei Unterkapiteln beschrieben, die konkreten Berechnungsmöglichkeiten erst in Kapitel 6 (Testoptimierung). Kapitel 2.1.4 behandelt ein weiteres Gütekriterium, nämlich die *Normierung*. Geordnet sind die Kapitel nach der Wichtigkeit der Gütekriterien, beginnend mit dem wichtigsten, der Validität.

2.1.1 Validität

Unter der Validität eines Test versteht man das *Ausmaß, in dem der Test das misst, was er messen soll.*

Wie beurteilt man aber, inwieweit der Test misst, was er messen soll? Hier gibt es prinzipiell zwei Möglichkeiten. Die eine Möglichkeit setzt voraus, dass eine *andere Messung* dessen, was der Test messen soll, *verfügbar* ist. In diesem Fall braucht man nur an einer Stichprobe von Personen beide Arten der Messung vorzunehmen und zu prüfen, ob die Ergebnisse bei allen Personen übereinstimmen.

Beispiel

Man möchte einen besonders ökonomischen (kurzen) Intelligenztest entwickeln und hat zufällig eine Stichprobe von Personen zur Verfügung, die schon vor einiger Zeit hinsichtlich ihrer Intelligenz untersucht worden sind und deren Intelligenzgrad daher bekannt ist. Diesen Personen gibt man dann auch den Kurztest vor. Die *Korrelation* zwischen beiden Messwertreihen ist dann ein Maß für die Validität des Kurztests.

Nach dieser Möglichkeit entspricht die Validität eines Tests der Korrelation des Testergebnisses mit einer anderen Variable, die eine Messung desselben Merkmals darstellt.

Als *Korrelation* bezeichnet man den (linearen) Zusammenhang zwischen zwei quantitativen Variablen. Es handelt sich also um eine spezielle Art der Kontingenz (s. Kap. 1.2.4). Die Höhe der Korrelation, also die Stärke des linearen Zusammenhangs, wird durch den *Korrelationskoeffizienten* ausgedrückt.

Dieser kann Werte zwischen –1 und +1 annehmen, wobei eine Korrelation von 0 bedeutet, dass zwischen den beiden Variablen kein Zusammenhang besteht. Eine negative Korrelation bedeutet, dass hohe Werte auf der einen Variable mit niedrigen Werten auf der anderen Variable einhergehen, während eine positive Korrelation bedeutet, dass hohe Werte auf beiden Variablen bzw. niedrige Werte auf beiden Variablen miteinander gepaart sind.

Wie berechnet man eine Korrelation?

Der Korrelationskoeffizient zwischen zwei Variablen X und Y wird folgendermaßen berechnet

$$\mathrm{Korr}(X,Y) = \frac{\mathrm{Cov}(X,Y)}{\sqrt{\mathrm{Var}(X)\cdot\mathrm{Var}(Y)}}.$$

Die *Kovarianz* im Zähler ist das durchschnittliche Produkt der Abweichungen beider Messwerte von ihrem jeweiligen Mittelwert,

$$\bar{x} = \frac{1}{N}\sum_{v=1}^{N} x_v \quad \text{bzw.} \quad \bar{y} = \frac{1}{N}\sum_{v=1}^{N} y_v$$

$$\mathrm{Cov}(X,Y) = \frac{1}{N}\cdot\sum_{v=1}^{N}\left(x_v - \bar{x}\right)\cdot\left(y_v - \bar{y}\right).$$

N bezeichnet die Anzahl und v den Summationsindex der Personen.

Im Nenner des Korrelationskoeffizienten steht die Wurzel aus dem Produkt beider Varianzen, wobei die *Varianz* einer Variable X definiert ist als die durchschnittliche quadrierte Abweichung aller Messwerte von ihrem Mittelwert:

$$\mathrm{Var}(X) = \frac{1}{N}\sum_{v=1}^{N}\left(x_v - \bar{x}\right)^2.$$

Diese Art der Validität nennt man *externe Validität*, weil ihre Bestimmung anhand der Testergebnisse eine externe (d.h. außerhalb des Tests liegende) Variable voraussetzt, und zwar genau die Variable, die der Test erfassen will.

Die zweite Möglichkeit zu prüfen, ob der Test das misst, was er messen soll, benutzt allein die Daten, die aufgrund der Testdurchführung vorliegen. Hier wird geprüft, ob die Personen auf die Items so antworten, wie man es aufgrund der Theorie über die zu messende Personeneigenschaft erwarten würde. Dabei wird natürlich *nicht* vorausgesetzt, dass man die Ausprägungen der Personeneigenschaft bereits kennt.

Beispiel

Ein Steinzeitmensch möchte die Muskelkraft seiner Stammesgenossen testen und sucht sich hierfür eine Reihe unterschiedlich großer Steine und Felsbrocken zusammen. Die Größe der Steine ist unterschiedlich genug, so dass man sie 'mit dem Auge' der Größe nach ordnen und (sofern die Zahlen schon erfunden sind) der Größe nach durchnumerieren kann. Jeder Stammesgenosse muss versuchen, alle Steine anzuheben und die Nummer des größten Steins, den er anheben kann, ist der Messwert für seine Muskelkraft.

Aus der Steinzeittheorie über die Personeneigenschaft 'Muskelkraft' folgt, dass jede Person alle Steine bis zu einer Größe, die ihrer Kraft entspricht, anheben kann. Beobachtet der Steinzeitmensch nun, dass jede Person alle Steine, die kleiner sind als der größte, den sie heben kann, auch anheben kann, so ist der Test *intern valide*.

Dies ist nur *ein* Beispiel für einen möglichen Zusammenhang zwischen der Personeneigenschaft und dem Testverhalten. Es macht deutlich, dass der Begriff der *internen Validität* gleichzusetzen ist mit der Gültigkeit des jeweils zugrunde gelegten Testmodells.

Ein Test heißt *intern valide*, wenn sich die Annahmen über das Antwortverhalten anhand der Datenmatrix bestätigen lassen.

Je strenger die Annahmen über das Antwortverhalten, desto überzeugender lässt sich die interne Validität eines Tests nachweisen. Während man zum Nachweis der externen Validität ein *Validitätskriterium* braucht (so nennt man die externe Variable, die das repräsentiert, was der Test messen soll), erfordert der Nachweis der internen Validität *präexperimentelle Annahmen* über das Antwortverhalten bei den einzelnen Items.

Beide Aspekte der Validität *bedingen sich nicht* unbedingt gegenseitig. So kann es z.B. sein, dass mit einem intern validen Test, für den das angenommene Testmodell sehr gut passt, eine Variable gemessen wird, die keinerlei Erklärungswert für das sonstige Verhalten der Personen hat. Genauso kann irgendein Testergebnis einen guten Vorhersagewert für bestimmte andere Variablen besitzen, ohne dass man eine Theorie über die Itemantworten hat.

Es wird deutlich, dass interne und externe Validität zwei sehr unterschiedliche Seiten desselben Gütekriteriums sind. Während die Prüfung der *internen* Validität ein zentrales Thema der Testtheorie darstellt, überschreitet die Frage der *externen* Validität den Bereich der Testtheorie. Ob ein Test extern valide ist, kann mit den üblichen Methoden statistischer Datenanalyse untersucht werden. Kapitel 6.4 geht auf die einfachsten Arten der Validitätsberechnung ein und beschreibt den Einfluss der Messgenauigkeit eines Tests auf die Höhe der errechneten externen Validität.

Ganz anders verhält es sich mit der *internen Validität* eines Tests. Sie ist abzulesen an der Geltung des jeweiligen Testmodells für den Datensatz der Testentwicklung. Hier gibt es jedoch andere Probleme. Ob ein Testmodell gilt oder nicht gilt, ist oft keine Ja-Nein-Entscheidung, sondern kann durchaus ein graduelles Urteil sein, d.h. ein Testmodell kann mehr oder weniger gut passen. Oft ist die Entscheidung, ob ein Testmodell passt oder nicht, auch *nur relativ zu anderen Testmodellen* zu beantworten, d.h. es lässt sich lediglich sagen, ob ein bestimmtes Testmodell *besser* passt als ein bestimmtes Vergleichsmodell. In diesen Fällen gibt es nicht mal mehr eine quantitative Aussage, wie gut ein Modell passt, sondern lediglich eine relative Aussage, die davon abhängt, welche Vergleichsmodelle man überhaupt geprüft hat. Hierauf wird in Kapitel 5 (Modellgeltungstests) im Detail eingegangen.

2.1.2 Reliabilität und Messgenauigkeit

Die Reliabilität oder zu deutsch die *Zuverlässigkeit* eines Tests bezeichnet die Präzision oder Genauigkeit, mit der ein Test eine Personeneigenschaft misst. *Reliabilität im engeren Sinne* meint jedoch eine bestimmte Definition von *Messgenauigkeit*, die nicht die einzig mögliche ist und auch nicht bei jedem Testmodell Sinn macht. Um diese Definition verständlich zu machen, wird zunächst dargestellt, was ein *Messfehler* ist.

Angenommen, man hat bei einer Anzahl von N Personen intervallskalierte Messwerte erhoben. Der Messwert einer Person v wird mit x_v bezeichnet und stellt den sog. *beobachteten Wert* dar.

Von diesem Messwert nimmt man an, dass er die 'wirkliche' Eigenschaftsausprägung ziemlich genau, aber nie 'ganz genau' widerspiegelt. Die hypothetische wirkliche Eigenschaftsausprägung einer Person wird mit t_v bezeichnet (t wie true = wahr) und stellt den sog. *wahren Wert* dar.

Den kleinen Betrag, um den der beobachtete Wert von dem wahren Wert abweicht, nennt man *Messfehler* und bezeichnet ihn mit e_v (e wie error = Fehler). Aus diesen Überlegungen ergibt sich die *Grundgleichung der Messfehlertheorie:*

$$x_v = t_v + e_v$$

Da die Grundgleichung der Messfehlertheorie für alle Personen v gelten soll, lässt sie sich auch als Beziehung zwischen den Variablen schreiben:

$$X = T + E$$

X bezeichnet die Messwertvariable, T die Variable der wahren Werte und E die Fehlervariable.

Anmerkung

Variablen werden hier und im folgenden mit großen lateinischen Buchstaben bezeichnet, ihre Ausprägungen mit den zugehörigen Kleinbuchstaben.

Diese Gleichungen zerlegen das beobachtete Testergebnis x_v in zwei Komponenten, t_v und e_v, die man beide nicht kennt. Über den wahren Wert kann man nicht viel sagen, aber einen Messfehler zeichnen zwei Eigenschaften aus:

Erstens zeichnet sich ein Messfehler dadurch aus, dass er dazu beiträgt, den wahren Wert manchmal zu überschätzen, und manchmal zu unterschätzen. Genau das unterscheidet einen Messfehler von einem systematischen Fehler, auch '*Bias*' genannt: Er ist im Mittel 'neutral'. Mit anderen Worten, der Mittelwert oder *Erwartungswert der Messfehlervariable E* über eine große Anzahl von Personen *ist 0*:

$$\text{Erw}(E) = 0. \qquad \text{(I)}$$

Was ist ein Erwartungswert?

Der Erwartungswert ist eine Kenngröße einer numerischen Variable. Treten die Werte x einer Variable X mit der Wahrscheinlichkeit p(x) auf, so ist der Erwartungswert definiert durch

$$\mathrm{Erw}(X) = \sum_{x} x\, p(x).$$

Summiert wird hier über alle möglichen Werte der Variable X. In dem Beispiel

x	1	2	3
p(x)	0.5	0.3	0.2

beträgt der Erwartungswert 1·0.5+ 2·0.3+3·0.2=1.7. Kennt man nicht die Wahrscheinlichkeitsverteilung einer Variable, also die Werte p(x), sondern hat man N Ausprägungen der Variable X beobachtet, so entspricht der Mittelwert dieser Werte

$$\overline{X} = \frac{1}{N} \sum_{v=1}^{N} x_v$$

näherungsweise dem Erwartungswert von X. Hat man in dem o.g. Beispiel von 10 Beobachtungen 5-mal die 1, 3-mal die 2 und 2-mal die 3 beobachtet, so beträgt der Mittelwert von X ebenfalls $\overline{x} = 1.7$.

Zweitens gehört zum Konzept eines Messfehlers, dass er *nicht mit dem wahren Wert korreliert* ist, d.h. es darf nicht sein, dass z.B. hohe wahre Werte überschätzt werden und niedrige wahre Werte unterschätzt werden. In einem solchen Fall würde man ebenfalls von einem systematischen Fehler oder Bias sprechen. Messfehler zeichnen sich daher auch dadurch aus, dass:

$$\mathrm{Korr}\,(E,T) = 0. \qquad \text{(II)}$$

Überhaupt gehört zum Konzept eines Messfehlers dazu, dass er *mit keiner anderen Variable* korreliert, also nicht mit den wahren Werten einer Variable Y:

$$\mathrm{Korr}\,(E_x,T_y) = 0, \qquad \text{(III)}$$

und auch nicht mit deren Messfehler E_y:

$$\mathrm{Korr}\,(E_x,E_y) = 0. \qquad \text{(IV)}$$

Diese vier Gleichungen (I) bis (IV) nennt man auch die *Axiome der klassischen Testtheorie*. Sie wurden von Gulliksen (1950) formuliert und beschreiben nichts anderes als die *Eigenschaften eines Messfehlers*. Aus ihnen ist keine Testtheorie im Sinne von Kapitel 1 ableitbar, sondern nur eine Theorie über das Verhalten des Messfehlers. Sie wird daher im folgenden als *Messfehlertheorie* bezeichnet.

Im Unterschied zu einer Testtheorie, die sich auf nominale oder ordinale Itemantworten bezieht, geht die Messfehlertheorie von fertigen *Messwerten* X und Y aus. Die vier Gleichungen (I) bis (IV) stellen genauso wie Testmodelle ein *formales Modell* dar, nur bezieht sich dieses formale Modell auf eine *andere Datenstruktur*.

Aus dem formalen Modell wird (wie immer) eine Theorie, wenn man es auf einen konkreten Inhalt (konkrete Messwerte X und Y) anwendet und die Parameter des Modells schätzt (s. Kap. 1). In diesem Fall macht die Messfehlertheorie die Aussage, dass ein Messwert X *nur eine latente Variable* T_x repräsentiert und die Abweichungen der Messwerte von den wahren Variablenausprägungen den *Erwartungswert 0 haben und mit nichts anderem korrelieren*.

Diese Theorie ist z.B. dann *falsifiziert*, wenn sich herausstellt, dass der (vermeintliche) Messfehler die soziale Erwünschtheit beinhaltet (s. Kap. 1). Dann gibt es nämlich eine Variable, die mit dem

Messfehler korreliert, nämlich die Tendenz der Personen, sozial erwünscht zu antworten.

Wie im Fall von Testmodellen, so gibt es auch bei Messfehlermodellen nicht nur *ein* Modell. Vielmehr entstehen durch verschiedene Zusatzannahmen und Erweiterungen viele *Messfehlermodelle*, die hinsichtlich ihrer Gültigkeit miteinander verglichen werden können. Auf diese unterschiedlichen Messfehlermodelle wird in Kapitel 3.1.1.2.1 kurz eingegangen.

Testmodelle und Messfehlermodelle schließen sich also nicht gegenseitig aus, sondern sie ergänzen einander:

> Testmodelle *wendet man auf Itemantworten an, um daraus Messwerte zu machen,* Messfehlermodelle *wendet man auf die erhaltenen Messwerte an, um deren Fehleranteil zu bestimmen.*

Die gerade dargestellte Messfehlertheorie bezieht sich ausschließlich auf *quantitative, mindestens intervall-skalierte Personenvariablen.* Das gleiche gilt für die folgende Definition der Reliabilität eines Tests. Nach dieser Definition ist *Reliabilität* ein Varianzanteil, nämlich das Verhältnis von wahrer Varianz zu beobachteter Varianz.

$$\text{Reliabilität} = \frac{\text{wahre Varianz}}{\text{beobachtete Varianz}} = \frac{\text{Var}(T_X)}{\text{Var}(X)}$$

Mit *wahrer Varianz* bezeichnet man die Varianz der nicht beobachtbaren, imaginären wahren Testergebnisse und mit *beobachteter Varianz* die Varianz der tatsächlich in einem Test erhaltenen Ergebnisse.

Aus den Annahmen der Messfehlertheorie folgt, dass die wahre Varianz stets kleiner ist als die beobachtete Varianz.

> **Beweis**
>
> Die Varianz der Summe zweier Zufallsvariablen X und Y lässt sich nach der Formel berechnen:
>
> $$\text{Var}(X+Y) = \text{Var}(X) + \text{Var}(Y) + 2\,\text{Cov}(X,Y).$$
>
> Mit Cov(X,Y) wird die Kovarianz von X und Y bezeichnet (s. Kap. 2.1.1). Diese ist definitionsgemäß gleich 0, wenn die Korrelation von X und Y gleich 0 ist.
>
> Die Grundgleichung der Messfehlertheorie zerlegt den Messwert in die Summe zweier *unkorrelierter* Variablen (laut Axiom II):
>
> $$X = T_X + E_X\,,$$
>
> deren Varianzen sich folglich auch addieren:
>
> $$\text{Var}(X) = \text{Var}(T_X) + \text{Var}(E_X),$$
>
> Da Varianzen stets positiv (oder Null) sind, ist auch die wahre Varianz stets kleiner (oder gleich) als die beobachtete Varianz:
>
> $$\text{Var}(T_x) \le \text{Var}(X)\,.$$

Dies mag auf den ersten Blick nicht einleuchten, kann man sich doch z.B. folgenden Fall vorstellen:

X	5	10	15	20	25
T_X	2	8	15	22	28

Hier wäre die wahre Varianz größer als die beobachtete. Bei näherer Betrachtung sieht man jedoch, dass das Axiom II verletzt ist, denn die Fehlervariable, im Beispiel:

E_X	3	2	0	–2	–3

ist natürlich hoch (negativ) mit dem wahren Wert korreliert.

Bei Geltung der Voraussetzungen ist tatsächlich die wahre Varianz stets kleiner als die beobachtete Varianz, so dass nach der obigen Definition die Reliabilität eines Tests stets zwischen Null und Eins liegt:

$$0 < \text{Rel.} < 1.$$

Dieses Maß für die Messgenauigkeit eines Tests gibt an, welcher *Anteil an der Varianz der Messwerte* wirklich auf Personenunterschiede zurückgeht und ist als Varianzanteil daher ähnlich interpretierbar wie das Quadrat eines Korrelationskoeffizienten (= Anteil gemeinsamer Varianz) oder ein Erblichkeitsindex (= Anteil der erblich bedingten Varianz).

Wie man die Reliabilität eines Tests konkret berechnet, wird in Kapitel 6 beschrieben.

Soviel zu dem klassischen Reliabilitätsbegriff, der nur *eine* Art der Definition der Messgenauigkeit von Tests darstellt. Für Tests mit einer *kategorialen Personenvariable* gibt es keine vergleichbare einheitliche Definition der Messgenauigkeit. Hier kann sich eine hohe Messgenauigkeit z.B. darin ausdrücken, dass die Anzahl der 'Fehlklassifikationen' der Personen zu den Valenzen der kategorialen Personenvariable sehr gering ist (s. Kap. 6).

2.1.3 Objektivität

Wenn ein Testergebnis nicht unabhängig vom Testleiter, von Situationsmerkmalen, von störenden Randbedingungen, vom Testauswerter oder sonstigen Personen ist, so wird der Test auch keine interne Validität und keine besonders hohe Messgenauigkeit erlangen können. Insofern ist *Objektivität* der Testdurchführung eine *logische Voraussetzung für Reliabilität und Validität*. Eine hohe Objektivität bei der Testentwicklung zu erreichen, ist somit kein Selbstzweck im Sinne eines positivistischen Wissenschaftsbegriffes, sondern lediglich Mittel, um Genauigkeit und Validität zu erreichen.

Im einzelnen ist bei der Testentwicklung anzustreben, dass das Testergebnis unabhängig davon ist,

- wer den Test vorgibt (*Durchführungsobjektivität*),
- wer den Test auswertet (*Auswertungsobjektivität*) und
- wer den Test interpretiert (*Interpretationsobjektivität*).

Zusätzlich gibt es verschiedene Unterformen dieser Objektivitätsaspekte wie z.B. die *Signierobjektivität*, die sich auf die Objektivität bei der Kodierung freier Antworten bezieht. Sie ist ein Teilaspekt der Auswertungsobjektivität.

Neben diesen Objektivitätsaspekten, die sich auf die Unabhängigkeit von anderen *Personen* beziehen, gibt es auch die Objektivität im Sinne einer Unabhängigkeit von anderen *Dingen*. So sollte das Testergebnis z.B. weitgehend davon unabhängig sein, in welcher *Situation* der Test durchgeführt wurde. Damit kann natürlich nur eine Unabhängigkeit innerhalb eines Spektrums 'normaler' Situationen gemeint sein.

Vermutet man eine starke Situationsabhängigkeit des Testergebnisses und hält deshalb die Testsituation konstant, indem man den Test quasi unter Laborbedingungen durchführt, so hat das unterschiedliche Auswirkungen auf die *interne und externe Validität* des Testergebnisses. Während die interne Validität sogar steigen kann, je stärker man die situativen Bedingungen konstant hält (da ein bestimmtes Testmodell unter Idealbedingungen vielleicht besser passt), dürfte die externe Validität im allgemeinen sinken: Wenn ein Testergebnis nicht einmal auf andere Testsituationen *generalisierbar* ist, so wird auch seine Korrelation mit externen Variablen nicht hoch sein.

Hier zeigt sich die semantische Ähnlichkeit des Begriffspaares 'interne und externe Validität' mit den gleichlautenden Begriffen aus der *Versuchsplanung* besonders deutlich: Bei Experimenten bezeichnet man als externe Validität ebenfalls die Aussagekraft und die Generalisierbarkeit des Ergebnisses über die Experimentalsituation hinaus.

Ebenfalls eine Objektivität im Sinne einer Unabhängigkeit von anderen Dingen ist mit dem Begriff der *spezifischen Objektivität* gemeint. Spezifische Objektivität bezeichnet die Unabhängigkeit eines Testergebnisses von der Itemauswahl aus einem hypothetischen Item-Universum. Dahinter steht die Überlegung, dass jeder Test nur eine sehr begrenzte Anzahl von Items umfassen kann, das Testergebnis aber nicht nur etwas über die Fähigkeit zur Beantwortung *dieser* Items aussagen soll, sondern über die Fähigkeit zur Beantwortung *dieses Typs von Items.*

Eine Eigenschaftsmessung bezieht sich also immer auf ein ganzes Itemuniversum, das unendlich viele Items umfasst. Ein wichtiger Objektivitätsaspekt ist daher mit der Frage angesprochen, ob bei jeder beliebigen Itemauswahl stets dasselbe Testergebnis (abgesehen vom Messfehler) herauskommt.

Diese sogenannte spezifische Objektivität ist nicht nur eine Eigenschaft eines Tests, sondern auch des jeweiligen *Testmodells:* Bei den meisten der in Kapitel 3 behandelten quantitativen Testmodelle sind die Messwerte spezifisch objektiv, sofern das Modell für die Daten gültig ist.

2.1.4 Normierung

Neben den drei klassischen Gütekriterien gibt es das pragmatischere Kriterium der Normierung. Dieses betrifft die Frage, inwieweit es für die Ergebnisse eines Tests *Vergleichsdaten* gibt, anhand derer sich Einzelergebnisse interpretieren lassen. Solche Vergleichsdaten, die an repräsentativen Stichproben verschiedener Teilpopulationen der Bevölkerung erhoben worden sind, bilden dann die *Normen*, anhand derer das Ergebnis einer einzelnen Person beurteilt und interpretiert werden kann.

Interpretiert man ein Ergebnis indem man es mit der Norm einer Referenzpopulation vergleicht, so spricht man auch von *normorientiertem Testen*. Das Gegenstück hierzu ist das sogenannte *kriteriumsorientierte Testen*. Hier wird das einzelne Testergebnis nicht über den Vergleich mit den Werten einer Referenzpopulation interpretiert, sondern anhand eines inhaltlichen, vorher vom Testkonstrukteur gesetzten Kriteriums.

Ein prominentes Beispiel für diesen Unterschied ist die *Zensurenvergabe* in der Schule. Ein normorientiertes Vorgehen besteht darin, dass zunächst für jeden Schüler Punkte vergeben werden, um dann anhand der Punkteverteilung eine Notenzuordnung durchzuführen. Diese soll sicherstellen, dass auf jeden Fall ein paar Einsen und ein paar Fünfen dabei sind.

Beispiel:

Punkte in Klausur

2 2 3	5 7 7	9 11 12 14 16	20 20	25
5	4	3	2	1

Note

Eine solche Zensur ist für den Schüler normorientiert, d.h. sie informiert ihn nur über seine *relative Stellung* in der Klasse, seiner Referenzpopulation, aber nicht relativ zum Leistungsziel.

Bei einer *kriteriumsorientierten* Zensurenvergabe würde der Lehrer *vorher* festlegen, bei welcher Punktzahl es eine Eins, eine Zwei usw. gibt. Die resultierenden Zensuren sagen etwas darüber aus, wie der einzelne Schüler zum gesteckten Leistungsziel, dem Kriterium, steht, aber nicht unbedingt, wie er im Vergleich zu den anderen Schülern dasteht.

Wie bei diesem Beispiel der Schulleistungsbewertung gibt es generell bei psychologischen Tests die Alternative zwischen einer Normorientierung und einer Kriteriumsorientierung.

Soll ein Test später für individualdiagnostische Zwecke eingesetzt werden, so sind im allgemeinen Normtabellen sehr hilfreich, da sie über die Verteilung der Testergebnisse in verschiedenen Referenzpopulationen Aufschluss geben, z.B. in Altersgruppen, Geschlechtsgruppen oder nach der Schulbildung definierten Gruppen. Von daher wird die *Normierung* eines Tests im allgemeinen *als ein Gütekriterium* angesehen, da diese die Interpretation erleichtert und in einem gewissen Sinne auch objektiver macht (objektiv in dem Sinne der Unabhängigkeit von der subjektiven Setzung eines inhaltlichen Kriteriums).

Dennoch ist die Normierung eines Tests kein für alle Zwecke einer Testentwicklung sinnvolles Gütekriterium. Auch bei individualdiagnostischen Fragestellungen kann eine rein kriteriumsorientierte Interpretation des Testergebnisses wesentlich sinnvoller sein, z.B. bei der Frage, ob ein bestimmtes Krankheitsbild vorliegt oder nicht. In diesem Falle ist vom Testkonstrukteur nicht eine Normierung des Tests vorzunehmen, es muss vielmehr ein inhaltliches Kriterium oder mehrere solcher *Kriterien für die Interpretation* der Testresultate bereitgestellt werden.

Für viele Zwecke der Testentwicklung stellt eine Normierung keine Notwendigkeit und auch kein Gütekriterium dar. Geht es z.B. darum, im Rahmen von *Forschungsarbeiten* eine Personenvariable mit einem Test zu messen, um sie mit anderen Variablen in Beziehung zu setzen, so ist eine Normierung der Testresultate überflüssig: Sollen etwa zwei verschiedene Personengruppen hinsichtlich ihres Ergebnisses in einem Test miteinander verglichen werden oder soll eine quantitative Personenvariable mit einer anderen Persönlichkeitsvariable wie Extraversion oder Intelligenz korreliert werden, so ist es völlig unerheblich, ob ein Test normiert ist oder nicht. Eine Normierung schlägt sich weder in Mittelwertsdifferenzen noch in Korrelationen nieder.

Das Gütekriterium der Normierung wird oft *überbewertet*, d.h. man begeht leicht den Fehlschluss anzunehmen, dass ein normierter Test auch etwas Sinnvolles misst. Das kann, muss aber nicht der Fall sein: Das Gütekriterium der Normierung steht in keinerlei logischer Beziehung zu den anderen drei Gütekriterien der Objektivität, Messgenauigkeit und Validität. Auch ein wenig objektiver, wenig reliabler und wenig valider Test lässt sich einer repräsentativen Bevölkerungsstichprobe vorgeben und an ihr normieren (s. Kap. 6.5).

Literatur

Die Gütekriterien für Tests werden von Lienert und Raatz (1994), aber auch in den meisten Diagnostik- und Testtheorie-Lehrbüchern (s. Kapitel 1) behandelt. Fischer (1974a) und Steyer & Eid (1993) führen aus, dass die Axiome der Messfehlertheorie keine Axiomatik im mathematischen Sinne darstellen. Das Konzept der spezifischen Objektivität wird von Rasch (1977) und Fischer (1987) diskutiert.

2.2 Arten von Tests

Hat man sich Klarheit darüber verschafft, welcher Art die zu messende Personeneigenschaft ist, so stellt sich als nächstes die Frage, welcher Art das zu beobachtende *Testverhalten* ist, und wie es mit der Personeneigenschaft zusammenhängt. Je nach der Art des im Test erfassten *Verhaltens* lassen sich folgende Arten von Tests unterscheiden:

Leistungstests
Persönlichkeitsfragebögen
objektive Persönlichkeitstests
Projektive Tests
Situationsfragebögen
Symptomlisten
Einstellungstests
Motivations- und Interessensfragebögen
Verhaltensfragebögen

Im folgenden soll das Charakteristische der Beziehung zwischen Personeneigenschaft und Testverhalten bei diesen Testarten dargestellt werden.

2.2.1 Leistungstests

Leistungstests zeichnen sich dadurch aus, dass von den Personen die Lösung von Aufgaben oder Problemen verlangt wird, die Reproduktion von Wissen, das Unterbeweisstellen von Können, Ausdauer oder Konzentrationsfähigkeit. So heterogen diese Aufzählung klingen mag, Leistungstests haben die wichtige Eigenschaft gemeinsam, dass die getesteten Personen das Ergebnis willentlich *nur in einer Richtung verfälschen* können, nämlich 'nach unten'. Man kann sich 'dümmer' stellen als man ist, man kann sich keine Mühe geben bei der Testbearbeitung oder die Antworten einfach zu erraten versuchen. Man kann aber nicht in Verfälschungsabsicht eine höhere Leistung erbringen als die, zu der man imstande ist. Leistungstests sind daher schon von vornherein als 'halb-objektiv' zu bezeichnen, obwohl die Verfälschungsmöglichkeit 'nach unten' aufgrund mangelnder Testmotivation, z.B. bei Felduntersuchungen, sehr gravierende Einschränkungen der Interpretierbarkeit der Ergebnisse mit sich bringen kann. Das Phänomen des *Erratens* der richtigen Lösung kann mit Mitteln der Itemkonstruktion eingeschränkt und mit geeigneten Testmodellen kontrolliert werden.

Innerhalb der Kategorie der Leistungstests gibt es eine weitere Unterteilung in sogenannte *speed- und power-Tests.* Bei speed-Tests wird durch eine begrenzte Zeitvorgabe neben der Qualität der Leistung auch die Geschwindigkeit erhoben, mit der eine Leistung erbracht wird. Bei power-Tests zählt dagegen nur, ob die Aufgaben richtig oder falsch gelöst wurden, und nicht wie viel Zeit die Person dafür benötigt.

Reine *power-Tests* sind schon aus technischen Gründen kaum durchführbar, da jede Testvorgabe eine zeitliche Begrenzung haben muss. Diese Grenze sollte aber so bemessen sein, dass in der Regel alle Personen bis zur letzten Testaufgabe vordringen. Nur in diesem Fall lassen sich die meisten Testmodelle auf die resultierenden Daten anwenden: Die unterschiedliche Anzahl von nicht bearbeiteten Aufgaben wirft rechnerische Probleme, vor allem aber auch Interpretationsprobleme auf.

Relativiert man die erbrachte Leistung an der Zahl der *bearbeiteten Aufgaben*, so bewertet man die langsamen Personen zu gut, da sie sich für jede Aufgabe mehr Zeit als die schnellen Personen genommen haben. Relativiert man die Leistung an der *Gesamtzahl der angebotenen Aufgaben*, so bewertet man die Qualität der Leistung von langsamen Personen zu schlecht, da man nicht berücksichtigt, wie viele der nicht bearbeiteten Aufgaben sie noch hätten lösen können.

Auf jeden Fall stellt die Verquickung von Qualität und Geschwindigkeit bei 'gespeedeten' Leistungstests ein Problem dar, für dessen Lösung es zwar einige Ansätze in der Testtheorie gibt, von denen aber keiner ganz befriedigend ist. Günstiger ist es, die *Bearbeitungszeit pro Aufgabe* zu begrenzen. Hier hat jede Person dieselben Bedingungen für jede Aufgabe und es lassen sich die meisten Testmodelle problemlos anwenden.

Für einige Varianten von *speed-Tests* benötigt man allerdings auch keine Testmodelle. Misst man etwa die Zeit, die eine Person für eine vorgegebene Menge von Aufgaben benötigt, so hat man mit der gemessenen Zeitdauer bereits eine metrische Personenvariable. Um den Qualitätsaspekt aus dieser Zeitmessung ganz zu eliminieren, kann man falsch gelöste Aufgaben wiederholt vorlegen (z.B. beim computerunterstützten Testen), so dass die Zeit für die *richtige Lösung aller Aufgaben* gemessen wird.

Mit einer gewissen Berechtigung lässt sich bei Vorgabe eines *festen Zeitintervalls* auch die Anzahl der richtig gelösten Aufgaben als eine Häufigkeit, und somit als eine metrische Variable auffassen und man kann ebenfalls von der Anwendung eines Testmodells absehen.

Spielt also die Geschwindigkeit eines Verhaltens die zentrale Rolle bei der Messung einer Personeneigenschaft, so lässt sich die physikalische Größe 'Zeit' auch zur (metrischen) Operationalisierung dieser Personeneigenschaft nutzen.

2.2.2 Persönlichkeitsfragebögen

Persönlichkeitsfragebögen sind dadurch charakterisiert, dass von der befragten Personen eine *Selbstauskunft* (self-report) verlangt wird. Fragen wie

> *Sorgen Sie sich um schreckliche Dinge, die vielleicht geschehen könnten ?*
> *ja - nein*
> *(Item aus dem EPI, Eggert 1974)*

stellen verschiedene Anforderungen an den Beantwortungsprozess, wenn der Schluss von der Itemantwort auf die Personeneigenschaft (hier: Neurotizismus) gerechtfertigt sein soll.

Zunächst einmal muss die erfragte Selbstkenntnis vorhanden sein, d.h. die Person muss *wissen*, ob sie sich um schreckliche Dinge sorgt. Dies ist ein Aspekt der *Metakognition* (das ist die Einsicht in eigene kognitive Prozesse) der befragten Person, die durchaus nicht immer vorhanden sein muss. Ist diese Metakognition nicht vorhanden, oder entspricht sie ganz und gar nicht der Realität, so kann man von der Itemantwort bestenfalls auf das *Selbstbild* der Person, aber nicht auf ihre Persönlichkeit schließen. Beispiel: Eine Person meint, sie mache sich Sorgen über schreckliche Dinge, sorgt sich aber tatsächlich nur darum, dass das Geld nicht bis zum Monatsende reichen könnte.

Sodann muss eine *Offenbarungsbereitschaft* vorhanden sein, d.h. die Person muss bereit sein, gemäß ihrer Metakognition zu antworten. Es kann z.B. sein, dass eine Person zwar die Bereitschaft hat, den Test auszufüllen, aber ihr *Ideal-Selbstbild* anstelle des Real-Selbstbildes wiedergibt. Mit Ideal-Selbstbild ist hier dasjenige Selbstbild gemeint, das die Person gerne gegenüber demjenigen, der den Test vorgibt, zeichnen möchte.

Man hat den Tendenzen, sich in einem Persönlichkeitsfragebogen anders darzustellen als man wirklich ist, verschiedene Namen gegeben: Beantwortet eine Person die Fragen so, dass ein positives, in unserer Gesellschaft allgemein akzeptiertes Bild entsteht, so beeinflusst die Variable der *sozialen Erwünschtheit* ihr Antwortverhalten. Eine zweite Variable, die die Ehrlichkeit der Antworten in einem Persönlichkeitsfragebogen beeinflusst, ist die Tendenz zur *Selbstpräsentation* (*self-monitoring*). Personen, die sich stets der jeweiligen Situation angepasst darstellen, also die Eigenschaft eines Chamäleons haben, tun dies eventuell auch bei der Beantwortung eines Persönlichkeitsfragebogens.

Ist die Metakognition und die Offenbarungsbereitschaft gegeben, so ist als drittes eine geeigneter *Beurteilungsmaßstab* vorauszusetzen, der Daten *aus sozialen Vergleichsprozessen* erfordert. So beinhaltet z.B. die Frage, ob man sich Sorgen um schreckliche Dinge macht, auch den Aspekt, ob die befragte Person das häufiger oder intensiver tut als andere Personen. Dies setzt bei der Beantwortung der Frage voraus, dass die Person es einschätzen kann, inwieweit sich *andere* Menschen Sorgen um schreckliche Dinge machen.

Wird eine Frage *ohne* einen solchen Beurteilungsmaßstab beantwortet, so sagt die Antwort zwar auch etwas über die Person aus (nämlich, dass sie *meint*, dass sie sich mehr als andere Personen Sorgen macht). Sie sagt dann aber weniger über den 'tatsächlichen' Neurotizismusgrad der Person aus, sondern vielleicht etwas über ihren Leidensdruck oder ihren Glauben, dass es anderen Leuten besser geht als ihr.

Neben diesen drei Voraussetzungen für eine brauchbare Selbstauskunft ist ein weiteres Charakteristikum von Persönlichkeitsfragebögen ihre *Durchschaubarkeit*. Jugendliche und Erwachsene mit einem gewissen psychologischen Reflexionsniveau werden bei vielen Fragen aus Persönlichkeitsfragebögen durchaus richtig raten, auf welche Personeneigenschaften aus der Antwort geschlossen werden soll.

Diese Durchschaubarkeit beinhaltet eine leichte *Verfälschbarkeit* im Sinne einer gezielten Beeinflussung des gesamten Testresultates. Im Gegensatz zu Leistungstests, kann diese Beeinflussung in beide Richtungen gehen, z.B. kann man sich aufgrund der Durchschaubarkeit bewusst neurotischer oder weniger neurotisch darstellen.

2.2.3 Objektive Persönlichkeitstests

Dieser Begriff geht auf den Persönlichkeitsforscher R.B. Cattell zurück. Dieser forderte als Ergänzung und Kontrolle von Persönlichkeitsfragebögen noch eine zweite Art von Tests, die er *objektive Persönlichkeitstests* nannte. Sie sind in dem Sinne *objektiv*, als eine Verfälschung wegen Undurchschaubarkeit ausgeschlossen sein soll.

Schmidt (1975, S.19) definiert objektive Tests folgendermaßen:

> *'Objektive Tests zur Messung der Persönlichkeit und Motivation sind Verfahren, die unmittelbar das Verhalten eines Individuums in einer standardisierten Situation erfassen, ohne dass diese sich in der Regel selbst beurteilen muss. Die Verfahren sollen für den Probanden keine mit der Messintention übereinstimmende Augenscheinvalidität haben.'*

Unter *Augenscheinvalidität* versteht man die Eigenschaft von Tests, dass man ihnen 'ansieht', was sie messen sollen und welches Verhalten man damit vorhersagen möchte.

Die Idee objektiver Persönlichkeitstests besteht also darin, aus Itemantworten auf Personeneigenschaften zu schließen, die gar nicht Gegenstand der Fragen waren. Z.B. soll die befragte Person in einem Untertest der Cattell'schen Testbatterie (Schmidt et al. 1994) beurteilen, ob jede Feststellung einer vorgegebenen Liste 'sinnvoll ist und einen guten Eindruck hinterlässt' oder aber 'sinnlos ist und ein schlechtes Licht auf den wirft, der sie benutzt'. Es folgt dann eine Reihe klischeehafter Feststellungen, wie

Frauen können sich nie entscheiden
Jeder Mensch braucht Freunde
Geld ist der Grund vieler Bosheit
Wer Geld hat, hat auch Freunde...u.s.w.

Während der Befragte gemäß der Testinstruktion nach Sinn und Unsinn jeder einzelnen Feststellung ringt, wird am Ende nur ausgezählt, *wie viele* Feststellungen man für sinnvoll hält - als Maß für die 'Hausbackenheit' des Befragten.

Auch viele der wöchentlich neu konstruierten 'Psycho-Tests' in Illustrierten sind von diesem Typ, etwa wenn aus der Beantwortung der Frage

Sind Sie eigentlich 'wetterfühlig' ?

darauf geschlossen wird, wie 'rücksichtsvoll' die befragte Person ist. Diese Tests sind ein gutes Beispiel dafür, dass ein Test zwar das Gütekriterium der Objektivität (oder einen Aspekt davon) erfüllen kann, aber trotzdem keine große Validität besitzt.

Das Konzept objektiver Tests setzt eine *nicht-triviale Theorie* über den Zusammenhang von unverfänglich erfragbaren Verhaltensaspekten und relevanten Persönlichkeitseigenschaften voraus. Vielleicht liegt es daran, dass die Erfassung von Persönlichkeitseigenschaften mit solchen Tests im akademischen Bereich derzeit kaum eine Rolle spielt. Es ist offenbar sehr schwer, von Verhaltensaspekten zuverlässig auf Persönlichkeitseigenschaften zu schließen, bezüglich derer die Fragen *keine* Augenscheinvalidität besitzen.

Trotzdem stellen diese Tests wohl am ehesten das dar, was der Laie von psychologischen Tests erwartet: Auf geheimnisvolle Weise aus ein paar banalen Antworten auf tiefliegende Strukturen der Persönlichkeit schließen zu können.

2.2.4 Projektive Tests

Ein ganz anderer Weg, zu objektiven Testresultaten zu gelangen, wird mit den sogenannten projektiven Verfahren begangen. Der Name leitet sich aus der psychoanalytischen Theorie ab, in der mit *Projektion* ein Abwehrmechanismus bezeichnet wird, mit Hilfe dessen sich das Ich gegen angstauslösende oder verbotene Triebregungen wehrt. Die Abwehr besteht darin, dass diese inneren Regungen und Impulse nach außen, meistens auf andere Personen, projiziert werden und dadurch nicht mehr mit den Normen des eigenen Über-Ich in Konflikt geraten können.

Bei *projektiven Tests* wird angenommen, dass dieser Vorgang auch in der Situation einer Testvorgabe stattfinden kann und man somit über die Itemantworten zu Erkenntnissen über Persönlichkeitseigenschaften gelangt, die der Person selbst gar nicht bewusst sind oder in einem direkten Fragebogen nicht geäußert ('zugegeben') würden.

Um den Vorgang der Projektion zu ermöglichen, stellen die Items *Stimuli* dar (das sind auslösende Reize), welche möglichst *unstrukturiert* sein müssen. Einerseits müssen sie innere Vorgänge stimulieren, die dann zum Inhalt einer Projektion werden können. Andererseits muss das Item so vage (unstrukturiert) sein, dass man in diesen Stimulus auch Eigenes 'hineinlesen' oder projizieren kann. Bezüglich dieser Eigenschaften unterscheiden sich projektive Verfahren graduell.

Abbildung 7: Ein Item aus dem Rorschach Test (Rorschach 1954)

Während die Items des Rorschach Tests nur aus einem (spiegelsymmetrischen) Tintenklecks bestehen, sind die Bilder des thematischen Apperzeptionstests (TAT) photographisch genau, jedoch bezüglich der Interpretation ihres Inhaltes offen und unstrukturiert.

Abbildung 8: Ein Item aus dem thematischen Apperzeptionstest (TAT; Revers & Taeber 1968)

Unstrukturiert sind die Items des Rosenzweig Picture-Frustration Tests dadurch, dass es sich um sehr sparsame Strichzeichnungen handelt, die keine Ähnlichkeit mit existierenden Personen haben. Dadurch wird es der befragten Person erleichtert, sich selbst mit der antwortenden Person in der Zeichnung zu identifizieren.

Abbildung 9: Ein Item aus dem Picture-Frustration Test (Hörmann & Moog 1957)

Das Konzept von projektiven Tests ist auch über den engen psychoanalytischen Begriff der Projektion hinaus sinnvoll. So ist es eine unbestreitbare Tatsache, dass man leicht 'von sich auf andere schließt' oder Dinge assoziiert, die dem eigenen Erleben und Denken entspringen.

Projektive Tests sind immer dann in Betracht zu ziehen, wenn Persönlichkeitseigenschaften gemessen werden sollen, die mit einer *starken positiven oder negativen Wertung* verknüpft sind, sei diese gesellschaftlicher oder individueller Natur. Beispiele sind etwa die Messung der Aggressivität, die man ungern zugibt oder auch nur wahrhaben will, oder die Messung des Leistungsmotivs, über dessen Stärke man sich oft nicht im Klaren ist, und dessen hohe Ausprägung in unserer Gesellschaft eine positive Norm darstellt.

Die Stärke der Tendenz, mit der sich eine Person an der gesellschaftlichen oder sozialen Norm orientiert, nennt man die Variable der *sozialen Erwünschtheit* (social desirability). Die soziale Erwünschtheit beeinflusst potentiell jedes Ergebnis einer direkten Befragung. Projektive Verfahren können als Versuch aufgefasst werden, den Einfluss der sozialen Erwünschtheit auf das Testergebnis dadurch möglichst gering zu halten, dass der Befragte in der Itemantwort nicht über sich selbst sprechen muss (und sich somit sozial erwünscht darstellt), sondern über einen abstrakten Stimulus oder eine fremde Person.

2.2.5 Situationsfragebögen

Eine andere Art von Projektion stellt das *'Sich-hinein-versetzen'* in eine beschriebene Situation dar. Hier werden nicht innere Triebregungen nach außen projiziert, sondern die eigene Person versetzt sich in der Vorstellung in eine hypothetische Situation. Sodann wird das Erleben und Verhalten in dieser Situation erfragt. Derartige Tests heißen *Situationsfragebögen*.

Ein Beispiel ist etwa das Angstbewältigungsinventar (ABI, Krohne et al. 1989), in dem die Person aufgefordert wird, sich folgende Situation vorzustellen:

Stellen Sie sich vor, Sie fahren als Beifahrer mit einem offensichtlich ungeübten Autofahrer. Es herrschen durch Schnee und Glatteis ungünstige Straßenverhältnisse.

Die Person hat dann für 18 Verhaltensbeschreibungen anzugeben, ob diese für sie in der Situation zutreffend sind oder nicht, z.B.:

- *denke ich: 'Mir bleibt auch nichts erspart.'*
- *sage ich mir: 'Es wird schon nichts Schlimmes passieren.'*
- *schaue ich einfach nicht mehr auf die Fahrbahn, sondern denke an etwas anderes oder betrachte die Gegend.*

Verlangt wird von der befragten Person - wie bei Persönlichkeitsfragebögen - eine Selbstauskunft, jedoch ohne die Voraussetzungen der Metakognition und des sozialen Maßstabs (s. Kap. 2.2.2). Voraussetzung ist im allgemeinen nur die Erinnerung an ähnliche Situationen und die Fähigkeit, das Wissen aus dieser Erinnerung heraus auf die vorgegebene, hypothetische Situation zu übertragen. Natürlich ist das auch ein Stück 'Selbstkenntnis', jedoch wird von der befragten Person *keine Einschätzung* der eigenen Person verlangt, sondern *Auskunft über potentiell beobachtbares Verhalten* und potentielles Erleben.

Die Voraussetzung der Offenbarungsbereitschaft und die Möglichkeit einer Beeinflussung durch die soziale Erwünschtheit ist bei Situationsfragebögen genauso gegeben wie bei Persönlichkeitsfragebögen.

2.2.6 Einstellungstests

Die Messung von Einstellungen (attitudes) ist ein sehr altes Kapitel in der Geschichte der Messung psychischer Merkmale. Im Unterschied zu generellen Persönlichkeitseigenschaften sind Einstellungen auf ein bestimmtes *Objekt gerichtet*, das Einstellungsobjekt. Das Einstellungsobjekt muss nicht eine Person oder Sache sein, sondern kann auch ein abstraktes Prinzip, ein Paragraph oder Ähnliches sein. Beispiele sind etwa:

Einstellung gegenüber Kernkraftwerken
Einstellung zur Abtreibung
Einstellung gegenüber Ausländern
Einstellung zum Recht auf Freie Meinungsäußerung

Üblicherweise wird bei Einstellungen eine Pro-Contra-Dimension oder eine *Zustimmungs-Ablehnungs-Dimension* gemessen. Dies geschieht in der Regel dadurch, dass verschiedene Statements über das Einstellungsobjekt vorgegeben werden und die befragten Personen angeben sollen, inwieweit sie der jeweiligen Aussage zustimmen oder sie ablehnen. Diese Aussagen stellen die Items des Tests dar und jede Aussage (jedes Item) drückt eine bestimmte Position auf der zu messenden Pro-Contra-Dimension aus.

In einem Fragebogen zur Einstellung gegenüber der Nutzung von Kernenergie markieren z.B. die drei folgenden Items unterschiedliche Positionen auf der zu messenden Einstellungsdimension:

- *Kernkraftwerke sichern langfristig unsere Energieversorgung.*
- *Die derzeit in Betrieb befindlichen Kernkraftwerke sollten innerhalb der nächsten 10 Jahre abgeschaltet werden.*
- *Kernkraftwerke stellen eine Technologie dar, die gegenüber den nachfolgenden Generationen unverantwortbar ist.*

Während das erste Item am positiven Ende der Einstellungsdimension liegt, hat das zweite Item eine mittlere Position und das dritte Item liegt am negativen Ende. Die Zustimmung zu der jeweiligen Aussage kann im einfachsten Fall mit einer ja-nein Antwort erfasst werden, wird aber in der Regel mit einer mehrstufigen Ratingskala erfasst (vgl. Kap. 2.3.1.3), z.B.:

- *stimme völlig zu*
- *stimme eher zu*
- *lehne eher ab*
- *lehne völlig ab*

Über den Zusammenhang von Antwortverhalten und latenter Variable gibt es zwei unterschiedliche Annahmen, die jeweils auch unterschiedliche Testmodelle für die Testauswertung erforderlich machen. Sie werden nach den beiden 'Pionieren' der Einstellungsmessung, L.L. Thurstone und R. Likert benannt.

Die Annahme der Thurstone-Skalierung

Thurstone (Thurstone & Chave 1929) hat eine Methode zur Einstellungsmessung angewendet, deren zentrale Annahme darin besteht, dass die Personen denjenigen Items zustimmen, die ihrer eigenen Position auf der Einstellungsdimension *am nächsten* liegen. Items, die von der eigenen Position weiter entfernt liegen, werden dagegen abgelehnt. In der folgenden Graphik würde also Person 1 den Items 1 und 2 zustimmen und die Items 3 und 4 ablehnen.

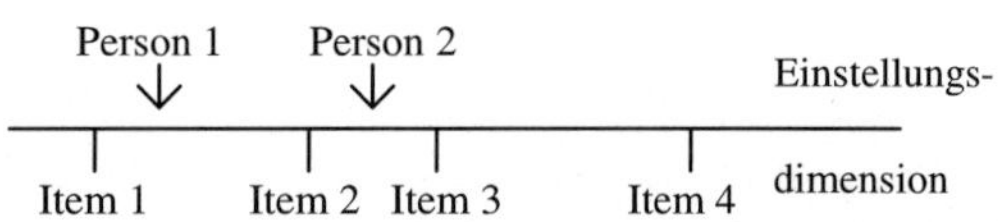

Person 2 würde den Items 2 und 3 zustimmen und die Items 1 und 4 ablehnen.

Diese Annahme ist zwar sehr plausibel, hat aber für die Testauswertung die schwerwiegende Konsequenz, dass man die Positionen der Items genau kennen muss, um zu Messwerten für die Personen zu gelangen.

Die Annahme der Likert-Skalierung

Likert (1932) hat eine andere Methode der Einstellungsmessung verwendet, bei der man *nicht* die Position jedes einzelnen Items kennen muss. Sie basiert vielmehr auf der Annahme, dass jedes Item entweder eine *positive* oder eine *negative Haltung* gegenüber dem Einstellungsobjekt ausdrückt. Eine Zustimmung zu einem positiven Item kann dann genauso gewertet werden wie eine Ablehnung eines negativen Items.

Die grundlegende Annahme über das Antwortverhalten besagt, dass eine Person allen positiv formulierten Items umso mehr zustimmt, und alle negativ formulierte Items umso mehr ablehnt, je positiver ihre Einstellung zu dem betreffenden Objekt ist. Handelt es sich in dem folgenden Beispiel um vier positiv formulierte Items, so würde nach dieser Annahme die Person 1 dem ersten Item zustimmen, die anderen drei eher ablehnen.

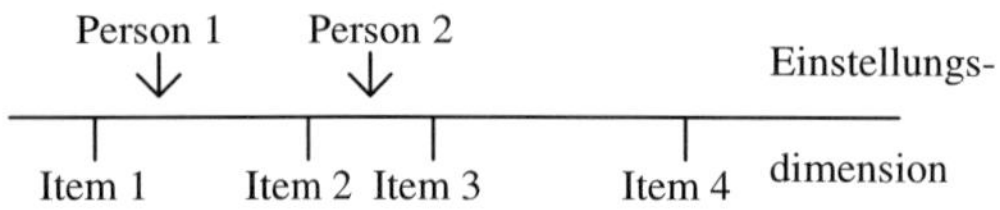

Die Person 2 stimmt den Items 1 und 2 zu, wobei die Zustimmung zu Item 1 deutlicher ausfällt ('stimme völlig zu'), weil die Einstellung der Person noch positiver ist, als es das erste Item ausdrückt. Die Zustimmung zu einem Item *sinkt* also nicht mit zunehmender Distanz zu der Position des Items (wie bei der Thurstone-Skalierung), sondern sie *steigt* mit zunehmender Distanz *in positiver Richtung*.

Auch diese Annahme ist für viele Einstellungstests sehr plausibel. Sie hat den Vorteil, dass die Testauswertung vergleichsweise unkompliziert ist, sofern alle Items eindeutig positiv oder negativ formuliert sind.

Welche der beiden Annahmen über das Antwortverhalten zutreffend ist, hängt weitgehend auch von der Formulierung der Items ab. In einem Test zur Messung der Einstellung zum Umweltschutz löst das folgende Item sicherlich umso mehr Zustimmung aus, je positiver die Einstellung ist:

Jeder Bürger sollte seinen privaten Energieverbrauch so weit wie möglich reduzieren.

Dagegen wird die folgende Formulierung vermutlich sowohl von Personen abgelehnt, die eine geringe Ausprägung der Einstellung haben, als auch von Personen, die weitaus drastischere Maßnahmen zur Erhaltung der Umwelt für notwendig halten:

In der Reduktion des privaten Energieverbrauchs liegt der Schlüssel zum Schutz der Umwelt.

Bei der Konstruktion eines Einstellungstests muss man sich frühzeitig für eine der beiden Annahmen entscheiden und die Items entsprechend formulieren. Die meisten der in Kapitel 3 behandelten *quantitativen* Testmodelle eignen sich nur zur Analyse von Items, für die die Annahme der Likert-Skalierung gilt. Modelle für Einstellungstests, die nach der Thurstone-Methode konstruiert sind, werden in Kapitel 3.1.1.3 behandelt. Allerdings eignen sich auch Testmodelle mit einer *kategorialen Personenvariable* für die Auswertung von Einstellungstests. Für die Anwendung dieser Testmodelle spielt es *keine* Rolle, ob die Itemantworten nach Thurstone oder nach Likert zustande gekommen sind.

Darüber hinaus ist es bei der Anwendung klassifizierender Testmodelle auch nicht erforderlich, von einer *Einstellungsdimension* auszugehen. Individuelle Unterschiede in der Einstellung gegenüber einem Einstellungsobjekt können sich auch in Form von qualitativen Unterschieden äußern. Man spricht dann auch von der *Einstellungsstruktur*. Damit ist gemeint, dass sich Personen darin unterscheiden, bei *welchen* Items sie im Sinne einer positiven Einstellung antworten und bei welchen im Sinne einer negativen Einstellung. In diesem Fall sind weder die *Personen* noch die *Items* auf einer Dimension anordbar, wie das zuvor stets vorausgesetzt wurde.

2.2.7 Motivations- und Interessensfragebögen

Interessen sind wie Motivationen Eigenschaften, die eine Antriebsqualität für das Handeln von Personen haben, also gleichsam Motor des Verhaltens sind. Fragebögen, die diese Eigenschaften direkt erfassen sollen, bestehen oft aus Fragen der folgenden Art:

Was machst Du am liebsten......
Was würdest Du gerne tun....
Wozu hast Du Lust.....

Dieser Typ von Tests hat vieles gemeinsam mit den bisher beschriebenen Testarten. So wird eine *Selbstauskunft über innere Zustände oder Vorgänge* erfragt, die vergleichbare Voraussetzungen erfordert und Verfälschungsgefahren birgt, wie Persönlichkeitsfragebögen. Interessen sind wie Einstellungen *objektbezogen*, d.h. man hat ein Interesse *an* etwas oder *für* etwas, und man drückt sein Interesse wie seine Meinung gerne *graduell abgestuft* aus (z.B. 'mein Interesse daran ist eher gering').

Ein besonderer Aspekt von Interessensfragebögen besteht jedoch darin, dass Interessen *zukunftsorientiert* sind und in der Regel auch zukunftsbezogen erfasst werden. Damit ist gemeint, dass sich die Tätigkeit, auf die sich das Interesse bezieht, erst in der Zukunft ausgeführt wird: '..was möchtest Du (...gleich... später... morgen...) tun?'.

Besonders deutlich wird die Zukunftsorientierung, wenn man etwa Schülerinteressen erhebt, um den späteren Unterricht für diese Schüler zu planen, oder Berufsinteressen, um die Probanden bezüglich ihrer Berufswahl zu beraten. Hier bezieht sich die Itemantwort auf eine innere Vorliebe für etwas, was der Befragte *noch gar nicht kennt* und kennen kann, weil es ihm noch bevorsteht.

Dem trägt man bei der Testkonstruktion dadurch Rechnung, dass entweder die einzelnen Items aus einem längeren Text bestehen oder mehreren Items ein gemeinsamer *Text* vorangeht, in dem das Interessensobjekt beschrieben ist. Diese Beschreibung dient dann als *Stimulus*, der das Interesse 'wecken' oder zumindest bewusst machen soll.

Die Itemantwort kann dann - wie bei einem Einstellungstest - in einem Urteil auf einer mehrstufigen Ratingskala bestehen, z.B.

kein mäßiges deutliches starkes Interesse

Das Problem dabei ist, dass die befragten Personen einen vergleichbaren *Beurteilungsmaßstab* haben sollten, nämlich was 'mäßiges', 'deutliches' und 'starkes' Interesse ist. Man verlässt sich hier auf die intersubjektive Gültigkeit der Sprache, die bei solchen differenzierten Urteilen oft fraglich ist.

Die Stärke des Interesses muss nicht unbedingt auf einer Ratingskala eingestuft werden. Es kann z.B. auch eine *Präferenzwahl* (Präferenz = Bevorzugung) aus vorgegebenen Alternativen erfolgen, die als

Ausdruck des *relativen* Interesses gewertet wird, z.B.:

Was würden Sie jetzt am liebsten lesen:

- *das nächste Kapitel über Verhaltensfragebögen*
- *etwas über Ergebnisse der Interessensforschung*
- *etwas darüber, wie man Interessenstests mit Präferenzwahlen auswertet*
- *eine Übersicht, welche Interessenstests schon entwickelt und erprobt worden sind*

Wählen Sie eine Alternative aus!

Der Nachteil von solchen Präferenzwahlen besteht darin, dass die Itemantwort nur den Schluss zulässt, dass die gewählte Alternative *relativ zu den anderen Alternativen* als interessant gilt. Es können somit nur relative Interessensausprägungen gemessen werden und das Testergebnis hängt völlig von den angebotenen Vergleichsalternativen ab. Die generelle Problematik von Antwortformaten mit nominal-skalierten Antwortvariablen wird in Kapitel 3.2 behandelt.

2.2.8 Verhaltensfragebögen

Aufgrund der Probleme, die mit der Einschätzung und Beurteilung eigener innerer Zustände und Vorgänge verbunden sind, bietet sich als Alternative an, statt innerer Zustände das *tatsächliche Verhalten* der Personen mit Fragebögen zu erfassen. Es hat einigen Reiz, sich nicht mit Introspektion, sozialen Vergleichen, Beurteilungsmaßstäben und Präferenzurteilen auseinandersetzen zu müssen, sondern den Probanden schlicht zu fragen:

Was hast Du getan ?

Prominentes Beispiel ist etwa die Erfassung des Umweltbewusstseins, wo man einsehen musste, dass Selbsturteile über umweltrelevante Einstellungen, Verantwortungszuschreibungen und sogar Handlungsabsichten nicht das tatsächliche Verhalten im Umweltbereich vorherzusagen gestatten.

Mit Verhaltensfragebögen möchte man erfassen, was die befragten Personen tatsächlich in der *Vergangenheit* getan haben. Im Gegensatz zu Situationsfragebögen ist selbst die Übertragung auf hypothetische Situationen ausgeschlossen.

Voraussetzungen für die Interpretierbarkeit der Itemantworten sind ein hinreichend zuverlässiges *Gedächtnis* der Probanden für das eigene Verhalten und die Bereitschaft, *ehrlich* Auskunft zu geben. Die soziale Erwünschtheit kann natürlich auch die Ergebnisse eines Verhaltensfragebogens beeinflussen, jedoch ließe sich diese Beeinflussung nur über eine bewusste Lüge realisieren. Hier ist die Hemmschwelle sicherlich höher als bei der Selbsteinschätzung einer Persönlichkeitseigenschaft, welche sich leichter 'verzerren' lässt.

Diese Ehrlichkeit vorausgesetzt, kann das Antwortverhalten im Test gleichgesetzt werden mit dem tatsächlichen Verhalten. Damit ist man aber nur scheinbar 'dichter' an der zu messenden Persönlichkeitseigenschaft dran. Das Problem beim *Schluss* vom tatsächlichen Verhalten *auf eine Persönlichkeitseigenschaft* besteht darin, dass das gezeigte Verhalten außer von der vermuteten Persönlichkeitseigenschaft von einer Vielzahl von *situationalen Bedingungen* abhängt.

So kann man z.B. keine Gelegenheit gehabt haben, ein Verhalten zu zeigen, daran gehindert worden sein, von anderen veranlasst worden sein, es zu zeigen, oder es aus ganz anderen Gründen 'zufällig' gezeigt haben. Kurzum, der Schluss von Verhalten unter Realbedingungen auf Personeneigenschaften ist extrem *fehlerbehaftet.* Um diesen Fehler klein zu halten, sollte man nach solchen Verhaltensweisen fragen, bei denen die situativen Bedingungen für alle Befragten möglichst gleich sind. Dies kann wiederum die Aussagekraft bezüglich der zu messenden Eigenschaft einschränken.

Sieht man von der Beeinträchtigung durch situative Faktoren einmal ab, setzt der Schluss vom Testverhalten (= erfragtes Verhalten) auf Personeneigenschaften Annahmen darüber voraus, unter welchen Eigenschaftsausprägungen welches Verhalten zu erwarten ist. Im Falle einer *quantitativen Eigenschaft* kann dies - wie bei Einstellungstests - darüber geschehen, dass die erfragten Verhaltensweisen unterschiedliche Punkte auf der Eigenschaftsdimension markieren. Auch hier gibt es wieder die beiden Alternativen, die den Annahmen der Thurstone- und der Likert-Skalierung analog sind (vgl. Kap. 2.2.6):

Erstens tritt das Verhalten nur dann auf, wenn die Eigenschaftsausprägung der Person *in der Nähe* der Position der Verhaltensweise ist.

Zweitens wird das Verhalten von einer bestimmten Eigenschaftsausprägung an *aufwärts* gezeigt.

Beispiel

In einem Fragebogen zum Umwelthandeln wird gefragt:

- *haben Sie in letzter Zeit Geld für eine Umweltschutzorganisation gespendet?*
- *sind Sie Mitglied in einer Umweltschutzorganisation?*
- *arbeiten Sie in einer Umweltschutzorganisation mit?*

Die erste Verhaltensweise zeigt sich im Sinne der ersten, oben genannten Alternative vermutlich nur bei einer mittleren Handlungsbereitschaft, aber nicht bei einer sehr schwachen oder sehr starken Handlungsbereitschaft. Bei einer sehr starken Handlungsbereitschaft spendet man nicht mehr, sondern arbeitet selbst mit.

Das zweite Item wird vermutlich im Sinne der zweiten Alternative beantwortet, da man auch bei einer *aktiven* Mitarbeit in einer Umweltorganisation Mitglied in dieser Organisation ist.

In Verhaltensfragebögen, die sehr viele Verhaltensweisen abfragen, ist die erste Annahme über das Antwortverhalten sehr viel realistischer, da auch von Personen mit hoher Eigenschaftsausprägung (Handlungsbereitschaft) nicht erwartet werden kann, dass sie *alle* Verhaltensweisen zeigen. Dafür reicht oft die zur Verfügung stehende Zeit nicht aus und auch bei einer starken Handlungsbereitschaft werden Akzente auf *bestimmte* Aktivitäten gesetzt. Entsprechendes gilt z.B. auch für sog. *Symptomlisten*, bei denen ebenfalls nicht erwartet werden kann, dass Patienten mit einer starken Ausprägung der Störung *alle* Symptome eines Krankheitsbildes zeigen.

Für die Testauswertung bedeutet dies, dass *quantitative* Testmodelle mit monoton steigenden Itemfunktionen (s. Kap. 3) nicht geeignet sind, die Handlungsbereitschaft zu messen. Testmodelle mit *kategorialer* Personenvariable sind hier sehr viel unproblematischer, da sich bei diesen Modellen die Personen hinsichtlich ihres *Musters* an Verhaltensweisen unterscheiden und nicht nur hinsichtlich der *Anzahl* an Verhaltensweisen.

Literatur

Nährer, (1986) stellt Konzeptionen von Leistungstests mit Zeitbegrenzung dar (Speed-Tests). Auf die Messung von Persönlichkeitseigenschaften mit Fragebögen gehen Angleitner & Wiggings (1986) und Angleitner & Riemann (1996) ein. Kubinger (2002) behandelt die Möglichkeiten der Verfälschung von Persönlichkeitsfragebögen. Das Konzept objektiver Persönlichkeitstests diskutieren Schmidt (1975) und Schmidt & Schwenkmezger (1994). Die Problematik projektiver Verfahren wird von Allesch (1991), Asendorpf (1999) und Tent (1991) erörtert, Westmeyer (1994) stellt das Selbstverständnis der Verhaltensdiagnostik dar und Lischetzke, Eid, Wittig & Trierweiler (2001) gehen auf die Erfassung von Gefühlen ein.

Dawes (1977) behandelt die Grundlagen der Einstellungsmessung und Edwards (1957) den Einfluss der 'sozialen Erwünschtheit' in Persönlichkeitsfragebögen. Eine Beschreibung der Likert- und der Thurstone-Skalierung findet sich z.B. bei Roskam (1983) und Schnell et al. (1999). Mummendey (1995) geht allgemein auf die Fragebogenmethode ein und Amelang & Zielinski (1994) beschreiben verschiedene Arten von Tests anhand von Beispielen.

2.3 Itemkonstruktion

Das Item ist die *kleinste Beobachtungseinheit* in einem Test, sozusagen der elementare Baustein, aus dem ein Test aufgebaut ist. An einem Item lassen sich zwei Komponenten unterscheiden, nämlich der sogenannte *Itemstamm* und das *Antwortformat*.

Der *Itemstamm* kann aus einer Frage, einer Aussage, einem Bild, einer Geschichte, einer Zeichnung oder einer Rechenaufgabe bestehen und stellt ganz allgemein die Situation dar, in der die Person ihr Testverhalten zeigt.

Demgegenüber dient das *Antwortformat* der Registrierung eben dieses Testverhaltens. Es kann aus anzukreuzenden Alternativen bestehen, aus einer leeren Zeile, in die man etwas eintragen muss, aus einer mehrstufigen Antwortskala, auf der man eine Stufe ankreuzen muss, oder einem weißen Blatt Papier, auf das man etwas zeichnen soll.

Diese beiden Bestandteile gehören aus logischen Gründen zu einem Item, denn man möchte in einem Test das Verhalten unter standardisierten Situationen erfassen (durch den Itemstamm vorgegeben), und man möchte das Verhalten der Personen in diesen Situationen in einem vergleichbaren Format registrieren, dem Antwortformat. Dennoch kann einer der beiden Bestandteile eines Items bei einzelnen Tests bis zur Unkenntlichkeit *degeneriert* sein.

So bestehen z.B. die Items bei dem bekannten Tintenkleckstest von Rorschach (vgl. Kap. 2.2.4) allein aus den Tafeln, die in diesem Sinne den Itemstamm darstellen. Das Antwortformat ist schlicht das offene Ohr des Testleiters, meist eines Therapeuten, für die gesprochenen Ausführungen des Probanden zu dieser Tafel. Im anderen Extrem kann ein Item *nur* aus den Alternativen bestehen, zwischen denen man auswählen soll, also dem Antwortformat, eventuell mit dem Hinweis als 'Itemstamm', dass man die geeignete Alternative anzukreuzen habe.

Der *Normalfall* besteht jedoch tatsächlich darin, dass im Itemstamm eine Aufgabe bzw. Frage gestellt wird oder eine Situation dargestellt ist, und mit einem geeigneten Antwortformat das Verhalten in dieser Situation, zu dieser Frage oder dieser Aufgabenstellung registriert wird.

Mit der Definition eines Items als kleinste Beobachtungseinheit ist auch gemeint, dass ein Item tatsächlich eine Einheit im Sinne von *'Einheitlichkeit'* darstellen muss. Ein Item, das nach *zwei* Dingen gleichzeitig fragt, zwei unterschiedliche Aufgaben in einem stellt oder gleichzeitig zwei sehr unterschiedliche Stimuli beinhaltet, ist in der Regel ein unbrauchbares, zumindest problematisches Item: Das im Antwortformat registrierte Verhalten muss *eindeutig* auf die im Itemstamm vorgegebene Situation (Frage) zurückzuführen sein, wenn das Testverhalten Rückschlüsse auf die Personeneigenschaft erlauben soll.

2.3.1 Itemuniversum und Itemstichprobe

Aus der inhaltlichen Theorie über die zu messende Personeneigenschaft sollte ableitbar sein, in welchen *Situationen* sich ein Verhalten zeigt, das Rückschlüsse über die Ausprägung der Personeneigenschaft zulässt. Diese Beschreibung einer *Klasse von Situationen* und einer *Klasse von Verhaltensweisen* bilden die Grundlage für eine Beschreibung des *Itemuniversums.*

Beispiel

Bei der Messung der Fähigkeit zum analogen Schließen ist die Menge der Situationen durch alle Problemstellungen definiert, die die formale Struktur

A : B = C : ?

(A verhält sich zu B wie C zu ?)

haben. Die Klasse der Verhaltensweisen unterscheidet lediglich zwei Arten von Verhalten, nämlich sinnvolle und sinnlose Ergänzungen der Analogie. Sinnvolle Ergänzungen sind dadurch definiert, dass das für das Fragezeichen gefundene Element in derselben Relation zu C steht wie das Element B zu A.

An den Beginn einer Testkonstruktion eine möglichst genaue Beschreibung des Itemuniversums (Itempopulation) zu stellen, ist deswegen sinnvoll, weil ein Testergebnis nicht nur etwas über die Beantwortung der (mehr oder weniger ‚zufällig') im Test enthaltenen Items aussagen will. Vielmehr soll eine generalisierende Aussage über das Antwortverhalten bezüglich einer ganzen Klasse von Situationen (Items) möglich sein. Das Itemuniversum definiert den *Geltungsbereich* des Testergebnisses.

So setzt der Begriff der spezifischen Objektivität (vgl. Kap. 2.1.3) voraus, dass ein Itemuniversum definierbar ist, in dessen Rahmen Messwerte spezifisch objektiv sind.

Wenn es um die Ziehung von Stichproben geht, denkt man zunächst an eine *Zufallsstichprobe*, da deren Ergebnisse am ehesten generalisiert werden dürfen. Die Ziehung einer Zufallsstichprobe aus der Menge aller möglichen Items (Itemuniversum) ist in der Regel weder möglich noch sinnvoll.

Möglich ist eine Zufallsziehung oft deswegen nicht, weil das Itemuniversum zwar theoretisch definiert werden kann, jedoch nicht in einem physischen Sinne existiert wie etwa die Population eines Landes. Wo keine Grundmenge existiert, ist es technisch zumindest schwierig, eine Stichprobe zu ziehen.

Auch *sinnvoll* wäre eine Zufallsstichprobe nicht, da man einen Test im Allgemeinen für eine bestimmte Adressatengruppe konstruiert und man eine Itemauswahl treffen sollte, die speziell zu dieser Adressatengruppe 'passt'. Das *Prinzip der Passung* von Personenstichprobe und Itemstichprobe zielt in erster Linie auf die *Maximierung der Varianz der Antwortvariablen* ab. Das bedeutet, dass solche Items ausgewählt werden sollten, von denen erwartet wird, dass es eine starke Streuung der Itemantworten in der betreffenden Personenstichprobe gibt.

Items, auf die sämtliche befragten Personen einer Stichprobe dieselbe Antwort geben, bei denen also die Varianz der Itemantwort 0 beträgt, sind schlicht wertlos. Es lässt sich im Rahmen von vielen Testmodellen zeigen, dass tatsächlich diejenigen Items die *meiste Information* zur Messung eines Personenmerkmals beitragen, bei denen die Variation der Itemantworten am größten ist (s. Kap. 6.1).

Im Falle von Leistungstestitems, bei denen nur zwischen einer korrekten und einer falschen Antwort unterschieden wird, ist die Varianz der Itemantworten dann maximal, wenn das Item in der betreffenden Stichprobe eine *relative Lösungshäufigkeit von 50 %* hat. Dies lässt sich direkt aus der Formel für die Varianz einer 0-1-Variable ablesen. Diese lautet nämlich

$$\mathrm{Var}(X) = p\,(1-p),$$

wenn X nur die Werte 0 oder 1 annimmt und p die Wahrscheinlichkeit bezeichnet, dass X den Wert 1 annimmt, also p(X = 1).

Die folgende Tabelle zeigt, dass diese Varianz mit einem Wert von 0.25 bei p = 0.5 maximal ist.

p (X = 1)

.1	.2	.3	.4	.5	.6	.7	.8	.9
.09	.16	.21	.24	.25	.24	.21	.16	.09

Var (X)

Dieses Prinzip der Passung von Item- und Personenstichprobe gilt jedoch *nicht nur für Leistungstests* und auch nicht nur für die Messung von quantitativen Personenvariablen. Will man etwa mit Hilfe eines Verhaltensfragebogens umweltpolitisch aktive Personen von umweltpolitisch nicht aktiven Personen unterscheiden (eine zweikategorielle Personenvariable), so wäre es im wahrsten Sinne des Wortes 'unpassend', relativ mittellose Gymnasiasten zu fragen, ob sie schon einmal einer Umweltschutzorganisation einen größeren Geldbetrag gespendet haben.

Neben dem Prinzip der Passung muss auch davon ausgegangen werden, dass es einfach *bessere und schlechtere* Vertreter des Itemuniversums gibt. D.h. keine noch so sorgfältige Definition eines Itemuniversums wird ausschließen können, dass es Items gibt, bei denen andere Faktoren als die zu messende Personeneigenschaft das Antwortverhalten beeinflussen können.

Auch über die *Größe der Itemstichprobe* lässt sich wenig Allgemeingültiges aussagen. Generell gilt, dass eine höhere Messgenauigkeit durch eine größere Itemanzahl erreicht werden kann. Andererseits hat eine größere Itemanzahl auch negative Auswirkungen wie Ermüdung, Redundanz, Konzentrationseinbußen, Minderung der Antwortbereitschaft, Lern- und Übungseffekte und vieles andere mehr.

2.3.2 Die sprachliche Formulierung der Items

Auch die einfachste Frage bleibt stets mehrdeutig und lässt dem Befragten einen Interpretationsspielraum. Daher muss man eine gewisse Bereitwilligkeit voraussetzen, dass der Befragte die Frage auch so versteht wie sie gemeint ist. Bereits eine einfache Frage wie

Warum haben Sie dieses
Buch gekauft?

hat je nach Betonung mindestens vier Interpretationen:

... *Was war die Motivation?*
... *Warum Sie und kein anderer?*
... *Warum gerade dieses Buch?*
... *Warum gekauft und nicht geklaut oder geborgt?*

Für derartige Probleme der sprachlichen Formulierung von Items kann es keine allgemeingültigen Anweisungen geben außer der, dass jede Frage oder *jedes Item nur einen einzelnen Aspekt* ansprechen sollte und nicht zwei oder drei gleichzeitig.

Aphorisms for a Questionnaire

Keep it simple,
One thing at a time.

Little words work best,
Two lines are too many,
Long is wrong
When in doubt, leave it out.

Reasons for asking aren't reasons for answering,
Answers ask questions.

By Ben Wright, In: Rasch Transactions

Im folgenden sollen einige Dichotomien dargestellt werden, nach denen sich Items einteilen lassen und die auch bei der

Auswahl und Formulierung der Iteminhalte dienlich sein können.

Der Unterschied zwischen *direkten und indirekten* Fragen besteht darin, dass man in einem Item die zu messende Personeneigenschaft selbst ansprechen kann, z.B.

Halten Sie sich für rücksichtsvoll?

oder man Indikatoren erfragt, über die man indirekt auf die zu messende Eigenschaft schließt:

Halten Sie mit dem Auto an, wenn am Straßenrand eine Person steht, die offensichtlich die Straße überqueren möchte ?

Das Item kann sich auf einen *hypothetischen* oder *tatsächlichen* Sachverhalt beziehen, also z.B.

Was würden Sie tun, wenn...
oder
Haben Sie schon einmal ... getan ?

Hypothetische Inhalte sind anfälliger gegenüber *Fehleinschätzungen* der eigenen Person, sozialer Erwünschtheit und anderen Fehlerquellen. Erfragt man tatsächliche Sachverhalte, so erhält man zwar 'harte Fakten' und ist von subjektiven Einschätzungen unabhängiger, jedoch ist die Itemantwort außer von der Personeneigenschaft noch von *situativen Bedingungen* der befragten Person abhängig: Eine Person kann z.B. keine Gelegenheit gehabt haben, die erfragte Tätigkeit zu zeigen.

Das Item kann sich auf einen eher *konkreten* oder *abstrakten* Sachverhalt beziehen. Beispiel:

Sammeln Sie Briefmarken?
oder
Sammeln Sie gerne irgendwelche Sachen?

Auch hier stellen die konkreten Inhalte eher harte Fakten dar, die situationsabhängiger sind. Die allgemeinen Inhalte sind eher 'Einschätzungssache' und somit anfälliger für Urteilsfehler.

Die Frage kann *personalisiert* oder *depersonalisiert* gestellt werden. Beispiel:

Würden Sie gegen ein geplantes Kernkraftwerk demonstrieren?
oder
Sollten möglichst viele Menschen gegen geplante Kernkraftwerke demonstrieren?

Personalisierte Fragen lassen einen besseren Rückschluss auf die zu messende Eigenschaft zu, wenn sie ehrlich beantwortet werden. Sie können aber von der befragten Person als ein zu starker Eingriff in die *Privatsphäre* betrachtet werden und Widerstand gegen den Test bewirken.

Depersonalisierte Fragen wahren die Distanz, bergen aber die Gefahr, dass die Antworten nur allgemeine *Unverbindlichkeiten* ausdrücken ('Ja, ja, man sollte das tun ... aber ich doch nicht').

Items können versuchen einen inneren Zustand neutral abzufragen, d.h. sie sollten möglichst keine *Stimulusqualität* haben, oder sie können bewusst einen solchen Stimulus setzen, um die Reaktion darauf zu erfragen. Beispiel:

Sind Sie manchmal wütend über die lasche Haltung der Polizei gegenüber dem Rechtsradikalismus?
oder
Was empfinden Sie, wenn Sie hören, dass Jugendliche den Hitler-Gruß zeigen, ohne von der danebenstehenden Polizei behelligt zu werden?

Items mit Stimulusqualität (die zweite Formulierung) haben sicherlich den Vorteil, dass auch Personen ohne eine entsprechende Metakognition beim Durchlesen des Itemtextes *ihre eigene Reaktion* auf diesen Stimulus beobachten können und die Antwort daher gültiger ist.

Andererseits ist die Itemantwort bei solchen Items sehr stark *vom jeweiligen Stimulus abhängig*, was die Zuverlässigkeit des Testergebnisses schmälern kann. Bei dem obigen Beispiel hält vielleicht eine Person den Hitler-Gruß für eine vom Grundgesetz erlaubte freie Meinungsäußerung, während sie ansonsten für eine stärkere Bekämpfung des Rechtsradikalismus ist.

Nicht zuletzt kann man mit der sprachlichen Einkleidung des Iteminhaltes die *Schwierigkeit des Items* beeinflussen und gezielt steuern. Mit Schwierigkeit ist dabei gemeint, wie schwer es einer durchschnittlichen Person fällt, dem Iteminhalt zuzustimmen oder die Frage zu bejahen. Beispiel:

Die Polizei sollte Bundesbürger, die den Hitlergruß zeigen, sofort festnehmen und strafrechtlich verfolgen
oder
Das Zeigen des Hitlergrußes sollte vom Staat mit den zur Verfügung stehenden Rechtsmitteln geahndet werden.

Eine Manipulation der Itemschwierigkeit durch die sprachliche Einkleidung (die erste Formulierung dürfte 'schwieriger' sein) ist nichts Ungewöhnliches. Man *muss* als Testkonstrukteur sogar die Schwierigkeit in einem gewissen Rahmen beeinflussen, wenn man einen zuverlässigen Test entwickeln will: Bei einigen Testmodellen in Richtung auf eine *mittlere Schwierigkeit*, bei anderen Testmodellen in Richtung auf eine gleichmäßige Streuung oder *Staffelung* der Schwierigkeiten aller Items.

Weil die Itemschwierigkeit von der sprachlichen Formulierung abhängt, sind *deskriptive Ergebnisse von einzelnen Items*, z.B. '80% der Bevölkerung tolerieren den Hitler-Gruß', relativ wertlos, wenn nicht der vollständige Wortlaut und das Antwortformat der Frage mit genannt werden.

2.3.3 Arten von Antwortformaten

Die wichtigste Unterscheidung bei Antwortformaten ist die Trennung nach freien (oder offenen) und gebundenen Antwortformaten.

In einem *freien Antwortformat* wird die Itemantwort von der getesteten Person selbst in einem allgemein verständlichen Zeichensystem formuliert wie z.B. in der Sprache, in Form von Zahlen, in Bildern, in Gesten oder in Lauten. Es bleibt dann dem Testleiter vorbehalten, diese wie auch immer registrierte Itemantwort zu verschlüsseln, d.h. in ein vorgefertigtes Kategoriensystem einzuordnen. Diesen Vorgang nennt man *Signierung* (s. Kap. 2.5.1). Der typische Fall von freien Antworten besteht in einer kurzen schriftlichen Antwort auf dem Testformular.

Auch freie Antworten erfordern ein *Format*, denn es wird ja vorgegeben, welche Art von Verhalten die Person produzieren soll, etwa ein Bild malen, einen Satz ergänzen, ein Muster fortsetzen, eine Zahlenreihe ergänzen oder eine Geschichte erzählen.

Ein *gebundenes Antwortformat* bietet demgegenüber eine Auswahl von Verhaltensalternativen an. Die Person braucht die Itemantwort nicht zu formulieren, sondern hat einen eingeschränkten Verhaltensbereich zur Verfügung, aus welchem eine Auswahl zu treffen ist. Der Vorteil dieser Antwortformate liegt darin, dass der Prozess der Signierung, also die Einordnung der Itemantwort in Verhaltenskategorien, entfällt.

2.3.3.1 Freie Antwortformate

Ein *freies Antwortformat* ist vorzuziehen, wenn es um die Erfassung *spontaner Reaktionen* geht, denn das Durchlesen von Verhaltensalternativen kann die Spontaneität einschränken. Es ist auch bei der Erfassung *kreativer Leistungen* (was sich von selbst versteht) oder bei *Assoziationstests* sinnvoll, wo es darum geht, welche Assoziationen man zu einem vorgegebenen Stimulus hat. Auch in *projektiven* Testverfahren sind im allgemeinen freie Antwortformate angebracht, da das Durchlesen vorgegebener Antwortalternativen den Prozess der Projektion stören kann.

Bei *Leistungstests* sind freie Antworten ein Mittel, um die Wahrscheinlichkeit einzuschränken, dass die richtige Antwort erraten wird. Generell ist auch bei solchen Befragungsinhalten ein freies Antwortformat vorzuziehen, bei denen sich die *Wichtigkeit* des Erfragten darin manifestieren kann, dass es der befragten Person *zuerst* einfällt.

Ein Beispiel hierfür ist die Erhebung von *Wertvorstellungen:* Gibt man diese in einem gebundenen Format vor, so werden in der Regel *alle* als wichtig eingestuft. Lässt man dagegen in einem freien Antwortformat diejenigen Werte nennen, die für die befragte Person wichtig sind, so fallen der Person unter Umständen wirklich nur diejenigen Werte ein, von denen sie sich leiten lässt.

Ein ganz anderes Kriterium für freie Antworten ist das *Alter* der befragten Personen. So kann es für Kinder durchaus schwierig sein, vor die Entscheidungssituation eines gebundenen Antwortformates gestellt zu werden, jedoch sehr viel einfacher, eine freie Antwort zu produzieren.

Innerhalb der freien Antwortformate lassen sich drei *Arten* von Antwortformaten unterscheiden.

Eine Art ist dadurch gekennzeichnet, dass - außer der Angabe des Mediums - so gut wie *keine weiteren Vorgaben* gemacht werden. D.h. die Person bekommt ein weißes Blatt Papier hingelegt mit dem Auftrag, z.B. die Mitglieder ihrer Familie als Tiere zu zeichnen (Familie-in-Tieren Test).

Ein zweiter Typ freier Antwortformate macht eine *formale Vorgabe* für die Produktion des Verhaltens, wie z.B. ein Wort aufzuschreiben, genau einen Satz zu formulieren, genau drei Dinge zu nennen, so viele Antworten wie möglich zu produzieren und diese so schnell wie möglich aufzuschreiben usw. Mit diesen formalen Vorgaben für die freie Produktion der Antwort kann eine gewisse *Standardisierung* des Tests erreicht werden und es können Fehlerquellen wie die Eloquenz (Redegewandtheit) der befragten Person kontrolliert werden.

Ein dritter Typ freier Antwortformate macht eine sogenannte *Lückenvorgabe*, d.h. die erfragte Itemantwort soll eine Leerstelle im vorgegeben Itemstamm ausfüllen. Dies ist z.B. der Fall, wenn die Aufgabe darin besteht, ein unvollständiges Bild oder einen Satz zu ergänzen oder Geschichten oder vorgegebene Muster fortzusetzen.

Der *Vorteil* von einschränkenden Vorgaben bei freien Formaten liegt zum einen in einer größeren Sicherheit für die getestete Person hinsichtlich dessen, was von ihr verlangt wird. Zum anderen lassen sich die Antworten leichter signieren, da sie, zumindest äußerlich, homogener sind.

Der *Nachteil* einschränkender Vorgaben ist darin zu sehen, dass die freie Produktion der Antworten behindert werden kann.

Bei der Auswahl eines freien Antwortformates ist unbedingt schon in der Planungsphase genau festzulegen, wie die freien Antworten zu signieren sind.

Wird z.B. bei einem Kreativitätstest mit freiem Antwortformat lediglich ausgezählt, *wie viele* Ideen zu einem Stimulus produziert werden, unabhängig davon, wie ähnlich sich die Ideen, wie neu oder wie nützlich sie sind, so sollte das Antwortformat eine Zeitbegrenzung enthalten. Bei unbegrenzter Beantwortungszeit dürfte sich die Anzahl der Produktionen einander angleichen. Soll hingegen auch die Qualität der Produktion (Neuartigkeit, Brauchbarkeit) signiert werden, so ist ein Antwortformat ohne Zeitbegrenzung sinnvoller.

2.3.3.2 Gebundene Antwortformate

Gebundene Antwortformate haben zunächst den *Anschein einer höheren Objektivität* und sind tatsächlich oft auch objektiver, da die Auswertungsobjektivität sehr hoch ist. Die durch die vorgegebenen Antwortalternativen erzwungene Objektivität kann jedoch auch leicht *zu Lasten der Validität* des Tests gehen: Die vorgegebenen Alternativen schöpfen vielleicht nicht alle Reaktionsmöglichkeiten aus, das Durchlesen der Alternativen erzeugt bzw. beeinflusst die Antwort oder die vorgegebenen Antworten entsprechen in Formulierung und Stil nicht der natürlichen Reaktion der befragten Person.

Der Hauptvorteil gebundener Formate besteht in der *Auswertungsökonomie* des Tests, d.h. solche Tests sind schnell, von ungeschulten Auswertern und mit Schablonen auswertbar und somit bei Massenuntersuchungen einsetzbar. Tests mit freien Antworten können prinzipiell den gleichen Grad an Objektivität (und wissenschaftlicher Dignität) erreichen, aber verbunden mit einem höheren Aufwand.

Ein gebundenes Antwortformat besteht aus einem vorgefertigten System von Antwortmöglichkeiten. Die befragte Person ist an diese Antwortkategorien *gebunden*, also nicht frei in ihren Reaktionen.

Wie bei jedem *Kategoriensystem*, so stellt sich auch bei den vorgegebenen Antwortkategorien eines gebundenen Antwortformates die Frage, ob die Kategorien *disjunkt* sind, d.h. einander ausschließen, und ob die Menge der vorgegebenen Kategorien *exhaustiv* ist, d.h. den Bereich aller Verhaltensmöglichkeiten ausschöpft. Im Prinzip kann es bei Testitems alle vier Kombinationsmöglichkeiten von disjunkten und nicht-disjunkten und exhaustiven und nicht-exhaustiven Antwortkategorien geben. Beispiel:

Wie groß ist die Wurzel aus 2 ?

mit den Antwortkategorien:

	disjunkt	nicht disjunkt
exhaustiv	kleiner als 1.3. 1.3 bis 1.5 größer als 1.5	kleiner als 1.3. 1.2 bis 1.8 größer als 1.6
nicht exhaustiv	1.2 1.69 1.41	1.41 oder 1.73 1.21 oder 1.73 1.21 oder 1.41

Während bei Leistungstests nicht-exhaustive Formate sehr gebräuchlich sind, können sie bei anderen Testarten problematisch sein, da die befragte Person in die Situation kommen kann, eine Itemantwort geben zu wollen, die in den Antwortkategorien gar nicht vorgesehen ist.

Manchmal möchte man bewusst *keine Exhaustivität*, wenn man nämlich die befragte Person dazu zwingen will, eine Auswahl aus den vorgegebenen Alternativen zu treffen. Solche Antwortformate nennt man *'forced choice'* Formate (deutsch: erzwungene Wahl). Beispiel:

Was machen Sie, wenn ein guter Freund ein lang geplantes Treffen absagt ?

- *Ich verabrede mich mit jemand anderem.*
- *Ich gehe allein spazieren.*
- *Ich verrichte eine seit langem notwendige Arbeit.*

Die Funktion von solchen 'forced choice' Formaten besteht darin, nur solche Reaktionen zuzulassen, die man nach der vorliegenden Theorie über die zu messende Personeneigenschaft auch *eindeutig interpretieren* kann.

Ihr Nachteil liegt selbstverständlich darin, dass sich die *Validität* des Tests verschlechtert, wenn die Personen in Ermangelung einer passenden Kategorie eine beliebige der vorgegebenen Kategorien ankreuzen.

Die Exhaustivität der Antwortkategorien ist jedoch nicht nur eine Frage des Antwortformates, sondern *auch des Itemstamms.* So kann ein exhaustiv formuliertes Antwortformat wie

- ja
- nein
- ich weiß nicht

für die befragte Person zu einem Problem werden, wenn sie am liebsten *'sowohl als auch'* oder *'weder noch'* antworten würde. Beispiel:

Sind Sie immer noch so glücklich wie früher?
Ja - Nein - Ich weiß nicht

Hier werden alle befragten Personen vor ein Problem gestellt, die früher gar nicht glücklich waren.

Bei *Leistungstests* sind die vorgegebenen Antwortkategorien im allgemeinen nicht exhaustiv und können es meistens auch gar nicht sein. Beispiel:

Welche Zahl setzt die folgende Zahlenreihe am besten fort?
2 3 4 9 8 27 16 ?
Antwortalternativen:
32, 18, 54 oder 81.

(Die richtige Zahl ist 81, da sie die Reihe $3 = 3^1$, $9 = 3^2$, $27 = 3^3$ fortsetzt.)

Solche Aufgaben haben eine *unendlich große Anzahl* möglicher Itemantworten, aus der nur eine kleine Anzahl zur Auswahl angeboten werden kann. Die richtige Itemantwort sollte natürlich darunter sein. Die aus der großen Anzahl *möglicher falscher Antworten* ausgewählten Antwortalternativen nennt man *Distraktoren.*

Wie wichtig die Auswahl geeigneter Distraktoren für die Itemkonstruktion ist, wird sofort einsichtig, wenn man sich vorstellt, die Antwortalternativen zum vorangehenden Beispiel lauteten:

1, 2, 3, 4 und 81.

Distraktoren haben die Funktion, die Identifikation der richtigen Antwort zu *erschweren.* Dies ist deswegen notwendig, weil der Lösungsprozess bei gebundenen Antwortformaten grundsätzlich ein anderer ist als bei freien Antworten. Bei vorgegebenen Antwortalternativen werden in der Regel *alle* vorgegebenen Alternativen daraufhin geprüft, ob sie die angemessene Itemantwort darstellen. Je 'ähnlicher' die Antwortkategorien sind, desto schwieriger ist dieser Auswahlprozess für die befragte Person.

Bei Leistungstestitems wird der Auswahlprozess nicht nur durch die Ähnlichkeit der Antwortalternativen erschwert, sondern auch durch die *Plausibilität* der Distraktoren auf den ersten Blick. So kann der zeitliche Aufwand zur Lösungsfindung nahezu beliebig durch das Angebot sehr schwieriger Distraktoren gesteigert werden. Ein Beispiel hierfür ist das folgende Item aus dem Test für medizinische Studiengänge (TMS), bei dem eines der rechten Muster als Ausschnitt des linken identifiziert werden soll:

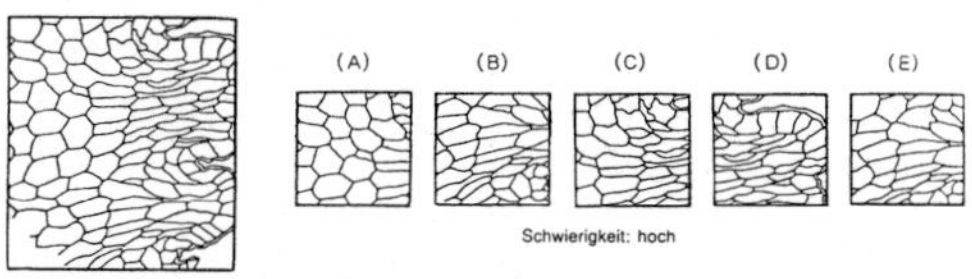

Abbildung 10: Ein Item aus dem TMS, (Inst. f. Test- und Begabungsforschung 1989)

Mit der Auswahl von Distraktoren kann jedoch nicht nur die Schwierigkeit eines Items variiert werden, sondern es können auch gezielt *halbrichtige* Lösungen oder bestimmte *Denkfehler* der befragten Personen erfasst werden.

Ein Beispiel hierfür stellt der Würfeltest aus dem Intelligenzstrukturtest (IST) dar, bei dem aus fünf Würfeln derjenige ausgewählt werden soll, der identisch zur Vorlage ist. Neben der richtigen Lösung gibt es auch immer einen Distraktor, in dem der Würfel zwar die richtigen Flächen, aber in einer falschen Anordnung hat:

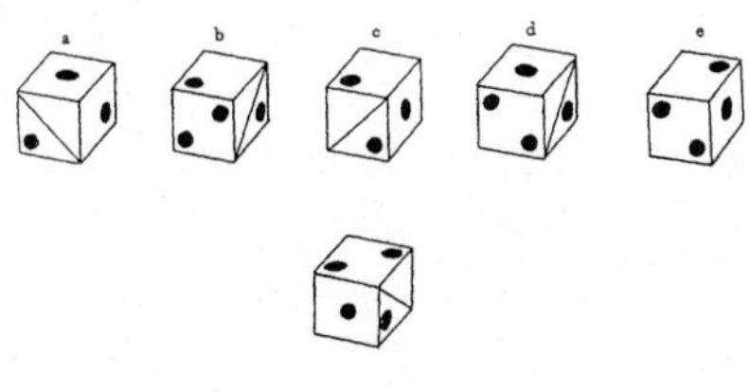

Abbildung 11: Ein Item aus dem IST (Amthauer 1970)

Während die Antwortkategorien bei Leistungstests im allgemeinen *nicht exhaustiv* sind, sollten sie jedoch stets *disjunkt* sein, wenn man nur *eine* Antwortalternative auswählen darf. Dies ist notwendig, damit die befragte Person ihre Itemantwort eindeutig in genau einer der vorgegebenen Antwortkategorien wiederfindet.

Nun gibt es aber Antwortformate, wo bewusst *mehrere* Antwortkategorien anzukreuzen sind oder sogar eine *beliebige* Anzahl, einschließlich der Möglichkeit gar keine anzukreuzen.

Bei Leistungstests bedient man sich oft dieses Tricks, um die *Ratewahrscheinlichkeit* zu senken. Bei Auswahl von nur einer Kategorie aus k vorgegebenen Kategorien beträgt die Ratewahrscheinlichkeit nämlich 1/k, also bei 5 Antwortalternativen 20%.

Soll man aus fünf Antwortalternativen zwei auswählen, sinkt die Ratewahrscheinlichkeit bereits auf 10%, da die Anzahl der möglichen Zweierkombinationen aus fünf Elementen $(5 \cdot 4)/2 = 10$ beträgt.

Soll man eine *beliebige* Anzahl aus 5 Antwortkategorien auswählen, beträgt die Ratewahrscheinlichkeit nur noch 1/32, da es jeweils

5 Einerauswahlen,
10 Zweierauswahlen,
10 Dreierauswahlen und
5 Viererauswahlen

gibt. Dazu kommen noch die beiden Möglichkeiten, dass gar keine Alternative oder alle Alternativen richtig sind.

Die Anzahl möglicher Kombinationen aus n Antwortalternativen lässt sich mit Hilfe des Binomialkoeffizienten

$$\binom{n}{k} = \frac{n \cdot (n-1) \cdot \ldots \cdot (n-k+1)}{1 \cdot 2 \cdot 3 \ldots \cdot k}$$

berechnen (sprich 'n über k'), der die Anzahl der Kombinationen von k Elementen aus einer Menge von n Elementen definiert. Die Anzahl *aller* möglichen Kombinationen ist dann über folgende Summe zu berechnen:

$$\sum_{k=0}^{n} \binom{n}{k}.$$

Die Ratewahrscheinlichkeit wird *minimal*, wenn man die Anzahl richtiger Antworten nicht vorgibt, sondern es dem Befragten überlässt, wie viele Alternativen er für richtig hält.

Solche Antwortformate werden nicht nur zur Senkung der Ratewahrscheinlichkeit in Leistungstests eingesetzt. Sie können auch im Rahmen von *Einstellungsmessungen* verwandt werden, z.B. wenn man aus einer Liste von Politikern die fünf erfolgreichsten oder eine beliebige Anzahl von vertrauenswürdigen Politikern auszuwählen hat.

Eine Auswahlanweisung, bei der die Anzahl auszuwählender Alternativen nicht vorgegeben ist, bezeichnet man auch als 'Pick *any* out of n' - Format.

Die in Kapitel 3 behandelten Testmodelle können mit solchen Mehrfachantworten nicht direkt umgehen, da sie *genau eine* Reaktion pro Person-Item-Kontakt voraussetzen. Diese Voraussetzung lässt sich auf zweierlei Weise nachträglich herstellen.

Erstens kann bei der *Kodierung* der Daten die Mehrfachantwort in eine Antwortvariable (mit disjunkten Kategorien) transformiert werden (s. Kap. 2.5). Bei Leistungstests wird dies in der Regel auch getan, indem nämlich nur die richtige Kategorienkombination als Itemlösung kodiert wird und alle anderen Kombinationen als Nicht-Lösung. Es sind aber auch Transformationen in eine ordinale Antwortvariable möglich, indem z.B. die *Anzahl* der angekreuzten richtigen Alternativen als Antwortvariable fungiert.

Der zweite Weg ist nur bei 'Pick *any* out of n' möglich und besteht darin, die Antwortalternativen selbst *als Items* mit einem dichotomen Antwortformat (gewählt oder nicht gewählt) aufzufassen. Im Falle einer vorgegebenen Anzahl von auszuwählenden Alternativen (Pick k out of n) ist dieser Weg nicht gangbar, da die experimentelle Unabhängigkeit zwischen den Items verletzt ist (s. Kap. 2.3.4).

Beispiel: Wenn man nur drei Politiker von 20 vorgegebenen auswählen kann, so haben nach drei erfolgten Wahlen die restlichen Politiker keine Chance mehr gewählt zu werden. Die 'Items' würden also keine unabhängigen Beobachtungseinheiten des Tests mehr darstellen.

2.3.3.3 Ratingformate

Unter den gebundenen Antwortformaten bilden die sogenannten Ratingformate eine häufig benutzte Untergruppe. Ein Ratingformat zeichnet sich durch zwei Eigenschaften aus. Erstens handelt es sich um mehrere, d.h. *mehr als zwei abgestufte Antwortkategorien*, von denen angenommen wird, dass sie für die befragte Person eine Rangordnung darstellen. Zweitens sind diese Antwortkategorien *item-unspezifisch* formuliert, d.h. dieselbe Benennung der Antwortkategorien gilt für mehrere oder *alle* Items eines Fragebogens. Diese item-unspezifischen, ordinalen Antwortkategorien nennt man *Ratingskala*.

Beispiel: 2 Items aus dem State-Trait-Anxiety-Inventory (STAI, Laux et al., 1981)

	fast nie	manch-mal	oft	fast immer
Item 34: Ich mache mir Sorgen über ein mögliches Missgeschick	1	2	3	4
Item 38: Enttäuschungen nehme ich so schwer, dass ich sie nicht vergessen kann	1	2	3	4

Ratingformate haben gegenüber dichotomen Antwortformaten, bei denen nur zwischen Ja/Nein oder Zustimmung/Ablehnung unterschieden wird, den Vorteil, dass sie *informationsreicher* sind. Die befragte Person hat die Möglichkeit, sich gegenüber dem Iteminhalt differenzierter zu äußern und verschiedene Abstufungen ihrer Zustimmung oder Ablehnung auszudrücken.

Trotz der relativ klaren Definition einer Ratingskala und ihrer Vorteile, gibt es eine Vielzahl von *Varianten von Ratingskalen* und ebenso viele Punkte, die es bei der Testkonstruktion zu bedenken gilt. Die meisten dieser Überlegungen hängen damit zusammen, dass die Ratingskala eine *Ordinalskala* sein soll, d.h. von der befragten Person als solche benutzt und bei der Datenauswertung entsprechend verrechnet werden soll.

Oft besteht sogar der weitergehende Anspruch, dass die Ratingskala *Intervallskalenqualität* besitzt. Wenn man dies (ungeprüft) annehmen will, kann man auf die Itemantworten normale statistische Verfahren anwenden, die Intervallskalen voraussetzen. Bei den in Kapitel 3 behandelten Testmodellen wird *keine* Intervallskalenqualität von Ratingskalen vorausgesetzt, sondern lediglich Ordinalskalenqualität. Mit den geschätzten Modellparametern erhält man Information über die Kategorienabstände (also auch, ob sie äquidistant sind und somit eine Intervallskala bilden) *und* darüber, ob die Annahme des Ordinalniveaus gerechtfertigt ist.

Folgende Aspekte gilt es bei der Konstruktion einer Ratingskala zu beachten:

Erstens: Soll die Skala *unipolar oder bipolar* aufgebaut sein?

Eine *unipolare* Skala geht von einem Nullpunkt lediglich in eine Richtung, d.h. zum Beispiel in Richtung auf eine starke Zustimmung. Die Ratingskala im o.g. Beispiel aus dem STAI ist unipolar in Richtung auf zunehmende Häufigkeit.

Bei *bipolaren* Ratingskalen gehen die Kategorien von einem negativen Pol (z.B. sehr starke Ablehnung) über einen fiktiven oder als Mittelkategorie vorgegebenen Nullpunkt bis hin zu einem positiven Pol (z.B. sehr starke Zustimmung). Eine bipolare Ratingskala ist im allgemeinen *symmetrisch*, d.h. sie hat gleich viele Kategorien auf jeder Seite. Sie muss es aber nicht sein, wie das folgende Beispiel aus dem Interaktions-Angst-Fragebogen (IAF, Becker 1982) zeigt:

> *Item 9: Sie denken daran, dass Sie von Ihrem Vorgesetzten abends eingeladen sind.*
> *Item 11: Es soll Ihnen vom Arzt mit einer dicken Nadel Blut entnommen werden.*

Die Ratingskala für alle Items lautet:

angenehm		*unangenehm*				
ziemlich	ein wenig	weder noch	ein wenig	ziemlich	sehr	äußerst

Dieser Fragebogen ist nicht nur ein Beispiel für eine bipolare *asymmetrische* Ratingskala, er zeigt auch, dass es manchmal problematisch sein kann, ein itemunspezifisches Antwortformat für alle Items zu verwenden. Es hängt sehr stark vom jeweiligen *Iteminhalt* ab, ob eine unipolare oder eine bipolare Ratingskala angemessen ist.

Darüber hinaus hängt die Entscheidung 'unipolar oder bipolar?' auch von der zu messenden *Personeneigenschaft* ab, die ihrerseits unipolar oder bipolar definiert sein kann (z.B. 'Extraversion-Introversion' als bipolares, 'Ängstlichkeit' als unipolares Konstrukt). Eine Korrespondenz der Art 'unipolares Konstrukt - unipolare Ratingskala' ist zwar nicht zwingend, aber es kann Schwierigkeiten bereiten, wenn man für eine unipolare Eigenschaft einen Gegenpol auf der Ratingskala konstruieren will.

So kann im obigen Beispiel der Gegenpol 'angenehm' zum Ängstlichkeit anzeigenden Pol 'unangenehm' auch zu konzeptuellen Problemen führen: Müssen Personen, die *extrem wenig* ängstlich sind, die genannten Situationen wirklich als 'ziemlich angenehm' einstufen? Wenn die Ratingskala Ordinalniveau haben soll, müsste man das erwarten.

Zweitens lassen sich Ratingskalen danach unterscheiden, wie differenziert sie das abgestufte Urteil erfassen, d.h. also *wie viele Stufen* die Ratingskala aufweist. Die Anzahl der Stufen sollte sich daran orientieren, welchen Differenziertheitsgrad im Urteil man den zu befragenden Personen 'zutrauen' kann. Dabei kommt so ziemlich jede Anzahl zwischen 3 und 10 in Frage.

Neben dem vermuteten Grad der kognitiven Differenziertheit der zu befragenden Personen spielt bei der Entscheidung über die Kategorienanzahl einer Ratingskala auch die Vermeidung sogenannter *Antworttendenzen* oder *response sets* eine große Rolle.

Response sets

Unter einem *response set* versteht man die von der zu messenden Personeneigenschaft unabhängige Neigung einer Person, die Ratingskala in einer bestimmten Art und Weise zu gebrauchen.

Es lassen sich folgende response sets unterscheiden:

- Tendenz zum mittleren Urteil
- Tendenz zum extremen Urteil
- Ja-sage-Tendenz (Aquieszenz)

oder auch deren jeweiliges Gegenteil, d.h.

- Vermeidung des mittleren Urteils,
- Vermeidung eines extremen Urteils
- Nein-sage-Tendenz.

Graphisch lassen sich response sets durch die jeweils entstehende Häufigkeitsverteilung der Antwortkategorien darstellen:

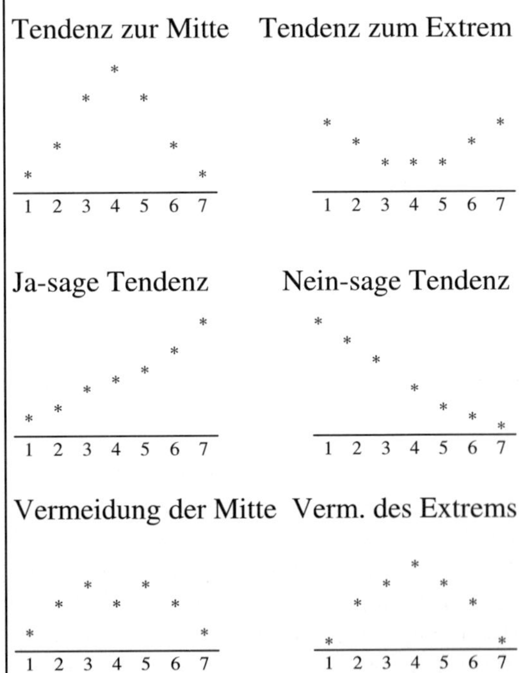

Auch *Kombinationen* aus diesen response sets oder *weitere Formen* können die Benutzung einer Ratingskala systematisch prägen.

Bei der Konstruktion und Auswahl einer Ratingskala ist der Einfluss von response sets deswegen *möglichst gering* zu halten, weil er den Schluss von den Itemantworten auf die zu messende Personeneigenschaft beeinträchtigt, d.h. unsicherer macht. Die Beeinflussungsmöglichkeiten hängen insofern mit der Anzahl der Stufen der Ratingskala zusammen, als sich z.B. bei nur drei oder vier Antwortstufen eine Tendenz zum extremen Urteil weniger gravierend bemerkbar macht als etwa bei 7 Stufen.

Drittens unterscheiden sich Ratingskalen dahingehend, ob sie eine ungerade Anzahl von Kategorien - und damit eine neutrale oder *mittlere Kategorie* - haben oder eine gerade Anzahl.

In vielen Untersuchungen hat sich die Verwendung einer mittleren, neutralen Kategorie als ungünstig erwiesen. Diese Kategorie wird von den Personen oft nicht oder nicht nur als Ausdruck einer mittleren Position zwischen zwei Polen benutzt, sondern sie drückt aus, dass die Person das Item für unpassend hält oder die Antwort verweigert. Insofern ist die Persönlichkeitseigenschaft, von der die Benutzung dieser Kategorie abhängt, oft eine andere als die, die gemessen werden soll. Der Test ist in diesem Sinne dann *zweidimensional.*

Von Personen, die motiviert sind, den Test zu bearbeiten, wird die mittlere Kategorie oft *gemieden*, d.h. sie tritt seltener auf als es aufgrund der Verteilung der zu messenden Eigenschaft zu erwarten ist. Dies führt dazu, dass die Parameter entsprechender Testmodelle anzeigen, dass die mittlere Kategorie mit den anderen Kategorien der Ratingskala keine Ordinalskala bildet. Die Qualität der Messung wird dann durch diese Kategorie eher beeinträchtigt als erhöht.

Viertens und letztens unterscheiden sich Ratingskalen nach der Benennung ihrer Kategorien. Im folgenden einige Beispiele:

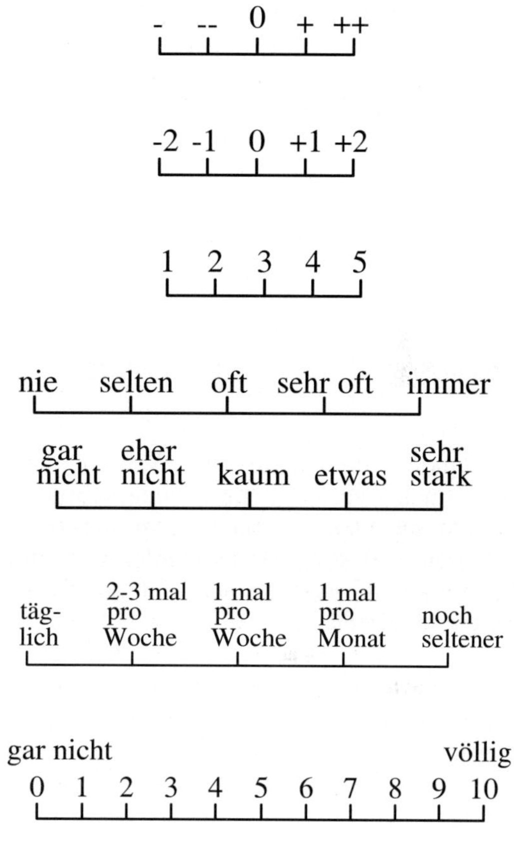

Eine Benennung mit *Zahlen* wird oft verwendet, um zu bewirken, dass die Ratingskala wie eine *Intervallskala* benutzt wird. Dies ist jedoch nicht automatisch garantiert, da in der subjektiven Wahrnehmung von Personen auch aufeinanderfolgende ganze Zahlen nicht unbedingt gleichen Abstand haben.

Verbale Etikettierungen haben demgegenüber den Vorteil, dass die Bedeutung der Antwortstufen durch eine sprachliche Umschreibung intersubjektiv vereinheitlicht wird, was bei einer Kennzeichnung durch

Zahlen nicht gegeben ist. Die Schwierigkeit bei der sprachlichen Benennung liegt jedoch darin, solche Beschreibungen zu finden, die eindeutig eine Rangordnung der vorgegebenen Kategorien ausdrücken.

Von einer *Kombination* aus beidem, d.h. numerische Bezeichnung der Stufen und verbale Beschreibung der Pole (siehe die obigen Beispiele), erhofft man sich die Vorteile von beiden Varianten.

Eine Belegung mit *Symbolen* wie Plus- und Minuszeichen soll wiederum die subjektiven Schwankungen in der Bedeutung sprachlicher Benennungen ausschließen und - gegenüber einer numerischen Etikettierung - den Eindruck übertriebener mathematischer Exaktheit vermeiden.

Häufigkeitsangaben als Etikettierungen der Ratingkategorien haben den Vorteil, dass sie einen verbindlichen, intersubjektiv definierten Maßstab als Beurteilungsskala anbieten und somit Urteilsfehler und den Einfluss von response sets auf ein Minimum reduzieren.

Ratingformate haben den Vorteil, dass sie nicht für jedes einzelne Item konstruiert werden müssen, sondern für alle Items eines Tests gelten. Dies ist auch für die befragte Person ein Vorteil, denn sie kann sich auf einen Antwortmodus einstellen und *gleichartige Maßstäbe für alle Items* bei ihrer Antwort benutzen.

Dennoch kann es sinnvoll sein, ordinal abgestufte Itemantworten *spezifisch für jedes Item* zu formulieren. Solche *itemspezifischen* ordinalen Antwortalternativen würde man nicht mehr als Ratingskala (im engeren Sinne) bezeichnen. Für die Auswertung solcher Daten müssen Testmodelle herangezogen werden, die unterschiedliche Kategorienabstände für jedes Item vorsehen.

Das Problem von response sets ist bei itemspezifischen Formaten differenzierter. Einerseits treten response sets seltener auf, da sich *Antwortgewohnheiten* schlechter herausbilden und manifestieren, wenn die Antworten bei jedem Item anders lauten. Andererseits können sie - wenn sie auftreten - schwerer identifiziert werden.

Der Vorteil itemspezifischer Antwortkategorien liegt jedoch darin, dass man sie auf den jeweiligen *Iteminhalt* beziehen kann. Ein Beispiel sind die beiden folgenden Items eines Interessentests:

Wenn Sie sich Ihre Freizeit allein nach Ihren Interessen gestalten könnten, wie häufig würden Sie...

<table>
<tr><td colspan="3">ein Buch lesen</td></tr>
<tr><td>mindestens 1 Std. tägl.</td><td>etwa 5-8 Std. in der Woche</td><td>etwa 1-2 Std. in der Woche</td></tr>
</table>

<table>
<tr><td colspan="4">mit Freunden ausgehen</td></tr>
<tr><td>mindestens 3mal pro Woche</td><td>einmal pro Woche</td><td>1-2mal pro Monat</td><td>seltener</td></tr>
</table>

2.3.4 Die Zusammenstellung des Tests

Wie fügt man Items zu einem Test zusammen? Damit ist im wesentlichen die Frage gemeint, welche *Abhängigkeiten zwischen den Items* erlaubt sind und welche nicht.

Betrachtet man die Durchführung eines Tests als ein *Experiment* (s. Kap. 1), so stellt die Beobachtung des Verhaltens mehrerer Personen bei verschiedenen Items - in der Terminologie der Versuchsplanung - eine *Messwiederholung* dar. Da alle Itemantworten von denselben Personen stammen, und *durch die zu messende Personeneigenschaft bedingt sind,* werden *keine unabhängigen* Beobachtungen realisiert.

Hält man die zu messende Personeneigenschaft jedoch konstant, z.B. indem man nur *eine* Person betrachtet oder nur Personen mit *derselben Ausprägung* der latenten Variable, so müssen die Items experimentell *unabhängig* bearbeitet werden.

Diese spezielle Art von Unabhängigkeit nennt man *lokale stochastische Unabhängigkeit* (stochastisch = die Wahrscheinlichkeit betreffend). 'Lokal' bedeutet, dass die stochastische Unabhängigkeit nur für einen festen 'Ort' (locus = Ort) oder Wert der Personenvariable gilt.

Wann ist die Annahme der lokalen stochastischen Unabhängigkeit verletzt? Auf jeden Fall bei *logischen Abhängigkeiten* zwischen den Items. *Logische Unabhängigkeit* zwischen den Items bedeutet, dass die Beantwortung eines Items nicht *eine bestimmte Antwort auf ein anderes Item* voraussetzen darf. Ein Beispiel für logisch abhängige Items ist:

Item 1: Haben Sie schon einmal das Gefühl gehabt, dass Sie keinem Menschen trauen können ?

Item 2: Haben Sie daraufhin mit jemandem darüber gesprochen?

Es ist klar, dass die Beantwortung von Item 2 nur Sinn macht, wenn Item 1 bejaht wurde. Solche logischen Abhängigkeiten bilden das Prinzip von sog. *verzweigten Fragebögen*, bei denen jeweils vorgeschaltete 'Filterfragen' abklären sollen, ob die befragte Person überhaupt den folgenden Fragenkomplex zu bearbeiten hat (z.B. '...wenn nein, gehen Sie weiter zu Frage XY'). Zur testtheoretisch fundierten Messung *einer* Personeneigenschaft eignen sich solche abhängigen Items nicht, da die Konstruktion geeigneter Testmodelle sehr kompliziert ist.

Wenn sichergestellt ist, dass zwischen den Items keine logischen Abhängigkeiten bestehen, stellt sich als nächstes die Frage, wie die Items zu einem Test zusammengesetzt werden können, ohne die lokale stochastische Unabhängigkeit der Itemantworten zu gefährden. Hier gilt es, *Positionseffekte* und *Reihenfolgeeffekte* zu berücksichtigen.

Positionseffekte

Unter Positionseffekten versteht man die Veränderung der Schwierigkeit oder anderer Merkmale eines Items infolge seiner Platzierung im Test. Mit solchen Positionseffekten ist besonders bei den Items *am Testanfang* (mangelndes Instruktionsverständnis oder 'warming-up' Prozesse) oder *am Testende* (Ermüdung, Zeitmangel, schwindende Testmotivation und Abbruch) zu rechnen.

Reihenfolgeeffekte

Unter Reihenfolgeeffekten versteht man die Beeinflussung der Itemantwort dadurch, *welche* anderen Items zuvor bearbeitet wurden. So sind bei vielen Leistungs- und Intelligenztests die Aufgaben *nach aufsteigender Schwierigkeit* geordnet, was sicherlich dazu beiträgt, dass die schwierigen Aufgaben infolge der Übung an leichteren Aufgaben ebenfalls etwas leichter zu lösen sind.

Solche Effekte können, müssen aber nicht die lokale stochastische Unabhängigkeit verletzen. Diese besagt lediglich, dass die Wahrscheinlichkeit einer Itemantwort nicht davon abhängen darf, *was* bei den vorangehenden Items *geantwortet* wurde. Sehr wohl darf sie davon beeinflusst sein, *welche* Items vorher *bearbeitet* wurden.

Solange sich ein Positions- oder Reihenfolgeeffekt darin ausdrückt, dass ein Item durch seine Position im Test oder durch vorangehende Items *für alle Personen* gleichermaßen leichter oder schwerer wird, ist die stochastische Unabhängigkeit *nicht* verletzt.

Bewirken diese Effekte dagegen *reaktionskontingente Veränderungen* der zu messenden Personeneigenschaft (reaktionskontingent = mit der Reaktion zusammenhängend), so ist die lokale stochastische Unabhängigkeit verletzt.

Hier ist insbesondere an *reaktionskontingentes Lernen* zu denken, also Lernvorgänge, die bei einer richtigen Itemlösung anders ablaufen als bei einer falschen Lösung. Leider sind die meisten oder zumindest die interessanteren Lernvorgänge reaktionskontingent. So ist es etwa beim *Lernen durch Einsicht*, das sich einstellt, wenn man eine Aufgabe 'zufällig' gelöst hat (Aha-Erlebnis), oder beim *Verstärkungslernen*, wenn die richtige Lösung (sofern man auch merkt, dass sie richtig ist) als Verstärker für den richtigen kognitiven Prozess fungiert. Auch wenn man bei einer *erfolglosen Bearbeitung* von Aufgaben mehr lernt als bei einer richtigen Lösung, liegt reaktionskontingentes Lernen vor. Sollten solche Lernprozesse massiv auftreten, wäre die stochastische Unabhängigkeit der Items nicht gegeben.

Findet dagegen lediglich Lernen im Sinne von *Üben* statt, was im wesentlichen von der Anzahl und Qualität der Aufgaben aber nicht von den eigenen Reaktionen abhängt, so ist das eine Form von Lernen, die mit der Annahme der stochastischen Unabhängigkeit *vereinbar* ist.

Auch bei anderen Tests als Leistungstests kann es zu reaktionskontingenten Veränderungen der zu messenden Personeneigenschaft kommen. Ein Beispiel wäre ein Aggressionstest, bei dem aggressive Reaktionen auf frühere Items einen *kathartischen Effekt* haben (Katharsis = Läuterung) und somit die Wahrscheinlichkeit aggressiver Reaktionen auf spätere Items senken.

Was folgt aus diesen Überlegungen für die Zusammenstellung von Items zu einem Test?

Erstens dürfen Items, die dieselbe Personeneigenschaft messen, *nicht logisch voneinander abhängig* sein.

Zweitens sollte man möglichst eine *Zufallsabfolge* wählen. Möchte man durch eine *gezielte Anordnung* bestimmte Reihenfolge- oder Positionseffekte ausnutzen, so muss sichergestellt sein, dass diese Effekte auf alle Personen gleichermaßen wirken und *nicht* davon beeinflusst sind, *wie* eine Person bestimmte Items beantwortet.

Zur Vermeidung unerwünschter Abhängigkeiten zwischen den Items gibt es einige *Tricks*. So kann man z.B. *Scheinitems* in den Test einstreuen,

- die eine befürchtete Kontingenz zwischen aufeinanderfolgenden Items durchbrechen sollen (*Puffer-Items*),
- die die zu messende Persönlichkeitseigenschaft *verschleiern* sollen,
- oder die 'ganz nebenbei' vermutete Störvariablen (*Tendenz zur sozialen Erwünschtheit*, *Ja-sage-Tendenz*) erfassen sollen.

Weiterhin kann man *sensible* Items, deren Antwort durch vorangehende Items beeinflusst werden könnte, *an den Anfang* stellen. Und man kann *reaktive* Items, d.h. solche, deren Beantwortung Effekte auf spätere Itemantworten ausüben können, *an den Schluss* stellen.

Soll ein Testinstrument zur Messung mehrerer Personeneigenschaften zusammengestellt werden, ergeben sich weitere Möglichkeiten, wie z.B. die Items verschiedener Untertests zu *mischen*.

Literatur

Eine detaillierte Diskussion der Konstruktion von Fragebögen und Tests findet sich bei Lienert (1969), Kline (1986),(2000), Mummendey (1987), Roid & Haladyna (1982) und Tränkle (1983). Sudman, Bradburn & Schwarz (1996) sowie Schwarz & Sudman (1996) diskutieren die Formulierung von Items im Kontext von sozialwissenschaftlichen Befragungen (surveys).

Hornke & Rettig (1992), Embretson (1996b, 1998), Downing & Haladyna (1997) und Haladyna, Downing & Rodriguez (2002) diskutieren Ansätze einer theoriegeleiteten Itemkonstruktion.

Berg (1967) und Esser (1977) gehen auf die Problematik von response sets ein, Couch & Keniston (1960), Buse (1980) und Vogt & Wendt (1978) gehen speziell auf die Ja-sage Tendenz ein. Dubois & Burns (1975) analysieren die Rolle einer 'Ich-weiß-nicht' Kategorie.

2.4 Datenerhebung

Mit Datenerhebung ist in diesem Kapitel die Sammlung von Testdaten zum Zwecke einer *Testentwicklung* oder im Rahmen einer *Forschungsarbeit* gemeint. Fragen der Datenerhebung im Sinne einer *Testanwendung* für diagnostische Zwecke werden hier nicht behandelt.

2.4.1 Stichprobenprobleme

Jede Stichprobenziehung fängt mit der Definition der *Population* an, über die die Stichprobe etwas aussagen soll. Wie bei jeder empirischen Untersuchung ist auch bei einer Testentwicklung eine *repräsentative Stichprobe* optimal. Repräsentativität bedeutet, dass *alle denkbaren Variablen* in der Stichprobe genauso verteilt sind wie in der Population. Eine repräsentative Stichprobe ist somit nur durch eine völlig *zufällige Auswahl* der Individuen aus der Population herzustellen.

Eine solche Zufallsauswahl ist in der Praxis so gut wie nie erreichbar und es stellt sich daher die Frage, *welche Eigenschaften* einer repräsentativen Stichprobe für eine Testentwicklung wirklich wichtig sind und mit welcher Art der Stichprobenziehung diese Eigenschaften gewonnen werden können.

Hier muss wieder nach den *Zielen* der Testentwicklung unterschieden werden:

Soll der Test *normiert* werden (s. Kap. 2.1.4), so muss die *Verteilung der zu messenden Personenvariable* in der Stichprobe völlig identisch sein mit der Verteilung in der Population.

In Abbildung 12 symbolisiert die durchgezogene Linie die Häufigkeitsverteilung der Messwerte X in der Population und die gestrichelte Linie die Stichprobenverteilung.

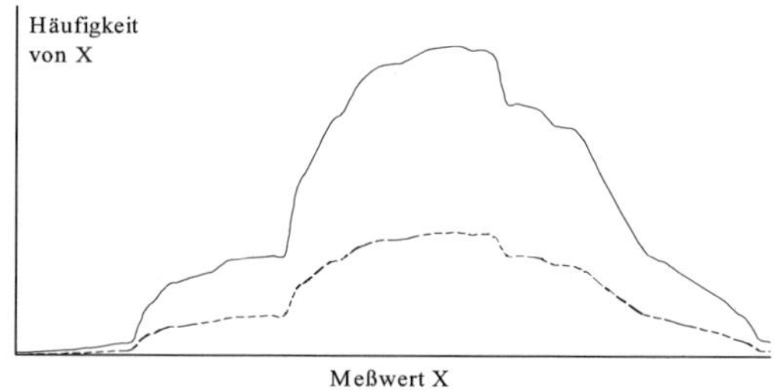

Abbildung 12: Populations- und Stichprobenverteilung

So ein nahezu identisches Abbild der Populationsverteilung des zu messenden Merkmals ist tatsächlich nur notwendig, wenn Normen für die Testinterpretation entwickelt werden sollen (s. Kap. 2.1.4 und 6.5). Dann sind allerdings sogar oft *mehrere* repräsentative *Stichproben* für verschiedene Teilpopulationen erforderlich, je nachdem, für welche Referenzpopulationen getrennte Normen gewünscht werden.

Die Art der Stichprobenziehung soll in diesem Fall lediglich sicherstellen, dass die *zur Selektion benutzten Variablen* nicht mit der zu messenden Variable zusammenhängen. So darf z.B. die Tatsache, dass jemand ein Telefon besitzt, nicht mit der zu messenden Eigenschaft zusammenhängen, wenn die Stichprobe durch telefonische Anfrage rekrutiert werden soll (aus Telefonbüchern lassen sich leicht Zufallsstichproben ziehen).

Sollen demgegenüber keine Normen entwickelt werden, sondern soll 'lediglich' ein *messgenauer und valider Test* entwickelt werden, so schwächen sich die Erfordernisse an die Verteilung der Eigenschaft in der Stichprobe deutlich ab. Es sind im wesentlichen zwei Dinge zu gewährleisten:

Erstens sollte die *Variation* der zu messenden Eigenschaft in der Stichprobe gegenüber der Populationsvariation *nicht eingeschränkt* sein. Dieser Punkt ist besonders wichtig, wenn eine *externe Validität* des Tests berechnet wird. Jede Einschränkung der Varianz der Messwerte bewirkt nämlich eine *Unterschätzung der Validität.*

Dies wird in der folgenden Abbildung veranschaulicht.

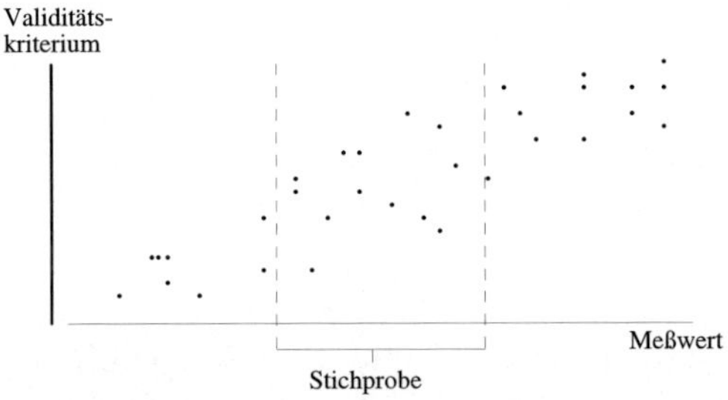

Abbildung 13: Korrelation zwischen Messwert und Validitätskriterium

Die Graphik zeigt die Korrelation zwischen Messwerten und externem Validitätskriterium in der Population. Innerhalb des eingeschränkten Variationsbereiches der Stichprobe fällt die Punktewolke wesentlich 'runder' und damit die Korrelation (sprich: externe Validität) niedriger aus.

Obwohl die Konsequenzen *gegen* die Intentionen des Testkonstrukteurs gerichtet sind, ist die Varianzeinschränkung wohl *einer der häufigsten Fehler*, der bei der Stichprobenziehung begangen wird. Man denke nur an die vielen Testentwicklungen, die ausschließlich an studentischen Stichproben vorgenommen werden.

Eine eingeschränkte Varianz der zu messenden Eigenschaft in der untersuchten Stichprobe wirkt sich auch auf andere Berechnungen im Rahmen einer Testentwicklung nachteilig aus. So kann die Qualität des Items nicht so gut beurteilt werden, wenn die Varianz der latenten Variable eingeschränkt ist (vgl. Kap. 6.2).

Für die Stichprobenziehung kann man daraus die Konsequenz ableiten, *mehrere* möglichst unterschiedliche *Teilstichproben* zu untersuchen, um so die Variation zu erhöhen.

Der zweite Punkt, der auch bei einer nichtrepräsentativen Stichprobe gewährleistet sein sollte, besteht darin, dass die Art der Abhängigkeit von Testverhalten und Personeneigenschaft in der Stichprobe *nicht untypisch* für die Art der Abhängigkeit in der Gesamtpopulation ist. Entwickelt man etwa einen Angstfragebogen ausschließlich an einer Stichprobe von Personen mit akademischer Bildung, so ist damit vielleicht nicht die Variation der Eigenschaft 'Ängstlichkeit' eingeschränkt. Es kann aber sein, dass der rationale Umgang mit dem Phänomen 'Angst' und somit die Beziehung von Ängstlichkeit und Testverhalten in dieser Stichprobe anders aussieht als in anderen Teilpopulationen.

Der letztgenannte Punkt betrifft primär die Sicherstellung der *internen Validität* des Tests. Diese ist aber Voraussetzung für jegliche sinnvolle Verwendung des Tests.

Abschließend noch ein paar Antworten auf die zentrale Frage: *Wie groß soll die Stichprobe sein?*

Diese Frage lässt sich unter drei Gesichtspunkten beantworten, je nachdem, welches Ziel oder Gütekriterium eines Tests man vor Augen hat:

- die Prüfung der Modellgeltung (die *interne Validität* des Tests)
- die *Genauigkeit* der Parameterschätzungen
- die Entwicklung von *Normen.*

Strebt man eine möglichst *exakte Prüfung der Modellgeltung* an, so kann das leicht zu astronomischen Stichprobengrößen führen. So lautet die (Maximal-) Antwort auf die o.g. Frage, dass man ein *Mehr-*

faches (z.B. 5-faches) der *Anzahl möglicher Antwortmuster* in einem Test braucht.

Diese Antwort hat folgenden Hintergrund: Die theoretisch befriedigendste Methode, ein Testmodell vollständig auf Gültigkeit zu prüfen, verlangt, dass man die *beobachteten Häufigkeiten unterschiedlicher* Antwortmuster mit den vom Modell vorhergesagten *Häufigkeiten aller möglichen* Antwortmuster vergleicht.

Besteht ein Test z.B. aus zehn Items mit je zwei Antwortmöglichkeiten, so gibt es 2^{10} = 1024 unterschiedliche Antwortmuster:

Item:	1	2	3	4	5	6	7	8	9	10
1	0	0	0	0	0	0	0	0	0	0
2	0	0	0	0	0	0	0	0	0	1
3	0	0	0	0	0	0	0	0	1	0
4	0	0	0	0	0	0	0	0	1	1
5	0	0	0	0	0	0	0	1	0	0
6	0	0	0	0	0	0	0	1	0	1
7	0	0	0	0	0	0	0	1	1	0
	.									
	.									
	.									
1020	1	1	1	1	1	1	1	0	1	1
1021	1	1	1	1	1	1	1	1	0	0
1022	1	1	1	1	1	1	1	1	0	1
1023	1	1	1	1	1	1	1	1	1	0
1024	1	1	1	1	1	1	1	1	1	1

Ein Vergleich von theoretisch erwarteten und beobachteten Häufigkeiten der Antwortmuster würde voraussetzen, dass jedes dieser 1024 Antwortmuster eine reelle Chance hätte, beobachtet zu werden. Dies ist wohl erst bei *ein paar tausend* getesteten Personen der Fall.

Natürlich gibt es auch 'sparsamere' Formen, die Geltung eines Testmodells zu testen, aber dann wird die Antwort auf die Frage 'Wie viele Personen?' zur Ermessenssache.

Eine sparsamere Form der Geltungsprüfung besteht darin, die *Stichprobe* bei der Testauswertung *in zwei Hälften zu teilen* und die Parameterschätzungen in beiden Teilstichproben miteinander zu vergleichen. Diese Methode setzt voraus, dass die halbe Stichprobengröße ausreicht, die Modellparameter zu schätzen. Da dies bei vielen Modellen schon mit etwa 50 Personen möglich ist, kommt man zu einem minimalen *Stichprobenumfang von ca. 100 Personen.*

Hat man sehr *starke a priori Hypothesen* (a priori (lat.) = im vorhinein), z.B. über die Rangordnung der Schwierigkeiten der Testitems, so reichen auch *40-50 Personen* aus. Die Prüfung der internen Validität des Modells kann dann über den Vergleich der empirisch geschätzten Modellparameter mit den hypothetischen erfolgen.

Innerhalb dieses Spielraumes von 50 bis 5000 Personen kann man nur differenziertere Aussagen machen, wenn man sich auf ein spezielles Testmodell bezieht. So reichen für Modelle mit einer quantitativen Personeneigenschaft im allgemeinen etwas *kleinere Stichprobenumfänge* aus als für Modelle mit kategorialer Personeneigenschaft.

Geht man von der *Genauigkeit der Parameterschätzungen* aus, so lassen sich Empfehlungen für Stichprobengrößen ebenfalls nur modellspezifisch ableiten. Anzumerken ist hier, dass für die Genauigkeit der Messwerte der Items ausschließlich die *Anzahl der Personen* maßgeblich ist. Umgekehrt wird die Genauigkeit der Personenmesswerte ausschließlich von der *Anzahl der Items* beeinflusst.

Insofern ist die Erreichung einer hohen Messgenauigkeit (Reliabilität) des Tests keine Frage der Größe der Personenstichprobe. Man kann jedoch Ansprüche an die *Genauigkeit der Itemmesswerte* stellen und daran die Stichprobengröße orientieren. In welcher Weise die Stichprobengröße mit der Messgenauigkeit der Items zusammenhängt, wird in Kapitel 6.3 behandelt.

Nimmt man die *Ableitung von Normen* als Kriterium für die Bestimmung der Stichprobengröße, so stellt sich zunächst die Frage, *wie differenziert* man denn die Normen haben möchte. Im einen Extrem kann man allein daran interessiert sein, wie groß der *Mittelwert* einer quantitativen Personeneigenschaft in einer Referenzpopulation ist. Hier können schon 20 bis 30 Personen ausreichen, um den Populationsmittelwert einigermaßen genau zu bestimmen.

Im anderen Extrem kann man z.B. alle 100 Prozentmarken der Verteilung der Messwerte in einer Population bestimmen wollen. Hierfür sind dann schon ca. 2000 Personen erforderlich; das ist eine Stichprobengröße, die sich auch für Meinungsumfragen und Wahlprognosen als hinreichend erwiesen hat. Nicht zuletzt muss berücksichtigt werden, für wie viele Teilpopulationen, die z.B. nach Geschlecht, Alter oder Berufsgruppe aufgeschlüsselt sind, Normtabellen entwickelt werden sollen. Hier lassen sich keine allgemeingültigen Empfehlungen geben.

2.4.2 Durchführungsprobleme

Bei der Durchführung der Datenerhebung sind einige Probleme zu bedenken, die es bei einem Einsatz des Tests zu individualdiagnostischen Zwecken so nicht gibt.

Hierzu gehört zunächst die *Aufklärung über den Gegenstand der Befragung*. In vielen Fällen ist es sinnvoll, wenn die befragten Personen möglichst wenig über den Gegenstand der Befragung wissen, damit die *Itemantworten unbeeinflusst* von Vorkenntnissen bleiben. Das bewusste Verschweigen des eigentlichen Gegenstands einer Befragung oder gar die Vorspiegelung einer falschen Testabsicht wirft jedoch *ethische Probleme* auf.

Wie bei vielen Experimenten, bei denen man vor demselben Problem steht, wird es im Allgemeinen für ethisch vertretbar gehalten, wenn man die Befragten vorher informiert, dass man den Gegenstand der Befragung *vor* der Testbearbeitung nicht offenbaren kann, aber ankündigt, dass man dies *im Anschluss* nachholt. Eine falsche Cover-Story erfordert in jedem Fall eine nachträgliche Richtigstellung.

Neben den ethischen Problemen hat ein Verschweigen oder eine Falschinformation auch den Nachteil, dass *fälschliche Vermutungen* über den Befragungsgegenstand die Itemantworten ebenso nachteilig oder noch ungünstiger beeinflussen können wie die richtige Information.

Ein *Beispiel* wäre, wenn man einen Fragebogen zu moralischen Wertvorstellungen damit zu kaschieren versucht, dass man vorgibt, es handele sich um einen Fragebogen zum politischen Konservativismus. Die Testergebnisse über die Moralvorstellungen hängen dann auch davon ab, wie konservativ sich die Befragten darstellen möchten.

Eine Information über den Sinn der Befragung ist unter anderem auch deshalb notwendig, um eine Bereitschaft zur Testbearbeitung zu schaffen, die sogenannte *Testmotivation*. Jeder Befragte braucht irgendeinen Grund, eine Motivation, den Test möglichst sorgfältig und ehrlich zu beantworten.

Ein solches Motiv ist bei der späteren individualdiagnostischen Verwendung eines Tests in der Regel automatisch gegeben. Bei der Testentwicklung mittels zufälliger

Personenstichproben ist diese Testmotivation erst herzustellen.

Da die *ethischen Richtlinien* für die Durchführung von Humanexperimenten (und um solche handelt es sich bei Tests) verlangen, dass die Teilnahme *freiwillig* ist, sollte man sich der *Bereitschaft* der zu befragenden Personen vorher vergewissern und gegebenenfalls *Anreize* zur Bearbeitung des Tests schaffen. Inwieweit die dabei induzierte Testmotivation die *Beantwortung der Items beeinflussen* kann, ist im Einzelfall abzuwägen.

Ein weiterer Punkt, in dem sich die Entwicklungsphase eines Tests von seiner individualdiagnostischen Verwendung unterscheidet, liegt in der Zusicherung der *Anonymität*. Dabei ist die Zusicherung leichter gegeben als eingehalten, denn es müssen *organisatorische Maßnahmen* getroffen werden, um zu verhindern, dass der Testleiter im nachhinein die Identität der Befragten rekonstruieren kann (nicht zu viele demographische Variablen wie Alter, Geschlecht, Beruf etc. erfragen).

Schließlich müssen die *Bearbeitungshinweise* für den Test so einfach und so genau wie möglich formuliert werden. Hierzu gehören im allgemeinen

- ein oder zwei *Itembeispiele* mit möglicher Antwort
- eine Angabe, wie viel *Zeit* die Bearbeitung insgesamt in Anspruch nimmt,
- Hinweise, was man tun soll, wenn man ein Item *nicht beantworten* will, und
- bei Leistungstests, ob man bei zu schweren Items die Antwort *raten* oder das Item lieber überspringen soll.

Spezielle Arten der Datenerhebung bringen auch spezifische Durchführungsprobleme mit. So stellt sich bei einer *postalischen Befragung* das Problem, eine hohe *Rücklaufquote* zu erreichen. Darunter versteht man den prozentualen Anteil zurückgesandter Fragebögen an der Gesamtzahl versandter Fragebögen. Je nach Umfang und Inhalt der Fragebögen muss man manchmal schon mit einer Rücklaufquote von 50% zufrieden sein.

Das Problem einer geringen Rücklaufquote ist nicht die Verkleinerung des Stichprobenumfangs. Diese kann dadurch ausgeglichen werden, dass man von vornherein mehr Personen anschreibt als benötigt werden. Das Problem stellt die sogenannte *Eigenselektion* dar. Damit ist gemeint, dass die befragten Personen selbst entscheiden, ob sie den Fragebogen beantworten und zurücksenden. Die Kriterien, nach denen diese Auswahl (Selektion) erfolgt, hängen in der Regel mit dem Gegenstand der Befragung zusammen, so dass die zurückerhaltenen Fragebögen eine verzerrte Stichprobe des *Antwortverhaltens* darstellen.

Hat man den befragten Personen Anonymität zugesichert, lässt sich diese Verzerrung auch nicht dadurch beeinflussen, dass man säumige Personen anmahnt oder Ersatzpersonen sucht, die in demographischen Merkmalen vergleichbar sind.

Telefonische Befragungen eignen sich naturgemäß nur für Erhebungen von geringem zeitlichen Umfang. Sie werden insbesondere im Bereich soziologischer Untersuchungen eingesetzt.

Spezielle Möglichkeiten und Probleme ergeben sich auch durch den Einsatz des Computers bei der Testvorgabe. Das *computerunterstützte Testen* stellt eine Form der Datenerhebung dar, die es erlaubt, die Auswahl der Testitems individuell auf jede Person abzustimmen. Die höchste Stufe dieses maßgeschneiderten Testens (taylored testing) besteht darin, jede Itemantwort sofort zu verarbeiten und für die Auswahl des nächsten Items zu nutzen.

Das *Prinzip der Passung* von Itemschwierigkeit und Personenfähigkeit (s. Kap. 2.3) kann dadurch optimal realisiert werden, dass schon nach wenigen bearbeiteten Items eine erste Schätzung der Fähigkeit der Person vorgenommen wird. Die folgenden Items werden dann so ausgewählt, dass die betreffende Person in etwa eine 50%-ige Lösungswahrscheinlichkeit hat. Auf diese Weise kann eine relativ hohe Messgenauigkeit realisiert werden und die getesteten Personen müssen sich nicht mit zu leichten oder zu schweren Items beschäftigen.

Außerdem dient das computerunterstützte Testen der Standardisierung der Testdurchführung und damit der Objektivität der Ergebnisse.

Literatur

Allgemeine Fragen der Stichprobenziehung werden in Lehrbüchern der empirischen Forschung behandelt, s. z.B. Bortz & Döring (2002), Schnell et al. (1999). Einführende und vertiefende Darstellungen des computer-adaptiven Testens (CAT) finden sich in Meijer (1999), van der Linden (2002), van der Linden & Chang (2003), van der Linden & Reese (1998) und Hornke (2001). Mehrere Beiträge zum computerunterstützten Testen finden sich in dem Sammelband von Kubinger (1988).

2.5 Kodierung der Antworten

Den Vorgang, die Itemantworten der befragten Personen aus dem Testheft oder dem Antwortblatt derart in Zahlen zu verschlüsseln, dass diese Daten dann mit einem entsprechenden Testmodell analysiert werden können, nennt man *Kodierung* der Itemantworten. Die Kodierung der Antworten ist bereits ein Vorgang, bei dem berücksichtigt werden muss, *wie* die Daten ausgewertet werden sollen. Im Zweifelsfalle empfiehlt es sich, möglichst die ganze, in den Antworten vorhandene Information differenziert zu kodieren, denn eine Rekodierung durch *Zusammenlegen* von Kategorien ist jederzeit möglich. Der umgekehrte Weg, d.h. eine nachträgliche Ausdifferenzierung von zu groben Kategorien ist dagegen nur unter erheblichem Aufwand möglich.

Für Items mit freien Antwortformaten lässt sich der Prozess der Kodierung in *zwei Phasen* unterteilen, nämlich die Zuordnung der freien Antworten zu bestimmten Kategorien und die Zuordnung von Zahlencodes zu diesen Kategorien. Man bezeichnet den ersten Schritt als *Kategorisierung* oder mit einem älteren Begriff als *Signierung* der freien Antworten. Der Begriff Signierung stammt aus der Auswertung projektiver Tests, bei denen die Kategorisierung der Itemantworten ein hohes Maß an psychologischer Schulung erfordert. Die beiden Phasen der Transformation einer Itemantwort in die Antwortvariable zeigt Abbildung 14. Die dritte Phase ist die Transformation der Antwortvariablen in einen Messwert mittels eines Testmodells (s. Kap. 3) und der Schätzung seiner Parameter (s. Kap. 4).

Itemantworten: freie Antworten

↓ **Signierung Kategorisierung**

Antwortkategorien: A,B,C

↓ **Kodierung**

Antwortvariable: X_{vi}

↓ **Parameterschätzung**

Messwert: θ_v

Abbildung 14: Phasen der Transformation einer freien Antwort in einen Messwert

Das Ziel der beiden ersten Phasen besteht darin, für jedes Item i eine *Antwortvariable* X_{vi} zu erhalten.

Was ist eine Variable?

In der Sprache der Mengenlehre versteht man unter einer *Variable* eine eindeutige Zuordnung (Abbildung) einer Menge von Objekten zu einer Menge von Zahlen. Das bedeutet, dass dieselbe Zahl zwar mehreren Personen (Objekten) aber nicht dieselbe Person mehreren Zahlen zugeordnet werden kann:

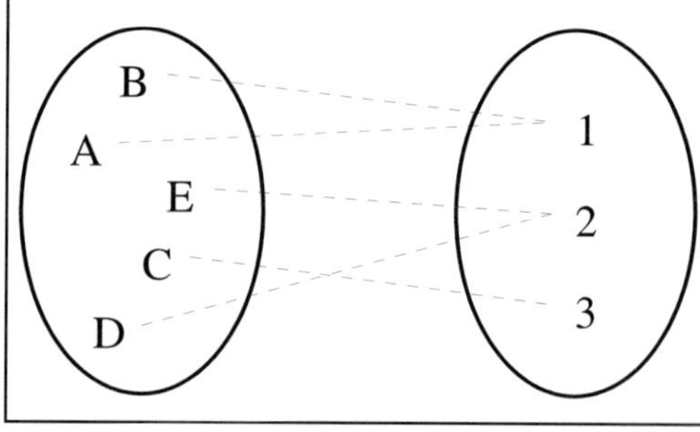

Das Wesen einer *Variable* besteht darin, jedem Objekt, in diesem Fall jeder Person, *genau einen* Wert aus einer Menge von Zahlen zuzuordnen.

Eine Antwortvariable ordnet jeder Person hinsichtlich jeder Itemantwort genau einen Wert zu.

Das hat zum Beispiel zur Konsequenz, dass auch Mehrfachantworten auf ein Item nur durch *eine* Kodezahl verschlüsselt werden dürfen, es sei denn, man unterscheidet mehrere Signierungsaspekte (s. Kap. 2.5.1).

Die beiden folgenden Unterkapitel gehen getrennt auf den Prozess der Signierung und der Kodierung ein.

2.5.1 Die Signierung freier Antworten

Freie Antworten können aus Bildern, Worten, Satzergänzungen, verbalen Bildinterpretationen oder ähnlichem bestehen. Eine erste Frage betrifft die Anzahl der *Signierungsaspekte*, hinsichtlich derer jede Antwort signiert oder kategorisiert werden soll. Im einfachsten Fall handelt es sich nur um einen einzelnen Signierungsaspekt, also z.B. welche Art von Aggressivität in der Itemantwort zum Ausdruck kommt. Ein Beispiel für mehrere Signierungsaspekte ist die Auswertung freier Textproduktionen nach Textlänge, Merkmalen des Satzbaus und nach Inhalten des Textes. Jeder Signierungsaspekt ergibt in der Regel *eine* Antwortvariable.

Für die weitere Auswertung ist es sinnvoll, dass die Signierungsaspekte *logisch unabhängig* voneinander sind, d.h. dass die Zuordnung einer Itemantwort zu einer Kategorie des einen Aspektes nicht zur Folge haben darf, dass bestimmte Kategorien eines anderen Signierungsaspektes auftreten müssen oder nicht auftreten können. Derartige logisch voneinander abhängige Signierungsaspekte sind schwierig auszuwerten, da die *logischen* Abhängigkeiten zu *statistischen* Abhängigkeiten führen, welche keine empirischen Gegebenheiten widerspiegeln, sondern nur die Definition der Signierungsaspekte.

Innerhalb jedes Signierungsaspektes gilt es, einen Satz von mindestens zwei Kategorien derartig klar und eindeutig zu definieren, dass jede Itemantwort *in genau eine* dieser Kategorien entfällt bzw. ihr zuordenbar ist. Bisweilen werden auch *Mehrfachsignierungen* vorgenommen, d.h. Zuordnungen der Itemantwort zu mehr als einer Kategorie desselben Signierungsaspektes. Solche mehrfach signierten Itemantworten müssen aber im nächsten Schritt der Kodierung derart verschlüsselt werden, dass tatsächlich eine Antwortvariable entsteht (s. o.).

Das *Kategorienschema*, welches man für einen Signierungsaspekt entwickelt, kann sehr unterschiedlich aussehen. Es reicht von lediglich *dichotomen* Antwortkategorien (ein bestimmtes Merkmal ist in der Itemantwort enthalten oder nicht), über *qualitativ* unterschiedliche Kategorien (Merkmal A, B oder C ist in der Antwort enthalten) bis hin zu mehrfach *gestuften* Ratingskalen, anhand derer die Itemantworten beurteilt werden. Generelle Empfehlungen, welche Art von Kategorienschema für welche Signierungsaspekte am sinnvollsten sind, lassen sich schwer geben. Ein wichtiges formales Kriterium besteht darin, dass das Kategorienschema *einfach genug* sein muss, damit eine hinreichende Signierobjektivität erreicht werden kann.

Unter *Signierobjektivität* versteht man das Ausmaß, in dem zwei voneinander unabhängig arbeitende Signierer die Itemantworten denselben Antwortkategorien zuordnen. Die Signierobjektivität muss bei jeder Testentwicklung kontrolliert, d.h. berechnet werden und gilt als Gütekriterium des Tests (vgl. Kap 2.1.3). Die Berechnung der Signierobjektivität geschieht mittels eines geeigneten Übereinstimmungskoeffizienten.

Ausgangspunkt für die Berechnung eines Übereinstimmungskoeffizienten ist eine sog. *Übereinstimmungsmatrix*, in der die Häufigkeiten stehen, mit denen zwei Signierer die Antwortkategorien zugeordnet haben.

Beispiel

Die *Übereinstimmungsmatrix*

		Signierer 2					
		A	B	C	D	E	
Signierer 1	A	10	1	2	0	1	14
	B	0	15	1	0	0	16
	C	1	1	20	2	2	26
	D	3	0	0	8	0	11
	E	0	2	0	2	13	17
		14	19	23	12	16	84

gibt an, dass von den 84 zu signierenden Itemantworten 10 übereinstimmend von beiden Signierern der Kategorie A, 15 Antworten der Kategorie B etc. zugeordnet wurden. Die Übereinstimmung ist perfekt, wenn nur die Felder der *Hauptdiagonale* in dieser Matrix besetzt sind. Im vorliegenden Fall hat z.B. Signierer 2 vier Antworten anderen Kategorien zugewiesen, die Signierer 1 der Kategorie A zugeordnet hat (nämlich eine in B, zwei in C und eine in E). Aus den Randsummen der Matrix ist ersichtlich, dass Signierer 2 die Kategorie B häufiger und Kategorie C seltener verwendet als Signierer 1.

Eine solche Übereinstimmungsmatrix kann man *itemspezifisch* aufstellen (in diesem Fall wären die 84 Kodierungen im obigen Beispiel auf 84 Personen und nur ein Item bezogen) oder für mehrere bzw. alle Items (z.B. könnte es sich um die Antworten von 21 Personen auf 4 Items handeln). Ob die Signierobjektivität itemspezifisch oder für alle Items gemeinsam berechnet werden sollte, hängt davon ab, ob man besondere Schwierigkeiten der Signierung bei einzelnen Items erwartet. In diesem Fall sollte die Objektivitätskontrolle itemspezifisch erfolgen, so dass man Items mit einer zu geringen Signierobjektivität bei einer Testrevision *modifizieren* oder *eliminieren* kann, bzw. deren Antworten bei der Testauswertung *unberücksichtigt* lässt.

Es gibt mehrere *Übereinstimmungskoeffizienten*, die man anhand einer solchen Matrix berechnen kann, von denen hier nur einer dargestellt werden soll. Es handelt sich um Cohens κ (Kappa), der folgendermaßen definiert ist

$$(1) \qquad \kappa = \frac{p - p_e}{1 - p_e} \quad ,$$

wobei p die relativen Häufigkeiten der übereinstimmenden Kategorisierungen bezeichnet:

$$p = \frac{\sum_x f_{xx}}{N} \quad .$$

Die Häufigkeiten in den Diagonalfeldern werden mit f_{xx} bezeichnet und die Anzahl der kodierten Itemantworten mit N. Mit p_e werden die zu erwartenden Häufigkeiten von Übereinstimmungen bezeichnet, die allein per Zufall auftreten, d.h. wenn beide Signierer würfeln würden. Diese erwarteten Häufigkeiten lassen sich anhand der Randsummen f_{1x} und f_{2x} der Matrix berechnen

$$p_e = \frac{\sum_x f_{1x} f_{2x}}{N^2} \quad .$$

Zur Berechnung von κ benötigt man also nur die Häufigkeiten aus der Hauptdiagonale und die Randsummen der Übereinstimmungsmatrix.

Beispiel

Für die oben aufgeführte Übereinstimmungsmatrix ergibt sich für p der folgende Wert:

$p = (10+15+20+8+13) / 84 = 0.7857$

Diese Zahl besagt, dass die beiden Signierer 78,5 % aller Itemantworten übereinstimmend signiert haben. Unter Zufallsbedingungen würde bei den gegebenen Randverteilungen die folgende Übereinstimmung erreicht:

$p_e = (14 \cdot 14+16 \cdot 19+26 \cdot 23+11 \cdot 12+17 \cdot 16) / 84^2 = 0.213$

Der Koeffizient κ korrigiert die beobachtete Übereinstimmung um diesen Zufallseffekt:

$$\kappa = \frac{0.785 - 0.213}{1 - 0.213} = 0.727 \quad .$$

Dieser Koeffizient κ berücksichtigt nicht, *welche* andere Kategorie ein Signierer wählt, wenn er nicht mit einem anderen Signierer übereinstimmt: Wie die Häufigkeiten in den Feldern außerhalb der Diagonale verteilt sind, geht in die Berechnung nicht ein. Dies ist dann problematisch, wenn die Kategorien eine *Rangordnung* darstellen, also eine Vertauschung von B und D gravierender ist als eine Vertauschung von B und C.

Das ist relativ häufig gegeben, nämlich immer dann, wenn mittels abgestufter Kategorien das *Ausmaß* signiert wird, in dem eine freie Antwort z.B. Aggression oder Angst ausdrückt. Für diese Fälle *geordneter Signierungskategorien* kann ein gewichteter κ-Koeffizient berechnet werden, der eine unterschiedliche Signierung in benachbarten Kategorien weniger stark gewichtet als eine Signierung in weiter auseinander liegenden Kategorien.

Um diese Gewichte in dem Übereinstimmungsmaß κ berücksichtigen zu können, wird κ zunächst so transformiert, dass es anhand der Häufigkeiten außerhalb der Hauptdiagonalen berechnet wird und nicht anhand der Diagonalfelder selbst:

$$\kappa = 1 - \frac{1-p}{1-p_e}$$

(2)
$$= 1 - \frac{\frac{1}{N} \sum_{x \neq y} f_{xy}}{\frac{1}{N^2} \sum_{x \neq y} f_{1x} f_{2y}} \quad .$$

Im Zähler des zweiten Summanden steht die relative Häufigkeit der *nicht* übereinstimmenden Kategorisierungen, also die Summe aller Häufigkeiten f_{xy} aus Zeile x und Spalte y der Übereinstimmungsmatrix, wobei x und y nicht identisch sein dürfen, also $x \neq y$. Im Nenner stehen die unter Zufallsbedingungen zu erwartenden Nicht-Übereinstimmungen, wobei f_{1x} die Randhäufigkeit der Zeile x (also von Signierer 1) und f_{2y} die Randhäufigkeit der Spalte y (also von Signierer 2) bezeichnet.

In dieser Schreibweise von κ lassen sich jetzt leicht Gewichte einführen, um den 'Schweregrad' einer Abweichung der beiden Signierer einzubeziehen:

(3)
$$\kappa_w = 1 - \frac{N \cdot \sum_{x \neq y} w_{xy} f_{xy}}{\sum_{x \neq y} w_{xy} f_{1x} f_{2y}}$$

Der Index w von κ steht für 'weighted', also gewichtetes Kappa, und die Gewichte w_{xy} sind so zu wählen, dass ein größeres Gewicht eine gravierendere Abweichung bezeichnet. Bilden die Signierungskategorien eine Rangordnung und kann man weiterhin davon ausgehen, dass die Abstände zwischen den Kategorien gleich groß sind, so verwendet man als Gewicht die *quadrierten Abweichungen.* Hierfür werden die Kategorien mit aufsteigenden ganzzahligen Werten kodiert, also z.B. mit den Werten 1 bis 5. Die Gewichte lauten dann:

$$w_{xy} = (x - y)^2. \quad (4)$$

Für das Datenbeispiel mit den fünf Signierungskategorien sieht die Matrix der Gewichte wie folgt aus:

	A	B	C	D	E
A	0	1	4	9	16
B	1	0	1	4	9
C	4	1	0	1	4
D	9	4	1	0	1
E	16	9	4	1	0

Prinzipiell lassen sich auch andere Gewichte wählen, jedoch bedarf es dafür recht präziser Vorstellungen, wie ähnlich sich die Kategorien sind und wie 'zulässig' daher Verwechselungen sind. Wählt man die quadrierten Abweichungen (4) als Gewichte, so ist κ_w bei großem N identisch mit der *Intraklassen-Korrelation*, einem Übereinstimmungsmaß, das man für intervallskalierte Signierungskategorien verwendet (s. Fleiss und Cohen, 1973).

Datenbeispiel

Für die oben genannte Übereinstimmungsmatrix soll das gewichtete Kappa mit den quadrierten Abweichungen als Gewichte berechnet werden. Hierfür werden zunächst die Zellen der Übereinstimmungsmatrix mit den Zellen der Gewichtematrix multipliziert:

	A	B	C	D	E
A	0	1	8	0	16
B	0	0	1	0	0
C	4	1	0	2	8
D	27	0	0	0	0
E	0	18	0	2	0

Da die Hauptdiagonalelemente dieser Matrix durch das Gewicht 0 aus der Gewichtematrix ohnedies gleich 0 sind, ergibt die Summe aller Matrixelemente, 88, multipliziert mit $N = 84$ den Zählerausdruck von κ_w, $88 \cdot 84 = 7392$. Den Nenner ergibt die Summe aller Elemente einer Matrix, in deren Zellen die *erwarteten* Häufigkeiten, $f_{1x} \cdot f_{2x}$, multipliziert mit den Gewichten stehen:

	A	B	C	D	E
A	0	266	4·322	9·168	16·224
B	224	0	368	4·192	9·256
C	4·364	494	0	312	4·416
D	9·154	4·209	253	0	176
E	16·238	9·323	4·391	204	0

Diese Summe lautet 25374, so dass sich für κ_w der folgende Wert ergibt:

$$\kappa_w = 1 - \frac{7392}{25374} = 0.709.$$

Die Übereinstimmung zwischen den beiden Signierern ist demnach unter der Annahme geordneter Kategorien mit gleichen Abständen etwas niedriger als unter der Annahme nominalskalierter Kategorien (0.727). Dies liegt daran, dass den 7 Verwechslungen zwischen benachbarten Kategorien (s. die Übereinstimmungsmatrix) immerhin 10 Verwechslungen zwischen weiter auseinanderliegenden Kategorien gegenüberstehen.

Den Berechnungen der Signierobjektivität unter der Annahme geordneter Signierungskategorien liegt bereits eine bestimmte Zuordnung von Zahlencodes zu den Antwortkategorien zugrunde. Dieser Auswertungsschritt der 'Kodierung' von Antwortkategorien wird im folgenden Kapitel ausführlicher behandelt.

2.5.2 Die Kodierung von Antwortkategorien

Den Kategorien der Itemantworten, seien sie durch das Antwortformat vorgegeben oder seien sie das Resultat der Signierung freier Antworten, müssen Zahlen zugeordnet werden, um sie weiter verarbeiten zu können. Dieser Vorgang wird als *Kodierung* bezeichnet und hat zum Ziel, die *Antwortvariablen* herzustellen (s.o.). Die Arten der Kodierung von Antwortkategorien lassen sich daher anhand der Arten der durch sie erzeugten Antwortvariablen unterscheiden.

Die wichtigsten Unterscheidungsmerkmale sind hierbei, ob die Antwortvariable

- *dichotom* (zweigeteilt) oder *polytom* (mehrgeteilt) ist, und
- ob sie ungeordnete oder geordnete Kategorien hat.

Dichotome Antwortvariablen sind weitaus die häufigsten. Sie nehmen nur 2 Werte (Valenzen) an, nämlich 0 und 1. Diese beiden Codes haben sich durchgesetzt, weil sie rechnerisch am leichtesten handhabbar sind (anders als etwa die Codes 1 und 2).

Unterscheidet das Antwortformat (oder die Signierung) von vornherein nur 2 Kategorien, z.B. richtig - falsch, ja - nein, stimme zu - stimme nicht zu etc., so stellt sich bei der Kodierung in eine dichotome Antwortvariable nur ein Problem, nämlich das der *Polung*. Für die meisten Arten der Testauswertung, insbesondere für die Messung quantitativer Personenmerkmale, ist es nämlich wichtig, dass die Antwortvariablen für alle Items *gleichsinnig gepolt* sind, d.h. der Code '1' immer auf denselben Pol des zu messenden Merkmals hinweist (z.B. Extraversion). Das bedeutet, dass eine ja-Antwort durchaus nicht immer mit einer '1' zu kodieren ist, nämlich dann nicht, wenn sie auf den entgegengesetzten Pol der zu messenden Eigenschaft hinweist (z.B. Introversion).

Ob eine derartige Umpolung negativ formulierter Items bei der Kodierung erfolgen sollte, hängt von dem anzuwendenden Testmodell ab. So sollten die Antworten bei einem quantitativen Testmodell mit nicht-monotonen Itemfunktionen (s. Kap. 3.1.1.3) *nicht* umgepolt werden, bei klassifizierenden Testmodellen dient eine Umpolung lediglich der Übersichtlichkeit der Ergebnisse.

Gibt es mehr als zwei Antwortkategorien, so kann eine *Dichotomisierung*, also eine Kodierung in eine dichotome Antwortvariable sinnvoll sein, was aber stets mit einem *Informationsverlust* verbunden ist. Werden in einem Leistungstest etwa 5 Alternativen vorgegeben, so verzichtet man mit der Kodierung der richtigen Alternative mit '1' und aller anderen mit '0' auf die Information, *welcher Distraktor* gewählt wurde. Die Wahl eines schwierigen Distraktors ist zwar auch eine 'falsche' Itemantwort, sie weist aber darauf hin, dass sich die Person bei der Beantwortung 'etwas gedacht' und nicht nur geraten hat. Die Alternative zu einer Dichotomisierung wäre in diesem Fall die Kodierung mit

0 = Wahl eines unplausiblen Distraktors
1 = Wahl eines plausiblen Distraktors
2 = Wahl der richtigen Alternative,

also die Herstellung einer polytomen Antwortvariable.

In Fragebögen mit geordneten Antwortkategorien, z.B. Ratingformaten, empfiehlt sich generell *keine* Dichotomisierung. Fast alle in Kapitel 3 behandelten Testmodelle gibt es auch in einer Version für polytome Antwortvariablen mit geordneten Kategorien. Solche Testmodelle für ordinale Daten bieten nicht nur genauere Messwerte für die Personeneigenschaft, sondern auch bessere Möglichkeiten der Prüfung, ob ein Testmodell auf die Daten passt.

Entscheidet man sich für die Dichotomisierung mehrerer Antwortkategorien, stellt sich die Frage, *wie* man dichotomisiert.

Bei einem Leistungstest mit *mehreren* richtigen Antwortkategorien kann man unterschiedlich streng dichotomisieren, indem man entweder nur die Kombination der richtigen Alternativen mit '1' kodiert oder auch Kombinationen, in denen die richtigen Alternativen und ein Distraktor enthalten sind. Hierzu kann es keine generellen Empfehlungen geben, außer der, dass es aus statistischen Gründen vorteilhaft ist, wenn beide Codes etwa gleich häufig auftreten.

Bei Ratingformaten kann sich die Notwendigkeit einer Zusammenlegung von Kategorien, und im Extremfall einer Dichotomisierung stellen, wenn einige Antwortkategorien *zu selten* gewählt wurden. Bei sehr vielen Testmodellen gibt es nämlich Probleme mit der Parameterschätzung, wenn einzelne Antwortkategorien bei einem Item gar nicht oder nur 2- oder 3-mal auftreten.

Bei *polytomen Antwortvariablen* sind diejenigen mit *geordneten Kategorien* weitaus häufiger als solche mit ungeordneten. Werden Ratingformate verwendet, so nimmt man im allgemeinen an, dass die Kategorien der Ratingskala geordnet sind. Ihre Kodierung erfolgt mit aufsteigenden ganzzahligen Werten, wobei ebenfalls mit 0 begonnen wird. Die Antwortvariablen X_{vi} nehmen also Werte von 0 bis m an,

$$x_{vi} \in \{0,1,2,...,m\} \quad ,$$

wenn es m+1 Ratingkategorien gibt.

Die Zuordnung *aufeinanderfolgender ganzzahliger Werte* zu den Stufen einer Ratingskala (sog. *integer scoring*) wird oft als willkürlich empfunden und es wird argumentiert, man könnte den Stufen mit gleichem Recht auch die Werte 1, 3, 9, 10 und 27 zuordnen. Mit dieser Kritik ist gemeint, dass die Zuordnung gleichabständiger (*äquidistanter*) *Codes* ein Skalenniveau für die Itemantworten voraussetzt, (nämlich des Niveau einer Intervallskala), das den Daten gar nicht zukommt. Würde diese Kritik zutreffen, so wäre das tatsächlich ein gravierender Nachteil polytomer Antwortvariablen, denn eine *Äquidistanzannahme*, die bereits in die Kodierung der Itemantworten eingeht, kann nicht nachträglich über die Gültigkeit eines Testmodells geprüft werden. Der Testauswertung würde in diesem Fall ein willkürliches Element anhaften, das ihre 'Wissenschaftlichkeit' in Frage stellt.

Diese Kritik trifft jedoch nur dann zu, wenn man die Antwortvariablen selbst zu Messwerten erklärt. Das ist etwa dann der Fall, wenn man die Summe der Itemantworten (bzw. deren Codes) als Messwert für die Personeneigenschaft nimmt. Berechnet man jedoch die Messwerte mit Hilfe eines Testmodells für polytome Daten (s. Kap. 3.3), so stellen die Codes der Antwortkategorien *keine* Werte auf einer Intervallskala dar, sondern sie bezeichnen die Anzahl der *Schwellenüberschreitungen,* die einer Itemantwort zugrunde liegen.

Damit ist gemeint, dass zwischen den Kategorien einer (m+1)-stufigen Ratingskala genau m Übergänge, sog. *Schwellen* liegen. Ein Kreuz auf einer m-stufigen Ratingskala zu machen, setzt bei der befragten Person m-mal die Entscheidung voraus, eine Schwelle zu überschreiten oder nicht. Ein Kreuz in Kategorie x gibt an, dass die Person x-mal eine Schwelle überschritten hat. Der Code x ist also eine *Häufigkeits-*

angabe und kein intervallskalierter Messwert.

Diese Art der Kodierung mit Werten von 0 bis m setzt lediglich voraus, dass die Antwortkategorien tatsächlich *geordnet* sind, so dass die Überschreitung einer höheren Schwelle nur möglich ist, wenn alle niedrigeren Schwellen überschritten wurden. Andernfalls würde der Code x für die (x+1)-te Stufe der Ratingskala nicht mehr die Anzahl der Schwellenüberschreitungen kennzeichnen. Ob diese *Schwellen* dann für ein bestimmtes Item oder ein bestimmtes Antwortformat *äquidistant* sind, ist eine ganz andere Frage, die mittels geeigneter Testmodelle beantwortet werden kann (s. Kap. 3.3.2 und 3.3.4).

Auch für polytome Antwortvariablen mit geordneten Kategorien stellt sich die Frage einer gleichsinnigen *Polung* aller Items, die dasselbe Merkmal messen. Für die wichtigsten Testmodelle ist eine solche gleichsinnige Polung Voraussetzung. Ausnahmen bilden Testmodelle mit nicht-monotonen Itemfunktionen (s. Kap. 3.1.1.3), die sich auch für polytome Daten verallgemeinern lassen und klassifizierende Testmodelle mit itemspezifischen Schwellendistanzen (s. Kap. 3.3.4).

Das Problem bei einer *Umpolung* negativ formulierter Items mit geordneten Antwortkategorien besteht darin, dass mit der Umpolung auch die Reihenfolge der Schwellen umgekehrt wird.

Beispiel

Ein Angst-Fragebogen enthält die beiden folgenden Items:

- *Vor einer Prüfung kann ich meistens nichts essen.*
- *Wenn ich zum Zahnarzt gehe, lese ich im Wartezimmer in aller Ruhe die Illustrierten.*

Das Antwortformat lautet:

- *trifft nicht zu*
- *trifft selten zu*
- *trifft oft zu*
- *trifft immer zu.*

Da die beiden Items offensichtlich in unterschiedlicher Richtung formuliert sind, erfordert eine gleichsinnige Polung der Antwortvariablen die Kodierung von 0 bis 3 beim ersten, und von 3 bis 0 beim zweiten Item. Ein Wert von x=1 bedeutet daher beim ersten Item, dass die Schwelle von 'trifft nicht zu' nach 'trifft selten zu' überschritten wurde. Beim zweiten Item bedeutet derselbe Wert, dass die Schwelle von 'trifft immer zu' nach 'trifft oft zu' überschritten wurde.

Diese Umkehrung der Schwellenreihenfolge infolge der Umpolung negativ formulierter Items ist für solche Testmodelle problematisch, bei denen die Schwellenabstände als *für alle Items* konstant angenommen werden (s. Kap. 3.3.4). Diese Modelle können in solchen Fällen nicht angewendet werden.

Die Kodierung *ungeordneter Kategorien* in polytome Antwortvariablen wirft ganz andere Fragen auf. Soll auf die Daten ein *klassifizierendes Testmodell* angewendet werden, d.h. soll eine qualitative Personenvariable erfasst werden, so ist die Kodierung ungeordneter Kategorien völlig unproblematisch: Den Kategorien jedes Items werden in beliebiger Reihenfolge die Werte 0 bis m zugeordnet, wobei es nicht nur egal ist, *wie* die Antwortkategorien von jedem Item *definiert* sind, sondern sogar *wie viele* Antwortkategorien bei jedem Item unterschieden werden.

Beispiel

Mit einem Fragebogen sollen die leistungsbezogenen Kognitionen von Schülern erfasst werden, wobei von einer Typologie von Schülern ausgegangen wird, die 3 Muster von leistungs-bezogenen Kognitionen unterscheidet. In dem Fragebogen kommen ganz unterschiedliche Items vor:

Erstens: Items, die die *Attribution von Misserfolg* (schlechte Noten) erfassen sollen und vier Antwortkategorien unterscheiden: intern-labile, intern-stabile, extern-labile und extern-stabile Attribution.

Zweitens: Items, die die *Leistungsmotivation* erfassen sollen und zwei Antwortkategorien unterscheiden: Hoffnung auf Erfolg und Furcht vor Misserfolg.

Drittens: Items, die die *subjektiven Kontrollüberzeugungen* der Schüler erfassen sollen und drei Antwortkategorien unterscheiden: Kontrolle liegt beim Schüler, Kontrolle liegt bei anderen Personen, Kontrolle liegt beim Zufall.

Die drei erwarteten Typen von Schülern zeichnen sich durch folgende Antwortmuster aus:

Typ 1: intern-labile Attribution von Misserfolg, Hoffnung auf Erfolg, Kontrolle beim Schüler

Typ 2: extern-labile Attribution von Misserfolg, Furcht vor Misserfolg, Kontrolle beim Zufall

Typ 3: extern-stabile Attribution von Misserfolg, Furcht vor Misserfolg, Kontrolle bei anderen Personen

Die Items können mit den Werten 0-1-2-3, 0-1 und 0-1-2 kodiert werden und mit einem klassifizierenden Testmodell ausgewertet werden, um die Schülertypen zu erfassen.

Ganz anders sind die Erfordernisse an die Kodierung, wenn mit ungeordneten Kategorien *quantitative Personenmerkmale* erfasst werden sollen. Hierzu muss man sich zunächst klarmachen, dass man *nicht* mit mehreren ungeordneten Antwortkategorien nur *eine* quantitative Eigenschaft erfassen kann. Hat ein Item die Kategorien A, B, C und D und soll mit allen 4 Kategorien nur die eine Eigenschaft X erfasst werden, so geht das nur, wenn die Antwortwahrscheinlichkeiten der 4 Kategorien auch tatsächlich von der Eigenschaft X abhängen. Das bedeutet, dass jede der Kategorien A, B, C und D einen Abschnitt auf der zu messenden Dimension haben muss, in dem diese Kategorie auch mit relativ hoher Wahrscheinlichkeit gewählt wird:

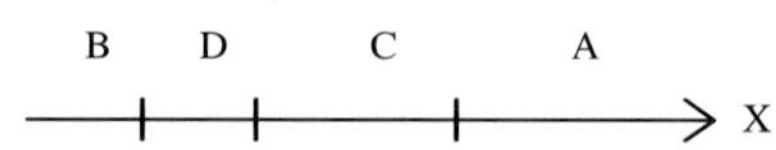

In diesem Fall handelt es sich aber bereits um *geordnete* Kategorien und diese müssen gemäß ihrer Ordnung kodiert werden, d.h. B=0, D=1, C=2 und A=3.

Ungeordnet sind Kategorien nur dann, wenn jede Kategorie eine *andere* Eigenschaft anspricht, z.B.

A → die Tendenz, intern-labil zu attribuieren
B → die Tendenz, intern-stabil zu attribuieren
C → die Tendenz, extern-labil zu attribuieren
D → die Tendenz, extern-stabil zu attribuieren.

Aus diesem Sachverhalt leiten sich auch die Konsequenzen für die Kodierung ungeordneter Antwortkategorien ab: Die Kategorien werden wiederum mit den Werten von 0 bis m kodiert, jedoch muss jeder Code bei allen Items *dieselbe Antwortka-*

tegorie bezeichnen, also z.B. die Codezahl '2' bezeichnet diejenige Antwort, die auf eine extern-labile Attribution hinweist.

Zusammenfassend lässt sich sagen, dass die Kodierung bei der Messung qualitativer Personeneigenschaften itemspezifisch erfolgen darf, während sie bei der Messung quantitativer Eigenschaften itemübergreifend erfolgen muss.

Eine letzte Anmerkung noch zur Kodierung *'fehlender Itemantworten'* , also zu dem Fall, dass Personen einzelne Items ausgelassen oder übersprungen haben. Es hat sich eingebürgert, diese sog. *missing data* mit der Codezahl '9' zu kodieren, bzw. mit '99', wenn mehr als 9 Antwortalternativen zu kodieren sind. Man sollte eine solche getrennte Kodierung fehlender Antworten in jedem Fall vornehmen, auch wenn es bei der Anwendung eines Testmodells oft erforderlich ist, diesen Wert zu *rekodieren*, d.h. mit einer zulässigen Itemantwort zusammenzulegen (z.B. 9→0). Nicht nur die verfügbare *Software* unterscheidet sich hinsichtlich ihrer missing data Optionen, also dem Angebot mit fehlenden Werten umzugehen. Auch hängt es von den jeweiligen *Testmodellen* ab, wie sinnvoll überhaupt mit fehlenden Werten umgegangen werden kann.

Kapitel 4.4 behandelt Fragen der Parameterschätzung, wenn unterschiedliche Arten von missing data gegeben sind.

Literatur

Das Übereinstimmungsmaß Kappa wurde von Cohen (1960) für Nominaldaten und Cohen (1968) für Ordinal- oder Intervalldaten (weighted Kappa) entwickelt. Fleiss (1971) und Light (1971) diskutieren die Verallgemeinerung dieses Maßes für mehr als 2 Signierer und Fleiss et. al (1969) geben an, wie man den Standardfehler von Kappa berechnen kann.

Neuere Methoden zur Berechnung von Signier- oder Rater- Übereinstimmung bedienen sich der *latent class* Analyse (Dillon & Mulani, 1984; sowie Schuster und Smith, 2002) und allgemein der Modellbildung (Klauer, 1996a; Klauer & Batchelder, 1996). Asendorpf & Wallbott (1979), Zegers (1991) sowie Lienert (1995) geben einen Überblick über verschiedene Koeffizienten.

Mit verschiedenen Aspekten der Beurteiler-Reliabilität befassen sich Wirtz & Casper (2002), Tinsley & Weiss (2000), Engelhard (1994) und Zwick (1988). Die Interrater-Reliabilität als Intraklassen-Korrelation behandeln Shrout & Fleiss (1979), Fagot (1991) und McGraw & Wong (1996). Matschinger & Angermeyer (1992) diskutieren Effekte der Itempolung auf das Antwortverhalten. Roskam (1996a) geht auf den Unterschied zwischen Beobachtung und Daten ein.

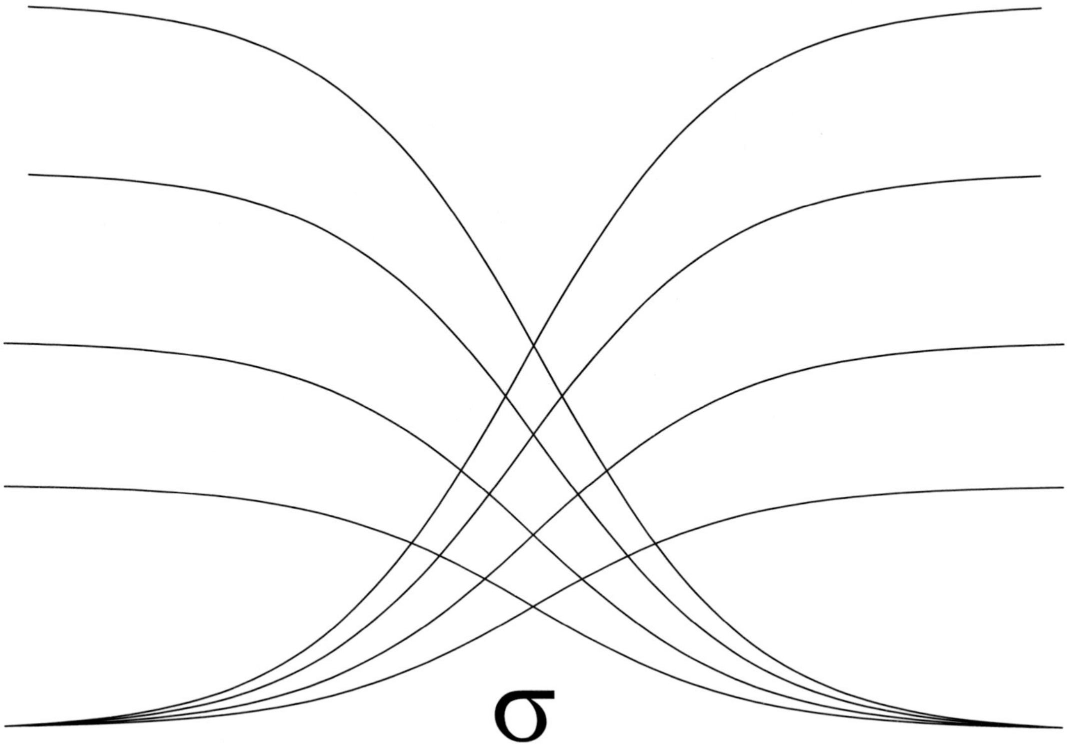
σ

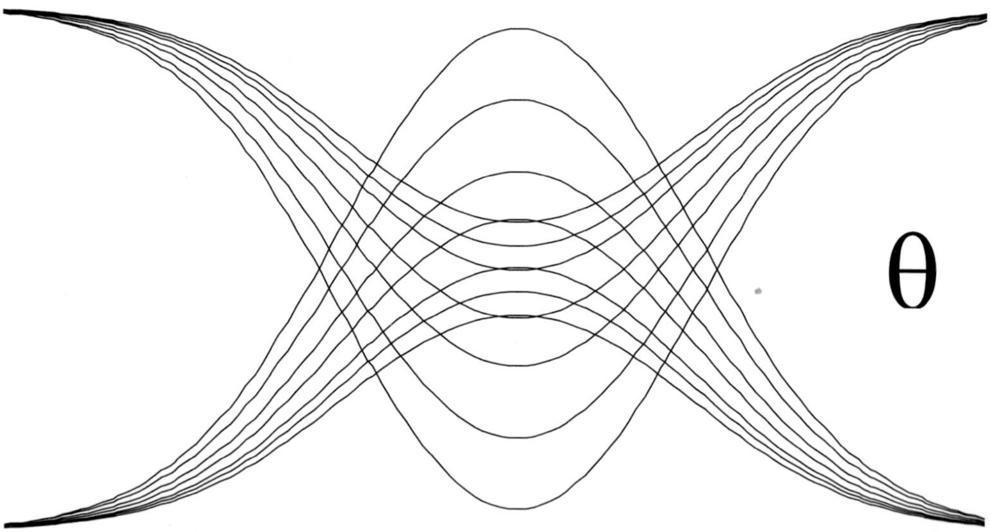
θ

3. Testmodelle

Im ersten Kapitel wurde ausführlich darauf eingegangen, dass jede Testauswertung – wie auch generell jede statistische Datenauswertung – auf der Anwendung eines Modells beruht. In diesem Kapitel sind nun sehr viele solcher Testmodelle beschrieben, je nachdem, wie man untergeordnete Modelle oder Modellkombinationen mitzählt, bestimmt über 50 verschiedene. Da stellt sich die Frage, welches Testmodell man für die Auswertung eines konkreten Tests auswählen soll.

Eine erste Eingrenzung der in Frage kommenden Alternativen ergibt sich aus der Art der Daten, die der Test liefert. Je nachdem, ob die Daten dichotom, also zweikategoriell, mehrkategoriell oder ordinal sind, kommt ein anderes Spektrum an Modellen in Frage. Das erste Gliederungsprinzip dieses Kapitels ist daher das Skalenniveau der Antworten im Test und die Unterkapitel 3.1 bis 3.3 beziehen sich auf dieses äußere Merkmal von Tests. Eine weitere Eingrenzung ergibt sich daraus, ob der Test systematisch konstruiert wurde und Itemkomponenten enthält (Kapitel 3.4) und ob es sich um Veränderungsdaten handelt, also die Zeitvariable eine Rolle spielt (Kapitel 3.5).

Darüber hinaus gibt es aber kein automatisches Verfahren, das für einen Test genau das richtige Testmodell anzeigt. Das Vorgehen besteht vielmehr darin, dass man mit einem theoretisch plausiblen Modell anfängt und danach verschiedene alternative Modelle ausprobiert, um zu sehen, welches am besten auf die Daten passt. Ein Modell auf einen gegebenen Datensatz anzuwenden, heißt zunächst einmal dessen Parameter unter der Annahme zu schätzen, *dass* das Modell (mit den richtigen Parameterwerten) auf die Daten passt. *Ob* es denn tatsächlich den Daten angemessen ist, wird im Anschluss daran über einen Vergleich mit anderen Modellen untersucht.

Wurde zum Beispiel ein Test mit der Absicht konstruiert, dass alle Items gleich schwierig sein sollten, so wendet man zunächst ein Testmodell an, in dem alle Items als gleich schwierig angenommen werden. Das heißt, man schätzt die Parameter dieses Modells für den betreffenden Datensatz, unter anderem den *einen* Itemparameter, der die Schwierigkeit *aller* Items des Tests ausdrücken soll. Ob die Annahme konstanter Itemschwierigkeiten auf die Daten und somit den Test zutrifft, erfährt man, indem man die Parameter eines zweiten Modells schätzt, das diese Annahme nicht trifft. Ein Vergleich der Modellgültigkeit beider Modelle bringt dann die Entscheidung.

Von zentraler Bedeutung für die Auswahl eines Testmodells sind also Methoden der Parameterschätzung und der Modellgeltungskontrolle. Diese Methoden werden erst in den beiden folgenden Kapiteln 4 (Parameterschätzung) und 5 (Modellgeltungstests) behandelt und sind für das Verständnis der Testmodelle selbst nicht unbedingt erforderlich. Da jedoch im Laufe des Kapitels 3 immer wieder Beispielrechnungen mit denselben Datensätzen dargestellt werden, ist es für das Verständnis der Ergebnisse hilfreich, etwas über die Geltung des jeweiligen Modells und seiner Annahmen zu erfahren.

Es werden daher bei den meisten Beispielrechnungen die Werte eines von zwei sogenannten Informationskriterien genannt, des AIC und des BIC. Beide Werte geben an, wie wahrscheinlich ein gegebener Datensatz unter Berücksichtigung der Anzahl der Parameter des betreffenden Modells ist (für eine präzisere Definition s. Kap. 5). Es findet also in beiden Indices eine Abwägung statt, wie wahrscheinlich die Daten unter einem bestimmten Modell sind und wie viele Parameter dafür investiert wurden. Je mehr Parameter ein Modell hat, desto besser kann es natürlich einen Datensatz erklären.

Von der erreichten Höhe der Datenwahrscheinlichkeit, die ein positiver Indikator der Passung eines Modells ist, wird also die Parameteranzahl des Modells wieder abgezogen. Damit werden gleichzeitig zwei Gütekriterien von Theorien berücksichtigt: Die empirische Gültigkeit und die Einfachheit. Die beiden Indices AIC und BIC unterscheiden sich jedoch in der Gewichtung der Einfachheit oder ‚Sparsamkeit' eines Modells, also seiner Parameteranzahl. Der BIC gewichtet die Parameteranzahl sehr viel stärker als der AIC und misst damit dem Einfachheitskriterium einen höheren Wert bei.

In dem Datenbeispiel des Kapitels 3.1 gibt es relativ wenig Parameter, dort wird der AIC verwendet. Das Datenbeispiel des Kapitels 3.3 ist etwas komplexer, dort wird der BIC verwendet. Diese relative Willkür wirft ein erstes Licht auf den Sachverhalt, dass Modellgeltungskontrollen durchaus nicht allein mit statistischen Mitteln durchgeführt werden können.

Beide Indices sind übrigens so konstruiert, dass ein kleinerer Wert die *bessere* Modellanpassung anzeigt.

Dieses Kapitel gliedert sich in fünf Unterkapitel, von denen sich die ersten drei aufgrund des Skalenniveaus der Antwortvariablen ergeben: dichotome (Kap. 3.1), nominale (Kap. 3.2) und ordinale (Kap. 3.3) Itemantworten. Das vierte Unterkapitel (Kap. 3.4) behandelt Testmodelle für solche Tests, bei denen die Items eine systematische Struktur haben, so dass sich z.B. ihre Schwierigkeit aus unterschiedlichen 'Komponenten' zusammensetzt oder die latente Variable als mehrdimensional angenommen wird. Kapitel 3.5 behandelt schließlich Modelle zur Veränderungsmessung.

Literatur

Vertiefende Darstellungen des derzeitigen Forschungsstands von Testmodellen finden sich bei Fischer & Molenaar (1995), van der Linden & Hambleton (1996), Boomsma et al. (2001), Embretson et al. (2001) und Hambleton & Swaminathan (1989). Borg & Staufenbiel (1993) behandeln Skalierungsmethoden und Rost & Langeheine (1997a) sowie Strauß (1999) geben einen kurzgefassten Überblick über verschiedene Testmodelle.

3.1 Modelle für dichotome Itemantworten

Dichotome Itemantworten (dichotom (gr.) = zweigeteilt) sind vermutlich der häufigste und zugleich *einfachste* Fall von Reaktionen auf Test- und Fragebogenitems. Es werden lediglich zwei Reaktionen unterschieden wie

ja - nein,
richtig - falsch,
Zustimmung - Ablehnung,
beantwortet - nicht beantwortet,
Reaktion aufgetreten - Reaktion nicht aufgetreten usw.

Zugleich ist es der schwierigste, weil *informationsärmste* Fall, da pro Person-Itemkontakt lediglich 1 bit Information erhoben wird.

Was ist ein bit?

Ein bit (Abk. für 'binary digit') ist die Einheit, in der die Informationsmenge gemessen wird, und zugleich die kleinste Menge an Information, die von einem Sender zu einem Empfänger transportiert werden kann: Weniger als eine Wahl zwischen zwei Alternativen kann man nicht mitteilen (Jedes 'Weniger' wäre 'Gar nichts').

Leider ist gerade für dichotome Itemantworten die Testtheorie am weitesten entwickelt, was oft dazu führt, dass ursprünglich mehrkategoriell vorliegende Itemantworten nachträglich 'dichotomisiert' werden. Die folgenden Kapitel 3.2 und 3.3 über nominale und ordinale Itemantworten werden deutlich machen, dass dichotome Itemantworten einen eher uninteressanten Spezialfall von informationsreicheren, z.B. ordinalen Itemantworten, darstellen.

Trotzdem lassen sich die meisten *testtheoretischen Konzepte* und vor allem die unterschiedlichen theoretischen Konzeptionen über den Zusammenhang von beobachtbarem Verhalten und latenten Variablen bereits für dichotome Daten darstellen und hier am leichtesten verständlich machen.

Die *Datenstruktur*, auf die sich die Modelle dieses Kapitels beziehen, ist eine rechteckige *0-1 Matrix*, in der die Zeilen den Personen und die Spalten den Test- oder Fragebogenitems entsprechen. Die Werte in der Matrix werden mit x_{vi} bezeichnet, wobei v der Zeilenindex ist (v wie 'Versuchsperson') und i der Spaltenindex. Die Werte x_{vi} sind die Ausprägungen der Antwortvariablen X_{vi}. Die in der folgenden Abbildung dargestellten Daten fungieren gleichzeitig als 'kleines' Datenbeispiel zur Illustration einiger Testmodelle in den folgenden Unterkapiteln.

Datenstruktur

		Items i = 1	2	3	4	5	r_v =
Personen v=	1	0	0	0	0	0	0
	2	0	0	0	0	1	1
	3	0	0	0	0	0	0
	4	0	0	0	1	0	1
	5	0	0	0	1	1	2
	6	0	0	1	1	1	3
	7	0	1	1	0	1	3
	8	0	1	0	1	1	3
	9	1	1	1	1	1	5
	10	1	0	1	1	0	3
	11	0	0	0	1	1	2
	12	0	0	1	0	1	2
n_i =		2	3	5	7	8	

Abbildung 15: Die Datenstruktur dichotomer Testdaten

Anhand dieser Datenstruktur lassen sich einige Begriffe einführen, die im Rahmen von allen Testmodellen eine Rolle spielen. Die Spaltensummen dieser Matrix

$$\sum_{v=1}^{N} x_{vi} = n_i \qquad (1)$$

werden als *Itemscores* bezeichnet und drücken die *Leichtigkeit* des Items aus. N ist die Anzahl getesteter Personen. Der Itemscore gibt die Anzahl der Personen an, die das Item 'gelöst' haben, mit 'ja' geantwortet haben, eine positive Reaktion gezeigt haben usw. Es stellt eine Konvention dar, dass die *Kodierung* 1 immer für die richtige Lösung bzw. eine zustimmende oder positive Reaktion gewählt wird, und die Kodierung 0 für das Gegenteil, d.h. falsche Antwort - Ablehnung - negative oder fehlende Reaktion (s. Kap. 2.5). Die *Schwierigkeit* eines Items drückt sich demgegenüber in der Anzahl der Nullen aus, also $N - n_i$.

Item-Leichtigkeit

Man spricht auch dann von der *'Leichtigkeit'* oder *'Schwierigkeit'* eines Items, wenn es sich *nicht* um Leistungstestitems handelt, es also nicht besonders 'schwierig' ist, eine mit 1 kodierte Antwort zu produzieren. Dieser Sprachgebrauch soll im folgenden beibehalten werden, ebenso wie von einer *'Itemlösung'* gesprochen werden soll, auch wenn es kein Problem zu lösen gibt, sondern eine Frage mit 'ja' beantwortet wird oder ähnliches.

Die entsprechende Zeilensumme der Datenmatrix

$$\sum_{i=1}^{k} x_{vi} = r_v \qquad (2)$$

wird als *Personenscore* oder *Summenscore* bezeichnet, wobei r Werte zwischen 0 und k annehmen kann und k die Anzahl der Items ist. In vielen quantitativen Testmodellen drückt der Summenscore die 'Personenfähigkeit' aus. Für den Terminus 'Personenfähigkeit' gilt jedoch Analoges wie für 'Itemschwierigkeit', d.h. er bezeichnet generell die Tendenz der Person, eine 1-Antwort im Test zu geben.

Die Häufigkeitsverteilung der Personenscores ist die *Scoreverteilung*. Für das obige Datenbeispiel sieht die Scoreverteilung wie folgt aus:

Scoreverteilung:

r	0	1	2	3	4	5
n_r	2	2	3	4	0	1

Abbildung 16: Die Scoreverteilung für die Daten aus Abbildung 15. Mit n_r wird die Häufigkeit eines Scores bezeichnet

Erfasst der Test eine quantitative Variable, kann man an der Scoreverteilung bereits sehr viele Eigenschaften des Tests und der befragten Personenstichprobe ablesen, z.B. ob sich die Personenfähigkeiten gleichmäßig verteilen oder einer anderen Verteilungsform folgen. Weiterhin erkennt man, ob der Test 'zu leicht' oder 'zu schwer' war, d.h. ob er einen *Decken- oder Bodeneffekt* aufweist (Ceiling- oder Flooreffekt).

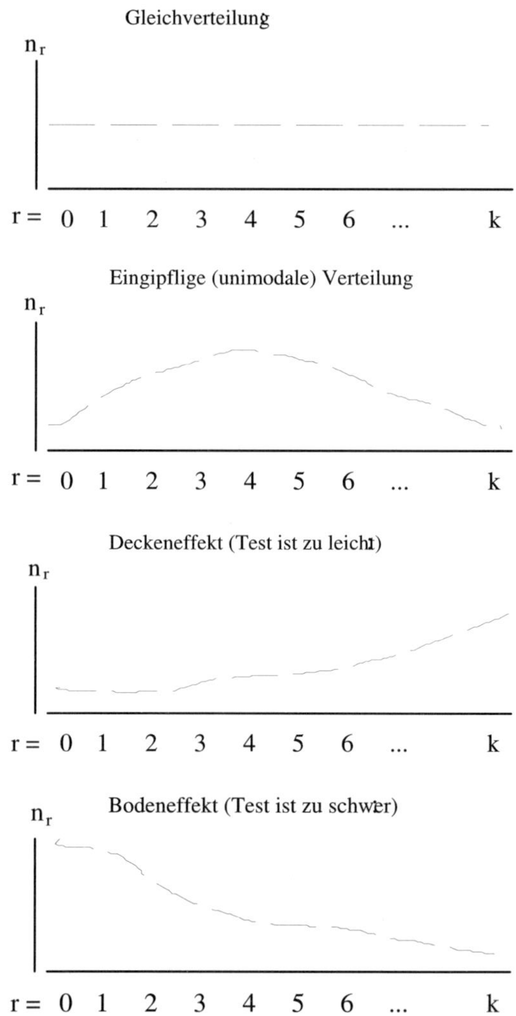

Abbildung 17: Verschiedene Formen von Scoreverteilungen

Die Berechnung und Interpretation von Personenscores und somit auch einer Scoreverteilung setzt jedoch voraus, dass es Sinn macht, die Itemantworten einer Person über die Items aufzusummieren. Mit der *Addition der Itemantworten* und der Interpretation des Personenscores als Maß für die Leistung der Person in diesem Test geht natürlich die Information verloren, *welche* Items eine Person gelöst hat und welche nicht. Die Addition ist eine *kompensatorische Verknüpfung*, d.h. die Nichtlösung eines Items kann durch die Lösung eines anderen Items kompensiert werden, so dass derselbe Personenscore und damit dasselbe Testergebnis herauskommt.

Eine zentrale Frage psychologischer Testtheorie ist, wann der *Personenscore* ein *adäquates Maß* für die Leistung der Person in einem Test darstellt. Anders ausgedrückt besteht die Fragestellung darin, ob in der Gesamtheit der Itemantworten einer Person *mehr* Information über die zu testende Eigenschaft steckt als durch den Personenscore erfasst wird.

Will man diese Frage beantworten, so muss man anstelle der Scorehäufigkeiten die *Patternhäufigkeiten* oder die Häufigkeiten der Antwortmuster anschauen bzw. zum Gegenstand einer statistischen Untersuchung machen. Ein Antwortmuster oder Antwortpattern ist der *Vektor* aller Itemantworten einer Person.

Ein Vektor kann auch *geometrisch* interpretiert werden, indem man die einzelnen Zahlen des Vektors als Koordinaten eines Punktes in einem k-dimensionalen Raum (k = Länge des Vektors) auffasst. Die Strecke vom Koordinatenursprung bis zu diesem Punkt repräsentiert dann diesen Vektor.

Vektoren werden mit unterstrichenen Kleinbuchstaben bezeichnet, d.h. $\underline{x}_v$ ist der Antwortvektor der Person v und $\underline{x}$ ist ein beliebiger Antwortvektor.

Was ist ein Vektor?

Eine Zeile oder eine Spalte aus der Datenmatrix bezeichnet man als *Personenvektor* (Zeile) oder *Itemvektor* (Spalte). Der Begriff des 'Vektors' stammt aus der Algebra und bezeichnet eine lineare Anordnung von Zahlen, z.B.

$$(3, 4, 2, 3.5, 600) \quad \text{oder} \quad \begin{pmatrix} 7 \\ 87 \\ 5 \\ 12 \end{pmatrix}$$

Ein Vektor ist zu unterscheiden von einem *Skalar*, womit man eine einzelne Zahl bezeichnet, und einer *Matrix*, womit man eine rechteckige Anordnung von Zahlen bezeichnet.

Die Häufigkeitsverteilung der Antwortvektoren entsteht dadurch, dass man auszählt, wie viele Personen ein bestimmtes Antwortpattern bei einem Test produziert haben.

Die Häufigkeitsverteilung der Antwortpattern kann als eine äquivalente Repräsentation der ursprünglichen 0-1-Datenmatrix gelten, da keine andere Art der *Datenaggregation* vorgenommen wurde als die Auszählung, wie viel Personen exakt dasselbe Muster von Antworten in einem Test produziert haben.

Datenaggregation

Mit Datenaggregation (Aggregation = Anhäufung) bezeichnet man die Zusammenfassung von 'Rohdaten' zu einer kleineren Menge von Daten, die dann die Basis für die Anwendung statistischer Modelle darstellt. Eine Datenaggregation ist in der Regel mit einem *Informationsverlust* verbunden, und es ist daher wichtig, Daten so zu aggregieren, dass möglichst wenig Information verloren geht, bzw. nur solche, die nicht von Interesse ist.

Für obiges Datenbeispiel sehen die Patternhäufigkeiten wie folgt aus:

Patternhäufigkeiten

		$\underline{x}$			$n(\underline{x})$
0	0	0	0	0	2
0	0	0	0	1	1
0	0	0	1	0	1
0	0	0	1	1	2
0	0	1	0	0	0
0	0	1	0	1	1
0	0	1	1	0	0
0	0	1	1	1	1
0	1	0	0	0	0
...					
0	1	0	1	1	1
0	1	1	0	1	1
1	0	1	1	0	1
1	1	1	1	1	1

Von den 32 möglichen Antwortpattern wurden viele nicht beobachtet. Die '...' deuten an, dass hier Pattern mit Nullhäufigkeiten ausgelassen wurden.

Demgegenüber stellt die Scoreverteilung und der Vektor der Itemscores eine *sehr starke Form* der Datenaggregation dar, da hier alle Personen, die dieselbe *Anzahl* von Aufgaben gelöst haben, als gleichwertig behandelt werden.

Im Gegensatz zur Scoreverteilung wird die Verteilung der Patternhäufigkeiten jedoch sehr schnell zu unübersichtlich, da es bei einem Test mit k dichotomen Items 2^k *unterschiedliche Antwortmuster* gibt. Das sind bei 10 Items 1024 und bei 20 Items schon über 1 Million unterschiedliche Antwortmuster. Dies ist der Grund dafür, dass Testmodelle, die neben oder statt der Anzahl der gelösten Aufgaben das *Muster* der Itemantworten zur Grundlage der Erfassung von Personeneigenschaften machen, rechnerisch komplizierter zu handhaben sind.

Mit dieser simplen Unterscheidung zwischen Scoreverteilung als starker Form der Datenaggregation einerseits und Patternverteilung als schwacher Form der Datenaggregation andererseits korrespondiert bereits die grundlegende Unterscheidung, die das Gliederungsprinzip für die folgenden Abschnitte darstellt. Gemeint ist die Unterscheidung, ob der Test eine *quantitative* oder eine *kategoriale (qualitative) latente* Personenvariable erfasst: Soll der Personenscore alles über die Testleistung einer Person aussagen, so legt man implizit die Annahme einer *quantitativen* Personenvariable zugrunde.

Die Personen werden nämlich bereits in diesem ersten Schritt der Datenaggregation auf die *Ordinalskala der möglichen Scores* abgebildet, d.h. Personen mit einem höheren Score haben auch eine bessere Testleistung in einem quantitativen Sinne.

Werden Personen demgegenüber lediglich danach unterschieden, welche unterschiedlichen Antwortmuster sie produzieren, so zielt dies auf *qualitative Personenunterschiede* ab. Ob eine Person andere Items (aber nicht unbedingt mehr oder weniger) als eine andere Person gelöst hat, sagt zunächst nichts darüber aus, ob sie 'besser oder schlechter' ist, sondern lediglich, dass sie 'anders' ist.

Es lässt sich an dieser Stelle auch schon erkennen, dass die Messung einer quantitativen Personeneigenschaft einen *Spezialfall* der Messung von qualitativen Personenunterschieden darstellt, nämlich jener, bei dem Antwortmuster, die denselben Summenscore aufweisen, 'in einen Topf geschmissen' werden.

Die folgenden beiden Kapitel befassen sich zunächst mit Testmodellen mit quantitativer latenter Variable (3.1.1) und dann mit Modellen mit qualitativer latenter Variable (3.1.2). Kapitel 3.1.3 behandelt die Kombination von beidem, dass nämlich eine quantitative latente Variable für jede Valenz (Ausprägung, Wert) einer kategorialen latenten Variable angenommen wird.

Modelle mit *mehreren* quantitativen latenten Variablen in dem Sinne, dass verschiedene Items unterschiedliche Personeneigenschaften ansprechen, werden in Kapitel 3.4.2 über Itemkomponentenmodelle behandelt.. Hier gibt es unterschiedliche Personeneigenschaften für die einzelnen Itemkomponenten. Andere *mehrdimensionale Testmodelle* werden in Kapitel 3.2.2 über nominale Itemantworten diskutiert. Dort geht es darum, dass die unterschiedlichen Antwortkategorien der Items verschiedene Personeneigenschaften ansprechen. Es gibt also unterschiedliche Begriffe von *'Mehrdimensionalität'* bei Testmodellen.

Die in diesem Kapitel behandelten Testmodelle sollen an einem gemeinsamen Datenbeispiel illustriert werden. Neben dem Mini-Datensatz aus Abbildung 15 steht hierfür das folgende *Standardbeispiel für dichotome Daten* zu Verfügung.

Es handelt sich um 5 Items aus dem KFT (Kognitiver Fähigkeitstest, Heller, Gaedike & Weinläder 1976), die zusammen mit den übrigen 20 Items der 'figuralen Analogieaufgaben' des KFT im Rahmen einer Feldstudie von 5410 Schülern der 7. Klassenstufe aus mehreren Bundesländern Deutschlands bearbeitet wurden (Baumert et al. 1992). Aus Gründen der Übersichtlichkeit werden in diesem Kapitel lediglich die Daten von N=300 Schülern verrechnet. Abbildung 18 zeigt die ausgewählten Items.

Die Items des KFT sind nach ansteigender Schwierigkeit geordnet, so dass auch bei diesen 5 Items das erste das leichteste und das letzte das schwerste ist. Die Itemscores lauten:

Item	1	2	3	4	5
n_i	195	175	143	113	94

Die Scoreverteilung lautet:

r	0	1	2	3	4	5
n_r	58	48	46	50	60	38

Die Testinstruktion lautet: *Von den fünf Auswahlfiguren rechts soll diejenige herausgefunden werden, die zu der dritten Figur ebenso passt wie die zweite zur ersten.*

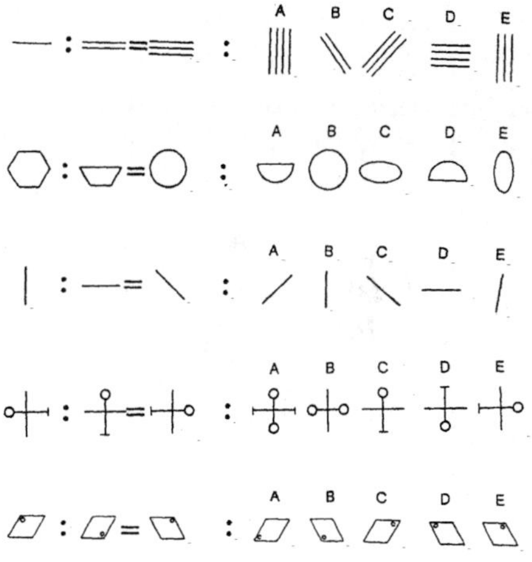

Abbildung 18: Die 5 ausgewählten Items des KFT: Form A, Itemnummer: 19, 23, 27, 31 und 35

Der vollständige Datensatz wird durch die folgende Tabelle der Patternhäufigkeiten repräsentiert:

$\underline{x}$					$n(\underline{x})$
0	0	0	0	0	58
0	0	0	0	1	4
0	0	0	1	0	2
0	0	0	1	1	1
0	0	1	0	0	11
0	0	1	0	1	2
0	0	1	1	0	1
0	0	1	1	1	1
0	1	0	0	0	8
0	1	0	0	1	1
0	1	0	1	0	2
0	1	1	0	0	3
0	1	1	0	1	1
0	1	1	1	0	2
0	1	1	1	1	8
1	0	0	0	0	23
1	0	0	0	1	7
1	0	0	1	0	2
1	0	1	0	0	6
1	0	1	0	1	2
1	0	1	1	0	2
1	0	1	1	1	3
1	1	0	0	0	21
1	1	0	0	1	10
1	1	0	1	0	8
1	1	0	1	1	10
1	1	1	0	0	24
1	1	1	0	1	6
1	1	1	1	0	33
1	1	1	1	1	38

3.1.1 Modelle mit quantitativer Personenvariable

Sind die (manifesten) Itemantworten dichotom und ist die zu erfassende latente Variable quantitativ, so lässt sich der in einem Testmodell vermutete Zusammenhang zwischen Testverhalten und psychischem Merkmal in Form einer Funktion darstellen, die man *Itemcharakteristik* oder *Itemfunktion* nennt. Die Itemcharakteristik (Abk.: ICC wie Item Characteristic Curve) ist eine Funktion, die die Wahrscheinlichkeit einer richtigen Itemantwort $p(X_{vi}=1)$ in Abhängigkeit von der quantitativen Personenvariable θ beschreibt

(1) $$p(X_{vi}=1)=f(\theta_v).$$

Die latente Personenvariable soll θ heißen. Über ihr *Skalenniveau* ist zunächst nichts weiter bekannt, als dass es mindestens ordinal, also quantitativ ist. Graphisch lässt sich eine ICC oder Itemfunktion wie folgt darstellen.

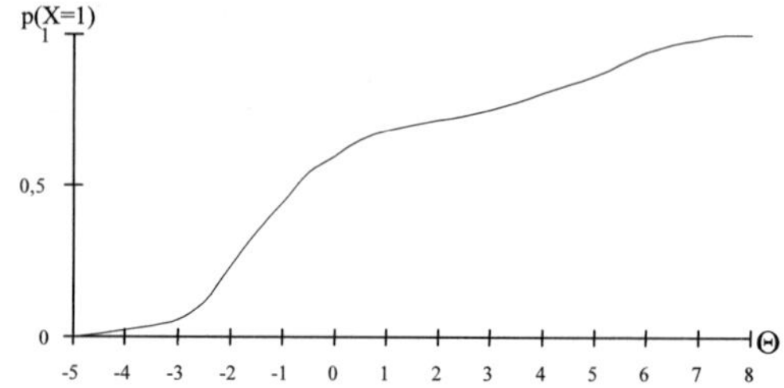

Abbildung 19: Der Graph einer Itemfunktion

Die Itemfunktion beschreibt also die Abhängigkeit der 1-Antwort auf ein Item von der quantitativen latenten Variable. Damit ist zugleich auch die Abhängigkeit einer 0-Antwort von der latenten Variable definiert: Da sich beide Wahrscheinlichkeiten zu 1 addieren müssen, ist der Verlauf der Funktion für eine 0-Antwort spiegelbildlich bezüglich einer Waagerechten, die durch den Ordinatenwert 0.5 geht.

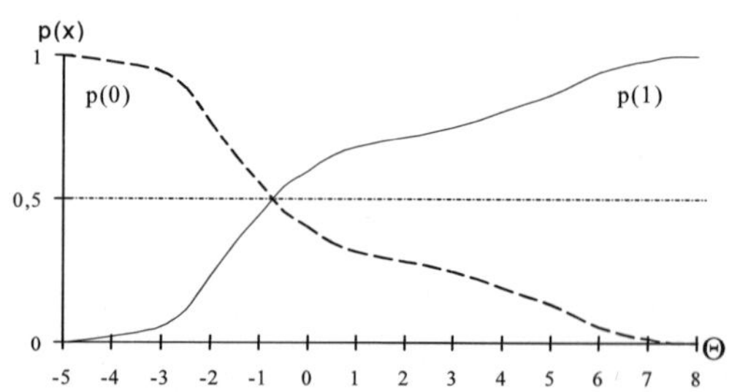

Abbildung 20: Die Wahrscheinlichkeitsfunktionen beider Antwortkategorien

In dieser Abbildung stellt die durchgezogene Kurve die Wahrscheinlichkeitsfunktion

$$p(X_{vi}=1)=f(\theta_v)$$

dar und die gestrichelte Kurve die Funktion

$$p(X_{vi}=0)=1-f(\theta_v).$$

Alle Modelle mit einer quantitativen latenten Variable lassen sich mit Hilfe der Funktion, die sie für die einzelnen Items annehmen, voneinander unterscheiden und mit Hilfe des *Funktionsverlaufs* auch graphisch gut repräsentieren. Während auf den ersten Blick die Vielfalt von möglichen Funktionsverläufen unendlich groß zu sein scheint, reduziert sich diese Vielfalt bei näherer Betrachtung drastisch.

Eine insbesondere für Leistungstests sehr naheliegende Annahme ist nämlich, dass der Funktionsverlauf *monoton steigend* ist, d.h. mit zunehmender Eigenschaftsausprägung steigt die Wahrscheinlichkeit einer 1-Antwort. Tatsächlich nehmen die meisten Testmodelle eine solche Monotonie der Itemfunktion an.

Unter den *nicht-monotonen* Funktionsverläufen sind wiederum nur jene von Interesse, die eingipflig oder 'umgekehrt U-förmig' sind. Mit einer solchen Form wird angenommen, dass die Wahrscheinlichkeit einer 1-Antwort zunächst monoton ansteigt, bis sie einen gewissen Punkt auf der X-Achse erreicht hat, um dann wiederum monoton abzunehmen. Solche Itemfunktionen werden postuliert, wenn die Zustimmung zu einem Item nur in einem bestimmten Spektrum der quantitativen Eigenschaft wahrscheinlich ist, z.B. wenn nach *Präferenzen* gefragt wird. Testmodelle mit nicht-monotonen Itemfunktionen werden im dritten Unterkapitel dieses Kapitels behandelt (Kap. 3.1.1.3).

Andersartige ICC's als monotone und eingipflige werden in der Testtheorie so gut wie gar nicht behandelt. Innerhalb der Gruppe der monoton steigenden ICC's lassen sich noch zwei Formen unterscheiden, nämlich '*stufenförmige*', d.h. ICC's mit einer *Unstetigkeitsstelle* (Sprungstelle), und solche, die ohne Sprungstelle *kontinuierlich* ansteigen (s. Abb. 21). Stufenförmige und kontinuierliche Itemfunktionen werden getrennt in den beiden folgenden Unterkapiteln 3.1.1.1 und 3.1.1.2 behandelt.

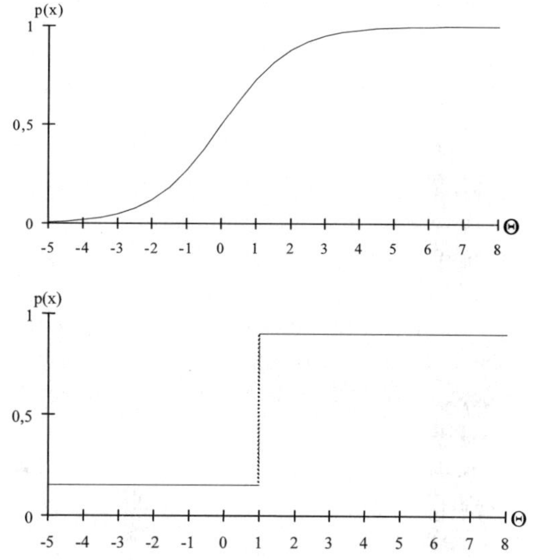

Abbildung 21: Zwei Arten von Itemfunktionen

Zuvor sollen jedoch anhand des Konzeptes der Itemcharakteristik zwei zentrale Begriffe der Testtheorie eingeführt werden, die im Rahmen aller Modelle mit einer quantitativen Personenvariable definiert werden können, die *Itemschwierigkeit* und die *Trennschärfe* von Items.

Die *Schwierigkeit* bzw. *Leichtigkeit von Items* ist durch die Lage der ICC relativ zur X-Achse definiert. Somit ist das Item, dessen ICC am weitesten links liegt, das leichteste und das Item, das am weitesten rechts liegt, das schwierigste: Man braucht für ein weiter rechts liegendes Item eine größere Fähigkeit, um dieselbe Lösungswahrscheinlichkeit zu erreichen, die ein weiter links liegendes Item hat.

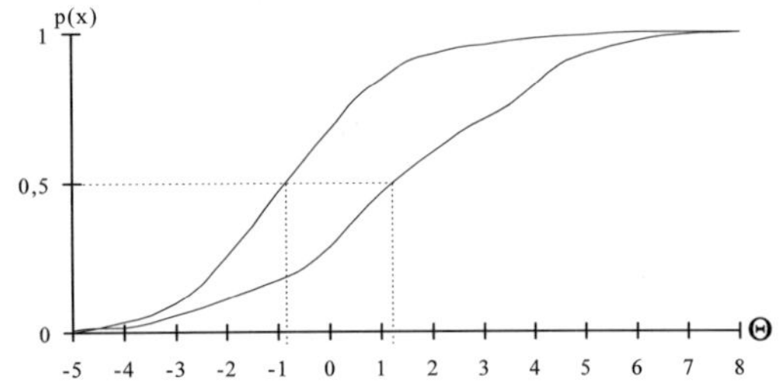

Abbildung 22: Die Itemschwierigkeit als Lokation der Itemfunktion

Als Konvention definiert der Abszissenwert der *50% Wahrscheinlichkeit* die Lage des Items und somit seine Schwierigkeit. Diese Abszissenwerte sind in Abbildung 22 ebenfalls eingezeichnet. Die Lage einer Itemfunktion relativ zur latenten Dimension, also zur X-Achse, nennt man auch die *'Lokation' eines Items*.

Die *Trennschärfe* ist eine zweite Eigenschaft eines Testitems und soll ausdrücken, wie gut ein Item zwischen verschiedenen Eigenschaftsausprägungen der Personen 'trennt'. Hat ein Item eine *hohe* Trennschärfe, so lassen sich mit Hilfe dieses Items sehr gut Personen mit unterschiedlichen Eigenschaftsausprägungen voneinander unterscheiden. *Geringe* Trennschärfe meint dagegen, dass dies nur schwer möglich ist.

Bei monotonen Itemcharakteristiken drückt sich die Trennschärfe im *Anstieg der ICC* aus, genauer gesagt, im Anstieg der Kurve an ihrer steilsten Stelle. Ist die Kurve nämlich sehr steil, so haben relativ dicht beieinander liegende Eigenschaftsausprägungen (Werte auf der X-Achse) sehr unterschiedliche Wahrscheinlichkeiten, das Item zu lösen. Ist der Anstieg dagegen gering, so haben wenig unterschiedliche Eigenschaftsausprägungen auch nur geringfügig unterschiedliche Lösungswahrscheinlichkeiten.

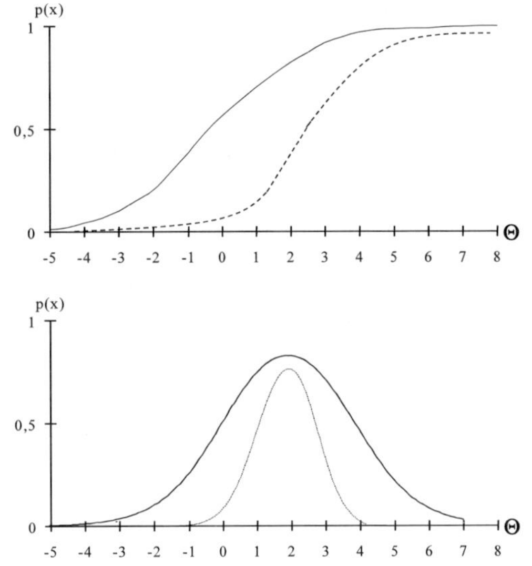

Abbildung 23: Die Trennschärfe eines Items als Anstieg der Itemfunktion bei monotonen und nichtmonotonen Items (das gestrichelte Item ist jeweils trennschärfer)

Bei *nichtmonotonen ICC's* ist dementsprechend die 'Steilheit' des eingipfligen Funktionsverlaufs Ausdruck der Trennschärfe des Items. Ein flacher Verlauf der Funktion bedeutet wiederum, dass sich unterschiedliche Eigenschaftsausprägungen nur in geringfügigen Schwankungen der Antwortwahrscheinlichkeit niederschlagen.

Stufenförmige Itemfunktionen haben nach dieser Definition eine unendliche Trennschärfe, da die Steigung einer Kurve an einer Sprungstelle unendlich ist. Tatsächlich lässt sich die Trennschärfe bei solchen Itemfunktionen noch anders definieren, worauf in dem Kapitel 3.1.1.1.2 eingegangen wird.

Als *Gütekriterium* eines Items betrachtet, z.B. für Zwecke der Itemselektion, wird eine hohe Trennschärfe im allgemeinen als ein *positives* Merkmal des Items gewertet.

Diese Sicht ist nicht unproblematisch, denn bei einem steilen Anstieg der ICC trennt das Item zwar gut zwischen Personen, deren Eigenschaftsausprägungen im Bereich des steilsten Anstiegs liegen (Person A und B in Abb. 24). Demgegenüber leistet das Item dann aber keinen Beitrag mehr zur Unterscheidung von Personen im Spektrum von niedrigen oder hohen Eigenschaftsausprägungen (Person C und D oder E und F in Abb. 24).

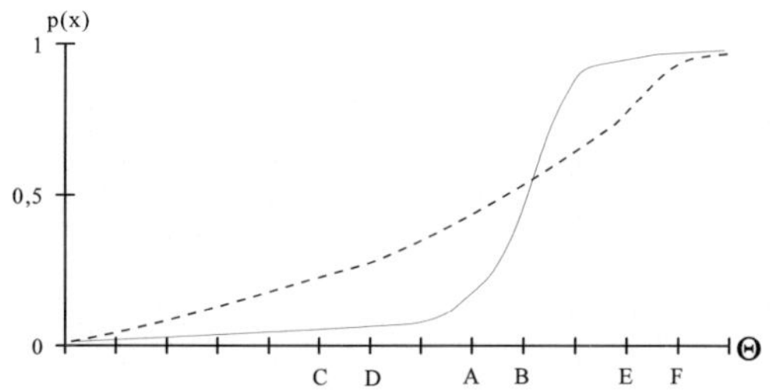

Abbildung 24: Die Trennschärfe zweier Items in unterschiedlichen Fähigkeitsbereichen

Somit ist die Trennschärfe eines Items als Gütemerkmal durchaus *verteilungsabhängig*: Ein trennscharfes Item ist für solche Stichproben von Personen gut, deren Eigenschaftsausprägungen in der Nähe des steilsten Anstiegs einer ICC liegen.

Die Ermittlung der Trennschärfe eines Items aufgrund von Testdaten ist nur ein Teilaspekt der generellen Frage:

Wie bestimmt man den Verlauf der Itemfunktionen eines Tests anhand der Testdaten?

Werden sie in Form einer Annahme einfach vorausgesetzt oder lassen sie sich anhand der Testdaten berechnen? Beides ist teilweise richtig. Es wird bei der Analyse von Testdaten eine bestimmte Form des Funktionsverlaufs vorausgesetzt und es werden dann die Parameter dieser Funktion für jedes Item anhand der Daten *geschätzt*. Da Modellparameter stets Maßzahlen einer Population sind, können sie nie 'berechnet', sondern nur anhand von Stichprobendaten näherungsweise bestimmt, also geschätzt werden.

Beispiel: Eine Gerade als Itemfunktion

Würde man zum Beispiel eine Gerade als Funktionsverlauf voraussetzen, so müssten für jedes Item anhand der Daten 2 Parameter geschätzt werden, nämlich der Anstieg der Geraden, a, und der Abschnitt auf der Y-Achse, b, da die Geradengleichung

(2) $$Y = aX + b$$

oder als ICC geschrieben:

(3) $$p(X_{vi} = 1) = a_i \, \theta_v + b_i$$

zwei unbekannte Parameter hat. Diese beiden Parameterwerte werden für jedes Item so geschätzt, dass die mit diesen Geraden vorhergesagten Antwortwahrscheinlichkeiten *möglichst gut* mit den beobachteten Antworthäufigkeiten übereinstimmen. Wie dies genau gemacht wird, ist in Kapitel 4 unter 'Parameterschätzung' dargestellt, wird aber auch in den folgenden Unterkapiteln ansatzweise erläutert.

Wie gut die Übereinstimmung von vorhergesagten Antwortwahrscheinlichkeiten und beobachteten Antworthäufigkeiten ist, muss mit *Modellgeltungstests* geprüft werden. Diese werden ebenfalls in einem gesonderten Kapitel behandelt (Kap. 5), aber bei einzelnen Testmodellen in den folgenden Kapiteln schon skizziert.

Dieses Vorgehen erscheint auf den ersten Blick sehr umständlich, würde man sich doch wünschen, die richtigen Funktionsverläufe einfach anhand der Daten ermitteln zu können. Eine solche Berechnung des Funktionsverlaufs ist jedoch unmöglich, denn von den beiden an der Funktion beteiligten Größen, der Antwortwahrscheinlichkeit und der latenten Variable, ist *keine* in den Daten vorhanden. Gegeben sind nur die dichotomen Itemantworten.

Im übrigen ist dieses 'umständliche' Vorgehen völlig identisch mit dem Vorgehen bei jeder *Anwendung eines statistischen Modells*: Stets werden Parameter unter der Annahme einer bestimmten Modellstruktur berechnet und, ob diese Annahmen empirisch zutreffen, muss anhand der ermittelten Modellparameter geprüft werden.

3.1.1.1 Stufenförmige Itemfunktionen

In diesem Kapitel werden zwei Modelle beschrieben, bei denen es jeweils nur eine Stufe „aufwärts" gibt, d.h. es handelt sich um monotone, wenn auch nicht streng monotone Itemfunktionen. In Kapitel 3.1.1.3.1 wird auch ein Modell mit stufenförmiger, aber nicht monotoner Itemfunktion beschrieben, d.h. dort hat jedes Item eine Stufe „aufwärts" und „abwärts".

3.1.1.1.1 Die Guttman-Skala: der Sprung von Null auf Eins

Die einfachste Annahme einer stufenförmigen Itemcharakteristik besteht darin, dass die Lösungswahrscheinlichkeit für einen unteren Bereich der Eigenschaftsausprägung 0 ist und an einer bestimmten Stelle auf 1 springt.

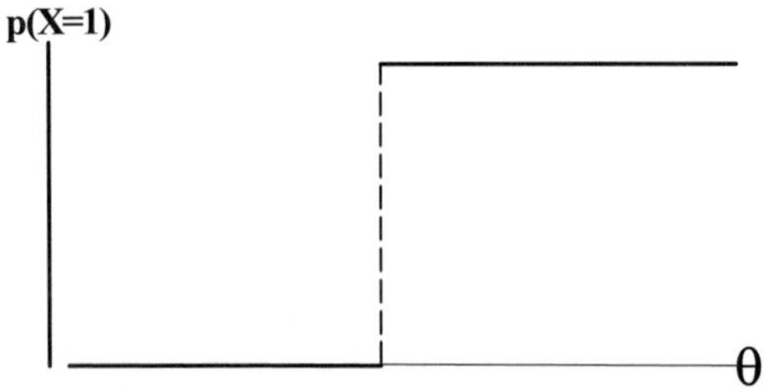

Abbildung 25: Die Itemfunktion einer Guttman-Skala

Man könnte dies als eine *Alles-oder-Nichts-Itemcharakteristik* beschreiben, d.h. entweder man kann ein Item lösen oder man kann es nicht. Bis zu einem gewissen Fähigkeitsgrad kann man es nicht lösen, darüber hinaus kann man es infolge einer entsprechenden Einsicht oder eines 'Aha'-Erlebnisses lösen.

Haben alle Items diese Form einer Itemcharakteristik und lässt sich die Stelle dieser 'plötzlichen' Einsicht *auf derselben latenten Dimension* anordnen, so beschreibt die in Abbildung 26 wiedergegebene Schar von ICC's die Items eines Tests.

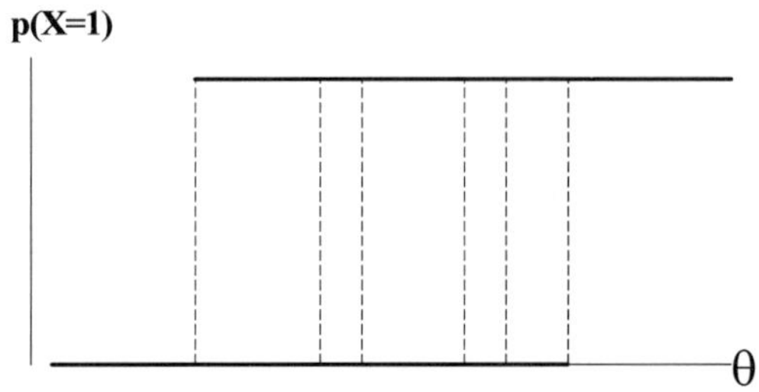

Abbildung 26: Die Itemfunktionen mehrerer Items einer Guttman-Skala

Das Testmodell, das aus diesen beiden Annahmen resultiert, ist als Skalogramm-Analyse oder auch kurz *Guttman-Skala* bekannt. Es ist durch die beiden Annahmen festgelegt, dass alle ICC's stufenförmig von einer 0-Wahrscheinlichkeit zu einer 1-Wahrscheinlichkeit springen und dass die latente Dimension, auf der diese Sprungstellen angesiedelt sind (repräsentiert durch die X-Achse), für alle Items dieselbe ist.

Letztere Annahme wird als Annahme der *Itemhomogenität* bezeichnet. 'Itemhomogenität' heißt also, dass alle Items dieselbe latente Variable ansprechen. Wäre dies nicht der Fall, so dürfte man nicht alle ICC's mit derselben X-Achse zeichnen. Ist dies jedoch der Fall, d.h. sind die Items homogen im Sinne der Guttman-Skala, so lassen sich weitere Folgerungen dieses Modells ableiten.

Die wichtigste Eigenschaft ist die, dass sich sowohl Itemunterschiede als auch Personenunterschiede nur auf *Ordinalskalenniveau* bestimmen lassen. Dies geht aus Abbildung 26 insofern hervor, als sich alle Personen, deren Fähigkeitsausprägungen zwischen den Sprungstellen zweier benachbarter Items liegen, in ihrem Testverhalten nicht voneinander unterscheiden. Insofern kann auch nicht aus ihrem Testverhalten auf unterschiedliche Eigenschaftsausprägungen geschlossen werden.

Es können maximal *so viele Eigenschaftsausprägungen* von Personen unterschieden werden, *wie es Items gibt, plus eins*. Bei 6 Items gibt es 7 Bereiche auf dem latenten Kontinuum, die sich aufgrund des Antwortverhaltens unterscheiden lassen.

Diese 7 Personengruppen entsprechen genau den 7 möglichen *Scoregruppen*, die es bei 6 Items gibt. Die Gruppe, die am weitesten links liegt, hat kein Item gelöst, die zweite Gruppe hat genau ein Item gelöst usw. Alle Personen, die in dieselbe Scoregruppe fallen, d.h. denselben Personenscore aufweisen, haben auch genau *dasselbe Antwortpattern* produziert. Alle Personen mit Score 3 haben dieselben 3 Items, nämlich die 3 leichtesten gelöst. Gilt für einen Datensatz das Modell der Guttman-Skala, so gibt es in dieser Datenmatrix nur so viele unterschiedliche Antwortmuster wie es Personenscores gibt. Die Patternhäufigkeiten entsprechen den Scorehäufigkeiten.

Ordnet man den Personen ihren Personenscore als *'Messwert'* zu, so ist dieser Messwert lediglich *ordinal skaliert*. D.h. man kann für eine Person, die 4 Items gelöst hat, nur sagen, *dass* sie 'besser' ist als eine Person, die 3 Items gelöst hat, aber nicht *um wie viel*.

Um das Ausmaß dessen quantifizieren zu können, um *wie viel* diese Person besser ist, müsste man die Schwierigkeit des vierten, zusätzlich gelösten Items im Vergleich zum dritten Item kennen. Bezogen auf Abbildung 26, müsste man den *Abstand der Sprungstellen* des Items 3 und des Items 4 kennen. Die *Schwierigkeit der Items* ist im Modell der Guttman-Skala durch die Lage der Sprungstelle relativ zur X-Achse definiert.

Das bedeutet, dass man die Schwierigkeiten der Items kennen müsste, um die Fähigkeiten der Personen auf einem höheren Skalenniveau als dem der Ordinalskala berechnen zu können. Im Modell der Guttman-Skala ist die Schwierigkeit eines Items oder seine Lokation jedoch ebenfalls nur auf einer *Ordinalskala* bestimmbar. Die genaue Angabe des Abszissenwertes der Sprungstelle ist nicht möglich, da dies voraussetzen würde, dass man die Fähigkeit der Personen kennt, die dieses Item gelöst haben.

Für das oben aufgeführte Beispiel könnten die 6 ICC's also auch andere Abstände haben, z.B. äquidistant sein:

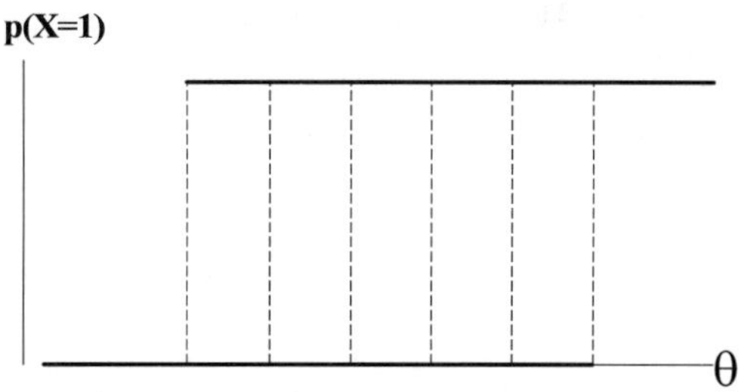

Abbildung 27: Äquidistante Itemfunktionen

Daran wird deutlich, dass ein Testmodell stets eine zweifache Skalierungsaufgabe zu erfüllen hat, nämlich *die gleichzeitige Skalierung von Personen und Items*.

Würde man die Messwerte der einen Sorte von Skalierungsobjekten kennen, so ließen sich die Messwerte der anderen Sorte ermitteln. In der Regel kennt man jedoch beides nicht, was die besondere Schwierigkeit von Testmodellen im Vergleich zu anderen Messmodellen ausmacht.

Eine Möglichkeit, dennoch zu Messwerten zu gelangen, besteht darin, eine *Verteilungsannahme* bezüglich der Messwerte aller getesteten Personen zu treffen. Da die Ermittlung von Messwerten unter bestimmten Verteilungsannahmen eine wichtige Rolle in der Testtheorie spielt, soll das Prinzip verteilungsabhängiger Messwerte anhand der Guttman-Skala näher dargestellt werden.

Nimmt man z.B. an, dass sich die Fähigkeiten aller Personen in einem bestimmten Intervall gleichverteilen, so ließen sich die Abstände der Sprungstellen der ICC's anhand der Scorehäufigkeiten ermitteln. Lautet etwa die Scoreverteilung für einen Test mit 6 Items in einer Stichprobe folgendermaßen

r	0	1	2	3	4	5	6
n_r	6	3	2	4	1	3	1

so führt die Gleichverteilungsannahme zu folgenden Abständen der ICC's und zu folgenden Itemschwierigkeiten.

Den Items könnten die Werte 6, 9, 11, 15, 16 und 19 als *Schwierigkeitsparameter* zugeordnet werden, aber auch jede lineare Transformation dieser Werte, z.B. 0.0, 0.3, 0.5, 0.9, 1.0 und 1.3. Die Idee dabei ist, dass der Abstand der Items, also die Differenz ihrer Schwierigkeiten, stets proportional zur Anzahl der Personen in der dazwischen liegenden Scoregruppe ist. Damit sind die Itemschwierigkeiten *intervallskaliert.*

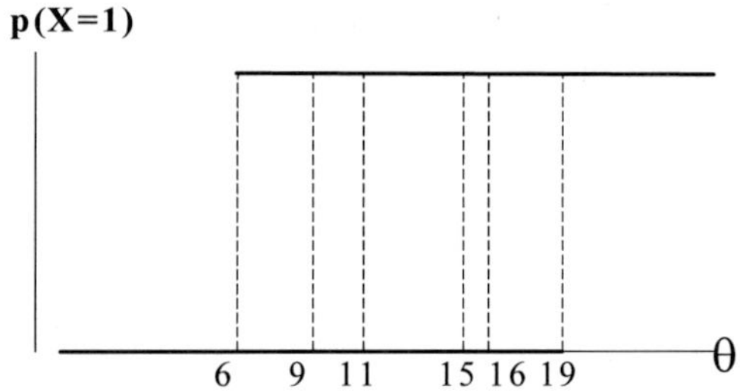

Abbildung 28: Die Lokationen der Itemfunktionen aufgrund einer Verteilungsannahme

Die *Messwerte der Personen* lassen sich in diesem Fall durch die Intervallmitte definieren, also z.B. 7.5, 10, 13 usw. Sie liegen ebenfalls auf einer *Intervallskala*, jedoch lassen sich für Personen, die kein Item oder alle Items gelöst haben, auf diese Weise keine Messwerte ermitteln. Die entsprechenden Intervalle reichen von minus unendlich bis 6, bzw. von 19 bis plus unendlich und haben keinen definierten Mittelpunkt.

Unter einer Verteilungsannahme, z.B. der Annahme einer Gleichverteilung, lassen sich die Itemschwierigkeiten und Personenfähigkeiten eines Guttman-skalierbaren Tests auf Intervallskalenniveau bestimmen.

Dies demonstriert an einem einfachen Beispiel, wie man mit Hilfe von Verteilungsannahmen zu Messwerten auf einem höheren Skalenniveau gelangen kann (z.B. Intervall- statt Ordinalniveau).

Durch die Einführung der Gleichverteilungsannahme ändert sich zwar das Skalenniveau der Messung, die *Messgenauigkeit* bleibt jedoch unverändert. Alle Personen, deren Fähigkeitsausprägungen zwischen zwei benachbarten ICC's liegen, erhalten denselben Messwert, und es ist nicht bestimmbar, ob sie weiter links oder weiter rechts in diesem Intervall liegen.

Die Messgenauigkeit lässt sich bei der Guttman-Skala nur dadurch erhöhen, dass weitere Items in den Test aufgenommen werden, deren ICC's *zwischen* denen der bereits existierenden Items liegen.

Probleme der *Parameterschätzung* ergeben sich bei diesem Modell nicht - sofern man keine Verteilungsannahme trifft. Als Personenmesswert kann einfach der Personenscore genommen werden, wobei dieser - wie erwähnt - Ordinalskalenqualität besitzt.

Die Frage der *Modellgeltung* für einen bestimmten Datensatz lässt sich ebenso leicht beantworten. Gilt nämlich das Modell für eine gegebene Datenmatrix, so ergibt sich eine *'Dreiecksmatrix'*, wenn man alle Personen in aufsteigender und alle Items in absteigender Reihenfolge ihrer Scores sortiert.

Die Dreiecksmatrix der Guttman-Skala	
erlaubte Pattern	unerlaubte Pattern
0 0 0 0 0	0 0 0 1 0
1 0 0 0 0	0 0 1 0 0
1 1 0 0 0	0 0 1 0 1
1 1 1 0 0	0 0 1 1 0
1 1 1 1 0	0 1 0 0 0
1 1 1 1 1	⋮
	0 1 1 1 1

Die Prüfung der Modellgeltung ist auch bei großen Datensätzen problemlos durchführbar, da man lediglich die Items und die Personen so umsortieren muss, dass ihre Scores ansteigen bzw. abfallen. Für die derart umsortierte Datenmatrix muss dann gelten, dass keine 1 rechts von einer 0 steht.

Alle Antwortpattern, bei denen diese Bedingung erfüllt ist, heißen *Guttman-Pattern*. Ein einziges Antwortmuster, das diese Bedingung nicht erfüllt, *falsifiziert* bereits das Modell der Guttman-Skala. Die Prüfung der Modellgeltung bezieht sich also auf die *Häufigkeiten der Antwortmuster*, wobei die unter dem Modell erwarteten Häufigkeiten für alle *'Guttman-Pattern'* beliebig sind, während sie für alle anderen Pattern Null betragen müssen.

Dass bereits *eine* Person das Modell der Guttman-Skala für einen ganzen Test falsifizieren kann, liegt an dem deterministischen Charakter dieses Testmodells. Ein *deterministisches Testmodell* unterscheidet nur Antwortwahrscheinlichkeiten von 1 und 0 und ist dementsprechend durch eine einzige unzulässige Itemantwort bereits falsifiziert.

Um das Modell dennoch nicht gleich verwerfen zu müssen, gibt es einen Index, der beschreiben soll 'wie gut' das Modell passt. Dieses sogenannte *Reproduzierbarkeitsmaß* basiert auf der Anzahl unzulässiger Einsen und Nullen in der geordneten Datenmatrix und ist wie folgt definiert:

$$(1) \qquad \text{Rep} = 1 - \left[\frac{f_{fehl}(x_{vi})}{k \cdot N} \right] ,$$

wobei $f_{fehl}(x_{vi})$ die Anzahl unzulässiger Itemantworten bezeichnet, k die Anzahl der Items und N die Anzahl der Personen. Dieses Maß beschreibt den relativen Anteil modellkonformer Itemantworten in der Datenmatrix. Ein Antwortpattern kann dabei durchaus *mehr als eine* unzulässige Itemantwort enthalten, z.B. das Pattern $\underline{x}$ = (011001). Im Zweifelsfalle zählt jedoch die *kleinste* Anzahl von Itemantworten mit deren Änderung sich ein Guttman-Pattern ergibt. So weist das Pattern $\underline{x}$ = (110010) nur *eine* unzulässige Antwort auf, nämlich die '1' an vorletzter Stelle, und nicht zwei (die beiden Nullen vor der '1').

Datenbeispiel

Das kleine Datenbeispiel aus Abbildung 15 enthält 5 unzulässige Antwortmuster, in denen insgesamt 6 unzulässige Itemantworten enthalten sind: Das Pattern der zehnten Person ist nur durch zwei Korrekturen in ein Guttman-Pattern zu verwandeln.

In diesem Datenbeispiel sind die Items nach *abfallender* Schwierigkeit geordnet. Daher muss man die Regel für unzulässige Itemantworten dahingehend ändern, dass keine 1 *links* von einer 0 stehen darf.

Das Reproduzierbarkeitsmaß beträgt demnach

$$Rep = 1-(6/(5 \cdot 12)) = 0.9.$$

Das Reproduzierbarkeitsmaß gibt also das *Ausmaß an Abweichungen* vom deterministischen Modell der Guttman-Skala an. Eine Prüfung, ob diese Abweichung *'statistisch' signifikant* ist, ist nicht möglich, da unter der Annahme der Modellgeltung *keine einzige* Modellabweichung zulässig ist.

Was ist eine statistisch signifikante Modellabweichung?

Die Abweichung einer Datenmatrix von dem, was unter der Annahme eines bestimmten Testmodells zulässig ist, kann mehr oder weniger groß sein. Um ein Entscheidungskriterium zu haben, wann die Abweichung so groß ist, dass man die Annahme der Modellgeltung besser fallen lassen sollte, berechnet man für den Datensatz eine Prüfgröße (sog. Prüfstatistik). Im Fall der Guttman-Skala könnte z.B. das Reproduzierbarkeitsmaß eine solche Prüfgröße darstellen.

Um zu beurteilen, ob der Wert der Prüfgröße noch im Bereich des 'vertretbaren' liegt, benötigt man eine Angabe, mit welcher Wahrscheinlichkeit welche Werte der Prüfgröße auftreten, sofern das Modell gilt. Tritt der berechnete Wert mit einer Wahrscheinlichkeit von unter 5% auf, so ist die Modellabweichung statistisch signifikant (= bedeutsam).

Ein anderer Weg, mit dem Problem des Determinismus umzugehen, besteht darin, die Größe der Teilstichprobe (von Personen) zu bestimmen, für die das Modell der Guttman-Skala gilt. Diese Teilstichprobe bezeichnet man als die Klasse der *'Skalierbaren'*, während der Rest der Stichprobe als Klasse der *'Unskalierbaren'* bezeichnet wird. Die relative Größe der Klasse der Skalierbaren ist auch ein Indikator dafür, wie gut das Modell der Guttman-Skala auf einen Test passt.

In dem kleinen Datenbeispiel umfasst die Klasse der Skalierbaren 7 von 12 Personen, also 58%.

Eine solche Erweiterung des Modells der Guttman-Skala um eine Klasse von Unskalierbaren sprengt den Rahmen von Modellen mit quantitativer Personenvariable, da neben der quantitativen Variable, die nur in einer Teilstichprobe gemessen werden kann, noch die *qualitative Personenvariable* 'skalierbar vs. nicht-skalierbar' gemessen wird. Diese Erweiterung der Guttman-Skala stellt bereits ein klassifizierendes Testmodell dar (s. Kap. 3.1.2 und Kap. 3.1.3).

Literatur

Das Modell der Guttman-Skala wurde erstmals von Guttman (1950) beschrieben. Es wird in den meisten Lehrbüchern zur Skalierung behandelt (z.B. Borg & Staufenbiel (1993), Coombs et al. (1975) und Orth (1983)), da es ein gutes Beispiel zur Konstruktion einer Ordinalskala darstellt. Viele Statistik-Programme, z.B. SPSS, bieten die Möglichkeit, die für eine Anwendung der Guttman-Skala notwendigen Berechnungen durchzuführen.

Die Erweiterung der Guttman-Skala um eine Klasse von Unskalierbaren geht auf Goodman (1975) zurück. Zysno (1993) behandelt die Erweiterung der Guttman-Skala für polytome Daten.

3.1.1.1.2 Antwortfehlermodelle: Irrtum und Raten

Eine sehr viel elegantere Möglichkeit, die Guttman-Skala auf realistische Datensätze anwendbar zu machen, besteht darin, die stufenförmigen ICC's probabilistisch werden zu lassen. Die Annahme, dass die Lösungswahrscheinlichkeiten nur die Werte 0 und 1 annehmen können, ist insofern sehr extrem, als die Möglichkeit ausgeschlossen wird, die richtige Itemantwort zu erraten oder ein Item irrtümlich nicht zu lösen.

Definiert man als *Ratewahrscheinlichkeit* eine gleichbleibende Wahrscheinlichkeit das Item zu lösen, auch wenn man sich 'links' von der Sprungstelle der ICC befindet und als *Irrtumswahrscheinlichkeit* die Wahrscheinlichkeit, das Item *nicht* zu lösen, auch wenn man sich 'rechts' von der Sprungstelle befindet, so ergeben sich Itemfunktionen der folgenden Form

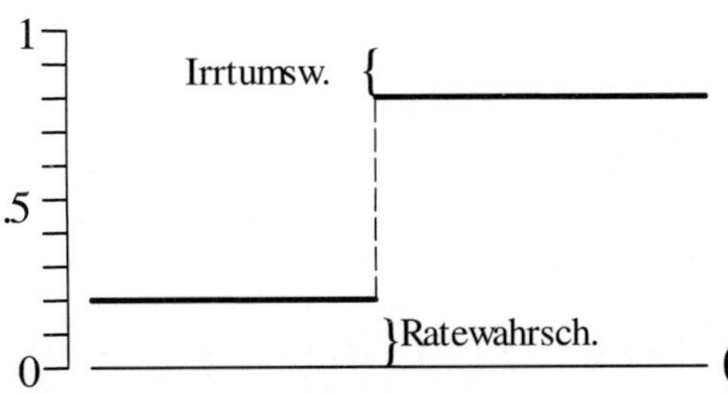

Abbildung 29: Eine Itemfunktion mit einer Rate- und Irrtumswahrscheinlichkeit von jeweils 20%.

Modelle, die einen solchen Verlauf der ICC annehmen, heißen *response error Modelle*, da sie aus der Guttman-Skala durch Einführung von *Antwortfehlern*, also Raten und Irrtum, hervorgehen. Lazarsfeld und Henry (1968) bezeichnen diese Modelle auch als *latent distance Modelle*. Der Name spielt auf die Distanz zwischen den Sprungstellen der Itemfunktionen an.

Response error Modelle können unterschiedlich restriktiv, d.h. einschränkend sein, je nachdem, welche Annahmen man bezüglich der Konstanz von Irrtums- und Ratewahrscheinlichkeit über die Items eines Test trifft.

Im restriktivsten Fall nimmt man an, dass Rate- und Irrtumswahrscheinlichkeit gleich hoch sind und zudem für alle Items *konstant*. Damit enthält das Modell nur *einen* zusätzlichen Parameter, nämlich eben jenen unbekannten Wert der Rate- und Irrtumswahrscheinlichkeit bei allen Items.

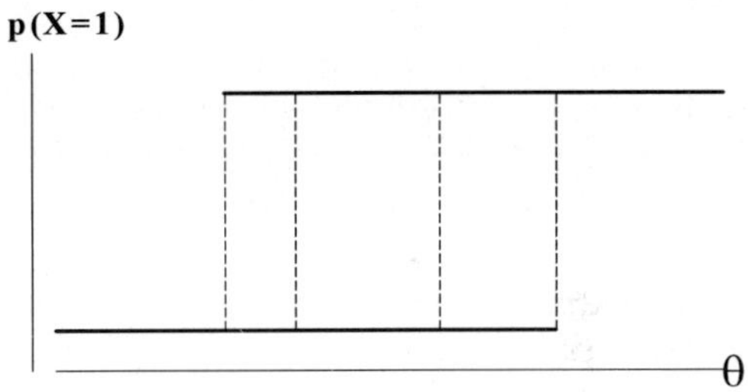

Abbildung 30: Die Itemfunktionen des restriktivsten response error Modells

Das am wenigsten restriktive Modell lässt für jedes Item andere Rate- und Irrtumswahrscheinlichkeiten zu. Die Itemcharakteristiken sehen dann wie folgt aus:

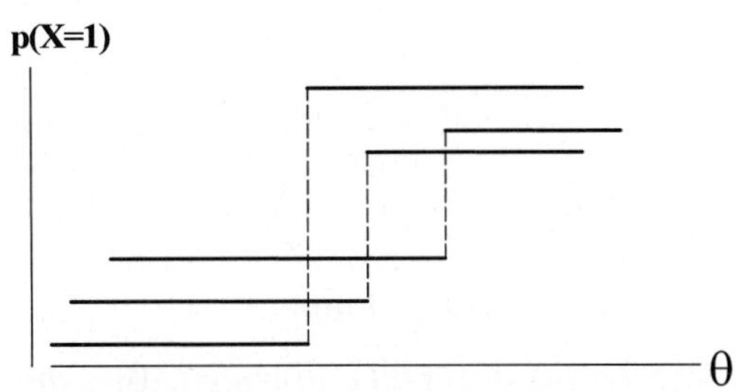

Abbildung 31: Drei Itemfunktionen mit unterschiedlichen Rate- und Irrtumswahrscheinlichkeiten

Die Eigenschaften dieser Modelle sind teilweise dieselben wie die der Guttman-Skala: Es können nur so viele Messwerte für die Personen unterschieden werden wie es Items gibt (plus eins). Personen, die zwischen den Sprungstellen zweier benachbarter Items liegen, können nicht hinsichtlich ihrer Eigenschaftsausprägung unterschieden werden. Die Personenmesswerte liegen also ebenfalls auf einer *Ordinalskala*.

Wie bei der Guttman-Skala werden lediglich *Klassen von Personen* unterschieden, nämlich jene Klassen, deren Fähigkeitsausprägungen genau zwischen zwei benachbarten Sprungstellen liegen.

Als *Itemtrennschärfe* lässt sich bei diesen Modellen die Differenz zwischen Ratewahrscheinlichkeit und Lösungswahrscheinlichkeit eines Items definieren, also die 'Höhe' der Sprungstelle. Im Vergleich zu Guttman-Items haben die Items von response error Modellen eine *geringere* Trennschärfe: Je höher Rate- und Irrtumswahrscheinlichkeit sind, desto schlechter diskriminiert ein Item zwischen verschiedenen Ausprägungsgraden der latenten Variable.

Die Items sind durch *3 Parameter* gekennzeichnet:

1. Durch ihre *Itemschwierigkeit* oder Lokation, σ_i, die wiederum nur auf Ordinalskalenniveau bestimmbar ist. Das bedeutet, es ist lediglich die Reihenfolge der Itemschwierigkeiten zu ermitteln.

2. Die *Ratewahrscheinlichkeit* eines Items, γ_i , die einen Wahrscheinlichkeitsparameter (im Intervall von 0 bis 1) darstellt, aber möglichst gering sein sollte (in jedem Fall unter 0.5).

3. Die *Irrtumswahrscheinlichkeit*, β_i , die ebenfalls möglichst gering sein sollte. Eins minus Irrtumswahrscheinlichkeit ergibt die Lösungswahrscheinlichkeit des Items für alle Personen, die rechts von der Sprungstelle liegen.

Die *Modellgleichung* des allgemeinen Antwortfehlermodells lässt sich dann in Form von zwei bedingten Antwortwahrscheinlichkeiten schreiben:

$$\text{(1)} \quad \begin{aligned} p\left(X_{vi}=1 \middle| \theta_v < \sigma_i\right) &= \gamma_i \\ p\left(X_{vi}=1 \middle| \theta_v > \sigma_i\right) &= 1-\beta_i \,, \end{aligned}$$

wobei $0 \le \gamma_i \le 0.5$ und $0 \le \beta_i \le 0.5$. Die Fähigkeitsparameter θ_v sind ebenso wie die Itemschwierigkeiten σ_i nur ordinalskaliert.

Das Modell der Guttman-Skala ergibt sich durch die Restriktion: $\gamma_i = \beta_i = 0$ für alle Items i. Das bereits erwähnte restriktivste Antwortfehlermodell ergibt sich durch die Restriktion: $\gamma_i = \beta_i = \gamma$, wobei γ die für alle Items konstante Rate- und Irrtumswahrscheinlichkeit bezeichnet.

Für die 5 Items des KFT-Datensatzes ergeben sich die folgenden Rate- und Irrtumswahrscheinlichkeiten:

Item	1	2	3	4	5
γ_i	.11	.09	.18	.06	.19
β_i	.11	.07	.19	.07	.19

Zwischen den Sprungstellen liegen folgende Prozentanteile der Personenstichprobe (N=300).

	vor 1	1-2	2-3	3-4	4-5	hinter 5
%	30	11	12	10	15	22

Diese Modelle werden in der Praxis der Testentwicklung und Anwendung sehr selten angewendet. Die einfachste Möglichkeit der Parameterschätzung und Modellgeltungskontrolle besteht darin, response error Modelle als *restringierte latent class Modelle* zu formulieren. Diese Möglichkeit wird in Kapitel 3.1.2.3 dargestellt.

Literatur

Einen Überblick über Antwortfehlermodelle geben Clogg & Sawyer (1981), Formann (2002), Langeheine (1988) Dayton & Macready (1976), Macready & Dayton (1977,1980) und Rost (1988a). Formann (1984) geht auf Probleme der Identifizierbarkeit von Antwortfehlermodellen ein.

3.1.1.2 Kontinuierlich ansteigende Itemfunktionen

Der sprunghafte Anstieg der Lösungswahrscheinlichkeit an einer bestimmten Stelle des latenten Kontinuums stellt für viele Anwendungen von Tests und Fragebögen eine zu strenge Annahme dar. Warum sollten auf einem latenten Kontinuum einige Stellen derart ausgezeichnet sein, dass gerade dort ein 'qualitativer' Sprung im Antwortverhalten stattfindet? Daher nehmen die meisten Testmodelle an, dass sich die Lösungswahrscheinlichkeit nur langsam und *kontinuierlich* in Abhängigkeit von der latenten Variable ändert.

Die Anzahl möglicher Funktionsverläufe ist natürlich unendlich groß und es stellt sich die Frage, wie man zu einer *Auswahl von Funktionstypen* kommt, bei denen es sich lohnt, sie unter testtheoretischen Gesichtspunkten zu betrachten. Kriterien für die Auswahl von Funktionsarten für die Itemfunktionen können sein:

- *Einfachheit* im Sinne des Einfachheitskriteriums, das an jede Art von Theorienbildung zu stellen ist,
- *vorteilhafte statistische Eigenschaften*, die etwa die Schätzung der Parameter dieser Funktion betreffen,
- psychologische *Plausibilität* für eine Vielzahl von psychologischen Tests und Fragebögen, damit nicht für jeden Test ein neues Testmodell entwickelt werden muss.

Geht man vom ersten Kriterium aus, dem der Einfachheit, so ist sicherlich die *lineare Beziehung* zwischen Antwortwahrscheinlichkeit und latenter Variable diejenige Funktion, die diesem Kriterium am ehesten entspricht.

Eine lineare Beziehung anzunehmen, wirft jedoch das Problem auf, dass der *Wertebereich der latenten Variable beschränkt* werden muss, weil die *Antwortwahrscheinlichkeiten* nur Werte zwischen 0 und 1 annehmen können: Man kann keine lineare Beziehung zwischen einer beschränkten und einer unbeschränkten Variable definieren.

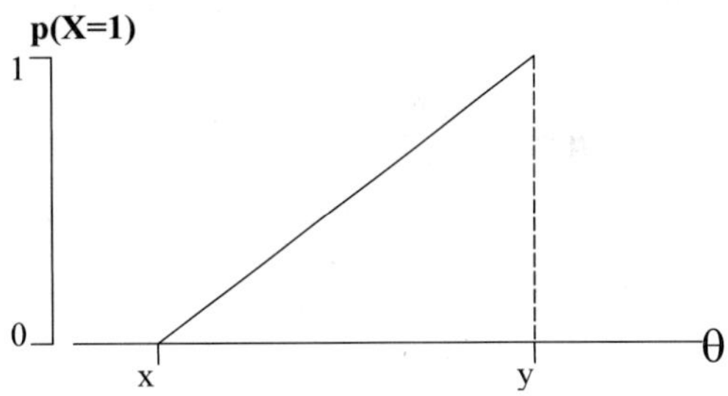

Abbildung 32: Eine Gerade als Itemfunktion

Das Testmodell, das auf der Annahme einer Geraden als Itemfunktion basiert, wird im ersten Unterkapitel (3.1.1.2.1) behandelt. Dieses Modell erweist sich als sehr restriktiv, da es konstante Schwierigkeiten für alle Items voraussetzt.

Im zweiten Unterkapitel (3.1.1.2.2) wird ein anderer Weg beschritten, die Annahme einer Geraden als Itemfunktion aufrecht zu erhalten: Die Antwortwahrscheinlichkeiten werden zunächst in Werte transformiert, die *nicht* mehr auf das 0-1-Intervall beschränkt sind, sondern zwischen $-\infty$ (minus unendlich) und $+\infty$ (plus unendlich) liegen. Für diese so transformierten Wahrscheinlichkeiten wird dann eine lineare Abhängigkeit von der latenten Variable postuliert. Das daraus resultierende Modell erfüllt die o.g. Kriterien einer hohen psychologischen Plausibilität des Funktionsverlaufs und vorteilhafter statistischer Eigenschaften sowie - auch wenn es zunächst kompliziert aussehen mag - das Kriterium der Einfachheit. Es wird nach Georg Rasch als das Rasch-Modell bezeichnet.

Das dritte und vierte Unterkapitel behandeln Verallgemeinerungen dieses Modells, und zwar einmal durch Einführung weiterer Parameter der Itemfunktion (Kap. 3.1.1.2.3), und einmal durch Verzicht auf jegliche Parametrisierung des Funktionsverlaufs (Kap. 3.1.1.2.4).

3.1.1.2.1 Das Binomialmodell: Eine Gerade als Itemfunktion

Den prominentesten Versuch, ein Testmodell mit Geraden als Itemfunktionen zu konstruieren, stellt die sog. *klassische Testtheorie* dar. Dieses Modell ergibt sich, wenn man die Grundgleichung und die Annahmen der Messfehlertheorie (vgl. Kap. 2.1.2)

(1) $$x_v = t_v + e_v$$

auf die einzelnen *Itemantworten als Messwerte* anwendet, d.h. von der Gleichung

(2) $$x_{vi} = t_{vi} + e_{vi}$$

ausgeht, wobei $x_{vi} \in \{0,1\}$ (lies: x_{vi} ist ein Element aus der Menge der beiden Zahlen 0 und 1).

Gleichung (2) lässt sich folgendermaßen in eine Itemfunktion umwandeln: Nach den Axiomen der Messfehlertheorie (s. Kap. 2.1.2) hat die Fehlervariable den Erwartungswert 0 und ist mit der Variable der wahren Werte unkorreliert, so dass der Erwartungswert der Antwortvariable gleich dem wahren Wert ist,

(3) $$\text{Erw}\left(X_{vi}\right) = t_{vi} \ .$$

Der Erwartungswert einer 0-1-Variable entspricht der Wahrscheinlichkeit der Valenz '1', da laut Definition des Erwartungswertes (s. Kap. 2.1.2) gilt:

(4) $$\text{Erw}\left(X_{vi}\right) = 0 \cdot p\left(X_{vi} = 0\right) + 1 \cdot p\left(X_{vi} = 1\right). \\ = p\left(X_{vi} = 1\right).$$

Somit kann man Gleichung (3) auch folgendermaßen schreiben:

(5) $$p\left(X_{vi} = 1\right) = t_{vi} \, .$$

Wendet man die Messfehlertheorie auf Itemantworten an, so ist eine *Zusatzannahme* erforderlich, die sich darauf bezieht, wie die *itemspezifischen* wahren Werte zusammenhängen. Es können drei unterschiedliche Annahmen getroffen werden:

Die *erste* Annahme besagt, dass die Items dieselbe latente Variable erfassen, sich aber in ihrer *Schwierigkeit* unterscheiden. Der wahre Wert der Person v bei Item i setzt sich nach dieser Annahme aus ihrer Eigenschaftsausprägung θ_v und der Itemschwierigkeit σ_i zusammen:

(6) $$t_{vi} = \theta_v - \sigma_i \ .$$

Das resultierende Testmodell

(7) $$p\left(X_{vi} = 1\right) = \theta_v - \sigma_i$$

ist das sog. Modell *essentiell tau-äquivalenter Messungen* und hat als Itemfunktionen Geraden, die denselben Anstieg haben, also *parallele Geraden*.

Die *zweite* Annahme besagt, dass die Items dieselbe latente Variable erfassen, sich aber hinsichtlich *Schwierigkeit und Trennschärfe* unterscheiden. Da Trennschärfe als *Anstieg* der Itemfunktion definiert ist (s.o.), gibt es einen zweiten Itemparameter β_i und die entsprechende Itemfunktion lautet

(8) $$p\left(X_{vi}=1\right)=\beta_i\,\theta_v-\sigma_i\ .$$

Dieses Modell ist das Modell *kongenerischer Messungen* und hat als Itemfunktion Geraden *unterschiedlichen Anstiegs*.

Beide Zusatzannahmen sind im Fall von dichotomen Itemantworten höchst problematisch. Nimmt man nämlich Geraden als Itemfunktionen an, so stellt sich das Problem, welchen Wertebereich die latente Variable θ hat.

Haben die Items unterschiedliche Lokationen, also *Schwierigkeiten*, wie im Modell essentiell tau-äquivalenter Messungen (7), so ist stets für einige Items die Lösungswahrscheinlichkeit in bestimmten Wertebereichen der latenten Variable nicht definiert (z.B. für Person v und w in Abb. 33).

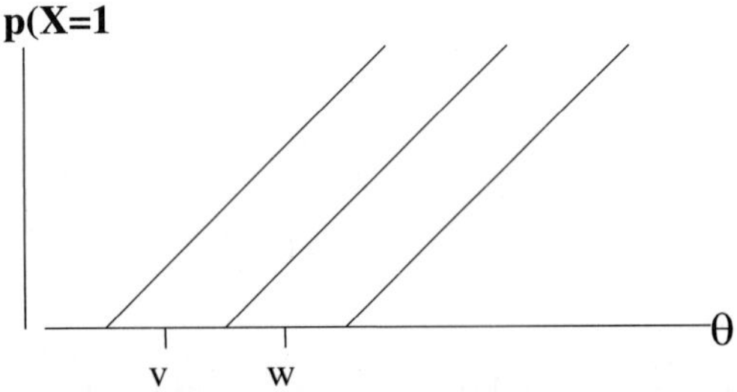

Abbildung 33: Items mit unterschiedlichen Schwierigkeiten

Eine Begrenzung des Wertebereichs auf ein 'mittleres' Intervall (s. Abb. 34), löst dieses Problem nicht, sondern schafft sogar ein neues Problem, da die Lösungswahrscheinlichkeiten von leichten Items nicht mehr unter einen bestimmten Wert absinken, die von schweren Items nicht mehr einen bestimmten Wert überschreiten können.

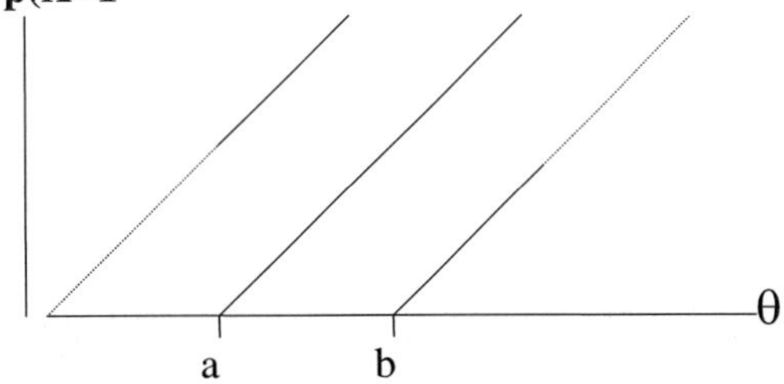

Abbildung 34: Geraden als Itemfunktionen mit begrenztem Wertebereich der latenten Variable

Ein 'Ausweg' könnte darin bestehen zwei 'Knicke' in der ICC vorsehen, um außerhalb des Definitionsbereiches der Geraden die 0- bzw. 1-Wahrscheinlichkeiten als Werte der Itemfunktionen festzulegen.

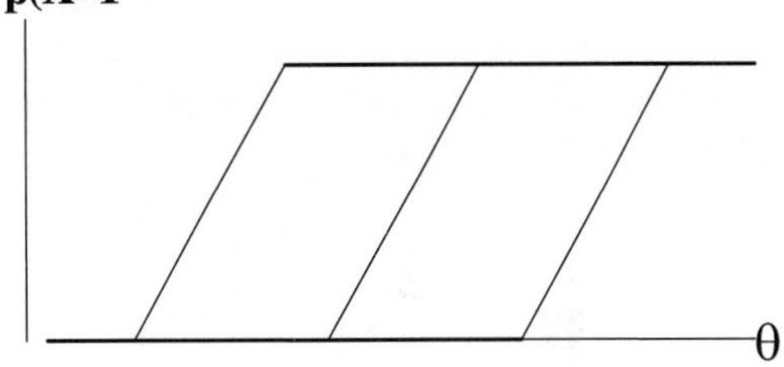

Abbildung 35: 'Abgeknickte' Geraden als Itemfunktionen

Dies kann aber nicht die Idee einer *einfachen Funktion* sein: Warum sollte es gerade an bestimmten Stellen des Kontinuums solche Knicke geben? Sie wären psychologisch nicht interpretierbar. Daraus folgt:

> *Das Konzept linearer Itemfunktionen ist mit der Annahme unterschiedlicher Itemschwierigkeiten nicht vereinbar.*

Auch die Annahme unterschiedlicher *Itemtrennschärfen*, d.h. unterschiedlicher Steigungen der Geraden, führt zu denselben Problemen, dass nämlich für bestimmte Bereiche der latenten Variable die Lösungswahrscheinlichkeiten nicht definiert sind oder die Lösungswahrscheinlichkeiten bestimmte Werte nicht über- bzw. unterschreiten können.

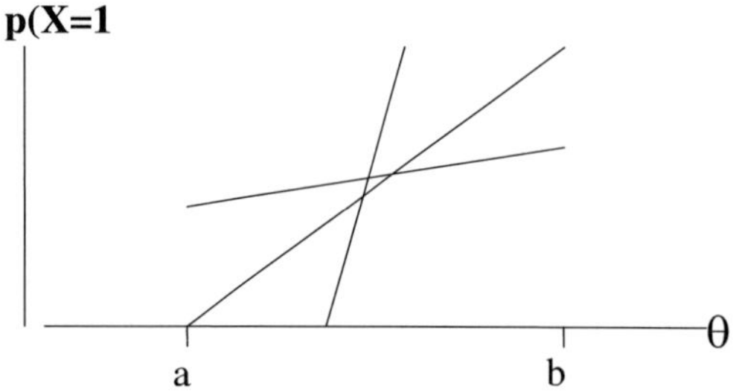

Abbildung 36: Items mit unterschiedlichen Trennschärfen

Es lässt sich also allein mit graphischen Argumenten sehen, dass ein Testmodell mit linearen Itemfunktionen Items mit gleicher Schwierigkeit und gleicher Trennschärfe voraussetzt.

Die einzig sinnvolle Annahme, die man treffen kann, wenn man die Messfehlertheorie auf dichotome Itemantworten anwenden will, ist daher die Annahme *tau-äquivalenter Messungen*

(9) $t_{vi} = \theta_v$,

die zu der einfachen Modellgleichung

(10) $p(X_{vi} = 1) = \theta_v$

führt. Dieses Modell hat eine Gerade als Itemfunktion, und zwar *dieselbe* Gerade für alle Items (s. Abb. 37).

Es setzt voraus, dass alle Items gleich schwierig und gleich trennscharf sind. Obwohl dieses Modell im Rahmen der klassischen Testtheorie behandelt wird, stellt es nicht *das* Modell dar, das typischerweise mit dem Begriff 'klassische Testtheorie' assoziiert wird. In der gängigen Praxis der Testanalyse nach der klassischen Testtheorie werden vielmehr Schwierigkeits- und Trennschärfe-Indices für die Items berechnet, und es wird damit das Modell kongenerischer Messungen (8) zugrundegelegt.

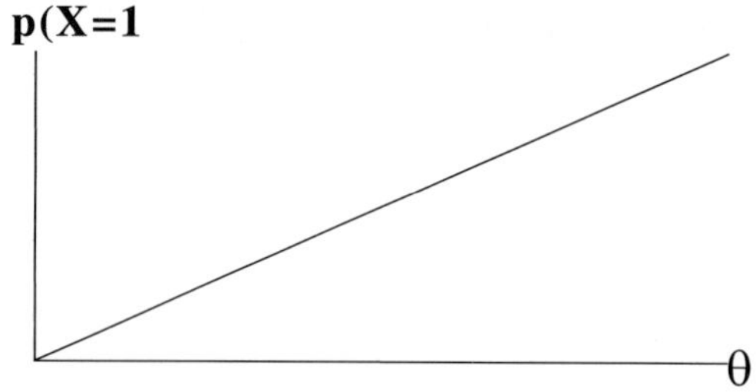

Abbildung 37: Die Itemfunktion des Modells tau-äquivalenter Messungen bzw. des Binomialmodells

Weitaus bekannter ist Modell (10) unter dem Namen *Binomialmodell.* Warum das Modell so heißt, ergibt sich aus der folgenden Darstellung.

Da das Modell *konstante Itemschwierigkeiten* und *konstante Itemtrennschärfen* für alle Items voraussetzt, gibt es auch keinen Itemparameter in diesem Testmodell zu schätzen. Die Lösungswahrscheinlichkeiten einer Person v sind für alle Items konstant:

$$p(X_{vi} = 1) = p(X_{vj} = 1) \text{ für alle Items i und j.}$$

Wie schon die Gleichung (10) ausdrückt, entspricht der *Personenparameter* eben dieser Lösungswahrscheinlichkeit:

$$\theta_v = p(X_{vi} = 1) \quad .$$

Nimmt man an, dass die Items unabhängig voneinander bearbeitet werden, d.h. trifft man die Annahme der *stochastischen Unabhängigkeit* (vgl. Kap. 2.3.4),

(11) $p(x_{vi} \text{ und } x_{vj}) = p(x_{vi}) \cdot p(x_{vj})$,

so kann der Test auch als eine Aneinanderreihung von k binären Zufallsexperimenten mit gleichen Ausgangswahrscheinlichkeiten $p(x_{vi})$ aufgefasst werden.

Was ist ein binäres Zufallsexperiment?

Wirft man eine Münze, so stellt dies ein binäres (= zweiwertiges) Zufallsexperiment dar, da es nur die beiden Ausgänge 'Kopf' oder 'Zahl' gibt. In diesem Beispiel sind die beiden Ausgänge gleichwahrscheinlich, was aber nicht notwendigerweise so sein muss. Kodiert man die beiden Ausgänge mit '0' und '1', so ist ein binäres Zufallsexperiment durch die beiden Wahrscheinlichkeiten p(0) und p(1) charakterisiert, die sich zu 1 ergänzen müssen: $p(0)+p(1)=1$.

Aus der Statistik ist bekannt, dass bei solchen Experimenten die relative Anzahl von '1-Ausgängen', also Itemlösungen einen *Schätzwert* für die Wahrscheinlichkeit darstellt, in jedem einzelnen Experiment den Ausgang 1 zu erhalten. Das heißt, dass die Anzahl der von einer Person gelösten Aufgaben, dividiert durch die Aufgabenanzahl, direkt eine *Schätzung des Fähigkeitsparameters* der Person darstellt:

$$(12)\quad \hat{\theta}_v = \frac{r_v}{k} \quad \text{mit} \quad r_v = \sum_{i=1}^{k} x_{vi}\,.$$

Schätzwerte für einen Parameter werden mit einem ^ gekennzeichnet (sprich z.B. $\hat{\theta}$: 'Theta Dach').

Weiterhin ist aus der Statistik bekannt, dass die Wahrscheinlichkeit, in einer solchen Serie von k binären Zufallsexperimenten genau r 1-Ausgänge (also Itemlösungen) zu erhalten, durch die *Binomialverteilung* definiert ist.

Weil die Binomialverteilung in diesem Testmodell für jede Person die Wahrscheinlichkeiten der möglichen Testresultate beschreibt, heißt dieses Testmodell auch *Binomialmodell*.

Die Binomialverteilung

Die Wahrscheinlichkeit, dass eine Person mit dem Parameter θ_v die ersten r von k Items löst, beträgt

$$(13)\quad p\left(X_{vi}=1,\ldots,X_{vr}=1,X_{vr+1}=0,\ldots,X_{vk}=0\right) = \theta_v^r \cdot \left(1-\theta_v\right)^{k-r}.$$

Diese Wahrscheinlichkeit ist für alle Antwortmuster mit r Einsen identisch. Um die Wahrscheinlichkeit zu berechnen, *irgendein* Antwortmuster mit Score r zu erhalten, muss die rechte Seite von Gleichung (13) noch mit der *Anzahl möglicher Antwortmuster* mit Score r multipliziert werden. Diese Anzahl gibt der *Binomialkoeffizient* $\binom{k}{r}$ (sprich 'k über r', vgl. Kap. 2.3.3.2) an:

$$(14)\quad \binom{k}{r} = \frac{k\cdot(k-1)\cdot(k-2)\cdot\ldots(k-r+1)}{1\cdot 2\cdot 3\cdot 4\ldots\cdot r}.$$

Es ergibt sich daraus die folgende Wahrscheinlichkeit des Scores r für Person v:

$$(15)\quad p\left(\sum_{i=1}^{k} x_{vi} = r\right) = \binom{k}{r}\theta_v^r\left(1-\theta_v\right)^{k-r}$$

Die Gleichung definiert die Wahrscheinlichkeitsverteilung der Scores einer Person. Dieser Typ von Verteilung wird als *Binomialverteilung* bezeichnet.

Mit Gleichung (15) lassen sich bei gegebener Itemanzahl k und Personenfähigkeit θ die Wahrscheinlichkeiten für alle möglichen Testresultate r berechnen.

Beispiel

Beträgt z.B. die Lösungswahrscheinlichkeit einer Person 40% oder $\theta = 0.4$, so ergibt sich bei $k = 5$ Items die folgende Wahrscheinlichkeit, einen Score von $r = 2$ zu erhalten:

$$p(r=2) = \binom{5}{2} \cdot 0.4^2 \cdot 0.6^3$$

$$= \frac{5 \cdot 4}{1 \cdot 2} \cdot 0.16 \cdot 0.216 = 0.3456$$

Die Verteilung aller möglicher Testscores sieht wie folgt aus:

Testscore r:

0	1	2	3	4	5
.0777	.2592	.3456	.2304	.0768	.0102

Wahrscheinlichkeit p(r)

Als *Modellgleichung* bezeichnet man die Funktion, die die Antwortwahrscheinlichkeit einer Person auf ein Item in Abhängigkeit von den Modellparametern spezifiziert. Sie besteht aus den beiden einzelnen Antwortwahrscheinlichkeiten

$$p(X_{vi} = 1) = \theta_v$$

und

$$p(X_{vi} = 0) = 1 - \theta_v ,$$

die folgendermaßen zu einer Gleichung zusammengefasst werden können:

$$(16) \qquad p(x_{vi}) = \theta_v^{x_{vi}} \cdot (1-\theta_v)^{1-x_{vi}} .$$

Die Exponenten x_{vi} und $1 - x_{vi}$ können nur die beiden Werte 0 und 1 annehmen. Ihre Funktion besteht darin zu steuern, welcher der beiden Faktoren jeweils bestehen bleibt und welcher 'verschwindet', denn: $\theta^0 = 1$ und $\theta^1 = \theta$.

Während als 'Modellgleichung' die Wahrscheinlichkeitsfunktion einer *einzelnen* Itemantwort bezeichnet wird, versteht man unter der *'Likelihoodfunktion'* die Wahrscheinlichkeitsfunktion der *gesamten* Datenmatrix:

$$L = p(\underline{\underline{x}}) .$$

Passend zur Kennzeichnung von Vektoren durch *einfach* unterstrichene Buchstaben werden Matrizen durch *doppelt* unterstrichene Buchstaben gekennzeichnet.

Likelihood

'likelihood' ist im Englischen neben 'probability' ein zweiter Begriff für 'Wahrscheinlichkeit'. Er meint stärker die 'vermutete' oder 'erwartete' Wahrscheinlichkeit eines Ereignisses und ließe sich - etwas antiquiert - mit *'Mutmaßlichkeit'* übersetzen.

Definition: *Die Likelihoodfunktion beschreibt die Wahrscheinlichkeit der Daten in Abhängigkeit von den Modellparametern unter der Annahme, dass das Modell gilt.*

Die Likelihoodfunktion kann man sowohl für die *Parameterschätzung* gut gebrauchen (die besten Parameterschätzungen sind dort, wo die Likelihoodfunktion ihr Maximum hat, vgl. Kap. 4) als auch für die Prüfung der *Modellgeltung* (je höher der Wert der Likelihoodfunktion, desto besser passt das Modell auf die Daten, vgl. Kapitel 5).

Man erhält die Likelihoodfunktion, indem man die Wahrscheinlichkeiten der einzelnen Itemantworten über alle Zeilen

(Personen) und Spalten (Items) aufmultipliziert.

$$(17) \qquad L = \prod_{v=1}^{N} \prod_{i=1}^{k} p(x_{vi})$$

Das Produktzeichen $\prod$

So wie das Summenzeichen Σ eine verkürzte Schreibweise einer *Addition* vieler Summanden erlaubt,

$$x_1 + x_2 + x_3 + \ldots + x_k = \sum_{i=1}^{k} x_i \, ,$$

ermöglicht das Produktzeichen $\prod$ (grosses griechisches Pi) eine verkürzte Schreibweise der Multiplikation vieler Faktoren:

$$x_1 \cdot x_2 \cdot x_3 \cdot \ldots \cdot x_k = \prod_{i=1}^{k} x_i \, .$$

Der Buchstabe i fungiert hier als *Laufindex*, der die Zahlen von 1 bis k durchläuft (sprich: 'Produkt' von i gleich 1 bis k der x_i).

Da die Multiplikation von Wahrscheinlichkeiten nur für *unabhängige Ereignisse* die Wahrscheinlichkeit ihres gemeinsamen Eintretens definiert, setzt Gleichung (17) neben der *stochastischen Unabhängigkeit* der Antworten *innerhalb* einer Person (Multiplikation über die Items, vgl. Kap. 2.3.4) auch die Unabhängigkeit der Testbearbeitung *zwischen* den Personen voraus (Multiplikation über die Zeilen).

Anmerkung

Würde man die Annahme der *stochastischen Unabhängigkeit* nicht treffen, müsste man weitere Parameter spezifizieren, mit Hilfe derer man aus den Einzelwahrscheinlichkeiten auf die Wahrscheinlichkeit *kombinierter Ereignisse* schließen kann, also auf die Wahrscheinlichkeit eines ganzen Antwortvektors. Da dies relativ kompliziert ist, gibt es bislang nur sehr wenige Ansätze für Testmodelle *ohne* die Annahme stochastisch unabhängiger Itemantworten (vgl. z.B. Kap. 3.5.3.3).

Die Likelihoodfunktion für das Binomialmodell lautet nach Einsetzen von (16) in (17):

$$(18) \quad L = \prod_{v=1}^{N} \prod_{i=1}^{k} \theta_v^{x_{vi}} (1-\theta_v)^{1-x_{vi}} \, .$$

Das innere Produkt kann verkürzt werden zu:

$$L = \prod_{v=1}^{N} \theta_v^{r_v} \cdot (1-\theta_v)^{k-r_v} \, ,$$

da jeder Personenparameter θ_v genau so oft aufmultipliziert wird, wie die Person v Items gelöst hat (r_v-mal).

Von den ursprünglichen Testdaten braucht man für die Likelihoodfunktion lediglich die Zeilenrandsummen der Datenmatrix, also die Testscores r_v bzw. die Häufigkeiten n_v der Scores r. Da zudem alle Personen mit dem selben Score r die selben Personenparameter θr erhalten, lässt sich die Likelihoodfunktion weiter verkürzen zu:

$$L = \prod_{r=0}^{N} (\theta_r^{r} \cdot (1-\theta_r)^{k-r})^{n_r} \, ,$$

Die Wahrscheinlichkeit der Daten hängt also *nicht* davon ab, *welche* Items eine Person gelöst hat, sondern nur *wie viele*.

Das wesentliche Resultat dieser Betrachtungen der Likelihoodfunktion besteht darin, dass man für die Schätzung der Modellparameter des Binomialmodells lediglich die Testscores r_v der Personen benötigt. Da diese 'Summenstatistik' (r_V ist ja die *Summe* aller 1-Antworten von Person v) eine 'erschöpfende' Auskunft über die getestete Person gibt (sofern das Modell gilt), nennt man die r_V auch die *erschöpfenden Statistiken* für die Personenparameter, oder die *suffizienten Statistiken* (sufficient statistics).

Erschöpfende Statistiken

Der Begriff der erschöpfenden Statistiken ist ein wichtiger Begriff, wenn es um die Schätzung der Modellparameter geht (vgl. Kap. 4), da Parameter mit erschöpfenden Statistiken unproblematisch zu schätzen sind. Der Begriff ist aber auch für das Verständnis eines Testmodells wichtig, denn die erschöpfenden Statistiken geben an, welche Information aus den Testdaten 'herangezogen' wird. Es ist die Art von *Datenaggregation* (s.o.), die bei Geltung des betreffenden Testmodells *legitim* ist, d.h. nicht mit einem Verlust diagnostischer Information verbunden ist.

Während die Schätzung der Modellparameter bei diesem Modell relativ simpel ist (es wird die relative Lösungshäufigkeit einer Person als ihr Messwert berechnet), sind die *Annahmen* dieses linearen Modells, nämlich konstante Itemschwierigkeiten und Itemtrennschärfen, doch sehr streng und unrealistisch.

Die Parameterwerte für die Personen liegen auf einer *Absolutskala*, da es Wahrscheinlichkeitsparameter sind. Als 'absolutskaliert' bezeichnet man Messwerte, für die keinerlei Transformation zulässig ist. Es handelt sich um das höchste Skalenniveau (s. Kapitel 2). Das hohe Skalenniveau der Messwerte im Binomialmodell ist quasi der Gegenwert für die strengen Annahmen, die das Modell voraussetzt.

Die Annahme konstanter Itemschwierigkeiten impliziert in diesem Modell, dass die Lösungshäufigkeiten der Items, also die *Itemscores,* bis auf Zufallsschwankungen *gleich groß* sind. Die Streuung der Itemscores gibt einen ersten Hinweis, ob das Binomialmodell auf einen Datensatz passt.

Zusammenfassung

Aus der Annahme linearer ICC's und der Annahme stochastisch unabhängiger Itemantworten folgt das Binomialmodell, in dem die relative Anzahl gelöster Items einen Schätzer für die Personenfähigkeit darstellt. Es müssen konstante Schwierigkeiten und Trennschärfen für alle Items vorausgesetzt werden.

Literatur

Die verschiedenen Testmodelle der klassischen Testtheorie werden von Lord & Novick (1968), Steyer (1989), Steyer & Eid (1993) und Stumpf (1996) dargestellt. Das Binomialmodell behandelt Klauer (1987) ausführlich. V. d. Linden (1979) geht auf die Frage unterschiedlicher Itemschwierigkeiten im Binomialmodell ein.

3.1.1.2.2 Das Rasch-Modell: Parallele Itemfunktionen

Wenn die Annahme einer linearen Beziehung zwischen Lösungswahrscheinlichkeit und latenter Variable zu der restriktiven Folgerung konstanter Itemschwierigkeiten führt, so liegt dies daran, dass die Linearität zwischen einer auf das 0-1-Intervall *beschränkten* Variable und einer potentiell *unbeschränkten* Variable angenommen wird.

Eine Möglichkeit, dieses Problem zu umgehen, besteht darin, Linearität zwischen Lösungswahrscheinlichkeit und latenter Variable nur im Mittelbereich anzunehmen und die Itemfunktion im oberen Bereich asymptotisch dem Grenzwert 1 und im unteren Bereich dem Grenzwert 0 anzunähern. Die ICC's haben dann in etwa folgenden Verlauf:

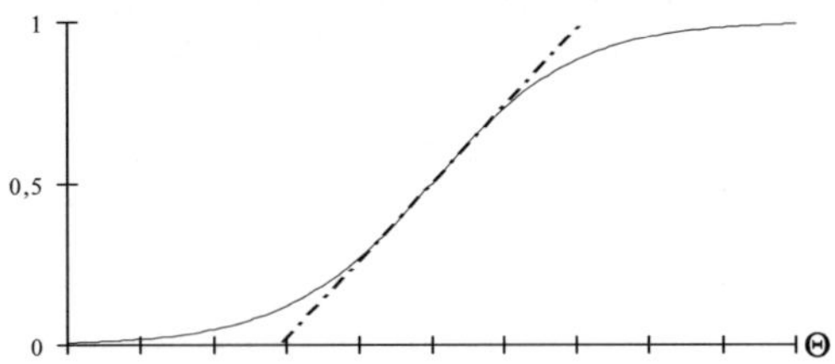

Abbildung 38: Eine Itemfunktion, die nur im Mittelbereich linear ist

Ein solcher ogivenförmiger Kurvenverlauf ist *psychologisch plausibel*, denn er beschreibt die Annahme, dass die Lösungswahrscheinlichkeit im Mittelbereich am stärksten mit zunehmender Fähigkeit steigt (den steilsten Anstieg hat). Ist ein Item dagegen zu leicht oder zu schwer, so verändert eine Fähigkeitszunahme nur geringfügig die Lösungswahrscheinlichkeit.

Es stellt sich die Frage, welcher mathematische Funktionstyp genau diese Form der ICC beschreibt. Man könnte hierzu verschiedene Funktionstypen 'ausprobieren' und jeweils untersuchen, welche mathematischen Eigenschaften das daraus resultierende Modell aufweist. Vielleicht könnten für einzelne Funktionstypen auch sinnvolle psychologische Annahmen formuliert werden, aus denen genau dieser Funktionstyp ableitbar ist. Auf diesem Wege gelangt man z.B. zu der sog. *kumulativen Normalverteilung* als einer geeigneten Itemfunktion (s. Abb. 4 in Kapitel 1.2.2).

Der Kurvenverlauf dieser Funktion ist in Abbildung 39 mit einer durchgezogenen Linie dargestellt.

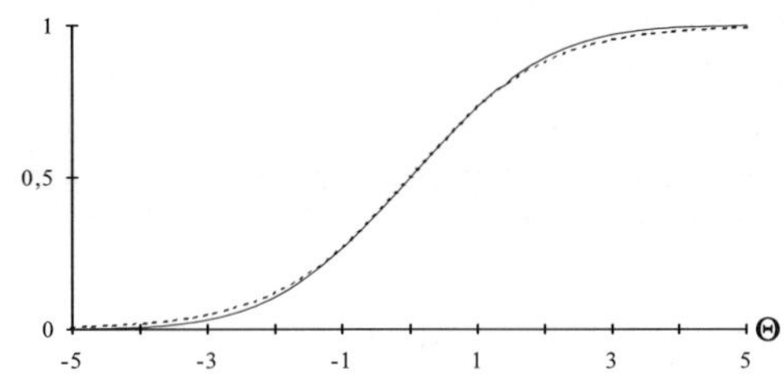

Abbildung 39: Die Kurvenverläufe der logistischen Funktion (gestrichelte Linie: Modellgleichung siehe weiter unten) und der kumulativen Normalverteilung mit dem Mittelwert 0 und der Standardabweichung 1,6 (durchgezogene Linie)

Die Modellgleichung der kumulativen Normalverteilung als Testmodell lautet

$$(1)\quad p\left(X_{vi}=1\right)=\frac{1}{\sigma_i\sqrt{2\pi}}\int_{-\infty}^{\theta_v}\exp\left(-\frac{(\theta-\mu_i)^2}{2\,\sigma_i^2}\right)d\,\theta .$$

Dieses Testmodell hat pro Item 2 Parameter, nämlich μ_i und σ_i. μ_i ist der *Mittelwert* der Normalverteilung (s. Kap. 1.2.2), die hier integriert wird, und somit der Abszissenwert des Wendepunktes der

Integralfunktion. Da der Wendepunkt zugleich die 50%-Lösungswahrscheinlichkeit definiert, stellt μ_i den *Schwierigkeitsparameter* des Items dar (s.o.).

σ_i parametrisiert die Standardabweichung der Normalverteilung und repräsentiert somit nicht nur die Breite der Glockenkurve, sondern auch den Anstieg ihres Integrals. σ_i kann daher als *Trennschärfeparameter* des Items interpretiert werden: Je kleiner die Streuung σ, desto größer die Trennschärfe.

Anmerkung

Die traditionelle Bezeichnung der Standardabweichung der Normalverteilung mit dem griechischen Buchstaben σ darf nicht mit dem Schwierigkeitsparameter σ in Testmodellen verwechselt werden. Im vorliegenden Fall ist eine solche Verwechselung besonders irritierend, da nicht der σ-Parameter der Normalverteilung, sondern der μ-Parameter die Itemschwierigkeit ausdrückt.

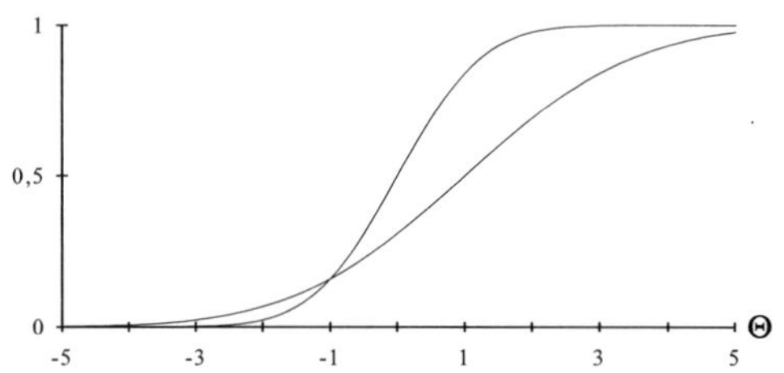

Abbildung 40: Zwei Normal-Ogiven ungleichen Anstiegs: $\mu_1 = 0, \sigma_1 = 1, \mu_2 = 1, \sigma_2 = 2$

Die direkte Interpretierbarkeit der Modellparameter als Schwierigkeit und Trennschärfe ist ein erstes starkes *Argument für die Wahl* dieses Funktionstyps. Hinzu kommen pragmatische Argumente wie die Vertrautheit mit diesem Funktionstyp in vielen Bereichen der Statistik.

Das stärkste Argument ist jedoch, dass dieser Funktionstyp an frühere *Traditionen der Skalierung* anknüpft, so z.B. an die Skalierungstechniken von Thurstone. Thurstone hat bei vielen Skalierungsmethoden angenommen, dass der *Urteilsfehler* bei der Einschätzung eines Stimulus normalverteilt ist. Lässt man in einem Experiment zur Beurteilung eines Stimulus nur zwei Reaktionen zu, nämlich 'größer gleich' oder 'kleiner als' (ein konstanter Vergleichsstimulus), so ist die Wahrscheinlichkeit für ein größer-gleich-Urteil durch die *Normal-Ogive* (Modellgleichung (1)) beschreibbar.

Nachteile dieses Funktionstyps sind, dass er unvorteilhafte statistische Eigenschaften aufweist (es gibt keine einfachen suffizienten Statistiken, s.o.) und dass er nur unter bestimmten Annahmen über den Antwortprozess (wie sie z.B. Thurstone getroffen hat) aus einfachen Axiomen ableitbar ist.

Man kann jedoch auf eine ganz andere Weise zu einer Itemfunktion gelangen, welche sich kaum von der Kurve der kumulativen Normalverteilung unterscheidet (s. die gestrichelte Linie in Abbildung 39). Dieser Weg besteht darin, die Antwortwahrscheinlichkeiten zunächst so zu transformieren, dass die Werte nicht mehr auf das 0-1-Intervall beschränkt sind, und für die so transformierten Wahrscheinlichkeiten eine einfache lineare Funktion anzunehmen.

Diese Transformation erfolgt in zwei Schritten.

Zunächst wird die Wahrscheinlichkeit, um die es geht, das ist in diesem Fall also die Lösungswahrscheinlichkeit $p(X_{vi} = 1)$, durch ihre Gegenwahrscheinlichkeit dividiert, was man als *odds* oder auch *Wettquotienten* bezeichnet

$$\text{Wettquotient:} \quad \frac{p(X_{vi}=1)}{p(X_{vi}=0)}.$$

Dieser Bruch liegt zwischen 0 und $+\infty$ (das Zeichen ∞ steht für 'unendlich') und drückt wie ein Wettquotient die Chance aus, dass die Person gegen das Item 'gewinnt', d.h. es löst.

Der Wettquotient

Wenn man sagt, dass die Wetten '1 zu 7' stehen oder '5 zu 2', so meint man damit einen Bruch, also einen Quotienten, der das Verhältnis der Wahrscheinlichkeiten zweier einander ausschließender Ereignisse beschreibt, z.B. Pferd A gewinnt vs. es gewinnt nicht, oder Gegner A vs. Gegner B gewinnt den Boxkampf. Daher werden Wettquotienten auch mit dem Doppelpunkt als Divisionszeichen geschrieben, also 1:7 oder 5:2, was sich auch in *einem* Wert ausdrücken ließe, nämlich 1:7 = 0.14 bzw. 5:2 = 2.5. Schätzt man die Wahrscheinlichkeit für ein Ereignis auf p = 0.8, so steht die Wette 0.8:0.2, also 4:1.

Man drückt den Wettquotienten immer in *ganzen Zahlen* aus (4:1 statt 0.8:0.2) und verschleiert so, dass es sich letztlich um einen Bruch von *Wahrscheinlichkeiten* handelt, die sich zu *1 addieren*. Diese beiden Wahrscheinlichkeiten lassen sich leicht aus dem Wettquotienten zurückrechnen, indem man beide Zahlen durch die Summe beider Zahlen dividiert. So beruht ein Wettquotient von 4:3 auf der Wahrscheinlichkeit eines Ereignisses 4:7 = 0.57 und ihrer Gegenwahrscheinlichkeit von 3:7 = 0.43.

Die Umwandlung der Antwortwahrscheinlichkeit in den zugehörigen Wettquotienten lässt sich graphisch wie folgt darstellen: Das 0-1-Intervall der Wahrscheinlichkeiten wird in asymmetrischer Weise in einer Richtung geöffnet, so dass aus der Wahrscheinlichkeit 0.5 ein Wert von 1 wird, und aus einer Wahrscheinlichkeit, die gegen 1 geht, wird ein Wettquotient, der gegen $+\infty$ geht.

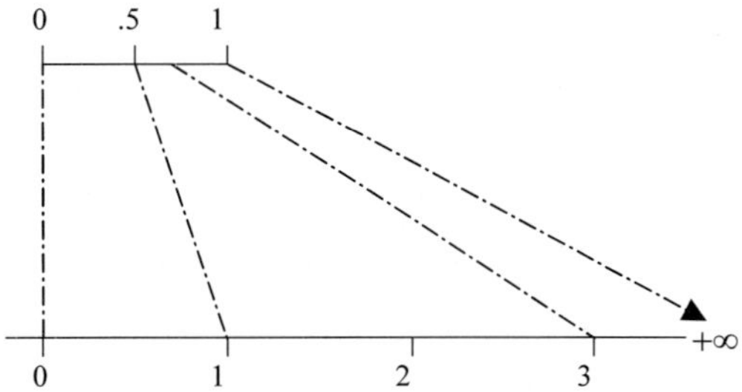

Abbildung 41: Die Transformation von Wahrscheinlichkeiten in Wettquotienten

Dies ist eine sehr asymmetrisch verzerrende Projektion des 0-1-Intervalls auf den positiven Teil der Zahlengerade. Um diese Asymmetrie wieder zu beseitigen, und die gesamte Zahlengerade, also auch den negativen Wertebereich, mit einzubeziehen, wird dieser Wettquotient logarithmiert, was man dann als den *Logit* der Wahrscheinlichkeit bezeichnet

(2) $$\text{Logit:} \; \log \frac{p(X_{vi}=1)}{p(X_{vi}=0)}.$$

Der natürliche Logarithmus

Der Logarithmus einer Zahl x ist derjenige *Exponent*, mit dem man eine Grundzahl b potenzieren muss, um die Zahl x zu erhalten:

$$b^{\log(x)} = x.$$

Üblicherweise werden zwei verschiedene Grundzahlen benutzt, zum einen die Grundzahl b = 10 beim *dekadischen Logarithmus*, zum anderen die Euler'sche Zahl b = e = 2.718 beim *natürlichen Logarithmus*. Im folgenden wird ausschließlich der natürliche Logarithmus verwendet. In Abweichung von der Konvention, ihn mit ln(x) zu bezeichnen, wird er hier mit log(x) abgekürzt.

Aus den Rechenregeln des Potenzierens ergeben sich die markanten Eigenschaften der logarithmischen Transformation:

$$\log(1) = 0, \quad \text{da} \quad e^0 = 1$$

$$\log(e) = 1, \quad \text{da} \quad e^1 = e$$

$$\log(x \cdot y) = \log(x) + \log(y)$$

$$\log\left(\frac{1}{x}\right) = -\log(x)$$

Für negative Zahlen ist der Logarithmus nicht definiert, da auch ein negativer Exponent stets eine positive Zahl ergibt:

$$e^{-x} = \frac{1}{e^x}.$$

Die Umkehrfunktion zur logarithmischen Funktion ist die *Exponentialfunktion* e^x, die im folgenden exp(x) geschrieben wird.

Wendet man die Exponentialfunktion auf den Logarithmus von x an, so erhält man wieder x:

$$\exp(\log(x)) = e^{\log(x)} = x.$$

Die Logarithmierung des Wettquotienten bewirkt, dass die Werte nicht mehr nur zwischen 0 und $+\infty$ sondern zwischen $-\infty$ und $+\infty$ variieren können.

Die logarithmische Transformation bewirkt eine Projektion der positiven Zahlengerade auf den Gesamtbereich der reellwertigen Zahlen:

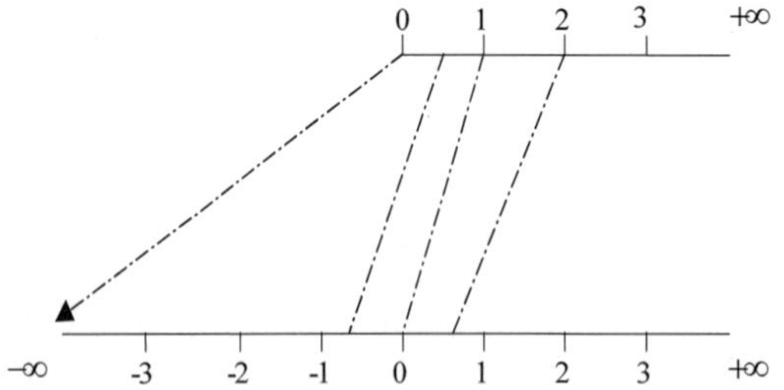

Abbildung 42: Die Logarithmierung von Wettquotienten

Im Vergleich zum ursprünglichen Wahrscheinlichkeitsintervall ist die Logit-Transformation eine *symmetrische* Projektion auf die Zahlengerade, wobei dem Wahrscheinlichkeitswert 0.5 der Nullpunkt der Zahlengerade zugeordnet wird. Den Wahrscheinlichkeiten .25 und .75 werden die Werte –1.1 und +1.1 zugeordnet, den Wahrscheinlichkeiten 0.1 und 0.9 die Werte –2.2 und +2.2 und so weiter.

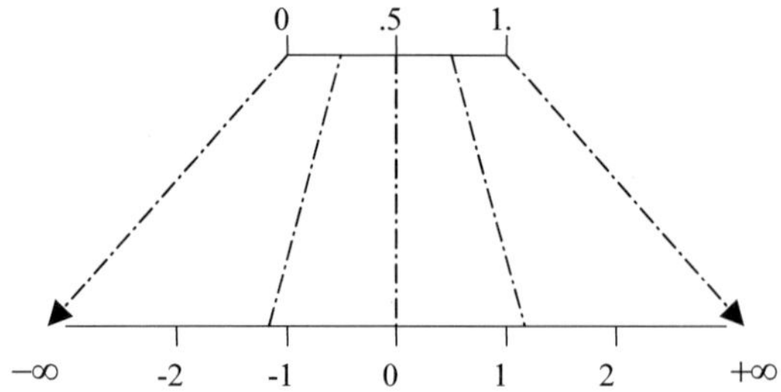

Abbildung 43: Die Logit-Transformation

Im mittleren Bereich ist die Spreizung des Intervalls fast *linear*, während sie zum Rand hin immer extremer wird (s. Abb. 44).

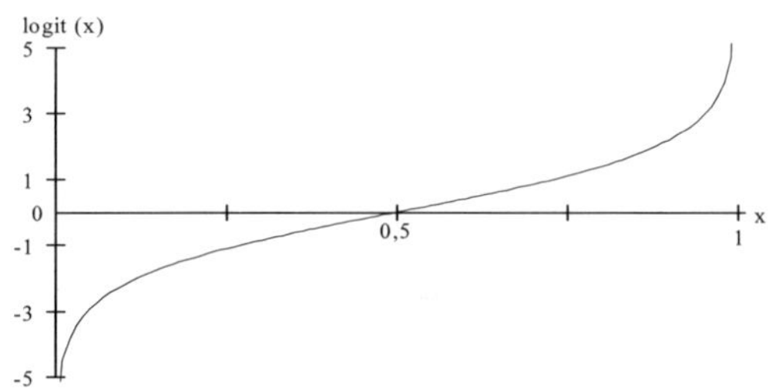

Abbildung 44: Der Graph der Logit-Funktion

Für die logit-transformierten Lösungswahrscheinlichkeiten kann man jetzt eine *lineare Abhängigkeit* von der Personenvariable annehmen, was bei den nichttransformierten Antwortwahrscheinlichkeiten auf schwere Probleme stieß (s. Kap. 3.1.1.2.1):

$$(3) \qquad \log\frac{p(X_{vi}=1)}{p(X_{vi}=0)} = \theta_v - \sigma_i.$$

Die Gleichung besagt, dass die Logits der Lösungswahrscheinlichkeiten eine lineare Funktion der Personenfähigkeit θ_v und der Itemschwierigkeit σ_i sind. Beide Parameter sind mit einem Minuszeichen verknüpft, damit der Itemparameter σ_i die *Schwierigkeit* und nicht die *Leichtigkeit* des Items ausdrückt: Je größer σ_i, desto kleiner wird der Logit der Lösungswahrscheinlichkeit, desto schwieriger ist also das Item. Ist der Itemparameter so groß wie der Personenparameter, so ist der Logit gleich Null und die Lösungswahrscheinlichkeit beträgt 50%.

Gleichung (3) wird nun nach $p(X_{vi}=1)$ aufgelöst, um die Itemfunktion zu erhalten, die aus diesem 'linearen Logitmodell' folgt.

Ableitung

Zur Vereinfachung der Schreibweise sei

$$p_1 = p(X_{vi}=1) \quad \text{und} \quad p_0 = p(X_{vi}=0),$$

so dass Gleichung (3) lautet

$$\log\frac{p_1}{p_0} = \theta_v - \sigma_i .$$

Nimmt man von beiden Seiten der Gleichung die Umkehrfunktion des Logarithmus, d.h. die Exponentialfunktion (s.o.), so erhält man

$$\frac{p_1}{p_0} = \exp(\theta_v - \sigma_i).$$

Auflösen nach p_1

$$p_1 = p_0 \exp(\theta_v - \sigma_i)$$

und Ersetzen von p_0 durch $(1-p_1)$ ergibt

$$p_1 = (1-p_1)\exp(\theta_v - \sigma_i),$$

oder ausmultipliziert

$$p_1 = \exp(\theta_v - \sigma_i) - p_1 \exp(\theta_v - \sigma_i).$$

Auflösen nach p_1 ergibt

$$p_1 + p_1 \exp(\theta_v - \sigma_i) = \exp(\theta_v - \sigma_i)$$

$$p_1\left(1 + \exp(\theta_v - \sigma_i)\right) = \exp(\theta_v - \sigma_i)$$

die Lösungswahrscheinlichkeit

$$p_1 = \frac{\exp(\theta_v - \sigma_i)}{1 + \exp(\theta_v - \sigma_i)}$$

und die Gegenwahrscheinlichkeit

$$p_0 = 1 - p_1 = 1 - \frac{\exp(\theta_v - \sigma_i)}{1 + \exp(\theta_v - \sigma_i)}$$

$$= \frac{1}{1 + \exp(\theta_v - \sigma_i)}$$

Die Lösungswahrscheinlichkeit

$$(4) \qquad p(X_{vi}=1) = \frac{\exp(\theta_v - \sigma_i)}{1 + \exp(\theta_v - \sigma_i)}$$

und ihre Gegenwahrscheinlichkeit

$$p(X_{vi}=0) = \frac{1}{1 + \exp(\theta_v - \sigma_i)}$$

lassen sich zu *einer* Modellgleichung zusammenfassen, indem man den Wert der Antwortvariable, x_{vi}, als Faktor in den Exponenten des Zählers schreibt:

$$(5) \qquad p(x_{vi}) = \frac{\exp\left(x_{vi}(\theta_v - \sigma_i)\right)}{1 + \exp(\theta_v - \sigma_i)}.$$

Ist $x_{vi} = 1$, so sieht der Zähler wie in Gleichung (4) aus, ist $x_{vi} = 0$, so wird der Zähler 1. Das durch diese Gleichung definierte Testmodell wurde 1960 von dem Dänen Georg Rasch erstmals im Detail untersucht und dargestellt und wird seitdem als *Rasch-Modell* bezeichnet.

Abbildung 45 zeigt die Itemfunktion des Rasch-Modells für ein Item mit der Schwierigkeit $\sigma_i = 0$.

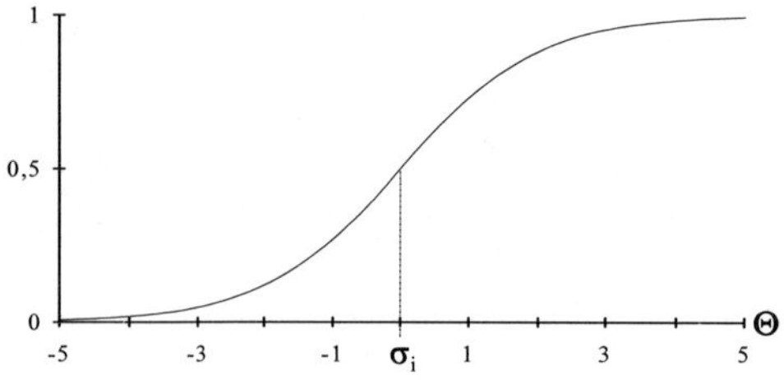

Abbildung 45: Die Itemfunktion des Rasch-Modells

Der Itemparameter σ_i definiert den Abszissenwert der 50%-Lösungswahrscheinlichkeit und damit auch den Wendepunkt der Kurve. Ist der Parameter positiv, d.h. das Item schwieriger, so liegt die Kurve weiter rechts. Ist σ_i negativ, d.h. das Item leichter, so liegt die Kurve weiter links.

Dass das Rasch-Modell nur *einen* Itemparameter hat, nämlich den Schwierigkeitsparameter, hat zur Folge, dass alle Itemfunktionen den gleichen Anstieg haben und somit *parallel* bezüglich der X-Achse verschoben sind.

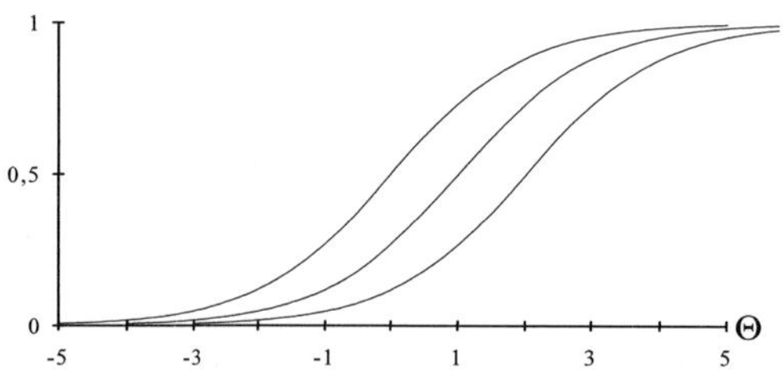

Abbildung 46: Die Itemfunktionen von drei Items mit den Parametern $\sigma_1 = 0$, $\sigma_2 = 1$ und $\sigma_3 = 2$.

Die Parallelität der Itemfunktionen ist ein bedeutsames Merkmal des Rasch-Modells. Es bedeutet, dass alle Items eines Tests *dieselbe Trennschärfe* haben, wenn das Rasch-Modell für diesen Test gilt.

Anhand der KFT-Daten soll die Interpretation der Parameter illustriert werden.

Datenbeispiel

Es ergeben sich folgende Parameterschätzwerte:

Personenparameter θ_r für jeden Score r:

r	0	1	2	3	4	5
θ_r	−2.77	−1.33	−0.41	0.42	1.33	2.76

und Itemparameter:

Item	1	2	3	4	5
σ_i	−1.17	−0.69	0.04	0.70	1.12

Eine Person mit der Fähigkeitsausprägung $\theta = -1.33$ hat bei Item Nr. 4 mit dem Parameter $\sigma_4 = 0.70$ eine Lösungswahrscheinlichkeit von:

$$p(X_{v4} = 1 | \theta_v = -1.33) = \frac{\exp(-1.33 - 0.7)}{1 + \exp(-1.33 - 0.7)}$$

$$= \frac{\exp(-2.03)}{1 + \exp(-2.03)} = 0.12$$

Anhand dieses Datenbeispiels lassen sich verschiedene Charakteristika der Modellparameter verdeutlichen. Zunächst ist festzustellen, dass nicht für jede Person ein eigener Personenparameter berechnet zu werden braucht, sondern dass *alle Personen mit demselben Summenscore* auch denselben Personenparameter erhalten. Das ist eine Eigenschaft, die aus dem Modell folgt und auf die weiter unten noch eingegangen wird.

Für Personen, die kein Item gelöst haben ($r = 0$) oder die alle Items gelöst haben ($r = 5$), kann der Personenparameter nur mit Hilfe von Zusatzannahmen geschätzt werden, da für diese Personen der Test entweder zu leicht oder zu schwer war. Während man früher deswegen für diese beiden Personengruppen *keinen* Parameter geschätzt hat, sind heute zufriedenstellende Schätzverfahren verfügbar (s. Kap. 4.2).

An den Itemparametern kann man nachrechnen, dass die Summe aller Itemparameter 0 ergibt. Man nennt dies eine *Summennormierung*. Eine solche Normierung ist notwendig, da sich die Itemschwierigkeiten nicht auf einer *Absolut-Skala* bestimmen lassen. Das wird anhand der Modellgleichung deutlich:

$$(5) \qquad p(x_{vi}) = \frac{\exp\left(x_{vi}(\theta_v - \sigma_i)\right)}{1 + \exp(\theta_v - \sigma_i)} .$$

Addiert man z.B. zu allen *Item*parametern eine bestimmte Konstante hinzu, so ändert das nichts an den vorhergesagten Lösungswahrscheinlichkeiten, wenn man gleichzeitig dieselbe Konstante zu allen *Personen*parametern addiert. Das bedeutet, die Menge der Personenparameter und die Menge der Itemparameter sind gemeinsam *verschiebbar* und müssen an irgendeinem Punkt fixiert werden. Es hat sich eingebürgert, die Itemparameter so zu fixieren, dass die Summe aller Itemparameter 0 ergibt (sog. Summennormierung):

$$\sum_{i=1}^{k} \sigma_i = 0 .$$

Damit liegen auch die Personenparameter fest.

Aus diesen Überlegungen ergibt sich auch die Antwort auf die Frage nach dem *Skalenniveau* der Modellparameter im Rasch-Modell. Sowohl Personen- als auch Itemparameter liegen auf einer *Differenzenskala*, d.h. sie sind fixiert bis auf eine additive Transformation, welche eben durch die Summennormierung per Konvention festgelegt ist (s. Kap. 1.1.1 zum Begriff der Differenzenskala).

Das bedeutet praktisch, dass ein einzelner Personenparameter als Testergebnis nur etwas aussagt, wenn die Itemparameter so normiert wurden, dass man die Personenparameter kriteriumsorientiert interpretieren kann (vgl. Kap. 6.5). Dagegen macht die *Differenz zweier Personenparameter* eine Aussage über den Fähigkeitsunterschied zweier Personen, die *unabhängig* davon ist,

- wie die Itemparameter normiert wurden,
- ob der Test eher leichte oder eher schwere Items enthält,
- welche Eigenschafts- oder Fähigkeitsausprägungen die *anderen* getesteten Personen haben.

Man hat diese *Invarianzeigenschaft* der Parameterwerte des Rasch-Modells auch als *Stichprobenunabhängigkeit* bezeichnet. Dieser Begriff ist deswegen irreführend, weil die Modellparameter des Rasch-Modells nur dann stichprobenunabhängig sind, wenn das Rasch-Modell in der untersuchten Population gilt. Will man dagegen für einen Test erst *untersuchen*, *ob* das Rasch-Modell gilt, so ist es keineswegs beliebig, welche Personen- und Itemstichprobe man untersucht. Hat man z.B. die Geltung des Modells für einen Test anhand einer Stichprobe von Gymnasiasten nachgewiesen, so ist nicht automatisch garantiert, dass das Modell auch bei Hauptschülern auf den Test passt. Zudem ist selbst bei Modellgeltung die *Genauigkeit* der Parameterschätzungen von der Verteilung der Item- und Personenparameter in der Stichprobe abhängig.

Die Unabhängigkeit der Differenz zweier Personenparameter von der Verteilung der Itemparameter im Test ist Ausdruck der *spezifischen Objektivität* der Testergebnisse (s. Kap. 2.1.3).

Dass relative Lösungshäufigkeiten als 'Messwerte' von Personen diese Eigenschaft nicht besitzen, kann man sich verdeutlichen, indem man sich vorstellt, in einem Test würde ein schweres Item durch ein Item mittlerer Schwierigkeit ausgewechselt. Während eine Person mit geringer Fähigkeitsausprägung vermutlich ihre eher geringe Lösungshäufigkeit beibehält, hat eine Person mit höherer Fähigkeit gute Chancen, in dem modifizierten Test ein Item mehr zu lösen. Die relativen Lösungshäufigkeiten stellen also keine spezifisch objektiven Messwerte dar.

Gilt das Rasch-Modell für einen Test und eine Personenpopulation, so sind die Testergebnisse insofern spezifisch objektiv, als die Differenz zweier Personenparameter die oben genannten Invarianzeigenschaften aufweisen.

An dem Datenbeispiel ist weiterhin abzulesen, dass der *Summenscore* und die zugehörige Personenparameterschätzung fast linear, aber auf jeden Fall streng monoton zusammenhängen. In der Regel beträgt die Korrelation r = 0.90 bis r = 0.95. Die folgende Abbildung zeigt ein typisches Diagramm der Beziehung zwischen Personenparameterschätzungen und Summenscores.

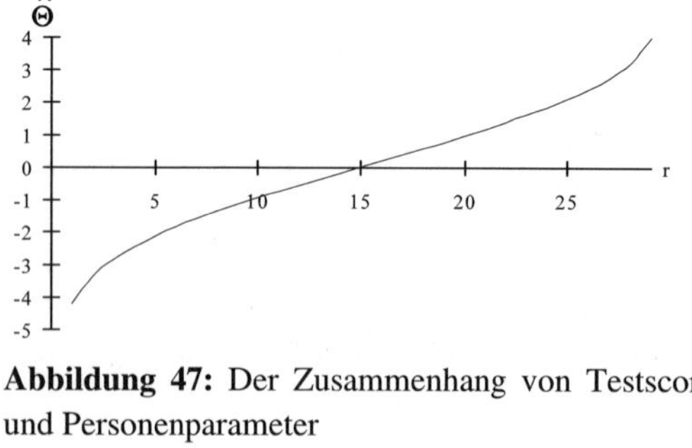

Abbildung 47: Der Zusammenhang von Testscore und Personenparameter

Lediglich an den beiden Skalenenden ist die Skala der latenten Dimension gegenüber der Skala der Summenscores gespreizt. Dieser enge Zusammenhang zwischen Summenscore und Personenparameter besagt auch, dass die Personenparameter - abgesehen von den Skalenenden - *keine wesentlich genauere Messung* der Personenfähigkeit bieten als die Summenscores. Oft wird dies als Argument angeführt, doch gleich die Summenscores als Messwert für die Personen zu nehmen und sich die etwas aufwendigere Skalenanalyse nach dem Rasch-Modell zu ersparen.

Summenscores oder Personenparameter?

In der Tat spricht nicht viel dagegen, die Summenscores als Messwerte zu verwenden, wenn man festgestellt hat, dass der Test Rasch-skalierbar ist und es keine oder nur wenige Personen mit extremen Scores (nahe bei 0 oder k) gibt. Auf die Rasch-Analyse zu verzichten, kann jedoch nicht die Konsequenz sein, denn nur, wenn das Rasch-Modell gilt, ergibt sich die dargestellte Beziehung zwischen Summenscore und latenter Variable. Die Geltung des Rasch-Modells für einen Test ist die *Voraussetzung* dafür, dass der Summenscore eine sinnvolle Aussage über die Fähigkeitsausprägung einer Person macht. Insofern ist das *Ziel* einer Analyse mit dem Rasch-Modell nicht primär, die Summenscores durch die Personenparameter zu ersetzen, sondern die Überprüfung, ob es überhaupt gerechtfertigt ist, mit Summenscores zu arbeiten.

Nur wenn das Rasch-Modell gilt, sagt der Summenscore alles über das Antwortverhalten der getesteten Personen aus.

Diese Feststellung mag irritieren, wenn man daran denkt, dass auch beim Binomialmodell die Anzahl der gelösten Aufgaben als Messwert für die Fähigkeitsausprägung fungiert. Dies ist jedoch kein Widerspruch, da das *Binomialmodell ein Spezialfall* des Rasch-Modells ist.

Das Binomialmodell als Spezialfall des Rasch-Modells

Das Binomialmodell geht dadurch aus dem Rasch-Modell hervor, dass alle *Itemparameter konstant* sind. In diesem Spezialfall enthält das Modell nur noch Personenparameter und keine Itemparameter, da der eine verbleibende Itemparameter als Konstante von allen Personenparametern abgezogen werden kann:

$$p(X_{vi}=1)=\frac{\exp(\theta_v)}{1+\exp(\theta_v)}\,.$$

Die Personenparameter liegen somit auf einer *Absolutskala* und sind lediglich eine *Logit-Transformation* der Antwortwahrscheinlichkeiten, die für alle Items konstant sind:

$$\theta_v=\log\frac{p(X_{vi}=1)}{p(X_{vi}=0)}\,.$$

Da die Antwortwahrscheinlichkeiten $p(X_{vi}=1)$ im Binomialmodell den Personenparametern θ_v^* entsprechen, lassen sich die Personenparameter beider Modelle durch eine Logit-Transformation ineinander überführen:

$$\theta_v=\log\frac{\theta_v^*}{1-\theta_v^*}\,.$$

Einen Beleg dafür, dass im Rasch-Modell der Summenscore tatsächlich die *gesamte Information* über eine Person ausschöpft, erhält man, wenn man die Wahrscheinlichkeit der gesamten Datenmatrix betrachtet. Ausgehend von der Modellgleichung, die die Wahrscheinlichkeit einer *einzelnen* Itemantwort spezifiziert, ergibt sich die Wahrscheinlichkeit der *gesamten* Datenmatrix durch Aufmultiplizieren über alle Zeilen und Spalten der Datenmatrix, d.h. über alle Items und Personen:

$$(6)\qquad L=p(\underline{\underline{x}})=\prod_{v=1}^{N}\prod_{i=1}^{k}p(x_{vi})\,.$$

Dieser Ausdruck gibt die Wahrscheinlichkeit der beobachteten Daten unter der Annahme der Modellgeltung an. Man bezeichnet diese Funktion als *Likelihoodfunktion* (s. Kap. 3.1.1.2.1).

Setzt man die Modellgleichung (5) in Gleichung (6) ein, so ergibt sich die Likelihoodfunktion

$$(7)\qquad L=\prod_{v=1}^{N}\prod_{i=1}^{k}\frac{\exp(x_{vi}(\theta_v-\sigma_i))}{1+\exp(\theta_v-\sigma_i)}\,.$$

Die Daten sind in Form der x_{vi} im Exponenten des Zählers vertreten. Die Gleichung lässt sich nun so umformen, dass in ihr gar nicht mehr auftaucht, *welche Person welches Item* gelöst hat, sondern nur die *Summenscores* der Datenmatrix.

Ableitung

Die Produktzeichen lassen sich getrennt für Zähler und Nenner schreiben:

$$L=\frac{\prod_{v=1}^{N}\prod_{i=1}^{k}\exp(x_{vi}(\theta_v-\sigma_i))}{\prod_{v=1}^{N}\prod_{i=1}^{k}(1+\exp(\theta_v-\sigma_i))}\,,$$

wobei der Nenner unabhängig von den beobachteten Daten ist, weil die x_{vi} dort nicht enthalten sind. Der Nenner ist hinsichtlich der empirischen Daten eine *Konstante*, die im folgenden mit d_{vi} bezeichnet wird.

Im Zähler dieses Ausdruckes lässt sich das doppelte Produkt als doppelte Summe des Exponenten schreiben, da das Produkt von Potenzen bekanntlich gleich der Grundzahl hoch der Summe der Exponenten ist:

$$L = \exp\left(\sum_{v=1}^{N}\sum_{i=1}^{k} x_{vi}\left(\theta_v - \sigma_i\right)\right) \Big/ d_{vi} .$$

Das Produkt im Exponenten lässt sich ausmultiplizieren, so dass Item- und Personenparameter getrennt aufsummiert werden können:

$$L = \exp\left(\sum_{v=1}^{N}\sum_{i=1}^{k} x_{vi}\,\theta_v - \sum_{v=1}^{N}\sum_{i=1}^{k} x_{vi}\,\sigma_i\right) \Big/ d_{vi}$$

Man sieht nun, dass jeder Personenparameter so oft addiert wird, wie eine Person Items gelöst hat, nämlich r_v-mal. Entsprechend wird jeder Itemparameter so oft aufsummiert, wie das Item von Personen gelöst wurde, also n_i-mal, d.h.

(8) $$L = \exp\left(\sum_{v=1}^{N} r_v\,\theta_v - \sum_{i=1}^{k} n_i\,\sigma_i\right) \Big/ d_{vi} .$$

Das überraschende Resultat dabei ist, dass in dieser Funktion lediglich die Randsummen der Datenmatrix, r_v und n_i, benötigt werden, nicht aber das Innere der Matrix.

Somit hängt die Wahrscheinlichkeit der Daten unter Annahme der Modellgeltung nicht davon ab, *welche Items von welcher Person* gelöst wurden, sondern nur davon, *wie viele* Items eine Person gelöst hat bzw. *wie oft* ein Item gelöst wurde.

Man nennt diese Häufigkeitsstatistiken, also die Randsummen der Datenmatrix, *'suffiziente Statistiken'* (erschöpfende Statistiken), da sie die ganze, in den Originaldaten enthaltene Information ausschöpfen, die für die Schätzung der Modellparameter benötigt wird (s. Kap. 3.1.1.2.1).

Aus diesen Betrachtungen der Likelihoodfunktion folgen zwei wesentliche Konsequenzen für die Testauswertung:

Erstens ist es im Falle der Geltung dieses Modells sinnlos, sich die einzelnen Antwortmuster der Personen anzuschauen: Es können daraus *keine* weiteren Erkenntnisse gezogen werden als schon aufgrund der Interpretation der Item- und Personenparameter verfügbar sind. Andersherum ausgedrückt, man kann die Prüfung des Rasch-Modells für einen Datensatz auch als Kriterium benutzen, ob es lohnenswert ist, eine *Patternanalyse* auf individueller Basis vorzunehmen: Eine solche Patternanalyse ist nur sinnvoll, wenn das Modell *nicht* gilt.

Zweitens folgt daraus, dass auch in einem Test mit unterschiedlich schwierigen Items (die ja im Rasch-Modell vorgesehen sind) die *ungewichtete* Summe der Itemlösungen alles über die Fähigkeit der Person aussagt und man *nicht mit der Schwierigkeit* der jeweils gelösten Items bei der Summenbildung *gewichten* muss. Dies steht in einem gewissen Widerspruch zu dem intuitiven Vorverständnis, dass man es höher gewichten müsse, wenn eine Person ein schweres Item löst als wenn sie ein leichtes löst. Sofern in einem Test die Itemfunktionen des Rasch-Modells gelten, ist eine solche Gewichtung nicht nur überflüssig, sondern auch *falsch*:

Unterscheiden sich in einem Test die Items hinsichtlich ihrer Schwierigkeit und gilt ansonsten das Rasch-Modell, so schöpft die ungewichtete Summe aller Itemlösungen die gesamte Information über das Antwortverhalten einer Person in diesem Test aus.

Die Likelihoodfunktion (8) zeigt zwar sehr anschaulich die erschöpfenden Statistiken der Modellparameter im Rasch-Modell, der damit verbundene Vorteil kommt aber in dieser Likelihoodfunktion gar nicht zum tragen. Sowohl bei der Schätzung der Modellparameter als auch bei Modellgeltungskontrollen ist es nämlich von Nachteil, mit einer Likelihoodfunktion zu arbeiten, in der *beide* Parameterarten enthalten sind, Personen- und Itemparameter. Insbesondere die Personenparameter bereiten Probleme, und zwar aus zwei Gründen:

Erstens sind es sehr viele und die pro Parameter zur Verfügung stehende Information ist nicht beliebig zu vermehren: Mit jeder neuen Testvorgabe kommt auch ein neuer, zu schätzender Personenparameter hinzu. Man nennt solche Parameter *inzidentelle Parameter* in Abgrenzung zu *strukturellen Parametern*, für deren Schätzung die Information in den Daten durch weitere Beobachtungen beliebig vermehrt werden kann. Im Rasch-Modell sind die Itemparameter strukturelle Parameter. Das Missverhältnis der Anzahl der inzidentellen zur Anzahl der strukturellen Parameter ist sowohl bei der Parameterschätzung als auch bei Modellgeltungstests problematisch.

Zweitens haben die Personenparameterschätzungen besonders bei kurzen Tests eine sehr viel *geringere Genauigkeit* als die Schätzungen der Itemparameter (vgl. Kap. 6.1.1). Im KFT-Datenbeispiel stehen z.B. für 300 Personen nur 6 verschiedene Schätzwerte der Personenparameter zur Verfügung, obwohl jede Person theoretisch eine andere Fähigkeitsausprägung haben kann. Eine geringe Schätzgenauigkeit ist deswegen nachteilig, weil die Likelihoodfunktion die Wahrscheinlichkeit der Daten unter den Modellannahmen darstellen soll, zu denen auch die Modellparameter gehören. Hat man aber nur sehr ungenaue Schätzungen der Parameter, so ist auch der Wert der Likelihoodfunktion unzuverlässig.

Unterschiedliche Likelihoodfunktionen

Im Rasch-Modell gibt es mehrere Möglichkeiten, die Likelihoodfunktion zu definieren. Diese Definitionen unterscheiden sich darin, wie mit den Personenparametern verfahren wird. Die zuvor behandelte Likelihood (7) bzw. (8) zeichnet sich dadurch aus, dass sie die Wahrscheinlichkeit der Daten als Funktion *beider* Parameterarten beschreibt. Sie wird daher als *joint maximum likelihood* (JML) bezeichnet, also 'gemeinsame' ML. Im Deutschen heißt sie *unbedingte Likelihood* (UML), was ausdrücken soll, dass die Personenparameter nicht 'herauskonditioniert' werden, wie das bei den anderen Methoden der Fall ist.

Für dieses 'Herauskonditionieren' gibt es verschiedene Möglichkeiten, von denen die eleganteste Variante nur bei Rasch-Modellen möglich ist. Sie besteht darin, die Wahrscheinlichkeit der Daten unter der Bedingung der suffizienten Statistiken für die Personenparameter, also der Summenscores der Personen, zu definieren. Sie wird als *bedingte* oder *conditional maximum likelihood* (CML) bezeichnet. Um diese Funktion abzuleiten, wird Gleichung (6) zunächst als Produkt der Patternwahrscheinlichkeiten geschrieben:

$$(9) \qquad L = p\left(\underline{\underline{x}}\right) = \prod_{v=1}^{N} p\left(\underline{x}_v\right).$$

Die Patternwahrscheinlichkeiten werden dann durch die *bedingten Patternwahrscheinlichkeiten*, $p\left(\underline{x}_v \middle| r_v\right)$, unter der Bedingung des jeweiligen Summenscores r_v ersetzt, so dass sich folgende Likelihoodfunktion ergibt:

$$(10) \qquad cL = \prod_{v=1}^{N} p\left(\underline{x}_v \middle| r_v\right)$$

Die Begründung für diese bedingte Likelihood besteht darin, dass nicht modelliert werden soll, welche Fähigkeiten und welche Summenscores die getesteten Personen haben, sondern welche Antwortmuster sie unter der Bedingung ihres Scores produzieren.

Die bedingte Patternwahrscheinlichkeit $p(\underline{x}_v|r_v)$ ist gleich dem folgenden Quotienten:

$$(11)\quad p(\underline{x}_v|r_v)=\frac{p(\underline{x}_v)}{\sum\limits_{\underline{x}|r_v} p(\underline{x})},$$

wobei die Summe im Nenner über alle Pattern mit dem Score r gebildet wird. Es handelt sich hierbei um den *Anteil*, den eine bestimmte Patternwahrscheinlichkeit an der Gesamtwahrscheinlichkeit aller Pattern mit Score r hat. Das Besondere an Gleichung (11) ist, dass sich auf der rechten Seite der Gleichung der Personenparameter θ_v herauskürzen lässt.

Die bedingte Patternwahrscheinlichkeit als Funktion der Itemparameter

Gleichung (11) führt die bedingten Patternwahrscheinlichkeiten auf die *unbedingten* zurück, welche als Produkt der einzelnen Antwortwahrscheinlichkeiten geschrieben werden können:

$$(12)\quad p(\underline{x}_v)=\prod_{i=1}^{k} p(x_{vi}) =\prod_{i=1}^{k}\frac{\exp(x_{vi}(\theta_v-\sigma_i))}{1+\exp(\theta_v-\sigma_i)}.$$

Wie bei der Verkürzung der Likelihoodfunktion zu Gleichung (8), so kann auch dieser Ausdruck verkürzt werden, indem man das Produkt im Zähler als Summe der Exponenten schreibt:

$$p(\underline{x}_v)=\frac{\prod\limits_{i=1}^{k}\exp(x_{vi}(\theta_v-\sigma_i))}{\prod\limits_{i=1}^{k}(1+\exp(\theta_v-\sigma_i))} =\frac{\exp\left(\sum\limits_{i=1}^{k} x_{vi}(\theta_v-\sigma_i)\right)}{d_v}.$$

Der Nenner hängt nicht von den Daten ab und stellt daher eine Konstante dar (d_v). Im Exponenten des Zählers wird θ_v genau r_v-mal aufsummiert, so dass dieser Ausdruck vor die Summe gezogen (ausgeklammert) werden kann:

$$p(\underline{x}_v)=\frac{\exp\left(r_v\,\theta_v-\sum\limits_{i=1}^{k} x_{vi}\,\sigma_i\right)}{d_v} =\frac{\exp(r_v\,\theta_v)\cdot\exp\left(-\sum\limits_{i=1}^{k} x_{vi}\,\sigma_i\right)}{d_v}.$$

Eingesetzt in Gleichung (11) ergibt sich

$$(13)\quad p(\underline{x}_v|r_v)=\frac{\exp\left(-\sum\limits_{i=1}^{k} x_{vi}\,\sigma_i\right)}{\sum\limits_{\underline{x}|r_v}\exp\left(-\sum\limits_{i=1}^{k} x_i\,\sigma_i\right)},$$

da sich nicht nur die Nenner d_v kürzen lassen, sondern auch der Faktor $\exp(r_v\,\theta_v)$, der bei allen Pattern konstant ist. Somit bleibt tatsächlich eine Funktion übrig, in der die Parameter θ_v nicht mehr enthalten sind.

Der Nenner von (13) ist ebenfalls nicht von den Daten, also dem jeweiligen Pattern $\underline{x}_v$ abhängig, sondern stellt eine Funktion aller Itemparameter und des Scores r dar. Diese Funktion bezeichnet man als *symmetrische Grundfunktion r-ter Ordnung*, γ_r. Die Struktur dieser Funktion wird deutlicher, wenn man die Summe der Exponenten als Produkt der Potenzen schreibt:

$$(14)\quad \gamma_r\left(\exp(-\sigma)\right)=\sum_{\underline{x}|r}\prod_{i=1}^{k}\exp(-x_i\,\sigma_i)\,.$$

Die symmetrischen Grundfunktionen

Um sich die Struktur dieser Funktion zu verdeutlichen, führt man zunächst die folgende Transformation der Itemparameter durch:

$$\varepsilon_i=\exp(-\sigma_i)\,,$$

(ε = Epsilon). Die symmetrischen Grundfunktionen dieser sog. *delogarithmierten Itemparameter* (die Exponentialfunktion ist die inverse Funktion des Logarithmus) lauten

$$\gamma_r(\varepsilon)=\sum_{\underline{x}|r}\prod_{i=1}^{k}x_i\,\varepsilon_i\,.$$

Es handelt sich um eine Summe von Produkten, wobei jeder Summand ein Produkt aus r Faktoren ist. Für r = 1 ergibt sich einfach die Summe aller Itemparameter:

$$\gamma_1(\varepsilon)=\varepsilon_1+\varepsilon_2+\varepsilon_3+\cdots+\varepsilon_k\,.$$

Für r = 2 ergibt sich die Summe aller möglichen Paare zweier Itemparameter:

$$\gamma_2(\varepsilon)=\varepsilon_1\,\varepsilon_2+\varepsilon_1\,\varepsilon_3+\varepsilon_1\,\varepsilon_4+\cdots+\varepsilon_{k-1}\,\varepsilon_k\,,$$

für r = 3

$$\gamma_3(\varepsilon)=\varepsilon_1\,\varepsilon_2\,\varepsilon_3+\varepsilon_1\,\varepsilon_2\,\varepsilon_4+\varepsilon_1\,\varepsilon_2\,\varepsilon_5+\cdots+\varepsilon_{k-2}\,\varepsilon_{k-1}\,\varepsilon_k,$$

usw. Die symmetrische Grundfunktion r-ter Ordnung ist die Summe aller Produkte von genau r *unterschiedlichen* (delogarithmierten) Itemparametern.

Nachdem sich somit die bedingten Patternwahrscheinlichkeiten als Funktion der Itemparameter schreiben lassen,

$$(15)\quad p\left(\underline{x}_v\,|\,r_v\right)=\frac{\exp\left(-\sum_{i=1}^{k}x_{vi}\,\sigma_i\right)}{\gamma_r\left(\exp(-\sigma)\right)}$$

lässt sich auch durch Einsetzen von (15) in (10) die bedingte Likelihoodfunktion definieren, in der die Personenparameter gar nicht mehr auftauchen

$$(16)\quad cL=\prod_{v=1}^{N}\frac{\exp\left(-\sum_{i=1}^{k}x_{vi}\,\sigma_i\right)}{\gamma_r\left(\exp(-\sigma)\right)}\,.$$

Dass die Personenparameter infolge der Konditionierung auf den Summenscore aus der Likelihoodfunktion (LF) verschwinden, ist auf die speziellen Eigenschaften des Rasch-Modells zurückzuführen und bei anderen Testmodellen nicht gegeben. Es gibt jedoch eine andere Methode zu vermeiden, dass jede Person mit einem 'eigenen' Parameter in der LF auftaucht, und diese Methode funktioniert bei den meisten Testmodellen. Auch bei dieser Methode wird konditioniert, jedoch nicht auf die suffizienten Statistiken, sondern auf die Personenparameter selbst.

Bei der bedingten LF (10) ist es eindeutig, welcher Summenscore hinter dem Bedingungsstrich einer Patternwahrscheinlichkeit steht, da jedes Pattern nur einen Summenscore hat und die Wahrscheinlichkeit des Patterns unter der Bedingung eines anderen Scores 0 ist. Dies ist bei der Konditionierung auf die Fähigkeitsparameter anders, da im Prinzip jede Fähigkeitsausprägung jedes Antwortmuster produzieren kann. Daher wird jedes Antwortpattern unter der Bedingung der ganzen Fähigkeitsverteilung betrachtet. Bezeichnet $G(\theta)$ die kumulative Verteilungsfunktion der Personenparameter in der Population, dann ist die *marginale Likelihoodfunktion* (MML) wiederum als Produkt der Patternwahrscheinlichkeiten definiert, wobei jedoch über die Verteilung der Fähigkeitsparameter integriert werden muss:

$$(17)\quad mL = \prod_{v=1}^{N} \int_{-\infty}^{\infty} p(\underline{x}_v|\theta)dG(\theta).$$

Um diese LF berechnen zu können, muss also eine Verteilungsfunktion der Personenparameter definiert sein. Es wird ein Verteilungstyp, z.B. die Normalverteilung, angenommen, und es werden die Parameter dieser Verteilung, also am Beispiel der Normalverteilung der Erwatungswert und die Standardabweichung, anhand der Daten geschätzt. Dadurch wird eine *Verteilungsannahme* (s. Kap. 3.1.1.1.1) in das Rasch-Modell eingeführt, die zwar nicht notwendig ist, um die Metrik der Messwerte festzulegen (wie im Beispiel der Guttman-Skala), aber andere Vorteile bietet. Ein direkter Vorteil besteht in der Verringerung der Anzahl der Modellparameter, die nicht nur bei der Parameterschätzung (Kapitel.4), sondern auch bei der Modellgeltungskontrolle von Bedeutung ist.

Weitere Vorteile ergeben sich daraus, dass die Verteilung der latenten Variable, die sog. *latente Verteilung* (latent distribution) mitmodelliert wird. Dadurch erhält man zum Beispiel einen besseren Schätzer für die Populationsvarianz bzw. -standardabweichung. Berechnet man nämlich anhand von geschätzten Individualparametern die Stichprobenvarianz, so ist diese stets größer als die 'wahre' Populationsvarianz. Die Streuung der latenten Variable wird also überschätzt. Dies liegt daran, dass jeder einzelne Personenparameter (bzw. sein Schätzer) einen Messfehleranteil hat (vgl. Kapitel 2.1.2, 6.1.1), so dass sich die Varianz dieser Schätzer aus der 'wahren' Populationsvarianz und der Messfehlervarianz zusammensetzt. Das kann zum Beispiel Folgen haben, wenn man Mittelwertvergleiche durchführt und Mittelwertunterschiede auf statistische Signifikanz prüft (wofür man einen Schätzer der Populationsvarianz braucht).

Noch eindrücklicher ist der Vorteil, wenn man mehrere Testanalysen gleichzeitig mit dem Rasch-Modell durchführt und nicht nur die univariaten Verteilungen der Tests modelliert, sondern auch die bivariaten. Hier erhält man Schätzer für die Korrelationen der Testergebnisse, die nicht vom Messfehler 'verdünnt' sind, also mittels der Verdünnungsformeln (s. Kap. 6.4) korrigiert werden müssen. Das Programm CONQUEST (Wu, Adams, und Wilson 1997) bietet diese Möglichkeit.

Die marginale LF beinhaltet somit eine Parameterrestriktion in Form einer Verteilungsannahme, die zwar im Rasch-Modell nicht notwendig ist, aber ganz nützlich sein kann. Es gibt aber auch die Möglichkeit, die MML zu definieren, *ohne* eine Parameterrestriktion einzuführen. Dabei wird die latente Verteilung mit so vielen Parametern modelliert, wie es unterschiedliche Summenscores gibt. Diese Parameter haben dann allerdings nicht mehr so schöne Interpretationen wie z.B. die beiden Parameter der Normalverteilung.

Schließlich gibt es auch noch die Möglichkeit, den CML- und den MML-Ansatz miteinander zu verbinden. Damit ist gemeint, die Summenscores - wie bei der CML - heraus zu konditionieren, dann aber die Scoreverteilung (nicht die latente Verteilung!) zu modellieren. Damit kommt man zu einer LF, die mit der MML vergleichbar ist, was man von der normalen CML nicht behaupten kann, da diese die Personenparameter bzw. deren Verteilung gänzlich unberücksichtigt lässt.

In Gleichung (10) wurde die unbedingte Patternwahrscheinlichkeit, $p(\underline{x}_v)$, der allgemeinen LF (9) durch die bedingte Patternwahrscheinlichkeit $p(x_v|r_v)$ ersetzt, was eine ganz andere Likelihoodfunktion ergibt. Multipliziert man dagegen diese bedingte Patternwahrscheinlichkeit mit der Wahrscheinlichkeit der Bedingung, also $p(r_v)$, so erhält man wieder die *unbedingte* Wahrscheinlichkeit.:

$$(18) \quad p(\underline{x}_v) = p(\underline{x}_v|r_v) \cdot p(r_v).$$

Ableitung

Diese Aufspaltung ergibt sich direkt aus der *Definition bedingter Wahrscheinlichkeiten*, die gleich der Wahrscheinlichkeit des Ereignisses und seiner Bedingung, dividiert durch die Wahrscheinlichkeit der Bedingung ist.

$$p(\underline{x}|r) = \frac{p(\underline{x} \text{ und } r)}{p(r)}$$

Die Wahrscheinlichkeit von '$\underline{x}$ und r' ist jedoch gleich der Wahrscheinlichkeit von $\underline{x}$, da es sich bei r um den Summenscore des Patterns $\underline{x}$ handelt.

Setzt man Gleichung (18) in die allgemeine Definition einer LF ein (s. Gleichung (9)), so erhält man mit

$$(19) \quad sL = \prod_{v=1}^{N} p(\underline{x}_v|r_v) \cdot p(r_v)$$

eine LF, die man in Ermangelung einer etablierten Terminologie als *'Scoreverteilungs-Likelihood'* bezeichnen könnte. Die beiden Faktoren hinter dem Produktzeichen lassen sich auch getrennt aufmultiplizieren, wobei das Produkt der Scorewahrscheinlichkeiten $p(r_v)$ zu einem Produkt über alle unterschiedlichen Scores verkürzt werden kann. Jede Scorewahrscheinlichkeit muss dann mit der Anzahl der Personen, die diesen Score haben, n_r, potenziert werden:

$$(20) \quad sL = \prod_{r=0}^{k} p(r)^{n_r} \cdot \prod_{v=1}^{N} p(\underline{x}_v|r_v)$$

Das zweite Produkt entspricht der bedingten Likelihood cL (s. (16)), so dass die Scoreverteilungs-Likelihood gleich der bedingten LF, multipliziert mit allen Scorewahrscheinlichkeiten ist:

$$(21) \quad sL = \prod_{r=0}^{k} p(r)^{n_r} \cdot cL.$$

Diese LF eignet sich nicht nur gut für die Schätzung der Modellparameter, da sie die gleichen Schätzer liefert wie die CML-Methode (s. Kap. 4). Anhand dieser LF können auch Vergleiche mit anderen Testmodellen, z.B. latenten Klassenanalysen durchgeführt werden. Auf die Scorewahrscheinlichkeiten p(r), die in dieser LF die Rolle von Modellparametern einnehmen (und gleichsam die Personenparameter ersetzen), wird im Folgenden eingegangen.

Zuvor werden jedoch noch die Werte der verschiedenen Likelihoodfunktionen für den KFT-Datensatz gezeigt.

LF	logLF	n_p	AIC
cL	-320,6	4	-
sL	-854,8	9	1727,6
mL	-857,5	6	1727,0
sLgs	-857,6	6	1727,2

Der Wert der bedingten LF, cL, liegt in einer anderen Größenordnung als die Werte der sL und mL. Das liegt daran, dass die cL die Wahrscheinlichkeiten der Scores unberücksichtigt lässt (s.o.). Logarithmiert man das Produkt aller Scorewahrscheinlichkeiten, so erhält man die Differenz von cL und sL.

r	n_r	p(r)	n_r log(p(r))
0	58	.19	-95,3
1	48	.16	-87,9
2	46	.15	-86,3
3	50	.17	-89,6
4	60	.20	-96,6
5	38	.13	-78,5
		1,00	-534,2

Die bedingte LF hat vier unabhängige Modellparameter (k-1), da die fünf Itemparameter summennormiert werden (s.o.). Bei der Scoreverteilungs-Likelihood, sL, kommen fünf Scorewahrscheinlichkeiten hinzu. Da sich alle sechs Scorewahrscheinlichkeiten zu 1 addieren, ist der sechste Parameter nicht unabhängig. Das unrestringierte Rasch-Modell hat daher

$$k-1+k = 2k-1$$

unabhängige Modellparameter.

Die marginale LF mit Normalverteilungsannahme, mL, hat einen geringfügig kleineren Likelihoodwert bei nur sechs Modellparametern. Diese Parameteranzahl setzt sich aus vier Itemparametern (s.o.) und zwei Verteilungsparametern zusammen.

Diese beiden Parameter lauten –0,16 (Mittelwert) und 1,98 (Standardabweichung). Die mittlere Fähigkeitsausprägung aller 300 Personen ist also leicht negativ, d.h. der Test ist etwas zu schwer. Die hohe Standardabweichung ergibt sich daraus, dass die Scoreverteilung und damit auch die latente Verteilung eher einer Gleichverteilung als einer Normalverteilung ähnelt, d.h. sie ist sehr „breit und flach".
Auf die letzte Zeile der Tabelle wird im folgenden eingegangen.

Die Modellierung der Scoreverteilung

Die Scorewahrscheinlichkeiten p(r) in Gleichung (21) sind M*odellparameter*, die anhand der Daten geschätzt werden müssen. Ihre Schätzung ist jedoch sehr unproblematisch, da sie durch die relativen Häufigkeiten geschätzt werden können:

$$\hat{p}(r) = \frac{n_r}{N}. \tag{22}$$

Diese Wahrscheinlichkeiten für die k+1 unterschiedlichen Scores addieren sich zu Eins

$$\sum_{r=0}^{k} p(r) = 1, \tag{23}$$

wobei nur k unabhängige Parameter zu schätzen sind.

Trotzdem kann die Anzahl der unterschiedlichen Summenscores und damit die Anzahl der zu schätzenden Parameter sehr groß werden. Zum Beispiel beträgt diese Anzahl in einem Test mit 20 Items und einem 5-stufigen Antwortformat 80 (s. Kap. 3.3).

Eine solche Anzahl kann zum einen Schwierigkeiten bei der *Modellgeltungskontrolle* bereiten (s. Kap. 5), vor allem ist aber hier das Prinzip verletzt, dass ein Modell *nur solche Parameter* enthalten sollte, die auch tatsächlich *interpretiert* werden. Die relative Häufigkeit, mit der ein einzelner Summenscore in einer Klasse auftritt, wird im Allgemeinen *nicht* interpretiert.

Man kann daher die Scoreverteilung in den Klassen auch *durch eine Funktion anpassen*, die weniger Parameter enthält. Eine sehr brauchbare Funktion, die nur zwei Parameter μ und ρ enthält, ist die folgende logistische Funktion

(24) $$\hat{p}(r) = \frac{\exp\left(\frac{r}{k}\mu + \frac{4r(k-r)}{k^2}\rho\right)}{\sum_{s=0}^{k}\exp\left(\frac{s}{k}\mu + \frac{4s(k-s)}{k^2}\rho\right)}.$$

Der Parameter μ ist ein *Lokationsparameter*, gibt also an, wo der Mittelwert der Verteilung liegt. Der Parameter ρ (Rho) ist dagegen ein *Dispersionsparameter*, der angibt, wie 'breit' die Verteilung ist.

Die folgende Abbildung zeigt eine unrestringierte und eine restringierte Scoreverteilung.

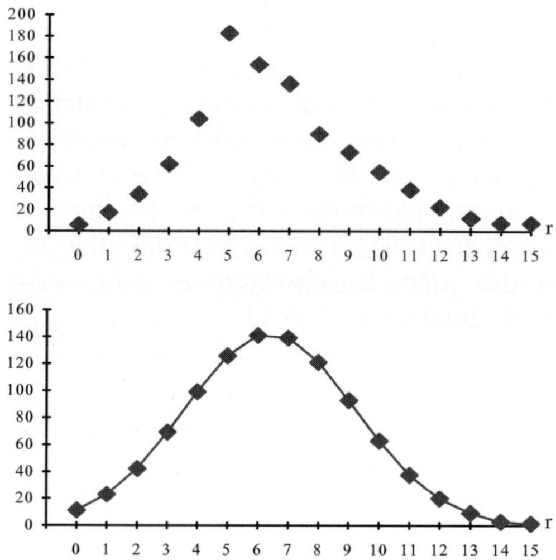

Abbildung 48: Eine unrestringierte und eine restringierte Scoreverteilung

Die logistische Verteilung 'glättet' die 'holperige' unrestringierte Verteilung. Dabei ist dieser Verteilungstyp in der Lage, *sehr unterschiedliche* Verteilungen anzupassen, die auch u-förmig sein können. Abbildung 49 zeigt einige Beispiele.

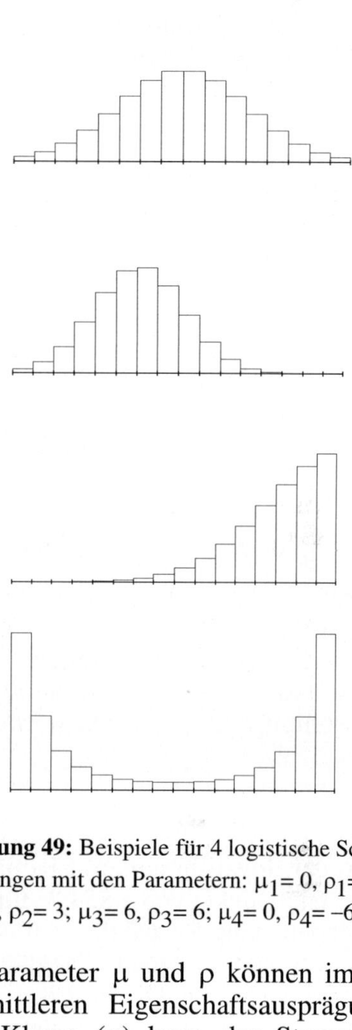

Abbildung 49: Beispiele für 4 logistische Scoreverteilungen mit den Parametern: $\mu_1 = 0$, $\rho_1 = 6$; $\mu_2 = -3$, $\rho_2 = 3$; $\mu_3 = 6$, $\rho_3 = 6$; $\mu_4 = 0$, $\rho_4 = -6$

Die Parameter μ und ρ können im Sinne der mittleren Eigenschaftsausprägung in einer Klasse (μ) bzw. der Streuung der Eigenschaftsausprägungen in der Klasse (ρ) interpretiert werden.

Geglättete Scoreverteilung

Wendet man die 2-parametrige Verteilung (24) auf das Datenbeispiel an, so ergeben sich mit den Parametern $\mu = -0.17$ und $\rho = 0.03$ und die folgenden Scorewahrscheinlichkeiten, die, mit N=300 multipliziert, die unter dem Modell erwarteten Scorehäufigkeiten ergeben:

Score	$\hat{p}(r)$ unter der Restriktion (24)	$\hat{n}_r$	n_r
0	0.1785	53.55	58
1	0.1758	52.75	48
2	0.1715	51.45	46
3	0.1656	49.70	50
4	0.1585	47.54	60
5	0.1501	45.03	38

Gegenüber den tatsächlichen Scorehäufigkeiten (rechte Spalte) gibt es deutliche Abweichungen, da diese Verteilung zweigipflig ist und nicht gut durch die logistische Verteilung (24) angepasst werden kann.

Literatur

Die Ableitung des Rasch-Modells (Rasch 1960/1980) aus dem Postulat spezifisch objektiver Messungen findet sich bei Fischer (1974a, 1988 und 1995a). Darstellungen des Modells aus einer messtheoretischen Perspektive bieten Hamerle (1982) und Steyer & Eid (1993).
Anwendungen des Modells werden bei Fischer (1978), Kubinger (1988), Rost & Strauß (1992) und Rost & Langeheine (1997b) zitiert.
Einen allgemeinen Überblick über Anwendungen des Rasch-Modells in den Sozialwissenschaften geben Bond & Fox (2001).
Einige beispielhafte Anwendungen sind: Dejong-Gierveld & Kamphuis (1985) Gittler (1991, 1999), Metzler & Schmidt (1992) und Piel et al. (1991). Eine detaillierte Darstellung des derzeitigen Entwicklungsstands des Rasch-Modells und seiner Verallgemeinerungen bieten Fischer & Molenaar (1995). Einen Überblick über die Familie der Rasch-Modelle gibt Rost (1999, 2001).

Der Wert der (logarithmierten) Likelihoodfunktion (sL) sinkt von -854,8 für das Rasch-Modell ohne Restriktion auf -857,6 mit der Restriktion einer „geglätteten" Scoreverteilung (s.o.). Dieser Likelihoodwert entspricht ziemlich genau dem Wert der marginalen LF (-857,5), die nicht die Scoreverteilung, sondern die Verteilung der latenten Variable modelliert und dies ebenfalls mit zwei Parametern und vergleichbarem Erfolg tut..

Auf die Schätzung der Itemparameter hat die Restriktion einen verschwindend geringen Einfluss, sie ändern sich nur in der 3. oder 4. Nachkommastelle.

3.1.1.2.3 Item Response Theorie (IRT): Rate- und Trennschärfeparameter

Der Begriff der Item Response Theory (IRT) bezeichnet den Sachverhalt, dass das Antwortverhalten (die item responses) mit formalen Modellen modelliert wird, und umfasst somit alle in diesem Buch behandelten Modelle. Tatsächlich wird der Begriff jedoch eingeschränkt verwendet und bezeichnet bestimmte Verallgemeinerungen des Rasch-Modells. Diese Verallgemeinerungen basieren - wie das Rasch-Modell - auf der logistischen Funktion haben aber mehr Itemparameter als das Rasch-Modell, also nicht nur den einen Schwierigkeitsparameter.

Dementsprechend werden diese Modelle auch als 2-pl (two-parameter-logistic) 'Birnbaum-Modell' (s.u.) oder 3-pl model bezeichnet, was dem Rasch-Modell konsequenterweise die Bezeichnung 1-pl model zuweist. Hinter diesen terminologischen Abgrenzungen verbirgt sich auch eine Art 'Schulenstreit'. Die Anhänger des Rasch-Modells betonen die vorteilhaften statistischen Eigenschaften des 1-pl Modells, die bei den mehrparametrigen Modellen verloren gehen, und argumentieren, dass mit dem Rasch-Modell mehr als nur irgendein *Testmodell* definiert ist, sondern eine eigene *Messtheorie* begründet wird - die Theorie spezifisch objektiver Messungen.

Demgegenüber argumentieren die Vertreter der mehrparametrigen Modelle, dass das Rasch-Modell ein sehr einfaches und oft *zu* einfaches Modell darstellt und sich seine mehrparametrigen Verallgemeinerungen flexibler an die Daten anpassen können. Ein starkes Argument besteht darin, dass das klassische Konzept der Itemtrennschärfe im Rasch-Modell insofern nicht als *Itemmerkmal* formalisiert ist, als alle Items dieselbe Trennschärfe haben.

Sollen sich die Items nicht nur hinsichtlich ihrer Schwierigkeit unterscheiden, sondern auch hinsichtlich der Trennschärfe, d.h. des Anstiegs der Itemfunktion, so muss ein zweiter Parameter in die Modellgleichung des Rasch-Modells eingeführt werden. Der Anstieg der Itemfunktion kann im Fall dichotomer Daten nur durch einen *multiplikativen Parameter* im Exponenten der logistischen Funktion gesteuert werden, so dass die Modellgleichung für das sogenannte *zweiparametrige logistische Modell* wie folgt aussieht:

$$(1) \qquad p(x_{vi}) = \frac{\exp(x_{vi}\,\beta_i(\theta_v - \sigma_i))}{1+\exp(\beta_i(\theta_v - \sigma_i))}.$$

Der Parameter β_i drückt den Anstieg der Itemfunktion aus, wobei ein Wert größer als 1 die Kurve steiler macht als im Fall des Rasch-Modells und ein Wert zwischen 0 und 1 die Kurve flacher werden lässt. β_i ist also ein *Trennschärfeparameter*.

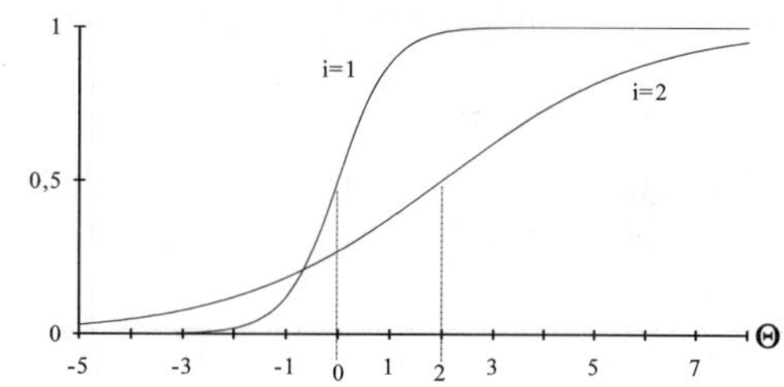

Abbildung 50: Zwei Itemfunktionen des zweiparametrigen Modells mit $\beta_1 = 2.0$, $\sigma_1 = 0$, $\beta_2 = 0.5$ und $\sigma_2 = 2.0$

Die Interpretation des Itemschwierigkeitsparameters und des Fähigkeitsparameters ist dieselbe wie beim Rasch-Modell. Dieses Modell wird auch *Birnbaum-Modell* genannt, da es bereits 1968 von Allan Birnbaum diskutiert wurde.

Haben die Items unterschiedliche Itemtrennschärfen, so führt dies notwendigerweise dazu, dass sich die Itemfunktionen *überschneiden*. Das hat die Konsequenz, dass zwei Items für verschiedene Personen eine unterschiedliche *Reihenfolge ihrer Lösungswahrscheinlichkeiten* aufweisen können:

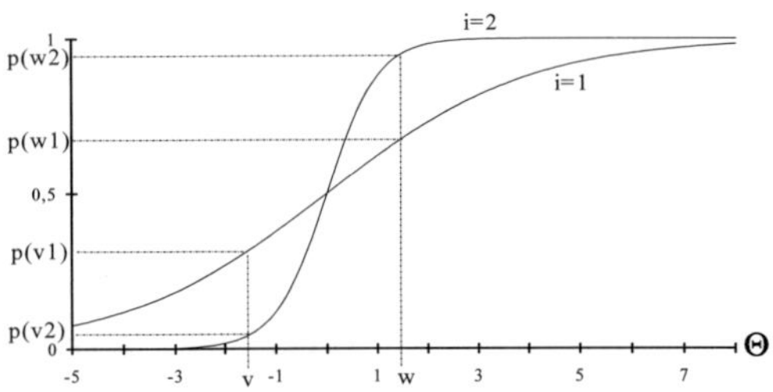

Abbildung 51: Zwei Itemfunktionen mit unterschiedlicher Trennschärfe

In Abbildung 51 hat Person v eine höhere Lösungswahrscheinlichkeit für Item 1 als für Item 2, wohingegen Person w eine höhere Lösungswahrscheinlichkeit für Item 2 hat. Dies ist insofern bemerkenswert, als es schwer vorstellbar ist, dass ein Item für eine Person *relativ leichter* ist als ein anderes, während es für eine andere Person *relativ schwerer* ist. Testet man nur Personen im oberen Fähigkeitsspektrum, so würde man zu einer anderen Rangordnung der Itemschwierigkeiten gelangen, als wenn man Personen im unteren Fähigkeitsspektrum testet. Die Rangfolge der Itemschwierigkeiten ist somit *abhängig von* der Auswahl *der jeweiligen Personenstichprobe*, was zur Konsequenz hat, dass das zweiparametrige logistische Modell *keine spezifisch objektiven Messungen* ermöglicht.

Tatsächlich wird das zweiparametrige logistische Modell auch vornehmlich dort angewendet, wo sichergestellt ist, dass eine möglichst *große Stichprobe* mit dem *gesamten Fähigkeitsspektrum* getestet worden ist.

Betrachtet man die Wahrscheinlichkeitsfunktion der gesamten Daten, also die *Likelihoodfunktion*, so zeigt sich, dass die erschöpfenden Statistiken für die Personenparameter nicht die Summenscores sind, sondern *gewichtete* Summen der Itemantworten. Die Likelihoodfunktion

(2) $$L = \exp\left(\sum_{v=1}^{N} \sum_{i=1}^{k} x_{vi} \, \beta_i \left(\theta_v - \sigma_i \right) \right) \Big/ d_{vi}$$

lässt sich umwandeln zu (vgl. das vorangehende Kapitel):

(3)
$$L = \exp\left(\sum_{v=1}^{N} \left(\sum_{i=1}^{k} \beta_i \, x_{vi} \right) \theta_v - \sum_{i=1}^{k} n_i \, \beta_i \, \sigma_i \right) \Big/ d_{vi} ,$$

so dass sich die Wahrscheinlichkeit der beobachtenden Daten nicht mehr allein aufgrund der Randsummen der Datenmatrix bestimmen lässt, sondern das Innere der Datenmatrix benötigt wird. Genau betrachtet wird für jede Person *eine gewichtete Summe* ihrer Itemlösungen benötigt,

$$\sum_{i=1}^{k} \beta_i \, x_{vi} ,$$

wobei jede Itemantwort *mit dem Trennschärfeparameter* dieses Items *gewichtet* wird. Hat eine Person ein sehr trennscharfes Item gelöst, so zählt das 'mehr' für die Bestimmung ihres Fähigkeitsparameters, als wenn sie ein sehr trennschwaches Item gelöst hat.

Dies ist insofern ein bedeutsames Resultat, als es besagt, dass *nicht mit der Schwierigkeit eines Items*, sondern mit seiner *Trennschärfe* gewichtet werden muss, wenn man die Information berücksichtigen will, *welche* Items eine Person gelöst hat.

Gewichtete Summenscores

Ein häufig anzutreffendes Konzept besteht in der Meinung, dass die Lösung schwieriger Aufgaben mit einem stärkeren Gewicht in die Berechnung eines Punktwertes eingehen müsse als die Lösung einer leichten Aufgabe. Die Person müsse gleichsam dafür belohnt werden, dass sie eine schwere Aufgabe lösen konnte, schließlich bedarf es dafür einer größeren Fähigkeit. Im Rahmen des Rasch-Modells erweist sich diese Erwartung als unzutreffend. Hier sagt der ungewichtete Summenscore alles über die Personenfähigkeit aus (s. Kap. 3.1.1.2.2).

Im Birnbaum-Modell zeigt sich nun, dass ein gewichteter Summenscore nicht die *Schwierigkeiten* sondern die *Trennschärfen* der Items als Gewichte enthält. Diese Ergebnis hat seine Parallele im Bereich der Faktorenanalyse, wo ebenfalls die Faktorladungen, also die Faktorbezogenen Itemtrennschärfen, die Gewichtung der Itemantworten mitbestimmen (vgl. Kap. 3.4.2).

Das Birnbaum-Modell ist somit ein Testmodell, bei dem das Muster der Itemantworten zur Schätzung der Fähigkeitsausprägung herangezogen wird. Das geschieht allerdings um den Preis, dass die Personenmesswerte nicht mehr unabhängig von der Itemstichprobe sind.

Soll neben der Itemschwierigkeit und der Trennschärfe auch noch die *Ratewahrscheinlichkeit* eines Items in das Modell aufgenommen werden, so ergibt sich folgende Modellgleichung:

$$(4)\quad p\left(X_{vi}=1\right)=\gamma_i+\left(1-\gamma_i\right)\frac{\exp\left(\beta_i\left(\theta_v-\sigma_i\right)\right)}{1+\exp\left(\beta_i\left(\theta_v-\sigma_i\right)\right)}.$$

In diesem sogenannten *dreiparametrigen logistischen Modell* spezifiziert der γ_i-Parameter die Ratewahrscheinlichkeit und somit die untere Asymptote der Itemfunktion, die von keiner noch so niedrigen Fähigkeitsausprägung unterschritten werden kann.

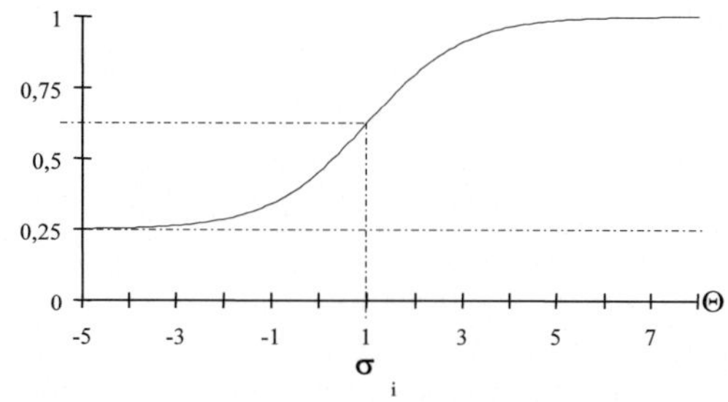

Abbildung 52: Die Itemfunktion des dreiparametrigen Modells mit den Parametern $\sigma_i = 1.0$, $\beta_1 = 1.0$ und $\gamma_i = 0.25$

Dieser Rateparameter lässt sich entweder empirisch bestimmen, d.h. als Modellparameter *schätzen*, oder er kann *präexperimentell vorgegeben* werden, wenn er sich aus der Art des Antwortformates ergibt. Z.B. kann er auf $\gamma_i = 0.25$ fixiert werden, wenn es sich um ein vierkategorielles Antwortformat mit genau einer richtigen Antwort handelt.

Die Ermittlung der Modellparameter für diese Modelle ist recht schwierig und vom statistischen Standpunkt aus nicht befriedigend. Die drei Itemparametertypen lassen sich *nicht unabhängig voneinander schätzen*, so dass die Schätzungen der Itemschwierigkeiten z.B. auch einen Einfluss auf die Schätzung der Trennschärfe oder des Rateparameters haben. Die Schätzprobleme verringern sich, wenn man eine bestimmte *Verteilung der Fähigkeiten*, also der Personeneigenschaften, annehmen kann, z.B. eine Normalverteilung (s. Kap. 3.1.1.2.2). Auf jeden Fall benötigt man relativ große Stichproben, um zu einigermaßen zuverlässigen Parameterschätzungen zu gelangen.

Solche großen Stichproben sind vor allem in nationalen und internationalen Vergleichsstudien zum Leistungsstand von Schülern anzutreffen und dort ist tatsächlich der eingangs erwähnte 'Schulenstreit' zwischen Rasch-Modellen und IRT-Modellen aktuell. Im Fall der PISA-Studie (Programme for International Student Assessment) ist die Entscheidung zugunsten des Rasch-Modells gefallen, während die meisten Schulleistungsstudien in den USA mit dem zweiparametrigen Modell ausgewertet werden. Allerdings rückt bei diesen Studien die Bedeutung des Schulenstreits etwas hinter die Bedeutung anderer gravierender Probleme zurück, z.B. der Modellgeltungskontrolle jedweden Testmodells.

Eine Art Kompromiss bei der Wahl zwischen dem Rasch-Modell und den mehrparametrigen IRT-Modellen schlagen Verhelst und Glas (1995) mit dem OPLM vor, wobei OPLM für one-parameter-logistic-model steht (und nicht gerade zur Beseitigung der Sprachverwirrung beiträgt). Gemeint ist ein modifiziertes Birnbaum-Modell, wobei die Trennschärfeparameter β_i keine Parameter, sondern a priori fixierte Größen darstellen. Diese können theoretisch abgeleitet oder mit anderen statistischen Methoden ermittelt werden und machen das Birnbaum-Modell - trotz item-spezifischer Trennschärfen b_i - zu einem 'one-parameter'-Modell.

$$(5)\quad p\left(x_{vi}\right)=\frac{\exp\left(x_{vi}\, b_i\left(\theta_v-\sigma_i\right)\right)}{1+\exp\left(b_i\left(\theta_v-\sigma_i\right)\right)}$$

Der Reiz dieses Modells besteht darin, dass die vorteilhaften statistischen Eigenschaften des Rasch-Modells erhalten bleiben.

Literatur

Die Lehrbücher zur Item Response Theorie sind vorwiegend englischsprachig, z.B. Hambleton & Swaminathan (1989), Lord (1980), Embretson & Reise (2000). Puchhammer (1988a) berichtet über die Schätzbarkeit der Modellparameter beim 3-parametrigen Modell. Verhelst & Glas (1995) beschreiben das sog. One-parameter-logistic-model (OPLM). Keats (1974) hat erstmals das 2-parametrige Modell mit Schwierigkeits- und Rateparametern untersucht, von dem Colonius (1977) zeigte, dass es ebenfalls keine spezifisch objektiven Messungen erlaubt (s.a. Puchhammer (1988b)). Mit Problemen der IRT befasst sich Fischer (1995c).

3.1.1.2.4 Die Mokken-Analyse: Überschneidungsfreie Itemfunktionen

Die Beschreibung des Birnbaum-Modells (s. vorangegangenes Kap.) hat ergeben, dass einander überschneidende Itemcharakteristiken eine interpretative Problematik aufweisen. Andererseits ist die Annahme eines *bestimmten Funktionstyps* wie beim Rasch-Modell, noch dazu mit konstanten Itemtrennschärfen, vielen Praktikern zu restriktiv. Möchte man lediglich sicherstellen, dass sich die Itemfunktionen nicht überschneiden, ansonsten aber den Typ der Itemfunktion nicht weiter festlegen, so gelangt man zu einem Testmodell, das als *Mokken-Analyse* bekannt ist und auf Mokken (1971) zurückgeht. Die Itemfunktionen einer Mokken-Skala können wie folgt aussehen:

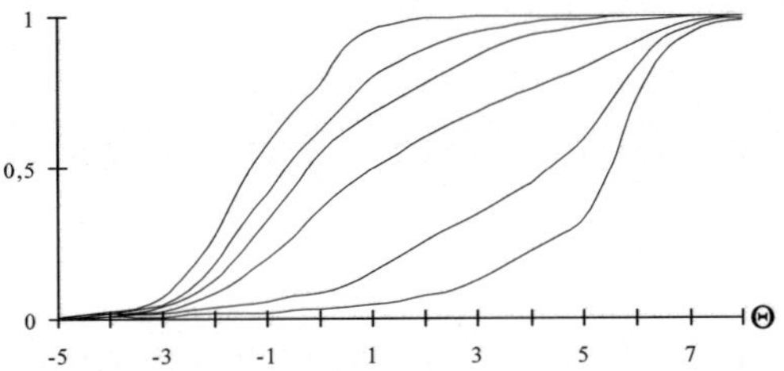

Abbildung 53: Itemfunktionen einer Mokken-Skala

Dieses Testmodell wird auch als *nicht-parametrisches* Modell bezeichnet, da die Itemfunktionen nicht als metrische Funktionen von Modellparametern spezifiziert sind, die es zu schätzen gilt.

Der Terminus 'nicht-parametrisch' ist allerdings irreführend, da auch dieses Modell - wie jedes statistische Modell - Parameter aufweist. So stellt der Summenscore einer Person bei Geltung des Mokken-Modells den Personenparameter dar. Diese Parameter liegen allerdings nicht auf einer metrischen, sondern auf einer Ordinalskala, weswegen die Bezeichnung nicht-metrisches Modell besser wäre.

Die Anwendung dieses Modells auf einen Datensatz besteht im wesentlichen in der Überprüfung, ob die Grundannahmen des Modells erfüllt sind. Die wesentliche Grundannahme wird als *doppelte Monotonie* bezeichnet und drückt aus, dass alle Personen hinsichtlich ihrer Lösungswahrscheinlichkeiten zu jedem Item dieselbe Ordnung aufweisen müssen, und dass alle Items hinsichtlich ihrer Lösungswahrscheinlichkeiten für jede Person dieselbe Ordnung aufweisen müssen.

Die erste Monotonieannahme ist nichts anderes als die *Annahme monoton steigender Itemfunktionen* und lautet:

(1) $p(X_{vi}=1) > p(X_{wi}=1) \Rightarrow p(X_{vj}=1) > p(X_{wj}=1)$

Aus der Tatsache, dass die Lösungswahrscheinlichkeit eines Items i für Person v größer ist als für Person w, muss folgen, dass auch die Lösungswahrscheinlichkeit jedes anderen Items für Person v größer ist als für Person w. Offensichtlich hat in diesem Fall Person v eine höhere Fähigkeit als Person w, was sich bei allen Items in einer höheren Lösungswahrscheinlichkeit niederschlagen muss. Dies ist genau dann gegeben, wenn alle Itemfunktionen monoton ansteigen.

Die zweite Monotoniebedingung lautet

(2) $p(X_{vi}=1) > p(X_{vj}=1) \Rightarrow p(X_{wi}=1) > p(X_{wj}=1)$

und drückt aus, dass alle *Itemfunktionen überschneidungsfrei* sein müssen: Aus einer höheren Lösungswahrscheinlichkeit von Person v für Item i im Vergleich zu Item j muss folgen, dass auch alle anderen Personen eine höhere Lösungswahrscheinlichkeit bei Item i als bei Item j haben.

Dies ist z.B. beim Birnbaum-Modell nicht der Fall, wie im vorigen Kapitel dargestellt wurde. Beide Monotoniebedingungen sind in Abbildung 54 veranschaulicht.

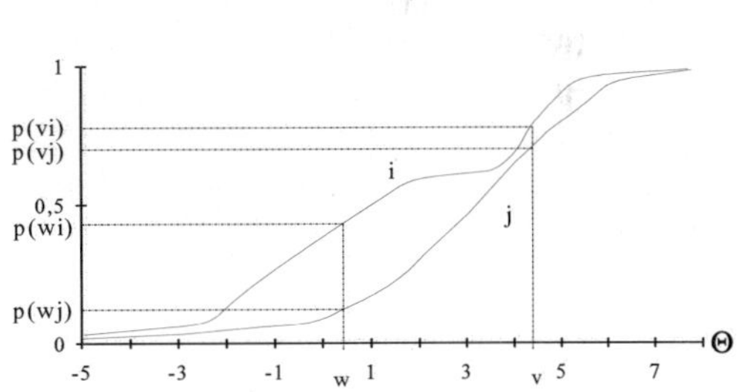

Abbildung 54: Die Erfüllung der doppelten Monotoniebedingung bei monotonen und überschneidungsfreien Itemfunktionen

Aus diesen beiden Monotoniebedingungen lassen sich verschiedene *Ungleichheiten* bezüglich der beobachteten relativen Häufigkeiten von Antworten ableiten. Aus der ersten Bedingung lässt sich z.B. ableiten, dass die Wahrscheinlichkeit, mit der alle Personen Item i und Item j lösen, größer sein muss als das Produkt der Wahrscheinlichkeiten, dass sie i lösen und j lösen.

$$(3)\quad p(X_i = 1 \wedge X_j = 1) \geq p(X_i = 1) \cdot p(X_j = 1)$$

Diese Folgerung wird durch die Überlegung plausibel, dass in Formel (3) genau dann ein Gleichheitszeichen gilt, wenn die Antworten auf die Items i und j voneinander *unabhängig* sind (Multiplikationssatz für Wahrscheinlichkeiten). Die Annahme, dass beide Items monoton steigende Itemfunktionen bezüglich *derselben* latenten Variable θ haben, besagt aber, dass die Itemantworten beider Items positiv korreliert sind und somit die Wahrscheinlichkeit gleicher Antworten größer ist als das Produkt der Einzelwahrscheinlichkeiten.

Schätzt man die Wahrscheinlichkeiten in Gleichung (3) durch die *relativen Häufigkeiten* in der vorliegenden Stichprobe, so kann man mit Hilfe dieser Ungleichheit prüfen, ob die erste Monotoniebedingung gültig oder verletzt ist.

Aus beiden Monotoniebedingungen zusammen folgt weiterhin, dass die Wahrscheinlichkeiten, mit denen zwei Items gelöst werden, immer dieselbe Rangfolge haben müssen, wenn man ein Item konstant hält:

$$(4)\quad p(X_i = 1 \wedge X_j = 1) \geq p(X_i = 1 \wedge X_k = 1)$$
$$\Rightarrow p(X_m = 1 \wedge X_j = 1) \geq p(X_m = 1 \wedge X_k = 1)$$

Auch für diese Folgerung lässt sich eine Plausibilitätserklärung angeben. So muss die erste Ungleichung in (4) dadurch bedingt sein, dass Item j die latente Variable 'besser' misst (trennschärfer ist) als Item k. Wenn sich dies hinsichtlich eines Vergleichsitems i zeigt, so muss sich dieselbe Überlegenheit von j aber auch hinsichtlich jedes anderen Vergleichsitems m zeigen.

Auch die Folgerung (4) lässt sich anhand der relativen Häufigkeiten im Datensatz nachprüfen.

Sind beide Monotoniebedingungen erfüllt, so *ordnen die Summenscores* der Datenmatrix die *Personen* nach ihren Fähigkeiten und die *Items* nach ihren Schwierigkeiten. Allerdings liegen diese Summenwerte als Messwerte von Items und Personen lediglich auf einer *Ordinalskala*, da weder die Lokation eines Items auf der latenten Dimension definiert ist noch (infolge dessen) die Lokation der Personen auf der latenten Dimension bestimmt werden kann. Die Mokken-Analyse ist also ein *ordinales Testmodell*.

Literatur

Das Modell geht auf Mokken (1971) zurück und wird z.B. von Henning (1976), Mokken & Lewis (1982) und Sijtsma & Molenaar (2002) dargestellt. Meijer et al. (1990) vergleichen es mit dem Rasch-Modell und Croon (1991) Vermunt (2001) und deGruijter (1994) stellen die Mokken-Analyse als ein speziell restringiertes latent-class Modell dar. Sijtsma et al. (1989) verallgemeinern das Testmodell für mehrkategorielle Daten und Molenaar (2001) gibt einen Überblick über neue Entwicklungen.

3.1.1.3 Nichtmonotone eingipflige Itemfunktionen

Die im vorangegangenen Kapitel behandelten monoton ansteigenden Itemfunktionen sind für einen Test immer dann anzunehmen, wenn die einzelne Itemantwort als Ausdruck einer *Dominanzrelation zwischen Person und Item* betrachtet werden kann: Wenn die Person das Item dominiert, so löst sie es, wenn das Item aber die Person dominiert, so 'lässt es sich nicht lösen'.

Wie stark ein Item eine Person dominiert oder umgekehrt, ergibt sich aus dem *Abstand des Personenmesswertes von der Itemlokation* auf dem latenten Kontinuum. Je größer diese Distanz in die eine Richtung ist, d.h. je weiter rechts eine Person vom Item liegt, desto größer die Dominanz über dieses Item. Je weiter links die Person von einem Item liegt, desto stärker dominiert das Item diese Person.

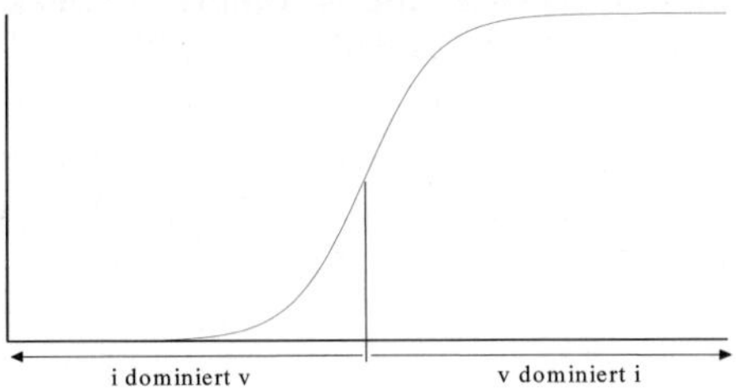

Abbildung 55: Die Itemfunktion als Ausdruck einer Dominanzrelation

Bei Items mit einer nichtmonotonen, eingipfligen Itemcharakteristik geht man dagegen nicht von einer Dominanzrelation zwischen Person und Item aus, sondern von einer *Näherelation*. Je dichter ein Personenmesswert an der Itemlokation liegt, und zwar egal, ob rechts oder links davon, desto wahrscheinlicher wird eine positive Itemantwort.

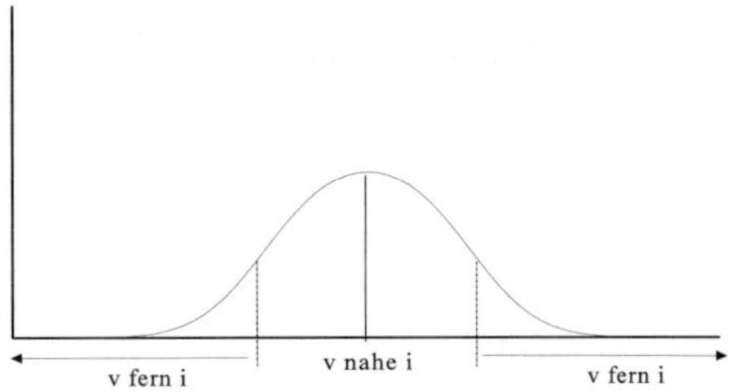

Abbildung 56: Die Itemfunktion als Ausdruck einer Näherelation

Beispiele für solche Items, bei denen die Itemantwort durch eine Näherelation und nicht durch eine Dominanzrelation zustandekommt, gibt es weniger im Bereich der Leistungsmessung als vielmehr bei *Einstellungsfragebögen* (s. Kap. 2.2.6, 'Thurstone-Skalierung'). Gibt man etwa in einem Fragebogen zur politischen Orientierung eine Reihe von Aussagen vor, die von extrem konservativ bis extrem progressiv reichen, und fordert die Personen auf, diejenigen Aussagen anzukreuzen, denen sie *am ehesten zustimmen* würden, so ist zu erwarten, dass die Personen die ihrer Meinung am nächsten liegenden Aussagen ankreuzen.

Dies setzt natürlich voraus, dass die Personen auf *demselben Kontinuum* lokalisierbar sind wie die Items, d.h. es dreht sich auch hier um die Messung einer kontinuierlichen latenten Variable.

Wie bei den monoton ansteigenden Itemfunktionen, so lassen sich auch bei den eingipfligen nichtmonotonen Itemfunktionen Modelle mit *stufenförmigen* Itemfunktionen von solchen mit *kontinuierlich ansteigenden und abfallenden* Funktionen unterscheiden. Auf sie wird in den beiden folgenden Unterkapiteln eingegangen.

Für Testmodelle mit eingipfligen Itemfunktionen hat sich auch der Begriff *Unfolding-Modelle* eingebürgert. Unfolding heißt zu deutsch 'Entfaltung' und stammt von einem Modell von Coombs (1950)

über die Skalierung anhand von Bevorzugungsdaten (preference data).

Unfolding

Der Begriff der Entfaltung (Unfolding) drückt folgendes aus: Ordnen sich alle Reize, zu denen eine Person hinsichtlich ihrer Präferenz befragt wird, entlang einer Dimension an, und ist die befragte Person selbst auch als Punkt auf dieser Skala lokalisierbar, so wird sich die Rangreihe ihrer Präferenzen aufgrund der *Abstände jedes Objektes zu der betreffenden Person* ergeben:

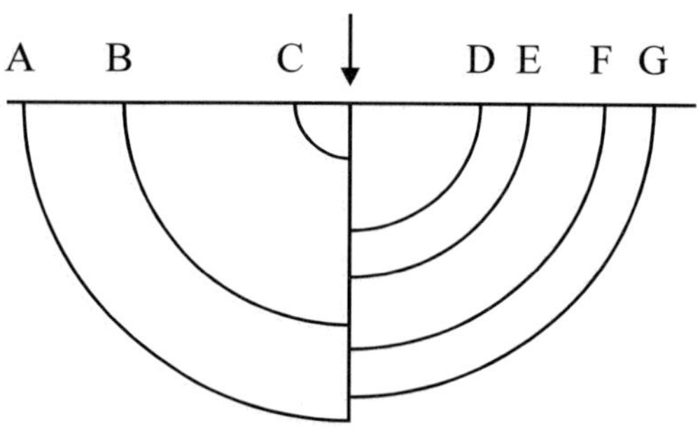

Abbildung 57: Die 'Entfaltung' einer Präferenz-Skala

In diesem Beispiel wird die höchste Präferenz der Person bezüglich Objekt C sein, die nächsthöchste für D, E, B, F, G und A.

Geht man von den empirischen Daten aus, so beobachtet man nicht die *horizontale Achse*, d.h. das Kontinuum, auf dem die Stimuli und die Personen angeordnet sind, sondern man beobachtet die Rangfolge der Präferenzen dieser Person, also die *vertikale Achse*. Die Konstruktion der waagerechten Achse kann man sich dann wie ein Aufklappen der Senkrechten nach beiden Seiten vorstellen. Dieses Aufklappen oder Entfalten bezeichnet der Begriff Unfolding.

3.1.1.3.1 Das Parallelogramm-Modell: Kastenförmige Itemfunktionen

Nimmt man an, dass sich alle Items auf einem latenten Kontinuum anordnen lassen, und dass weiterhin jedes Item einen bestimmten Bereich um sich herum hat, in dem man eine positive Itemantwort zeigt (dem Item zustimmt), außerhalb dessen man das Item aber ablehnt, so gelangt man zu folgenden Itemfunktionen.

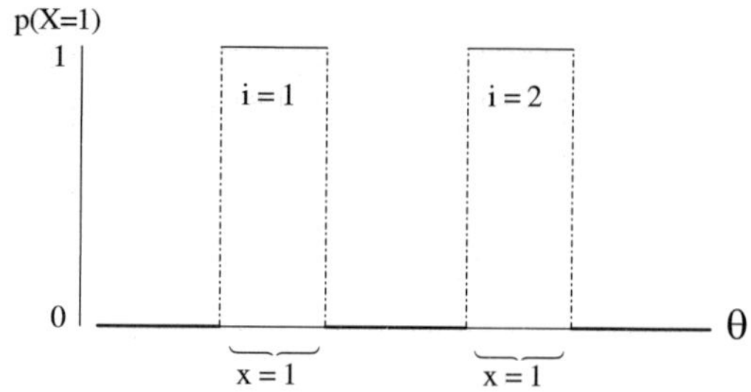

Abbildung 58: Itemfunktionen des Parallelogramm-Modells

Dieses deterministische Modell (deterministisch, weil es nur Wahrscheinlichkeiten von 0 und 1 unterscheidet) ist das Gegenstück zur Guttman-Skala (vgl. Kap. 3.1.1.1.1) und weist aber ähnliche Eigenschaften auf. So sind Items und Personen auch hier nur auf *Ordinalskalenniveau* messbar, d.h. die genaue Lage der Sprungstellen lässt sich ohne weitere Zusatzannahmen (z.B. Verteilungsannahmen) nicht bestimmen. Ebenso lassen sich Personen, die zwischen zwei benachbarten Sprungstellen auf dem latenten Kontinuum liegen, nicht voneinander unterscheiden, d.h. sie erhalten denselben Messwert.

Ordnet man die Items und gleichzeitig die Personen nach ihrer Lage auf der latenten Dimension, so zeigt die entsprechend umsortierte Datenmatrix eine charakteristische Struktur, ähnlich wie bei der Skalogramm - Analyse. Jedoch handelt es sich in diesem Fall nicht um ein Dreieck von Einsen, sondern um ein *Parallelogramm von Einsen*, das sich diagonal durch die Testdatenmatrix zieht.

		Items 1	2	3	4
	1	0	0	0	0
	2	1	0	0	0
	3	1	1	0	0
	4	1	1	1	0
Person	5	0	1	1	0
	6	0	0	1	0
	7	0	0	1	1
	8	0	0	0	1
	9	0	0	0	0

Die Itemfunktionen, die zu dieser Parallelogramm-Matrix passen, sehen wie folgt aus:

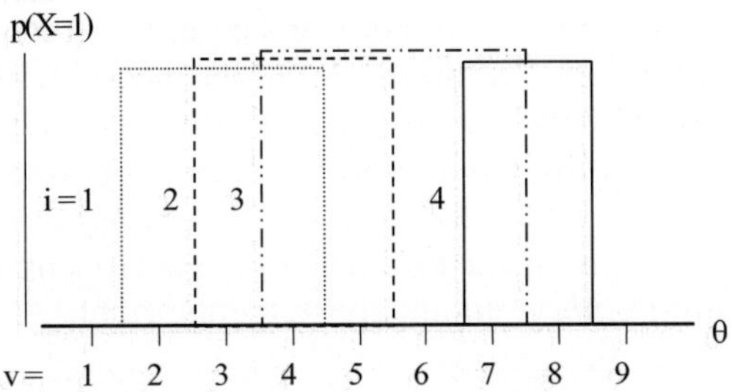

Abbildung 59: Die zu der vorangehenden Datenmatrix passenden Itemfunktionen und Personenlokationen

Wie aus dem Beispiel ersichtlich ist, muss die Anordnung von Einsen und Nullen in der Testdatenmatrix nicht unbedingt ein sehr *gleichförmiges* Parallelogramm ergeben, sondern es kann je nach Breite des Akzeptanzintervalls der Items und deren Überlappung auch stufig sein. Es können sogar Unterbrechungen im Parallelogramm auftreten, nämlich wenn eine Person zwischen den Akzeptanzbereichen benachbarter Items liegt und somit keinem einzigen Item zustimmt. Dies passiert bei Items, deren Itemfunktionen sich nicht überlappen, wie z.B. in Abbildung 58 dargestellt.

Präziser als die Parallelogrammstruktur in der geordneten Testdatenmatrix ist das Kriterium, dass bei geordneten Items in keiner Zeile der Datenmatrix *rechts und links von einer 0 eine 1* stehen darf. Anschaulich ausgedrückt bedeutet dies, dass jede Person, die zwei auseinanderliegende Items bejaht, auch alle dazwischen liegenden Items bejahen muss. Dies folgt zwingend aus dem Konzept der Näherelation zwischen Personen und Items, wenn man ein deterministisches Antwortverhalten voraussetzt.

Im Unterschied zur Guttman-Skala ist die Sortierung der Datenmatrix nach aufsteigenden Itemlokationen und Personenfähigkeiten jedoch *nicht anhand der Randsummen* möglich. Die Lokation eines Items ist nicht daran erkennbar, *wie viele* Personen diesem Item zugestimmt haben. Zwar sind die Zustimmungshäufigkeiten für in der Mitte des Kontinuums liegende Items am höchsten und nehmen zu beiden Rändern hin ab, jedoch ist nicht ohne weiteres entscheidbar, ob ein Item, dem wenig zugestimmt wurde, rechts oder links von der Mitte liegt. Dennoch ist es in der Praxis unproblematisch, die Datenmatrix in eine Parallelogrammform umzusortieren, sofern diese existiert.

Sortiert man den kleinen Beispieldatensatz dieses Kapitels um, ergibt sich annähernd eine Parallelogrammstruktur.

		Item 1	2	3	4	5
	1	0	0	0	0	0
	3	0	0	0	0	0
	10	1	0	1	1	0
	9	1	1	1	1	1
	7	0	1	1	0	1
Person	8	0	1	0	1	1
	12	0	0	1	0	1
	6	0	0	1	1	1
	4	0	0	0	1	0
	5	0	0	0	1	1
	11	0	0	0	1	1
	2	0	0	0	0	1

Bei 4 Personen ist die Bedingung verletzt, dass nicht rechts und links von einer 0 eine 1 stehen darf. Insgesamt sind es auch nur 4 unzulässige Itemantworten, die die geforderte Struktur stören. Berechnet man auch hier ein Reproduzierbarkeitsmaß (s. Kap. 3.1.1.1.1), so ergibt sich mit

$$\mathrm{Rep} = 1 - \frac{4}{60} = 0.94$$

sogar eine noch bessere Modellanpassung als für die Guttman-Skala. Allerdings ist das vorliegende Modell auch 'schwächer', d.h. die Dreiecks-Bedingung der Guttman-Skala ist ein Spezialfall der Parallelogramm-Bedingung.

Schwierig ist auch hier die Frage nach der *Modellgeltung*, wenn es Abweichungen vom deterministischen Antwortverhalten gibt. Vorausgesetzt diese Abweichungen sind so schwach, dass sich die Ordnung der Items ermitteln lässt, kann der Grad der Modellabweichung über die Anzahl unzulässiger Itemantworten, also die Anzahl von 101-Tripeln, in der Datenmatrix bestimmt werden. Die Auszählung derartiger Modell-verletzungen ist Ausdruck einer *nachträglichen Fehlertheorie* für ein deterministisches Modell.

Anstelle einer solchen nachträglichen Fehlertheorie gibt es auch den Ansatz, analog zur Mokken-Analyse (s. Kap. 3.1.1.2.4) *probabilistische* eingipflige Itemfunktionen anzunehmen, jedoch deren genauen Verlauf unbestimmt zu lassen.

Literatur

Die Unterscheidung von Dominanz- und Näherelation geht auf die Datentheorie von Coombs (1964) zurück, die auch Coombs et al. (1975) und Roskam (1983, 1996a) behandeln. Das Parallelogramm-Modell wurde ebenfalls von Coombs (1964) eingeführt. Van Schuur (1988, 1997) beschreibt probabilistische Unfolding-Modelle. Post & Snijders (1993) diskutieren als Pendant zur Mokken-Analyse das nichtparametrische Unfolding-Modell und v. Schuur (1993) dessen Verallgemeinerung für mehrkategorielle Daten.

3.1.1.3.2 Kontinuierliche, eingipflige Itemfunktionen

Die Entwicklung von probabilistischen Testmodellen mit eingipfligen Itemfunktionen ist wesentlich weniger fortgeschritten als die für monoton ansteigende Itemfunktionen. Es lässt sich derzeit noch nicht abschließend sagen, welches der verschiedenen möglichen Modelle den obengenannten Kriterien der *Einfachheit*, psychologischen *Plausibilität* und statistischen *Handhabbarkeit* am ehesten entspricht.

Im Gegensatz zu monoton ansteigenden Itemfunktionen, bei denen die Lösungswahrscheinlichkeit eines Items mit steigender Differenz von Fähigkeitsparameter und Schwierigkeitsparameter ansteigt, muss bei eingipfligen Itemfunktionen die Antwortwahrscheinlichkeit mit zunehmendem *Absolutbetrag der Differenz von Personen- und Itemparameter* absinken.

Das bedeutet, je *geringer* der Abstand der Personenfähigkeit von der Lokation des Items ist, desto *größer* ist die Wahrscheinlichkeit einer positiven Itemantwort. Je größer der Abstand von der Eigenschaftsausprägung und der Itemlokation ist, und zwar egal, ob in negativer oder in positiver Richtung, desto kleiner ist die Wahrscheinlichkeit einer positiven Itemantwort.

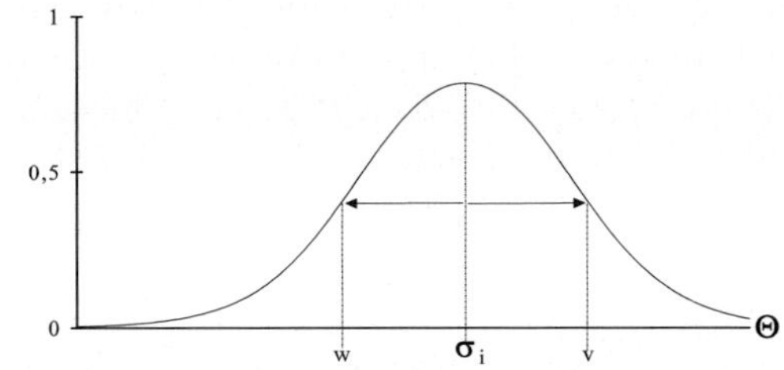

Abbildung 60: Die Itemfunktion als Funktion des (absoluten) Abstands von Person und Item

Die Antwortwahrscheinlichkeit eines Items kann also wie bei monotonen Modellen eine Funktion der *Differenz* von Personen und Itemparameter sein, jedoch darf das *Vorzeichen* dieser Differenz *keine* Rolle spielen. Ein in der Statistik üblicher Weg, um das Vorzeichen von Differenzen auszuschalten, besteht darin, die Differenzen zu *quadrieren*.

Geht man wie beim Rasch-Modell wieder von den logit-transformierten Antwortwahrscheinlichkeiten aus (vgl. oben Kap. 3.1.1.2.2), so muss man diese Logits gleich der *negativen* quadrierten Differenz von Personen- und Itemparameter setzen, da die Antwortwahrscheinlichkeiten mit steigender Differenz *sinken* sollen.

(1) $$\log \frac{p(X_{vi}=1)}{1-p(X_{vi}=1)} = -(\theta_v - \sigma_i)^2 .$$

Löst man diese Gleichung wiederum nach der Antwortwahrscheinlichkeit $p(x_{vi})$ auf (s. ebenfalls Kap. 3.1.1.2.2), so erhält man das folgende Testmodell:

(2) $$p(x_{vi}) = \frac{\exp\left(-x_{vi}(\theta_v - \sigma_i)^2\right)}{1+\exp\left(-(\theta_v - \sigma_i)^2\right)}$$

Die Itemcharakteristik dieses Testmodells ist in Abbildung 61 wiedergegeben, wobei auffällt, dass die *höchste Antwortwahrscheinlichkeit* (bei einer Nulldifferenz von Personen- und Itemparameter) lediglich p = 0.5 beträgt.

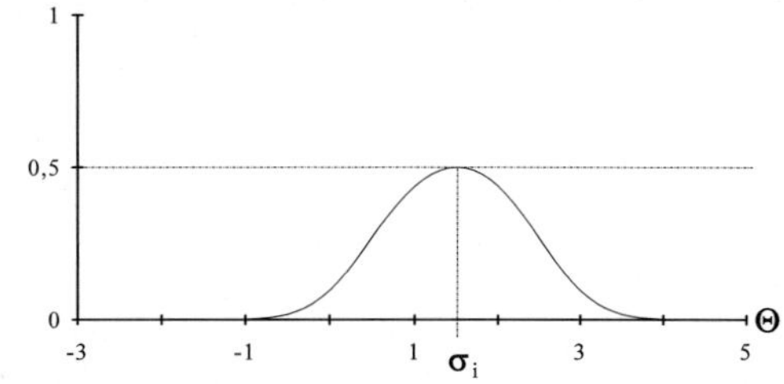

Abbildung 61: Die Itemfunktion des 'quadratischen' Unfolding - Modells

Das liegt daran, dass der Exponent maximal 0 werden kann und $e^0 / (1 + e^0)$ lediglich 1/2 ist. Trotz sonstiger vorteilhafter statistischer Eigenschaften dieses Modells dürfte dieser Sachverhalt seine Brauchbarkeit einschränken. Es ist psychologisch nicht sehr plausibel, dass die Zustimmungswahrscheinlichkeit für ein Item, das der eigenen Eigenschaftsausprägung genau entspricht, nicht größer sein soll als die 'Ratewahrscheinlichkeit' von 0.5.

Diesen Nachteil versucht eine andere Itemfunktion auszugleichen, die ebenfalls von der quadrierten Differenz zwischen Personen- und Itemparameter ausgeht, jedoch statt der gewohnten logistischen Funktion die folgende Funktion wählt:

(3) $$p(X_{vi}=1) = \frac{1}{1+(\theta_v - \sigma_i)^2} .$$

Zusammen mit der Gegenwahrscheinlichkeit

(4) $$p(X_{vi}=0) = \frac{(\theta_v - \sigma_i)^2}{1+(\theta_v - \sigma_i)^2}$$

führt dies zu der Modellgleichung

(5) $$p(x_{vi}) = \frac{(\theta_v - \sigma_i)^{2\cdot(1-x_{vi})}}{1+(\theta_v - \sigma_i)^2} .$$

Die folgende Abbildung zeigt den Verlauf der Itemfunktionen bei diesem Testmodell (sog. *Parella-Modell*).

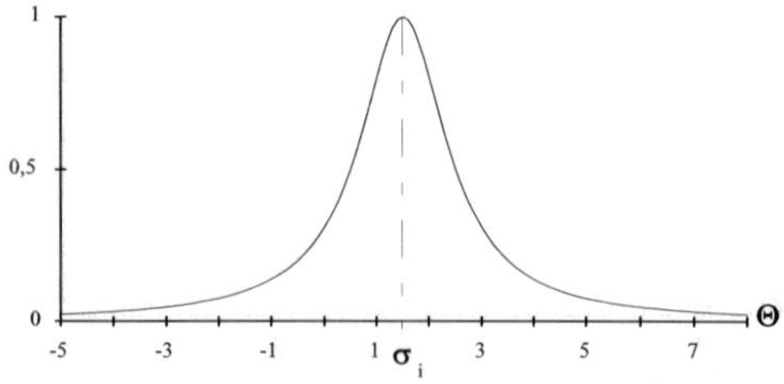

Abbildung 62: Die Itemfunktion von Modell (5)

Während dieses Modell einen plausiblen Verlauf der Itemfunktionen hat, die bei Übereinstimmung von Item- und Personeneigenschaft auch den Wert 1 erreichen, fehlt hier jedoch eine nachvollziehbare Ableitung der Modellgleichung aus einfachen Annahmen über das Antwortverhalten.

Eine solche nachvollziehbare Ableitung der Modellgleichung bietet ein dritter Ansatz für ein logistisches Testmodell mit eingipfliger Itemfunktion. Es leitet sich allerdings aus dem verallgemeinerten Rasch-Modell für ordinale, genauer: *dreikategorielle ordinale Itemantworten* ab und setzt daher den Inhalt von Kapitel 3.3.1 voraus. Dort ist erläutert, dass die Itemfunktion für drei geordnete Antwortkategorien folgendermaßen aussieht:

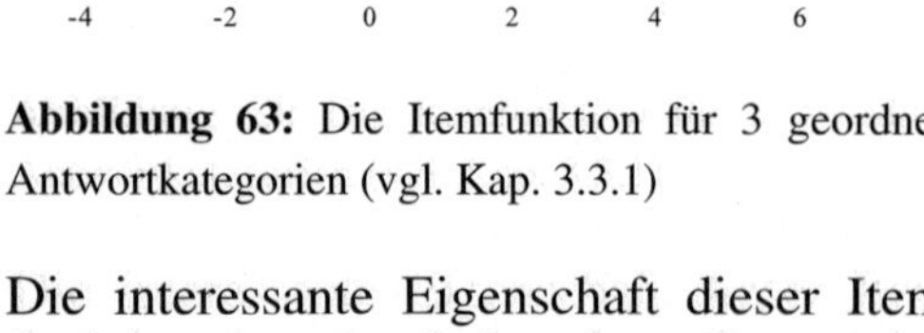

Abbildung 63: Die Itemfunktion für 3 geordnete Antwortkategorien (vgl. Kap. 3.3.1)

Die interessante Eigenschaft dieser Itemfunktion besteht darin, dass die *mittlere* Antwortkategorie bereits eine eingipflige Wahrscheinlichkeitsfunktion hat, während die Funktion für Kategorie 0 monoton sinkend, die für Kategorie 2 monoton steigend ist.

Beispiel

Zur Beantwortung der Fragen:

Wie geht es Ihnen?

werden 3 Antwortkategorien vorgeben,

0: 'schlecht'
1: 'mittel' und
2: 'gut'

Mit zunehmendem Wohlbefinden wird die Wahrscheinlichkeit, 'schlecht' zu antworten, monoton sinken, 'gut' zu antworten, monoton steigen. Die Wahrscheinlichkeit der Antwort 'mittel' wird bei geringem und hohem Wohlbefinden niedrig, im Mittelbereich hoch sein. Die Mittelkategorie hat also eine eingipflige Wahrscheinlichkeitsfunktion!

Die Mittelkategorie bei einem dreikategoriellen Item hat dieselben Eigenschaften wie die Zustimmungskategorie in einem Unfolding-Modell: Sie wird am wahrscheinlichsten gewählt, wenn eine Person eine Eigenschaftsausprägung hat, die dem Abszissenwert des Gipfels entspricht. Ist die Eigenschaftsausprägung sehr viel weiter links oder weiter rechts, so antwortet die Person eher in einer anderen Kategorie: Bei einem dreikategoriellen Item in Kategorie '0' oder '2', bei einem Unfolding-Item in der Ablehnungskategorie '0'.

Somit ergibt sich die Möglichkeit, die Wahrscheinlichkeitsfunktion der 0-Kategorie eines Unfolding-Items dadurch zu erhalten, dass man die Wahrscheinlichkeitsfunktion der beiden äußeren Kategorien eines dreikategoriellen Items zusammenlegt, d.h. addiert.

Die Itemfunktion, die sich aus der Zusammenlegung der Kategorien 0 und 2 ergibt, sieht dann folgendermaßen aus:

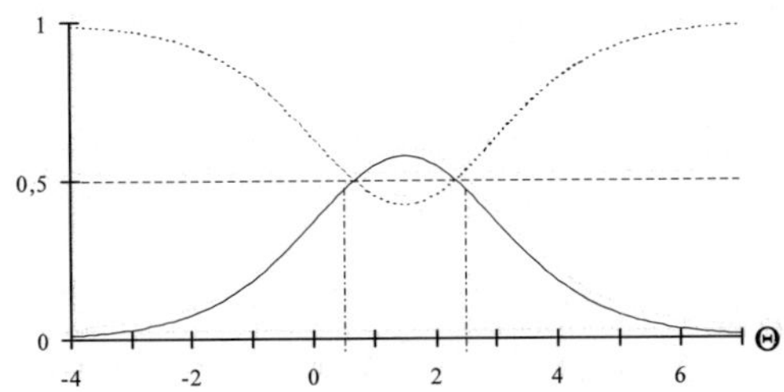

Abbildung 64: Die Itemfunktion aus Abbildung 61, wenn die Wahrscheinlichkeiten von Kategorie 0 und 2 addiert werden

Beide Kurven addieren sich an jedem Punkt des Kontinuums zu 1, da sie die Antwortwahrscheinlichkeiten für 2 einander ausschließende Kategorien beschreiben.

Man kann die Konstruktion eines Unfolding-Modells nach dieser Idee auch folgendermaßen charakterisieren: Der Antwortprozess bei einem Unfolding-Item mit den beiden Kategorien 'stimme zu' und 'lehne ab' entspricht dem Antwortprozess bei einem dreikategoriellen Item mit den Kategorien 'stimme *noch nicht* zu', 'stimme zu' und 'stimme *nicht mehr* zu'. Man hat bloß bei dem Unfolding-Item 'vergessen' zu erfragen, ob man den Iteminhalt ablehnt, weil man weiter links oder weiter rechts vom Item liegt. Natürlich ist dies keine Frage des 'vergessen Habens', sondern man meint, diese zusätzliche Information nicht valide erfragen zu können, weil eine Antwort die Kenntnis der eigenen Position auf dem latenten Kontinuum voraussetzt oder weil die Formulierung des Items zu komplex wird.

Im Folgenden wird die Modellgleichung des entsprechenden Unfolding-Modells aus der Modellgleichung des dreikategoriellen, ordinalen Rasch-Modells abgeleitet (s. Kap. 3.3.1).

Die Wahrscheinlichkeiten für drei geordnete Antwortkategorien lauten

$$(6)\quad p(X_{vi}=0)=\frac{1}{d_{vi}}$$

$$p(X_{vi}=1)=\frac{\exp(1\cdot\theta_v-\tau_{i1})}{d_{vi}}$$

$$p(X_{vi}=2)=\frac{\exp(2\,\theta_v-\tau_{i1}-\tau_{i2})}{d_{vi}},$$

wobei die Parameter τ_{i1} und τ_{i2} die Abszissenwerte der beiden Schnittpunkte der 3 Kurven in Abbildung 63 definieren (vgl. Gleichung (8) in 3.3.1). Sie sind auch in Abbildung 64 eingezeichnet, entsprechen hier aber *nicht* mehr den Schnittpunkten der beiden Kurven!

Da der Nenner d_{vi} dieser drei Gleichungen sicherstellen muss, dass sich die drei Wahrscheinlichkeiten zu 1 addieren, ist er gleich der Summe der drei Zähler:

$$d_{vi}=1+\exp(\theta_v-\tau_{i1})+\exp(2\,\theta_v-\tau_{i1}-\tau_{i2}).$$

Werden nun die Kategorien 0 und 2 vereinigt zu der *neuen Kategorie* 0, so lautet deren Wahrscheinlichkeit:

$$(7)\quad p(X_{vi}=0)=\frac{1+\exp(2\,\theta_v-\tau_{i1}-\tau_{i2})}{d_{vi}}.$$

Die Wahrscheinlichkeit der 1-Kategorie bleibt so, wie sie in den Gleichungen (6) definiert wurde.

Multipliziert man in beiden Gleichungen Zähler und Nenner mit $\exp(-\theta_v+\tau_{i1})$, so ergeben sich die Modellgleichungen:

(8)

$$p(X_{vi}=1)=\frac{1}{\exp(-\theta_v+\tau_{i1})+1+\exp(\theta_v-\tau_{i2})}$$

$$p(X_{vi}=0)=\frac{\exp(-\theta_v+\tau_{i1})+\exp(\theta_v-\tau_{i2})}{\exp(-\theta_v+\tau_{i1})+1+\exp(\theta_v-\tau_{i2})}$$

Während die Interpretation des Personenparameters θ_v dieselbe ist wie bei allen Testmodellen (er gibt die Lokation von Person v auf dem latenten Kontinuum an), stellt sich die Frage nach der Interpretation der beiden Itemparameter τ_{i1} und τ_{i2}. Die folgende Abbildung zeigt einige Beispielitems:

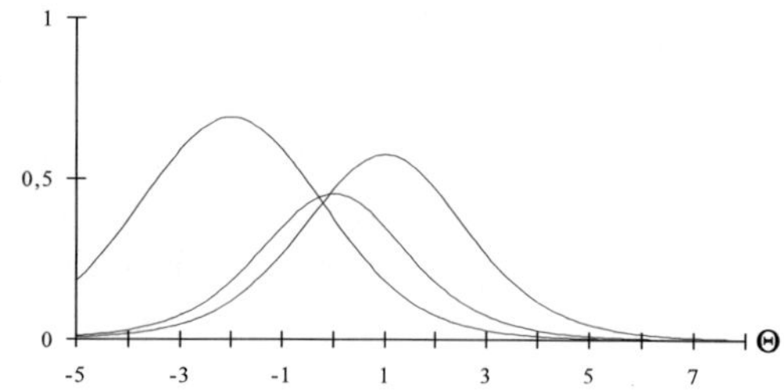

Abbildung 65: Die Itemfunktionen für drei Items mit den Parametern $\tau_{11} = -3.5$ und $\tau_{12} = -0.5$, $\tau_{21} = -0.5$ und $\tau_{22} = +0.5$, $\tau_{31} = 0.0$ und $\tau_{32} = 2.0$.

Beide Parameter zusammen, d.h. ihr Mittelwert, bestimmen die *Lokation* des Items, also seine Schwierigkeit. Ihr *Abstand* bestimmt zusätzlich die *Höhe* der Kurve: Bei kleinem Abstand ist der Hügel niedrig, bei großem Abstand hoch.

Mit Hilfe einer relativ unbekannten Funktion, die diesem Modell seinen Namen gibt, dem *Hyperbelcosinus*, lassen sich die Modellgleichungen (8) vereinfachen.

Die Funktion des Hyperbelcosinus (cosinus hyperbolicus) ist über die Exponentialfunktion definiert

$$(9) \qquad \cosh(x) = \frac{\exp(x) + \exp(-x)}{2} \;.$$

Um von dieser Funktion Gebrauch machen zu können, wird an der Modellgleichung (8) eine Reparametrisierung vorgenommen, und zwar werden die beiden 'Schwellenparameter' (s. Kap. 3.3.1) durch ihren *Mittelpunkt* $\sigma_i = (\tau_{i1} + \tau_{i2})/2$ und ihren *Abstand* vom Mittelpunkt $\delta_i = (\tau_{i2} - \tau_{i1})/2$ ersetzt, so dass

$$\tau_{i1} = \sigma_i - \delta_i$$

und $\quad \tau_{i2} = \sigma_i + \delta_i$.

Der Parameter σ_i parametrisiert somit die *Lokation* des Items und ist ein *Schwierigkeitsparameter*, δ_i parametrisiert die Breite der Itemfunktion und wird als *Dispersionsparameter* bezeichnet.

Setzt man diese neuen Parameter in die Modellgleichungen (8) ein, so erhält man

$$(10) \quad p(X_{vi} = 1) = \frac{1}{\exp(-\theta_v + \sigma_i - \delta_i) + 1 + \exp(\theta_v - \sigma_i - \delta_i)}$$

$$p(X_{vi} = 0) = \frac{\exp(-\theta_v + \sigma_i - \delta_i) + \exp(\theta_v - \sigma_i - \delta_i)}{\exp(-\theta_v + \sigma_i - \delta_i) + 1 + \exp(\theta_v - \sigma_i - \delta_i)}$$

Ableitung

Multipliziert man in beiden Gleichungen Zähler und Nenner mit $\exp(\delta_i)$, so kürzt sich der Dispersionsparameter aus den Exponentialfunktionen heraus:

$$p(X_{vi} = 1) = \frac{\exp(\delta_i)}{\exp(-\theta_v + \sigma_i) + \exp(\delta_i) + \exp(\theta_v - \sigma_i)}$$

$$p(X_{vi} = 0) = \frac{\exp(-\theta_v + \sigma_i) + \exp(\theta_v - \sigma_i)}{\exp(-\theta_v + \sigma_i) + \exp(\delta_i) + \exp(\theta_v - \sigma_i)}$$

In diesen Gleichungen lassen sich nun jeweils zwei Exponentialfunktionen, deren Exponenten sich nur im Vorzeichen unterscheiden, durch den Hyperbelcosinus (s.o.) ersetzen

$$(11) \quad p(X_{vi} = 1) = \frac{\exp(\delta_i)}{\exp(\delta_i) + 2\cosh(\theta_v - \sigma_i)}$$

$$p(X_{vi} = 0) = \frac{2\cosh(\theta_v - \sigma_i)}{\exp(\delta_i) + 2\cosh(\theta_v - \sigma_i)}$$

Dieses Modell wird als *Hyperbelcosinus-Modell* bezeichnet.

Erste Erfahrungen mit diesem Modell zeigen, dass sich die Dispersionsparameter δ_i nur schwer schätzen lassen, so dass der Gedanke nahe liegt, sie auf einen festen Wert zu fixieren. Eine solche Restriktion entspricht auch eher der Situation beim Rasch-Modell (s. Kap. 3.1.1.2.2), bei dem ebenfalls kein Trennschärfeparameter, sondern nur ein Schwierigkeitsparameter geschätzt wird.

Eine Fixierung der δ_i auf den Wert

$$\delta_1 = \log(2) = 0.69$$

führt zu der Modellgleichung

$$(12)\quad p(X_{vi}=1) = \frac{1}{1+\cosh(\theta_v - \sigma_i)}$$

$$p(X_{vi}=0) = \frac{\cosh(\theta_v - \sigma_i)}{1+\cosh(\theta_v - \sigma_i)},$$

die dem Rasch-Modell sehr ähnlich ist. In beiden Fällen hängt die Antwortwahrscheinlichkeit nur von der Differenz von Personenfähigkeit und Itemschwierigkeit ab, jedoch einmal mittels der Exponentialfunktion und einmal mittels des Hyperbelcosinus. Abbildung 66 zeigt den Verlauf dieser beiden Funktionen.

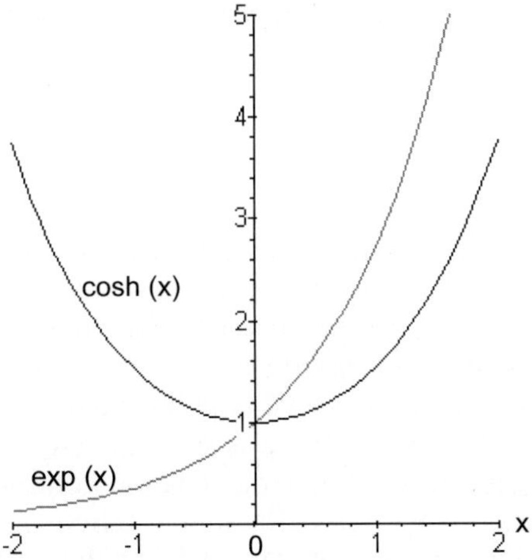

Abbildung 66: Der Verlauf der Exponentialfunktion und des Hyperbelcosinus

Auch von diesem Modell gibt es Verallgemeinerungen im Sinne einer Einbeziehung multiplikativer Itemparameter, die die Trennschärfe der Items parametrisieren. Unter Zugrundelegung von Verteilungsannahmen lassen sich die Parameter des 'general unfolding model' (GUM) mit der marginal Likelihood-Methode schätzen.

Literatur

Das 'quadratische' Testmodell wurde von Andrich (1988a) beschrieben, das Modell ohne Exponentialfunktion der Parameter, Modell (5), ist eines von mehreren Modellen, die Hoijtink (1990, 1991) diskutiert und - in Anspielung auf die Parallelogrammstruktur der Datenmatrix - unter dem Namen PARELLA zusammenfasst. Andrich & Luo (1993) und Verhelst & Verstrahlen (1993) haben gleichzeitig und unabhängig voneinander das Hyperbelcosinus-Modell (8) entwickelt (s. Andrich 1995).

Letzteres wurde von Andrich (1996), Luo (2001) und Rost & Luo (1997) für mehrkategorielle, ordinale Itemantworten verallgemeinert. Roberts (2001), Roberts et al. (1999, 2000) und Robert & Laughlin (1996) beschreiben das um einen Trennschärfeparameter erweiterte Unfoldingmodell. Luo (1998, 2000) und Luo et al. (1998) diskutieren Fragen der Parameterschätzung.

3.1.2 Modelle mit qualitativer Personenvariable

Das Ziel einer Testanalyse mit einer qualitativen (kategorialen) Personenvariable ist es nicht mehr, die Personen entlang einer *Geraden* anzuordnen, d.h. ihnen einen Platz auf dem latenten Kontinuum zuzuweisen, sondern Personengruppen zu unterscheiden, die unterschiedliches Antwortverhalten zeigen. Das Ziel einer solchen Analyse besteht nicht darin, Personen Messwerte zuzuordnen, die ein *Mehr oder Weniger* einer bestimmten Eigenschaft ausdrücken, sondern Personen voneinander zu unterscheiden, die *'qualitativ anders'* sind.

Die Zahlen, die den Personen als Testergebnis zugeordnet werden, sind zunächst nur 'Hausnummern' oder Schubladenetiketten, die ausdrücken, welche Personen 'gleiches' und welche 'unterschiedliches' Antwortverhalten zeigen. Die Bedeutung dieser 'nominalen' Messwerte erschließt sich erst, wenn man sich die Antwortwahrscheinlichkeiten innerhalb jedes Kästchens oder 'Klasse' ansieht und zwischen den Klassen vergleicht.

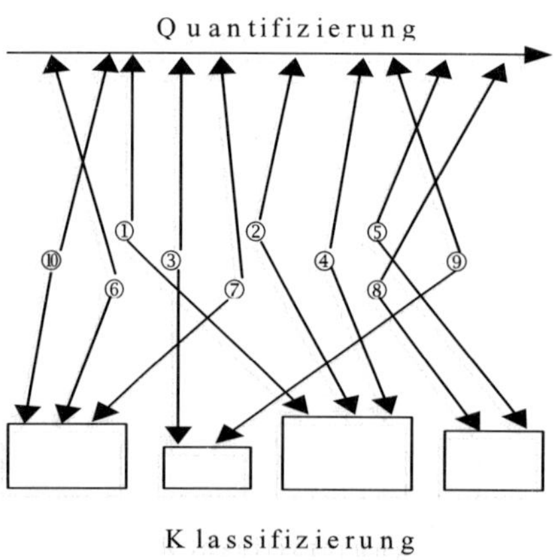

Abbildung 67: Anordnung von Personen auf einem Kontinuum oder Zuordnung zu Klassen

Man nennt diese Personengruppen mit unterschiedlichem Antwortverhalten *Klassen*, da in der Mathematik eine Klasseneinteilung die Aufteilung einer Menge in disjunkte (überschneidungsfreie) und exhaustive (ausschöpfende) Teilmengen bezeichnet. Jede Person soll also genau einer (d.h. einer und nur einer) Teilmenge oder Klasse angehören. Um Verwechslungen des Klassenbegriffs mit dem in der Pädagogik (Schulklasse) oder in der Soziologie (soziale Klasse) gegebenen zu vermeiden, wird manchmal auch von *Typen* gesprochen. Allerdings hat der Typenbegriff in der Psychologie Konnotationen, die über eine Klasseneinteilung hinausgehen.

Das begriffliche Gegenstück zur Quantifizierung ist die Klassifikation oder Typisierung. Die Aufgabe von Testmodellen mit qualitativer Personenvariable ist es, eine Klassen- oder Typeneinteilung der Personen zu finden, die den Testdaten möglichst gerecht wird, d.h. die beobachteten Antwortmuster gut beschreibt.

Bei Modellen mit quantitativer Personenvariable ist die Itemcharakteristik oder *Itemfunktion* das zentrale Konzept, anhand dessen sich die Modelle definieren und miteinander vergleichen lassen. Die Itemfunktion beschreibt bei dichotomen Daten die Abhängigkeit der Lösungswahrscheinlichkeiten der Items von der latenten Variable.

Ist die latente Variable nicht quantitativ, sondern kategorial oder qualitativ (was in diesem Zusammenhang synonym ist), so ist die Itemfunktion kein geeignetes Konzept mehr, die Testmodelle zu definieren und graphisch darzustellen: Es fehlt sozusagen die Abszisse, da θ keine kontinuierliche Größe darstellt, und folglich gibt es keinen graphisch darstellbaren Funktionsverlauf.

Das Pendant zu den Itemfunktionen bei quantifizierenden Testmodellen stellen bei klassifizierenden Modellen die sogenannten *Itemprofile* dar. Sie sind die einfachste und flexibelste Art, Ergebnisse einer klassifizierenden Testauswertung zu repräsentieren und klassifizierende Modelle miteinander zu vergleichen.

Unter Itemprofilen versteht man die Profile der Lösungswahrscheinlichkeiten der Items in den Personenklassen (s. Abbildung 68).

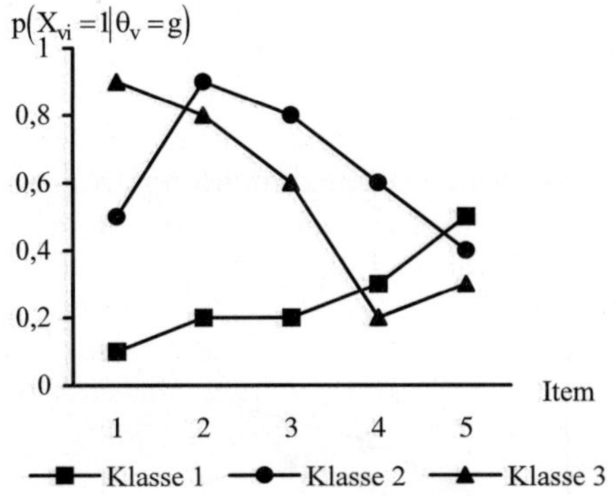

Abbildung 68: Die Itemprofile von 5 Items in drei Klassen

Auf der Ordinate sind die *bedingten* Lösungswahrscheinlichkeiten

$$p(X_{vi}=1|\theta_v=g)$$

abgetragen, das sind die Lösungswahrscheinlichkeiten, die für die Personen in der Klasse g gelten. Zu einem Profil miteinander verbunden sind jeweils alle Lösungswahrscheinlichkeiten einer Klasse. Der *Verlauf* der einzelnen Profile hat im Allgemeinen keine bedeutsame Interpretation, da die Reihenfolge und Nummerierung der Items meist willkürlich sind. Umso informativer ist der Vergleich der Profilverläufe *zwischen* den einzelnen Klassen.

An den Itemprofilen in Abbildung 68 lässt sich zum Beispiel ablesen, dass sich die Lösungswahrscheinlichkeiten der ersten 4 Items relativ stark in den 3 Klassen unterscheiden, während die Unterschiede bei Item 5 geringer sind. Dafür ist das fünfte Item in Klasse 1 am leichtesten, während die anderen Items für die Personen in dieser Klasse deutlich schwerer sind. Gegenüber den strengen Annahmen der quantitativen Testmodelle ist gerade die uneingeschränkte Variierbarkeit der Lösungswahrscheinlichkeiten über die latenten Klassen hinweg der große Vorteil der latenten Klassenanalyse.

Die Itemprofile können allerdings auch Regelmäßigkeiten erkennen lassen, die zur Beantwortung der Frage von Bedeutung sind, ob die latente Variable qualitativer oder quantitativer Natur ist. Hierauf soll im folgenden eingegangen werden.

Unter *überschneidungsfreien* Profilen versteht man den empirischen Sachverhalt, dass alle Items einer Klasse entweder höhere oder geringere Antwortwahrscheinlichkeiten haben als alle Items jeder beliebigen anderen Klasse. Ein solches Ergebnis zeigt Abbildung 69.

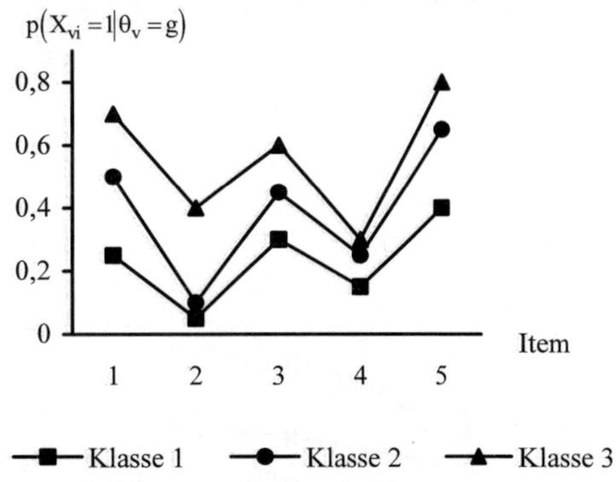

Abbildung 69: Itemprofile von geordneten Klassen

Obwohl *Itemfunktionen* und *Itemprofile* gänzlich unterschiedliche Repräsentationsformen von Lösungswahrscheinlichkeiten sind (im einen Fall ist auf der

Abszisse die Personenvariable abgetragen, im anderen Fall sind die Itemnummern in meist willkürlicher Reihenfolge abgetragen), lassen sich bestimmte logische Beziehungen zwischen beiden Darstellungsarten herstellen. So implizieren überschneidungsfreie Itemprofile als Ergebnis einer klassifizierenden Testauswertung, dass (bei geeigneter Anordnung der Klassen) alle Items eine monoton ansteigende, wenn auch *diskrete* Itemfunktion haben.

Mit 'diskreter Itemfunktion' ist gemeint, dass man - wie bei quantitativen Modellen - die Lösungswahrscheinlichkeit als Funktion der latenten Variable betrachtet. Da diese aber nur so viele Werte annimmt, wie es Klassen gibt, ist diese Funktion keine durchgezogene Kurve, sondern besteht aus einzelnen Punkten.

Abbildung 70 zeigt die diskreten Itemfunktionen für das Beispiel aus Abbildung 69. In beiden Abbildungen sind die drei klassenspezifischen Lösungswahrscheinlichkeiten von 5 Items abgetragen, jedoch in jeweils unterschiedlicher Anordnung. Während in Abbildung 69 auf der Abszisse die Items abgetragen sind und die Profile die Items untereinander verbinden, sind in Abbildung 70 auf der Abszisse die Klassen abgetragen und die Profile verbinden die Klassen untereinander. Letzteres sind die *diskreten Itemfunktionen*.

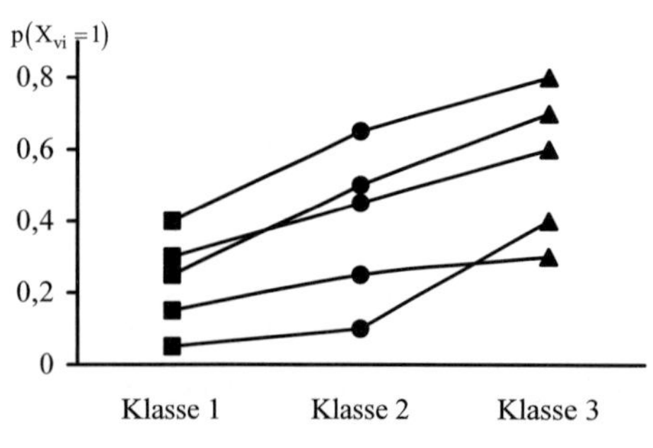

Abbildung 70: Die diskreten Itemfunktionen der 5 Items aus Abbildung 69

Aus Abbildung 70 geht hervor, dass alle 5 Itemfunktionen monoton sind, jedoch nicht überschneidungsfrei. Dieser Zusammenhang gilt generell: Wenn die Itemprofile überschneidungsfrei sind, so sind die (diskreten) Itemfunktionen monoton steigend (bei geeigneter Anordnung oder Nummerierung).

Der Zusammenhang zwischen dem Verlauf der Itemprofile und der Itemfunktionen geht sogar noch weiter. Man kann nämlich nicht nur die Ordnung der *Klassen* betrachten, sondern auch die Ordnung der *Items* in den Klassen. Weisen nämlich die Items (hinsichtlich ihrer Lösungswahrscheinlichkeiten) dieselbe Ordnung in allen Klassen auf, so sind ihre diskreten Itemfunktionen überschneidungsfrei, aber nicht unbedingt monoton. Dies ist in Abbildung 71 dargestellt.

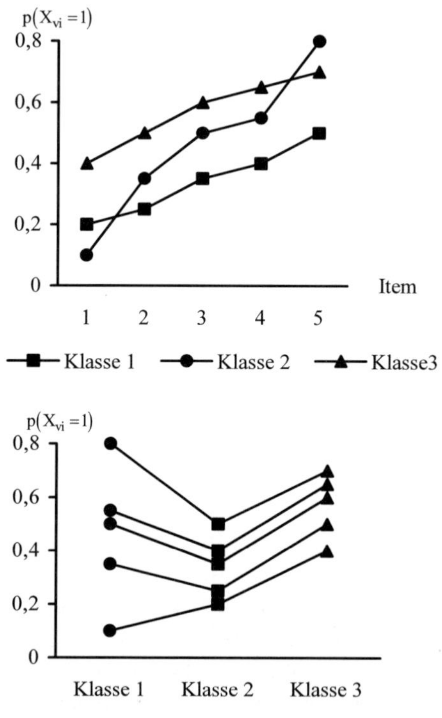

Abbildung 71: Geordnete Items in 3 latenten Klassen (oben) und ihre diskreten Itemfunktionen (unten)

Erst, wenn sowohl die Items geordnet sind (= gleiche Anordnung ihrer Schwierigkeiten) als auch die Klassen (= überschneidungsfreie Itemprofile), sind die diskreten Itemfunktionen überschneidungsfrei *und* monoton steigend. Einen solchen Fall zeigt Abbildung 72.

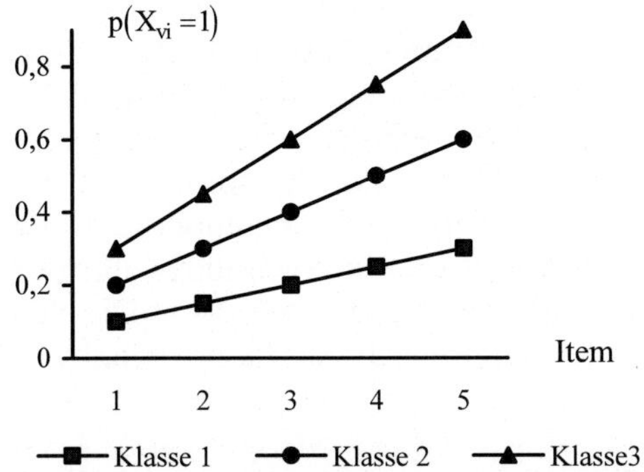

Abbildung 72: Itemprofile und Itemfunktionen von geordneten Items *und* Klassen

Es sind bei diesen Überlegungen zwei *unhängige* Ordnungsbedingungen oder *Monotoniebedingungen* im Spiel. Tatsächlich sind es dieselben beiden Monotoniebedingungen, die auch bei einer Mokken-Analyse erfüllt sein müssen (s. Kapitel 3.1.1.2.4).

Der Unterschied zwischen beiden Modellen besteht darin, dass bei der Mokken-Analyse im Prinzip unendlich viele *Ausprägungen der latenten Variable* auftreten können, während die *Anzahl latenter Klassen* beschränkt und normalerweise relativ klein ist.

Praktisch wird man jedoch feststellen, dass eine Gruppierung der Personen in Klassen mit ähnlichen Eigenschaftsausprägungen *keine* sehr viel schlechtere Modellgeltung hat. Hat ein Test monoton steigende und überschneidungsfreie Itemcharakteristiken im Sinne der Mokken-Skala (s. Abb. 73, oben), so wird eine latent-class Analyse mit hinreichend vielen latenten Klassen Parameterwerte aufweisen, die die doppelte Monotoniebedingung erfüllen, d.h. deren Klassen und deren Items geordnet sind (s. Abb. 73, unten).

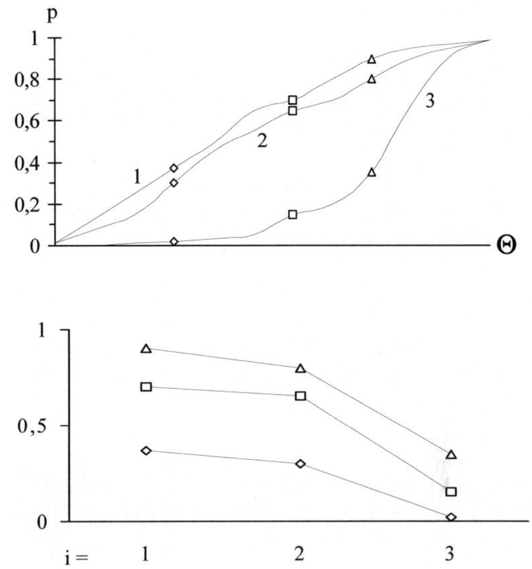

Abbildung 73: Monotone, überschneidungsfreie Itemfunktionen ergeben geordnete Klassen und Items

In Abbildung 73 sind die Itemprofile von drei latenten Klassen eingezeichnet, die an drei Punkten der latenten Dimension einer Mokken-Skala *lokalisiert* sind (zum Konzept lokalisierter Klassen vgl. Kap. 3.1.2.4). Somit bietet die latent-class Analyse mit geordneten Klassen und Items eine gute Möglichkeit zu prüfen, ob ein Test Mokken-skalierbar ist.

Auch lassen sich beide Monotoniebedingungen *einzeln* überprüfen: Sind die latenten Klassen geordnet, so kann man schließen, dass die Itemcharakteristiken monoton steigend sind. Sind die Items in allen Klassen geordnet, so kann man schließen, dass die Itemcharakteristiken überschneidungsfrei sind. Vorausgesetzt man lässt hinreichend viele latente Klassen zu, so lässt sich auf diesem Weg untersuchen, ob es für einen Test ein quantitatives Testmodell mit monotonen, überschneidungsfreien Itemfunktionen gibt.

An dieser Stelle sollen die Überlegungen zum Zusammenhang von Itemfunktionen und Itemprofilen mit dem neuen Konzept der Itemprofile vertraut machen, das bei klassifizierenden Testmodellen an die Stelle der Itemfunktionen tritt. Darüber hinaus wird deutlich, dass bei *ordinalen* Personenvariablen, die in ihrem Skalenniveau *zwischen* den quantitativen und den kategorialen Personenvariablen liegen, beide Konzepte, Itemprofil und Itemfunktion, sinnvoll ineinander überführbar sind.

Die Fälle, in denen die Klassen oder Typen eine Ordnung beinhalten und somit eine ordinale Personenvariable messen, sind oftmals besonders interessante Spezialfälle einer klassifizierenden Testauswertung - aber eben nur *Spezialfälle*. Generell zielt eine klassifizierende Testauswertung darauf ab, Gruppen von Personen mit *qualitativ* unterschiedlichem Antwortverhalten zu identifizieren, die sich gerade *nicht* in eine Rangordnung bringen lassen. Ob sich Personenunterschiede besser auf einer quantitativen Skala oder auf qualitativen Klassen abbilden lassen, ist eine empirisch zu beantwortende Frage, die sich durch Anwendung und Vergleich beider Arten von Testmodellen empirisch beantworten lässt.

In den folgenden Unterkapiteln wird zunächst auf *deterministische* Testmodelle mit qualitativer Personenvariable eingegangen. Kapitel 3.1.2.2 behandelt das allgemeine probabilistische Modell der latenten Klassenanalyse. Auf die Möglichkeiten, mit Hilfe von Parameterrestriktionen geordnete Klassen zu erzwingen und somit eine ordinale Personenvariable zu messen, wird in den Unterkapiteln 3.1.2.3 und 3.1.2.4 eingegangen.

3.1.2.1 Deterministische Klassen: Verbotene Antwortmuster

Wie bei den quantifizierenden Testmodellen gibt es auch bei den klassifizierenden Modellen solche, die nur die Wahrscheinlichkeiten 0 und 1 unterscheiden, also deterministische Modelle. Das Wesen deterministischer Testmodelle besteht darin, dass bestimmte Antwortmuster erwartet werden, andere dagegen nicht auftreten dürfen, also 'verboten' sind. Bei der Skalogramm-Analyse von Guttman (vgl. Kap. 3.1.1.1.1) wird z.B. angenommen, dass eine Person, die ein bestimmtes Item löst, auch alle leichteren Items löst. Die sogenannten Guttman-Pattern sind erlaubt, alle anderen Antwortmuster verboten.

Solche deterministischen Testmodelle sind prinzipiell als *klassifizierende* Testmodelle aufzufassen, auch wenn die eigentliche Messintention darin besteht, eine quantitative Variable zu erfassen wie bei der Guttman-Skala. Jedes 'erlaubte' Antwortmuster definiert eine Klasse von Personen, nämlich diejenigen, die dieses Antwortmuster zeigen. Andere Personen gibt es per definitionem nicht bzw. dürfen in den empirischen Daten nicht auftreten.

Abbildung 74 zeigt die deterministischen Antwortfunktionen von 4 Items, die eine Guttman-Skala bilden. Da alle Personen, die zwischen zwei Sprungstellen liegen, denselben Messwert erhalten, können diese in Klassen zusammen gefasst werden, so dass sich bei 4 Items 5 Klassen oder Typen ergeben.

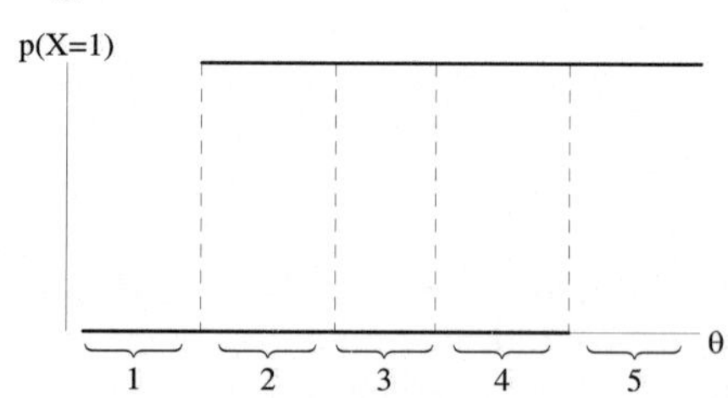

Abbildung 74: Die Guttman-Skala als kategoriales und kontinuierliches Modell

Auch das deterministische Parallelogramm-Modell (s. Kap. 3.1.1.3.1) lässt sich in analoger Weise als Klassenmodell darstellen, indem man wiederum für jedes 'erlaubte' Antwortmuster eine Klasse definiert. Aber das sind nicht die typischen Anwendungen von klassifizierenden Testmodellen. Vielmehr lassen sich auch Typen von Personen anhand ihrer Antwortmuster unterscheiden, die *nicht* auf einer quantitativen Skala liegen.

Zwei Beispiele sollen im folgenden illustrieren, dass man über zulässige und verbotene Antwortmuster auch Typen definieren kann, die sich *nicht* auf einer Skala anordnen lassen.

Ein Beispiel sind Wissen- und Kenntnistests, deren Items *hierarchisch zusammenhängende Wissenselemente* abdecken.

Beispiel

Ein Mathematik-Test besteht aus folgenden 4 Items:

1. Welche Zahl bezeichnet man als die Eulersche Zahl?
2. Wie viel ist e^2?
3. Wie viel ist 3.5^2?
4. Wie viel ist $1.4 \cdot 2.5$?

Diesem Test liegen drei *Wisseneinheiten* zugrunde, nämlich die Kenntnis der Eulerschen Zahl sowie das Beherrschen des Quadrierens und der Multiplikation. Geht man davon aus, dass alle drei Wissenselemente nach dem Alles-oder-nichts-Prinzip beherrscht werden, wobei allerdings das Quadrieren das Multiplizieren voraussetzt, so sind lediglich die folgenden Antwortmuster zu erwarten:

0000 für Personen, die keines der Wissenselemente beherrschen
1000 für Personen mit Kenntnis der Eulerschen Zahl
0011 für Personen, die quadrieren können
0001 für Personen, die multiplizieren können
1001 für Personen, die die Eulersche Zahl kennen und multiplizieren können sowie
1111 für Personen, die die Eulersche Zahl kennen und quadrieren können.

Die übrigen 10 möglichen Antwortmuster sind nicht möglich, sofern die Theorie über die drei Wissenselemente stimmt und die befragten Personen über diese Wissenselemente tatsächlich nach dem Alles-oder-nichts-Prinzip verfügen.

In diesem Beispiel kann man von einer *hierarchischen Wissensstruktur* sprechen, wobei die Hierarchie nur partiell besteht. Die folgende Abbildung zeigt die Struktur der Wissenszustände, die sich auf 4 Ebenen anordnen lassen. Die Person einer höheren Ebene hat stets 'mehr Wissen' als die einer tieferen Ebene.

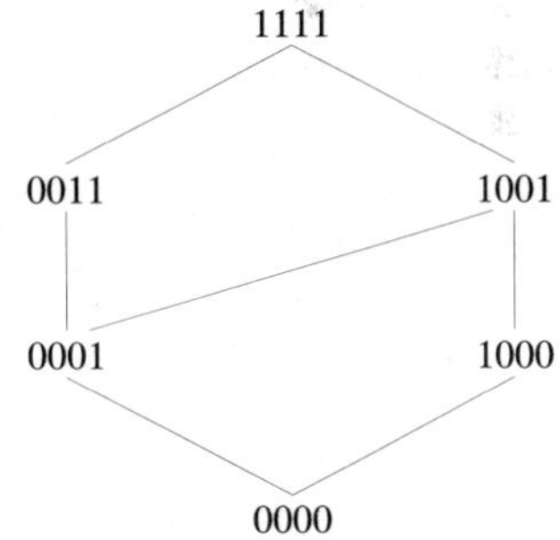

Abbildung 75: Eine hierarchische Wissensstruktur

Allerdings gibt es auch zwei Paare von Klassen oder Antwortmustern, zwischen denen nicht ohne Weiteres entscheidbar ist, welche Klasse 'mehr' weiß. Gemeint sind die Klassen auf den beiden mittleren Ebenen: Ist es höherwertiger quadrieren zu können oder die Eulersche Zahl zu kennen sowie multiplizieren zu können? Und: Ist es höherwertiger, die Eulersche Zahl zu kennen oder multiplizieren zu können? Wenn auch Mathematikdidaktiker hierauf eine Antwort parat haben, aus den Daten oder dem Testmodell folgt keine Antwort.

Ein anderer Anwendungsbereich, wo es Sinn macht, nur bestimmte Muster von Antworten zu erwarten, stellt die Erfassung von Persönlichkeits*typen* dar. Unterscheidet man eine begrenzte Anzahl von Personentypen und erwartet man von jedem Typ bestimmte (im Extremfall *ein* bestimmtes) Antwortmuster, so sind auch hier deterministische Personenklassen über 'zulässige' und 'unzulässige' Antwortmuster definiert.

Beispiel

Ein sehr einfaches Beispiel ist der folgende, aus vier Items bestehende Fragebogen, wobei die Aussagen jeweils mit 'stimmt': (= 1) oder 'stimmt nicht' (= 0) zu beantworten sind:

1. Ich brause leicht auf
2. Ich stehe ständig unter Dampf
3. Ich halte das Leben für sinnlos
4. Ich lass' die Dinge mal auf mich zukommen.

Würde man auf diesen Fragebogen die Lehre der vier Temperamentstypen in puristischer Manier anwenden, so sind nur vier Antwortmuster zu erwarten, nämlich

1000 für die Choleriker
0100 für die Sanguiniker
0010 für die Melancholiker
0001 für die Phlegmatiker.

Man erwartet also aus der Menge der möglichen Antwortpattern (in diesem Fall 16, nämlich 2^4) lediglich vier mögliche Antwortmuster. Diese vier Klassen sind *ungeordnet*, denn es gibt keine psychologisch sinnvolle Dimension, auf der sich diese vier Temperamentstypen anordnen ließen.

Das *Auswerten des Tests* bei Vorliegen einer solchen Typenhypothese ist denkbar einfach, denn man braucht lediglich nachzusehen, ob sich außer den erwarteten Antwortpattern noch weitere Antwortmuster in der Datenmatrix befinden. Legt man ein deterministisches Antwortverhalten zugrunde, so falsifiziert bereits *ein* unerwartetes Antwortmuster die Hypothese.

Diese Beispiele sind zugleich auch Beispiele dafür, dass es sinnvoller ist, probabilistische statt deterministische Klassen anzunehmen, so dass nicht ein einziges unzulässiges Antwortmuster die Theorie falsifiziert. So würde man im Beispiel der partiell hierarchischen Wissensstruktur dieselbe Anzahl von 6 Klassen annehmen, jedoch mit dem Unterschied, dass jede erwartete Itemantwort nur mit der Wahrscheinlichkeit von 80 oder 90% auftritt und jede verbotene Itemantwort noch mit einer Wahrscheinlichkeit von 10 oder 20% auftreten darf.

Das macht die Modelle einerseits realistischer, andererseits erfordert es kompliziertere Methoden der Identifikation und empirischen Absicherung von Personenklassen. Um solche probabilistischen Klassenmodelle geht es im nächsten Unterkapitel.

3.1.2.2 Die Analyse latenter Klassen: Wahrscheinliche Antwortmuster

Die Analyse latenter Klassen ist die probabilistische Variante eines Testmodells für den zuvor geschilderten Fall, dass man bestimmte Antwortmuster in einem Test oder Fragebogen erwartet. Im Unterschied zum vorangegangenen Kapitel erfolgt hier die einzelne Itemantwort jedoch nicht deterministisch, sondern nur mit einer gewissen Wahrscheinlichkeit .

Die Analyse latenter Klassen setzt *keine* prä-experimentellen Hypothesen über die Antwortmuster voraus. Auch wird nicht angenommen, dass in einer Klasse bestimmte Items mit hoher, andere mit niedriger Wahrscheinlichkeit gelöst werden. Vielmehr wird jedes Item durch eine Lösungswahrscheinlichkeit für jede latente Klasse charakterisiert. Jedes Item hat so viele Parameter, wie es latente Klassen gibt.

'Latent' heißen die Klassen deswegen, weil die kategoriale Personenvariable nicht beobachtbar oder 'manifest' ist (wie z.B. das Geschlecht oder die Haarfarbe). Sie ist ebenso unbekannt, wie die (latente) Dimension, die man mit einem quantitativen Test messen will. Die latente Variable wird erst anhand der Testdaten 'konstruiert', sie wird nicht erhoben oder aus einem Angebot möglicher Variablen ausgesucht.

Das Konstruktionskriterium ist dabei dasselbe wie bei quantitativen Modellen: Die latente Variable wird so konstruiert, dass die Itemantworten stochastisch unabhängig sind, wenn man die latente Variable konstant hält. Das nennt man *lokale* stochastische Unabhängigkeit, wobei 'lokal' heißt, dass die Unabhängigkeit an jedem Ort (locus) der latenten Variable gilt, nicht aber, wenn man Personen von verschiedenen loci, also mit verschiedenen Werten auf der latenten Variable, *mischt*. Die stochastische Unabhängigkeit, die sich durch den Multiplikationssatz der Wahrscheinlichkeitsrechnung definieren lässt,

$$(1)\quad p\left(X_{vi}=1 \text{ und } X_{vj}=1 \middle| \theta=g\right) = p\left(X_{vj}=1 \middle| \theta=g\right)\cdot p\left(X_{vi}=1 \middle| \theta=g\right)$$

gilt für alle Items i und j nur unter der Bedingung des konstanten θ.

Mischverteilungsmodelle

Die latente Klassenanalyse ist ebenso wie das Rasch-Modell ein Mischverteilungsmodell, wobei die mischende Variable (das ist die latente Variable) im ersten Fall diskret, im zweiten kontinuierlich ist. Die Funktion eines Mischverteilungsmodells ist in beiden Fällen dieselbe: die Daten zu entmischen, indem eine latente Variable konstruiert wird, für die lokale Unabhängigkeit der Itemantworten gilt. Die Entmischung besteht darin, dass jede Person einen Wert auf dieser neuen Variable erhält und man zeigen kann, dass die beobachteten Abhängigkeiten zwischen den Items verschwinden, wenn man die Komponenten der Mischung getrennt betrachtet, also z.B. nur Personen, die derselben Klasse angehören.

Trotz aller Parallelität hinsichtlich der Konstruktion der latenten Variable: Es ist natürlich ungleich schwieriger, eine kategoriale latente Variable zu konstruieren als eine quantitative. Bei allen quantitativen Testmodellen mit monoton steigenden Itemfunktionen besagt der Summenscore der Personen, den man ohne weitere Annahmen ausrechnen kann, schon eine ganze Menge über die latente Variable. Hinsichtlich des Verlaufs der Itemprofile in z.B. drei latenten Klassen gibt es keine leicht zu ermittelnde Statistik. Hier müssen die Häufigkeiten aller möglichen Antwortmuster herangezogen werden, um die beste Klasseneinteilung der Personen zu finden.

Das Fehlen eines universellen Algorithmus für die Identifikation der optimalen latenten Klassen war schließlich auch der Grund, weswegen die *latent class analysis*, deren Grundzüge von Paul Lazarsfeld schon 1950 beschrieben wurden, bis Ende der siebziger Jahre nicht anwendbar war (s. Kapitel 4). Auch wenn man heute den Schätzalgorithmus mathematisch nachvollziehen kann, bleibt es manch einem ein

Rätsel, wie es denn funktioniert, dass Personen mit 'ähnlichen' Antwortmustern in dieselbe Klasse gesteckt werden, Personen mit unähnlichen Antwortmustern in verschiedene latente Klassen. Der Algorithmus maximiert gleichzeitig die Heterogenität zwischen und die Homogenität innerhalb der Klassen.

Clusteranalyse und latente Klassenanalyse

Die Clusteranalyse ist ein klassisches statistisches Verfahren, mit dem man Personen anhand ihrer Werte auf verschiedenen Variablen klassifizieren, eben 'clustern' kann. Hinsichtlich des *Ziels* der statistischen Analyse handelt es sich also um ein Konkurrenzverfahren.

Um eine Clusteranalyse mit einem gegebenen Datensatz durchführen zu können, muss man drei Festlegungen treffen, von denen jede eine relativ willkürliche Auswahl unter mehreren Alternativen bedeutet: Erstens, was ist das Ähnlichkeits- oder Distanzmaß für die zu clusternden Objekte (Personen); zweitens, mit welchem Algorithmus soll die Clusterung durchgeführt werden; und drittens, wie ist die Distanz zwischen den Clustern definiert.

Für die Durchführung einer latenten Klassenanalyse bedarf es keiner dieser drei Festlegungen. Durch Maximierung einer Likelihoodfunktion werden diejenigen Personen derselben latenten Klasse zugeordnet, die dieselben Antwortwahrscheinlichkeiten hinsichtlich aller Items des Tests haben. Das Problem besteht darin, dass die Likelihoodfunktion mehrere Maxima haben kann und man das globale Maximum oft durch Ausprobieren finden muss.

So haben beide Verfahren ihre praktischen Probleme. Der Grund, weswegen die latente Klassenanalyse so attraktiv als Testmodell ist, besteht darin, dass sie als probabilistisches Testmodell völlig parallel zu ihren quantitativen 'Geschwistern' aufgebaut ist und sie vom Rasch-Modell tatsächlich nur das Skalenniveau der latenten Variable unterscheidet. Das hat die positive Konsequenz, dass man mittels der Werte der Likelihoodfunktionen vergleichen kann, ob ein Test eine qualitative oder eine quantitative Variable misst.

Es gibt noch eine weitere Eigenschaft, die mit dem Sachverhalt verbunden ist, dass die Personenvariable *latent* und nicht *manifest* ist. Durch die Unterscheidung von latenter Personenvariable und manifester Itemantworten gibt es einen Spielraum für den Messfehler. Auch bei perfekter Modellgeltung wird die Klassenzugehörigkeit nicht 100%-ig für jede Person feststehen. Da es sich um ein probabilistisches Modell handelt, gehört jede Person mit einer gewissen Wahrscheinlichkeit zu jeder Klasse, im Idealfall natürlich zu *einer* Klasse mit sehr hoher, zu allen *anderen* Klassen mit sehr niedriger Wahrscheinlichkeit.

Im Gegensatz zu clusteranalytischen Verfahren (s. Kasten) ordnet das Modell die Personen aber nicht manifest zu, d.h. steckt sie ‚als Ganzes' in genau eine Klasse. Daher braucht man bei der latenten Klassenanalyse auch keine nachträgliche Fehlertheorie, um Fehlzuordnungen zu erklären. Der Messfehler wird bereits durch die Zuordnungswahrscheinlichkeiten im Modell abgebildet (s.u.).

Analysiert man die KFT-Daten unter der Annahme einer zweikategoriellen Personenvariable, so ergeben sich die folgenden Modellparameter:

	π_g	π_{1g}	π_{2g}	π_{3g}	π_{4g}	π_{5g}
g = 1	0.54	0.90	0.93	0.74	0.66	0.48
g = 2	0.46	0.36	0.18	0.17	0.05	0.12

Die Tabelle zeigt die Klassengrößen (π_g , erste Spalte) und die Lösungswahrscheinlichkeiten (π_{ig} , zweite bis sechste Spalte), die in beiden Klassen (für g=1 und g=2) gelten. Die beiden latenten Klassen sind etwa gleich groß und umfassen 54 bzw. 46% der Personen. In der ersten latenten Klasse gelten Lösungswahrscheinlichkeiten, die durchweg höher sind als in der zweiten latenten Klasse.

Man sieht an den Modellparametern, dass es sich um zwei geordnete Klassen handelt. Klasse 1 erfasst die fähigeren Schüler, Klasse 2 die weniger fähigen.

Nun ist die Klassenanzahl, in diesem Fall 2, selbst kein Ergebnis der Analyse, sondern wurde für die Rechnung vorgegeben. Insofern sagen diese Ergebnisse noch nichts darüber aus, ob das 2-Klassenmodell auf die Daten passt.

Dies kann man mit Hilfe des Wertes der Likelihoodfunktion feststellen (s.o. Kap. 3.1.1.1 zum Begriff der Likelihood). Der Likelihoodwert gibt an, wie wahrscheinlich die Daten unter Annahme eines bestimmten Modells sind. Dieser Wert gibt daher auch an, wie gut ein Modell auf die Daten passt: Je höher der Wert, desto besser passt das Modell.

Der natürliche Logarithmus des Wertes der Likelihoodfunktion für zwei latente Klassen beträgt -850.6. Berechnet man die 3-Klassenlösung der latenten Klassenanalyse, so ergibt sich ein Loglikelihoodwert von -837.92. Dieser Wert ist vom Betrag her kleiner und wegen des negativen Vorzeichens *größer* als die Likelihood der 2-Klassenlösung. Es passt also die 3-Klassenlösung besser. Bei dem Vergleich der Likelihoodwerte bleibt allerdings unberücksichtigt, dass die 3-Klassenlösung mehr Modellparameter hat als die 2-Klassenlösung. Es ist daher für das 3-Klassenmodell 'viel leichter' einen höheren Likelihoodwert zu erzielen.

Der AIC-Index

Der AIC-Index (s. Kapitel 5 für eine detailliertere Beschreibung) verrechnet den Likelihoodwert so mit der Anzahl der Modellparameter, dass man mit ihm zwei Modelle mit unterschiedlicher Parameteranzahl vergleichen kann. Es gilt: Je *kleiner* der AIC, desto besser passt das Modell.

Berechnet man für die 2- und 3-Klassenlösung die AIC-Werte, so erhält man für die 2-Klassenlösung den Wert 1723.2 und für die 3-Klassenlösung den Wert 1709.8. Da der Wert für 3-Klassen kleiner ist als derjenige für 2-Klassen, passt die 3-Klassenlösung besser. Der Wert des AIC liegt für vier latente Klassen bei 1715.8, ist also wieder höher. Daraus lässt sich schließen, dass die 3-Klassenlösung am besten auf die Daten passt. Die folgende Tabelle gibt die zugehörigen Modellparameter wieder:

	π_g	π_{1g}	π_{2g}	π_{3g}	π_{4g}	π_{5g}
g = 1	0.39	0.26	0.10	0.16	0.05	0.11
g = 2	0.33	0.87	0.94	0.84	0.96	0.59
g = 3	0.28	0.92	0.83	0.48	0.13	0.28

Die zweite Klasse mit 33% der Personen ist wiederum eine Klasse der 'fähigen' Personen die erste Klasse mit 39% die Klasse der 'nicht fähigen' Personen. Die dritte Klasse, mit 28%, weist hohe Lösungswahrscheinlichkeiten bei den ersten beiden Items auf und eher geringe Lösungswahrscheinlichkeiten bei den restlichen drei Items auf.

Demnach gibt es Personen, die das Lösungsprinzip der ersten beiden Items gut durchschauen, jedoch bei den drei restlichen Items eher scheitern. Aufgrund einer Überschneidung bei Item 1 sind diese drei Klassen keine geordneten Klassen.

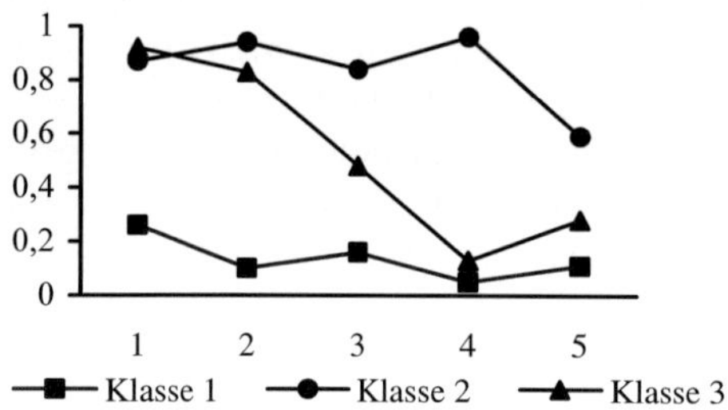

Abbildung 76: Die Itemprofile der 3-Klassenlösung des Datenbeispiels

Im folgenden soll die *Modellgleichung* für dieses allgemeine kategoriale Testmodell abgeleitet werden. Dabei wird von relativ einfachen, 'schwachen' Annahmen ausgegangen.

Die *erste Annahme* besagt, dass die Lösungswahrscheinlichkeit eines Items für alle Personen in einer Klasse (mit demselben kategorialen Messwert) *konstant* ist, d.h.

(2) $$p\left(X_{vi} = 1 \middle| \theta_v = g\right) = \pi_{ig},$$

wobei π_{ig} einen Modellparameter bezeichnet, der genau diese konstante Lösungswahrscheinlichkeit von Item i in der Klasse g ausdrückt. Der Parameter kann also nur Werte zwischen 0 und 1 annehmen. Man bezeichnet solche Parameter auch als *Wahrscheinlichkeitsparameter.* Die Gegenwahrscheinlichkeit, also die Wahrscheinlichkeit, das Item *nicht* zu lösen, lautet dann

(3) $$p\left(X_{vi} = 0 \middle| \theta_v = g\right) = 1 - \pi_{ig},$$

was zusammengefasst werden kann zu

(4) $$p\left(X_{vi} = x \middle| \theta_v = g\right) = \pi_{ig}^{x}\left(1 - \pi_{ig}\right)^{1-x}.$$

Die *zweite Annahme* besagt, dass jede Person *nur einer* Klasse angehören kann, d.h. die Klassen sind *disjunkt* und *exhaustiv*. Das entspricht der bei allen Testmodellen üblichen Annahme, dass jeder Person *nur ein Wert* der Personenvariable zugewiesen werden kann. Ebenfalls üblich ist die Annahme, dass die Anzahl der Personen mit demselben Messwert, hier die *Klassengröße*, *unbekannt* ist.

Man führt für die *Klassengröße* ebenfalls einen Wahrscheinlichkeitsparameter, π_g, ein, der die Wahrscheinlichkeit bezeichnet, dass eine zufällig ausgewählte Person zur Klasse g gehört:

$$\pi_g = p\,(\theta_v = g).$$

Diese Klassengrößen addieren sich aufgrund der getroffenen Annahme zu Eins:

(5) $$\sum_{g=1}^{G} \pi_g = 1.$$

Die Anzahl latenter Klassen, G, ist zwar eine unbekannte Größe, sie stellt aber *keinen Modellparameter* dar. Das bedeutet, dass diese Anzahl nicht direkt geschätzt oder berechnet werden kann wie die anderen Parameter. Sie muss vielmehr indirekt über eine Kontrolle der Modellgültigkeit bei unterschiedlichen Klassenanzahlen ermittelt werden (s. Kap. 4 und 5).

Mit diesen beiden Parametern lässt sich bereits die *unbedingte Lösungswahrscheinlichkeit* ausdrücken, was zunächst an einem Beispiel verdeutlicht werden soll.

Beispiel

Es gibt drei verschiedene Automarken, deren Autos jeweils zu 30% (Marke A), 50% (Marke B) und 70% (Marke C) eine helle, leuchtende Lackierung aufweisen. D.h. die *bedingten* Wahrscheinlichkeiten für eine helle Lackierung betragen 0.3, 0.5 und 0.7. Die drei Marken haben Marktanteile von 60%, 20% und 20%. Dies entspricht den Klassengrößenparametern π_1=0.6, π_2=0.2 und π_3=0.2. Dann ist die *unbedingte* Wahrscheinlichkeit, ein helles Auto anzutreffen:

$$p\,(\text{Auto=hell}) = 0.6 \cdot 0.3 + 0.2 \cdot 0.5 + 0.2 \cdot 0.7 = 0.42,$$

d.h. 42 von 100 Autos haben eine helle Lackierung.

Die allgemeine Gleichung für die unbedingte Antwortwahrscheinlichkeit lautet

$$(6) \quad p\left(X_{vi}=1\right)=\sum_{g=1}^{G} \pi_g \, \pi_{ig}\,,$$

und lässt sich wie folgt aus den beiden genannten Annahmen ableiten.

Ableitung

Die unbedingte Lösungswahrscheinlichkeit $p(X_{vi} = 1)$ lässt sich als Summe von konjungierten Ereignissen

$$p\left(X_{vi}=1 \wedge \theta_v = g\right)$$

schreiben, wenn man über alle Werte addiert, die das konjungierte Ereignis, also hier die latente Variable θ_v, annehmen kann:

$$(7) \quad p\left(X_{vi}=1\right)=\sum_{g=1}^{G} p\left(X_{vi}=1 \wedge \theta_v = g\right).$$

Nach der Definition einer bedingten Wahrscheinlichkeit

$$(8) \quad p\left(A|B\right)=\frac{p\left(A \wedge B\right)}{p\left(B\right)}$$

lässt sich die Wahrscheinlichkeit eines konjungierten Ereignisses auf die bedingte Wahrscheinlichkeit zurückführen

$$p\left(A \wedge B\right)=p\left(B\right)\cdot p\left(A|B\right),$$

also auch

$$p\left(X_{vi}=1\right)=\sum_{g=1}^{G} p\left(\theta_v = g\right)\cdot p\left(X_{vi}=1|\theta_v = g\right)$$

$$=\sum_{g=1}^{G} \pi_g \, \pi_{ig}\,.$$

Die *dritte Annahme* ist die Annahme der *Itemhomogenität*, die besagt, dass alle Items dieselbe Personenvariable messen. Daraus folgt nämlich, dass sich die unbedingte *Patternwahrscheinlichkeit* genauso berechnen lässt, wie die unbedingte *Lösungswahrscheinlichkeit*:

$$(9) \quad p\left(\underline{x}\right)=\sum_{g=1}^{G} \pi_g \, p\left(\underline{x}|g\right).$$

Als *vierte* und letzte *Annahme* wird wiederum die lokale *stochastische Unabhängigkeit* benötigt (s. Kap. 2.3), um die bedingten Patternwahrscheinlichkeiten $p\left(\underline{x}|g\right)$ auf die einzelnen Lösungswahrscheinlichkeiten zurückzuführen:

$$(10) \quad p\left(\underline{x}|g\right)=\prod_{i=1}^{k} \pi_{ig}^{x_i}\left(1-\pi_{ig}\right)^{1-x_i},$$

wobei der Exponent x_i jeweils die i-te Komponente des Vektors $\underline{x}$ bezeichnet. Es ergibt sich somit als Modellgleichung:

$$(11) \quad p\left(\underline{x}\right)=\sum_{g=1}^{G} \pi_g \prod_{i=1}^{k} \pi_{ig}^{x_i}\left(1-\pi_{ig}\right)^{1-x_i}.$$

Dieses Testmodell, das auf Paul Lazarsfeld (1950) zurückgeht, wird als *latent-class Modell* bezeichnet und stellt das Grundmodell für alle Testmodelle mit kategorialer Personenvariable dar.

Aus den vier Modellannahmen lässt sich ableiten, dass jede Person jeder Klasse nur mit einer bestimmten Wahrscheinlichkeit angehört. Die Personen werden also nicht 'manifest' klassifiziert, sondern es werden *nur Wahrscheinlichkeitsaussagen über die Klassenzugehörigkeit* gemacht. Die Wahrscheinlichkeit, mit der eine Person mit dem Antwortmuster $\underline{x}$ der Klasse g angehört, beträgt:

(12) $$p(g|\underline{x}) = \frac{\pi_g \, p(\underline{x}|g)}{\sum_{h=1}^{G} \pi_h \, p(\underline{x}|h)}.$$

Das heißt, diese *bedingte Klassenwahrscheinlichkeit* ist gleich der Wahrscheinlichkeit, dass eine Person aus Klasse g genau dieses Muster produziert, $p(\underline{x}|g)$, multipliziert mit der Klassengröße π_g und dividiert durch die Summe dieser Produkte über alle Klassen. Der Nenner sorgt dafür, dass die Summe dieser sogenannten *Zuordnungswahrscheinlichkeiten* stets Eins ergibt:

(13) $$\sum_{g=1}^{G} p(g|\underline{x}) = 1,$$

denn *einer* Klasse muss ja jede Person angehören.

Der Satz von Bayes

Gleichung (12) drückt nichts anderes aus als eine Vertauschung dessen, was *vor* und *hinter* dem Bedingungsstrich einer bedingten Wahrscheinlichkeit steht, nämlich hier g und $\underline{x}$. Dies lässt sich allein mit Hilfe der Definition einer *bedingten Wahrscheinlichkeit* ableiten (s. Gleichung 8), welche auf diesen Fall bezogen lautet:

$$p(g|\underline{x}) = \frac{p(g \wedge \underline{x})}{p(\underline{x})}.$$

Die Wahrscheinlichkeit des Eintretens des Ereignisses

g: 'die Person gehört Klasse g an'

unter der Bedingung des Ereignisses

$\underline{x}$: 'die Person produziert Antwortmuster $\underline{x}$'

ist gleich der Wahrscheinlichkeit des kombinierten Ereignisses, $p(g \wedge \underline{x})$, dividiert durch die Wahrscheinlichkeit der Bedingung, $p(\underline{x})$. Eine Umstellung ergibt:

$$p(g \wedge \underline{x}) = p(g|\underline{x})\, p(\underline{x}),$$

aber auch $p(g \wedge \underline{x}) = p(\underline{x}|g)\, p(g)$.

Gleichsetzen der beider Gleichungen und Auflösen nach der gewünschten Größe ergibt

$$p(g|\underline{x}) = \frac{p(\underline{x}|g)\, p(g)}{p(\underline{x})}.$$

Diese Gleichung stellt eine Anwendung des Theorems von Bayes dar. Wird p(g) durch π_g ersetzt und wird für $p(\underline{x})$ der entsprechende Term aus Gleichung (9) eingesetzt, so ergibt sich Gleichung (12).

Das Ziel einer Testvorgabe besteht darin, für jede Person mit *möglichst großer Wahrscheinlichkeit* angeben zu können, welcher Kategorie der Personenvariable, also welcher Klasse sie angehört. Mit Hilfe von Gleichung (12) können diese Wahrscheinlichkeiten anhand der Modellparameter bestimmt werden.

Möchte man die Personen dann tatsächlich einer der Klassen zuordnen, so wird jede Person derjenigen Klasse zugeordnet, der sie *am wahrscheinlichsten* angehört. Die Klassenzugehörigkeit wird also durch das Maximum der Zuordnungswahrscheinlichkeiten definiert:

(14) $T(\underline{x}_v) = \max_g \left(p(g|\underline{x}_v)\right)$.

Die durchschnittliche Höhe dieser Maxima $T(\underline{x}_v)$ über alle Personen:

(15) $$T = \frac{\sum_{v=1}^{N} T(\underline{x}_v)}{N},$$

oder auch nur über die Personen einer Klasse:

(16) $$T_g = \frac{\sum_{v \in g} T(\underline{x}_v)}{n_g}$$

kann dabei - ähnlich wie ein Reliabilitätsmaß - als Maß für die Messgenauigkeit des Tests interpretiert werden. T gibt die *'Treffsicherheit'* an, mit der die wahre Klassenzugehörigkeit der getesteten Personen auch tatsächlich ermittelt wird.

Für die 3-Klassenlösung ergeben sich anhand der bereits aufgeführten bedingten Lösungswahrscheinlichkeiten die folgenden Zuordnungswahrscheinlichkeiten für alle Antwortmuster mit dem Score r = 2.

$n(\underline{x})$	Pattern	g	$p(2\|\underline{x})$
1	0 0 0 1 1	1	.78
2	0 0 1 0 1	1	.90
1	0 0 1 1 0	1	.62
1	0 1 0 0 1	1	.51
2	0 1 0 1 0	2	.56
3	0 1 1 0 0	3	.54
7	1 0 0 0 1	1	.60
2	1 0 0 1 0	1	.50
6	1 0 1 0 0	1	.49
21	1 1 0 0 0	3	.89

In der Tabelle sind die Patternhäufigkeiten $n(\underline{x})$, die Pattern, die Klassenzugehörigkeiten des Patterns, g, und die Zuordnungswahrscheinlichkeiten zu diesen Klassen aufgeführt.

Klasse 1 ist die Klasse mit den geringen Lösungswahrscheinlichkeiten (s.o. Abb. 76). Die meisten Antwortpattern mit einem Summenscore 2 gehören der Klasse 1 an, weil r=2 einen eher niedrigen Summenscore darstellt. Das Antwortmuster 11000 gehört mit Wahrscheinlichkeit .89 der dritten Klasse an, was auch Sinn macht, da dort gerade diese beiden Items leicht gelöst werden. Aber auch das Pattern 01100 gehört zu dieser Klasse, wenn auch mit geringerer Wahrscheinlichkeit (.54).

Der zweiten Klasse mit den hohen Lösungswahrscheinlichkeiten wird nur ein Antwortmuster zugeordnet, nämlich 01010. Das Itemprofil dieser Klasse (s. Abb. 76) hat gerade beim 2. und 4. Item jeweils eine Spitze, was das Antwortmuster 01010 in dieser Klasse wahrscheinlich macht als in den beiden anderen Klassen.

Durch diese Ergebnisse wird deutlich, dass bei der latent-class Analyse *nicht* das Prinzip gilt, dass die Anzahl der gelösten Aufgaben *alles über die Personenfähigkeit* aussagt, wie es beim Rasch-Modell der Fall ist. Vielmehr hängt der Messwert, d.h. die Klassenzugehörigkeit, davon ab, *welche* Items gelöst werden.

Die mittleren Zuordnungswahrscheinlichkeiten, also die *Treffsicherheiten* für die drei Klassen, betragen in diesem Beispiel

$$T_1 = 0.90, T_2 = 0.90 \text{ und } T_3 = 0.85 ,$$

was als relativ hoch angesehen werden kann. Das bedeutet, die Personen dieser Stichprobe werden mit einer Sicherheit von 90% der ersten Klasse und der zweiten Klasse zugeordnet. Die geringere Treffsicherheit für die dritte Klasse ist darauf zurückzuführen, dass Klassen mit einem mittleren Antwortprofil zwei Nachbarn haben, die Klasse der hohen bzw. der niedrigen Lösungswahrscheinlichkeiten. Entsprechend geringer ist die Sicherheit, mit der Antwortmuster der mittleren Klasse zugeordnet werden.

Die *Likelihoodfunktion* der latent-class Analyse lässt sich *nicht* in ähnlicher Weise vereinfachen, wie dies beim Rasch-Modell der Fall ist. Analog zu Gleichung (9) in Kapitel 3.1.1.2.2 geht man vom Produkt der Patternwahrscheinlichkeiten aus

(17) $$L = \prod_{v=1}^{N} p(\underline{x}_v),$$

das sich als Produkt aller *möglichen* und *unterschiedlichen* Pattern umschreiben lässt:

(18) $$L = \prod_{\underline{x}} p(\underline{x})^{n(\underline{x})}.$$

Zu beachten ist hier, dass die Wahrscheinlichkeiten von Antwortpattern, die *nicht* in der Datenmatrix enthalten sind, auch nicht die Likelihood beeinflussen, da sie den Exponenten $n(\underline{x}) = 0$ haben (und $a^0 = 1$ ist).

Setzt man die unbedingte Patternwahrscheinlichkeit (11) ein, so erhält man die Likelihoodfunktion

(19) $$L = \prod_{\underline{x}} \left(\sum_{g=1}^{G} \pi_g \prod_{i=1}^{k} \pi_{ig}^{x_i} \left(1 - \pi_{ig}\right)^{1-x_i} \right)^{n(\underline{x})},$$

die - wie gesagt - nicht weiter vereinfacht werden kann. Die Patternhäufigkeiten $n(\underline{x})$ sind jene Statistiken der Datenmatrix, die man für die Parameterschätzung und Modellgeltungstests benötigt. Es findet somit im Vorfeld der Modellanwendung so gut wie *keine Datenaggregation* statt (s.o.), d.h. die Analyse latenter Klassen arbeitet mit der gesamten, in den Daten enthaltenen Information. Man bezeichnet solche Methoden auch als 'full-information methods'.

Daraus ergeben sich jedoch auch gewisse Begrenzungen hinsichtlich der Item- und Kategorienanzahl sowie die Notwendigkeit größerer Personenstichproben als sie z.B. für Analysen mit dem Rasch-Modell erforderlich sind. Während für die Analyse von 4 oder 5 Items schon eine Stichprobengröße von 60 oder 70 Personen ausreichend sein kann, ist für eine Klassen-analyse von 10 Items in der Regel ein Stichprobenumfang von 500 Personen erforderlich.

3.1.2.3 Das Fixieren und Gleichsetzen von Parametern

Das Modell der latent-class Analyse, so wie es im vorangegangenen Kapitel beschrieben wurde, ist sehr allgemein und wenig restriktiv. Während dies zunächst eine positive Modelleigenschaft zu sein scheint, hat sie jedoch die negative Kehrseite, dass das Modell sehr viele Parameter umfasst und letztlich vielleicht auch 'zu flexibel' ist. Mit '*zu flexibel*' ist gemeint, dass das Modell, wenn man nur ausreichend viele Klassen annimmt, auf jeden beliebigen Datensatz passt und damit keinen Erklärungswert mehr besitzt.

Außer der Annahme über die Anzahl latenter Klassen fließen in die Anwendung dieses Testmodells keinerlei weitere Annahmen über die Höhe der Modellparameter ein. D.h., *welcher Art die latenten Klassen* sind, die man erwartet, wird im allgemeinen Fall nicht weiter spezifiziert.

Dies widerspricht in gewisser Weise dem Prinzip, dass man Daten theoriegeleitet auswerten soll. Ein solches 'hypothesentestendes' Vorgehen ist bislang nur hinsichtlich der *Anzahl* der latenten Klassen möglich, nicht aber hinsichtlich der erwarteten Itemprofile.

Mit Hilfe von sogenannten *Parameterrestriktionen* kann man spezielle präexperimentelle Annahmen in die Datenauswertung eingehen lassen. Als Parameterrestriktion bezeichnet man eine Maßnahme, die bewirkt, dass ein Parameter gar nicht mehr zu schätzen ist bzw. in seinem Wertebereich wesentlich eingeschränkt ist.

Man unterscheidet verschiedene Arten von Parameterrestriktionen, nämlich

1. das *Fixieren* von Parametern auf einen bestimmten Wert, d.h. das Einsetzen eines konkreten Zahlenwertes an die Stelle des Modellparameters,
2. das *Gleichsetzen* von mindestens zwei Parametern, d.h. die Bedingung, dass die Parameterschätzungen für zwei oder mehr, vorher bestimmte Parameter identisch sein sollen, und
3. *Ordnungsrestriktionen*, d.h. die Vorschrift, dass ein Parameter größer (oder kleiner) zu sein hat als ein bestimmter anderer.

Alle drei Arten von Parameterrestriktionen lassen sich auf die Modellparameter des latent-class Modells anwenden. Dadurch wird es möglich, sehr unterschiedliche präexperimentelle Annahmen über die latenten Klassen zum Gegenstand einer empirischen Überprüfung zu machen.

Durch *Fixierung der Klassengrößenparameter* π_g lassen sich Klassen bestimmter Größe erzwingen. So kann man bei einer Zweiklassenlösung beide Klassengrößenparameter auf jeweils 0.5 fixieren und bewirkt somit, dass die optimale 50%-Aufteilung anhand der gegebenen Itemantworten ermittelt wird.

Das derart restringierte latent-class Modell bestimmt diejenige Zweiteilung der Stichprobe, in der die beiden Gruppen möglichst heterogen zueinander sind, beide Gruppen aber gleich groß bleiben. Damit ist dieses Verfahren wesentlich voraussetzungsärmer als z.B. der oft verwendete *Mediansplit*, bei dem die Stichprobe am Median der Summenscoreverteilung in zwei Hälften geteilt wird. Während der Mediansplit voraussetzt, dass dem gesamten Testverhalten eine eindimensionale Variable zugrunde liegt, erlaubt die Einteilung in zwei Klassen mit fixierten Klassengrößen auch qualitative Unterschiede zwischen den Personen beider Klassen.

Im Datenbeispiel ergeben sich für zwei entsprechend fixierte Klassen die folgenden Modellparameter

	π_g	π_{1g}	π_{2g}	π_{3g}	π_{4g}	π_{5g}
g = 1	0.50	0.90	0.94	0.76	0.68	0.49
g = 2	0.50	0.38	0.20	0.17	0.05	0.12

Im Vergleich zur unrestringierten Lösung, bei der die Klassengrößen auch schon relativ dicht bei 0.5 liegen (s.o.), ergibt sich *ein leichter Anstieg* der bedingten Antwortwahrscheinlichkeiten in beiden Klassen. Das liegt daran, dass die Klasse der 'Könner' im Vergleich zu vorher kleiner wird, während die Klasse der 'Nicht-Könner' größer wird.

Der Likelihoodwert dieses restringierten 2-Klassenmodells beträgt logLik = -851.01 und der AIC = 1722.02.

Ebenso lassen sich die bedingten *Antwortwahrscheinlichkeiten* π_{ig} auf bestimmte prä-experimentell erwartete Werte *fixieren*. Erwartet man z.B. bei einem Leistungstest, dass es eine Klasse von Personen gibt, die alle Items mit einer 10%-igen *Irrtumswahrscheinlichkeit* lösen (vgl. Kap. 3.1.1.1.2.), so kann man für eine Klasse alle bedingten Antwortwahrscheinlichkeiten auf 0.9 fixieren.

Für das gegebene Datenbeispiel führt das zu folgenden Resultaten:

	π_g	π_{1g}	π_{2g}	π_{3g}	π_{4g}	π_{5g}
g = 1	0.33	0.90	0.90	0.90	0.90	0.90
g = 2	0.67	0.53	0.40	0.28	0.12	0.14

Die Klasse der 'Könner mit 10% Irrtum' umfasst in der untersuchten Stichprobe 33% der Personen. Der Likelihoodwert ist jedoch sehr niedrig (logLik = -899) und der AIC somit sehr hoch (AIC = 1811). Das bedeutet, die Annahme einer 10%-igen Irrtumswahrscheinlichkeit in einer 'Könner-Klasse' wird den Daten nicht gerecht.

In entsprechender Weise lässt sich auch eine Klasse spezifizieren, für die erwartet wird, dass diese Personen die richtige Lösung lediglich erraten (vorausgesetzt man kennt die Ratewahrscheinlichkeit aufgrund des verwendeten Antwortformates).

Während es in der Praxis oft schwierig ist, prä-experimentell bestimmte Parameter vorauszusagen und sie auf diesen Wert zu fixieren, ist das Mittel der *Gleichsetzung von Parametern* sehr viel universeller einsetzbar. So können die Antwortwahrscheinlichkeiten *zwischen den Klassen* gleichgesetzt werden, d.h. man erwartet, dass in verschiedenen Klassen die Antwortwahrscheinlichkeiten bezüglich bestimmter Items gleich sind. Dies kann z.B. dann sinnvoll sein, wenn man zwei Klassen unterscheiden möchte, die sich nur bezüglich *bestimmter* Items unterscheiden, bezüglich anderer Items aber identische Antworttendenzen haben.

So könnte man in der 3-Klassenlösung des Datenbeispiels für die mittlere, dritte Klasse die beiden ersten Itemparameter mit den Werten der 'Könner-Klasse', die beiden letzten Parameter mit den Werten der 'Nicht-Könner-Klasse' gleichsetzen (vgl. Abb. 76). Die entsprechenden Schätzwerte lauten:

	π_g	π_{1g}	π_{2g}	π_{3g}	π_{4g}	π_{5g}
g = 1	.41	.31	.09	.17	.06	.17
g = 2	.38	.89	.93	.82	.91	.57
g = 3	.21	.89	.93	.47	.06	.17

Dieses restringierte 3-Klassenmodell hat nur eine unwesentlich geringere Likelihood (logLik=-840.41) und wegen der eingesparten 4 Parameter einen noch besseren AIC-Wert (1706.81) als das unrestringierte Modell.

Auch gibt es eine Vielzahl von Hypothesen, die sich in einer Gleichsetzung von Parametern *innerhalb von Klassen* realisieren lassen, z.B. wenn prä-experimentell erwartet wird, dass bestimmte Items aufgrund ihrer Struktur die gleichen Lösungswahrscheinlichkeiten haben müssten, man diese aber nicht kennt.

Die wichtigste Anwendung von Gleichheitsrestriktionen besteht darin, dass sich alle sogenannten *Antwortfehlermodelle mit einer stufenförmigen Itemfunktion*, die in Kapitel 3.1.1.1.2 behandelt wurden, als entsprechend restringierte latent-class Modelle berechnen lassen. Da sich in solchen Modellen die Personen, die zwischen zwei Sprungstellen liegen, nicht in ihren Lösungswahrscheinlichkeiten unterscheiden, können sie in latenten Klassen zusammengefasst werden.

Man benötigt zur Berechnung von Antwortfehlermodellen stets eine Klasse *mehr* als es Items gibt, und man muss die Lösungswahrscheinlichkeiten *zwischen* bestimmten Klassen gleichsetzen.

Hierfür muss die Reihenfolge der Items entlang des Kontinuums bekannt sein, die sich aber im Normalfall einfach an den Lösungshäufigkeiten ablesen lässt. In dem Datenbeispiel ist das die Reihenfolge 1-2-3-4-5 nach aufsteigender Schwierigkeit.

Für das am wenigsten restriktive Antwortfehlermodell (vgl. Abb. 31 in Kap. 3.1.1.1.2) müssen die Lösungswahrscheinlichkeiten folgendermaßen gleichgesetzt werden:

für Item 1 in Klasse 2 bis 6,
für Item 2 in Klasse 1 bis 2 und 3 bis 6,
für Item 3 in Klasse 1 bis 3 und 4 bis 6,
für Item 4 in Klasse 1 bis 4 und 5 bis 6 und
für Item 5 in Klasse 1 bis 5.

Es ergeben sich die folgenden Modellparameter:

	π_g	π_{1g}	π_{2g}	π_{3g}	π_{4g}	π_{5g}
g=1	.30	.11	.09	.18	.06	.19
g=2	.11	.89	.09	.18	.06	.19
g=3	.12	.89	.93	.18	.06	.19
g=4	.10	.89	.93	.81	.06	.19
g=5	.15	.89	.93	.81	.93	.19
g=6	.22	.89	.93	.81	.93	.81

Dieses Antwortfehlermodell hat einen sehr guten Likelihoodwert von logLik=–840.90 und einen entsprechend geringen AIC (1707.78). Hierbei ist zu erwähnen, dass das Modell nicht 15 Parameter umfasst (5 Rate-, 5 Irrtumswahrscheinlichkeiten und 5 Klassengrößenparameter), sondern nur 13. Das liegt daran, dass das Modell in dieser Form nicht identifizierbar ist, d.h. verschiedene gleich gute Lösungen aufweist. Um es identifizierbar zu machen, wird üblicherweise die Ratewahrscheinlichkeit des ersten und letzten Items gleich Eins minus deren Lösungswahrscheinlichkeit gesetzt (0.11 = 1–0.89 bzw. 0.19 = 1–0.82).

Es ergibt sich das folgende Bild der stufenförmigen Itemfunktionen.

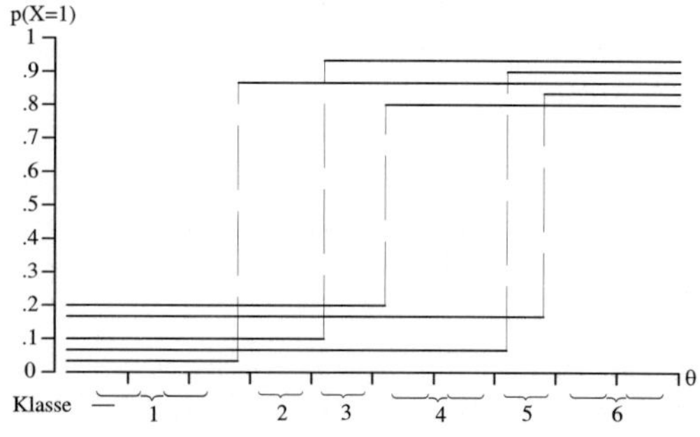

Abbildung 77: Die Itemfunktionen des Antwortfehlermodells der KFT-Daten

Darüber hinaus lassen sich auch die Lösungswahrscheinlichkeiten *zwischen den Items* gleichsetzen, was dazu führt, dass man nur noch zwei Lösungswahrscheinlichkeiten zu schätzen hat, nämlich die Rate- und die Irrtumswahrscheinlichkeit, die bei allen Items in allen Klassen gleich ist. Hinzu kommen natürlich die 6 Klassengrößenparameter.

Es ergibt sich eine Ratewahrscheinlichkeit von p=0.15 und eine Irrtumswahrscheinlichkeit von p=0.10 (d.h. eine Lösungswahrscheinlichkeit von p=0.90) für alle Items. Die geschätzten Klassengrößen lauten (geordnet nach aufsteigender 'Fähigkeit'):

Klasse	1	2	3	4	5	6
π_g	.33	.09	.13	.10	.13	.21

Das Modell hat eine geringere Likelihood (logLik=-848.74) aber wegen der großen Einsparung an Parametern einen gleich guten AIC (1711.48).

Parametergleichsetzungen im Rahmen der latent-class Analyse ermöglichen es, eine

Vielzahl von quantitativen Testmodellen mit stufenförmigen Itemfunktionen darzustellen und auch praktisch zu berechnen.

Ordnungsrestriktionen setzt man dann ein, wenn man erzwingen möchte, dass die Parameter in einer gewissen *Richtung* voneinander abweichen. Dies ist z.B. dann der Fall, wenn man *geordnete Klassen* erwartet, d.h. Klassen, die sich in eine Rangreihe bringen lassen, so dass alle Lösungswahrscheinlichkeiten einer höheren Klasse größer sind als die einer niedrigeren Klasse (s.o.).

Oft ergeben sich geordnete Klassen - wie bei der 2-Klassenlösung in unserem Datenbeispiel - *ohne* jegliche Restriktion, so dass man keine Ordnungsrestriktionen benötigt. Möchte man jedoch bei Vorliegen einzelner Abweichungen von der Ordnung prüfen, ob ein Modell mit geordneten Klassen trotzdem auf die Daten passt, so muss man die Parameter nochmals *mit* einer Ordnungsrestriktion schätzen. Modellvergleiche anhand der Likelihood der Daten (vgl. Kap 5.1) geben dann Aufschluss, ob die Annahme geordneter Klassen gerechtfertigt ist.

In aller Regel wird dies dazu führen, dass bei den Items und Klassen, bei denen die geforderte Ordnung *verletzt* ist (ein Item in einer höheren Klasse schwerer ist als in einer niedrigeren Klasse), die Parameter auf einem 'mittleren' Wert festgehalten werden. *Letztlich* resultiert also aus einer Ordnungsrestriktion *eine Gleichheitsrestriktion,* was die folgende Abbildung verdeutlichen soll.

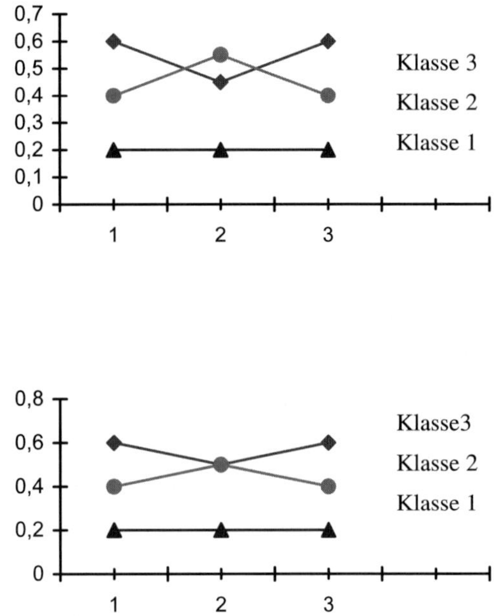

Abbildung 78: Die Antwortprofile von drei Items ohne Ordnungsrestriktion (oben) und mit Ordnungsrestriktion (unten)

Ordnungsrestriktionen führen nur dann zu einem restriktiveren und somit schlechter angepassten Modell, wenn die Ordnung tatsächlich in einzelnen Klassen bei einzelnen Items verletzt ist. In diesem Fall spart man durch die Ordnungsrestriktion so viele Parameter wie es Paare von gleichgesetzten Antwortwahrscheinlichkeiten gibt.

Mittels Ordnungsrestriktionen ließe sich z.B. prüfen, ob das Modell der Mokken-Skala (s. Kap. 3.1.1.2.4) auf die Daten eines Tests passt. In diesem Fall müssten alle Items in jeder Klasse dieselbe Ordnung aufweisen und alle Klassen geordnet sein (s.o. Abb. 73).

3.1.2.4 Lokalisierte Klassen: Punkte auf einem Kontinuum

Die zuvor dargestellte Äquivalenz zwischen der Mokken-Analyse und der Klassen-Analyse mit einer doppelten Ordnungsrestriktion wurde mit Hilfe des Gedankenmodells verdeutlicht, dass die Eigenschaftsausprägungen der Personen nur eine begrenzte Anzahl von Werten annehmen können. Die Klassen, in die die Personen mit gleicher Eigenschaftsausprägung zusammen gefasst werden, sind an derjenigen Stelle des latenten Kontinuums angesiedelt (lokalisiert oder 'verortet'), die der Eigenschaftsausprägung der Personen in dieser Klasse entspricht. Das ist das Konzept *lokalisierter Klassen.*

Mittels einer solchen Lokalisation der Klassen auf einem Kontinuum kann man die Antwortwahrscheinlichkeiten in den latenten Klassen durch *kontinuierliche*, d.h. auf das *gesamte* Kontinuum bezogene Itemfunktionen definieren. Aus dem Graph der Itemfunktionen ergeben sich die Antwortwahrscheinlichkeiten innerhalb der Klassen durch die *Schnittpunkte* der Itemfunktionen mit senkrechten Linien über der jeweiligen Klassenlokation (s. Abb. 79).

Testmodelle mit lokalisierten Klassen gehen also davon aus, dass es zwar eine kontinuierliche Personenvariable gibt, dass die getesteten Personen aber *nicht kontinuierlich* über das gesamte Spektrum *verteilt* sind, sondern sich an bestimmten Verdichtungspunkten, den Klassenlokalisationen, häufen. Es gibt nur eine begrenzte Anzahl von Ausprägungen einer 'eigentlich' kontinuierlichen Personenvariable.

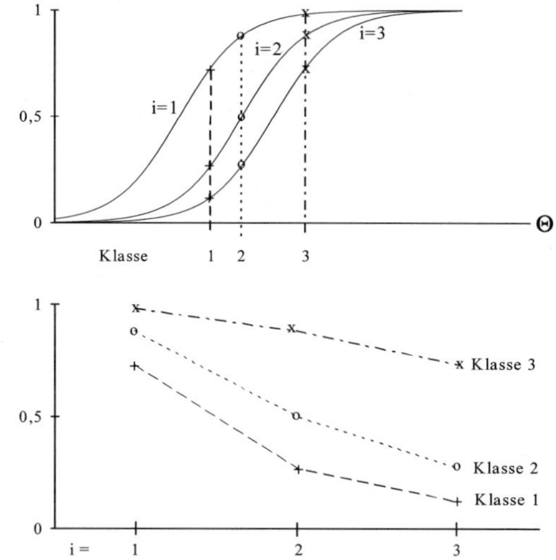

Abbildung 79: Die Itemprofile von drei lokalisierten Klassen (unten) auf einem Kontinuum mit 3 Itemfunktionen des Rasch-Modells (oben)

Solche Testmodelle sind gewissermaßen Zwitter aus Testmodellen mit kontinuierlicher und mit kategorialer Personenvariable. Sie verdeutlichen die *Beziehung* dieser beiden grundlegenden Arten von Testmodellen zueinander. Zwei, zunächst paradox erscheinende Beziehungen lassen sich ablesen.

Ein Paradoxon?

Erstens scheint ein *Testmodell mit lokalisierten Klassen* insofern ein *Spezialfall* des zugehörigen kontinuierlichen Testmodells zu sein, als es aus der Vielzahl der möglichen Ausprägungen der latenten Personenvariable nur eine sehr begrenzte Anzahl von Ausprägungen zulässt, nämlich so viele wie es Klassen gibt.

Zweitens scheint ein *Testmodell mit monoton ansteigenden Itemfunktionen* gegenüber der unrestringierten Klassenanalyse ein sehr restriktiver *Spezialfall* zu sein, bei dem die klassenspezifischen Antwortwahrscheinlichkeiten auf bestimmte, durch die Itemfunktionen vorgegebene Werte fixiert sein müssen.

Diese beiden paradox erscheinenden Einsichten lassen sich auf einen gemeinsamen Nenner bringen, wenn man der Frage nachgeht, ob eine *begrenzte Anzahl* lokalisierter Klassen die Daten *genauso gut* erklären kann, wie das zugrundeliegende quantitative Testmodell. Um die Antwort vorwegzunehmen: Es reicht eine relativ kleine Anzahl von lokalisierten Klassen aus. Mit dieser vorweggenommenen Antwort ergibt sich die 'Auflösung' des Paradoxon:

> *Quantitative Testmodelle sind ein Spezialfall von latent-class Modellen, wenn man eine bestimmte Klassenanzahl wählt und die bedingten Antwortwahrscheinlichkeiten in geeigneter Weise restringiert.*

Diese Restriktionen sind aber weder durch Parameterfixierungen noch durch Gleichsetzungen oder lediglich Ordnungsrestriktionen (s.o. Kap. 3.1.2.3) zu erwirken. Die *Art der Restriktionen* hängt vielmehr vom jeweiligen Typ der Itemfunktion ab. Im folgenden wird das Modell lokalisierter Klassen für die *Itemfunktionen des Rasch-Modells* dargestellt.

Hierfür wird das Modell der Klassen-Analyse zunächst so abgeändert, dass die Wahrscheinlichkeitsparameter π_{ig} in logistische Parameter transformiert werden. Man nennt das eine *Reparametrisierung*, was bedeutet, dass man die Parameter eines Modells durch eine andere Sorte von Parametern ersetzt, ohne dass sich an den Annahmen des Modells und somit an seiner Gültigkeit für empirische Datensätze irgendetwas ändert. Im vorliegenden Fall wird eine Logit-Transformation der Antwortwahrscheinlichkeiten π_{ig} vorgenommen (vgl. Kap. 3.1.1.2.2), d.h.

$$(1) \qquad \alpha_{ig} = \log \frac{\pi_{ig}}{1 - \pi_{ig}}$$

und damit

$$\pi_{ig} = \frac{\exp(\alpha_{ig})}{1 + \exp(\alpha_{ig})}.$$

Sie bewirkt, dass die neuen Parameter α_{ig} *nicht mehr* auf das Wahrscheinlichkeitsintervall von 0 bis 1 *beschränkt* sind, sondern zwischen $-\infty$ und $+\infty$ liegen. Fernerhin sind sie *zentriert*, d.h. für $\alpha_{ig}=0$ ergibt sich eine Antwortwahrscheinlichkeit von 0.5 (s.a. Kap. 3.1.1.2.2, Abb. 43 und 44). Auch ist diese Transformation *symmetrisch*, so dass die Gegenwahrscheinlichkeit zur Lösungswahrscheinlichkeit, also $1-\pi_{ig}$, dem negativen Logit-Parameter, $-\alpha_{ig}$, entspricht:

$$(2) \qquad \log \frac{1 - \pi_{ig}}{\pi_{ig}} = -\alpha_{ig}.$$

Somit lässt sich die Modellgleichung der Klassenanalyse statt

$$(3) \quad p(x_{vi}) = \sum_{g=1}^{G} \pi_g \, \pi_{ig}^{x_{vi}} \left(1 - \pi_{ig}\right)^{1-x_{vi}}$$

folgendermaßen schreiben

$$(4) \qquad p(X_{vi} = 1) = \sum_{g=1}^{G} \pi_g \frac{\exp(\alpha_{ig})}{1 + \exp(\alpha_{ig})}$$

$$\text{und} \quad p(X_{vi} = 0) = \sum_{g=1}^{G} \pi_g \frac{\exp(-\alpha_{ig})}{1 + \exp(-\alpha_{ig})} = \sum_{g=1}^{G} \pi_g \frac{1}{1 + \exp(\alpha_{ig})},$$

was sich zusammenfassen lässt zu

$$p(x_{vi}) = \sum_{g=1}^{G} \pi_g \frac{\exp(x_{vi}\, \alpha_{ig})}{1 + \exp(\alpha_{ig})}.$$

Wie beim Rasch-Modell (s. Kap. 3.1.1.2.2) sorgt der Koeffizient x_{vi} im Exponent dafür, dass der ganze Zähler für $X_{vi} = 0$ gleich Eins wird.

Diese Reparametrisierung des Modells wird *logistische latent-class* Analyse genannt. Da die Modellparameter α_{ig} nicht mehr (wie die π_{ig} Parameter) auf das 0-1-Intervall beschränkt sind, sondern zwischen $-\infty$ und $+\infty$ liegen, kann man lineare Zerlegungen dieser Parameter einführen, ohne dass man Überschreitungen des Wertebereichs zu befürchten hat (vgl. Kap. 3.1.1.2.2).

Zerlegt man den Logit-Parameter α_{ig} in einen Klassenparameter θ_g und einen Itemparameter σ_i, so erhält man mit

$$(5) \qquad p(x_{vi}) = \sum_{g=1}^{G} \pi_g \frac{\exp(x(\theta_g - \sigma_i))}{1+\exp(\theta_g - \sigma_i)}$$

ein *Modell mit lokalisierten Klassen*, dessen Itemfunktionen diejenigen des *Rasch-Modells* sind. Der Parameter θ_g drückt die Fähigkeit aller Personen in Klasse g aus, und es wird nur eine endliche Anzahl von Ausprägungen der latenten Dimension angenommen, nämlich G.

Was ist der Unterschied zwischen diesem Modell mit lokalisierten Klassen und einem 'richtigen' Rasch-Modell? Formal besteht der Unterschied darin, dass im Klassen-Modell nur eine bestimmte Anzahl von Fähigkeitsausprägungen zugelassen ist, während beim Rasch-Modell jede beliebige reellwertige Fähigkeitsausprägung theoretisch möglich ist. Praktisch müssten beide Modelle jedoch ineinander übergehen, wenn man nur hinreichend viele lokalisierte Klassen zulässt. Es ergibt sich die Frage, *wie viele lokalisierte Klassen* man braucht, um die Daten gleich gut erklären zu können wie das Rasch-Modell.

Die Antwort auf diese Frage hängt mit der *Anzahl unabhängiger Modellparameter* zusammen, die unter beiden Formalisierungen zu schätzen sind. Im Fall des Rasch-Modells muss man sich dabei auf die Scoreverteilungslikelihood (s. Kap. 3.1.1.2.2, Gleichung (20)) mit den *bedingten* Patternwahrscheinlichkeiten und den *Scoreparametern* beziehen. In dieser Likelihoodfunktion gibt es neben den k–1 unabhängigen Itemparametern noch k unabhängige Scoreparameter (s. Kap. 3.1.1.2.2), also insgesamt 2 k–1 Parameter.

Bei dem Modell lokalisierter Klassen sind ebenfalls k–1 Itemparameter zu schätzen, da sie auch summennormiert werden müssen. Hinzu kommen so viele Fähigkeitsparameter θ_g wie es Klassen gibt, also G, und die Klassengrößenparameter π_g, von denen einer nicht geschätzt zu werden braucht, da sie sich insgesamt zu Eins addieren. Insgesamt handelt es sich also um $k + 2 \cdot G - 2$ Parameter.

Es lässt sich nun zeigen, dass man genau so viele lokalisierte Klassen braucht, dass die *Anzahl unabhängiger Modellparameter* im Klassen-Modell der Anzahl unabhängiger Parameter im Rasch-Modell entspricht. Damit

$$2k - 1 = k + 2 \cdot G - 2$$

wird, muss

$$G = \frac{k+1}{2}$$

sein. Diese Gleichung macht nur für eine *ungerade* Itemanzahl k einen Sinn, da es *halbe* Klassen nicht gibt. Für eine *gerade* Anzahl von Items benötigt man G = (k+2)/2 Klassen und hat damit einen Modellparameter mehr als das Rasch-Modell.

Beispiel

Hat man einen Test mit 10 Items, so gibt es im Rasch-Modell 9 Itemparameter und 10 Scoreparameter. Wählt man in diesem Fall 5 lokalisierte Klassen, so hat man neben den 9 Itemparametern 5 Klassenparameter und 4 Klassengrößenparameter, also einen Parameter zuwenig. In diesem Fall sind 6 lokalisierte Klassen nötig und ausreichend, um die Daten genauso gut zu erklären wie es das Rasch-Modell tut.

Das Modell lokalisierter Klassen ist insofern von theoretischem Interesse, als es auf eine mathematisch exakte Weise zeigt, dass *Quantifizieren ein Spezialfall von Klassifizieren* ist. Dieser Spezialfall beinhaltet eine bestimmte Art der Restriktion der klassenspezifischen Lösungswahrscheinlichkeiten und erfordert eine bestimmte minimale Klassenanzahl.

Die Art der Parameterrestriktion bezeichnet man als *linear logistische Restriktion*, da sie eine lineare Zerlegung der logistisch transformierten Lösungswahrscheinlichkeiten darstellt.

Das Modell kann aber auch von *praktischem* Nutzen sein, wenn es z.B. darum geht, Annahmen über die Verteilung der Fähigkeiten zu testen.

Literatur

Die Erfassung von Wissensstrukturen oder sog. Verhaltenshierarchien wird zumeist im Zusammenhang mit *probabilistischen* Klassen-Modellen behandelt (Bergan & Stone, 1985, Dayton & Macready, 1976, Rindskopf, 1983).

Die latent-class Analyse ist ausführlich von Lazarsfeld und Henry (1968), Formann (1984), McCutcheon (1987) und Hagenaas & McCutcheon (2001) behandelt worden. Einen Überblick über spezielle Entwicklungen geben Langeheine (1984, 1988), Langeheine & Rost (1993) und Rost & Strauß (1992). Anwendungsbeispiele finden sich in Formann et al. (1980) und Rost & Langeheine (1997) und Eid et al. (2003), Eid (1997), Kohlmann & Formann (1997), v.Davier & Rost (1996), Bartholomew (1998), Eid et al. (2003) und Martens & Rost (1998).

Die Möglichkeiten von Parameterfixierungen und Gleichheitsrestriktionen ergaben sich durch die Entwicklung der Parameterschätzmethode von Goodman (1974a, b). Der Einsatz derart restringierter Modelle für das sog. *mastery testing* wird von Macready & Dayton (1977, 1980) und Dayton (1999) diskutiert. Dayton & Macready (1980) berücksichtigen bei Antwortfehlermodellen eine Klasse unskalierbarer Personen. Clogg & Goodman (1985) benutzen Parameterrestriktionen, um eine latent-class Analyse simultan in mehreren Personenstichproben durchzuführen.
Croon (1990) und Formann (1992a) beschreiben unterschiedliche Ansätze für Ordnungsrestriktionen im latent-class Modell, und Croon (1991). Hoijtink & Molenaar (1997), sowie de Gruijter (1994) gehen auf die Beziehungen zwischen der Mokken-Analyse und der latent-class Analyse ein.
Das Konzept lokalisierter Klassen wurde bereits von Lazarsfeld & Henry (1968) diskutiert. Clogg (1988), Lindsay et al. (1991) und Formann (1989) haben die Parameterschätzung und die Frage der notwendigen Klassenanzahl untersucht.
Vertiefende Darstellung der Klassenanalyse bieten: Formann & Kohlmann (1998), Langeheine & Rost (1993), Rost & Erdfelder (1996), Meulders et al. 2002, Vermunt (1999), Hagenaars (1998), deMenetez & Bartolomew (1996), Formann (2003)

3.1.3 Modelle mit quantitativer und qualitativer Personenvariable

In den beiden vorangegangenen Kapiteln, 3.1.1 und 3.1.2, wurden die Quantifizierung und die Klassifikation als alternative Auswertungsstrategien behandelt: Entweder man ordnet die Personen auf einer Geraden (latenten Dimension) an, oder man teilt sie qualitativ unterschiedlichen Typen (latenten Klassen) zu. Abbildung 67 verdeutlicht diese Unterscheidung.

So naheliegend diese Alternative zwischen einer quantitativen und einer qualitativen (kategorialen) Personenvariable auch sein mag, es handelt sich nicht um eine echte Alternative, da man auch beides *gleichzeitig* haben kann. Das Ziel der Testauswertung kann darin bestehen, die Personen so zu klassifizieren, dass sie innerhalb der Klassen skalierbar sind, d.h. eine latente Dimension gemessen wird. Um das Bild einer Geraden für die Quantifizierung und von Kästchen für die Klassifikation aufzugreifen, lässt sich das Auswertungsziel dieses Kapitels folgendermaßen symbolisieren (vgl. Abbildung 80).

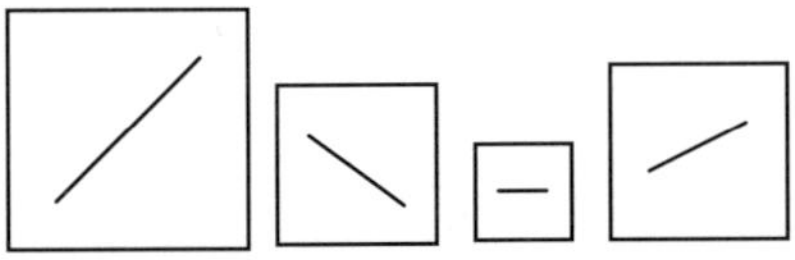

Abbildung 80: Die Messung einer latenten Dimension in verschiedenen latenten Klassen

Dieses Konzept mag auf den ersten Blick etwas künstlich klingen, ist aber unter beiden Analysezielen, dem der Quantifizierung und dem der Klassifikation, sehr sinnvoll. Kann eine Quantifizierung der zu messenden Personeneigenschaft nicht vorgenommen werden, so liegt das allzu oft daran, dass die Personen heterogen sind, d.h. die Eigenschaft nur bei einem *Teil* der Personen gemessen werden kann oder in unterschiedlichen Personengruppen auf unterschiedliche *Art* messbar ist.

Zu Beginn der siebziger Jahre lösten Bem und Allen mit einem provokativen Artikel das aus, was später als die 'Konsistenzdebatte' in der Persönlichkeitspsychologie bezeichnet wurde. Der Artikel trug den zum geflügelten Wort gewordenen Titel 'Measuring some of the people some of the time' und drückt die Skepsis gegenüber der impliziten Annahme vieler Trait-Theorien aus, dass dieselben Persönlichkeitseigenschaften bei jeder Person und zu jeder Gelegenheit messbar seien. Tatsächlich kann es viele Gründe geben, dass eine Personeneigenschaft nicht in der ganzen Stichprobe messbar ist.

So ist es möglich, dass Personen gar nicht über eine wohldefinierte Eigenschaftsausprägung verfügen, weil das zu messende Konstrukt nicht auf sie 'zutrifft'. Ein extremes Beispiel ist ein Fragebogen zur Erfassung der Arbeitszufriedenheit, der sicherlich bei Arbeitslosen *keinen* Ausprägungsgrad dieser Eigenschaft ermitteln kann. Eine andere Möglichkeit besteht darin, dass dieselben Items von verschiedenen Personen aufgrund einer *anderen* Persönlichkeitseigenschaft beantwortet werden. Zum Beispiel können die Antworten auf Fragen zur Ordnung in persönlichen Dingen Ausdruck von Gewissenhaftigkeit und guter Arbeitsorganisation sein oder von zwanghaften Persönlichkeitstendenzen.

Schließlich können auch recht oberflächliche Dinge dafür verantwortlich sein, dass eine Eigenschaft nicht in der gesamten Stichprobe messbar ist. Hierzu gehören partielle Aufmerksamkeitsdefizite während der Beantwortung eines Fragebogens oder bewusste Antwortverweigerung, die sich in zufälligem Antwortverhalten ausdrückt.

Obwohl in diesen Fällen die Testkonzeption auf die Messung einer *quantitativen* Variable ausgerichtet ist, sind es Beispiele dafür, dass diese Eigenschaft *nicht* in der *ganzen* Population in gleicher Weise messbar ist. Daneben gibt es aber auch Fälle, in denen man ausdrücklich annimmt, dass der Test von verschiedenen Klassen von Personen in unterschiedlicher Weise beantwortet wird und insofern bei verschiedenen Personen Unterschiedliches misst.

Bei Leistungstests können z.B. die Items mit unterschiedlichen kognitiven Strategien A und B bearbeitet werden, so dass derselbe Test bei einigen Personen die Fähigkeit zur Anwendung von Strategie A, bei anderen Personen zum Umgang mit Strategie B misst. Fragen zur Außendarstellung der eigenen Person im Sinne des self-monitoring Konstruktes werden von Personen mit einer internen Verhaltenssteuerung anders beantwortet als von außengesteuerten Personen. So misst derselbe Fragebogen bei einigen Personen den Grad der Selbstdarstellung im Rahmen einer internen, bei anderen im Rahmen einer externen Verhaltenskontrolle.

Erkennen kann man ein derartiges differentielles Funktionieren eines Tests daran, dass *nicht* für alle Personen dieselben *Itemparameter* gelten, sondern dass es subgruppen- oder klassenspezifische Itemparameter gibt.

Aber auch wenn das eigentliche Ziel des Tests die *Klassifikation* von Personen ist, also die Messung einer kategorialen latenten Variable, kann es sinnvoll sein, zu einem Modell überzugehen, bei dem innerhalb der Klassen eine *quantitative* Variable gemessen wird. Ein typisches Beispiel ist die Analyse von Leistungstests unter der Erwartung, dass sich einander überschneidende Itemprofile ergeben, die mit unterschiedlichen kognitiven Strukturen der Personen korrespondieren.

Typischerweise erhält man bei 2, 3 oder 4 latenten Klassen Itemprofile, die sich *nicht* überschneiden, da die quantitativen Leistungsunterschiede mögliche qualitative Unterschiede zwischen den Personen dominieren. Das heißt, man benötigt erst einmal eine Reihe von Klassen, um die Leistungsniveaus zu trennen. Erst bei 5 oder gar 6 latenten Klassen zeigt sich, dass es Gruppen gibt, für die die Items unterschiedliche Schwierigkeiten aufweisen.

Die folgende (fiktive) Abbildung soll illustrieren, dass die 3 zuvor abgebildeten latenten Klassen mit ansteigenden Lösungswahrscheinlichkeiten hier in *einer* Klasse zusammengefasst sind, in der das Rasch-Modell gilt.

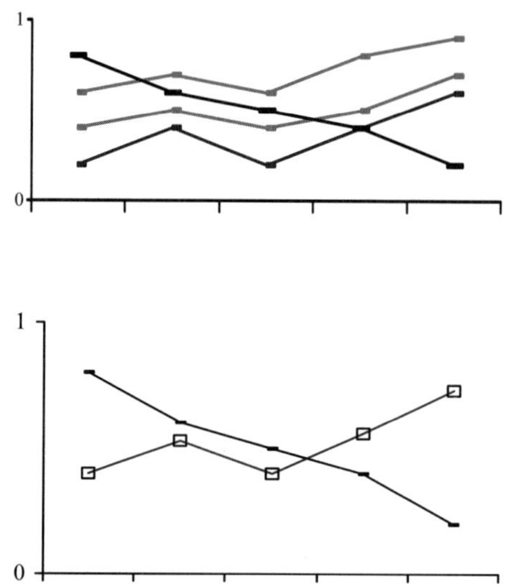

Abbildung 81: Fiktives Beispiel, in dem sich drei latente Klassen in einer Rasch-Klasse zusammenfassen lassen

Um solche qualitativen Unterschiede im Antwortverhalten 'früher', d.h. möglichst schon bei der 2-Klassenlösung zu erkennen, ist ein Modell sinnvoll, das quantitative Personenunterschiede *innerhalb* der Klassen abbildet. Das heißt, Personen mit einem niedrigen, mittleren und hohen Antwortprofil werden in *einer* Klasse zusammengefasst und nur solche Personen verschiedenen Klassen zugeordnet, für die der *Verlauf* des Itemprofils, nicht aber seine *Höhe* unterschiedlich ist.

Das ist die Idee des gleichzeitigen Quantifizierens und Klassifizierens bei der Testauswertung, wobei die Quantifizierung *innerhalb* der Klassen stattfindet. Das zuvor geschilderte Muster, dass sich einander überschneidende Itemprofile erst bei größeren Klassenanzahlen ergeben, findet man nicht nur bei Leistungs- oder Wissenstests, sondern ebenso häufig bei Einstellungs-, Interessens- oder Persönlichkeitsfragebögen. Auch bei diesen Variablen gibt es quantitative Personenunterschiede, z.B. eines mehr oder weniger stark ausgeprägten Interesses, welche die etwas diffizileren Unterschiede in der Interessen*struktur* dominieren.

Die Ergebnisse solcher Analysen lassen sich grafisch ebenfalls in Form von Profilverläufen darstellen, jedoch bezeichnet ein einzelnes Profil jetzt nicht mehr die Lösungswahrscheinlichkeiten *aller* Personen in dieser Klasse. Da sich die Personen innerhalb der Klassen in ihrem Antwortniveau unterscheiden, definieren die Itemprofile jetzt die *mittleren* Lösungswahrscheinlichkeiten aller Personen einer latenten Klasse. Es handelt sich also um *Mittelwertsprofile*, die über die Lösungswahrscheinlichkeiten *einzelner* Personen keine Aussage machen.

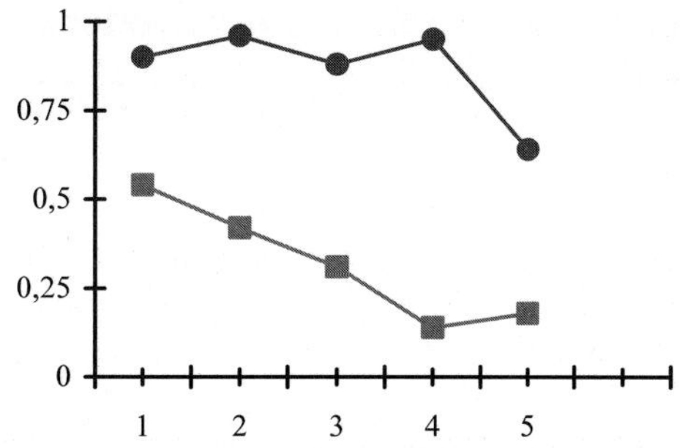

Abbildung 82: Die Mittelwertsprofile der 2-Klassenlösung des mixed Rasch-Modells

Im Falle der KFT-Daten überschneiden sich die beiden Mittelwertsprofile nicht, es wird aber deutlich, dass sich die Items in beiden Klassen hinsichtlich ihrer relativen Schwierigkeit voneinander unterscheiden.

Das Modell mit der Annahme, dass in jeder latenten Klasse das Rasch-Modell gilt, wird als *mixed Rasch-Modell* bezeichnet. Das 'mixed' deutet an, dass die Personenpopulation eine (diskrete) Mischverteilung darstellt, nämlich eine Mischung aus Teilpopulationen, die jeweils für sich genommen Rasch-skalierbar sind. Dieses Modell wird im ersten Unterkapitel behandelt (3.1.3.1).

In vielen Fällen ist es nicht sinnvoll anzunehmen, dass in *jeder* Klasse das Rasch-Modell gilt. Vielmehr soll es nur in *einer* Klasse gelten, während die restlichen Klassen 'normale' Klassen sind, d.h. keine weiteren quantitativen Unterschiede abbilden. Latente Klassenmodelle, bei denen in verschiedenen Klassen *unterschiedliche* Modelle gelten, werden als *Hybrid--Modelle* bezeichnet und sind in Kapitel 3.1.3.2 behandelt.

3.1.3.1 Das mixed Rasch-Modell: Klassifizieren und quantifizieren zugleich

Die Funktion des mixed Rasch-Modells besteht darin, die Personen so zu klassifizieren, dass *innerhalb* jeder Klasse eine quantitative Personenvariable gemessen wird, und zwar mittels des Rasch-Modells.

Das mixed Rasch-Modell ist eine *Kombination* aus dem *Rasch-Modell* und der *Klassenanalyse* mit der Annahme, dass innerhalb jeder latenten Klasse das Rasch-Modell gilt. Die klassenspezifische Antwortwahrscheinlichkeit, also Antwortwahrscheinlichkeit unter der Bedingung, dass sich die Person in Klasse g befindet, wird durch die logistische Antwortfunktion des Rasch-Modells definiert.

Die Parameter des Rasch-Modells erhalten einen zusätzlichen Index g, der angibt, dass eine Person v und ein Item i diesen Parameter nur erhalten, wenn die Person zur g-ten latenten Klasse gehört.

$$(1)\quad p\left(X_{vi}=1\middle|g\right)=\frac{\exp\left(\theta_{vg}-\sigma_{ig}\right)}{1+\exp\left(\theta_{vg}-\sigma_{ig}\right)}$$

Diese bedingte Lösungswahrscheinlichkeit wird im Modell der latenten Klassenanalyse (siehe Gleichung (6) in Kapitel 3.1.2.2) an die Stelle der klassenspezifischen Wahrscheinlichkeitsparameter π_{ig} gesetzt, so dass sich folgende unbedingte Antwortwahrscheinlichkeit ergibt

$$(2)\quad p\left(X_{vi}=1\right)=\sum_{g=1}^{G}\pi_g\frac{\exp\left(\theta_{vg}-\sigma_{ig}\right)}{1+\exp\left(\theta_{vg}-\sigma_{ig}\right)}.$$

π_g ist - wie bei der normalen Klassenanalyse - ein Klassengrößenparameter. Die Klassenanzahl G ist wie bei der Klassenanalyse *kein* Parameter, der geschätzt werden kann, sondern eine Größe, die a priori festgelegt werden muss. Idealerweise ist die Klassenanzahl Bestandteil der Theorie über das zu messende Konstrukt. In der Regel berechnet man das Modell für verschiedene Klassenanzahlen und prüft, bei welcher Anzahl die Modellanpassung am besten ist (s. Kap. 5).

Man sieht an dieser Gleichung, dass es sich bei dem mixed Rasch-Modell um das *gemeinsame Obermodell* von Rasch-Modell und Klassenanalyse handelt.

$$\sum_{g=1}^{G}\pi_g\frac{\exp\left(\theta_{vg}-\sigma_{ig}\right)}{1+\exp\left(\theta_{vg}-\sigma_{ig}\right)}$$

$$\theta_{vg}=\theta_g \qquad\qquad G=1$$

$$\sum_{g=1}^{G}\pi_g\frac{\exp\left(\alpha_{ig}\right)}{1+\exp\left(\alpha_{ig}\right)} \qquad\qquad \frac{\exp\left(\theta_v-\sigma_i\right)}{1+\exp\left(\theta_v-\sigma_i\right)}$$

Gibt es *nur eine Klasse*, d.h. ist G = 1, so reduziert sich das ganze Modell auf das normale Rasch-Modell. Gibt es dagegen *keine Varianz* in den Personenparametern θ_{vg}, d.h. sind alle $\theta_{vg}=\theta_g$, so ist die klassenspezifische Eigenschaftsausprägung θ_g nichts anderes als eine Normierungskonstante. In diesem Fall resultiert die logistische Schreibweise des Modells der Klassenanalyse (s.o. Kap. 3.1.2.4, Formel (4)) mit $\alpha_{ig}=-\sigma_{ig}$.

Die Klassengrößenparameter π_g sind wiederum Wahrscheinlichkeitsparameter, die sich *zu 1 addieren*, d.h.

$$(3)\quad \sum_{g=1}^{G}\pi_g=1.$$

Die Itemparameter unterliegen - wie beim normalen Rasch-Modell - einer *Normierungsbedingung*, und zwar müssen die Itemparameter *innerhalb jeder Klasse summennormiert* sein, d.h. es gilt

$$(4)\quad \sum_{i=1}^{k}\sigma_{ig}=0 \quad \text{für alle } g.$$

Die *Anwendungsbereiche* dieses zunächst etwas kompliziert aussehenden Modells erschließen sich auf zweierlei Weise, nämlich wenn man entweder vom normalen Rasch-Modell oder von der normalen Klassenanalyse ausgeht und sich klarmacht, welche Annahmen jeweils gelockert werden.

Im ersten Fall, d.h. beim normalen Rasch-Modell wird angenommen, dass dieselben Itemparameter *für alle Personen* in der befragten Population gelten, d.h. die Itemschwierigkeiten müssen konstant sein für alle getesteten Personen. Dies ist eine sehr *restriktive Annahme*, die oft dazu führt, dass das Rasch-Modell für einen Datensatz verworfen werden muss. Das mixed Rasch-Modell trifft nicht diese restriktive Annahme konstanter Itemschwierigkeiten für alle Personen, sondern erlaubt unterschiedliche Itemschwierigkeiten für verschiedene Personengruppen.

Unterschiedliche Lösungsstrategien

Gibt es für die Aufgaben eines Leistungstests, z.B. zum räumlichen Vorstellungsvermögen, mehrere *Lösungsstrategien*, so muss angenommen werden, dass auch die Itemschwierigkeiten für Personen unterschiedlich sind, die verschiedene Lösungsstrategien verwenden. Gibt es im einfachsten Fall zwei verschiedene Lösungsstrategien und wendet jede Person genau eine der beiden Strategien auf alle Items an, so ist das räumliche Vorstellungsvermögen nur zu messen, indem man zwei Gruppen von Personen unterscheidet, für die unterschiedliche Itemparameter gelten.

In diesem Fall messen zwar alle Items dieselbe Fähigkeit, nämlich die Fähigkeit eben diese Items zu lösen. Dennoch kann das Rasch-Modell nur *innerhalb* der beiden homogenen Teilpopulationen gelten, die jeweils dieselbe Lösungsstrategie anwenden.

Geht man dagegen von der normalen Klassenanalyse aus, so ist deren restriktivste Annahme die Forderung, dass sich die Personen innerhalb jeder latenten Klasse in ihren Antwortwahrscheinlichkeiten *nicht weiter unterscheiden* dürfen. Das bedeutet, alle Personen derselben Klasse haben für alle Items dieselben Lösungs- bzw. Antwortwahrscheinlichkeiten. Hier wäre es wünschenswert, dass sich die Personen in den latenten Klassen *graduell* unterscheiden dürfen, d.h. im Rahmen eines klassenspezifischen Antwortprofils im Niveau variieren können.

Unterschiedlich prägnante Typen

Ein Persönlichkeitsfragebogen soll den extravertierten Typ vom introvertierten Typ unterscheiden. Jeder Typus zeichnet sich durch ein bestimmtes Antwortprofil aus, d.h. er stimmt gewissen Fragen eher zu und lehnt andere eher ab. Die getesteten Personen gehören aber nicht nur dem einen oder anderen Typ an, sondern unterscheiden sich auch darin, wie *ausgeprägt* ihre intro- bzw. extravertierte Persönlichkeitsstruktur ist. Ein ausgeprägt extravertierter Typ wird die Items sehr viel eher in Richtung Extraversion beantworten als ein schwächer ausgeprägter Typ. In diesem Fall gibt es zwar zwei typenspezifische Profile von Itemschwierigkeiten, aber diese bedeuten nicht, dass alle Personen einer Klasse dieselben Antwortwahrscheinlichkeiten hätten.

Die Ergebnisse einer Testanalyse mit dem mixed Rasch-Modell lassen sich ebenfalls in Form von Itemprofilen darstellen, jedoch unterscheiden sich die Profile von denen der normalen Klassenanalyse. Während dort auf der Ordinate die für alle Personen einer latenten Klasse konstanten Antwortwahrscheinlichkeiten abgetragen sind, gibt es beim mixed Rasch-Modell zwei Möglichkeiten. Entweder man zeichnet die Profile der *Itemparameter*

σ_{ig} für jede Klasse oder man berechnet die *mittleren* Lösungswahrscheinlichkeiten der Items in jeder Klasse. Beide Profilarten können sehr unterschiedlich aussehen, was in Abbildung 83 für die Ergebnisse der Beispieldaten dargestellt ist.

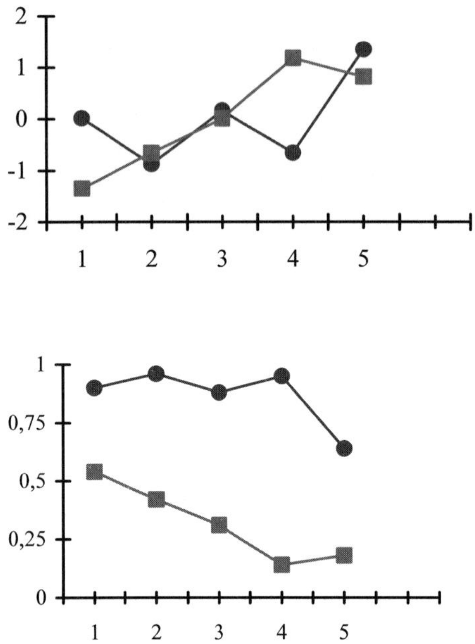

Abbildung 83: Die Profile der Itemparameter (oben) und der mittleren Lösungswahrscheinlichkeiten (unten) für die 2-Klassenlösung des mixed Rasch-Modells

Aus der oberen Abbildung, dem Verlauf der Itemschwierigkeiten, ist abzulesen, dass es die Aufgaben 1 und 4 sind, die den Unterschied zwischen den beiden Klassen ausmachen. Während in Klasse 1 (das Profil mit Punkten) Item 1 schwieriger ist als in Klasse 2, ist es beim vierten Item umgekehrt, d.h. Item 4 ist in Klasse 2 (das Profil mit Quadraten) schwieriger.

Dafür beinhaltet die obere Abbildung keinerlei Information über das *Niveau* der Aufgabenlösungen, also über die quantitative Seite des Modells. Wegen der Summennormierung der Itemparameter *innerhalb* jeder Klasse haben alle Parameterprofile die Abszisse als Mittellinie, d.h. sie *können* sich gar nicht in ihrer mittleren Höhe voneinander unterscheiden.

Das ist bei der unteren Abbildung, die die Profile der mittleren Lösungswahrscheinlichkeiten in den beiden Klassen zeigt, anders. Hier ist sofort ersichtlich, dass die erste Klasse die Klasse der 'Könner' ist, also die höheren Antwortwahrscheinlichkeiten aufweist, während Klasse 2 eher die 'Nicht-Könner' umfasst.

Ansatzweise spiegelt sich in den Profilen auch das Ergebnis der 3-Klassenlösung des latenten Klassenmodells wieder (vgl. Abb. 76). Dort zeichnete sich die mittlere Klasse dadurch aus, dass das erste Item sehr leicht und das vierte Item sehr schwer war. Im mixed Rasch-Modell umfasst die Klasse mit dem niedrigen Leistungsniveau (71%) offenbar die untere und die mittlere Klasse der latenten Klassenanalyse (39% plus 28%). Dadurch wird in dieser Klasse Item 1 sehr leicht und Item 4 sehr schwer.

Im Unterschied zu den Itemprofilen der normalen Klassenanalyse (s. Kap. 3.1.2) hat das Merkmal, ob sich die Profile überschneiden oder nicht, beim mixed Rasch-Modell keine eindeutigen Implikationen. Die Profile der *Itemparameter* überschneiden sich stets mehr oder weniger und, ob sich die Profile der *mittleren Lösungswahrscheinlichkeiten* überschneiden, hängt nicht nur vom Profilverlauf ab, sondern auch sehr stark davon, wie sich die Klassen im Niveau unterscheiden.

Wie stark die Profilverläufe bei einzelnen Items voneinander abweichen, macht allerdings eine Aussage darüber, wie ausgeprägt die qualitativen Unterschiede im Antwortverhalten zwischen den Klassen sind. Im Datenbeispiel der Abbildung 83 ist wohl nur bei den Items 1 und 4 von nennenswerten Unterschieden der beiden Klassen zu sprechen.

Als Ergebnis einer Testung und Auswertung mit dem mixed Rasch-Modell erhält man *zwei Personenmesswerte*:

Erstens, die *wahrscheinlichste Klassenzugehörigkeit* der Person als Ausprägung einer kategorialen Personenvariable und

zweitens, ihre *Fähigkeitsausprägung* innerhalb dieser Klasse als Ausprägung einer quantitativen Personenvariable.

Die Ermittlung der wahrscheinlichsten Klassenzugehörigkeit für jede Person erfolgt genauso wie im Modell der Klassenanalyse (s.o. Kap. 3.1.2.2). Sie ergibt sich daraus, für welche Klasse die bedingte Patternwahrscheinlichkeit $p(\underline{x}|g)$ am größten ist.

Eine Person mit dem Antwortmuster $\underline{x} = (11101)$ wird in diesem Datenbeispiel mit einer Zuordnungswahrscheinlichkeit von 60 % der zweiten Klasse zugeordnet, also den leistungsstarken Personen, was bei 4 von 5 gelösten Aufgaben auch sinnvoll ist. Die relativ knappe Entscheidung mit nur 60 % Sicherheit liegt daran, dass ausgerechnet das vierte Item nicht gelöst wurde, welches in der ersten Klasse sehr schwer und in der zweiten Klasse sehr leicht ist.

Auch hier lässt sich ein Mittelwert der Klassenzugehörigkeitswahrscheinlichkeiten berechnen, der die *Treffsicherheit* der Klassenzuordnung für alle Personen einer Klasse angibt.

Die mittleren Treffsicherheiten liegen für die beiden Klassen bei:

$$T_1 = 0.99 \text{ und } T_2 = 0.94 .$$

Genauso wie beim normalen Rasch-Modell erhalten Personen mit demselben *Summenscore* auch denselben *Personenparameter*. Im Unterschied zum Rasch-Modell gilt dies jedoch nur für Personen die derselben Klasse angehören, d.h. jede Person erhält einen Personenparameter, der für die Klasse gilt, der die Person am wahrscheinlichsten angehört.

Allerdings werden sich die Schätzungen der Personenparameter in den latenten Klassen *numerisch nicht sehr voneinander unterscheiden*: Sie hängen zwar in jeder Klasse von den dort gültigen Itemparametern ab und könnten sich von daher sehr wohl unterscheiden. Jedoch hat jede Person natürlich *nur einen* Summenscore - egal welcher Klasse sie angehört - und die diesem Score zugeordneten Parameterschätzungen unterscheiden sich nur in besonderen Fällen (s. Kap. 3.3.5).

Datenbeispiel: Personenparameter

Die Schätzungen der Personenparameter lauten:

r	0	1	2	3	4	5
$\hat{\theta}_{r1}$	-2.67	-1.28	-0.42	0.36	1.28	2.77
$\hat{\theta}_{r2}$	-2.84	-1.37	-0.42	0.44	1.37	2.81

Ebenso wie beim normalen Rasch-Modell sind die Personenparameter für *Personen, die gar kein Item gelöst haben oder die alle Items gelöst haben*, nur nach der Warm-Methode berechenbar (s. Kap. 4).

Für die Ermittlung der Anzahl latenter Klassen und die Schätzung der klassenspezifischen Itemparameter ist es jedoch eher hinderlich, die Personenparameter stets mit zu schätzen. Es wird daher, wie beim normalen Rasch-Modell von einer Parametrisierung ausgegangen, die die Personenparameter gar nicht enthält, sondern nur deren 'erschöpfende' Statistiken, die (klassenspezifischen) Summenscores. Das Modell baut statt auf den *unbedingten* auf den *bedingten* Patternwahrscheinlichkeiten auf, in denen die Personenparameter θ_{vg} nicht mehr enthalten sind (vgl. Gleichung (13) in 3.1.1.2.2). Die bedingten Patternwahrscheinlichkeiten sind als *Anteil* definiert, den ein bestimmtes Pattern an der Gesamtwahrscheinlichkeit aller Pattern mit Score r (in der latenten Klasse g) hat,

$$(5) \quad p(\underline{x}|r,g) = \frac{p(\underline{x}|g)}{\sum_{\underline{x}|r} p(\underline{x}|g)},$$

und werden durch Multiplikation mit der Wahrscheinlichkeit dieses Scores r in Klasse g wieder zur unbedingten Patternwahrscheinlichkeit:

$$(6) \quad p(\underline{x}|g) = p(\underline{x}|r,g) \cdot p(r|g) \ .$$

Die *klassenspezifischen Scorewahrscheinlichkeiten* $p(r|g)$ sind die neuen Parameter des Modells und müssen anhand der Daten geschätzt werden. Bezeichnet man sie mit π_{rg}, so ergibt sich für die globale, d.h. klassenunspezifische Patternwahrscheinlichkeit analog zu Gleichung (8) in Kapitel 3.1.2.2:

$$(7) \quad p(\underline{x}) = \sum_{g=1}^{G} \pi_g \, p(\underline{x}|g) = \sum_{g=1}^{G} \pi_g \, \pi_{rg} \, p(\underline{x}|r,g).$$

Die Wahrscheinlichkeiten $p(\underline{x}|r,g)$ sind wiederum eine relativ 'einfache' Funktion der Itemparameter und ihrer symmetrischen Grundfunktionen (vgl. Gleichungen (14) und (15) in 3.1.1.2.2):

$$(8) \quad p(\underline{x}|r,g) = \frac{\exp\left(-\sum_{i=1}^{k} x_i \, \sigma_{ig}\right)}{\gamma_r(\exp(-\sigma))}.$$

Insbesondere sind in (8) die Personenparameter nicht mehr enthalten. Die Modellgleichung des mixed Rasch-Modells auf der Ebene der Patternwahrscheinlichkeiten lässt sich somit wie folgt schreiben

$$(9) \quad p(\underline{x}) = \sum_{g=1}^{G} \pi_g \, \pi_{rg} \frac{\exp\left(-\sum x_i \sigma_{ig}\right)}{\gamma_r(\exp(-\sigma))}.$$

Die Scorewahrscheinlichkeiten π_{rg} müssen sich über alle Scores r zu 1 addieren, denn *ein* Summenscore muss schließlich mit *jedem* Antwortpattern verbunden sein:

$$(10) \quad \sum_{r=0}^{k} \pi_{rg} = 1 \text{ für alle } g \ .$$

Um diese Parameter anschaulicher zu machen, kann man sie mit der geschätzten Anzahl der Personen in einer Klasse multiplizieren und erhält so die *erwarteten Scorehäufigkeiten* für jede Klasse

$$(11) \quad \hat{n}_{rg} = \pi_{rg} \cdot \pi_g \cdot N \ .$$

Die Scorehäufigkeiten lauten für das Datenbeispiel:

R	0	1	2	3	4	5
$\hat{n}_{r1}$	0.0	0.0	0.7	0.0	54.2	34.6
$\hat{n}_{r2}$	51.4	48.0	45.3	50.0	5.8	4.8

Wiederum sieht man, dass es sich hier um zwei 'Leistungsklassen' handelt: in der ersten Klasse sind die 'Könner', bei denen die Scores 1 bis 3 fast gar nicht auftreten, in der zweiten Klasse sind die weniger leistungsstarken Schüler.

Im Gegensatz zur Scoreverteilung der Rohdatenmatrix sind die *klassenspezifischen Scoreverteilungen* beim mixed Rasch-Modell *nicht mit ganzzahligen Häufigkeiten* gebildet: Da es sich um *latente* Häufigkeiten handelt, können sie auch *gebrochene* Werte annehmen, was bei manifesten Klassen nicht möglich ist. Sie addieren sich aber über die Klassen zu den beobachteten Scorehäufigkeiten, zumindest, was die Scores, die größer als 0 und kleiner als k sind, anbetrifft.

Anmerkung:

Die Aufteilung der Häufigkeiten der beiden Extremscores r=0 und r=k bereitet Schwierigkeiten. Da jeder Extremscore nur aufgrund *eines* Patterns zustande kommen kann, nämlich des 0-Patterns oder des 1-Patterns, sind die bedingten Patternwahrscheinlichkeiten, gegeben den Score r=0 oder r=k, gleich 1 und somit auch in jeder latenten Klasse gleich groß. Daher ist eine Aufteilung der beiden Patternhäufigkeiten auf die latenten Klassen nicht möglich.

Andererseits sollen die Häufigkeiten der Extremscores auf die Klassen aufgeteilt werden, wenn man die Klassengrößenparameter schätzen will oder das Niveau der Erwartungswertprofile der Items interpretieren will. Bei Datensätzen mit sehr großen Häufigkeiten der Extremscores kann die gewählte Art der Aufteilung sogar die Ergebnisse einer Analyse mit dem mixed Rasch-Modell beeinflussen. Das ist im Beispiel der KFT-Daten der Fall. Immerhin hat fast ein Drittel aller Personen (96) solch einen Extremscore.

Da es ohnedies schon schwierig ist, mit nur 5 dichotomen Items ein 2-Klassen mixed Rasch-Modell zu rechnen, kann eine derartige Datenlage zu instabilen Ergebnissen führen. In WINMIRA sind Vorkehrungen getroffen, dass in dieser Situation keine degenerierten Lösungen produziert werden. Jedoch liegt hier der Grund, dass in diesem und im folgenden Kapitel nicht mehrere mixed Rasch-Modelle miteinander verglichen werden (vgl. aber Kapitel 3.3.5).

Obwohl die übrigen *Scoreparameter* unproblematisch zu schätzen sind, haben sie den Nachteil, dass es oft *sehr viele* sind. Berechnet man zum Beispiel für einen Test mit zehn Items die 3-Klassenlösung, so benötigt man 33 Scoreparameter.

Eine solche Anzahl kann zum einen Schwierigkeiten bei der *Modellgeltungskontrolle* bereiten (s. Kap. 5), vor allem ist aber hier das Prinzip verletzt, dass ein Modell *nur solche Parameter* enthalten sollte, die auch tatsächlich *interpretiert* werden. Die relative Häufigkeit, mit der ein einzelner Summenscore in einer Klasse auftritt, wird im Allgemeinen *nicht* interpretiert. Aus diesem Grund ist es beim mixed Rasch-Modell besonders sinnvoll, die Scoreverteilung mit der 2-parametrigen logistischen Verteilung zu modellieren, die bereits beim normalen Rasch-Modell eingeführt wurde (s. Gleichung (24) in Kapitel 3.1.1.2.2).

Während das *restringierte* 2-Klassenmodell neben Itemparametern und den einen (unabhängigen) Klassengrößenparametern für jede Klasse genau 2 Scoreverteilungsparameter umfasst, gestaltet sich die Berechnung der Parameteranzahl im *unrestringierten* Modell etwas schwierig.

Anzahl der Modellparameter

Wegen der Summennormierung gibt es k-1 *unabhängige Itemparameter* (s. Gleichung (4)) in jeder Klasse, also **G·(k-1)** Itemparameter insgesamt.

Hinzu kommen **G-1** *unabhängige Klassengrößenparameter* (s. Gleichung (3)).

Die Auszählung der *Scoreparameter* ist deshalb schwierig, weil für Personen, die alle oder kein Item gelöst haben, *die Klassenzugehörigkeit nicht* als Bestandteil des Modells definiert ist: der Vektor $\underline{x}$=(00000...) und der Vektor $\underline{x}$=(11111...) als Antwortvektor ist in allen latenten Klassen gleich wahrscheinlich (s.o.).

Die Konsequenz besteht darin, dass von k + 1 möglichen Summenscores in jeder Klasse 2 Scorewahrscheinlichkeiten (für die Extremscores) *nicht klassenspezifisch* sind, so dass in jeder Klasse nur k-1 Scorewahrscheinlichkeiten zu schätzen sind. Von diesen ist nochmals ein Parameter abzuziehen, da sich die Scorewahrscheinlichkeiten in jeder Klasse zu 1 addieren (schließlich sind es *Wahrscheinlichkeiten*!). Es verbleibt die Anzahl von **G(k-2)** *klassenspezifischen* (*unabhängigen) Scoreparametern* zuzüglich der beiden klassenunspezifischen Scorewahrscheinlichkeiten für das 0- und das 1-Pattern.

In dem Datenbeispiel beträgt die Anzahl der unabhängigen Parameter

$$G(k-1)+G-1+G(k-2)+2$$
$$=2\cdot 4+1+2\cdot 3+2=17.$$

Natürlich lässt sich die Formel auch verkürzen zu $2G(k-1)+1$. Der AIC-Wert beträgt für dieses Modell AIC = 1717.2 und ist somit kleiner als für das normale Rasch-Modell.

3.1.3.2 Hybrid-Modelle: In jeder Klasse ein anderes Modell

Im mixed Rasch-Modell wird angenommen, dass in jeder latenten Klasse das Rasch-Modell gilt. Das ist eine sehr weitgehende Annahme und zumindest immer dann fragwürdig, wenn man die Rasch-Skalierbarkeit in einer Teilpopulation erwartet, aber wenig darüber weiß, wie das Antwortverhalten in der restlichen Population zustande kommt. Hier wäre ein Modell sinnvoll, in dem nur *eine* Rasch-Klasse angenommen wird, und für den Rest der Population eine latente Klasse, in der ein möglichst unrestriktives Modell für die *Unskalierbaren* gilt.

Solche Klassenmodelle, bei denen in den latenten Klassen unterschiedliche Modelle gelten, sind theoretisch formalisierbar und praktisch anwendbar. Das Problem besteht im zuvor genannten Fall nur darin, *welches* Modell für die Restgruppe der Unskalierbaren angenommen werden soll. In Mischverteilungsmodellen ist natürlich für *jede* Klasse ein Modelltyp zu spezifizieren (und somit auch für die 'Unskalierbaren'), damit dessen Parameter geschätzt werden können.

In der Regel wird argumentiert, dass für Unskalierbare eine 'normale' latente Klasse, also mit konstanten Antwort-(Rate-)wahrscheinlichkeiten, gelten muss und nicht ein Rasch-Modell. Ein 2-Klassen Hybrid-Modell sei daher sinnvoller, als ein 2-Klassen mixed Rasch-Modell, da dieses in beiden Klassen Skalierbarkeit voraussetzt. Dem ist entgegen zu setzen, dass eine normale latente Klasse mit konstanten Antwortwahrscheinlichkeiten für alle Mitglieder dieser Klasse sehr viel restriktiver ist (und weniger Parameter hat) als eine Rasch-Klasse. Es wird also für die Unskalierbaren ein strengeres Modell angenommen als für die Skalierbaren.

Hybrid-Modelle sind aber nicht nur für den Fall interessant, dass zwischen Skalierbaren und Unskalierbaren unterschieden werden soll. Es kann auch Typenkonstrukte geben, für die bei einem Typus eine quantitative Variation anzunehmen ist, bei einem anderen Typ dagegen nicht. Das bereits mehrfach angeführte Konstrukt des self-monitoring kann auch hier als Beispiel dienen. So ist es plausibel, dass sich nur die 'High-selfmonitorer' aufgrund ihrer außengesteuerten Verhaltenskontrolle graduell in dem Ausmaß unterscheiden, sich situationsabhängig zu präsentieren. Dagegen wären die 'Low-selfmonitorer' aufgrund der Innensteuerung ihres Verhaltens eine Gruppe, die konstante Antwortwahrscheinlichkeiten in einem selfmonitoring-Fragebogen hat.

Die ersten Anwendungen von Hybrid-Modellen beziehen sich auf Leistungstests mit einem hohen speed-Anteil. Das Zeitlimit bei der Testbearbeitung bewirkte, dass große Anteile der Personenstichprobe gegen Ende der Testzeit dazu übergingen, die richtigen Antworten zu erraten. Auch hier konnten neben der Klasse der Rasch-skalierbaren noch weitere Klassen mit konstanten Ratewahrscheinlichkeiten identifiziert werden.

Der Terminus *Hybrid-Modell* bezeichnet eigentlich die hybride Mischung aus Quantifizierung und Klassifikation und ist nicht der Name für eine bestimmte Modellvariante. Das einfachste Hybrid-Modell besteht aus 2 Klassen, von denen in einer Klasse das Rasch-Modell gilt, in der anderen konstante Antwortwahrscheinlichkeiten.

Für das Datenbeispiel ergibt sich eine interessante Lösung bei Anwendung dieses Hybrid-Modells (s. Abb. 84).

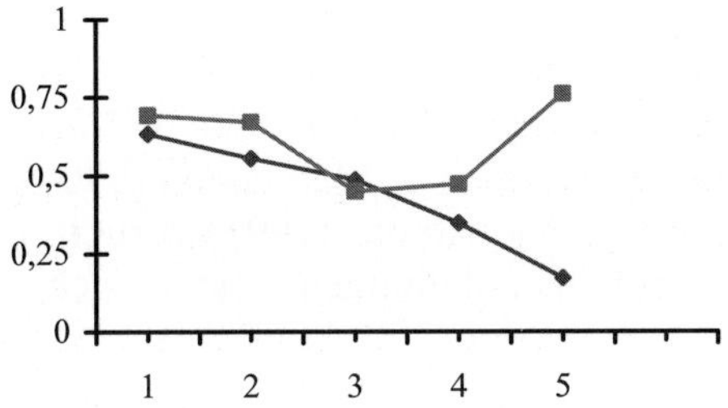

Abbildung 84: Die Itemprofile des Hybrid-Modells. Das Profil repräsentiert die Rasch-Klasse (76%)

Abbildung 84 zeigt die Erwartungswertprofile der beiden Klassen des Hybrid-Modells. In der Rasch-Klasse, die mit 76% die größere der beiden Klassen ist, ist das Itemprofil gleichmäßig abfallend, d.h. die Items werden kontinuierlich schwieriger. Die Klasse mit konstanten Wahrscheinlichkeiten umfasst 24% der Personen und liegt in ihrem Niveau auf der Höhe des Mittelwertprofils der Rasch-Klasse. Sie definiert sich offenbar dadurch, dass die letzten beiden Items, aber ganz besonders das fünfte, sehr viel leichter sind als in der Rasch-Klasse.

Das Phänomen, dass für einige Personen das fünfte Item leichter ist, ist nicht neu und lässt sich auch an den Profilverläufen anderer Modelle schon finden. Neu ist, dass diese Personen in einer eigenen Klasse zusammengefasst werden und durch die Rasch-Klasse mit stetig ansteigende Itemschwierigkeiten erhält.

Der Vergleich mit den 3 latenten Klassen aus Abbildung 76 ergab für das mixed Rasch-Modell, dass sich die eine Rasch-Klasse aus der niedrigen und mittleren latenten Klasse rekrutiert, während die andere Rasch-Klasse die leistungsstarken Personen umfasst (s.o. Kapitel 3.1.3.1). Dieser Sachverhalt wird durch die folgende Kreuztabelle nochmals verifiziert.

		3 latente Klassen		
		Niedrig	Mittel	Hoch
Mixed Rasch-Modell	Klasse 1	126	61	15
	Klasse 2		6	92

Für das Hybrid-Modell sieht das ganz anders aus. Hier rekrutiert sich die latente Klasse mit dem leichten fünften Item aus allen drei latenten Klassen.

		3 latente Klassen		
		Niedrig	Mittel	Hoch
Hybrid-Modell	Rasch-Klasse	111	48	85
	Latente Klasse	15	19	22

Wegen des ausgeprägten Itemprofils der latenten Klasse (s. Abbildung 84) kann diese nicht als Klasse der Unskalierbaren interpretiert werden. Es scheint sich eher um eine Klasse mit ausgeprägter kognitiver Struktur oder mit einer typischen Leistungssteigerung während der Testbearbeitung zu handeln. Es sei aber nochmals darauf hingewiesen, dass diese Lösung wegen des großen Anteils an Extremscores bei kleiner Itemanzahl (s.o. Kap. 3.1.3.1) nicht stabil ist, sondern von der Art der Aufteilung der Extremscores beeinflusst ist. Die Rechnung dient nur zur Illustration von Hybrid-Modellen. Das Modell hat 12 unabhängige Parameter und einen AIC-Wert von 1725,8. Weitere Beispiele für Hybrid-Modelle finden sich in Kapitel 3.3.5.

Hybrid-Modelle sind nicht auf 2 Klassen beschränkt, sondern können eine beliebige Anzahl von Rasch-Klassen und normalen Klassen umfassen.

Die Modellgleichung für ein Hybrid-Modell mit G Rasch-Klassen und H 'normalen' latenten Klassen lautet:

$$(1)\ p\left(X_{vi}=1\right) = \sum_{g=1}^{G} \pi_g \frac{\exp\left(\theta_{vg}-\sigma_{ig}\right)}{1+\exp\left(\theta_{vg}-\sigma_{ig}\right)} + \sum_{h=G+1}^{H+G} \pi_g \cdot \pi_{ig}$$

mit $\sum_{g=1}^{H+G} \pi_g = 1$.

In den Rasch-Modell können die klassenspezifischen Scorewahrscheinlichkeiten wahlweise auch durch die logistische Verteilungsfunktion angepasst werden, was die Anzahl unterschiedlicher Modellvarianten auch schon bei dichotomen Daten erhöht.

Hybrid-Modelle stellen insofern die 'Krönung' der Idee diskreter Mischverteilungsmodelle dar, als damit eine Vielfalt und Flexibilität der Modellierung qualitativer Personenunterschiede gegeben ist, die mit herkömmlichen klassifizierenden Verfahren wie Clusteranalysen nicht denkbar ist. So sind nicht nur Rasch-Klassen mit normalen Klassen mischbar, sondern bei mehrkategoriellen Daten auch unterschiedliche verallgemeinerte Rasch-Modelle und Modelle mit unterschiedlichen Parameterrestriktionen.

Die Kehrseite dieser Flexibilität besteht darin, dass wohl nunmehr fast jeder Datensatz durch ein entsprechend komplexes Modell beschrieben werden kann und das Fehlen einer Theorie über die Art der Mischverteilung durch Ausprobieren verschiedener Varianten kompensiert werden kann. Diese negative Begleiterscheinung ist aber nicht spezifisch für Mischverteilungsmodelle, sondern weisen alle generellen Modellstrukturen wie z.B. lineare Strukturgleichungsmodelle und Loglineare Modelle auf.

Literatur

Das mixed Rasch-Modell geht auf Arbeiten von Rost (1990a), Mislevy & Verhelst (1990) Kelderman & Macready (1990) und Gitomer & Yamamoto (1991) zurück. Detailliertere Darstellungen finden sich bei Rost & v. Davier (1995) und Rost (1995).

Anwendungsbeispiele geben Köller (1994), Köller et al. (1998), Rost & v. Davier (1993), Rost & Langeheine (1997), Eid & Rauber (2000) und Eid & Hoffmann (1998). Weitere Anwendungen des Modells bei der Analyse von Skalen geben Eid et al. (1996a), v. Davier & Rost (1997), Hosenfeld et al (1997) und Yamamoto (1997).

3.2 Modelle für nominale Itemantworten

In Kapitel 3.1 wurde gesagt, dass dichotome Itemantworten der einfachste Fall von Itemantworten sind und vielleicht auch der häufigste. Unter den *mehrkategoriellen Itemantworten* sind ordinale Itemantworten, wie sie z.B. mit Ratingskalen erhoben werden, die häufigsten. Reine nominale Itemantworten sind eher selten, was jedoch auch an der Kompliziertheit ihrer Auswertung liegen mag. Wenn jede Antwort auf ein Item qualitativ etwas anderes bedeutet, so ist es zwar leicht, mit Hilfe eines Testmodells eine *kategoriale Personenvariable* zu erfassen, jedoch eher schwierig, eine *quantitative Personenvariable* zu messen.

Diesen Unterschied kann man auch ohne eine Formalisierung nachvollziehen: Ein Testmodell wie die latent-class Analyse nimmt lediglich an, dass in jeder Klasse bestimmte *Antwortwahrscheinlichkeiten konstant* für alle Personen dieser Klasse gelten. Dies kann man sich nicht nur für dichotome, sondern gleichermaßen für mehrkategorielle Itemantworten vorstellen: man nimmt entsprechend an, dass die Antwortwahrscheinlichkeiten bezüglich *aller* Kategorien eines Items in jeder Klasse konstant sind. Die Generalisierung der dichotomen latent-class Analyse auf den Fall nominaler Itemantworten ist sehr gradlinig und wird in Kapitel 3.2.1 behandelt.

Möchte man mit nominalen Itemantworten dagegen *quantitative* Personenvariablen erfassen, so muss man zunächst das Problem klären, wie man verschiedene *qualitative* Beobachtungen (die Itemantworten) den zu messenden Quantitäten zuordnet.

Dies setzt voraus, dass man bei jedem Item für jede Itemantwort genau weiß, *welche* latente Personenvariable sie anspricht. Soll daraus aber ein praktikables Testmodell abgeleitet werden, so ist weiter anzunehmen, dass es für *jede* zu messende Dimension bei *jedem* Item auch *eine* zugehörige Itemantwort gibt. Somit hat jedes Item gleich viele Antwortkategorien und jeweils eine Kategorie entspricht einer zu messenden Personeneigenschaft. Das ist die Idee des *mehrkategoriellen mehrdimensionalen Rasch-Modells*, welches in Kapitel 3.2.2 dargestellt wird.

Die Idee, dass man mit mehreren nominalen Antwortkategorien nur *eine* latente Personenvariable misst, ist dagegen nicht realisierbar. Man würde hierfür irgendeine Annahme benötigen, wie qualitative Itemantworten mit genau einer Personenvariable zusammenhängen (s. Kap. 2.5.2).

Nimmt man zum Beispiel an, dass die Antwortkategorien die latente Variable *unterschiedlich stark* ansprechen, d.h. dass es vom Ausprägungsgrad der Eigenschaft abhängt, welche Kategorie man wählt, so gelangt man unweigerlich zu *ordinalen Antwortkategorien.* Es ist dies genau die Annahme von quantitativen Modellen für ordinale Daten, wie sie in Kapitel 3.3 behandelt werden.

Zusammenfassend ergibt sich die etwas asymmetrisch erscheinende Situation, dass sich mit nominalen Itemantworten zwar leicht *eine nominale* Personenvariable messen lässt, dass es aber nur möglich ist, *so viele quantitative* Personenvariablen zu messen, *wie es Antwortalternativen* gibt. Aus diesem Grund kann es manchmal angebracht sein, nominale Itemantworten mittels der Klassenanalyse auszuwerten statt mit einem quantitativen Testmodell. Andererseits ermöglicht das mehrdimensionale Rasch-Modell, das für jede Antwortkategorie eine eigene latente Variable vorsieht, sehr interessante Interpretationsmöglichkeiten (s. Kap. 3.2.2).

Datenbeispiel

Als *Datenbeispiel* dient in diesem Kapitel ein Fragebogen zum Umwelthandeln, der in einer bundesweiten Befragung von Lehrerinnen und Lehrern eingesetzt wurde (Eulefeld et al. 1993). In den 9 Items des Fragebogens, von denen die ersten 5 hier als Datenbeispiel ausgewählt wurden, sind verschiedene *Tätigkeiten* aufgeführt und als Itemstamm ist die Frage gestellt:

> *'Jeder Einzelne ist aufgefordert, durch eigenes Tun einen Beitrag zur Verbesserung der Umweltsituation zu leisten. Wie ist es bei Ihnen ?'*

Die 5 Items lauten:

1. *Regelmäßig mit öffentlichen Verkehrsmitteln oder dem Fahrrad zur Schule fahren bzw. zu Fuß gehen.*
2. *Eine politische Partei deshalb wählen, weil sie den 'ökologischen Umbau' der Industriegesellschaft anstrebt.*
3. *Einem Umweltverband für den Schutz bedrohter Arten Geld spenden.*
4. *Auf die Ausübung einer Sportart verzichten (z.B. Skifahren, Motorsport), um die Umwelt zu schonen.*
5. *An einer Versammlung einer Umwelt- oder Naturschutzgruppe teilnehmen.*

Das nominale Antwortformat besteht aus den folgenden 4 Kategorien:

0: Habe ich schon getan bzw. tue ich bereits.

1: Kann ich mir gut vorstellen.

2: Würde ich tun, wenn geeignete Bedingungen geschaffen würden.

3: Ich halte das für ungeeignet, um die Umwelt zu schützen.

Mit den beiden letzten Kategorien soll erhoben werden, *warum* bestimmte Tätigkeiten nicht ausgeführt werden, und die zweite Kategorie ('kann ich mir gut vorstellen') bietet den Befragten eine weitere Möglichkeit 'zuzugeben', dass man diese sicherlich 'sozial erwünschten' Tätigkeiten *nicht* ausführt. Der verzerrende Einfluss der Variable *soziale Erwünschtheit* (s. Kap. 2.3) soll mit diesen Antwortkategorien möglichst gering gehalten werden. Die Antwortkategorien bilden weder eine Rangskala, noch kann angenommen werden, dass eine einzige quantitative Personenvariable das Antwortverhalten erklärt.

Das Datenbeispiel umfasst die Antworten von N = 800 Lehrerinnen und Lehrern. Es ergeben sich die folgenden Kategorienhäufigkeiten:

	i =	1	2	3	4	5
	0	293	263	401	342	233
x =	1	108	276	240	342	381
	2	392	93	55	47	75
	3	7	168	104	69	111

Die vollständigen Patternhäufigkeiten hier wiederzugeben ist zu aufwendig, da deren Anzahl zu groß ist.

3.2.1 Klassenanalyse nominaler Daten

In der Einleitung zu Kapitel 3.2 wurde gesagt, dass nominale Daten im Vergleich zu dichotomen oder ordinalen Daten eher selten sind. Trotzdem gibt es viele Fälle, in denen es sinnvoll ist, Variablen als nominalskaliert zu behandeln, obwohl sie dichotom oder mehrfach abgestuft erhoben worden sind. Und es gibt viele Fälle, wo eine latente Klassenanalyse der einzige Weg ist, polytome Variablen so auszuwerten, dass eine latente Personenvariable gemessen wird.

Ein Beispiel hierfür ist die Erhebung soziodemografischer Indikatoren wie Einkommen, soziale Schicht, Lebensstil, Bildungsabschluss oder Staatsangehörigkeit mit dem Ziel, diese Indikatoren als Hintergrundvariablen in einer empirischen Studie zu berücksichtigen. Solche Variablen hängen meist stark miteinander zusammen, so dass eine Analyse aller einzelnen Variablen redundant wäre.

Andererseits gibt es auch nicht die *eine* Dimension, auf der man all diese Indikatoren zusammenfassen könnte, etwa im Sinne eines Mehr oder Weniger an Geld, Kultur und Bildung. Ganz im Gegenteil, oft möchte man gerade den *Wechselwirkungen* dieser Variablen eine Chance lassen, zum Beispiel, dass Personen mit höherer Bildung und geringerem Einkommen eher einen kulturell geprägten Lebensstil pflegen als Personen mit höherem Einkommen.

Die Klassenanalyse für nominale Daten liefert in diesem Beispiel Klassen von Personen, die jeweils vergleichbare Ausprägungen der soziodemografischen Indikatoren haben. In welche Klassen die befragten Personen zusammengefasst werden, hängt allein von den Häufigkeiten ab, mit denen bestimmte Kombinationen von Ausprägungen der Indikatoren auftreten. Es kann natürlich auch sein, dass sich für einen gegebenen Datensatz *keine* sinnvolle Klasseneinteilung ergibt, bzw. so viele latente Klassen notwendig sind, dass damit keine wirkliche Datenreduktion verbunden ist. In diesem Fall sollte man mit den Einzelindikatoren weiterarbeiten.

Ein zweites Beispiel dafür, dass eine latente Klassenanalyse nominaler Daten den 'einzigen Ausweg' darstellt, sind Leistungs- oder Wissenstests, bei denen nicht nur 'richtig' und 'falsch' kodiert wird, sondern auch falsche Antworten, die aufgrund eines bestimmten, typischen Denkfehlers zustande gekommen sind, oder die von einer typischen Fehlvorstellung (misconception) im Wissensbereich zeugen. Würde man diese Daten eindimensional auswerten, so würde man die individuellen Denkfehler oder Fehlvorstellungen nicht mit abbilden.

Eine mehrdimensionale Auswertung scheitert daran, dass es bei unterschiedlichen Aufgaben auch unterschiedliche Denkfehler sein können, die die Personen zum Ausdruck bringen. Man kann aber nicht hinsichtlich jedes möglichen Denkfehlers eine eigene latente Dimension messen.

Die Klassenanalyse für nominale Daten kann in diesem Beispiel auch dann angewendet werden, wenn bei jeder Aufgabe andere Denkfehler und vor allem auch unterschiedlich viele Denkfehler möglich sind. Wenn es bei den getesteten Personen bestimmte Tendenzen gibt, über die Testaufgaben hinweg richtige Antworten oder bestimmte Muster von falschen Antworten zu produzieren, so wird die Klassenanalyse die Personen in Klassen einteilen, die nicht nur bestimmte Lösungswahrscheinlichkeiten aufweisen, sondern auch die Wahrscheinlichkeiten spezifizieren, mit denen bei jeder Aufgabe die möglichen Denkfehler auftreten.

Das eingangs beschriebene Datenbeispiel zum Umwelthandeln von Lehrkräften hat gewisse Ähnlichkeiten mit dem Beispiel des Wissenstests. Hier wie dort soll eigentlich *eine* latente Dimension gemessen werden, nämlich die Tendenz umweltfreundliches Verhalten zu zeigen, bzw. die Fähigkeit, die gestellten Aufgaben zu lösen. In beiden Fällen gibt es aber für den Gegenpol, also das Nicht-Handeln oder die Nicht-Lösung mehrere Alternativen.

Im dem Lehrerfragebogen sind es stets drei Kategorien des Nicht-Handelns. Analysiert man die Daten dieses Beispiels unter der Annahme von drei latenten Klassen, also einer dreikategoriellen Personenvariable, so ergeben sich die folgenden Modellparameter π_{ixg}, die die Wahrscheinlichkeiten angeben, mit der eine Person in Klasse g bei Item i in Kategorie x antwortet

x	i=1	i=2	i=3	i=4	i=5
	Klasse 1:				
0	0.24	0.00	0.16	0.28	0.07
1	0.30	0.62	0.66	0.59	0.82
2	0.45	0.12	0.03	0.08	0.11
3	0.01	0.26	0.14	0.05	0.00
	Klasse 2:				
0	0.39	0.13	0.21	0.31	0.06
1	0.07	0.20	0.19	0.37	0.19
2	0.54	0.20	0.21	0.07	0.19
3	0.01	0.47	0.39	0.25	0.56
	Klasse 3:				
0	0.41	0.54	0.76	0.53	0.48
1	0.10	0.29	0.20	0.39	0.46
2	0.49	0.08	0.03	0.05	0.05
3	0.01	0.09	0.02	0.03	0.02

Personen in Klasse 1 haben bei Item 1 die Antwortwahrscheinlichkeit $\pi_{101} = 0.24$ bezüglich Kategorie $x = 0$, während in Klasse 2 die Antwortwahrscheinlichkeit $\pi_{102} = 0.39$ beträgt und in Klasse 3 $\pi_{103} = 0.41$

Die Klassengrößenparameter π_g lauten: $\pi_1 = 0.23$, $\pi_2 = 0.21$ und $\pi_3 = 0.56$. Betrachtet man die Antwortwahrscheinlichkeiten der ersten Antwortkategorie $(x = 0)$ in den drei Klassen, so sieht man, dass die Personen in *Klasse 3* am meisten angeben zu handeln, während diese Wahrscheinlichkeiten, zumindest bei den Items 2 bis 5, in den beiden anderen Klassen deutlich geringer sind.

Klasse 1 zeichnet sich dadurch aus, dass die Wahrscheinlichkeiten für die zweite Kategorie ('kann ich mir gut vorstellen') recht groß sind. Dies ist offensichtlich ein Typ von Personen, der gerne mehr für die Umwelt tun würde (bzw. es angibt), es aber nicht tatsächlich tut.

In *Klasse 2* sind (außer für das erste Item) die Wahrscheinlichkeiten der letzten Antwortkategorie sehr hoch. Man könnte diese Personen (etwas bösartig) als 'die Rationalisierer' bezeichnen, denn sie halten viele der erfragten Verhaltensweisen für ungeeignet, die Umwelt zu schützen.

Im Unterschied zur latent-class Analyse dichotomer Daten lassen sich diese Ergebnisse nicht mehr so einfach in Form von *Itemprofilen* darstellen. Man braucht z.B. im vorliegenden Datenbeispiel *vier* Profile für jede Klasse, was innerhalb einer Abbildung sehr unübersichtlich wird. In Abbildung 85 sind daher die Antwortprofile für jede Klasse getrennt abgebildet.

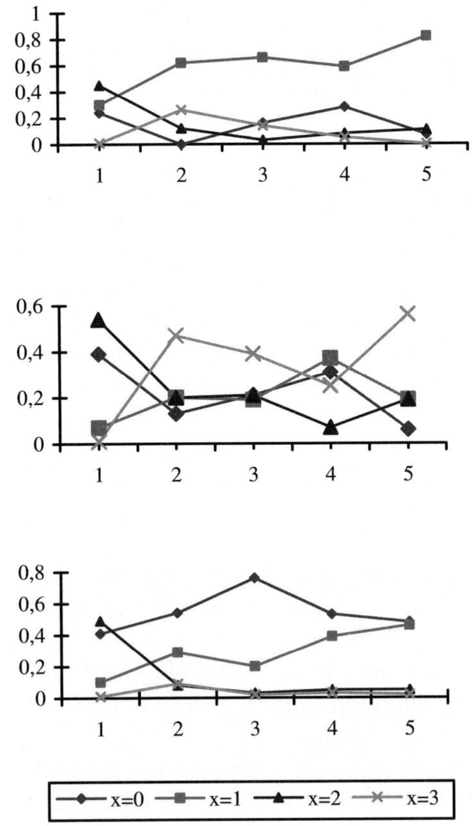

Abbildung 85: Die Antwortprofile der 3 Klassen aus dem Datenbeispiel

Auch macht es im Unterschied zum Fall dichotomer Daten im allgemeinen keinen Sinn von *geordneten Klassen* zu sprechen, da die Antwortwahrscheinlichkeiten für jede Kategorie zwischen den Klassen anders geordnet sein können.

In Kapitel 3.1.2.2 wurde das Modell *der latent-class Analyse* aus vier *Annahmen* abgeleitet, nämlich

1. der Annahme *konstanter Lösungswahrscheinlichkeiten* für alle Personen einer Klasse,

2. der Annahme *disjunkter und exhaustiver* Personenklassen, deren Größe unbekannt ist,

3. der Annahme der *Itemhomogenität* und

4. der Annahme der *stochastischen Unabhängigkeit* aller Itemantworten in einem Test.

Aus denselben Annahmen ist auch das Modell der latent-class Analyse für nominale Daten herleitbar mit dem kleinen Unterschied, dass nun in Annahme 1 nicht mehr von konstanten Lösungswahrscheinlichkeiten gesprochen wird, sondern von *konstanten Antwortwahrscheinlichkeiten* für alle Antwortkategorien eines Items.

Die Grundidee ist also die, dass es eine bestimmte Anzahl von Klassen von Personen gibt, innerhalb derer die Wahrscheinlichkeiten, eine bestimmte Kategorie von m+1 vorgegebenen Kategorien anzukreuzen, konstant sind. In Entsprechung zu Formel (2) in Kapitel 3.1.2.2 lautet daher die Grundgleichung, die sich aus der ersten Modellannahme ergibt:

$$(1) \quad p\left(X_{vi} = x \middle| \theta_v = g\right) = \pi_{ixg}$$
$$\text{mit } x \in \{0,1,\ldots m\}.$$

Die Antwortvariable X_{vi} kann Werte zwischen 0 und m annehmen, d.h. sie umfasst m+1 Antwortkategorien. Für jede dieser Antwortkategorien wird ein *Wahrscheinlichkeitsparameter* π_{ixg} eingeführt, der die Wahrscheinlichkeit charakterisiert, dass in Klasse g bei Item i in Kategorie x geantwortet wird. Diese $m+1$ Antwortwahrscheinlichkeiten eines Items in einer Klasse müssen sich zu 1 addieren, da jede Person genau eine Alternative auszuwählen hat und daher die folgende *Normierungsbedingung* gilt:

$$(2) \qquad \sum_{x=0}^{m} \pi_{ixg} = 1.$$

In Entsprechung zu Gleichung (6) in Kapitel 3.1.2.2 ergibt sich aufgrund der zweiten Annahme exhaustiver und disjunkter Klassen mit unbekannten Klassengrößen π_g die folgende Gleichung für die *unbedingten Antwortwahrscheinlichkeiten*:

(3) $$p(X_{vi} = x) = \sum_{g=1}^{G} \pi_g \, \pi_{ixg} \, .$$

Auch hier gilt selbstverständlich für die *Klassengrößenparameter* π_g, dass sie sich zu 1 addieren müssen, d.h.

(4) $$\sum_{g=1}^{G} \pi_g = 1 \, .$$

Aufgrund der beiden weiteren Annahmen der Itemhomogenität und stochastischen Unabhängigkeit ergibt sich schließlich die unbedingte *Patternwahrscheinlichkeit* als Modellgleichung dieses Modells. Diese entspricht Formel (11) in Kapitel 3.1.2.2:

(5) $$p(\underline{x}) = \sum_{g=1}^{G} \pi_g \prod_{i=1}^{k} \pi_{ixg} \, .$$

Verglichen mit Gleichung (11) im Kapitel 3.1.2.2 sieht diese Gleichung sogar noch einfacher aus, da die Schreibweise mit den Exponenten x_i bzw. $1 - x_i$ entfällt. Dies liegt daran, dass hier *jede* Antwortkategorie einen eigenen Parameter π_{ixg} erhält, während im dichotomen Fall nur die Wahrscheinlichkeit für $x = 1$ parametrisiert ist. Dafür muss hier die Normierungsbedingung (2) berücksichtigt werden, was im dichotomen Fall der Tatsache gleichkommt, dass von 2 möglichen Parametern nur einer in der Modellgleichung auftritt.

Datenbeispiel: Zuordnungswahrscheinlichkeit

Anhand des Datenbeispiels kann illustriert werden, wie die Personen anhand ihres Antwortmusters *den Klassen zugeordnet werden*. So werden etwa die folgenden drei Antwortmuster mit relativ großer Wahrscheinlichkeit je einer der drei Klassen zugeordnet, da diese Personen bei allen Items eine Kategorie ausgewählt haben, die in dieser Klasse eine hohe Wahrscheinlichkeit besitzt.

$\underline{x}$ = (1 1 3 1 1), $p(g{=}1|\underline{x}) = 0.95$
$\underline{x}$ = (2 3 0 3 2), $p(g{=}2|\underline{x}) = 0.90$
$\underline{x}$ = (0 1 0 0 1), $p(g{=}3|\underline{x}) = 0.87$

Bei anderen Antwortmustern ist die Zuordnung zu den latenten Klassen nicht so eindeutig. So weist eine Person, die sich nur in einer Antwort von dem dritten, zuvor genannten Pattern unterscheidet

$\underline{x}$ = (0 1 2 0 1)

folgende Zuordnungswahrscheinlichkeiten auf:

$p(g{=}1|\underline{x}) = 0.41$
$p(g{=}2|\underline{x}) = 0.18$
$p(g{=}3|\underline{x}) = 0.41$

Einem Umweltverband Geld zu spenden (i=3), hat in der Klasse der 'Handelnden' (g=3) offensichtlich einen so hohen Stellenwert, dass man dieser Klasse nicht mehr zugeordnet wird, wenn man nur unter geeigneteren Bedingungen spenden würde $(x_{v3} = 2)$.

Die allgemeine Formel zur Bestimmung der Zuordnungswahrscheinlichkeiten lässt sich analog zu (12) in Kapitel 3.1.2.2 ableiten und lautet:

(6) $$p(g|\underline{x}) = \frac{\pi_g \, p(\underline{x}|g)}{\sum_{h=1}^{G} \pi_h \, p(\underline{x}|h)} \, .$$

Möchte man für jede getestete Person konkret deren Klassenzugehörigkeit bestimmen, so wird man die Person derjenigen Klasse mit der *höchsten* Zuordnungswahrscheinlichkeit zuordnen, was sich für das zuletzt genannte Antwortmuster allerdings erst in der dritten Kommastelle entscheidet.

Auch die *mittlere Treffsicherheit* für alle Personen einer Klasse lässt sich analog zu Formel (15) in Kapitel 3.1.2.2 bestimmen. Sie ist ein Indikator für die Güte der Klasseneinteilung und somit für die Messgenauigkeit des Tests. Im Datenbeispiel ergeben sich für die drei Klassen die folgenden mittleren Zuordnungswahrscheinlichkeiten:

$$T_1 = 0.75$$
$$T_2 = 0.88$$
$$T_3 = 0.89$$

Ein großer Vorteil der Klassenanalyse nominaler Daten kommt bei diesem Datenbeispiel gar nicht zum Tragen. Es ist nämlich *nicht* erforderlich, dass alle Items *gleiche Kategorienanzahlen* haben. D.h. es ist möglich, dass z.B. Item 1 zwei Kategorien, Item 2 vier Kategorien und Item 3 fünf Kategorien aufweist. In dieser Hinsicht ist die latent-class Analyse sehr flexibel und universell einsetzbar.

In Kapitel 3.1.2.3 wurde beschrieben, wie mit Hilfe von *Parameterrestriktionen* spezielle latent-class Modelle berechnet werden können. Diese Möglichkeiten des Fixierens von Parametern auf bestimmte Werte und des Gleichsetzens von mindestens zwei Modellparametern bestehen auch bei der Klassenanalyse für nominale Daten. Die in Kapitel 3.1.2.3 dargestellten Überlegungen sind entsprechend verallgemeinerbar und sollen hier nicht weiter ausgeführt werden.

Literatur

Die latent-class Analyse wird im Allgemeinen nicht getrennt für dichotome und nominale Daten dargestellt, so dass auch hier auf die Bücher von Lazarsfeld & Henry (1968), Formann (1984) und McCutcheon (1987) sowie auf den Überblicksartikel von Langeheine und Rost (1993) verwiesen werden kann.

3.2.2 Das mehrdimensionale Rasch-Modell

Das Rasch-Modell als Inbegriff einer eindimensionalen Messstruktur zu einem mehrdimensionalen Modell zu verallgemeinern, liegt nahe. In Kapitel 3.4 werden auch Ansätze diskutiert, für dieselbe Datenstruktur statt des eindimensionalen Modells ein mehrdimensionales Rasch-Modell zu spezifizieren. Man hat dann die Auswahl oder die empirische Entscheidung zu treffen, ob ein eindimensionales oder ein mehrdimensionales Modell die Daten besser beschreibt.

Das ist im vorliegenden Fall etwas anders. Die Anzahl der Dimensionen ist durch die Anzahl der Antwortkategorien vorgegeben. Jede Antwortalternative wird aufgrund einer anderen, 'eigenen' latenten Eigenschaft gewählt oder angekreuzt. Die Anzahl der Dimensionen ist also mit der Konstruktion des Tests bereits festgelegt.

Georg Rasch hat dieses Modell fast zeitgleich mit dem dichotomen, also eindimensionalen Modell entwickelt (1961). Allerdings ging sein Interesse dahin, bei mehrstufigen, also ordinalen Itemantworten zu prüfen, ob die Antwortkategorien auch *empirisch* entlang einer zu messenden Dimension angeordnet sind.

Um dies zu prüfen, kann man einmal ein ordinales, eindimensionales Rasch-Modell und zum anderen dieses mehrdimensionale Rasch-Modell auf dieselben Daten anwenden. Die zuvor getroffene Aussage, dass die Anzahl der latenten Dimensionen von der vorgegebenen Anzahl der Antwortkategorien abhängt, muss dahingehend eingeschränkt werden, dass die *maximale* Dimensionenanzahl durch die Kategorienanzahl vorgegeben ist.

Schätzt man die Parameter dieser (maximalen) Anzahl von Dimensionen, kann man anschließend über die korrelativen Zusammenhänge der gemessenen Dimensionen ermitteln, ob auch eine kleinere Anzahl von Dimensionen ausreichen würde, das Antwortverhalten der Personen abzubilden.

Dieses Vorgehen wird im Folgenden anhand des Datenbeispiels zum Umwelthandeln demonstriert. Die klassische Arbeit zu dieser Thematik stammt von Fischer und Spada (1973), die analysiert haben, ob die Tintenklecksaufgaben des Rorschach-Tests (s. Abbildung (7) in Kapitel 2.2) ein- oder mehrdimensional auszuwerten sind. Rost (2002 a) beschreibt eine Untersuchung, in der das Ratingformat des NEOFFI (s. Kapitel 3.3) auf diese Weise analysiert wurde.

Will man mit mehreren nominalen Antwortkategorien quantitative Personenvariablen messen, so setzt dies - wie in der Einleitung von Kapitel 3.2 ausgeführt - voraus, dass alle Items gleich viele Kategorien haben und *jeweils eine Kategorie eine bestimmte Dimension* anspricht. In Kapitel 2.5.2 über die Kodierung von Antwortkategorien wurde dies am Beispiel eines Attributionsfragebogens beschrieben, bei dem jede von vier Antwortalternativen einem der vier Attributionsstile entspricht.

Nur in diesem Fall macht es Sinn, für die Personen *Summenscores* zu bestimmen, also die Häufigkeiten, mit denen eine Person eine bestimmte Kategorie bei den Items ausgewählt hat. Würden sich die Kategorien zwischen den Items *nicht* entsprechen, wären solche Summenscores unsinnig.

Datenbeispiel: Scorevektoren

In dem Fragebogen zum Umwelthandeln wurden vier Antwortkategorien unterschieden (siehe oben):

0: Habe ich schon getan bzw. tue ich bereits.

1: Kann ich mir gut vorstellen.

2: Würde ich tun, wenn geeignete Bedingungen geschaffen würden.

3: Ich halte das für ungeeignet, um die Umwelt zu schützen.

Dementsprechend erhält jede Person einen Vektor von 4 Summenscores, die angeben, wie oft sie in jeder Antwortkategorie geantwortet hat

$$\underline{r}_v = \left(r_{v0}, r_{v1}, r_{v2}, r_{v3}\right).$$

Das ergibt bei 5 Items die stattliche Anzahl von 56 unterschiedlichen Vektoren von Summenscores. So gibt es z.B. allein vier *extreme* Scorevektoren, bei denen die Person 5-mal in derselben Kategorie geantwortet hat, nämlich

$$\underline{r} = (5,0,0,0) \text{ mit } n(\underline{r}) = 19$$
$$\underline{r} = (0,5,0,0) \text{ mit } n(\underline{r}) = 15$$
$$\underline{r} = (0,0,5,0) \text{ mit } n(\underline{r}) = 0$$
$$\underline{r} = (0,0,0,5) \text{ mit } n(\underline{r}) = 0 .$$

Angegeben sind jeweils auch deren beobachtete Häufigkeiten $n(\underline{r})$. Die Zahl der Scorevektoren, bei denen 4-mal dieselbe, aber einmal eine andere Kategorie angekreuzt wurde, beträgt 12, und sie wurden mit folgenden Häufigkeiten beobachtet:

$\underline{r}$	$n(\underline{r})$
4 1 0 0	53
4 0 1 0	35
4 0 0 1	6
1 4 0 0	15
1 0 4 0	2
1 0 0 4	2
0 4 1 0	19
0 4 0 1	11
0 1 4 0	0
0 1 0 4	0
0 0 4 1	1
0 0 1 4	5

Im Gegensatz zu dichotomen Testdaten sind die Summenscores bei mehrkategoriellen, nominalen Daten also recht unübersichtlich.

Die Idee quantitativer Modelle für solche Daten besteht darin, dass Personen mit einem höheren Summenscore bezüglich einer Kategorie x auch einen höheren Ausprägungsgrad auf der entsprechenden Personenvariable aufweisen. Bei vier Antwortkategorien gibt es vier Personenvariablen, und der Scorevektor sagt etwas darüber aus, wie diese Eigenschaften bei der betreffenden Person ausgeprägt sind.

Bevor man sich Gedanken über die Formalisierung eines entsprechenden Testmodells macht, ist es lohnenswert, sich einige *Eigenschaften einer solchen Datenstruktur* vor Augen zu führen. Diese Eigenschaften haben nämlich weitreichende Implikationen für die Interpretation der Modellparameter entsprechender Testmodelle. In dem Datenbeispiel addieren sich die vier Summenscores jeder Person stets zu 5, da es genau fünf Items gibt und jede Person bei jedem Item nur eine Kategorie ankreuzen darf. Generell gilt

(1) $$\sum_{x=0}^{m} r_{vx} = k ,$$

wenn r_{vx} die Anzahl von Antworten in Kategorie x bei Person v bezeichnet.

Das bedeutet, dass die Summenscores der Personen *nicht unabhängig voneinander* variieren können. Wenn man bei vier Antwortkategorien drei Summenscores kennt, so ergibt sich der vierte automatisch, wenn man die Anzahl der Items kennt.

Solche Summenscores und die aus ihnen abgeleiteten Messwerte bezeichnet man als *ipsative Messwerte*.

Was sind ipsative Messwerte?

Ipsativ bedeutet 'auf sich selbst bezogen' (ipse = selbst), d.h. ipsative Messwerte sagen nur etwas über den relativen Ausprägungsgrad einer Eigenschaft bezogen auf andere Eigenschaften *innerhalb derselben Person* aus.

Nehmen wir als Beispiel wieder den Attributionsfragebogen mit vier Antwortkategorien, so sagt die Häufigkeit, mit der extern-stabile Attributionen vorgenommen werden, nur etwas über den Ausprägungsgrad dieses Attributionsstils *relativ zu den anderen* drei Attributionsstilen dieser Person aus. Dies ist deshalb so, weil bei einer Itemantwort in einer Kategorie die anderen Attributionstendenzen gar nicht mehr die Chance haben sich zu manifestieren.

Hat man z.B. bei 10 Items neunmal extern stabil attribuiert, so besagt der Summenscore 9 lediglich, dass der extern-stabile Attributionsstil bei dieser Person *relativ zu den anderen* drei Attributionsstilen recht stark ist. *Wie* stark jeder der Attributionsstile 'wirklich' ist, könnte sich nur zeigen, wenn alle vier Reaktionen gleichzeitig geäußert werden könnten und nicht die Wahl einer Alternative zugleich die Wahl der jeweils anderen unterdrücken bzw. unmöglich machen würde.

Das Gegenstück zu ipsativen Messungen sind *normative Messungen*, bei denen der Messwert etwas über den Ausprägungsgrad einer Person relativ zu *anderen* Personen aussagt. Diese Unterscheidung bedeutet jedoch nicht, dass ipsative Messwerte gar nicht *zwischen* den Personen interpretierbar wären. Dies wäre auch unsinnig, denn das Ziel einer Testvorgabe sind zumeist vergleichende Aussagen zwischen den Personen. Solche interindividuellen Vergleiche sind bei ipsativen Messwerten jedoch komplizierter.

So können stets nur *relative* Variablenausprägungen zwischen den Personen verglichen werden, also z.B. die externstabile Attributionstendenz *relativ* zu den anderen drei Attributionstendenzen. Dies ist eine Eigenschaft ipsativer Messwerte und wird bei der Interpretation der Modellparameter des mehrdimensionalen Rasch-Modells zu berücksichtigen sein.

Eigenschaften ipsativer Messwerte

Ipsative Messwerte haben weitere Eigenschaften, die es zu berücksichtigen gilt, wenn man sie mit statistischen Mitteln weiterverarbeiten will. So sind ipsative Messwerte untereinander im Mittel *stets negativ korreliert*. Dies ergibt sich daraus, dass eine höhere Ausprägung einer Variable stets niedrigere Ausprägungen der anderen Variablen bedingt.

Man kann sogar die Höhe dieser künstlichen negativen Interkorrelation ipsativer Messwerte bestimmen. Sie beträgt nämlich bei einer Anzahl von m+1 ipsativen Messwerten im Mittel

$$\text{Korr} = -\frac{1}{m}.$$

D.h. im Fall von vier Antwortkategorien sind die Summenscores untereinander im Durchschnitt zu -1/3, also -0.33 korreliert. Dies bedeutet eine sehr starke artifizielle

Verzerrung der *inhaltlich* bedingten Interkorrelationen der gemessenen Variablen.

Auch die Korrelationen ipsativer Messwerte mit *externen* Variablen, also z.B. die *Validitäten* dieser Messwerte, sind künstlich verzerrt. So ist die Summe der Korrelationen ipsativer Messwerte mit einer anderen Variable gleich Null, wenn die Varianzen der ipsativen Messwerte gleich sind. Das bedeutet z.B., dass, wenn 3 von 4 ipsativen Messwerten mit einem Kriterium positiv korrelieren, der vierte negativ mit diesem Kriterium korrelieren *muss*, und zwar in der Höhe, die der Summe aller drei positiven Korrelationen entspricht.

Im Folgenden sollen jedoch nicht die Summenscores als Messwerte betrachtet werden, sondern daraus abgeleitete *Personenparameter* eines entsprechend verallgemeinerten mehrdimensionalen mehrkategoriellen Rasch-Modells.

Wie beim dichotomen Rasch-Modell (s. Kap. 3.1.1.2.2) hängen auch hier die Antwortwahrscheinlichkeiten von der Differenz eines Personenparameters für diese Kategorie, θ_{vx}, und eines Itemparameters für diese Kategorie, σ_{ix}, ab, d.h.

(2) $$p(X_{vi}=x)=f(\theta_{vx}-\sigma_{ix}).$$

Die Itemparameter σ_{ix} drücken die Schwierigkeit von Item i aus, eine Antwort in Kategorie x zu provozieren, also eine *kategorienspezifische Itemschwierigkeit.* Die Personenparameter θ_{vx} drücken die Tendenz der Person aus, Antworten in Kategorie x zu geben, also die '*Fähigkeit' oder Eigenschaft* der Person, Antworten der Kategorie x zu produzieren.

Wie beim dichotomen Modell lässt sich die Funktion f in Gleichung (2) über die *Logits* der Antwortwahrscheinlichkeiten spezifizieren. Im Fall von nur 2 Antwortkategorien ist ein Logit als der Logarithmus des Quotienten aus Wahrscheinlichkeit und Gegenwahrscheinlichkeit definiert (vgl. Kap. 3.1.1.2.2). Im Fall mehrerer Antwortkategorien wird der Quotient aus der Wahrscheinlichkeit einer Kategorie x zur Wahrscheinlichkeit einer festen *Referenzkategorie*, z.B. der 0-Kategorie gebildet. Nimmt man an, dass diese Logits gleich der Differenz von Personen- und Itemparameter sind,

(3) $$\log\frac{p(X_{vi}=x)}{p(X_{vi}=0)}=\theta_{vx}-\sigma_{ix},$$

so ergibt sich nach einigen Umformungen die Modellgleichung des mehrkategoriellen Rasch-Modells. Auf die algebraische Ableitung soll an dieser Stelle verzichtet werden, da sie in Kapitel 3.3.1 für das ordinale Rasch-Modell wiedergegeben ist.

Statt dessen wird die Modellgleichung im Folgenden mittels einer 'Plausibilitätsüberlegung' abgeleitet. Gleichung (3) besagt, dass die Kategorienwahrscheinlichkeit gleich der Exponentialfunktion der Parameterdifferenz ist, wobei diese jedoch noch mit einer *Unbekannten* zu multiplizieren ist, nämlich mit $p(X_{vi}=0)$:

(3') $$p(X_{vi}=x)=\exp(\theta_{vx}-\sigma_{ix})\cdot p(X_{vi}=0).$$

Diese 'Unbekannte' ist dann *keine* Unbekannte mehr, wenn man die Wahrscheinlichkeiten der *anderen* Kategorien, x=1 bis x=m, kennt, denn es muss gelten:

(4) $$\sum_{x=0}^{m} p(X_{vi}=x)=1.$$

Tatsächlich würde man bei einer detaillierten Ableitung der Modellgleichung aus Gleichung (3') sehen, dass die einzige Funktion dieser 'Unbekannten' darin besteht, sicherzustellen, dass die Summe der über die Exponentialfunktion definierten

Kategorienwahrscheinlichkeiten 1 ergibt. Dies kann man jedoch auch durch einen einfachen Trick erreichen, indem man nämlich die Exponentialfunktion der Parameterdifferenz durch die Summe dieser Ausdrücke über alle Kategorien dividiert:

$$(5)\quad p(X_{vi}=x)=\frac{\exp(\theta_{vx}-\sigma_{ix})}{\sum_{s=0}^{m}\exp(\theta_{vs}-\sigma_{is})}.$$

Der Nenner in Gleichung (5) wirkt wie eine *Normierungskonstante*, die sicherstellt, dass sich die Ausdrücke über alle Antwortkategorien zu 1 addieren, d.h. es gilt

$$(6)\quad \sum_{x=0}^{m}\frac{\exp(\theta_{vx}-\sigma_{ix})}{\sum_{s=0}^{m}\exp(\theta_{vs}-\sigma_{is})}=1.$$

Den Nenner kann man insofern als Normierungskonstante bezeichnen, da er *nicht von den Daten abhängt*. Er ist für jede Person und jedes Item allein durch deren Parameter definiert und hängt nicht davon ab, welche Kategorie die Person bei diesem Item angekreuzt hat. Dementsprechend taucht der Index x als Code der angekreuzten Kategorie auch nicht im Nenner auf; es wird vielmehr über alle Ausprägungen der Antwortvariable summiert (Summationsindex : s).

Was hier als 'Trick' ausgegeben wurde, um die Antwortwahrscheinlichkeiten zu normieren, hat bewirkt, dass die Antwortwahrscheinlichkeit einer Kategorie x nun doch von den Personen- und Itemparametern *aller* Kategorien abhängt. Die Parameter der anderen, nicht gewählten Antwortkategorien tauchen im Nenner von (5) auf und beeinflussen auf diese Weise die Wahrscheinlichkeit der gewählten Antwortkategorie.

Die Wahrscheinlichkeit einer Antwort in Kategorie x hängt also nicht nur davon ab, wie stark die diesbezügliche Eigenschaftsausprägung der Person ist, sondern auch davon, wie *schwach* die *anderen* Eigenschaftsausprägungen sind.

Formel (5) stellt die *Modellgleichung des mehrdimensionalen Rasch-Modells* dar, die jedoch um drei weitere Parameternormierungen ergänzt werden muss.

Die *erste dieser Normierungen* ergibt sich wiederum im Rückgriff auf das dichotome Rasch-Modell. Dort kann die Antwortvariable die beiden Werte 0 und 1 annehmen, es gibt jedoch nicht zwei Parameter für jedes Item, sondern lediglich einen. Eine der beiden Antwortkategorien stellt die *Referenzkategorie* dar, auf die die Antworttendenz hinsichtlich der anderen Antwortkategorie bezogen ist (s. Kap. 3.1.1.2.2).

Entsprechend gibt es im mehrkategoriellen Fall nicht m+1 Parameter für jedes Item, sondern lediglich m. Eine (beliebige) Kategorie muss die Rolle der Referenzkategorie spielen. Es werden auch hier (wie im dichotomen Modell) die Parameter *für die Kategorie x=0* auf den Wert 0 gesetzt, d.h. es gilt

$$(7)\qquad \sigma_{i0}=0 \qquad \text{für alle i.}$$

Als *zweite* Normierung ist - wie im dichotomen Rasch-Modell - *eine Summennormierung der Itemparameter* erforderlich. Man kann sich die Notwendigkeit für eine solche Normierung dadurch klar machen, dass man in Gleichung (5) zu den Itemparametern einer bestimmten Kategorie eine Konstante c hinzu addieren kann, wenn man dieselbe Konstante gleichzeitig zu allen Personenparametern derselben Kategorie addiert. Dadurch würde sich an den Exponenten in Gleichung (5) nichts ändern, so dass man die Parameter durch eine geeignete Normierung fixieren muss. In Analogie zum dichotomen Modell gilt die folgende Summennormierung:

(8) $$\sum_{i=1}^{k} \sigma_{ix} = 0 \qquad \text{für alle x}.$$

Das bedeutet, *für jede Antwortkategorie* müssen die Itemparameter dieser Normierung unterworfen werden, so dass man z.B. bei 10 vierkategoriellen Items nur 27 unabhängige Itemparameter zu schätzen hat.

Datenbeispiel: Itemparameter

Die Analyse des Datenbeispiels ergibt die folgenden Schätzungen für die Itemparameter:

σ_{ix}	x = 1	x = 2	x = 3
i = 1	+.96	−1.37	+2.24
i = 2	−.32	−.24	−1.35
i = 3	+.36	+.85	−.13
i = 4	−.21	+.86	+.16
i = 5	−.79	−.10	−.92

Wegen der Normierungen sind alle Parameter der 0-ten Kategorie gleich 0, und die Itemparameter addieren sich in jeder Spalte dieser Tabelle ebenfalls zu Null.

Dadurch sind zeilen- oder spaltenweise Vergleiche *zweier* Itemparameter von den anderen Itemparametern abhängig und somit nicht *spezifisch objektiv* (vgl. Kap. 2.1.3). Stellt man z.B. fest, dass es beim ersten Item um 1.28 Einheiten schwerer ist, Kategorie 3 anzukreuzen als Kategorie 1, so ist die Differenz wegen der Summennormierung in jeder Spalte auch von den Parametern der anderen Items mitbestimmt. Ebenso ist die Feststellung, dass das Wählen einer Ökopartei für sehr ungeeignet $(\sigma_{23} = -1.35)$, die Benutzung öffentlicher Verkehrsmittel für geeignet gehalten wird, die Umwelt zu schützen $(\sigma_{13} = 2.24)$, von den Parametern dieser beiden Items in der Normierungskategorie abhängig (also davon, wie häufig diese beiden Handlungen ausgeführt wurden).

Spezifisch objektiv sind bei diesem Modell daher nur *Vergleiche von Differenzen* von Itemparametern, also Vergleiche, an denen *vier* Parameter beteiligt sind. Man kann jedoch die zuvor genannten zeilen- oder spaltenweisen Parametervergleiche anstellen, wenn man dabei berücksichtigt, dass es sich tatsächlich um Vergleiche von *Parameterdifferenzen* handelt: Vergleicht man die Parameter zweier Kategorien eines Items, so vergleicht man 'in Wirklichkeit' die Differenzen der beiden Parameter zu den beiden Mittelwerten *aller* Itemparameter dieser Kategorien, die wegen (8) gleich Null sind. Vergleicht man die Parameter zweier Items bezüglich einer Kategorie, so vergleicht man 'in Wirklichkeit' die Differenzen der beiden Parameter zu den beiden Parametern der Normierungskategorie, die wegen (7) ebenfalls gleich Null sind. Die *dritte* notwendige Normierungsbedingung bezieht sich auf die Personenparameter. Im dichotomen Fall wird für *zwei* Antwortkategorien nur *ein* Personenparameter geschätzt. Entsprechend können im mehrkategoriellen Fall bei m+1 Kategorien nur m unabhängige Personenparameter geschätzt werden. Das ergibt sich aus der *Ipsativität* der Messwerte, die ja bewirkt (s.o.), dass jeweils *ein* Messwert völlig von der Summe der übrigen Messwerte abhängt.

Während dieses Problem im dichotomen Fall dadurch gelöst wird, dass es für die 0-Kategorie *keinen* Personenparameter gibt, ist es im mehrkategoriellen Fall sinnvoller, die *Summe* aller Parameter einer Person gleich Null zu setzen, d.h.

(9) $$\sum_{x=0}^{m} \theta_{vx} = 0 \qquad \text{für alle v.}$$

Damit drücken die Personenparameter θ_{vx} jeweils die Stärke einer Antworttendenz *relativ zur Ausprägung der anderen Antworttendenzen* aus. Ein einzelner Personenparameter θ_{vx} beinhaltet daher zunächst eine *intraindividuelle* Aussage über die relative Stärke dieser Verhaltenstendenz *innerhalb* einer Person. Diese intraindividuellen Ausprägungsgrade können jedoch auch *interindividuell*, d.h. über die Personen hinweg verglichen werden.

Die Summennormierung wird hier gewählt, um für *jede* Antwortkategorie einen Messwert der Person zu erhalten. Anders als bei dichotomen Antworten gibt es bei mehrkategoriellen Antworten oft keine Kategorie, die sich als Referenzkategorie anbietet und auf deren Parameter man verzichten könnte (man denke z.B. an den Attributionsfragebogen, bei dem jede Antwortkategorie einem bestimmten Attributionsstil entspricht).

Auch im dichotomen Fall wird der Parameter für die Kategorie $x = 0$ nicht einfach 'weggelassen', sondern er ist faktisch *gleich Null* gesetzt worden. Dies wird ersichtlich, wenn man das dichotome Modell als Spezialfall des mehrkategoriellen Modells (5) aufschreibt:

$$p(X_{vi} = 1) = \frac{\exp(\theta_{v1} - \sigma_{i1})}{\exp(\theta_{v0} - \sigma_{i0}) + \exp(\theta_{v1} - \sigma_{i1})}$$

$$= \frac{\exp(\theta_{v1} - \sigma_{i1})}{1 + \exp(\theta_{v1} - \sigma_{i1})}$$

Die '1' im Nenner des dichotomen Rasch-Modells kommt nämlich dadurch zustande, dass θ_{v0} und σ_{i0} gleich Null gesetzt sind und sich somit $\exp(0) = 1$ ergibt.

Die unterschiedliche Normierung im dichotomen und polytomen Fall (polytom = mehrkategoriell) hat zur Folge, dass ein Personenparameter, der im dichotomen Modell z.B. $\theta_v = 1.8$ beträgt, im polytomen Modell (angewandt auf dieselben dichotomen Daten) nur $\theta_{v1} = 0.9$ beträgt. Das liegt daran, dass es hier einen zweiten Parameter $\theta_{v0} = -0.9$ gibt, der sich mit θ_{v1} zu Null addiert.

In ihrer Interpretation sind beide Ergebnisse identisch, denn die *relative* Antworttendenz der Person bezüglich Kategorie 1 beträgt stets $\theta_{v1} - \theta_{v0} = 1.8$.

Datenbeispiel: Personenparameter

Im folgenden sind die Personenparameter für 6 Personen wiedergegeben, die genau zweimal die Kategorie x=0 ('Habe ich schon getan bzw. tue ich bereits') angekreuzt haben:

v	$\underline{x}$	θ_{v0}	θ_{v1}	θ_{v2}	θ_{v3}
1	00111	1.43	2.03	–1.95	–1.50
2	02203	1.23	–2.72	1.08	0.42
3	00313	1.03	0.23	–2.38	1.13
4	01201	0.97	1.00	0.02	–1.99
5	20101	0.97	1.00	0.02	–1.99
6	23010	0.62	–0.30	–0.33	0.01

Zunächst sieht man, dass sich die Parameter zeilenweise zu Null addieren. Dann fällt auf, dass die Personen 4 und 5 dieselben Parameter erhalten. Das liegt daran, dass beide Personen dieselben Summenscores r_{vx} haben, nämlich je 2-mal die '0' und die '1' und einmal die '2' angekreuzt haben.

Der Parameter für $x = 0$ ist bei den anderen Personen jedoch unterschiedlich, obwohl alle Personen diese Kategorie gleich oft angekreuzt haben. Da diese Personen die *anderen* Kategorien unterschiedlich oft angekreuzt haben, ist auch ihre Antworttendenz bzgl. Kategorie 0 im *intraindividuellen* Vergleich unterschiedlich stark: Sie ist bei Person 6 am schwächsten, da diese Person *jede* andere Kategorie auch einmal angekreuzt hat. Sie ist bei Person 1 am stärksten, da diese Person zwei andere Kategorien *überhaupt nicht* angekreuzt hat und daher stark negative Verhaltenstendenzen hinsichtlich dieser beiden Kategorien hat.

Korreliert man die 4 Messwerte über alle 800 befragten Personen miteinander, so ergibt sich folgende Korrelationsmatrix:

	θ_{v1}	θ_{v2}	θ_{v3}
θ_{v0}	–.39	–.23	–.43
θ_{v1}		-.46	–.32
θ_{v2}			–.14

Der Mittelwert dieser 6 Korrelationskoeffizienten beträgt genau $-\frac{1}{3} = -0.33$, wie es für 4 ipsative Messwerte zu erwarten ist (s.o.). Obwohl alle Korrelationen negativ verzerrt sind, lassen sie sich doch *relativ zueinander* interpretieren. So ist der stärkste positive Zusammenhang (wenn man den Bias von –0.33 wieder abzieht; Bias = systematische Verzerrung) zwischen den Verhaltenstendenzen bezüglich der Kategorien 2 und 3: $-.14 + .33 = +.19$. Diese beiden Antwortalternativen bieten zwei unterschiedliche 'Rationalisierungen' für fehlendes Umwelthandeln an ('die Bedingungen sind nicht gegeben' und 'die Maßnahme ist ungeeignet'), so dass ein positiver Zusammenhang plausibel ist.

Schließlich ist es auch aufschlussreich, diese Ergebnisse mit dem Ergebnis der Klassenanalyse derselben Daten in Beziehung zu setzen. Die folgende Tabelle zeigt die *Mittelwerte* der 4 Personenmesswerte $\left(\overline{\theta}_{vx}\right)$ für die Mitglieder der 3 latenten Klassen (vgl. Kap. 3.2.1):

	$\overline{\theta}_{v0}$	$\overline{\theta}_{v1}$	$\overline{\theta}_{v2}$	$\overline{\theta}_{v3}$
Klasse 1	–.50	1.78	–.57	–.72
Klasse 2	–.15	–.64	–.03	.81
Klasse 3	1.59	.26	–.52	–1.34

Klasse 3 war die Klasse der 'Handelnden' und entsprechend ist hier die Verhaltenstendenz der Kategorie 0 am stärksten ausgeprägt. Klasse 1 war die Klasse der Personen, die sozial erwünscht (?) antworten: 'kann ich mir gut vorstellen'. Die entsprechende Verhaltenstendenz hat hier den größten Mittelwert (1.78). Klasse 2 schließlich sind die 'Rationalisierer' mit starker Tendenz zu Kategorie 2 und 3. Insgesamt führen das klassifizierende und das quantifizierende Testmodell zu ähnlichen Ergebnissen, auch wenn sie die interindividuellen Unterschiede sehr unterschiedlich repräsentieren.

Die Abhängigkeit der Antwortwahrscheinlichkeiten von der latenten Dimension wurde bei dichotomen Testmodellen mit Hilfe der *Itemcharakteristiken* oder *Itemfunktionen* dargestellt. Diese Itemfunktionen sind für das mehrdimensionale Rasch-Modell schwieriger darzustellen, da jeweils mehrere Parameter pro Item und pro Person variieren.

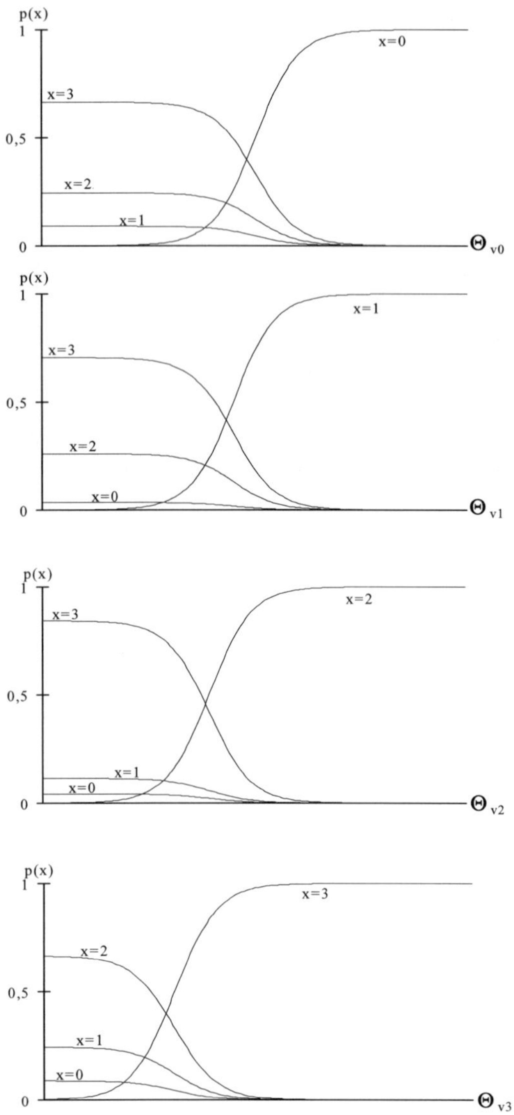

Abbildung 86: Die Itemfunktionen eines vierkategoriellen Items mit den Parametern $\sigma_{i0} = +1.0$, $\sigma_{i1} = 0.0$, $\sigma_{i2} = -1.0$ und $\sigma_{i3} = -2.0$

Abbildung 86 zeigt die Abhängigkeit der Antwortwahrscheinlichkeiten von den Personenvariablen θ_{vx} für ein vierkategorielles Item. Die Abbildung besteht aus je einer Graphik für jede latente Variable θ_{vx}, in denen jeweils 4 Kurven eingezeichnet sind, nämlich eine für jede Antwortkategorie.

In jedem der vier Bilder variiert genau eine *Personenvariable* θ_{vx}, während die Ausprägungen der 3 anderen Variablen als untereinander gleich stark angenommen werden. Wegen der Normierungsbedingung (9) bedeutet das im Falle des obersten Graphen, dass für θ_{v1} bis θ_{v3} gilt:

$$\theta_{vx} = -\frac{\theta_{v0}}{3}, x > 0 .$$

So addieren sich die 4 Messwerte stets zu Null. In allen 4 Graphen steigt die Wahrscheinlichkeit einer Antwort in derjenigen Kategorie, deren Personenparameter variiert wird, monoton an. Demgegenüber fallen die Wahrscheinlichkeiten der drei übrigen Kategorien monoton ab.

Die *Itemparameter* σ_{ix} drücken sich in der Lage dieser Kurven bzgl. der Abszisse und in ihrem Abstand voneinander aus: Je größer σ_{ix} ist, desto schwerer fällt eine Antwort in diese Kategorie und desto weiter *rechts* liegt die monoton *steigende* Kurve. Bei den monoton *fallenden* Kurven verlaufen die Kurven umso flacher, je größer der Schwierigkeitsparameter der Kategorie ist.

Die Verläufe dieser Itemfunktionen sind zwar etwas komplizierter nachzuvollziehen, entsprechen aber letztlich den Erwartungen.

Die Eigenschaft von Rasch-Modellen, dass die Summenscores die gesamte Information ausschöpfen (vgl. auch Kap. 3.1.1.2.2), zeigt sich wiederum in der *Likelihoodfunktion* der Daten für dieses Modell.

Die Likelihood der gesamten Datenmatrix ergibt sich durch Multiplikation über alle Items und alle Personen, d.h. sie ist durch folgende Gleichung definiert

(10) $$L=\prod_{v=1}^{N}\prod_{i=1}^{k}\frac{\exp(\theta_{vx}-\sigma_{ix})}{\sum_{s=0}^{m}\exp(\theta_{vs}-\sigma_{is})}$$
$$=\frac{\exp\left(\sum_v\sum_i\theta_{vx}-\sum_v\sum_i\sigma_{ix}\right)}{\prod_v\prod_i\sum_{s=0}^{m}\exp(\theta_{vs}-\sigma_{is})}$$
$$=\frac{\exp\left(\sum_v r_{vx}\,\theta_{vx}-\sum_i n_{ix}\,\sigma_{ix}\right)}{\prod_v\prod_i\sum_{s=0}^{m}\exp(\theta_{vs}-\sigma_{is})}.$$

Es zeigt sich, dass die Likelihood der Daten lediglich von der Häufigkeit n_{ix}, mit der bei Item i die Kategorie x gewählt wurde, und der Häufigkeit r_{vx}, mit der Person v Kategorie x gewählt hat, abhängt.

Bei *welchen* Items die r_{vx} Antworten in Kategorie x fallen, spielt keine Rolle, sofern das Modell gilt. Anders ausgedrückt: Wenn das Modell gilt, so kann man sicher sein, dass die *Antwortmuster keine zusätzliche diagnostische Information* über die Personen enthalten.

Möchte man in einem Test mit nominalen Antwortkategorien die Antworthäufigkeiten in einer bestimmten Kategorie als Indikator für die Ausprägung einer entsprechenden Personeneigenschaft interpretieren, so sollte man daher zuvor prüfen, ob das mehrdimensionale Rasch-Modell auf die Daten passt.

Mit der Tatsache, dass die Summenscores r_{vx} die gesamte Information über die Personenparameter θ_{vx} enthalten, ist ein Problem verbunden, das unter anderem auch für die seltene Anwendung dieses Testmodells verantwortlich ist. Hat nämlich eine Person in dem Test eine oder mehrere Antwortkategorien bei *keinem* Item angekreuzt, d.h. ist ein Score $r_{vx}=0$, so lässt sich der Ausprägungsgrad der zugehörigen Personeneigenschaft nur mit Hilfe von Zusatzannahmen ermitteln.

Rein rechnerisch würde sich für diese Person eine Ausprägung von minus unendlich $(\theta_{vx}=-\infty)$ auf dieser Variable ergeben, da sie diese Kategorie im Vergleich zu den anderen Kategorien 'unendlich selten' nämlich 'nie' angekreuzt hat. Dies allein wäre nicht weiter tragisch, man müsste nur in Kauf nehmen, dass für einige Personen die Messwerte bezüglich einzelner Kategorien fehlen. Die Normierungsbedingung (9) führt aber dazu, dass wenn *ein* Parameter $-\infty$ beträgt, alle anderen Parameter $+\infty$ werden bzw. gar nicht definiert sind.

Die Konsequenz, auf jede Person zu *verzichten*, die in mindestens einer Kategorie nie geantwortet, d.h. den Score Null hat, ist nicht praktikabel. In unserem Datenbeispiel sind es immerhin 701 von 800 Personen, die mindestens *einen* Score gleich Null haben (was hier allerdings an der kleinen Itemanzahl liegt).

Bei der Anwendung dieses Testmodells sollten daher mittels geeigneter Verfahren (s. Kap. 4.2.1) *alle* Personenparameter geschätzt werden. Hierfür ist schon ein einfacher 'Trick' ausreichend, indem man nämlich alle Nullscores, d.h. alle $r_{vx}=0$, bei der Parameterschätzung auf 0.1 setzt. Mit diesem Trick wird die Empirie dahingehend verfälscht, dass angenommen wird, die Person hätte bei einem 'Zehntel' Item die Kategorie x angekreuzt. Die o.g. Ergebnisse des Datenbeispiels wurden auf diese Weise berechnet.

Literatur

Das mehrdimensionale Rasch-Modell geht auf Rasch (1961) zurück und wurde von Andersen (1974) und Fischer (1974a, 1995b) beschrieben. Fischer & Spada (1973) haben es auf den Rorschachtest angewendet. Kelderman & Rijkes (1994), Meiser (1996) beschreiben das Modell als log-lineares Modell und Thissen & Steinberg (1984) diskutieren ein mehrdimensionales Modell mit einem zusätzlichen, multiplikativen Parameter. Hicks (1970) hat die Eigenschaften ipsativer Messwerte ausführlich dargestellt und Rost (1983) diskutiert diese Eigenschaften in Bezug auf Interessentests. Rost (2002) beschreibt Ergebnisse, bei denen das mehrdimensionale Rasch-Modell auf ordinale Itemantworten angewendet wird.

3.3 Modelle für ordinale Itemantworten

Ordinale Daten stellen nach den dichotomen Itemantworten sicherlich den häufigsten Datentyp dar, der mit Tests und Fragebögen erhoben wird. In einigen Gebieten der Psychologie und der Sozialwissenschaften stellen ordinale Daten wahrscheinlich sogar *den häufigsten Datentyp* dar. Dies ist auch berechtigt, denn menschliche Reaktionen auf Itemvorgaben können sicherlich differenzierter ausgedrückt werden als nur mit einer Ja-Nein-Antwort, und es entspricht einfachen Kosten-Nutzen-Überlegungen, die Itemantwort so differenziert wie möglich zu erheben und auch entsprechend auszuwerten.

Nahezu alle in Kapitel 3.1 beschriebenen Testmodelle für dichotome Daten wurden auch für ordinale Daten verallgemeinert oder sind prinzipiell verallgemeinerbar. Die Guttman-Skala postuliert dann nicht mehr nur *einen* Sprung „von Null auf Eins“, sondern es gibt sehr viele Sprungstellen von Null auf Eins und wieder zurück. Auch Antwortfehlermodelle ließen sich verallgemeinern, was aber in der Literatur bislang nicht beschrieben ist.

Das Binomialmodell, das lineare Antwortfunktionen annimmt und dafür konstante Itemschwierigkeiten in Kauf nimmt, ist nur teilweise in Modellen für ordinale Daten wiederzufinden. Andrich (1978a), Douglas (1978) und Rost (1988a) beschreiben als Verallgemeinerung des Rasch-Modells und im Rahmen der latenten Klassenanalyse Modelle, in denen die ordinalen Antwortvariablen der einzelnen Items binomialverteilt sind.

Mehrparametrische logistische Modelle für ordinale Daten sind von Muraki (1990, 1992) und Bartholomew (1987) entwickelt worden, ebenso wie die Mokken-Analyse für ordinale Daten generalisiert wurde (s. Molenaar, 1997). Auch die Testmodelle mit nicht-monotonen, eingipfligen Antwortfunktionen, die sogenannten Unfolding-Modelle sind für ordinale Daten generalisiert worden und anwendbar (van Schuur, 1993, Andrich 1996a, Luo 2001).

In diesem Kapitel wird auf die genannten Modelle nicht eingegangen, sondern es werden die Verallgemeinerungen des Rasch-Modells und der Analyse latenter Klassen für ordinale Daten behandelt.

Es handelt sich dabei durchweg um *Verallgemeinerungen*, so dass sich die entsprechenden dichotomen Testmodelle stets für den Spezialfall nur zweier Antwortkategorien automatisch ergeben.

Diese Auswahl ist zum Teil durch den Stand der Modellentwicklungen und durch die Verfügbarkeit geeigneter Computerprogramme begründet. Zum Teil spiegelt die Auswahl eine *subjektive Einschätzung* der Bedeutung und Brauchbarkeit der verschiedenen Modelle für die Praxis der Testentwicklung wider.

Zum Teil ist die Auswahl auch nur mit unterschiedlichen Traditionen zu erklären. Ein vergleichbares Lehrbuchkapitel über ordinale Testmodelle wäre in den Niederlanden ohne die sogenannten nichtparametrischen Modelle undenkbar.

Die hier behandelten Modelle für ordinale Daten sind jedoch sehr gut geeignet, die grundlegenden Prinzipien der Modellkonstruktion bei ordinalen Daten darzustellen, so dass ein anschließender Transfer auf andere Modellansätze möglich ist.

Kapitel 3.3.1 behandelt die Verallgemeinerung des Rasch-Modells für ordinale Daten, Kapitel 3.3.2 einige Spezialfälle dieses Modells für Tests mit einer Ratingskala als Antwortformat. In Kapitel 3.3.3 ist die Klassenanalyse für ordinale Daten dargestellt und Kapitel 3.3.4 behandelt wiederum spezielle Modelle für Ratingskalen. Kapitel 3.3.5 geht auf die Verallgemeinerung des mixed Rasch-Modells ein.

Als Datenbeispiel wurde ein Datensatz zu einem Fragebogen aus dem Bereich der Persönlichkeitstests ausgewählt und kein Leistungstest. Alle behandelten Modelle lassen sich auch auf Daten von Leistungstests anwenden, jedoch sind dort die Abstufungen der Antwortvariablen oft schwerer zu begründen als bei einem Fragebogen, in dem die Antwortvariable durch das verwendete Antwortformat festliegt.

Datenbeispiel

Als *Datenbeispiel* für dieses Kapitel dienen 5 Items aus dem Persönlichkeitsfragebogen NEOFFI von Borkenau und Ostendorf (1991). Diese 5 Items gehören zu insgesamt 12 Items, die die Persönlichkeitseigenschaft 'Neurotizismus' erfassen sollen. Sie lauten:

Ich fühle mich oft angespannt und nervös.

2. *Manchmal fühle ich mich völlig wertlos.*
3. *Zu häufig bin ich entmutigt und will aufgeben, wenn etwas schief geht.*
4. *Ich bin selten traurig oder deprimiert.*
5. *Ich fühle mich oft hilflos und wünsche mir eine Person, die meine Probleme löst.*

Die Aussagen sind im Originalfragebogen auf einer 5-stufigen Ratingskala mit den Kategorien:

0: völlig unzutreffend
1: unzutreffend
2: weder noch
3: zutreffend
4: völlig zutreffend

einzuschätzen. Aus Gründen, die im Laufe des Kapitels 3.3.1 deutlich werden, ist jedoch ein 4-stufiges Antwortformat bei diesem Test besser geeignet eine quantitative Dimension zu messen.

Für die Beispielrechnungen wurden bei den Originaldaten daher die Kategorien 1 ('unzutreffend') und 2 ('weder noch') zusammengelegt, so dass die folgende 4-stufige Antwortvariable resultiert:

0: völlig unzutreffend
1: unzutreffend - weder noch
2: zutreffend
3: völlig zutreffend

Zudem wurde das *vierte* Item *umgepolt*, da es negativ formuliert ist. Bei diesem Item bedeutet also eine '0': völlig zutreffend, eine '1': zutreffend u.s.w.

Die Beispieldaten umfassen 1000 Personen aus einer größeren Stichprobe der Testautoren (Borkenau und Ostendorf 1991). Die Kategorienhäufigkeiten lauten:

	i=1	i=2	i=3	i=4	i=5
0	57	182	153	48	189
x=1	510	471	605	512	586
2	321	266	192	351	169
3	112	81	50	89	56

Literatur:
Psychometrische Analysen mit dem NEOFFI finden sich bei: Lang et al. (2001), Rost et al. (1999a), Reise & Henson (2000) Rost (2002), Deinzer et al (1995) und Reise et al. (2003)

3.3.1 Das ordinale Rasch-Modell

In Kapitel 3.1 über dichotome Testmodelle stellte das Konzept der *Itemfunktion oder Itemcharakteristik* ein zentrales Konzept dar, um Testmodelle zu definieren. Die Itemfunktion gibt die Abhängigkeit der Lösungswahrscheinlichkeit eines Items von der latenten Variable an. Mittels der Itemfunktion konnten jeweils die zentralen Modellannahmen graphisch veranschaulicht und verschiedene Modelle miteinander verglichen werden.

Die verschiedenen Kurvenverläufe, die in Kapitel 3.1 als *Itemfunktionen* gezeichnet wurden, stellen bei näherer Betrachtung nur *Kategorienfunktionen* dar, denn sie definieren die Abhängigkeit der Antwortwahrscheinlichkeit *einer* Kategorie (nämlich der 1-Kategorie) von der latenten Variable. Fügt man dem Bild noch die Funktion für die 0-Kategorie hinzu, so erhält man mit den *beiden* Kategorienfunktionen ein Gesamtbild, das man 'Itemfunktion' nennen könnte, da es die *beiden* Antwortwahrscheinlichkeiten eines Items charakterisiert.

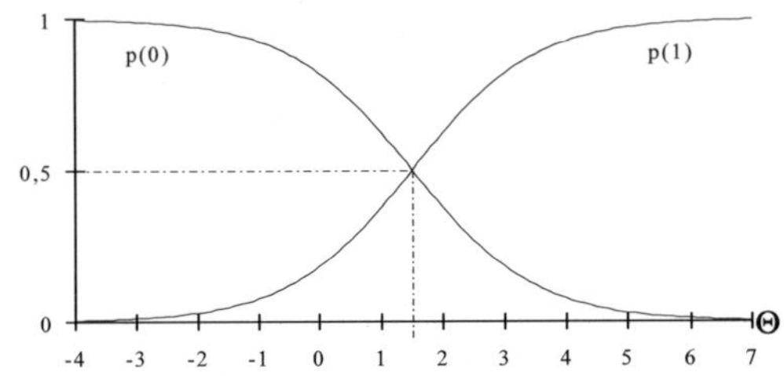

Abbildung 87: Die beiden Kategorienfunktionen eines zweikategoriellen Items mit Schwierigkeit σ_i=1.5

Im zweikategoriellen Fall ist die zweite Kategorienfunktion (für die 0-Kategorie) *redundant*, da sie der an einer horizontalen Geraden gespiegelten Funktion für die 1-Kategorie entspricht. Dies ist so, da sich beide Wahrscheinlichkeiten an jedem Punkt des latenten Kontinuums zu 1 addieren müssen.

Während es im zweikategoriellen Fall also überflüssig ist, *beide* Kategorienfunktionen zu zeichnen, kann man die Itemfunktionen für *mehrkategorielle* ordinale Itemantworten nur verstehen, wenn man sich die Abhängigkeit *jeder* Kategorienwahrscheinlichkeit von der latenten Personenvariable anschaut. Wie solche Kategorienfunktionen ordinaler Daten aussehen, wird im folgenden dargestellt.

Abbildung 87 zeigt, dass mit zunehmendem Wert der Personeneigenschaft die Wahrscheinlichkeit, in Kategorie 0 zu antworten, kontinuierlich *absinkt* und gleichzeitig die Wahrscheinlichkeit für eine 1-Antwort *ansteigt.*

Stellt man sich nun vor, dass es zwischen der 0-Kategorie und der 1-Kategorie noch eine dritte, *mittlere* Kategorie gibt, und benennt man die drei Kategorien mit den Ziffern 0, 1 und 2, so ist folgender Kurvenverlauf zu erwarten: Zunächst dominiert die Wahrscheinlichkeit für eine 0-Antwort, welche aber mit steigender Eigenschaftsausprägung absinkt. Im mittleren Bereich der Eigenschaftsausprägung steigt sodann eine Kurve an, die die Wahrscheinlichkeit für die mittlere, also die 1-Antwort definiert, die aber *nicht monoton* ist. Sie sinkt vielmehr wieder ab, weil im oberen Eigenschaftsbereich die Wahrscheinlichkeit für eine 2-Antwort ansteigt. Dies ist in Abbildung 88 dargestellt.

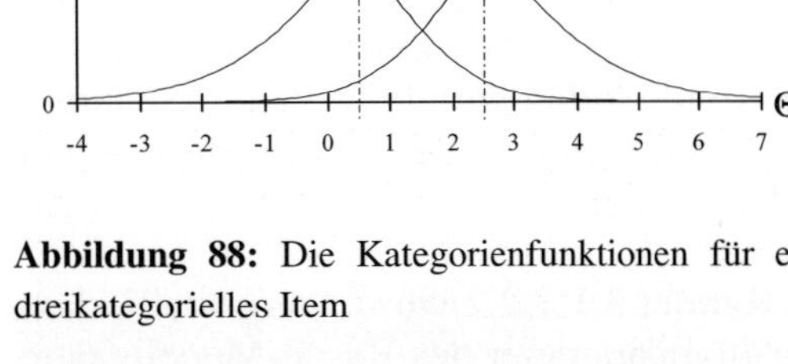

Abbildung 88: Die Kategorienfunktionen für ein dreikategorielles Item

Es ergibt sich in diesem Gedankenmodell ganz von selbst, dass die mittlere Antwortkategorie eine nicht-monotone, *eingipflige Kategorienfunktion* haben muss, da es sowohl rechts als auch links von ihr eine andere Antwortkategorie gibt, deren Antwortwahrscheinlichkeit in der jeweiligen Richtung zunimmt.

Dieses Prinzip lässt sich auch auf vier Antwortkategorien verallgemeinern, was in Abbildung 89 dargestellt ist.

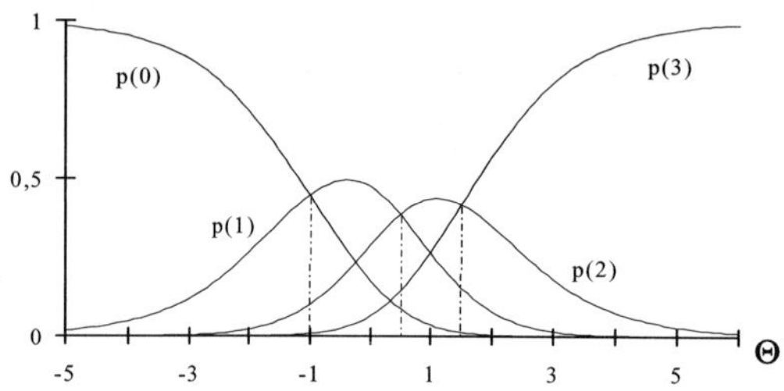

Abbildung 89: Die Kategorienfunktionen für ein vierkategorielles Item

Wiederum zeigt sich, dass die mittleren Antwortkategorien nicht-monoton eingipflig sind, während die *Extremkategorien* ihre monoton sinkende bzw. monoton steigende Kategorienfunktion *beibehalten*.

Für die Konstruktion eines Testmodells, das solche Kurven beschreibt, stellt sich die Frage, wie man die Kurvenschar *parametrisiert*, d.h. welche Kennwerte des Kurvenverlaufs man als Modellparameter berücksichtigt. Hier gibt es im Prinzip sehr viele Möglichkeiten. So könnte man die Lage und Höhe der Gipfelpunkte der mittleren Kategorien, die Breite der Hügel für die mittleren Kategorien, den jeweils steilsten Anstieg jeder Kurve oder ähnliches als Modellparameter vorsehen. Bei der Entscheidungsfindung kann wiederum die Betrachtung des zweikategoriellen Falles helfen.

In Kapitel 3.1.1.2.2 wurde dargestellt, dass der Itemparameter des Rasch-Modells dem Abszissenwert des *Wendepunktes* der logistischen Funktion entspricht. Der Wendepunkt ist zugleich auch der Punkt, in dem die *50%-Wahrscheinlichkeitsgrenze* überschritten wird, und auch der Punkt mit dem *steilsten Anstieg* (s. Abb. 87). Aus Abbildung 87 ist auch ersichtlich, dass es zugleich der Punkt ist, in dem sich die beiden Kategorienkurven *überschneiden*.

Mit anderen Worten, der Itemparameter markiert jenen Punkt auf der latenten Dimension, der das latente Kontinuum *in zwei Abschnitte zerteilt:* Links von diesem Schnittpunkt ist die Wahrscheinlichkeit für eine 0-Antwort am höchsten, rechts davon die Wahrscheinlichkeit für eine 1-Antwort.

Dieses Prinzip, dass die Modellparameter die *Schnittpunkte* der Kategorienfunktionen markieren, ist gut auf den mehrkategoriellen Fall generalisierbar: Die Kurvenschnittpunkte segmentieren das latente Kontinuum hier nicht mehr nur in zwei Abschnitte, sondern in so viele, wie es Kategorien gibt. In jedem Abschnitt hat jeweils eine Antwortkategorie die relativ höchste Wahrscheinlichkeit (s. Abb. 90).

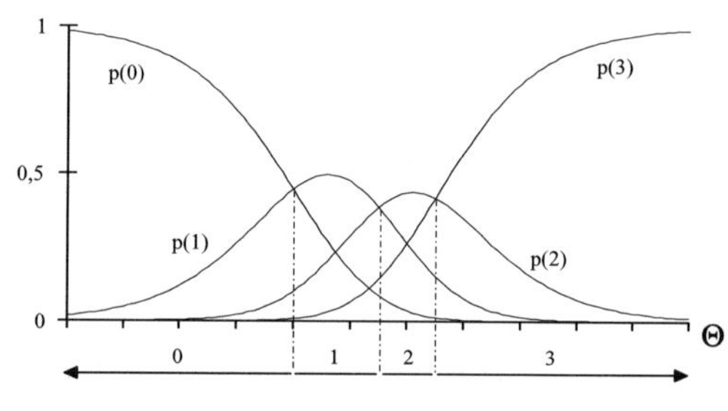

Abbildung 90: Durch die Schnittpunkte definierte Abschnitte auf der latenten Dimension

Hieran wird deutlich, wie in ordinalen Testmodellen mit den *abgestuften Antwortkategorien* umgegangen wird: Es wird versucht, die Antwortkategorien so auf die zu messende Personeneigenschaft zu *projizieren*, dass jeder Kategorie ein Abschnitt auf der latenten Variable entspricht. Die Größe oder Länge dieses Abschnittes kennzeichnet die *Größe der* jeweiligen *Antwortkategorie*.

In Abbildung 90 liegen die Schnittpunkte der Kategorie 2 dichter beieinander als die der Kategorie 1, d.h. ihr ist ein kleinerer Abschnitt auf dem Kontinuum zugeordnet. Kategorie 2 ist somit *kleiner* als Kategorie 1.

Die *Ordnung der Antwortkategorien* schlägt sich darin nieder, dass ihre zugehörigen Abschnitte *entlang des zu messenden Kontinuum geordnet* sind: Der Abschnitt für eine höhere Antwortkategorie liegt stets weiter rechts, so dass eine höhere Eigenschaftsausprägung für eine Antwort in dieser Kategorie erforderlich ist. Sind die Antwortkategorien *entgegen* der prä-experimentellen Hypothese *nicht* geordnet, so ergeben sich auch keine Abschnitte auf dem latenten Kontinuum, die die angenommene Ordnung widerspiegeln.

Um diesen Fall graphisch nachzuvollziehen, sei noch einmal darauf hingewiesen, dass die besagten Abschnitte auf der Abszisse durch die *Schnittpunkte* jeweils zweier *benachbarter* Kategorienfunktionen definiert sind. Eine Kategorie erhält dann *keinen* 'eigenen' Abschnitt auf der Abszisse, wenn ihr Schnittpunkt mit der höheren Kategorie *links* vom Schnittpunkt mit der niedrigeren Kategorie liegt. Dies ist in Abbildung 91 dargestellt.

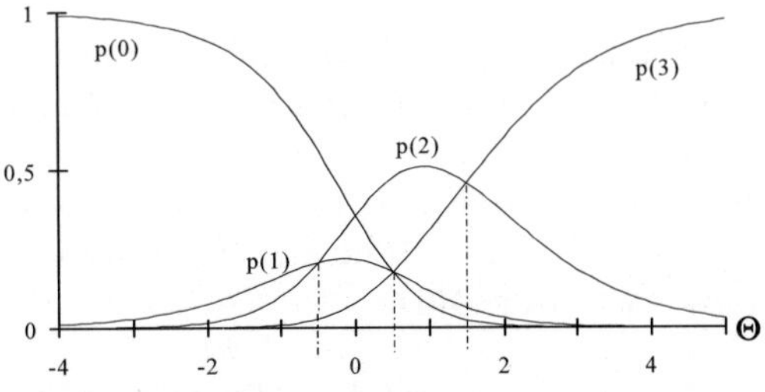

Abbildung 91: Ein vierkategorielles Item mit ungeordneten Schnittpunkten

In Abbildung 91 ist der Fall dargestellt, dass der Schnittpunkt der Kurve 0 mit Kurve 1 rechts vom Schnittpunkt der Kurve 1 mit Kurve 2 liegt. Dies führt dazu, dass Kategorie 1 *keinen Abschnitt* auf der Abszisse hat, in dem diese Kategorie *mit relativ höchster* Wahrscheinlichkeit gewählt wird. Die Kategorien 0 oder 2 haben *überall* eine höhere Wahrscheinlichkeit als die zwischen ihnen liegende Kategorie 1. Hierin drückt sich aus, dass Kategorie 1 'nicht in Ordnung ist' oder 'aus der Reihe tanzt': Die Antwortkategorien lassen sich nicht derart auf die zu messende Personenvariable projizieren, dass aufeinander folgenden Kategorien auch aufeinander folgende Abschnitte der Personenvariable entsprechen.

Es lässt sich *zusammenfassend* festhalten, dass mit der Parametrisierung der Schnittpunkte benachbarter Kategorienfunktionen nicht nur die *Größe* der Antwortkategorien ausgedrückt werden kann, sondern auch nachgeprüft werden kann, *ob* die Kategorien *überhaupt geordnet* sind, d.h. ob die Itemantworten Ordinalskalenqualität besitzen oder nicht.

Als Überleitung zur Formalisierung dieses Testmodells wird zunächst der Begriff der *Schwelle* eingeführt: Die Schnittpunkte zweier benachbarter Antwortkategorien definieren die Schwelle zwischen diesen Antwortkategorien. Die Abszissenwerte dieser Schnittpunkte definieren die Lage der Schwellen auf dem latenten Kontinuum. Der Begriff der Schwelle soll suggerieren, dass an diesem Punkt auf dem Kontinuum der *Übergang* von einer Kategorie zur anderen stattfindet, d.h. die Wahrscheinlichkeit, in der folgenden Kategorie zu antworten von diesem Punkt an größer wird als die Wahrscheinlichkeit, in der vorangegangenen Kategorie zu antworten.

Auf der Schwelle selbst haben beide Antwortkategorien dieselbe Wahrscheinlichkeit, es steht also *auf der Schwelle genau 50 zu 50*, in welche Kategorie die Antwort fällt.

Um die ganze Kurvenschar der Kategorienfunktionen festzulegen, muss man mittels einer geeigneten Funktion bestimmen, mit welchen *Wahrscheinlichkeiten* die Schwellen überschritten werden. Man benötigt den Begriff der *Schwellenwahrscheinlichkeit* und ein Modell, das die Schwellenwahrscheinlichkeiten beschreibt.

Was ist eine Schwellenwahrscheinlichkeit?

Die *Schwellenwahrscheinlichkeit* q_x lässt sich mit Hilfe der beiden benachbarten Kategorienwahrscheinlichkeiten, p_{x-1} und p_x definieren. Und zwar ist die Schwellenwahrscheinlichkeit nichts anderes als der *relative Anteil* der 'höheren' Kategorienwahrscheinlichkeit an beiden Kategorienwahrscheinlichkeiten:

$$(1)\ q_x = \frac{p_x}{p_{x-1} + p_x}$$

Ist die Kategorie x wahrscheinlicher als die Kategorie x-1, so überschreitet man die Schwelle mit einer Wahrscheinlichkeit größer als 0.5. Ist dagegen die links von der Schwelle gelegene Kategorienwahrscheinlichkeit größer, so überschreitet man die Schwelle mit einer Wahrscheinlichkeit kleiner als 0.5.

Man kann die Schwellenwahrscheinlichkeit auch als *bedingte Wahrscheinlichkeit* definieren, nämlich als Wahrscheinlichkeit einer Antwort in Kategorie x unter der Bedingung, dass die Antwort in x−1 oder in x liegt:

$$(1')\quad q_x = p\left(x \middle| x-1 \text{ oder } x\right)$$

Nach der Definition bedingter Wahrscheinlichkeiten, sind beide Definitionen, (1) und (1'), identisch.

Auch bei *dichotomen* Itemantworten gibt es eine Schwelle - aber eben *nur eine*, nämlich die zwischen Kategorie 0 und Kategorie 1. Die Schwelle ist auch hier durch den Schnittpunkt der beiden Kategorienfunktionen definiert (s. Abb. 87) und ihre Lage auf dem latenten Kontinuum ist identisch mit dem, was in Kapitel 3.1.1 die *Lokation* des Items genannt wurde. Im dichotomen Fall ist *die Schwellenwahrscheinlichkeit* gleich der Wahrscheinlichkeit einer 1-Antwort und somit *durch die logistische Funktion des Rasch-Modells definiert*, d.h.

$$(2)\ q_{vix} = \frac{\exp(\theta_v - \sigma_i)}{1 + \exp(\theta_v - \sigma_i)} = p\left(X_{vi} = 1\right).$$

Die Identität von Schwellenwahrscheinlichkeit und Lösungswahrscheinlichkeit eines dichotomen Items liegt daran, dass der Nenner der Schwellenwahrscheinlichkeit (1) im dichotomen Fall stets gleich 1 ist.

Es liegt nahe, den Ansatz, für die Schwellenwahrscheinlichkeiten die logistische Funktion des Rasch-Modells anzunehmen, auf den Fall ordinaler Daten zu übertragen:

$$(3)\ q_{vix} = \frac{\exp\left(\theta_v - \tau_{ix}\right)}{1 + \exp\left(\theta_v - \tau_{ix}\right)} \quad , x = 0,1...m.$$

Der Itemparameter τ (sprich: tau) hat in dieser Gleichung einen *zweiten Index* bekommen, da jedes Item *mehrere* Schwellen besitzt und jede Schwelle eine eigene Lokation (d.h. Lage auf dem latenten Kontinuum) hat. Diese wird durch den Parameter τ_{ix} definiert (τ, das griechische 't', steht für die englische Bezeichnung von 'Schwelle': threshold).

Gleichung (3) besagt, dass die Schwellenwahrscheinlichkeit einer Person v bei Item i von der Eigenschaftsausprägung dieser

Person abhängt und von der Schwierigkeit der Schwelle bei diesem Item.

Graphisch stellt sich diese Annahme so dar, dass es für jede Schwelle eines Items eine logistische Funktion gibt, die die Wahrscheinlichkeit dieser Schwelle definiert (s. Abb. 92).

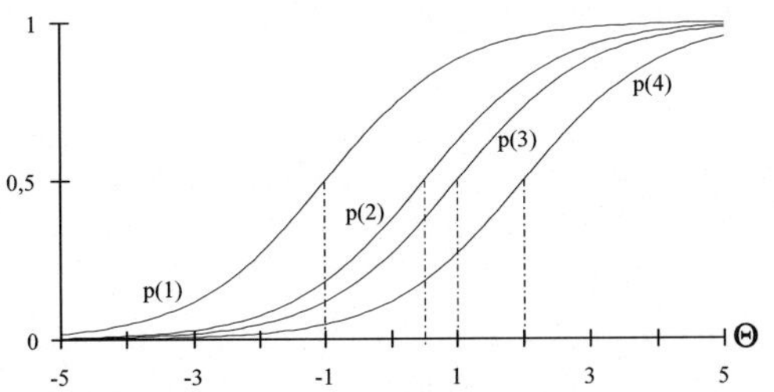

Abbildung 92: Die vier Schwellenfunktionen eines fünfkategoriellen Items mit den Parametern $\tau_{i1} = -1.0$, $\tau_{i2} = 0.5$, $\tau_{i3} = 1.0$ und $\tau_{i4} = 2.0$

In dieser Abbildung sind die Abhängigkeiten von *vier* Schwellenwahrscheinlichkeiten von der latenten Personenvariable dargestellt, es handelt sich also um ein *fünfkategorielles* Item.

Die Kurven drücken aus, dass die Übergangswahrscheinlichkeiten mit wachsender Eigenschaftsausprägung ansteigen. Leichtere Schwellen liegen weiter links, schwerere Schwellen weiter rechts, so dass man für das Überschreiten einer Schwelle zwischen zwei höheren Kategorien auch einer höheren Eigenschaftsausprägung bedarf.

Rechnet man die in Abbildung 92 dargestellten Schwellenwahrscheinlichkeiten in Kategorienwahrscheinlichkeiten um, so ergibt sich das folgende Bild:

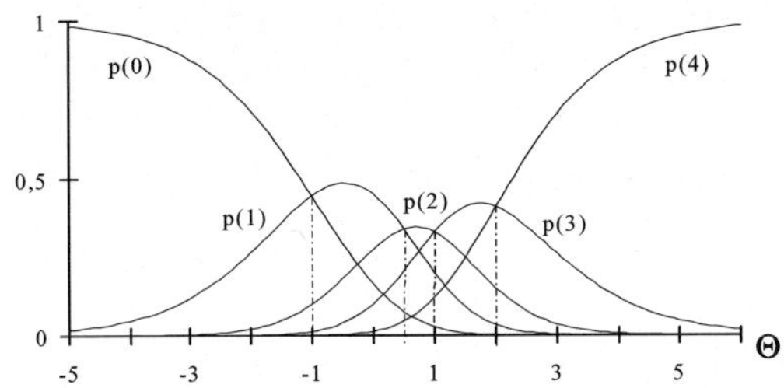

Abbildung 93: Die Kategorienfunktionen des in Abbildung 92 dargestellten Items

Die *Wendepunkte der Schwellenwahrscheinlichkeiten* in Abbildung 92 markieren genau die *Schnittpunkte der Kategorienfunktionen* in Abbildung 93. D.h. die *Lokationen der Schwellen* auf dem Kontinuum sind durch die Parameter τ_{ix} der Schwellenfunktionen in Formel (3) definiert.

Löst man Gleichung (1) nach den Kategorienwahrscheinlichkeiten auf und setzt man für die Schwellenwahrscheinlichkeiten Gleichung (3) ein, so ergibt sich die Modellgleichung für das *mehrkategorielle ordinale Rasch-Modell.* Diese wird im folgenden abgeleitet.

Ableitung

Schwellenwahrscheinlichkeiten und Kategorienwahrscheinlichkeiten hängen laut Definition (1) wie folgt zusammen.

$$q_x = \frac{p_x}{p_{x-1} + p_x}$$

$$x = 0,1 \ldots m.$$

Die Auflösung der Gleichung nach p_x ergibt:

(4)
$$p_x = q_x \, p_{x-1} + q_x \, p_x$$

$$p_x (1 - q_x) = q_x \, p_{x-1}$$

$$p_x = p_{x-1} \frac{q_x}{1 - q_x},$$

d.h. jede Kategorienwahrscheinlichkeit p_x ist auf die vorangehende Kategorienwahrscheinlichkeit p_{x-1} und die dazwischen liegende Schwellenwahrscheinlichkeit q_x zurückzuführen. Setzt man dies rückwärtsgehend bis zur ersten Schwelle fort, so ergibt sich ein sog. *rekursives* Gleichungssystem

$$p_{x-1} = p_{x-2} \frac{q_{x-1}}{1-q_{x-1}}$$

bis

$$p_1 = p_0 \frac{q_1}{1-q_1},$$

das sich allgemein schreiben lässt:

$$(5) \qquad p_x = p_0 \prod_{s=1}^{x} \frac{q_s}{1-q_s}.$$

Da für die Schwellenwahrscheinlichkeiten die logistische Funktion (3) gelten soll,

$$q_x = \frac{\exp(\theta_v - \tau_{ix})}{1+\exp(\theta_v - \tau_{ix})},$$

gilt für deren Gegenwahrscheinlichkeit:

$$(3') \qquad 1-q_x = \frac{1}{1+\exp(\theta_v - \tau_{ix})}.$$

Setzt man beide Gleichungen in (5) ein, so kürzen sich die Nennerausdrücke der Schwellenwahrscheinlichkeiten heraus, und es ergibt sich eine relativ einfache Rekursionsformel

$$(6) \quad p_x = p_0 \prod_{s=1}^{x} \frac{\dfrac{\exp(\theta_v - \tau_{is})}{1+\exp(\cdots)}}{\dfrac{1}{1+\exp(\cdots)}}$$

$$= p_0 \prod_{s=1}^{x} \exp(\theta_v - \tau_{is})$$

$$= p_0 \exp\left(\sum_{s=1}^{x} (\theta_v - \tau_{is})\right).$$

Das Ergebnis dieser Ableitung besagt, dass die Wahrscheinlichkeit der Kategorie x auf die Wahrscheinlichkeit der 0-ten Kategorie und auf eine Exponentialfunktion der Modellparameter zurückzuführen ist. Gleichung (6) lässt sich auch umschreiben zu einem linearen Logit-Modell

$$(6') \qquad \log \frac{p_x}{p_0} = \sum_{s=1}^{x} (\theta_v - \tau_{is}),$$

das an die Ableitung des dichotomen Rasch-Modells (Kap 3.1.1.2.2) und des mehrdimensionalen Rasch-Modells (Kap. 3.2.2) erinnert. In diesem Fall hat sich das Logit-Modell (6') als Resultat der Annahme logistischer Schwellenwahrscheinlichkeiten (3) ergeben.

Die rechte Seite von Gleichung (6') lässt sich vereinfachen, indem man sog. *kumulierte Schwellenparameter* (kumulieren = anhäufen) σ_{ix} einführt:

$$\sigma_{ix} = \sum_{s=1}^{x} \tau_{is}$$

und die Summe der Personenparameter als Produkt schreibt:

$$\sum_{s=1}^{x} \theta_v = x\,\theta_v.$$

Es ergibt sich dadurch:

$$(6'') \qquad \log \frac{p_x}{p_0} = x\,\theta_v - \sigma_{ix}.$$

Aus dieser Gleichung lässt sich mit Hilfe der Nebenbedingung, dass sich alle Kategorienwahrscheinlichkeiten zu 1 addieren müssen

$$(7) \qquad \sum_{x=0}^{m} p_x = 1$$

die Modellgleichung ableiten.

Ableitung

Aufgrund von (7) ist

$$p_0 = 1 - \sum_{x=1}^{m} p_x .$$

Für p_x wird Gleichung (6) mit den neu eingeführten kumulierten Schwellenparametern eingesetzt

$$(6''') \quad p_x = p_0 \exp\left(x\theta_v - \sigma_{ix}\right),$$

so dass

$$p_0 = 1 - \sum_{x=1}^{m} p_0 \exp\left(x\theta_v - \sigma_{ix}\right).$$

Division beider Seiten durch p_0 und Auflösen nach p_0 ergibt:

$$1 = \frac{1}{p_0} - \sum_{x=1}^{m} \exp\left(x\theta_v - \sigma_{ix}\right)$$

$$p_0 = \frac{1}{1 + \sum_{x=1}^{m} \exp\left(x\theta_v - \sigma_{ix}\right)}.$$

Dieser Ausdruck kann für p_0 in Gleichung (6''') eingesetzt werden:

$$(8') \quad p_x = \frac{\exp\left(x\theta_v - \sigma_{ix}\right)}{1 + \sum_{s=1}^{m} \exp\left(s\theta_v - \sigma_{is}\right)}$$

Präzisiert man p_x als die Wahrscheinlichkeit einer Antwort von Person v bei Item i in Kategorie x, $p\left(X_{vi} = x\right)$, so stellt (8') die *Modellgleichung* des *ordinalen Rasch-Modells* dar. Allerdings schreibt man den Nenner meist einfacher, indem man die Summe von 0 an laufen lässt und für die 0-te Kategorie Itemparameter einführt, die gleich Null sind,

$$\sigma_{i0} = 0 \text{ für alle i.}$$

Somit nimmt der erste Summand wegen $\exp\left(0 \cdot \theta_v + 0\right) = 1$ den Wert 1 an und die Modellgleichung lautet:

$$(8) \quad p\left(X_{vi} = x\right) = \frac{\exp\left(x\theta_v - \sigma_{ix}\right)}{\sum_{s=0}^{m} \exp\left(s\theta_v - \sigma_{is}\right)}$$

$$\text{mit} \quad \sigma_{ix} = \sum_{s=0}^{x} \tau_{is} \quad \text{und} \quad \sigma_{i0} = 0.$$

Modell (8) wird auch *partial-credit Modell* genannt. Der Name kommt von der mehrkategoriellen Kodierung von Leistungstests, bei der man mit der Kodierung einer halb-richtigen oder fast-richtigen Antwort einen 'partial credit' gewährt.

Die Besonderheiten dieses Modells für ordinale Daten werden deutlich, wenn man es mit dem Rasch-Modell für nominale Itemantworten vergleicht (s. Kap. 3.2.2):

$$(9) \quad p\left(X_{vi} = x\right) = \frac{\exp\left(\theta_{vx} - \sigma_{ix}\right)}{\sum_{s=0}^{m} \exp\left(\theta_{vs} - \sigma_{is}\right)}.$$

Das ordinale Modell (8) geht aus Modell (9) durch die *Restriktion*

$$(10) \quad \theta_{vx} = x\theta_v$$

und

$$(11) \quad \sigma_{ix} = \sum_{s=1}^{x} \tau_{is}$$

hervor. Restriktion (10) besagt, dass die *mehrdimensionale* Personenvariable des nominalen Modells mittels einer einfachen *linearen Funktion* auf die eindimensionale Personenvariable des ordinalen Modells zurückgeführt wird.

Ein historischer Exkurs

Während schon Georg Rasch (1961) zeigte, dass es sich um eine *lineare* Funktion handeln muss, wenn das Testmodell spezifisch objektive Messwerte liefern soll, herrschte lange Zeit über die beiden möglichen Parameter einer linearen Funktion

$$\theta_{vx} = \varphi_x \, \theta_v + \psi_x \,,$$

also über φ_x und ψ_x (Phi und Psi) Unklarheit. Angeregt durch eine Arbeit von Erling Andersen (1977) konnte David Andrich (1978a, b) zeigen, dass es sich bei dem multiplikativen Parameter nicht um einen zu schätzenden Modellparameter handelt, sondern um die *Anzahl der Schwellen*, die man von der 0-ten bis zur x-ten Kategorie überschreitet, also

$$\varphi_x = x \,.$$

Die additiven Parameter ψ_x sind Bestandteil der Itemschwierigkeiten σ_{ix}, die nicht restringiert werden müssen (aber können, s. Kap. 3.3.2).

Die Restriktion der Personenparameter (10) kann man sich so verständlich machen, dass man für eine Antwort in Kategorie x genau x-mal eine Schwelle überschreiten muss und ebenso oft die Fähigkeit θ_v erfolgreich aktivieren muss.

Die Rückführung der Schwierigkeitsparameter σ_{ix} auf *Schwellenparameter* τ_{ix}, die in Gleichung (11) ausgedrückt ist, stellt zwar keine Restriktion dar, da es genauso viele unabhängige τ-Parameter wie σ-Parameter gibt. Sie ist aber bedeutsam, um den Modellparametern eine sinnvolle Interpretation zu verleihen. Die τ-Parameter definieren nämlich die Lokation der Schwellen auf dem latenten Kontinuum, also die Schnittpunkte der Kategorienfunktionen (s. Abb. 90).

Da die Schwellen bei ordinalen Antwortkategorien auf dem latenten Kontinuum angeordnet sein sollten (s.o.), müssen auch die Parameter τ_{ix} geordnet sein, d.h. die Parameter müssen von Kategorie zu Kategorie größer werden. Will man etwas über die Ordnung der Antwortkategorien oder deren Größe erfahren, so muss man die *dekumulierten* Parameter τ_{ix} statt der kumulierten Parameter σ_{ix} interpretieren.

Während τ_{ix} die Schwierigkeit der *x-ten Schwelle* ausdrückt, bestimmt σ_{ix} die Schwierigkeit der *x-ten Kategorie*. Die Schwierigkeit einer Kategorie, σ_{ix}, entspricht der Summe der Schwierigkeiten aller Schwellen, die man überschritten hat, wenn man in Kategorie x antwortet. Dieser Sachverhalt darf aber nicht zu dem Irrtum verleiten, die *Kategorienwahrscheinlichkeit* $p(X_{vi} = x)$ hinge nur von den Schwellen ab, die überschritten wurden, also den *unteren* Schwellen 1 bis x.

Der *Nenner* der Modellgleichung (8) hängt nämlich von *allen* Schwellenparametern, also auch den höher liegenden ab, so dass die Schwellenschwierigkeiten der oberen Kategorien auch die Antwortwahrscheinlichkeiten der unteren Kategorien mitbestimmen.

Der Antwortprozess

Die Rede von den Schwellen, die überschritten werden, wenn man in Kategorie x antwortet, suggeriert leicht, dass der Prozess des Zustandekommens einer Itemantwort ein *unidirektionaler* Prozess (= in eine Richtung) wäre: So als ginge man die Ratingskala wie die Stufen einer Treppe hinauf und bliebe dort stehen (antwortet dort) wo man nicht mehr weiter kann. Dieses Bild eines Antwortprozesses ist falsch, d.h. es trifft nicht auf das ordinale Rasch-Modell zu.

Ein solcher Prozess würde nämlich bedeuten, dass die Schwierigkeit der höheren Stufen (die man nicht mehr erreicht) *keinen* Einfluss auf das Erklimmen der unteren Stufen hat.

Der Antwortprozess, der zu Modell (8) passt, ist vielmehr ein *simultaner* Prozess, bei dem *alle* Schwellenschwierigkeiten bestimmen, wo man landet: Ist eine höhere Schwelle schwierig, so *erhöht* das die Wahrscheinlichkeit, dass man in den unteren Kategorien antwortet. Um bei dem Bild einer Treppe zu bleiben: Man sieht sich nicht nur die jeweils nächste Stufe an, sondern entscheidet anhand der Höhe *aller* Stufen, auf welche Stufe man sich stellt.

Bei einer Ratingskala beeinflussen alle Antwortkategorien und deren Benennungen, wie wahrscheinlich eine Antwort in einer Kategorie ist.

Die *Normierungsbedingungen* unterscheiden sich etwas vom mehrdimensionalen Modell. Dass die Itemparameter für die *erste Kategorie (x=0) gleich 0* gesetzt werden, ist geblieben bzw. wird automatisch dadurch sichergestellt, dass es für die 0-Kategorie gar keine Schwelle und somit auch keinen Schwellenparameter gibt.

Die *Summennormierung* über alle Items hinweg erfolgt hier jedoch *nicht kategorienweise*, sondern es ist die Summe aller Schwellenparameter gleich 0 zu setzen, d.h.

$$(12) \quad \sum_{i=1}^{k} \sum_{x=1}^{m} \tau_{ix} = 0 \quad .$$

In einem Test mit 10 vierkategoriellen Items sind somit 29 unabhängige Schwellenparameter zu schätzen.

Datenbeispiel : Schwellenparameter

Für das Datenbeispiel ergeben sich die folgenden Schwellenparameter (τ_{ix}-Parameter):

	x = 1	x = 2	x = 3
1	–3.66	0.14	1.78
2	–2.01	0.48	2.11
i = 3	–2.41	1.20	2.51
4	–3.87	0.06	2.15
5	–2.09	1.34	2.27

Es zeigt sich, dass bei allen Items die Schwellen in aufsteigender Reihenfolge geordnet sind, d.h. es wird, wie es bei ordinalen Daten zu erwarten ist, von Kategorie zu Kategorie schwieriger, die Schwelle zu überschreiten.

Dabei ist die Distanz zwischen Schwelle 1 und 2 stets größer als zwischen den Schwellen 2 und 3. Dies ist ein Resultat der Zusammenlegung der zweiten und dritten Antwortkategorie (s.o. Beschreibung des Datenbeispiels). Dadurch wird die (neue) zweite Antwortkategorie relativ groß, so dass auch die sie begrenzenden Schwellen 2 und 3 weit auseinander liegen. Das heißt, es gibt einen recht großen Abschnitt auf dem latenten Kontinuum, auf dem die zweite Kategorie die höchste Wahrscheinlichkeit hat.

Die ursprüngliche zweite und dritte Antwortkategorie wurden übrigens deswegen zusammengelegt, weil die Schwellen für das originale 5-stufige Antwortformat *nicht* geordnet waren.

Dass die Schwellenübergänge von Kategorie zu Kategorie schwieriger werden, darf nicht zu dem *Fehlschluss* führen, dass die *Kategorienhäufigkeiten* mit aufsteigender Kategoriennummer *absinken*. Die folgenden Zahlenbeispiele zeigen, dass *sinkende* Schwellenwahrscheinlichkeiten (also *steigende* Schwellenschwierigkeiten) sowohl sinkende, als auch steigende oder eingipflig verteilte Kategorienhäufigkeiten bewirken können (vgl. Gleichung (1)):

x=	0	1	2	3	4
q_x =	–	.43	.40	.29	.20
p_x =	.40	.30	.20	.08	.02
q_x =	–	.60	.57	.55	.54
p_x =	.10	.15	.20	.25	.30
q_x =	–	.66	.64	.42	.29
p_x =	.10	.20	.35	.25	.10

Auch in dem Datenbeispiel des NEOFFI sinken trotz steigender Schwellenschwierigkeiten durchaus nicht alle Kategorienhäufigkeiten ab, wie bereits die Tabelle der Kategorienhäufigkeiten zeigt (s.o.). Hierbei ist jedoch zu beachten, dass die (über alle Personen ausgezählten) Häufigkeiten der Antwortkategorien auch von der *Verteilung der Personeneigenschaft* in der Stichprobe abhängen. D.h. wenn es viele hohe Eigenschaftsausprägungen gibt, so nimmt die Besetzung der höheren Antwortkategorien stärker zu als man es aufgrund der Schwellenparameter erwarten würde.

Im folgenden soll die *Likelihoodfunktion* des ordinalen Rasch-Modells betrachtet werden, um zu sehen, welche Informationen aus der Datenmatrix zur Bestimmung der Modellparameter benötigt werden. Die Likelihood, d.h. die Wahrscheinlichkeit der Testdaten unter der gegebenen Modellstruktur, lautet:

$$(13) \quad L = \prod_{v=1}^{N} \prod_{i=1}^{k} \frac{\exp\left(x_{vi}\,\theta_v - \sigma_{ix}\right)}{\sum_{s=0}^{m} \exp\left(s\theta_v - \sigma_{is}\right)}.$$

Schreibt man das doppelte Produkt über Personen und Items jeweils für Zähler und Nenner getrennt, so ergibt sich im Exponenten des Zählers eine Doppelsumme, während der gesamte Nenner der Likelihood *unabhängig von den beobachteten Daten* ist und insofern eine Konstante (d_{vi}) darstellt:

$$(14) \quad L = \frac{\exp\left(\sum_v \sum_i x_{vi} \cdot \theta_v - \sum_v \sum_i \sigma_{ix}\right)}{d_{vi}}.$$

Die beiden Doppelsummen im Exponenten können auf jeweils *eine* Summe verkürzt werden, da die Modellparameter nur je einen der beiden Indices, v oder i, aufweisen. Mit der Definition eines Summenscores für jede Person v und einer Kategorienhäufigkeit für jedes Item i, d. h.

$$(15) \quad r_v = \sum_{i=1}^{k} x_{vi} \quad \text{und}$$

$$n_{ix} = \text{Anzahl der Personen mit } X_{vi} = x$$

ergibt sich der folgende Ausdruck

$$(16) \quad L = \frac{\exp\left(\sum_v r_v\,\theta_v - \sum_i \sum_{x=0}^{m} n_{ix}\,\sigma_{ix}\right)}{d_{vi}}.$$

Wie beim dichotomen und mehrdimensionalen Rasch-Modell hängt die Likelihoodfunktion *nicht vom Inneren der Datenmatrix* ab, sondern nur von bestimmten Summenstatistiken. Im Unterschied zum mehrdimensionalen Rasch-Modell (s. Kap. 3.2.2) wird für die Personen *nicht* benötigt, wie viele Antworten jede Person *in jeder Kategorie* gegeben hat, sondern lediglich der Summenwert *aller* Itemantworten. Jede Person erhält hier nur *einen* Summenscore, der ausreicht, um ihre Eigenschaftsausprägung zu berechnen.

Ein naheliegender Fehlschluss

Vielfach wird aus der Tatsache, dass die Kategoriennummern über alle Items aufsummiert werden, der Schluss gezogen, dass die *Antwortvariable* im ordinalen Rasch-Modell *intervallskaliert* sei, da nur für intervallskalierte Messwerte eine Summation erlaubt sei. Dies ist insofern ein Fehlschluss, als an keiner Stelle der Modellableitung die Annahme der Intervallskalenqualität getroffen wurde.

Ganz im Gegenteil, es werden die Schwellenabstände durch die Modellparameter *erst geschätzt* und diese wiederum sagen etwas über die Größe der Antwortkategorien (und somit über deren 'Abstand') aus.

Bei dem Summenscore r_v handelt es sich demgegenüber um eine *Häufigkeit*, nämlich um die *Anzahl der Schwellen*, die eine Person im Laufe der Testbearbeitung überschritten hat. Insofern ist der Summenscore lediglich eine Auszählung diskreter Ereignisse (nämlich der Schwellenüberschreitungen), die genauso legitim ist, wie z.B. die Berechnung eines Summenscores bei dichotomen Items. Auch der Summenscore dichotomer Items stellt eine Häufigkeitsauszählung dar, die *nicht* voraussetzt, dass alle Items gleich schwierig sind.

Die Summenscores für die *Items* sind allerdings (wie beim mehrdimensionalen Rasch-Modell) *kategorienspezifisch* zu bilden, da ja auch die Itemparameter kategorienspezifisch sind, also zwei Indices aufweisen.

Datenbeispiel: Personenparameter

Für das Datenbeispiel ergeben sich folgende Schätzungen für die Personenparameter:

Score r	n_r	$\hat{\theta}_r$
0	6	–5.55
1	17	–4.12
2	34	–3.23
3	62	–2.47
4	104	–1.74
5	183	–1.02
6	154	–0.36
7	136	0.19
8	90	0.65
9	73	1.06
10	55	1.45
11	38	1.84
12	22	2.24
13	12	2.71
14	7	3.34
15	7	4.54

Personen mit demselben Summenscore erhalten dieselbe Parameterschätzung. Die Schätzwerte für Personen mit dem Score r=0 und r=15 wurden mit speziellen Verfahren ermittelt (s. Kap. 4.2.1).

Bei der Schätzung der Modellparameter kann man wie beim dichotomen Rasch-Modell von der Scoreverteilungs-Likelihoodfunktion ausgehen, in der der Personenparameter nicht enthalten sind. Analog zu Gleichung (16) in Kapitel 3.1.1.2.2 ergibt sich für das ordinale Rasch-Modell die Scoreverteilungs-Likelihoodfunktion

$$(17)\quad sL = \prod_{v=1}^{N} p(r_v) \frac{\exp\left(-\sum_{i=1}^{k} \sigma_{ix}\right)}{\gamma_r(\exp(-\sigma))},$$

in der γ_r die *symmetrischen Grundfunktionen* r-ter Ordnung der Itemparameter bezeichnet. Diese symmetrischen Grundfunktionen sehen für mehrkategorielle Items etwas komplizierter aus als im dichotomen Fall. Für die delogarithmierten Itemparameter

$$\varepsilon_{ix} = \exp(-\sigma_{ix})$$

sind sie ebenfalls als Summe von Produkten definiert

$$(18)\quad \gamma_r(\varepsilon) = \sum_{\underline{x}|r} \prod_{i=1}^{k} \varepsilon_{ix}\,.$$

Jedoch ist die Anzahl der Pattern mit demselben Score r, also die Anzahl der Summanden in (18) wesentlich größer. So gibt es z.B. für 3 Items mit je 3 Kategorien 6 Pattern mit dem Score r=2:

$$\underline{x} = \begin{matrix} 1 & 1 & 0 \\ 1 & 0 & 1 \\ 0 & 1 & 1 \\ 2 & 0 & 0 \\ 0 & 2 & 0 \\ 0 & 0 & 2 \end{matrix}$$

Trotzdem ist die Berechnung der symmetrischen Grundfunktionen mit einem Computer unproblematisch, so dass in der Praxis die Itemparameter über die Likelihoodfunktion (17) geschätzt werden und anschließend die Personenparameter unter Zugrundelegung dieser Itemparameter.

Auch lässt sich die Scoreverteilung – wie beim dichotomen Rasch-Modell – durch eine 2-parametrige logistische Funktion anpassen. Das spart Modellparameter und kann sich somit auf die Modellgeltungstests und die Stabilität der Parameterschätzungen auswirken.

Abschließend bleibt anzumerken, dass das ordinale Rasch-Modell auch auf Items mit *unterschiedlich vielen* Antwortkategorien angewendet werden kann, was beim mehrdimensionalen Rasch-Modell (Kap. 3.2.2) nicht möglich ist. Zur Vereinfachung der Notation wurde der Index i an der Kategorienanzahl m jedoch fortgelassen. Ergänzt man ihn entsprechend, so sind alle genannten Formeln auch für unterschiedliche Kategorienanzahlen gültig.

Literatur

Das ordinale Rasch-Modell wurde unter dem Namen partial credit Modell von Masters (1982) publiziert. Die Rückführung der Itemparameter auf Schwellenparameter geht auf Andrich (1978a, b) zurück. In der Zeitschrift Psychometrika wurde eine kontroverse Diskussion publiziert, die die Implikationen einer Zusammenlegung von Antwortkategorien für die Geltung des ordinalen Rasch-Modells betrifft (Jansen & Roskam (1986), Roskam & Jansen (1989), Andrich (1995a, b), Roskam (1995). Erweiterungen des partial credit Modells werden von Glas & Verhelst (1989), Muraki (1992) und Wilson (1992) diskutiert. Alternative Modelle sind das graded response Modell von Samejima (1969) und das sequentielle Modell von Tutz (1990). Wilson & Masters (1993) befassen sich mit dem Problem von Kategorienhäufigkeiten, die gleich Null sind. Vertiefende Darstellung von Testmodellen für ordinale Daten gibt es von Müller (1999) und Tutz (1990, 1997).

3.3.2 Modelle für Ratingskalen

Daten, die mit Hilfe von Ratingskalen gewonnen wurden, stellen unter den ordinalen Antwortvariablen eine Besonderheit dar. Durch die Verwendung desselben Antwortformates für mehrere oder alle Items macht es im Allgemeinen wenig Sinn, die Schwellenparameter für jedes Item getrennt zu bestimmen.

Die Idee von Modellen für Ratingskalen besteht darin, für jedes Item einen *Schwierigkeitsparameter* zu bestimmen und die *Schwellenabstände* über die Items hinweg zu modellieren. Dabei kann man unterschiedliche Annahmen treffen. Eine Annahme ist die der Äquidistanz, das ist die Annahme, dass die Schwellen der Ratingskala gleiche Abstände haben. Eine andere Annahme besagt, dass die Schwellen zwar unterschiedliche Abstände haben, diese Abstände aber für alle Items gleich sind.

Diese Annahmen lassen sich in unterschiedlicher Weise kombinieren, so dass mehrere Modelle entstehen, die den Antwortprozess bei der Verwendung von Ratingskalen formalisieren.

In diesem Kapitel werden 3 verschiedene Modelle dargestellt, die durch eine Restriktion der Schwellenparameter aus dem ordinalen Rasch-Modell hervorgehen.

Das erste Modell bezieht sich auf Fragebögen, in denen dasselbe Antwortformat für alle Items benutzt wird: die Antwortkategorien sind für alle Items gleich benannt und gleich definiert. In solchen Fällen ist es sinnvoll anzunehmen, dass die Antwortkategorien (im Sinne ihrer Schwellenabstände, s. Kap. 3.3.1.) auch *bei allen Items gleich groß* sind. Die Items unterscheiden sich bei solchen Fragebögen lediglich in ihrer Schwierigkeit, zustimmende Antworten zuzulassen. Die *Abstände* der Schwellen sind dagegen ein *Charakteristikum des Antwortformates* und nicht des einzelnen Items.

Diese Überlegung führt dazu, die Schwellenparameter des ordinalen Rasch-Modells so zu *restringieren* (einzuschränken), dass sie nicht mehr für jedes Item beliebig variieren können. Sie sollen vielmehr die Charakteristika des gemeinsamen Antwortformates ausdrücken.

Das sogenannte *Ratingskalen-Modell* (Andrich 1978 a, b, c) basiert auf der Annahme, dass die Schwellenabstände für alle Items *gleich groß* sind, jedoch die *Lokation* dieser Schwellen von Item zu Item *variiert,* weil die Items unterschiedlich schwierig sind. Dies ist in Abbildung 94 veranschaulicht.

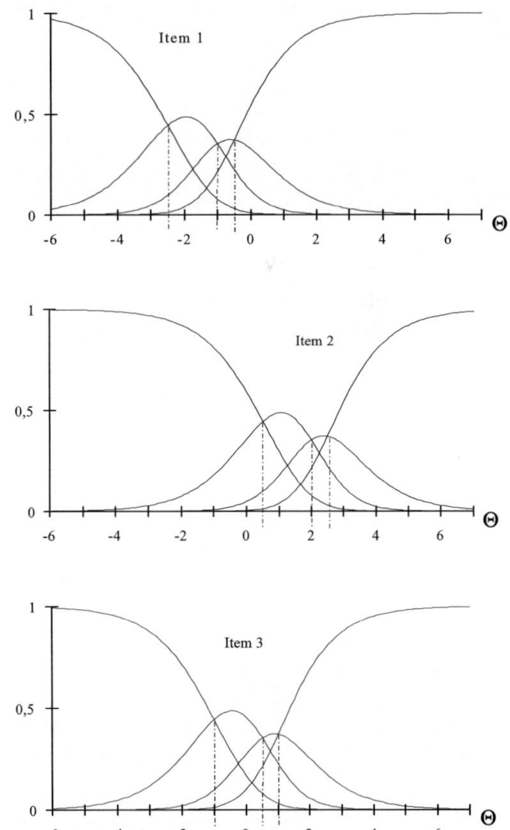

Abbildung 94: Drei unterschiedlich schwierige Items mit gleichen Schwellendistanzen

Die Abbildung 94 zeigt drei Items, von denen das erste am leichtesten, das zweite am schwierigsten, und das dritte ein mittleres ist, wobei aber alle drei Items gleiche Schwellenabstände aufweisen. Mit dieser Restriktion der Schwellenabstände muss man bei den drei Items nicht 3·3-1, also 8 unabhängige Parameter bestimmen, sondern lediglich 2 Schwellendistanzen plus 3-1=2 Itemschwierigkeiten, also 4 unabhängige Modellparameter. Je größer die Itemanzahl, desto mehr Parameter werden eingespart.

Bei vielen Ratingskalen ist man bemüht, die Antwortkategorien so zu benennen, dass die Kategorien möglichst *gleichen Abstand* haben, d. h. *äquidistant* sind. In einem Testmodell drückt sich die Äquidistanz von Antwortkategorien in gleichen Abständen der Schwellen aus.

Abbildung 95 zeigt die Kategorienwahrscheinlichkeiten für drei Items mit äquidistanten Schwellen, wobei dieser Abstand aber für jedes Item unterschiedlich groß ist.

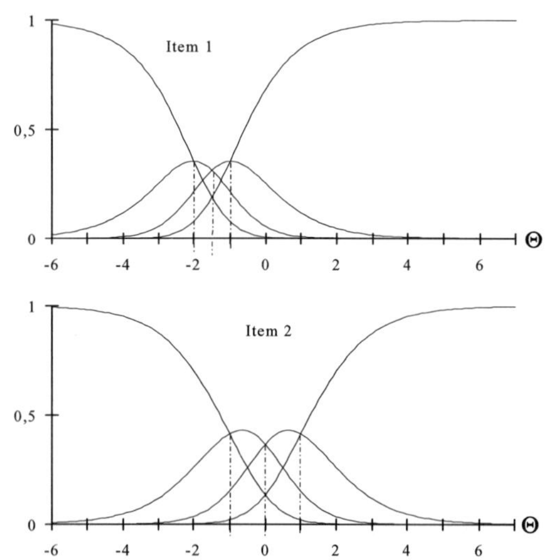

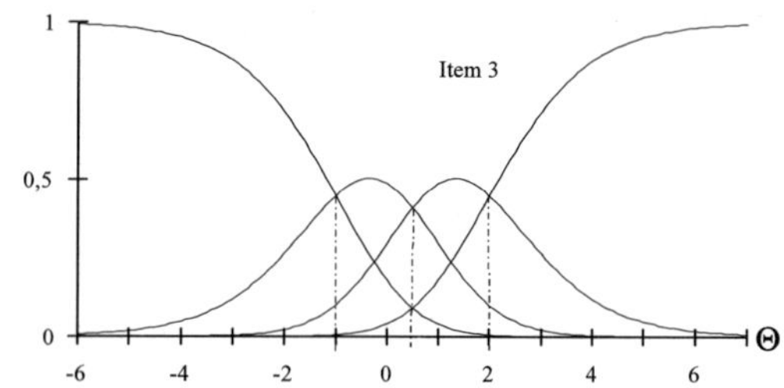

Abbildung 95: Die Kategorienfunktionen für drei Items mit äquidistanten Schwellen

Bei gleicher Verteilung der Personeneigenschaften über das latente Kontinuum ergeben sich für diese drei Items ganz unterschiedliche Kategorienhäufigkeiten. Beim ersten Item mit dem engsten Schwellenabstand werden die beiden äußeren Antwortkategorien sehr viel häufiger besetzt sein. Die Antwortvariable hat, über alle Personen betrachtet, somit eine *größere Dispersion* (Dispersion = Streuung).

Im Gegensatz dazu werden sich bei dem dritten Item mit den *größten Schwellendistanzen* die Antworten in den mittleren Kategorien häufen. Die Antwortvariable hat also eine *kleine Dispersion* über alle Personen betrachtet. Aus diesem Grund wird der Parameter δ_i, der den Schwellenabstand bei Item i parametrisiert, auch als Dispersionsparameter bezeichnet: je kleiner δ_i, desto größer die Dispersion des Items.

Was hier als Dispersion des Items bezeichnet wird und sich in dem δ-Parameter ausdrückt, hängt direkt mit der *Itemdiskrimination* oder *Trennschärfe* zusammen. Die Itemtrennschärfe ist in Kapitel 3.1 als *Anstieg der Itemfunktion* definiert worden. Anstelle einer einzigen Itemfunktion wurden in Kapitel 3.3.1 die *Kategorienfunktionen* für ordinale Testdaten eingeführt. An diesen Kurven ist jedoch nicht ohne weiteres ein Steigungsmaß definierbar, das die Trennschärfe charakterisieren würde.

Man kann jedoch das *Konzept der Itemfunktion* auch so definieren, dass es auf ordinale Testmodelle anwendbar ist. Die Itemfunktion drückt die Abhängigkeit der Lösungswahrscheinlichkeit eines Items von der latenten Variable aus. Bei dichotomen Daten ist die Wahrscheinlichkeit einer 1-Antwort zugleich der *Erwartungswert der Antwortvariable*.

Erwartungswert einer 0-1-Variable

Der Erwartungswert einer Variable X ist folgendermaßen definiert (vgl. Kap. 2.1.2):

$$\text{Erw}(X) = \sum_x x\, p(x)$$

und drückt nichts anderes aus als den aufgrund einer Wahrscheinlichkeitsverteilung erwarteten *Mittelwert* der Variable X, wenn jede Valenz von X mit der Wahrscheinlichkeit p(x) auftritt.

Ist die Variable X dichotom, d.h. nimmt sie nur die Werte 0 und 1 an, so ist der Erwartungswert der Variable gleich der Wahrscheinlichkeit einer 1-Antwort, d.h.

$$\text{Erw}(X) = p(X = 1),$$

was man sich anhand eines einfachen Beispiels leicht klarmachen kann (beträgt die Lösungswahrscheinlichkeit eines Items p=0.75, so ist der erwartete Mittelwert der Antwortvariable $\bar{X}$=0.75).

Definiert man die Itemfunktion als die *Funktion des Erwartungswertes der Antwortvariable in Abhängigkeit von der Personeneigenschaft* θ, so ist die Itemfunktion auch für ordinale Testmodelle bestimmbar und graphisch darstellbar. Die benötigten Wahrscheinlichkeiten p(x) sind durch die jeweilige Modellgleichung definiert.

Die Itemfunktionen für die drei Items in Abbildung 95 sehen folgendermaßen aus:

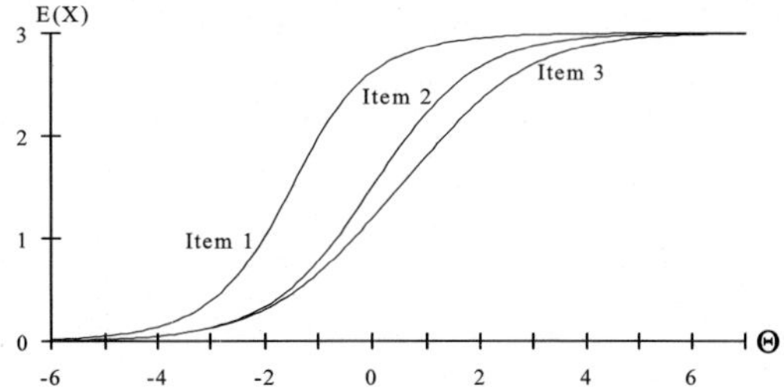

Abbildung 96: Die Itemfunktionen der drei Items aus Abbildung 95

Es zeigt sich, dass das erste Item mit den *engsten* Schwellenabständen die *steilste* Itemfunktion hat und das dritte Item mit den größten Schwellendistanzen eine flache Itemfunktion hat. Das bedeutet, je größer die Schwellenabstände, also der Parameter δ ist, desto geringer ist die Trennschärfe dieses Items. δ ist somit ein *inverser Trennschärfeparameter*.

Wurde in Kapitel 3.1.1.2.2 gesagt, dass *Rasch-Modelle parallele Itemfunktionen* haben, d.h. dass die Items sich nicht hinsichtlich ihrer Trennschärfe unterscheiden dürfen, so muss diese Aussage *eingeschränkt* werden auf den Fall dichotomer Items. Im Fall mehrkategorieller, ordinaler Items ist bereits ab drei Antwortkategorien die Trennschärfe für jedes Item berechenbar, ohne dass die sonstigen Eigenschaften des Rasch-Modells verloren gehen.

Im *Äquidistanzmodell* ist die Itemtrennschärfe direkt in Form eines *Modellparameters* enthalten, während sich im normalen ordinalen Rasch-Modell die Itemtrennschärfe nur indirekt in den unterschiedlichen Schwellendistanzen der Items ausdrückt. Man kann sie jedoch als *mittlere* Schwellendistanz eines Items berechnen.

Trennschärfe: Ein Gütekriterium?

Es stellt sich die Frage, ob eine *hohe Trennschärfe* der Items bei ordinalen Antwortformaten auf jeden Fall das erstrebenswerte Ziel einer Testentwicklung sein muss. Eine hohe Trennschärfe heißt bei ordinalen Items, dass die Schwellen dicht beieinander liegen, das Item also gut zwischen Personen mit einer *sehr geringen* und einer *sehr hohen* Eigenschaftsausprägung trennt.

Gleichzeitig haben enge Schwellendistanzen zur Konsequenz, dass die *mittleren Kategorien nicht voll ausgenutzt* werden, da die meisten Personen dem Item entweder zustimmen oder es ablehnen. Es fragt sich, ob dies der Sinn eines ordinalen Antwortformates ist, will man doch mit abgestuften Antworten gerade auch die Zwischentöne im Antwortverhalten erfassen und nicht nur extreme Zustimmung oder Ablehnung. Es kann daher auch sinnvoll sein, Items mit einer *mittleren Trennschärfe*, d.h. großen Schwellenabständen anzustreben, um auch zwischen Personen im Mittelbereich der latenten Variable diskriminieren zu können.

Im Ratingskalen Modell ist es möglich, dass die Schwellen des Antwortformates unterschiedlichen Abstand haben, während das Äquidistanzmodell unterschiedliche Itemtrennschärfen berücksichtigt. Das dritte Testmodell für Ratingdaten ist die *Kombination aus Ratingskalen-Modell und Äquidistanzmodell.*

Abbildung 97 zeigt die Kategorienfunktionen für drei Items im *Dispersionsmodell*.

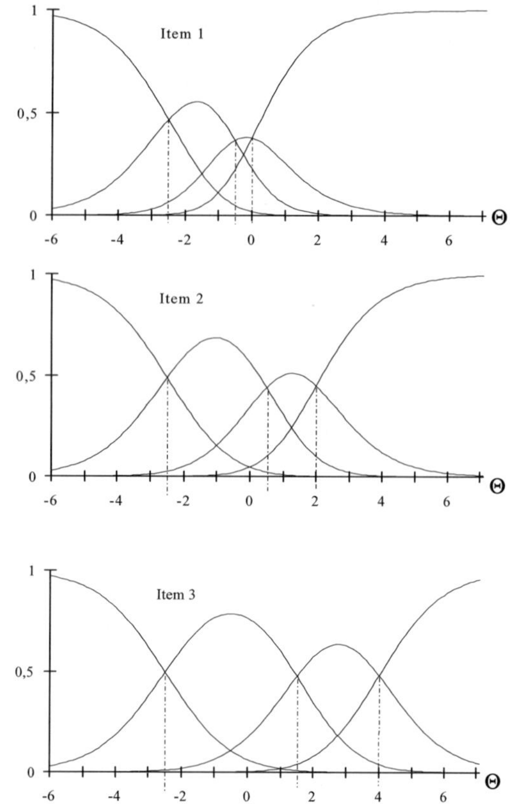

Abbildung 97: Die Kategorienfunktionen von drei Items im Dispersionsmodell

Für alle Items ist die erste Schwellendistanz jeweils größer als die zweite, jedoch sind beide Distanzen beim *ersten* Item gegenüber dem zweiten Item verringert (um $\delta_1 = -1.0$), während sie beim *dritten* Item vergrößert sind ($\delta_3 = +1.0$). Diese *Verlängerung oder Verkürzung der Distanzen* erfolgt nach Maßgabe des Parameters δ_i, d.h. δ_i drückt aus, um welche Länge die Schwellendistanzen bei einem Item von der mittleren Schwellendistanz aller Items abweichen.

Bevor auf die etwas komplizierte Parametrisierung eingegangen wird, werden zuvor die Ergebnisse des Datenbeispiels für die drei genannten Modelle dargestellt.

Die folgenden Abbildungen zeigen die Profile der drei Schwellenparameter für das unrestringierte ordinale Rasch-Modell (s.o. Kap. 3.3.1.1) und jedes der 3 Modelle für Ratingskalen.

Ordinales Rasch-Modell

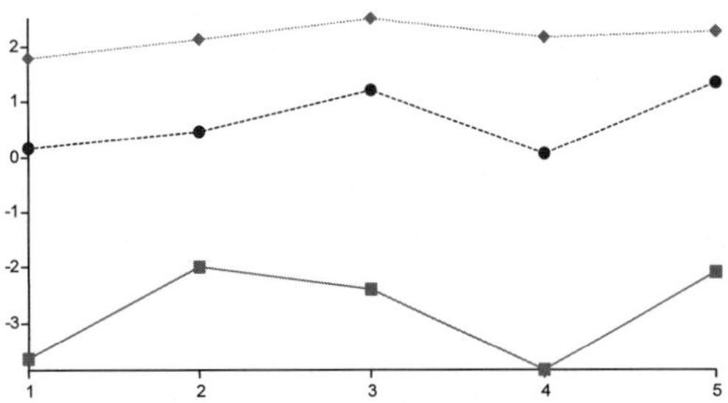

Ratingskalen-Modell

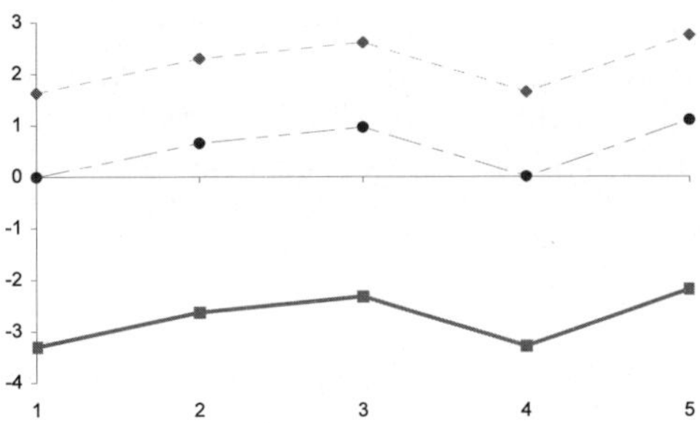

Äquidistanz-Modell

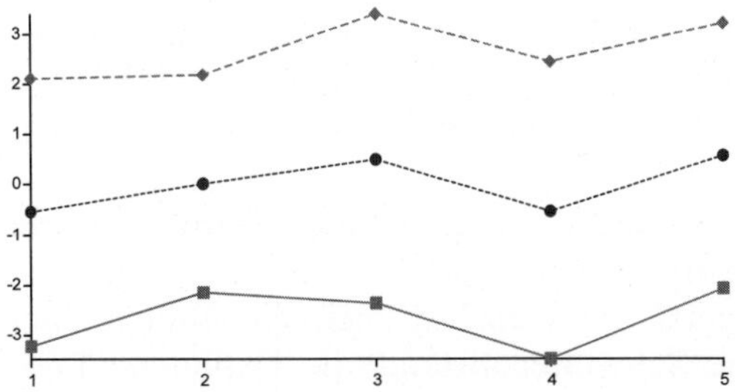

Dispersions-Modell

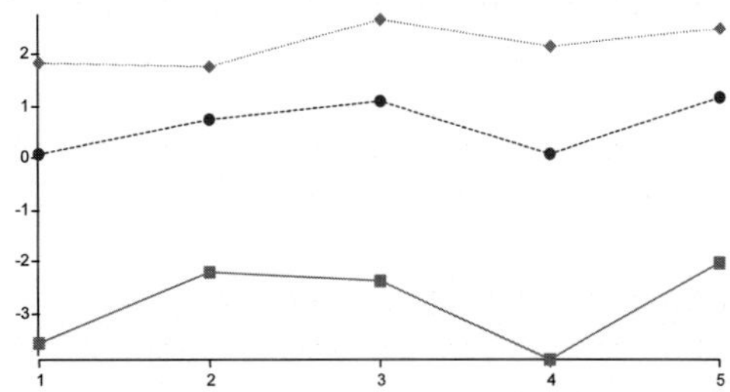

Abbildung 98: Die Schwellenparameter des ordinalen Rasch-Modells und der drei Modelle für Ratingskalen

Aus der oberen Abbildung, die die unrestringierten Parameter des ordinalen Rasch-Modells zeigt, geht hervor, dass die Distanzen zwischen der ersten und der zweiten Schwelle durchweg größer sind als zwischen der zweiten und dritten Schwelle.

Das Ratingskalen-Modell (zweite Abbildung von oben), das diesen Unterschied zwischen den beiden Schwellendistanzen deutlich ausdrückt, wird den Daten aber nicht gerecht, da diese Distanzen im unrestringierten Modell von Item zu Item unterschiedlich groß sind. Insbesondere das zweite Item hat deutlich kleinere Schwellenabstände als die anderen.

Die dritte Abbildung von oben zeigt die Schwellenparameter unter der Äquidistanzannahme. Im Dispersionsmodell (unterste Abbildung) gelingt es noch am besten, die Schwellendistanzen des unrestringierten Modells zu modellieren.

Der BIC-Index

Der BIC-Index (s.Kap.5 für eine detaillierte Beschreibung) verwendet (wie der AC) den Likelihoodwert eines Modells mit der Anzahl der Modellparameter und dem Stichprobenumfang. Im Vergleich zum AC wird die Parameteranzahl stärker gewichtet, d.h. der BIC wirkt einer ‚Überparametrisierung' stärker entgegen. Für die Datenmenge des NEOFFI-Datenbeispiels ist der BIC besser geeignet als der AC. Es gilt hier: je *kleiner* der BIC, desto besser passt das Modell.

Die BIC-Werte der 4 Modelle bestätigen den aufgrund der Grafiken gewonnenen Eindruck. Das Dispersionsmodell hat den niedrigsten BIC-Wert und passt daher unter Berücksichtigung der Parameteranzahl am besten auf die Daten.

Modell	logLik	n_P	BIC
ORM	5028	29	10 256
RSM	5075	21	10 295
EQU	5121	24	10 408
DIS	5038	25	10 249

Der BIC-Wert dieses Modells ist allerdings noch höher als derjenige des unrestringierten ordinalen Rasch-Modells mit Modellierung der Scoreverteilung (BIC=10227). Modelliert man auch im Dispersionsmodell die Scoreverteilung, so ergibt sich ein BIC-Wert von 10220, womit sich auch unter dieser Bedingung das Dispersionsmodell als das best-passende erweist.

Die Modellgleichungen der drei restringierten Modelle sollen nicht im Einzelnen abgeleitet werden. Die Schritte sind dieselben wie beim ordinalen Rasch-Modell. Dort wurde aus der Annahme, dass die Schwellenwahrscheinlichkeit durch die logistische Funktion des dichotomen Rasch-Modells definiert ist (Gleichung (3) in Kapitel 3.3.1),

$$(1)\quad q_{vix} = \frac{\exp(\theta_v - \tau_{ix})}{1+\exp(\theta_v - \tau_{ix})},$$
$$x = 0,1...m,$$

die Antwortwahrscheinlichkeit des ordinalen Rasch-Modells abgeleitet, (Gleichung (8) in Kapitel 3.3.1)

$$(2)\quad p(X_{vi} = x) = \frac{\exp(x\,\theta_v - \sigma_{ix})}{\sum_{s=0}^{m} \exp(s\,\theta_v - \sigma_{is})}$$

$$\text{mit}\quad \sigma_{ix} = \sum_{s=0}^{x} \tau_{is} \quad \text{und} \quad \sigma_{i0} = 0.$$

Das wesentliche Resultat bei dieser Ableitung besteht darin, dass sich der Exponent der Wahrscheinlichkeit einer Antwort in Kategorie x aus der Summation der Exponenten der Schwellenwahrscheinlichkeiten *bis hin zu der betreffenden Kategorie x* ergibt. Das heißt aus

$\theta_v - \tau_{ix}$ in Gleichung (1) wird

$$(3)\quad \sum_{s=0}^{x} (\theta_v - \tau_{is}) = x\,\theta_v - \sum_{s=0}^{x} \tau_{is}$$

in Gleichung (2).

Anstatt denselben Personenparameter θ_v x-mal zu addieren, kann man $x \cdot \theta_v$ schreiben und die kumulierten Schwellenparameter $\sum \tau_{ix}$ lassen sich durch neue σ-Parameter ersetzen ('reparametrisieren').

Um die Modellgleichungen für die drei restringierten Modelle zu erhalten, müssen zuerst die verschiedenen Annahmen über die Schwellenabstände im Exponenten der Schwellenwahrscheinlichkeit (1) ausgedrückt werden. Hierfür ist es sinnvoll, einen Parameter σ_i von den Schwellenparametern τ_{ix} zu isolieren, so dass der Itemparameter σ_i als Itemschwierigkeit den *Mittelpunkt* aller Schwellen definiert und die τ_{ix} -Parameter den *Abstand* jeder Schwelle von diesem Schwierigkeitsparameter σ_i definieren.

Ersetzt man τ_{ix} durch $\sigma_i + \tau_{ix}$ mit der Nebenbedingung, dass die Summe der Schwellen jedes Items gleich Null ist, also

$$(4) \quad \sum_{x=1}^{m} \tau_{ix} = 0, \text{ für alle i,}$$

so erhält man für den Exponenten der Schwellenwahrscheinlichkeit (1)

$$\theta_v - (\sigma_i + \tau_{ix}).$$

Diese Summennormierung der Schwellenparameter gilt zusätzlich zu der ohnedies schon geltenden Bedingung $\tau_{i0} = 0$.

Mit dieser Art der Normierung drücken die σ_i-Parameter automatisch den Mittelpunkt aller Schwellenlokationen eines Items aus, da nur für den Mittelpunkt gilt, dass die Summe aller Abstände gleich 0 ist. Diese Interpretation der Modellparameter ist in Abbildung 99 verdeutlicht.

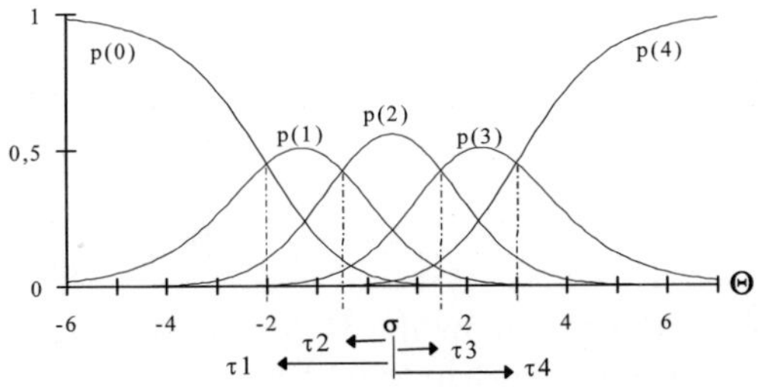

Abbildung 99: Die Itemschwierigkeit σ als Mittelpunkt aller Schwellen und die Schwellenparameter τ_x als Abweichungen von σ

Betrugen die Schwellenparameter ursprünglich –2, -0.5, 1.5 und 3, so entspricht nach dieser Reparametrisierung σ_i dem Mittelwert dieser 4 Werte, also 0.5 und die τ_{ix} den Abweichungswerten –2.5, -1.0, +1.0 und 2.5.

Mit diesen Gleichungen ist noch keine Annahme über die Schwellendistanzen eingeführt, es handelt sich lediglich um eine Reparametrisierung. Die verschiedenen Modelle für Ratingdaten entstehen dadurch, dass man die τ_{ix} -Parameter entsprechend restringiert.

Am einfachsten geht dies für das Ratingskalen-Modell, für das man lediglich den Index i bei den τ -Parametern weglässt. Hier sollen ja für alle Items dieselben Schwellenabstände gelten.

Mit dem Exponenten der Schwellenwahrscheinlichkeit $\theta_v - (\sigma_i + \tau_x)$ erhält man den Exponenten der Antwortwahrscheinlichkeit für das *Ratingskalen-Modell* durch Summation bis zur Kategorie x:

$$(5) \quad x\theta_v - \left(x\sigma_i + \sum_{s=0}^{x} (\tau_s) \right).$$

Etwas komplizierter ist das beim Äquidistanzmodell. Hier soll jedes Item einen zweiten Parameter δ_i erhalten, der die Schwellenabstände bei diesem Item parametrisiert. Die Ersetzung der τ_{ix} -Parameter durch Abstandsparameter δ_i mit einem geeigneten Koeffizienten erfüllt diese Aufgabe.

$$(6) \quad \theta_v - \left(\sigma_i + \left(x - \frac{m+1}{2} \right) \delta_i \right)$$

Der Koeffizient von δ_i, x-(m+1)/2, sorgt dafür, dass für jede Schwelle von x=1 bis x=m der richtige Anteil (bzw. das Vielfache) der Schwellendistanz δ_i vom Mittelwert aller Schwellen abgezogen bzw. dazugezählt wird. Dies ist in Abbildung 100 veranschaulicht.

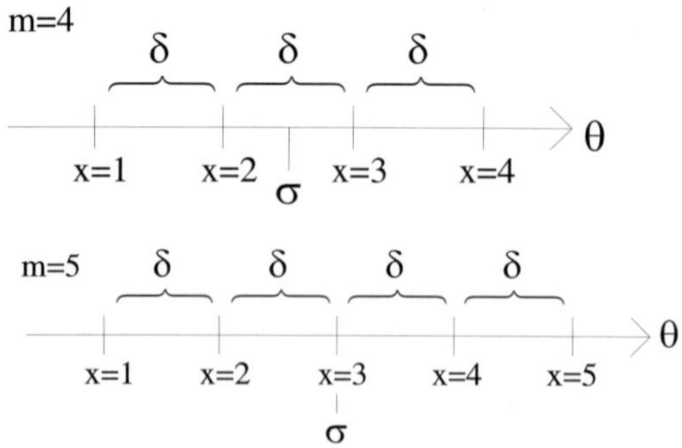

Abbildung 100: Die Ermittlung der Schwellenlokationen mittels des konstanten Distanzparameters δ und des Schwierigkeitsparameters σ

Wiederum erhält man den Exponenten der Antwortwahrscheinlichkeit für das *Äquidistanz-Modell* durch Summation bis x, was den Koeffizienten von δ_i allerdings zu einem quadratischen Term werden lässt:

$$(7) \quad x\theta_v - x\sigma_i - x(x-m)\tfrac{1}{2}\delta_i$$

Die Verwandlung des Koeffizienten von δ_i ist nicht ohne weiteres nachvollziehbar, so dass sie im nachfolgenden Kasten erklärt ist.

Der Koeffizient des Distanzparameters

Summiert man den Koeffizienten von δ in Gleichung (6) von 1 bis x auf, so ergibt sich mit Hilfe einer Gesetzmäßigkeit über endliche Reihen der folgende einfache Ausdruck:

$$\sum_{s=1}^{x}\left(s-\frac{m+1}{2}\right)=\tfrac{1}{2}\sum_{s=1}^{x} 2s-m-1$$
$$=\tfrac{1}{2}\left(\left(\sum_{s=1}^{x} 2s-1\right)-x\,m\right)=\tfrac{1}{2}\left(x^2-x\,m\right)$$
$$=\tfrac{1}{2}x(x-m).$$

Die hierbei benutzte Gesetzmäßigkeit, dass die Summe aller ungeraden Zahlen bis zur x-ten ungeraden Zahl genau x^2 ist, lässt sich folgendermaßen nachvollziehen:

x	2x-1	x^2
1	1	1
2	3	4
3	5	9
4	7	16
5	9	25
6	11	36
7	13	49
.	.	.
.	.	.

Addiert man die mittlere Spalte auf, so erhält man als Ergebnis stets die rechts stehende Quadratzahl.

Im *Dispersionsmodell* sind schließlich beide Parameterarten enthalten, die itemunspezifischen τ_x -Parameter, die die mittleren Schwellenabstände für alle Items ausdrücken, und die δ_i -Parameter, die diese mittleren Distanzen für jedes Item stauchen oder strecken.

$$(8) \quad x\theta_v - x\sigma_i - \sum_{s=0}^{x}\tau_s - x(x-m)\tfrac{1}{2}\delta_i$$

Nachdem nunmehr die Parametrisierungen der drei Rasch-Modelle für Ratingskalen vorgestellt sind, sollen im folgenden einige Fragen behandelt werden, hinsichtlich derer sich die Modelle unterscheiden.

Normierung der Parameter

In allen drei Modellen sind die Itemparameter summennormiert, d.h. es gilt wie beim dichotomen Rasch-Modell die Normierungsbedingung:

$$(9) \qquad \sum_{i=1}^{k} \sigma_i = 0.$$

Hinzu kommt beim Ratingskalen-Modell und beim Dispersionsmodell die Normierung der Distanzparameter, d.h.

$$(10) \qquad \sum_{x=1}^{m} \tau_x = 0 .$$

Während beim Äquidistanz-Modell die Distanzparameter nicht normiert werden müssen, da für jedes Item ein eigener Schwellenabstand definiert sein muss, ist im Dispersionsmodell die ‚Grunddistanz' durch die τ_x -Parameter bereits festgelegt. Die δ_i -Parameter definieren nur die Abweichungen von diesen Grunddistanzen, so dass nur für das Dispersionsmodell gilt:

$$(11) \qquad \sum_{i=1}^{k} \delta_i = 0 .$$

Parameteranzahl

Damit ergeben sich die folgenden Parameteranzahlen für die drei Modelle:

	σ_i	τ_x	δ_i
Ratingskalen	k-1	m-1	0
Äquidistanz	k-1	0	k
Dispersion	k-1	m-1	k-1

Die Anzahl der Scoreparameter ist für alle drei Modelle gleich, nämlich $m \cdot k$. Natürlich können auch bei allen drei Modellen die Scoreverteilungen durch eine Verteilung mit weniger Parametern angepasst werden (s.o. Kap. 3.1.1.2.2).

Antwortkategorien

Tests, deren Items eine unterschiedliche Anzahl von Kategorien aufweisen, können aus logischen Gründen nicht mit dem Ratingskalen- und dem Dispersionsmodell ausgewertet werden. Die τ_x -Parameter, die ja für alle Items eines Tests gelten, können nicht berechnet werden, wenn einige Kategorien bei einigen Items gar nicht vorkommen. Im Äquidistanz-Modell sind itemspezifische Kategorienanzahlen dagegen ohne weiteres möglich.

Bei nur drei Antwortkategorien, also bei nur einer Schwellendistanz unterscheidet sich das Äquidistanzmodell nicht vom Dispersionsmodell. Unterschiede gibt es auch hinsichtlich der Frage, ob die Antwortkategorien einzelner Items nachträglich umgepolt werden dürfen, z.B. wenn diese Items in der entgegengesetzten Richtung verbalisiert sind (negativ formulierte Items). Dies bedeutet für die Anwendung des Äquidistanzmodells kein Problem, wohl aber für die beiden Modelle mit einem τ_x -Parameter.

Nimmt man nämlich für einige Items eine Umpolung vor, so ist es nicht mehr sinnvoll anzunehmen, dass die Distanzen zwischen je zwei Schwellen für alle Items konstant sind: dieselben Codes bezeichnen bei den umgepolten Items ganz andere Kategorien als bei den nicht umgepolten Items.

Beispiel:

	lehne völlig ab	lehne ab	stimme zu	stimme völlig zu
Original-code:	0	1	2	3
Umgepolt:	3	2	1	0

Die hierarchische Struktur der 4 Modelle

Alle Modelle sind Spezialfälle des ordinalen Rasch-Modells, d.h. sie gehen durch Restriktionen aus letzterem hervor. Das Dispersionsmodell ist wiederum ein Obermodell des Ratingskalen- und des Äquidistanzmodells. Letztere gehen durch Null-Setzen der τ_x bzw. δ_i -Parameter aus dem Dispersionsmodell hervor. Somit ergibt sich die folgende hierarchische Struktur zwischen den Modellen:

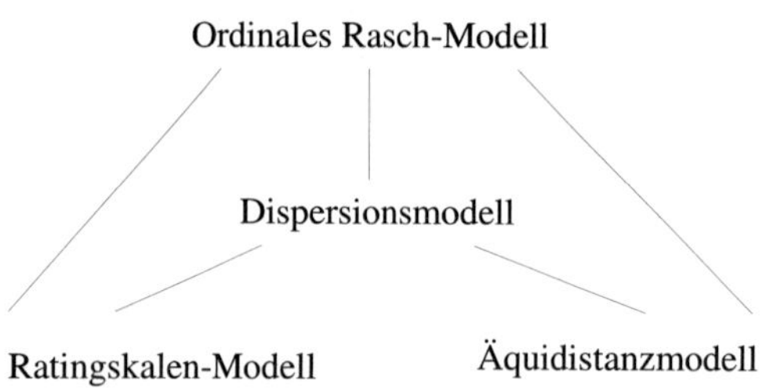

Die Kenntnis, welches Modell ein Spezialfall von welchem anderen ist, ist für einige Modellgeltungskontrollen von Bedeutung (s. Kap. 5.).

Es stellt sich die Frage, *warum* man *solche restringierten ordinalen Modelle* überhaupt braucht, wenn sich die Personenmesswerte unterschiedlich restriktiver Modelle kaum unterscheiden. Will man die Daten möglichst gut mittels eines Testmodells erklären, so ist das *unrestringierte* ordinale Rasch-Modell (Kap. 3.3.1) in jedem Fall dasjenige mit der größten Übereinstimmung von beobachteten und vorhergesagten Daten. Es enthält auch die meisten Modellparameter.

Das entscheidende Argument für ein restriktiveres Modell liegt darin, dass man ein Modell auf die Daten anwenden sollte, welches *genau die Parameter* enthält, die den präexperimentellen Hypothesen über das Antwortverhalten entsprechen und die man später auch *tatsächlich interpretiert.*

Bei der Auswertung von Fragebögen mit Ratingskalen hat man im allgemeinen keine Annahmen über die Lokationen einzelner Schwellen, sondern man möchte die Itemschwierigkeiten und -trennschärfen interpretieren und gleichzeitig Informationen über die verwendete Ratingskala haben. Genau diese Funktionen erfüllen die σ_i-, δ_i- und τ_x-Parameter der Modelle (5), (7) und (8). Die Verwendung von restringierten Modellen ist daher nicht nur ein Gebot des *Einfachheitskriteriums* für Theorien, sondern auch der *Passung von Theorie und Empirie.*

Bei der Verwendung von Ratingskalen in Fragebögen spielen der sogenannte *Skalengebrauch* oder auch die *response sets* (dt. etwa 'Antworthaltungen') der befragten Personen eine große Rolle (vgl. Kap. 2.3.3.3). Solche response sets - sofern sie für *alle* befragten Personen zutreffen - können sich bei ordinalen Testmodellen in den Schwellendistanzen ausdrücken und manifestieren sich z.B. im Ratingskalen-Modell in den τ_x-Parametern.

Response sets und Schwellendistanzen

Eine *Tendenz zum extremen Urteil* drückt sich z.B. darin aus, dass die erste Schwelle sehr schwer und die letzte Schwelle sehr leicht ist, so dass die Kategorien x=0 und x=m sehr häufig besetzt sind (es ist 'sehr schwer', die erste Schwelle, und 'sehr leicht' die letzte Schwelle zu überschreiten). Eine *Tendenz zum mittleren Urteil* drückt sich darin aus, dass die Schwellendistanz der mittleren Kategorie relativ groß ist, also sehr viele Personen die mittlere Kategorie der Ratingskala bevorzugen.

Problematisch kann es werden, wenn eine *Tendenz zur Vermeidung eines mittleren Urteils* vorliegt, was sehr häufig in empirischen Datensätzen beobachtbar ist. Diese Tendenz tritt auf, wenn man eine *ungerade Kategorienanzahl* verwendet, die mittlere Kategorie aber von den befragten Personen gemieden wird. Die Gründe hierfür können vielfach sein, z.B. weil die Befragten deutlich machen möchten, dass sie zu jedem Item eine Meinung haben und nicht indifferent urteilen (dies wäre auch ein Aspekt der *sozialen Erwünschtheit*).

Tendenzen zur Vermeidung bestimmter Antwortkategorien sind deswegen problematisch, weil sie die *Ordnung der Schwellenparameter* durcheinander bringen können. Wird eine Kategorie gemieden, so bedeutet das, dass die Schwelle vor dieser Kategorie sehr schwer, die Schwelle nach der Kategorie sehr leicht ist. Dies führt aber dazu, dass die Ordnung aufsteigender Schwellenschwierigkeiten, die bei ordinalen Antworten gegeben sein muss (s. Kap. 3.3.1) durchbrochen wird.

Ist die Ordnung der Schwellenparameter nicht mehr gegeben, entfällt auch das wichtigste Kriterium für die Ordinalskalenqualität der Itemantworten. In letzter Konsequenz kann man diese Situation auch als einen Fall von *Mehrdimensionalität* interpretieren, denn diejenige Kategorie, die gemieden wird, wird wohl aufgrund einer anderen Persönlichkeitseigenschaft gemieden, als der, die gemessen werden soll.

Literatur

Das Ratingskalen-Modell wurde von Andrich (1978a, b, c) publiziert, das Äquidistanzmodell von Andrich (1982) und das Dispersionsmodell von Rost (1988a, 1990b). Masters & Wright (1984) und Wright & Masters (1982) beschreiben die Familie von Rasch-Modellen für Ratingskalen. Diese Familie schließt auch das Rasch-Modell mit binomialverteilter Antwortvariable von Andrich (1978d) und das Poisson-Modell von Rasch (1960) mit ein. Das Modell mit kontinuierlicher Antwortvariable, das entsteht, wenn die Anzahl der Schwellen im Äquidistanzmodell gegen unendlich geht, wurde von Müller (1987, 1999) entwickelt.

3.3.3 Klassenanalyse ordinaler Daten

Mit Ratingdaten oder allgemeiner, mit ordinalen Itemantworten lassen sich nicht nur *quantitative* Personenvariablen erfassen, sondern auch *qualitative* Variablen, also latente Klassen von Personen. Man erhebt zwar mit abgestuften Itemantworten bereits *quantitative Antwortvariablen*, die den *Grad* der Zustimmung zu dem Iteminhalt ausdrücken. Das bedeutet aber nur, dass sich die Personen *bei jedem einzelnen* Item graduell unterscheiden. Die latente Personenvariable, die die individuellen Unterschiede im Antwortverhalten hinsichtlich *aller* Items erklärt, kann dennoch kategorial, also eine Klassenvariable sein.

Ein Fragebogen zur Messung der Einstellung zum Motorsport enthält zum Beispiel Fragen des folgenden Typs:

- *Autorennen finde ich sehr spannend*
- *Motorsport ist eine unnütze Luftverschmutzung*
- *Motorsport ist nur ein Wettstreit der Technik und nicht der körperlichen Leistung*

Die Antworten werden mit einer 4-stufigen Skala von 'lehne ab' bis 'stimme zu' erhoben. Es werden drei Klassen von Personen erwartet: solche, die dem Motorsport gegenüber positiv eingestellt sind, solche, die ihn aus Umweltschutzgründen ablehnen und solche, die ihn ablehnen, weil es kein Wettstreit der Körperkraft, sondern der Motorkraft ist. Die Itemprofile der drei erwarteten Klassen sehen für die drei o.g. Items wie folgt aus:

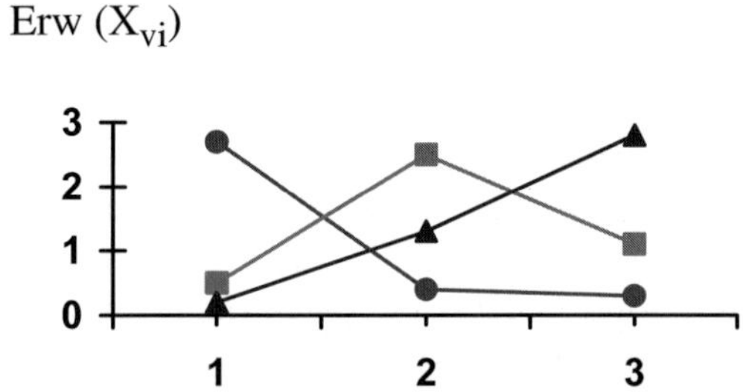

Abbildung 101: Die Erwartungswertprofile der drei Beispielitems

Auf der *Ordinate* sind jetzt nicht mehr Wahrscheinlichkeiten abgetragen (wie bei der dichotomen oder nominalen Klassenanalyse, vgl. Kap. 3.1.2.2 und 3.2.1), sondern die Erwartungswerte der Antwortvariable, also die in jeder Klasse *erwartete Itemantwort*.

Das Beispiel soll deutlich machen, dass man *Klassen von Personen* sehr wohl dadurch erfassen kann, dass man mit ordinalen Itemantworten den *Grad* ihrer Zustimmung zu jedem Item erhebt. Die Klassen müssen sich dann nicht notwendigerweise auch graduell unterscheiden, sondern können qualitativ verschieden sein, wie die beiden Klassen, die den Motorsport ablehnen.

Ist man bei der Auswertung eines Tests *nicht* daran interessiert, etwas darüber zu erfahren, ob die Antwortalternativen wirklich eine Ordinalskala bilden, so kann man einfach die Klassenanalyse für mehrkategorielle Daten (Kap. 3.2.1) anwenden. Dieses Modell sieht für jede Antwortkategorie einen Wahrscheinlichkeitsparameter π_{ixg} vor:

$$(1) \qquad p\left(X_{vi} = x\right) = \sum_{g=1}^{G} \pi_g \, \pi_{ixg},$$

der sich über die Kategorien hinweg zu 1 addieren muss:

$$\sum_{x=0}^{m} \pi_{ixg} = 1.$$

Während es bei Antwortkategorien, die keine Ordnung bilden, auch keinen Sinn macht, die *Erwartungswerte* der Antwortvariablen zu berechnen, ist dies bei ordinalen Antworten sinnvoll:

$$\text{(2)} \qquad \text{Erw}\left(X_{vi} \middle| g\right) = \sum_{x=0}^{m} x\, \pi_{ixg}.$$

So sagt etwa ein Erwartungswert von 2.35 aus, dass die Personen dieser Klasse bei diesem Item am liebsten zwischen 2 und 3 ankreuzen würden. Da dies natürlich nicht geht, werden die meisten Häufigkeiten bei '2' und - etwas weniger - bei '3' liegen.

Die 2-Klassenlösung der Klassenanalyse für die nominalen Daten (s. Kap. 3.2.1) ergibt für das Datenbeispiel die Klassengrößenparameter $\pi_1 = 0.65$ und $\pi_2 = 0.35$ sowie die folgenden Parameterwerte π_{ixg}:

	i=1	i=2	i=3	i=4	i=5
			Klasse 1		
0	.08	.26	.23	.07	.27
1	.66	.59	.70	.72	.67
2	.22	.14	.06	.19	.05
3	.04	.01	.01	.02	.01
			Klasse 2		
0	.00	.03	.01	.00	.04
1	.23	.25	.42	.12	.42
2	.51	.50	.44	.66	.39
3	.25	.21	.13	.21	.15

Daraus lassen sich die folgenden Erwartungswerte berechnen:

	i=1	i=2	i=3	i=4	i=5
g=1	1.21	0.91	0.86	1.16	0.80
g=2	2.02	1.89	1.68	2.09	1.65

und als *Erwartungswertprofile* graphisch darstellen

Erw $(X_{vi}|g)$

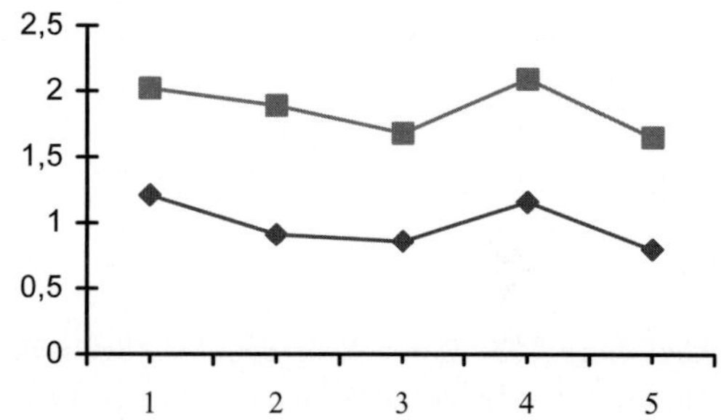

Abbildung 102: Die Erwartungswertprofile der 5 NEOFFI-Items

Es handelt sich um zwei *geordnete* Klassen, da die Itemprofile *überschneidungsfrei* verlaufen. Klasse 1 zeichnet sich dadurch aus, dass die 5 Neurotizismus-Items als unzutreffend eingestuft werden, in Klasse 2 dagegen eher als zutreffend

Wendet man die Klassenanalyse in dieser Form auf ordinale Daten an, so erfährt man nichts darüber, ob die Antwortskala tatsächlich eine Ordinalskala darstellt und - wenn ja – welche Eigenschaften sie z.B. hinsichtlich der Kategoriengröße hat. Es stellt sich die Frage, wie man denn die Parameter der latenten Klassenanalyse *restringieren* könnte, damit das Modell der Ordinalskalenqualität den Daten gerecht wird.

Man kann der Ordinalskalenqualität der Antwortvariablen auf dieselbe Art und Weise Rechnung tragen, wie dies in Kapitel 3.3.1 für quantitative Testmodelle getan wurde. Dort wird die Ordnung der Antwortkategorien dadurch im Modell abgebildet, dass den aufeinanderfolgenden Kategorien *Abschnitte* auf der latenten Dimension entsprechen. Innerhalb dieser Abschnitte ist jeweils die Antwortwahrscheinlichkeit *einer* Kategorie am höchsten. Die Grenzen dieser Abschnitte sind durch die *Schwellen* definiert. Abbildung 103 zeigt noch einmal die entsprechende Graphik aus Kapitel 3.3.1:

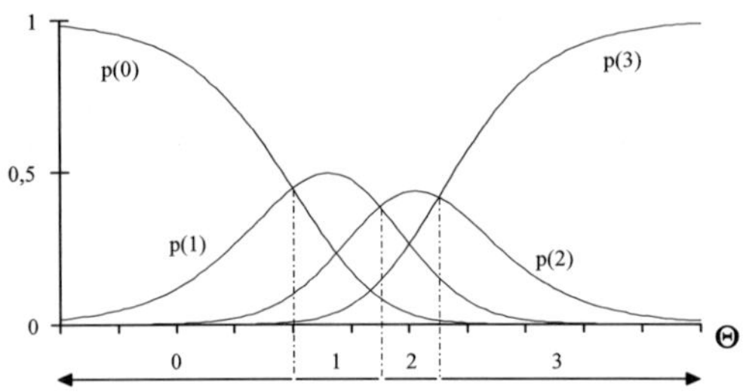

Abbildung 103: Durch Schnittpunkte (Schwellen) definierte Abschnitte auf der latenten Dimension

Die Ordnung der Kategorien spiegelt sich in der *Ordnung der Schwellenparameter* wieder. Die Anwendung dieses Prinzips auf die Klassenanalyse erscheint zunächst unmöglich, da es bei der Klassenanalyse *gar keine latente Dimension* gibt, auf der man irgendwelche Abschnitte einteilen könnte. Trotzdem kann man auch hier Schwellenwahrscheinlichkeiten definieren und das latent-class Modell so *reparametrisieren*, dass es *Schwellenparameter* gibt. An deren Ordnung kann man dann ablesen, ob die Antwortkategorien geordnet sind, und man kann die Schwellenparameter zum Gegenstand von Restriktionen machen, um weitere Parameter zu sparen.

Rechnet man die eingangs gezeigten Kategorienwahrscheinlichkeiten der 2-Klassenlösung in Schwellenparameter um, so zeigt sich dass die Schwellen in Klasse 2 durchweg geordnet sind, während es in Klasse 1 bei den Items 3 und 5 eine Verletzung der Ordnung von Schwelle 2 und 3 gibt (siehe Abb. 104).

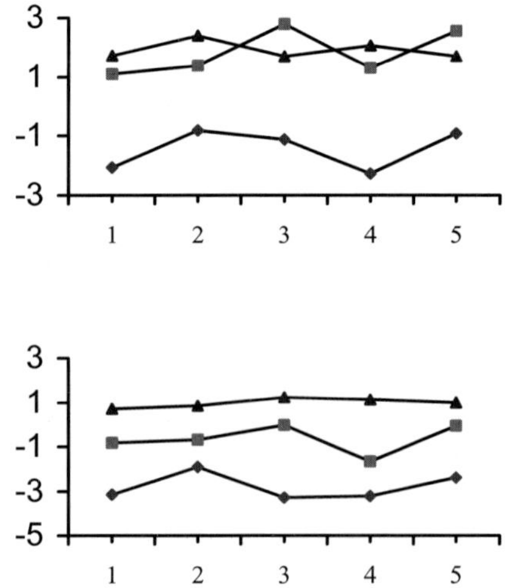

Abbildung 104: Die Schwellenparameter der unrestringierten, aber reparametrisierten Klassenanalyse für 2 Klassen

Dieses Modell hat 31 Parameter, nämlich die 30 in der Abbildung abgetragenen Schwellenparameter und einen unabhängigen Klassengrößenparameter. In den Rasch-Modellen für ordinale Daten (s. Kap. 3.3.1 und 3.3.2) wird nicht nur angenommen, dass die Itemschwierigkeiten für alle Personen gleich sind, sondern (selbstverständlich) auch, dass die Schwellendistanzen für alle Personen gleich sind. Klassenmodelle unterscheiden sich von Rasch-Modellen gerade dadurch, dass die Itemschwierigkeiten klassen- also personenspezifisch sind. Bei Fragebogendaten macht es jedoch Sinn, die Schwellendistanzen als für alle Klassen gleich anzunehmen. Das entsprechend restringierte Klassenmodell ergibt im Fall der NEOFFI-Daten die in Abbildung 105 dargestellten Schwellenparameter.

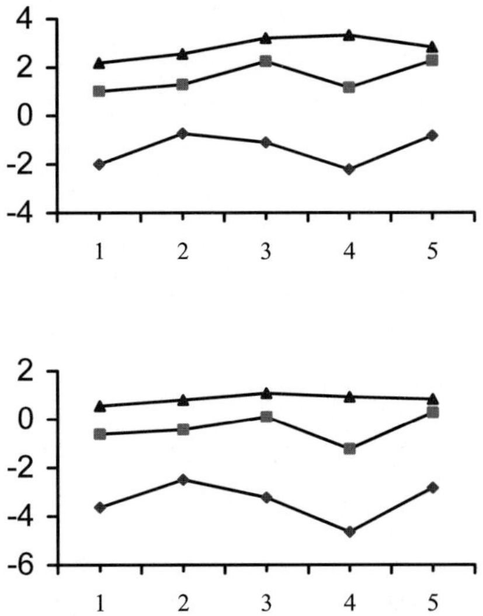

Abbildung 105: Die Schwellenparameter des Klassenmodells mit gleichen Schwellendistanzen in allen Klassen

Durch die Gleichsetzung der Schwellendistanzen in beiden Klassen hat sich die Verletzung der Schwellenordnung in Klasse 1 aufgehoben, so dass nunmehr die Schwellen in *beiden* Klassen geordnet sind. Das ist ein empirisches Ergebnis dieses Datensatzes und nicht etwa durch eine Ordnungsrestriktion erzwungen. Das Modell enthält nur noch 21 Parameter, nämlich neben dem Klassengrößenparameter 10 Schwellendistanzen, die für beide Klassen gelten, und für jede Klasse 5 Itemschwierigkeitsparameter. Letztere sind als Mittelwert der Schwellenparameter definiert und somit in Abbildung 105 indirekt enthalten.

Der BIC-Wert von 10492 für das normale Klassenmodell sinkt aufgrund der Einsparung von 10 Parametern auf 10454 für das restringierte Modell. Die Annahme geordneter Schwellen in zwei Klassen mit gleichen Schwellendistanzen passt also besser auf die Daten als das unrestringierte Klassenmodell. Trotzdem sind die BIC-Werte noch recht hoch, wenn man sie z.B. mit dem ordinalen Rasch-Modell vergleicht (BIC=10256). Das liegt natürlich an der geringen Klassenanzahl von nur 2 Klassen, die der Variation des gemessenen Merkmals nicht gerecht wird.

Nimmt man 3 latente Klassen mit gleichen Schwellenabständen in den Klassen an, so sinkt der BIC-Wert auf 10288, ist also deutlich niedriger als im 2-Klassenmodell, wenn auch noch größer als im Rasch-Modell. Abbildung 106 zeigt, dass die Klassen geordnet sind. Die Klassengrößen betragen 60%, 21% und 19%.

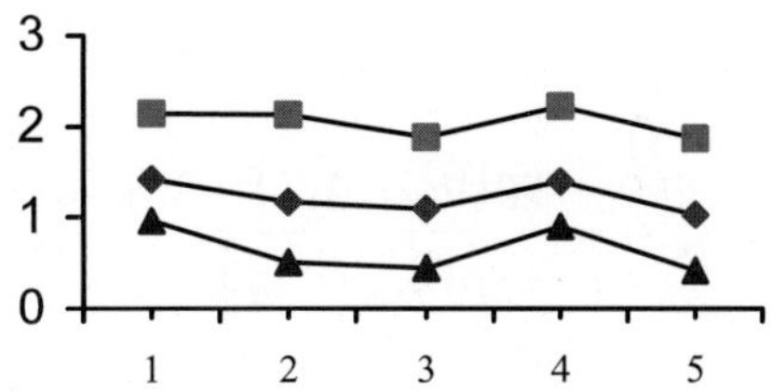

Abbildung 106: Die Erwartungswert-Profile der 3-Klassenlösung des restringierten Modells

Nachdem die Idee der Klassenanalysen für ordinale Daten anhand der Beispieldaten illustriert wurde, folgt jetzt die Ableitung und Formalisierung dieses Modells.

Die *Schwellenwahrscheinlichkeit* (s. Kapitel 3.3.1) lässt sich mittels der Parameter des Modells (1) folgendermaßen darstellen:

$$(3) \qquad q_{ixg} = \frac{\pi_{ixg}}{\pi_{i(x-1)g} + \pi_{ixg}} \qquad \text{für } x > 0\,.$$

Ebenfalls wie in Kapitel 3.3.1 wird für die Schwellenwahrscheinlichkeit die *logistische Funktion* des dichotomen Rasch-Modells eingeführt, jedoch *nicht* als Funktion einer *globalen* Personenvariable θ_v sondern als Funktion einer *itemspezifischen Variable* θ_{ig}:

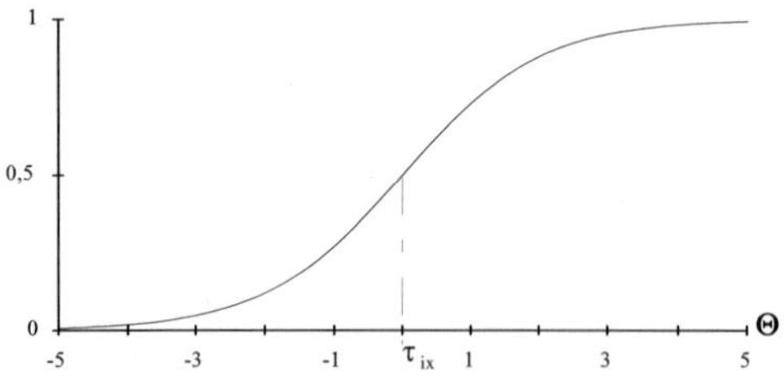

Abbildung 107: Die Schwellenwahrscheinlichkeit als Funktion einer itemspezifischen Variable

Das bedeutet, die Wahrscheinlichkeit, eine Schwelle x zu überschreiten, hängt von zwei Größen ab: von der *Lage der Schwelle* x bei Item i, τ_{ix}, und von der *itemspezifischen Zustimmungstendenz* dieser Klasse, θ_{ig}.

$$(4) \qquad q_{ixg} = \frac{\exp\left(\theta_{ig} - \tau_{ix}\right)}{1 + \exp\left(\theta_{ig} - \tau_{ix}\right)}.$$

Die Lage der Schwelle τ_{ix} entspricht dem Abszissenwert des Wendepunktes, ist also analog zur *Itemschwierigkeit* die *Schwellenschwierigkeit* (einer bestimmten Schwelle bei einem bestimmten Item). Der Kurvenverlauf selbst beschreibt die Abhängigkeit der Schwellenwahrscheinlichkeit von der Zustimmungstendenz dieser Klasse g zu diesem Item i, θ_{ig}.

Berechnet man z.B. eine 3-Klassenlösung, so nimmt θ_{ig} nur 3 Werte an, welche über die Funktion (4) drei Schwellenwahrscheinlichkeiten definieren. Diese Schwellenwahrscheinlichkeiten hängen maßgeblich von der *Schwellenschwierigkeit* τ_{ix} ab, welche keinen Index g aufweist, also *nicht klassenspezifisch* ist.

Die Schwellenschwierigkeiten τ_{ix} müssen aus demselben Grund normiert werden, wie die Itemschwierigkeiten im dichotomen Rasch-Modell (vgl. Kap. 3.1.1.2.2), d.h. es gilt:

$$(5) \qquad \sum_{x=1}^{m} \tau_{ix} = 0 \text{ für alle i.}$$

Setzt man in Gleichung (3) die Funktion (4) für die Schwellenwahrscheinlichkeiten q_{ixg} ein und löst die Gleichung nach π_{ixg} auf, so erhält man

$$(6) \qquad \pi_{ixg} = \frac{\exp\left(x\,\theta_{ig} - \sigma_{ix}\right)}{\sum_{s=0}^{m} \exp\left(s\,\theta_{ig} - \sigma_{is}\right)}$$

$$\text{mit } \sigma_{ix} = \sum_{s=1}^{x} \tau_{is} \text{ und } \sigma_{i0} = 0.$$

Diese Ableitung wird hier nicht im Detail nachvollzogen, da sie völlig analog zu der entsprechenden Ableitung in Kapitel 3.3.1 ist. Zu beachten ist wiederum, dass es keine 0-te Schwelle gibt, da es zwischen m+1 Kategorien nur m Schwellen geben kann. Die σ_{ix}-Parameter sind die *kumulierten Schwellenparameter* bis zur Kategorie x.

Die durch (6) definierte Antwortwahrscheinlichkeit kann jetzt in die Modellgleichung (1) der Klassenanalyse eingesetzt werden und man erhält das *Klassenmodell für ordinale Daten*:

$$(7)\; p\left(X_{vi} = x\right) = \sum_{g=1}^{G} \pi_g \frac{\exp\left(x\,\theta_{ig} - \sigma_{ix}\right)}{\sum_{s=0}^{m} \exp\left(s\,\theta_{ig} - \sigma_{is}\right)}.$$

Anhand der Parameteranzahl lässt sich nachvollziehen, dass es sich bei diesem Modell tatsächlich um eine *Restriktion* der normalen Klassenanalyse handelt. So sind bei 5 Items und 2 Klassen 10 Zustimmungstendenzen θ_{ig} zu schätzen. Die 5 Items haben 4 Kategorien, also 3 Schwellen. Wegen der Normierungsbedingung (5) sind nur 2 der 3 Schwellenparameter unabhängig, so dass 5·2=10 Schwellenparameter zu schätzen sind. Gemeinsam mit einem unabhängigen Klassengrößenparameter π_g sind dies insgesamt 10+10+1=21 Parameter.

Die allgemeine Formel zur Berechnung der *Parameteranzahl* n_p lautet bei diesem Modell:

(8) $$n_p = k \cdot G + k \cdot (m-1) + (G-1).$$

Gleichung (7) hat eine gewisse Ähnlichkeit mit der Modellgleichung des mixed Rasch-Modells (s.o. Kap. 3.1.3, s.u. Kap. 3.3.5). Der wesentliche Unterschied besteht darin, dass die θ_{ig} in Gleichung (7) klassenspezifische *Itemparameter* darstellen, während die θ_{vg} -Parameter in einem mixed Rasch-Modell klassenspezifische *Personenparameter* sind. Insofern sind die θ_{ig} -Parameter auch eher mit den klassenspezifischen Itemparametern σ_{ig} im mixed Rasch-Modell vergleichbar. Jedenfalls können sie auch zur Erstellung von Itemprofilen herangezogen werden. Abbildung 108 zeigt die Profile der Itemschwierigkeiten des Modells (7) für die 3-Klassenlösung.

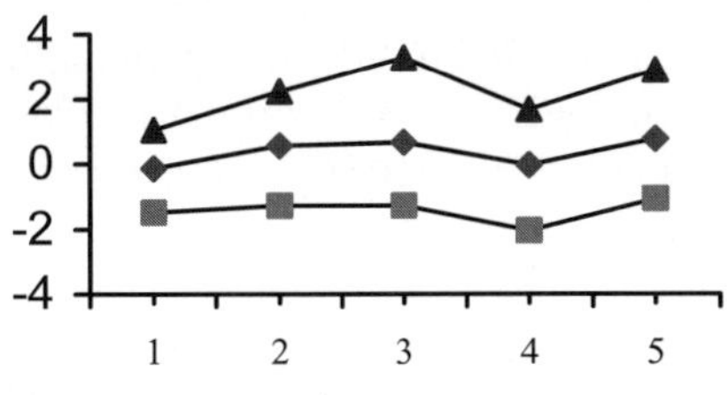

Abbildung 108: die Profile der Itemparameter der 3-Klassenlösung

Beide Arten von Itemprofilen (s. Abb. 108 und 106) sind *ähnlich* in ihrem Verlauf und führen im allgemeinen zu denselben Interpretationen. Insbesondere zeigen sie in gleicher Weise an, ob es sich um *geordnete Klassen* handelt: Wenn die Erwartungswertprofile überschneidungsfrei sind, so sind es auch die Parameterprofile und umgekehrt. Trotzdem gibt es Fälle, in denen die eine oder andere Art vorzuziehen ist.

Parameterprofile oder Erwartungswertprofile ?

Beide Arten, die Antwortprofile der Klassen darzustellen, haben ihre Vor- und Nachteile. An den *Profilen der Parameter* (vgl. Abb. 108), kann man erkennen, ob auf die Daten eher das *ordinale Rasch-Modell* passt: in diesem Fall müssen die Parameterprofile *parallel* verlaufen, also die Parameterdifferenzen zwischen je zwei Klassen müssten für alle Items konstant sein. Der Nachteil besteht darin, dass aus diesen Profilen nur schwer auf erwartete Kategorienhäufigkeiten geschlossen werden kann, da diese auch von den Schwellenparametern τ_{ix} abhängen.

Letzteres ist gerade der Vorteil von *Erwartungswertprofilen* (vgl. Abb. 106): Sie drücken sehr anschaulich das *Niveau* der Itemantworten *auf der Antwortskala* aus. Es lässt sich leichter beurteilen, ob der Unterschied zwischen den mittleren Itemantworten zweier Klassen für die Interpretation bedeutsam ist.

Bislang wurde die Ordnung der Schwellen als zentrales Kriterium für die Ordnung der Antwortkategorien genommen. Bleibt zu erwähnen, dass die Schwellenparameter von Modell (7) in allen drei Klassen geordnet sind, d.h. die Schwellenparameter τ_{ix} steigen bei allen Items mit wachsendem x an.

Als ein zweites *Kriterium für die Ordnung* der Antwortkategorien gilt, dass die Wahrscheinlichkeitsverteilung der Antwortvariable für jedes Item *eingipflig* sein muss. Mehrmodale Verteilungen wie die folgende sind schwer verträglich mit der Annahme geordneter Kategorien.

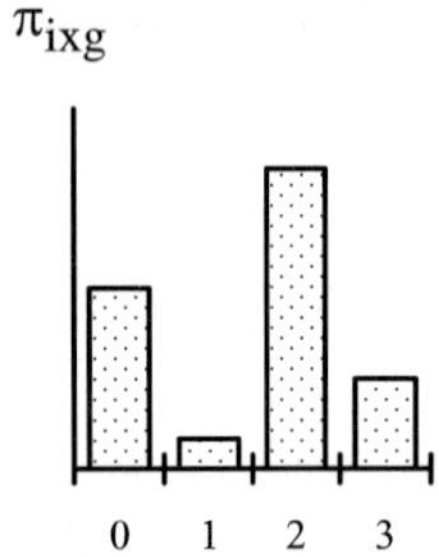

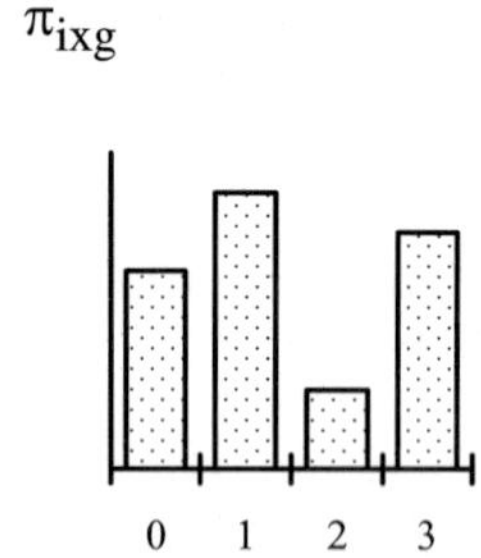

Betrachtet man die Verteilungen der Antwortvariable im gegebenen Datenbeispiel, so ist auch dieses Kriterium in allen drei Klassen unter Modell (7) erfüllt:

Die folgenden Diagramme zeigen beispielhaft die (unimodalen) Kategorienwahrscheinlichkeiten des ersten Items in allen drei Klassen.

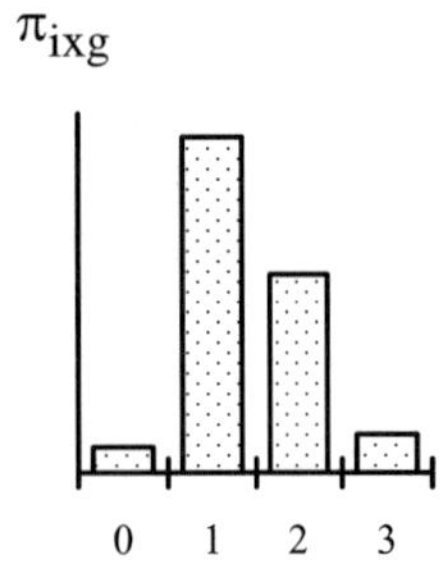

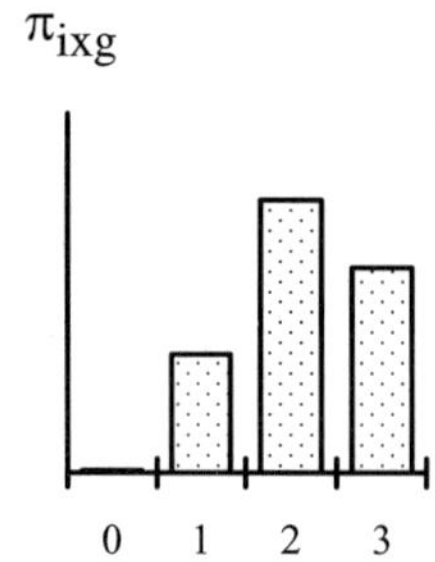

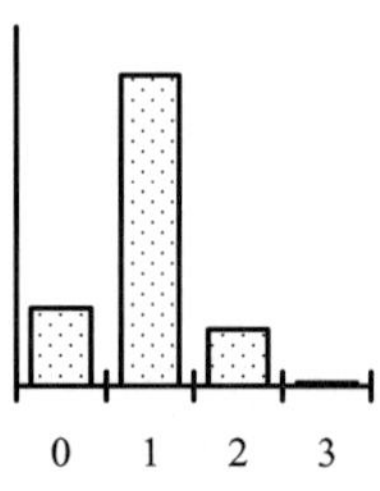

Dies ist keine zufällige Übereinstimmung. Vielmehr sind die Antwortvariablen *immer eingipflig* verteilt, wenn die Schwellenparameter geordnet sind. Steigt nämlich die Schwierigkeit der Schwellen von Kategorie zu Kategorie an, nimmt also die *Schwellenwahrscheinlichkeit* ab, so ist die Verteilung der Antwortvariable eingipflig.

Dabei existieren weitere Regelhaftigkeiten, die anhand des kleinen Zahlenbeispiels in Kapitel 3.3.1 (S.212) nachvollzogen werden können: Sind alle Schwellenwahrscheinlichkeiten kleiner als 0.5, so sinken auch die Kategorienwahrscheinlichkeiten von Kategorie zu Kategorie, sind sie größer als 0,5 so steigen die Kategorienwahrscheinlichkeiten an. Sind schließlich die Schwellenwahrscheinlichkeiten für kleines x größer als 0.5 und für großes x kleiner als 0.5, so steigen die Kategorienwahrscheinlichkeiten erst an und sinken dann wieder ab, sind also eingipflig (s.S. 212).

Es bleibt festzuhalten, dass geordnete Schwellenparameter bei Modell (7) die Eingipfligkeit der Antwortverteilungen implizieren. Die Umkehrung gilt nicht: nicht jede eingipflige Antwortverteilung impliziert sinkende Schwellenwahrscheinlichkeiten. Die Ordnung der Schwellenparameter ist somit das *strengere* Kriterium für die Ordnung der Antwortkategorien

Literatur

Clogg (1979) diskutiert die Anwendung der Klassenanalyse auf ordinale Daten, wobei einzelne Kategorienwahrscheinlichkeiten auf Null fixiert werden. Rost (1985) behandelt das Kriterium der Unimodalität der Antwortverteilungen und schlägt ein Klassenmodell vor, in dem die Antworten binomialverteilt sind. Auf Rost (1988b, c) geht das ordinale Klassenmodell (7) mit klassenunspezifischen Schwellenparametern zurück. Da es sich bei diesem Modell um eine additive Zerlegung der logistischen Parameter der Klassenanalyse handelt, ist es auch ein Spezialfall der linear logistischen Klassenanalyse für mehrkategorielle Daten von Formann (1992b, vgl. Kap. 3.4.3). Anwendungen des ordinalen Klassenmodells beschreiben Tarnai & Rost (1991) und Rost & Gresele (1994).

3.3.4 Klassenmodelle für Ratingskalen

In Kapitel 3.3.2 wurde dargestellt, dass man die Schwellenparameter des ordinalen Rasch-Modells derart restringieren kann, dass bestimmte *Annahmen über den Gebrauch der Antwortskala* im Modell abgebildet werden. Drei verschiedene Annahmen wurden dort in Untermodelle des ordinalen Rasch-Modells umgesetzt.

Diese Annahmen beziehen sich auf die *Schwellenabstände*, weil sich in ihnen die *Größe der Antwortkategorien* ausdrückt. Ein großer Schwellenabstand bedeutet, dass die dazwischen liegende Kategorie sehr groß ist, d.h. dass relativ viele Antworten auf sie entfallen. Wodurch die Größe einer Kategorie letztlich bedingt ist, d.h. ob sie von dem Etikett der Kategorie, von Antwortpräferenzen der befragten Personen oder von der Formulierung der Items abhängt, kann im Einzelfall unterschiedlich sein.

Die Größe der Schwellenabstände spiegelt aber auch die *Streuung der Itemantworten* über die Kategorien wieder. Sind nämlich die Schwellenabstände *groß*, so sammeln sich die Antworten in den mittleren Kategorien, die Streuung ist also *klein*. Sind die Schwellenabstände *klein*, so häufen sich die Antworten in den äußeren Kategorien, die Streuung ist *groß*. Ein einfaches Zahlenbeispiel mit Schwellenwahrscheinlichkeiten (SW) und Kategorienwahrscheinlichkeiten (KW) verdeutlicht dies.

x	0	1	2	3	4
große Abstände					
SW	–	.80	.71	.29	.20
KW	.05	.20	.50	.20	.05
kleine Abstände					
SW	–	.71	.55	.45	.29
KW	.10	.25	.30	.25	.10

Der mittlere Schwellenabstand bei einem Item kann daher auch als ein Maß für die Streuung der Antworten bei diesem Item, also als ein *Dispersionsmaß,* gelten.

Drei Annahmen über den Gebrauch der Antwortskala

Die *erste* Annahme besagt, dass *alle Items* dieselben Schwellenabstände haben. Diese Annahme ist bei *Ratingskalen* sinnvoll, bei denen für alle Items dieselben Antwortkategorien verwendet werden. Die Schwellenabstände sind nach dieser Annahme eine *Eigenschaft des Antwortformates* und nicht mehr der Items. Statt der doppelt indizierten Parameter τ_{ix} enthält das Modell nur noch einfach indizierte Parameter τ_x , die für alle Items gelten. Man spart sehr viele Parameter, denn statt k·(m-1) braucht man nur noch m-1 unabhängige Parameter. Modelle, die auf dieser Annahme basieren, heißen *Ratingskalen-Modelle.*

Die *zweite* Annahme besagt, dass *alle Kategorien* denselben Schwellenabstand haben, es handelt sich also um eine *Äquidistanzannahme.* Dieser konstante Abstand kann jedoch für jedes Item unterschiedlich groß sein, er ist nur *innerhalb* der Items über alle Kategorien hinweg konstant. Eine solche Annahme ist dann sinnvoll, wenn man ein Antwortformat verwendet hat, bei dem alle Kategorien gleich groß sein sollen, sich jedoch die Items in ihrer *Streuung* über die Kategorien unterscheiden dürfen. Statt der Schwellenparameter τ_{ix} enthält das Modell einen Distanzparameter δ_i als weiteren Itemparameter. Durch den Koeffizienten dieses Parameters (x-(m+1)/2), wird erreicht, dass jede Schwelle durch ihren *Abstand zum Mittelpunkt* aller Schwellen definiert wird (vgl. Kap. 3.3.2). Statt k-(m-1) unabhängiger Schwellenparameter enthält das Modell nur k Distanzparameter. Modelle, die auf dieser Annahme basieren, heißen *Äquidistanzmodelle.*

Die *dritte* Annahme stellt eine Kombination aus den beiden ersten Annahmen dar. Es wird angenommen, dass die Schwellenabstände eine *Eigenschaft des Antwortformates*, und daher für alle Items gleichartig sind. Liegen z. B. die beiden ersten Schwellen dichter zusammen als die zweite und dritte Schwelle, so trifft dies für alle Items zu. Das Modell enthält die item-*un*abhängigen Schwellenparameter τ_x. Trotzdem soll der Einfluss der Items auf die Streuung der Antworten und somit auf die Schwellenabstände berücksichtigt werden. Das heißt, es wird *zusätzlich* ein *Distanzparameter* δ_i eingeführt, der die Schwellenabstände bei jedem Item um den Betrag δ_i vergrößern oder verkleinern kann. Je größer dieser Parameter für ein Item ist, desto kleiner ist die Streuung oder Dispersion der Antworten über die Kategorien. Modelle, die auf dieser Annahme basieren, heißen *Dispersionsmodelle*. Sie enthalten statt k·(m-1) unabhängiger Parameter nur (k-1)+(m-1) Parameter, die die Schwellenabstände festlegen.

Die folgende Grafik veranschaulicht diese 3 Annahmen für je drei Items mit 5 Kategorien.

Ratingskalen

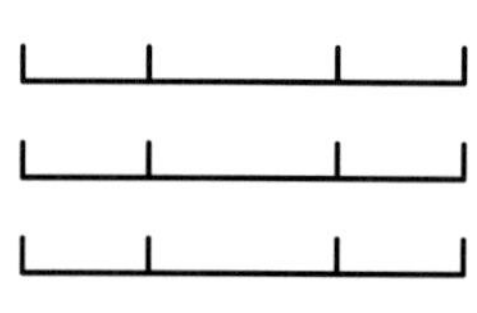

Äquidistanz

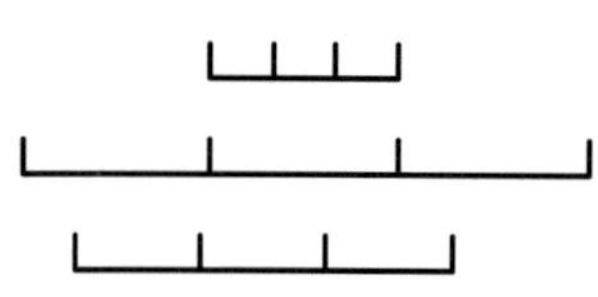

Dispersion

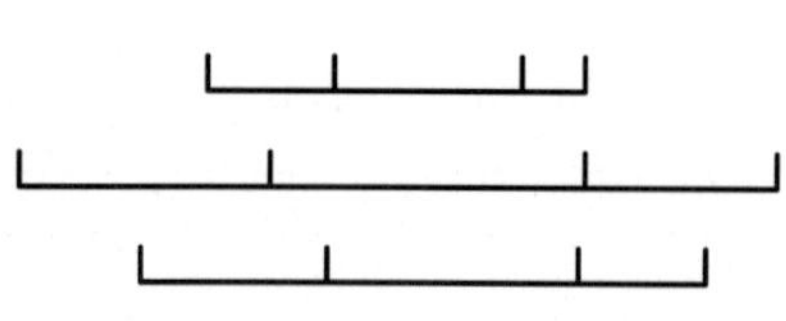

Auch bei einer *klassifizierenden* Testauswertung macht es Sinn, solche speziellen Modelle anzuwenden, wenn man Ratingskalen als Antwortformate verwendet hat. Zum Beispiel kann es sinnvoll sein, die latenten Klassen unter der Annahme äquidistanter Schwellen zu ermitteln. Wenn diese Annahme auf die Daten zutrifft, so werden sich auch die Itemprofile des Äquidistanzmodells kaum von den Itemprofilen des unrestringierten ordinalen Klassenmodells (vgl. (7) in Kap. 3.3.3) unterscheiden. Es können sich jedoch auch erheblich veränderte Itemprofile zeigen, wenn diese Annahme eine starke Nebenbedingung für die Daten darstellt. Ob die Annahme dann beibehalten werden kann, lässt sich anhand von Prüfgrößen für Modellvergleiche beurteilen (Kap. 5.1).

Die folgende Tabelle gibt einen Überblick über die drei Modellgleichungen und die jeweiligen Normierungsbedingungen.

τ_{ix} =	Normierung	n_p
(2) Ratingskalen-Modell		
τ_x	$\tau_0 = 0$ $\sum_{x=1}^{m} \tau_x = 0$	m – 1
(3) Äquidistanzmodell		
$\left(x - \frac{m+1}{2}\right)\delta_i$	keine	k
(4) Dispersionsmodell		
$\tau_x + \left(x - \frac{m+1}{2}\right)\delta_i$	$\tau_0 = 0$ $\sum_{x=1}^{m} \tau_x = \sum_{i=1}^{k} \delta_i = 0$	k+m–2

Zur Vereinfachung der Darstellung sind jeweils nur die *Restriktionen* für die Schwellenparameter τ_{ix} angegeben, also jene Ausdrücke, die man in der Modellgleichung für das ordinale Klassenmodell für τ_{ix} einsetzen muss (vgl. (6) und (7) in Kap. 3.3.3). Diese Grundgleichung lautet:

$$(1)\quad p\left(X_{vi}=x\right)=\sum_{g=1}^{G}\pi_g\frac{\exp\left(x\,\theta_{ig}-\sum_{s=1}^{x}\tau_{is}\right)}{\sum_{s=0}^{m}\exp\left(s\theta_{ig}-\sum_{t=1}^{s}\tau_{it}\right)}$$

Im Dispersionsmodell ist es erforderlich, die δ_i-Parameter auf *Summe = 0 zu normieren*, da mit den τ_x-Parametern die mittleren Schwellendistanzen bereits festgelegt sind. Die Dispersionsparameter drücken in diesem Modell lediglich die *Abweichungen* von diesen mittleren Distanzen aus und die Summe von Abweichungen muss stets Null ergeben.

In der dritten Spalte 'n_p' ist nur die Anzahl der Schwellen- bzw. Distanzparameter aufgeführt. Zur Berechnung der Anzahl *aller* Modellparameter sind jeweils noch G-1 unabhängige Klassengrößenparameter π_g und G·k itemspezifische Zustimmungstendenzen θ_{ig} hinzuzuzählen.

Datenbeispiel

Die Parameter des Ratingskalenmodells für drei Klassen ergeben eine Schwellendistanz von 3.22 zwischen der ersten und der zweiten, und von 1.35 zwischen der zweiten und der dritten Schwelle. Die Ordnung der Schwellen und folglich die Eingipfligkeit aller Antwortverteilungen der Items ist damit sicher gestellt. Auch die latenten Klassen sind wieder geordnet, wie die folgende Abbildung zeigt:

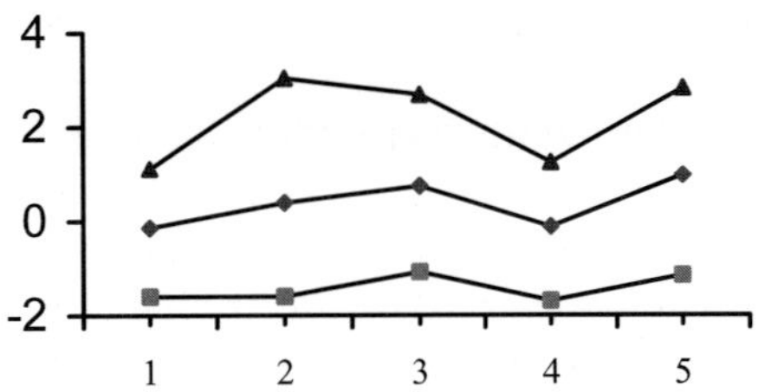

Die mittlere Klasse ist mit 60% am größten, während die beiden anderen Klassen in etwa gleich groß sind. Die Modellanpassung ist sehr gut, d.h. der BIC-Wert von 10289 liegt mit 19 Parametern noch unter dem des Ratingskalen-Rasch-Modells (BIC=10295 bei 21 Parametern), aber noch über dem unrestringierten Rasch-Modell (10256,6).

Ordinale Testdaten mit restringierten Klassenmodellen auszuwerten, hat gegenüber einer Analyse mit *quantitativen* Testmodellen einen entscheidenden Vorteil, der die *Polung* der Items betrifft. Bei *quantifizierenden* Testmodellen müssen alle Items *gleichsinnig gepolt* sein: enthält ein Fragebogen negativ formulierte Items, so sind diese vor der Testanalyse umzupolen. In diesem Fall ist aber die Annahme des Ratingskalen- und des Dispersionsmodells nicht mehr sinnvoll, da sich dieselbe Schwellendistanz bei negativ formulierten Items auf eine andere Antwortkategorie bezieht als bei positiv formulierten Items (vgl. Kap. 3.3.2).

Bei der *Klassenanalyse* für ordinale Daten brauchen die Items vorher *nicht umgepolt* zu werden, so dass hier die Anwendung des Ratingskalen-Modells auch dann möglich ist, wenn der Fragebogen positiv wie negativ formulierte Items enthält. Dasselbe gilt für das *Dispersionsmodell.* Allerdings sind die Itemprofile sehr viel schwerer zu interpretieren, wenn einige Items gegensinnig gepolt sind, so dass es sich in der Regel doch empfiehlt, negativ formulierte Items umzupolen und auf die Anwendung des Ratingskalen-Dispersions-Modells zu verzichten.

Ansonsten sind diese drei Modelle mit restringierten Schwellendistanzen völlig analog konstruiert zu den drei entsprechenden *quantitativen* Modellen, die in Kapitel 3.3.2 beschrieben wurden. Durch einen Vergleich der jeweils zueinander passenden quantitativen und klassifizierenden Testmodelle lässt sich somit *unter Beibehaltung der Annahme über die Schwellendistanzen* prüfen, ob die latente Personenvariable quantitativ oder kategorial ist.

Verlaufen die Profile der Klassenparameter θ_{ig} (vgl. Kap. 3.3.3) annähernd parallel, so erfasst der Fragebogen eine quantitative Variable. In diesem Fall müssen auch die Schwellenparameter in beiden Modellen übereinstimmen.

Neben dieser Parallelität zu den quantitativen Modellen gibt es jedoch hier eine *Erweiterungsmöglichkeit*, die es dort nicht gibt. Es ist nämlich bei den Modellen (1) bis (4) ohne weiteres möglich, die Parameter, die die Schwellendistanzen parametrisieren, also τ_{ix} bzw.τ_x und δ_i auch als *klassenspezifische Parameter* zu konzipieren, d.h. mit einem zweiten Index g zu versehen.

Dadurch werden die Schwellenabstände zu einer *klassenspezifischen* Größe, sind also von der *Personenvariable* abhängig. Dies geht bei den quantitativen Modellen deshalb nicht so leicht, weil dort die Personenvariable sehr viele Ausprägungen annehmen kann (im Prinzip für jede Person eine) und die Schwellendistanzen damit zu einem zweiten Personenparameter würden.

Macht man die Schwellenparameter des *ordinalen* Klassenmodells (1) zu *klassenspezifischen* Größen, so erhält man die Modellgleichung:

$$(5)\ p(X_{vi} = x) = \sum_{g=1}^{G} \pi_g \frac{\exp\left(x\theta_{ig} - \sum_{s=1}^{x} \tau_{isg}\right)}{\sum_{s=0}^{m} \exp\left(s\theta_{ig} - \sum_{t=1}^{s} \tau_{itg}\right)}.$$

Für dieses Modell gilt die Normierungsvorschrift:

$$\tau_{i0g} = 0 \text{ und}$$

$$\sum_{x=1}^{m} \tau_{ixg} = 0 \text{ für alle i und g,}$$

so dass das Modell neben den G-1 Klassengrößenparametern G·k Klassenparameter θ_{ig} und (m-1)·G·k unabhängige Schwellenparameter τ_{ixg} enthält. Das sind zusammen G-1+G·k·m Parameter, genau so viele, wie das normale Klassenmodell für polytome Daten enthält (Gleichung (1) in Kap. 3.3.3, s. a. Kap. 3.2.1).

Tatsächlich sind beide Modelle äquivalent, d. h. die Parameter des einen Modells sind nur eine algebraische Transformation der Parameter des anderen Modells. Bei Modell (5) handelt es sich also um *kein restringiertes* Modell, sondern um die normale Klassenanalyse, wobei die Parameter so transformiert sind, dass man die Klassenparameter (θ_{ig}) und Schwellenparameter (τ_{ixg}) getrennt hat.

Zur Äquivalenz von Modell (5) und der 'normalen' Klassenanalyse

Das normale Modell der Klassenanalyse mehrkategorieller Daten (s. Kap. 3.2.1)

$$p\left(X_{vi} = x\right) = \sum_{g=1}^{G} \pi_g \, \pi_{ixg}$$

lässt sich auch mit *logistischen Parametern* α_{ixg} schreiben, so wie das im Kapitel 3.1.2.4 über lokalisierte Klassen bereits für die dichotome Klassenanalyse gemacht wurde:

$$p\left(X_{vi} = x\right) = \sum_{g=1}^{G} \pi_g \frac{\exp\left(\alpha_{ixg}\right)}{\sum_{s=0}^{m} \exp\left(\alpha_{isg}\right)}.$$

Während die π_{ixg}-Parameter zwischen 0 und 1 liegen, liegen die α_{ixg}-Parameter zwischen $-\infty$ und $+\infty$. Statt der Normierungsbedingung

$$\sum_{x=0}^{m} \pi_{ixg} = 1$$

im ersten Fall, gilt im zweiten Fall die Normierung

$$\sum_{x=0}^{m} \alpha_{ixg} = 0,$$

was in beiden Fällen bedeutet, dass es G·k·m unabhängige Parameter gibt.

Modell (5) ergibt sich, indem man die α_{ixg}-Parameter additiv aufspaltet:

$$\alpha_{ixg} = x\,\theta_{ig} - \sum_{s=1}^{x} \tau_{isg}$$

und über erweiterte Normierungsvorschriften dafür Sorge trägt, dass die Parameteranzahl konstant bleibt.

Die drei restringierten Modelle mit *klassenspezifischen Schwellendistanzen* lassen sich als Untermodell von (5) darstellen, wobei lediglich die Schwellenparameter τ_{ixg} in (5) durch die entsprechenden, in der folgenden Tabelle wiedergegebenen Ausdrücke ersetzt werden müssen.

$\tau_{ixg} =$	Normierung	n_p
(6) Klassenspezifisches Ratingskalen-Modell		
τ_{xg}	$\tau_{0g} = 0$, $\sum_{x=1}^{m} \tau_{xg} = 0$, für alle g	G·(m-1)
(7) Klassenspezifisches Äquidistanzmodell		
$\left(x - \frac{m+1}{2}\right)\delta_{ig}$	keine	G·k
(8) Klassenspezifisches Dispersionsmodell		
$\tau_{xg} + \left(x - \frac{m+1}{2}\right)\delta_{ig}$	$\tau_{0g} = 0$, $\sum_{x=1}^{m} \tau_{xg} = \sum_{i=1}^{k} \delta_{ig} = 0$, für alle g	G·(k+m-2)

Die in der letzten Spalte angegebene Parameterzahl gibt jeweils nur die Anzahl der Schwellenparameter wieder. Hinzu kommen bei allen Modellen G-1 Klassengrößenparameter und G·k Zustimmungstendenzen.

Die Schwellenparameter τ_x und δ_i als klassenspezifische Parameter zu definieren, führt zwar wieder zu einer *Erhöhung* der Parameteranzahl. Dafür bieten diese Modelle aber die Möglichkeit, all jene Effekte auf die Schwellenabstände zu analysieren, die *von den Personen* ausgehen. Dies sind vor allem die Effekte, die durch unterschiedliche *response sets* der Personen bedingt sind.

Dass sich die response sets der befragten Personen in der Größe der Schwellenabstände niederschlagen, wurde bereits in Kapitel 3.3.2 ausgeführt. Dort mussten jedoch alle befragten Personen *dasselbe* response set aufweisen, damit es sich in den Schwellenparametern ausdrücken konnte. Bei den Modellen (6), (7) und (8) können sich dagegen in einer latenten Klasse Schwellendistanzen ergeben, die eine *Tendenz zum zentralen Urteil* wiederspiegeln, während in einer anderen Klasse Schwellendistanzen geschätzt werden, die eine *Tendenz zum extremen Urteil* reflektieren.

Damit sind diese Modelle geeignet, Personengruppen mit unterschiedlichen response sets zu identifizieren und *auseinander zu halten*. Hierin muss der eigentliche Nutzen dieser klassenspezifischen Parametrisierung von Schwellenparametern gesehen werden.

Im Fall der 5 NEOFFI-Items zeigt sich, dass die Schwellendistanzen derart klassenspezifisch sind, dass sie vom Grad der Zustimmung in der jeweiligen Klasse, also vom Niveau der Itemprofile abhängen.

Von den drei zur Auswahl stehenden Modellen (6), (7) und (8) passt wiederum die 3-Klassenlösung des Ratingskalen-Modells am besten, dicht gefolgt vom Dispersionsmodell:

	BIC 3-Klassen	n_p
RSM	10234	23
EQU	10304	32
DIS	10244	35

Die folgende Tabelle gibt einen Überblick über die Ergebnisse. Da die Schwellendistanzen im Ratingskalen-Modell für alle Items konstant sind, bedarf es nicht der Wiedergabe der Schwellenparameter

g	τ_{ig}	Erw (x)	$\tau_2 - \tau_1$	$\tau_3 - \tau_2$
1	.49	1.22	4.22	1.58
2	.26	0.73	2.49	-.86
3	.25	2.00	1.31	1.71

Die größte Klasse weist mit einem Erwartungswert von 1,22 über alle Items und Personen dieser Klasse ein mittleres Antwortniveau auf. Die Distanz zwischen der ersten und zweiten Schwelle, die ja die Antwortkategorie ‚1' begrenzen, ist extrem groß (4.22). Die zweite Klasse mit dem niedrigsten Antwortniveau (0.73) hat ebenfalls eine recht große Distanz von der ersten zur zweiten Schwelle. Auffallend ist aber, dass die Distanz zur dritten Schwelle negativ ist, d.h. es ist noch schwerer die zweite Schwelle zu überschreiten, als die dritte. Dies drückt den Sachverhalt aus, dass in dieser Klasse die beiden oberen Antwortkategorien wirklich kaum benutzt werden. Die gleichmäßigsten Schwellenabstände hat noch die dritte Klasse, in der man bevorzugt die zweithöchste Kategorie ankreuzt.

So plausibel diese Ergebnisse zum Zusammenhang des Antwortniveaus und dem Gebrauch der Ratingskala auch sein mögen, sie zeigen vor allem, dass es oft nicht leicht ist, beide Einflüsse voneinander zu trennen, den Einfluss der gemessenen Variable und der individuelle Gebrauch der Ratingskala.

Die *hierarchische Struktur* aller hier dargestellten latent-class Modelle, einschließlich der ordinalen Klassenanalyse

(Kap. 3.3.3, Gleichung (7)) gibt die folgende Abbildung wieder.

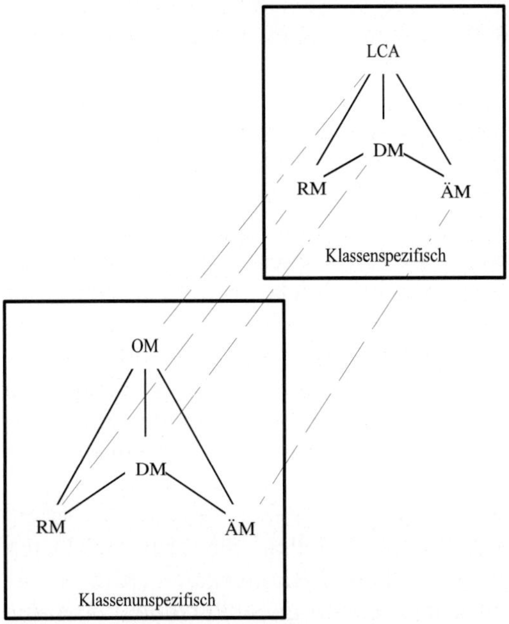

Dort sind Modelle miteinander verbunden, von denen das eine (tiefer liegende) ein *Untermodell* des anderen ist, was für die Modellgeltungskontrolle und die gezielte Prüfung einzelner Annahmen wichtig ist (s. Kap. 5).

Die vier Modelle der *vorderen Ebene* ergeben sich aus den mit ihnen verbundenen Modellen der hinteren Ebene jeweils durch die Annahme, dass *alle Schwellendistanzen klassenunspezifisch* sind, d.h. für alle Personen konstant sind.

Die *unrestringierte latent-class Analyse für mehrkategorielle Daten* stellt das *Obermodell* für sämtliche hier behandelten Modelle dar (vgl. Modell (5)).

Es handelt sich somit um ein *System von insgesamt 8 unterschiedlichen Modellen*, aus denen für einen gegebenen Fragebogen oder Test anhand der Annahmen über das Antwortverhalten eine Auswahl getroffen werden kann.

Literatur

Die Klassenmodelle für Ratingdaten gehen auf Rost (1988b,c) zurück. Rost (1988a, 1990b) beschreibt das Dispersionsmodell. Ein Anwendungsbeispiel mit klassenspezifischen response sets beschreiben Giegler & Rost (1993). Weitere Anwendungsbeispiele berichten Backmund (1993), Frick et al. (1996), Schneewind (1992), Tarnai (1989, 1994) Tarnai & Wuggenig (1996), Vierzigmann (1993).

3.3.5 Mixed Rasch-Modelle für ordinale Daten

Das mixed Rasch-Modell (vgl. Kap. 3.1.3) nimmt an, dass das *Rasch-Modell* nicht für die gesamte Personenstichprobe gilt, sondern *in verschiedenen unbekannten Teilstichproben,* jeweils mit unterschiedlichen Modellparametern. Es stellt damit zugleich eine Verallgemeinerung des Rasch-Modells und der Klassenanalyse dar.

Bevor die Verallgemeinerungen dieses Modells für ordinale Daten und Ratingskalen dargestellt werden, wird zunächst auf deren Anwendungsmöglichkeiten eingegangen.

Die *Anwendungsbereiche* des mixed Rasch-Modells erschließen sich auf *zweierlei Weise,* nämlich einmal ausgehend vom Rasch-Modell und einmal ausgehend von der Klassenanalyse.

Vom Rasch-Modell zum mixed Rasch-Modell

Geht man vom *Rasch-Modell* aus, d.h. möchte man eine quantitative Personenvariable mit Hilfe von ordinalen Fragebogendaten erfassen, so gibt es viele Fälle, in denen diese Personenvariable *nicht für die gesamte Stichprobe messbar* ist. Dies kann z.B. sein, wenn eine Personeneigenschaft oder Einstellung, die durch die Items angesprochen werden soll, nicht bei allen getesteten Personen 'vorhanden' ist, sondern nur bei solchen Personen, auf die diese Eigenschaft 'passt' oder die überhaupt eine Einstellung dazu haben.

Weiterhin kann es sein, dass dieselben Fragen bei unterschiedlichen Personengruppen *unterschiedliche Personeneigenschaften* ansprechen, d.h. dieselben Fragen aufgrund eines anderen Verständnisses oder einer anderen Disposition beantwortet werden. In diesen Fällen benötigt man ein Rasch-Modell mit mehreren latenten Klassen, das mixed Rasch-Modell.

Während diese beiden Anwendungsbereiche, nämlich die Identifizierung skalierbarer Personengruppen und die Messung unterschiedlicher Eigenschaften mittels derselben Items, auch schon für das dichotome mixed Rasch-Modell zutreffen (Kap. 3.1.3), gibt es für das *ordinale* mixed Rasch-Modell noch einen speziellen Anwendungsbereich. Bei Modellen für ordinale Daten spiegeln die *Schwellendistanzen* den Gebrauch der Antwortskala durch die befragten Personen wieder. In der Größe dieser Schwellenabstände können sich daher *response sets* ausdrücken (Kap. 3.3.2).

Bei Rasch-Modellen für ordinale Daten (Kap. 3.3.1) und Ratingskalen (Kap. 3.3.2) müssen alle befragten Personen *dasselbe* response set haben, damit es sich in den Schwellenparametern ausdrückt. Bei der Testauswertung mittels des mixed Rasch-Modells ist es dagegen möglich, dass bei den Personen *unterschiedliche response sets* vorliegen und der Fragebogen trotzdem bei allen Personen dieselbe Eigenschaft erfasst. Dann unterscheiden sich die Klassen nicht im Verlauf ihrer Itemprofile, sondern allein hinsichtlich ihrer Schwellendistanzen. Mann kann daher mit dem mixed Rasch-Modell auch dann eine quantitative Eigenschaft messen, wenn die für normale Rasch-Modelle notwendige Voraussetzung gleicher Schwellenabstände für alle Personen nicht erfüllt ist.

Von der Klassenanalyse zum mixed Rasch-Modell

Ist man daran interessiert, eine kategoriale Personenvariable zu identifizieren, d.h. Personen nach ihren *Profilverläufen über die Itemantworten* zu klassifizieren, so gibt es viele Fälle, in denen trotzdem noch *Variation zwischen den Personen Inner-*

halb der Klassen angenommen werden muss. Das bedeutet, die Personen unterscheiden sich zunächst *qualitativ* hinsichtlich ihrer *mittleren* Profile über alle Items. Jedoch liegen zusätzlich innerhalb der latenten Klassen *quantitative* Unterschiede in dem Sinne vor, dass das Niveau dieses Profils auf unterschiedlicher Höhe liegt.

Bei Klassenmodellen für ordinale Daten (Kap. 3.3.3) gibt das Profil der Erwartungswerte in einer Klasse an, welche Itemantworten *bei jeder einzelnen Person* dieser Klasse zu erwarten sind. Im mixed Rasch-Modell lassen sich ebenfalls Erwartungswertprofile darstellen, jedoch sind diese dann nur *mittlere* Profile aller Personen einer Klasse. Die *individuellen* Erwartungswertprofile sind in ihrem Verlauf nahezu parallel zu diesem mittleren Profil, können aber deutlich darunter oder darüber liegen:

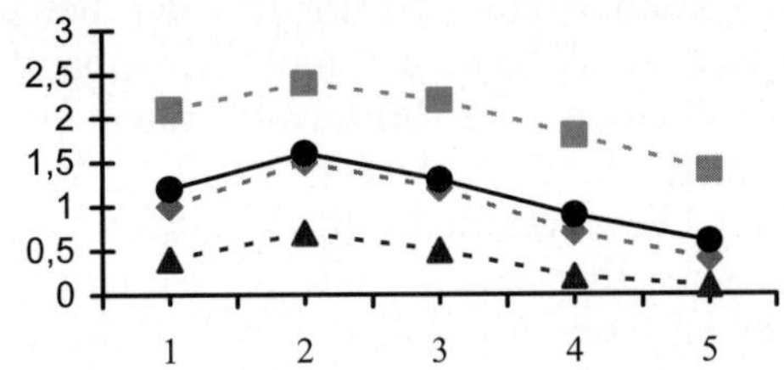

Abbildung 109: Mittleres Profil (durchgezogene Linie) und individuelle Profile in einer Klasse

Somit ist das mixed Rasch-Modell ein Verfahren zur Klassifizierung von Personen anhand ihres Antwortprofils, wobei das *Niveau* des Profils für die Klassifikation keine Rolle spielt.

Das mixed Rasch-Modell für ordinale Daten lässt sich durch Einsetzen der logistischen Funktion des *ordinalen Rasch-Modells* (vgl. Kap. 3.3.1)

$$(1)\quad p(X_{vi}=x)=\frac{\exp(x\theta_v-\sigma_{ix})}{\sum\limits_{s=0}^{m}\exp(s\theta_v-\sigma_{is})}$$

für die bedingten Antwortwahrscheinlichkeiten π_{ixg} im Modell der *latent-class Analyse* (vgl. Formel (1) in Kap. 3.3.3)

$$(2)\quad p(X_{vi}=x)=\sum_{g=1}^{G}\pi_g\,\pi_{ixg}$$

ableiten. Diese Kombination ergibt das *mixed Rasch-Modell für ordinale Daten*

$$(3)\quad p(X_{vi}=x)=\sum_{g=1}^{G}\pi_g\frac{\exp(x\theta_{vg}-\sigma_{ixg})}{\sum\limits_{s=0}^{m}\exp(s\theta_{vg}-\sigma_{isg})},$$

in dem sowohl die Personen- wie auch die Itemparameter klassenspezifisch sind, also g als zweiten Index haben.

Wie im ordinalen Rasch-Modell stellen die Itemparameter kumulierte *Schwellenparameter* dar

$$\sigma_{ixg}=\sum_{s=1}^{x}\tau_{isg}$$

und es gelten die Normierungsbedingungen

$$\sum_{g=1}^{G}\pi_g=1$$

und innerhalb jeder Klasse

$$\sum_{i=1}^{k}\sum_{x=1}^{m}\tau_{ixg}=0$$

und $\qquad\sigma_{i0g}=0$ für alle i.

Dass die beiden erstgenannten Modelle tatsächlich *Untermodelle* des mixed Rasch-Modells sind, lässt sich folgendermaßen nachvollziehen: Beträgt die *Anzahl der latenten Klassen* lediglich *1*, so ist der Klassengrößenparameter π_g ebenfalls 1 und die Indices g aller Modellparameter können entfallen. Es resultiert das ordinale Rasch-Modell (1).

Gibt es dagegen *keine Variation der Personeneigenschaft* innerhalb der latenten Klassen, d.h. unterscheiden sich die Personen innerhalb jeder latenten Klasse g nicht voneinander, so sind die Personenparameter konstant, d.h. es gibt nur einen einzigen Personenparameter in jeder Klasse, $\theta_{vg} = \theta_g$. Dieser *einzige Parameter* pro Klasse kann gegen die Normierungsvorschrift für die Itemparameter 'eingetauscht' werden, d.h. er *kann entfallen*, wenn man die τ_{ixg}-Parameter nicht mehr über die Items summennormiert. Damit resultiert eine logistische Schreibweise der Klassenanalyse

$$p\left(X_{vi} = x\right) = \sum_{g=1}^{G} \pi_g \frac{\exp\left(-\sigma_{ixg}\right)}{\sum_{s=0}^{m} \exp\left(-\sigma_{isg}\right)},$$

die der üblichen Schreibweise (Gleichung (2)) völlig äquivalent ist, da die beiden Arten von Parametern ineinander überführt werden können (vgl. Kap. 3.3.3):

$$\pi_{ixg} = \frac{\exp\left(-\sigma_{ixg}\right)}{\sum_{s=0}^{m} \exp\left(-\sigma_{isg}\right)}.$$

Das ordinale mixed Rasch-Modell ist also das *gemeinsame Obermodell* von der normalen Klassenanalyse und dem Rasch-Modell für ordinale Daten.

Auf die Daten der Neurotizismus-Items des NEOFFI wurde das 2-Klassen mixed Rasch-Modell angewandt, wobei zum Zwecke einer Reduktion der Parameteranzahl die Scoreverteilungen in beiden Klassen geglättet, d.h. durch die 2-parametrige logistische Funktion modelliert wurden (s.u., vgl. auch Kap. 3.1.1.2.2).

Die Ergebnisse hinsichtlich der Klassenunterschiede lassen sich wiederum in Form von *Parameterprofilen* oder als *Erwartungswertprofile* darstellen (vgl. Kap. 3.1.3 und 3.3.3). Als *Itemschwierigkeit* wird wie beim ordinalen Rasch-Modell der *Mittelwert* aller Schwellenparameter eines Items bezeichnet:

$$\sigma_{ig} = \sum_{x=1}^{m} \tau_{ixg}/m.$$

Die Profile der Itemparameter des Datenbeispiels zeigt Abbildung 110.

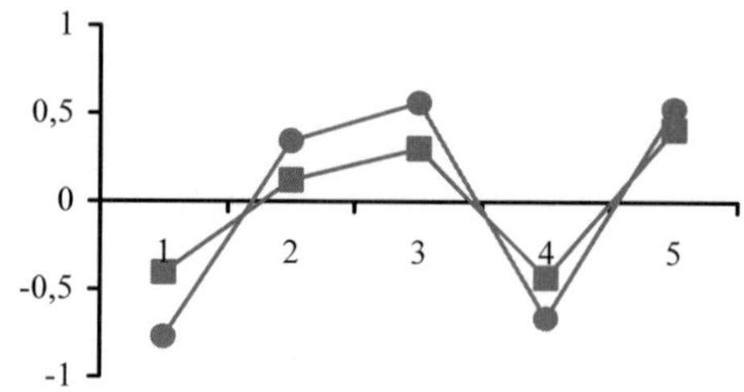

Abbildung 110: Die Profile der Itemparameter

Wegen der Summennormierung der Schwellenparameter innerhalb jeder Klasse (s.o.) können sich die Profile der beiden Klassen *im Niveau* gar nicht voneinander unterscheiden: der Mittelwert aller Itemparameter in einer Klasse ist stets gleich Null. Die Parameterprofile sagen also nichts darüber aus, welche Klasse neurotischer ist, sondern stellen nur die relativen Itemschwierigkeiten in den Klassen dar.

Ein weiteres Problem bei der Interpretation der Profile der Itemparameter stellt deren Abhängigkeit von den Schätzungen extremer Schwellenlokationen dar. In der ersten Klasse gibt es Schwellen, die bei - 5.8 und - 5.4 liegen (s.u.). Solche extremen Schätzwerte sind sehr ungenau, d.h. fehlerbehaftet, so dass auch die Itemschwierigkeit als der Schwellenmittelwert eine geringere Schätzgenauigkeit hat.

Die Profile der klassenspezifischen *Erwartungswerte* der Antwortvariablen sind in dieser Hinsicht stabiler und geben auch Auskunft über das *mittlere Niveau* der Itemantworten in den Klassen.

Die Berechnung der Erwartungswerte

Der logistische Term in der Modellgleichung (3) definiert die Antwortwahrscheinlichkeiten unter der Bedingung der Klassenzugehörigkeit und der Fähigkeit der Person in dieser Klasse

$$(4)\quad p\left(X_{vi}=x\middle|g \text{ und } \theta_{vg}\right)=\frac{\exp\left(x\,\theta_{vg}-\sigma_{ixg}\right)}{\sum\limits_{s=0}^{m}\exp\left(s\theta_{vg}-\sigma_{isg}\right)}.$$

Um daraus zu berechnen, wie viele Antworten bei einem Item in Kategorie x erwartet werden, muss eine *gewichtete Summe* über alle Personen berechnet werden: Jede Person ist dabei mit der Wahrscheinlichkeit zu gewichten, mit der sie der betreffenden Klasse g angehört:

$$(5)\quad \text{Erw}\left(n_{ixg}\right)=\sum_{v=1}^{N}p\left(g\middle|\underline{x}_v\right)\cdot p\left(X_{vi}=x\middle|g \text{ und } \theta_{vg}\right)$$

Die Zuordnungswahrscheinlichkeiten werden wie bei der normalen Klassenanalyse berechnet (vgl. Kap. 3.1.2.2, Gleichung (11)):

$$(6)\quad p\left(g\middle|\underline{x}_v\right)=\frac{\pi_g\,p\left(\underline{x}\middle|g\right)}{\sum\limits_{h=1}^{G}\pi_h\,p\left(\underline{x}\middle|h\right)}.$$

Mit Hilfe der erwarteten Kategorienhäufigkeiten (5) lassen sich die Erwartungswerte der Antwortvariable wie folgt bestimmen:

$$(7)\quad \text{Erw}\left(X_{vi}\middle|g\right)=\sum_{x=0}^{m}x\frac{\text{Erw}\left(n_{ixg}\right)}{\text{Erw}\left(n_g\right)},$$

wobei $\text{Erw}\left(n_g\right)=\sum\limits_{x=0}^{m}\text{Erw}\left(n_{ixg}\right)=N\,\pi_g$

die erwartete Personenanzahl in Klasse g ist.

Abbildung 111 zeigt die Profile der Erwartungswerte beider Klassen.

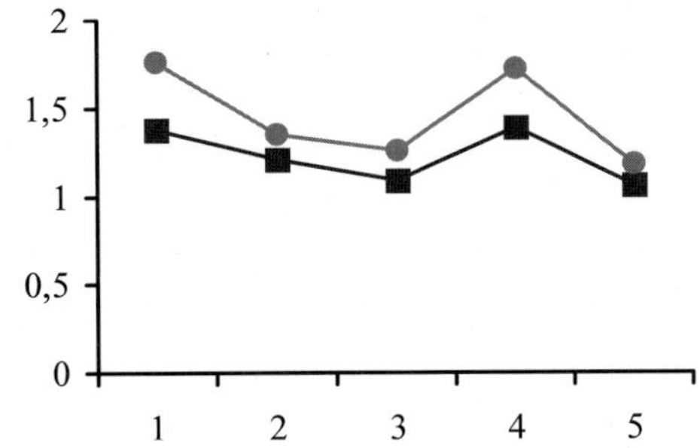

Abbildung 111: Die Profile der Erwartungswerte

Auffällig ist in beiden Abbildungen, dass sich die Profile der Itemparameter bzw. der Erwartungswerte kaum zwischen den beiden Klassen unterscheiden. Man könnte aufgrund dieser Abbildungen den Eindruck gewinnen, dass eine Aufteilung der Personen in zwei Klassen überflüssig sei und sich die Modellgeltung nicht gegenüber dem normalen Rasch-Modell unterscheidet. Demgegenüber zeigen die BIC-Werte an, dass das mixed Rasch-Modell (BIC=10158.5) deutlich besser auf die Daten passt als das einfache Rasch-Modell (BIC=10227.0).

Worin sich die beiden Klassen voneinander unterscheiden wird deutlich, wenn man sich die Schwellendistanzen anschaut (s. Abbildung 112).

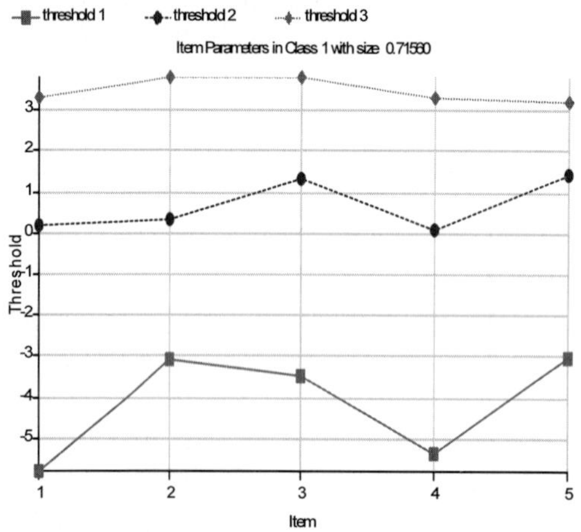

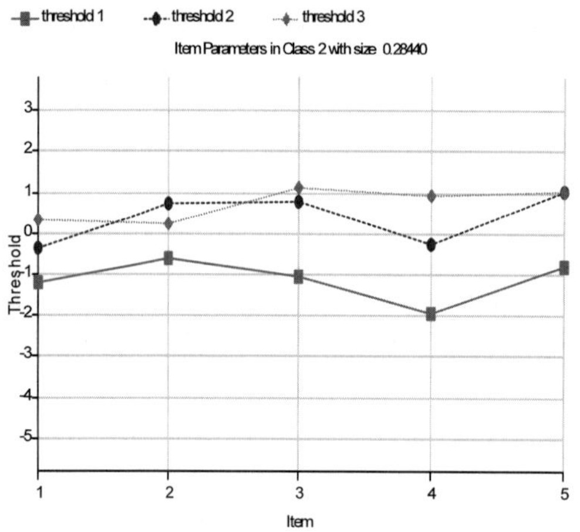

Abbildung 112: Die Profile der Schwellenparameter in beiden Klassen des mixed Rasch-Modells

Klasse 1

Item	Relative Kategorienhäufigkeit			
	X=0	X=1	X=2	X=3
1	0.02	0.61	0.33	0.03
2	0.14	0.52	0.30	0.02
3	0.12	0.67	0.18	0.01
4	0.03	0.58	0.34	0.03
5	0.15	0.65	0.16	0.02

Klasse 2

Item	Relative Kategorienhäufigkeit			
	X=0	X=1	X=2	X=3
1	0.15	0.24	0.29	0.31
2	0.28	0.32	0.16	0.23
3	0.23	0.41	0.21	0.14
4	0.09	0.31	0.35	0.22
5	0.27	0.41	0.17	0.13

In der größeren Klasse 1 mit 72% der Personen gelten deutlich größere Schwellenabstände als in der kleineren 28%-Klasse. Das bedeutet, dass die Mehrzahl der befragten Personen im wesentlichen nur die beiden mittleren Antwortkategorien benutzen: Für sie ist es relativ leicht, die erste Schwelle (zur Antwortkategorie x=1) zu überschreiten, aber sehr schwer, die dritte Schwelle (zur Kategorie x=3) zu passieren. Dass diese Personen tatsächlich fast mit den beiden mittleren Kategorien auskommen, zeigt die folgende Tabelle.

Dass das bei den Personen der zweiten Klasse anders ist, geht ebenfalls aus der Tabelle hervor. Offensichtlich beantworten die Personen der ersten Klasse den Fragebogen mit einem response set zur Vermeidung extremer Urteile, während Klasse 2 einen response set zum extremen Urteil hat. Die Auswirkungen dieser response sets auf die Höhe der Eigenschaftsparameter sind beträchtlich.

Die Modellgleichung (3) enthält klassenspezifische Personenparameter θ_{vg}, die bei der Schätzung der Modellparameter zunächst 'herauskonditioniert' werden (vgl. Kap. 3.1.3). Dies geschieht durch eine Reparametrisierung, die - wie beim dichotomen mixed Rasch-Modell - die *Wahrscheinlichkeiten der Scores* in den latenten Klassen π_{rg} als *neue Modellpa-*

rameter einführt (vgl. Kap 3.1.3). Man erhält auf diese Weise die folgende Patternwahrscheinlichkeit

$$(8)\ p(\underline{x}) = \sum_{g=1}^{G} \pi_g\, \pi_{rg} \frac{\exp\left(-\sum_{i=1}^{k} \sigma_{ixg}\right)}{\gamma_r\left(\exp(-\sigma)\right)},$$

die lediglich eine Funktion der Klassengrößen π_g und der Scorewahrscheinlichkeiten π_{rg}, aber nicht mehr der Personenparameter θ_{vg} ist. Auch die symmetrischen Grundfunktionen $\gamma_r\left(\exp(-\sigma)\right)$ sind allein von den Schwellenparametern abhängig (vgl. Kap. 3.1.1.2.2 und 3.3.1).

Die Personenparameter θ_{vg} werden in einem zweiten Schritt anhand der Schätzungen der Itemparameter berechnet.

Die Parametrisierung (8) ermöglicht es, die Scoreverteilungen *innerhalb* der Klassen zu restringieren, um die Anzahl unabhängiger Parameter zu reduzieren. Hierfür kann wiederum die in Kapitel 3.1.1.2.2 beschriebene 2-parametrige logistische Funktion (24) herangezogen werden. Die Einsparung an zu schätzenden Modellparametern ist bei ordinalen Daten noch wesentlich größer, da die Anzahl unterschiedlicher Scores pro Klasse $(m \cdot k + 1)$ größer ist als bei dichotomen Daten.

Die folgende Tabelle gibt die Scoreverteilungen $\left(\hat{n}_{rg} = \pi_{rg} \cdot \pi_g \cdot N\right)$ in den beiden Klassen der Beispielrechnung sowie die den Scores zugeordneten Personenparameterschätzungen wieder.

r	$\hat{n}_{r1}$	$\hat{\theta}_{r1}$	$\hat{n}_{r2}$	$\hat{\theta}_{r2}$
0	3.33	7.28	6.39	-3.59
1	9.94	-5.95	9.45	-2.34
2	24.39	-4.67	13.19	-1.69
3	49.26	-3.62	17.35	-1.23
4	81.87	-2.63	21.53	-0.87
5	111.98	-1.57	25.20	-0.55
6	126.07	-0.47	27.81	-0.27
7	116.80	0.27	28.95	-0.02
8	89.06	0.92	28.43	0.22
9	55.89	1.54	26.33	0.46
10	28.87	2.13	23.00	0.70
11	12.27	2.70	18.95	0.96
12	4.29	3.27	14.72	1.25
13	1.24	3.87	10.79	1.60
14	0.29	4.60	7.46	2.09
15	0.06	5.89	4.86	3.10

Die großen Schwellendistanzen in der ersten Klasse schlagen sich in einer sehr *steilen* Scoreverteilung nieder, da niedrige und hohe Summenscores nur selten erreicht werden, wenn die extremen Antwortkategorien gemieden werden. Aus demselben Grund erhalten Personen mit einem sehr niedrigen oder sehr hohen Summenscore in der ersten Klasse sehr viel *extremere Schätzungen* ihrer Eigenschaftsausprägung als in der zweiten Klasse, z.B. $\theta_{13,1} = 3.87$ gegenüber $\theta_{13,2} = 1.60$ bei Score 13: es gehört in Klasse 1 sehr viel mehr Neurotizismus dazu, einen hohen Summenscore zu erreichen, als in der zweiten Klasse, in der die letzte Schwelle nicht so schwer ist.

Die folgenden Abbildungen zeigen die Zuordnung der Personenparameter zu den Summenscores. Sie machen die unterschiedliche Varianz der Personenparameter als Folge der unterschiedlichen response sets in den Klassen deutlich.

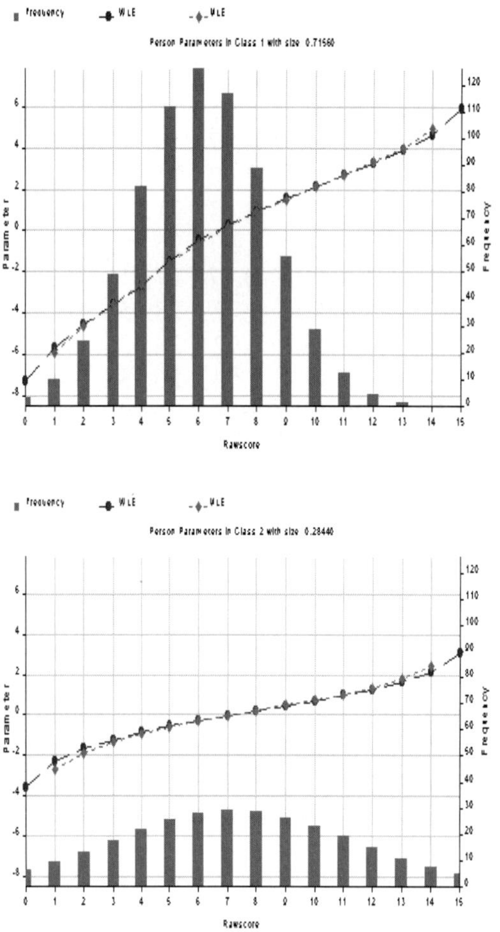

Abbildung 113: Die Scoreverteilung (Säulen) und die den Scores zugeordneten Personenparameter in beiden Klassen

Die Personenparameter sind gleichsam um den Einfluss des individuellen response sets bereinigt. Auch in diesem Modell kann man die mittleren Zuordnungswahrscheinlichkeiten in den Klassen berechnen. Sie betragen 0.89 für die erste und 0.77 für die zweite Klasse.

Die Berechnung der *Anzahl unabhängiger Modellparameter* ist ähnlich kompliziert wie schon beim dichotomen mixed Rasch-Modell, da wiederum die beiden *Extremscores* nicht auf die Klassen aufgeteilt werden, selbst aber als Modellparameter mitzuzählen sind.

Anzahl unabhängiger Modellparameter:

Für jede Klasse gibt es wegen der Summennormierung m·k-1 unabhängige Item-Kategorienparameter, also

G(m·k-1).

Ferner gibt es für jede Klasse m·k-1 Scoreparameter (ohne Extremscores!), von denen aber jeweils einer abhängig ist, da sich alle Scorewahrscheinlichkeiten zu 1 ergänzen müssen. Hinzu kommen 2 Parameter für die Extremscores, so dass die Gesamtzahl aller Scoreparameter lautet:

G(m·k-2)+2.

Passt man die Scoreverteilungen innerhalb der Klassen mit der 2-parametrigen logistischen Verteilung an (s. (12) in Kap. 3.1.3), so sind es *statt dessen* nur

2 G

unabhängige Parameter für die Scores (die beiden Extremscores werden mit angepasst).

Letztlich sind noch die Klassengrößenparameter zu zählen:

G-1.

Ganz analog zu den in Kapitel 3.3.2 und 3.3.4 dargestellten Modellen für Ratingskalen lassen sich auch drei entsprechende Untermodelle für das ordinale mixed Rasch-Modell spezifizieren.

Es handelt sich wiederum um ein

- *Ratingskalen-Modell* mit der Annahme gleicher Schwellenabstände für alle Items, ein

- *Äquidistanzmodell* mit der Annahme konstanter Schwellenabstände innerhalb jedes Items und ein

- *Dispersionsmodell* mit der Annahme des Ratingskalen-Modells und einem zusätzlichen Dispersionsparameter pro Item.

Diese Restriktionen werden getrennt für jede Klasse vorgenommen, so dass diese mixed Rasch-Modelle den klassenspezifischen Modellen (6) bis (8) in Kapitel 3.3.4 analog sind.

Die folgende Tabelle gibt an, wie die Schwellenparameter des ordinalen mixed Rasch-Modells

$$(3)\quad p(X_{vi}=x)=\sum_{g=1}^{G}\pi_g\frac{\exp\left(x\theta_{vg}-\sum_{s=1}^{x}\tau_{isg}\right)}{\sum_{s=0}^{m}\exp\left(s\theta_{vg}-\sum_{t=1}^{s}\tau_{itg}\right)}$$

restringiert sind:

Die letzte Spalte gibt die Anzahl der Schwellen- und Itemparameter an, also die Anzahl der in der ersten Spalte aufgeführten Parameter.

$\tau_{ixg}=$	Normierung	n_p
(9) mixed Ratingskalen-Modell		
τ_{xg}	$\tau_{0g}=\sum_{x=1}^{m}\tau_{xg}=0$	G(m-1)
(10) mixed Äquidistanzmodell		
$\left(x-\frac{m+1}{2}\right)\delta_{ig}$		G k
(11) mixed Dispersionsmodell		
$\sigma_{ig}+\tau_{xg}$ $+\left(x-\frac{m+1}{2}\right)\delta_{ig}$	$\tau_{0g}=\sum_{x=1}^{m}\tau_{xg}=0$ $\sum_{i=1}^{k}\delta_{ig}=0$	G (m-1) +G(k-1)

Wendet man das mixed Dispersionsmodell auf die 5 Neurotizismus- Items an, so ergeben sich 2 Klassen mit Itemprofilen und Schwellenlokationen, die den Parametern des ordinalen Modells sehr ähnlich sind.

Es handelt sich praktisch um dieselben beiden Klassen von Personen, die in beiden Modellen unterschieden werden. Um dies zu überprüfen, wurden die Klassenzugehörigkeiten unter dem ordinalen und dem Dispersionsmodell kreuztabelliert:

		Dispersionsmodell Kl. 1	Dispersionsmodell Kl. 2
ordinales Rasch-Modell	Kl. 1	N= 716 p= .89	N= 27 p= .61
	Kl. 2	N= 32 p= .56	N= 225 p= .82

Es zeigt sich, dass 941 der 1000 Personen jeweils der einander entsprechenden Klasse zugeordnet werden. Die 59 Personen, die unter beiden Modellen in unterschiedliche Klassen eingeordnet werden, haben sehr niedrige Zuordnungswahrscheinlichkeiten (siehe die p-Werte in der vorangehenden Kreuztabelle), d.h. sie passen mit ihrem Antwortmuster zu keinem der beiden Modelle.

Obwohl also beide mixed Rasch-Modelle unter praktischen Gesichtspunkten äquivalent sind, hat das mixed Dispersionsmodell einen deutlich besseren BIC-Wert (10130.3 im Vergleich zu 10158.5, s.o.). Das liegt natürlich an der geringeren Parameteranzahl (25 gegenüber 33).

Etwas andere Ergebnisse erhält man, wenn man in den latenten Klassen *unterschiedliche* Modelle spezifiziert, also bei *Hybrid-Modellen* (s.o. Kap. 3.1.3.2). Bei ordinalen Itemantworten ist die Anzahl möglicher Hybrid-Modelle sehr viel größer als bei dichotomen Daten, da hier auch Modelle mit unterschiedlichen Annahmen über die Schwellendistanzen gemischt werden können.

Eine interessante Anwendung von Hybrid-Modellen besteht darin, *unskalierbare* Personengruppen zu identifizieren, also solche Personen, die nicht in eine Klasse passen, in der das Rasch-Modell gilt. Für die Beispieldaten wurde das Dispersionsmodell (wiederum mit Glättung der Scoreverteilung) in der Klasse der Skalierbaren angenommen und ein latentes Klassenmodell mit möglichst wenig Parametern für die Unskalierbaren. Da das Ratingskalen-Modell mit nur 5-1=4 Itemparametern und 3-1=2 Schwellendistanzen am sparsamsten ist, wurde das entsprechende latente Klassenmodell (s.o. Kapitel 3.3.4) in der Klasse der Unskalierbaren angenommen.

Als Ergebnis ergibt sich eine große Klasse von skalierbaren Personen. In dieser Klasse sind alle Schwellen geordnet und haben relativ große Abstände (ca. 2 bis 4 Einheiten). Die Reliabilität des Fragebogens steigt von .76 auf .81, wenn man sie nur in der Klasse der Skalierbaren berechnet (s. Kap. 6.3).

Die als π_g Parameter geschätzte Klassengröße beträgt .89. Nimmt man eine manifeste Zuordnung der Personen zu den Klassen vor, d.h. ordnet man jede Person der Klasse zu, der sie mit größter Wahrscheinlichkeit angehört, so steigt die Klassengröße sogar auf 93%. Eine solche Diskrepanz zwischen *latenter* (π_g) und *manifester* Klassengröße kann es geben, wenn viele Personen zwar der einen Klasse zugeordnet werden, aber hinsichtlich der anderen Klasse auch relativ hohe Zuordnungswahrscheinlichkeiten haben.

Zur *latenten* Klassengröße tragen nämlich von jeder Person diejenigen 'Anteile' bei, mit denen sie zu einer Klasse gehört, während bei einer *manifesten* Zuordnung jede Person 'als Ganzes' einer Klasse zugeordnet wird. Die Klasse der Unskalierbaren umfasst daher nur 70 Personen, auch wenn die geschätzte Klassengröße 11% beträgt.

In dieser zweiten Klasse sind die Schwellen nicht geordnet, d.h. die dritte Schwelle ist bei allen Items leichter als die zweite. Entsprechend verteilen sich die Itemantworten schon fast gleichmäßig auf alle vier Antwortkategorien, wobei bei den Items 2, 3 und 5 die beiden oberen Kategorien etwas seltener gewählt werden.

Item	relative Kategorienhäufigkeiten			
	0	1	2	3
1	0.17	0.36	0.23	0.23
2	0.40	0.40	0.12	0.06
3	0.37	0.41	0.14	0.07
4	0.19	0.37	0.22	0.20
5	0.42	0.40	0.11	0.05

Bezeichnend ist auch, dass die mittlere Zuordnungswahrscheinlichkeit für die Unskalierbaren mit .806 deutlich unter der für die Skalierbaren liegt (.943). Der BIC beträgt für dieses Hybrid-Modell 10150 und liegt somit zwischen den BIC-Werten der beiden zuvor dargestellten mixed Rasch-Modelle.

In diesem Hybrid-Modell wird die Klasse der Unskalierbaren durch eine sehr restriktives Modell spezifiziert, in dem konstante Antwortwahrscheinlichkeiten für alle Personen dieser Klasse und gleiche Schwellenabstände für alle Items angenommen wird.

Die Alternative zu einer stark restringierten Klasse von Unskalierbaren besteht in einer eher *flexiblen Klasse*, die mit *vielen* zu schätzenden Parametern auch abweichende Antwortverteilungen beschreiben kann. Konkret kann das heißen, für die Unskalierbaren eine Klasse vorzusehen, in der das Rasch-Modell gilt.

Es klingt zunächst paradox, ausgerechnet für die Unskalierbaren anzunehmen, dass ihr Antwortverhalten durch ein Skalierungs-Modell wie das Rasch-Modell modelliert wird. Man kann aber im Nachhinein, also anhand der geschätzten Parameter des Rasch-Modells auch erkennen, ob eine latente Klasse ein Sammelbecken für abweichendes Antwortverhalten darstellt. Hierfür gibt es vier Kriterien, die als Heuristik zur Identifikation einer Klasse von Unskalierbaren verwendetet werden können:

- *Erstens*, sollten die *Itemparameter* in einer solchen Klasse eine geringere Varianz haben als in der (den) anderen Klasse(n) und möglicherweise auch eine *andere Ordnung* als die Itemscores in der Gesamtpopulation.

- *Zweitens*, sollten bei mehrkategoriellen, ordinalen Itemantworten die *Schwellen nicht geordnet* sein, da geordnete Schwellenparameter darauf hinweisen, dass die *zu messende* Eigenschaft die Benutzung der Antwortskala steuert.

- *Drittens,* sollte die *Varianz der Personenparameter eingeschränkt* sein, da eine große Personenvarianz darauf hindeutet, dass die Itemantworten von einer gemeinsamen Eigenschaftsdimension abhängen (die Personen also 'skalierbar' sind).

- *Viertens*, sollten die klassenspezifisch berechneten *Itemfit-Maße* in einer Klasse von Unskalierbaren *hohe Werte* annehmen, also schlecht passende Items anzeigen, die aber dennoch *nicht-signifikant* sind, da die Power wegen der geringen Personenvarianz nicht ausreicht.

Die Identifizierung von Personen, die nicht im Sinne des gewünschten Rasch-Modells antworten, mittels einer Klasse von Unskalierbaren vorzunehmen, stellt eine elegante Alternative zur Suche nach 'abweichenden' Personen mittels Personen-Fit Indices dar (s. Kap. 6.1). Der Vorteil liegt darin, dass das Antwortverhalten *aller* Personen modelliert wird und nicht die Abweichungen von einem gültigen Modell interpretiert werden müssen.

Literatur

Das ordinale mixed Rasch-Modell wurde von Rost (1991) beschrieben, seine restringierten Varianten von v. Davier und Rost (1995). Hybrid-Modelle behandeln Gitomer & Yamamoto (1991) und v. Davier & Rost (1997). Anwendungsbeispiele finden sich in Rost & Georg (1991), Köller & Strauß (1994), Strauß (1994), Strauß et al. (1995), Rost (1996), Rost et al. (1999 a, b), Hosenfeld et al. (1997) und Köller (1994).

3.4 Itemkomponenten- und mehrdimensionale Modelle

In den vorangehenden Kapiteln 3.1 bis 3.3 wurden Tests als Mengen von Items betrachtet, die keine besondere Struktur aufweisen. Natürlich sollten die Items eines Tests homogen sein, d.h. dieselbe latente Variable erfassen. Auch wurde die Möglichkeit erörtert, Itemparameter gleichzusetzen oder auf bestimmte Werte zu fixieren und Annahmen über Schwellendistanzen zu formulieren, die auf alle Items eines Tests zutreffen. Dieses sind bereits Ansätze, eine Struktur zwischen den Items eines Tests einzuführen.

Oft werden aber die Items eines Tests nach systematischen Gesichtspunkten konstruiert, sei es dass bestimmte Merkmale variiert werden oder dass sie aus bestimmten Bausteinen zusammengesetzt sind. Beispiele sind etwa ein Mathematiktest, dessen Items jeweils eine bestimmte Kombination unterschiedlicher Rechenarten und algebraischer Operationen repräsentieren, oder ein Physiktest, dessen Aufgaben eine Problemstellung entweder rein verbal oder mit numerischen Angaben oder aber mit Graphiken und Diagrammen beschreiben. Mit Testmodellen für derart systematisch konstruierte Tests und Fragebögen befasst sich dieses Kapitel.

Dabei mag die Kapitelüberschrift überraschen: was haben mehrdimensionale Modelle und Itemkomponenten-Modelle gemeinsam, dass sie hier in einem Kapitel zusammen gefasst werden? Und was sind überhaupt Itemkomponenten-Modelle?

Wann immer ein Test mehr als eine Dimension messen soll, so muss irgendwo festgelegt werden, welches Item welche Dimension mit welchem Gewicht misst. Beispielsweise soll Item A die Dimensionen 1 und 2 messen, Item B die Dimension 3 und Item C die Dimensionen 1 und 3. Die Festlegung, welches Item welche Dimension misst, kann in Form einer Matrix geschehen, einer sogenannten *Designmatrix*, die für das genannte Beispiel folgendermaßen aussieht:

		Dimension		
	A	1	1	
Item	B			1
	C	1		1

Wann immer die Items eines Tests systematisch konstruiert werden, lassen sich die Konstruktionsprinzipen dadurch spezifizieren, dass man angibt, welches Item welche Kombination von Merkmalen aufweist. Beispielsweise zeichnet sich Item A durch die beiden Merkmale 1 und 2 aus, Item B repräsentiert allein das Merkmal 3 und Item C weist die Merkmale 1 und 3 auf. Wiederum lässt sich die Struktur des Tests durch eine Designmatrix angeben, die für das Beispiel wie folgt aussieht:

		Merkmal		
	A	1	1	
Item	B			1
	C	1		1

Sind die Merkmale eines Tests so beschaffen, dass für jedes Merkmal eine eigene Fähigkeit anzunehmen ist, Items mit diesem Merkmal zu lösen, so gibt die zuvor gezeigte Matrix gleichzeitig die mehrdimensionale Struktur des Tests an. Tatsächlich sehen die beiden Matrizen nicht zufällig gleich aus: Die Mehrdimensionalität eines Tests wird an den Merkmalen seiner *Items* festgemacht.

Andererseits muss es nicht der Fall sein, dass jedes Itemmerkmal eine andere latente Dimension erfasst: systematisch konstruierte Items, die unterschiedliche Merkmalskombinationen repräsentieren, können auch eindimensional sein. Deren Struktur kann sich zum Beispiel darin ausdrücken, dass jedes Merkmal einen Beitrag zur Itemschwierigkeit leistet.

Unabhängig davon, ob man mit Itemmerkmalen die Schwierigkeit der Items oder die Art und Anzahl der am Lösungsprozess beteiligten latenten Dimensionen erklären will, ist ein Set von Itemmerkmalen umso brauchbarer, je *vollständiger* es ist. Spezifizieren die Itemmerkmale die am Lösungsprozess beteiligten Dimensionen, so ist es natürlich sinnvoll, wenn möglichst *alle* relevanten Dimensionen berücksichtigt werden. Spezifizieren die Itemmerkmale Komponenten der Aufgabenschwierigkeit, so ist es ebenfalls sinnvoll, wenn möglichst *alle* Schwierigkeitsunterschiede damit erklärt werden.

Anstatt von Itemmerkmalen spricht man auch von *Itemkomponenten*, um deutlich zu machen, dass eine möglichst vollständige Zerlegung eines Items in seine Bestandteile angestrebt ist, eben in seine Komponenten (komponieren = zusammensetzen). Testmodelle, die diese Komponentenstruktur der Items berücksichtigen, heißen Itemkomponentenmodelle. Dabei sieht man es den Itemkomponenten oft nicht ohne weiteres an, ob sie ein *Fähigkeitsmodell*, also ein mehrdimensionales Modell, oder ein *Schwierigkeitsmodell*, also ein eindimensionales Modell beschreiben. Ein Fähigkeitsmodell ist ein differential-psychologisches Modell und ein Schwierigkeitsmodell ist ein allgemeinpsychologisches Modell, denen dieselbe Komponentenstruktur zugrunde liegen kann.

Einen Spezialfall von strukturierten Tests, auf den sowohl Schwierigkeitsmodelle als auch Fähigkeitsmodelle angewendet werden können, stellen Tests dar, die nach einem sogenannten *Facettendesign* konstruiert worden sind. Unter Testdaten aus einem Facettendesign versteht man ganz allgemein Daten, die sich nicht nur in einer zweidimensionalen Matrix (Personen × Items) darstellen lassen, sondern in einem dreidimensionalen Kubus oder gar in einer vier- und noch höher dimensionierten Datenstruktur.

Eine dritte Dimension erhält man z.B. wenn man alle Antworten aus einem Test mit freiem Antwortformat von mehreren Auswertern (oder Beurteilern der Itemantworten) kodieren lässt. Man erhält dann einen Datenkubus Personen × Items × Auswerter. Hat man zudem alle Items in verschiedenen Situationen vorgegeben und lässt man die Antworten aus allen Situationen von allen Auswertern kodieren, so erhält man eine vierdimensionale Datenstruktur. Der Anzahl von Dimensionen sind dabei keine theoretischen Grenzen gesetzt, sondern nur praktische.

Ein anderes Beispiel ist es, wenn man dieselben Testaufgaben eines Leistungstests einmal in einem verbalen Repräsentationsmodus stellt, ein zweites mal mit Unterstützung bildhafter Repräsentationen und ein drittes mal mit einer numerischen Repräsentation. Dies ergibt ebenfalls einen Datenkubus (Personen × Iteminhalt × Repräsentationsmodus).

Man nennt die Dimensionen, die bei der Itemkonstruktion miteinander gekreuzt werden, auch *Facetten* und Testmodelle, die sich auf solche Datenstrukturen beziehen, *Facettenmodelle*. Im letzten Beispiel stellen also der Iteminhalt und der Repräsentationsmodus die beiden Facetten dar, nach denen der Test konstruiert ist. Im vorletzten Beispiel sind die Items, die Auswerter und die Situationen die drei Facetten, nach denen der Test konstruiert wurde.

Eigentlich könnte man auch die Personen als eine Facette der Datenstruktur mitrechnen, dann würde bereits die normale Testdatenmatrix Personen × Items eine 2-Facettenstruktur darstellen. Dies ist aber unüblich, wohl deswegen weil Personen per definitionem in jedem Testdatensatz vorkommen und jeder Test der Messung einer Personenvariable dient.

In einem Facettendesign ergeben sich die Items aus der Kreuzung von zwei oder mehr Facetten, ähnlich wie sich in einem mehrfaktoriellen Experimentaldesign die Versuchsgruppen aus der Kreuzung von zwei oder mehr Faktoren ergeben. In den Zellen eines solchen Facettendesigns stehen die Items.

		Facette 2		
		Mm1	Mm2	Mm3
	Mm1	1	2	3
Facette 1	Mm2	4	5	6
	Mm3	7	8	9

Ein solches Zwei-Facetten-Design lässt sich ohne weiteres in die übliche Form eines Itemkomponenten-Designs umwandeln:

	Facette 1			Facette 2		
1	1	0	0	1	0	0
2	1	0	0	0	1	0
3	1	0	0	0	0	1
4	0	1	0	1	0	0
Item 5	0	1	0	0	1	0
6	0	1	0	0	0	1
7	0	0	1	1	0	0
8	0	0	1	0	1	0
9	0	0	1	0	0	1

Eine Facettenstruktur ist also eine besonders regelmäßige, eben faktoriell angelegte Itemkomponentenstruktur und folglich lassen sich Facettentests auch mit Itemkomponentenmodellen auswerten, wenn man die Designmatrix entsprechend strukturiert. Hat man ein *unvollständiges* Facettendesign, z.B. weil sich Merkmal 2 der ersten Facette nicht mit Merkmal 3 der zweiten Facette kreuzen lässt, so entfällt das entsprechende Item 6. Dies stellt für Itemkomponentenmodelle in der Regel kein Problem dar.

Auch Facettenmodelle können – wie Itemkomponentenmodelle im allgemeinen – als Schwierigkeitsmodelle oder als mehrdimensionale Fähigkeitsmodelle spezifiziert werden. Im ersten Fall bestimmen die Facetten die Schwierigkeit der Items, im zweiten Fall bestimmen die Facetten, welche latenten Variablen am Lösungsprozess beteiligt sind.

Kapitel 3.4.1 befasst sich mit Itemkomponentenmodellen im Sinne von Schwierigkeitsmodellen, Kapitel 3.4.2 mit mehrdimensionalen Itemkomponenten-Modellen, also Fähigkeitsmodellen. Kapitel 3.4.3 geht auf analoge Modelle im Rahmen der latenten Klassenanalyse ein.

3.4.1 Linear-logistische Testmodelle: Komponenten der Aufgabenschwierigkeit

Bei den bisher behandelten Testmodellen wurde zumeist davon ausgegangen, dass die *Items die kleinsten Bestandteile* eines Tests, die 'Atome' eines Tests darstellen. Lediglich bei den in Kapitel 3.3 behandelten ordinalen Modellen gab es noch kleinere Bestandteile von Items, nämlich die *Schwellen*, deren Schwierigkeiten als Modellparameter geschätzt werden.

Auch *zueinander* wiesen die Items keinerlei Beziehungen auf, außer der bei jedem Testmodell getroffenen Annahme der Itemhomogenität oder einer Annahme über die Konstanz von Schwellenabständen über die Items hinweg. Die Items stellten die 'Bausteine' dar, aus denen der Test aufgebaut ist.

Demgegenüber werden in diesem Kapitel Testmodelle behandelt, bei denen die Items bzw. deren Schwierigkeiten auf weitere Bestandteile zurückgeführt werden, auf sogenannte *Itemkomponenten.* Solche Itemkomponenten können etwa verschiedene Elemente im Prozess der Aufgabenbearbeitung sein, die *gemeinsam die Schwierigkeit* eines Items ausmachen. Von der Itemkonstruktion her betrachtet, können solche Itemkomponenten auch Elemente sein, aus denen man die Items 'zusammensetzt' und somit *systematisch konstruiert.* Ein Beispiel soll das verdeutlichen.

Beispiel 1: Schwierigkeiten der Grundrechenarten

Die Aufgaben eines Mathematiktests werden so konstruiert, dass in den Aufgaben *Additionen, Subtraktionen, Multiplikationen und Divisionen* in unterschiedlichen Kombinationen vorkommen. Es wird angenommen, dass sich die Aufgabenschwierigkeit allein daraus bestimmt, welche dieser Grundrechenarten wie häufig in einem Item vorkommt, d.h. zu dessen Lösung durchgeführt werden muss.

Die Aufgabe eines Testmodells besteht dann nicht mehr darin, für *jedes Item* eine unbekannte Itemschwierigkeit zu schätzen, sondern nur die Schwierigkeiten der Durchführung *jeder Grundrechenart.* Die Itemschwierigkeit ergibt sich aus der Summe der Schwierigkeiten aller zu seiner Lösung erforderlichen Grundrechenarten. Die jeweiligen Grundrechenarten sind die *Komponenten der Items.*

Die Rückführung der Itemschwierigkeit auf verschiedene, am Lösungsweg beteiligte Denkoperationen setzt voraus, dass man *prä-experimentelle Hypothesen* über die am Lösungsprozess beteiligten kognitiven Schritte hat (im Beispiel entspricht jedem Rechenschritt eine Denkoperation). In einem entsprechenden Testmodell sind dann statt der Itemparameter *Schwierigkeitsparameter der einzelnen kognitiven Schritte* enthalten.

Auf diese Weise kann die *Validität* eines Tests bereits bei der Testauswertung mit untersucht werden: Lassen sich die präexperimentellen Hypothesen über die am Lösungsweg beteiligten Denkprozesse anhand der Daten bestätigen (d.h. passt das Modell auf die Daten), so hat man damit nachgewiesen, wie der Lösungsweg bei der Aufgabenbearbeitung aussieht, und somit, *'was der Test misst'.* Es handelt sich um einen Nachweis der *internen* Validität oder *Konstruktvalidität* des Tests.

Im linear-logistischen Testmodell für dichotome Daten wird die Aufgabenschwierigkeit des Rasch-Modells additiv zerlegt, d.h. in eine gewichtete Summe von sogenannten *Basisparametern* η_j zerlegt,

$$(1)\quad \sigma_i = q_{i1}\,\eta_1 + q_{i2}\,\eta_2 + q_{i3}\,\eta_3 \ldots + q_{ih}\,\eta_h\,.$$

Die Gewichte q_{i1} bis q_{ih} stellen keine Modellparameter dar, d.h. sie müssen *vor* der Parameterschätzung festgelegt werden. Sie repräsentieren die prä-experimentellen Hypothesen über die Aufgabenstruktur.

Im einfachsten Fall haben diese q-Gewichte nur die *Werte 0 oder 1*, d.h. sie geben an, ob eine bestimmte Denkoperation oder Lösungskomponente am Prozess der Aufgabenbearbeitung des i-ten Items beteiligt ist oder nicht. Die Aufgabenschwierigkeit σ_i ist in diesem Fall die (*ungewichtete*) *Summe* der beteiligten Lösungskomponenten.

Die Gewichte q_{ij} müssen jedoch keineswegs auf die Zahlen 0 und 1 beschränkt sein, d.h. lediglich Auftreten oder Nichtauftreten eines Elements unterscheiden. Sie können vielmehr jeden beliebigen *ganzzahligen Wert* annehmen, wenn etwa derselbe Lösungsschritt im Lösungsprozess einer Aufgabe mehrfach auftaucht. Dann entsprechen die q-Gewichte der Häufigkeit des Auftretens einer Itemkomponente im vermuteten Lösungsweg.

Die q-Gewichte können jedoch auch nichtganzzahlige, also *gebrochene Werte* annehmen. Dies spielt bei der Formalisierung von Lösungswegen mittels Denkoperationen im allgemeinen keine Rolle, kann aber zur Abbildung von *Lernprozessen* hilfreich sein (s.u. Kap. 3.5.3).

Die Parameter η_j werden wie normale Modellparameter anstelle der Schwierigkeitsparameter σ_i geschätzt. In der Modellgleichung werden letztere durch die Summe (1) ersetzt, so dass die Modellgleichung des *linear-logistischen Testmodells (LLTM)* lautet:

$$(2)\quad p(X_{vi}=1) = \frac{\exp\left(\theta_v - \sum_{j=1}^{h} q_{ij}\,\eta_j - c\right)}{1+\exp\left(\theta_v - \sum_{j=1}^{h} q_{ij}\,\eta_j - c\right)}\,.$$

Dieses Modell stellt ein spezielles, d.h. *restriktiveres Modell* gegenüber dem normalen Rasch-Modell dar. Es kann nur auf einen Datensatz passen, wenn das unrestringierte Rasch-Modell, in dem die Itemschwierigkeitsparameter *nicht* auf eine Summe von Elementarparametern zurückgeführt werden, *auch* auf die Daten passt. Die Geltung des Rasch-Modells stellt also eine notwendige Voraussetzung für die Anwendung dieses Modells dar.

Die k Itemparameter eines Tests können stets nur auf eine *Anzahl von Elementarparametern* zurückgeführt werden, die *kleiner ist als k.* Es macht keinen Sinn (und ist mathematisch unmöglich) eine Anzahl von Parametern auf die Summe einer größeren Anzahl von Parametern zurückzuführen. Eine solche Reparametrisierung hätte keinen Erklärungswert, denn es gibt sehr viele (sogar unendlich viele) additive Zerlegungen von k Parametern in eine größere Anzahl von Elementarparametern. Die Anzahl der Items muss also immer *größer* sein als die Anzahl der Elementarparameter.

Die präexperimentellen Gewichte q_{ij} werden in einer Rechteckmatrix, der sogenannten *Q-Matrix* zusammengefasst.

Item	Komponenten 1	2	3	h
1	0	1	0	...
2	1	1	0	...
3	1	0	1	...
4	0	0	1	...
...	...	...	...	...
k	...	...	...	...

In jeder Zeile dieser Matrix stehen die q-Gewichte für ein bestimmtes Item. So umfasst z.B. das zweite Item die Komponenten 1 und 2. Nach dem zuvor Gesagten hat diese Q-Matrix stets mehr Zeilen als Spalten.

Überdies darf die Matrix *keine abhängigen Spaltenvektoren* enthalten, was bedeutet, dass sich keine Spalte dieser Matrix durch eine gewichtete Summe beliebiger anderer Spalten dieser Matrix darstellen lässt. Die folgende q-Matrix gibt zur Veranschaulichung verschiedene Fälle *linearer Abhängigkeit* wieder.

Item	Komponenten 1	2	3	4	5	c
1	1	0	1	1	0	1
2	0	1	1	0	2	1
3	0	1	1	0	2	1
4	1	0	0	0	0	1
5	0	1	1	0	2	1
6	0	1	1	0	2	1

In diesem Beispiel ist der dritte Spaltenvektor als Summe des zweiten und vierten Vektors darstellbar und der fünfte Spaltenvektor entspricht dem zweiten Spaltenvektor multipliziert mit 2. Jedoch sind bereits auch die beiden ersten Spaltenvektoren linear abhängig, da sie sich zu einem Vektor, der nur Einsen enthält, addieren. Dies allein wäre noch kein Fall linearer Abhängigkeit, wenn es nicht die *Konstante c* in der Modellgleichung gäbe. Diese Konstante muss bei allen Items zu der Summe der Elementarparameter hinzuaddiert werden und stellt somit eine weitere Spalte in der Q-Matrix dar, die lediglich Einsen enthält (sog. Einheitsvektor). Diesen Vektor gilt es mit zu berücksichtigen, wenn man die linearen Abhängigkeiten in der Q-Matrix untersucht.

Datenbeispiel:

Als Datenbeispiel werden die 5 Items des KFT aus Kapitel 3.1 herangezogen. Aufgrund einer relativ einfachen Theorie über die Komponenten der Schwierigkeit geometrischer Analogieaufgaben (s. Hornke & Rettig, 1992, Whitely & Schneider, 1981) läßt sich die folgende Q-Matrix aufstellen:

	j = 1	2
i = 1	1	0
2	2	0
3	1	1
4	2	1
5	2	2

Komponente 1 beschreibt die Anzahl unterschiedlicher Elemente in den geometrischen Figuren der Analogie, Komponente 2 die Anzahl räumlicher Transformationen wie Rotation oder Spiegelung, die für die Lösung der Analogieaufgabe eine Rolle spielen (vgl. Abb. 18 in Kap.3.1).

Als Schätzwerte für die Basisparameter ergeben sich

$$\eta_1 = 0.46$$
$$\eta_2 = 0.96$$

und die Konstante c beträgt $c = -1.50$. Die Basisparameter besagen, dass die Durchführung einer Rotation oder Spiegelung bei der Lösung einer Analogie sehr viel schwieriger ist als das Berücksichtigen eines weiteren geometrischen Elementes in den Figuren.

Wie gut die Theorie über die Aufgabenschwierigkeiten auf die Daten passt, lässt sich durch einen Vergleich der unrestringierten Itemparameter des Rasch-Modells σ_i und der über die Basisparameter zurückgerechneten Itemschwierigkeiten feststellen:

		σ_i	$\sum_{j=1}^{h} q_{ij}\, \eta_j + c$
	1	-1.17	-1.04
	2	-0.69	-0.58
i=	3	0.04	-0.08
	4	0.70	0.38
	5	1.12	1.34

Danach ist die Übereinstimmung recht gut. Eine genauere Aussage über die Gültigkeit der in der Q-Matrix ausgedrückten Annahmen lässt sich mit Hilfe von Modellgeltungstests treffen (s. Kap. 5.).

In dem Datenbeispiel wurden 2 Parameter eingespart, da statt der 4 unabhängigen Itemparameter des Rasch-Modells nur 2 Basisparameter des LLTM zu schätzen sind. Die Kostante c hat die Funktion einer Normierungskonstanten, d.h. sie bewirkt, dass die Summe der aus den Basisparametern η_j rückgerechneten Itemparameter Null ist, die Itemparameter also summennormiert sind:

$$(3) \quad \sum_{i=1}^{k} \sum_{j=1}^{h} q_{ij}\, \eta_j + c = 0\,.$$

Da die notwendige Normierung der Itemschwierigkeiten allein von der Konstanten c bewirkt wird und jede andere Art der Normierung die Basisparameter unverändert lässt, liegen die Basisparameter auf einer *Absolutskala*. Die Absolutskala stellt das höchste Skalenniveau dar, bei dem keinerlei Transformationen der Messwerte möglich sind. Man kann sich das Zustandekommen dieses hohen Skalenniveaus beim LLTM damit erklären, dass die Basisparameter die *Abstände* zwischen den Itemparametern des Rasch-Modells aufschlüsseln und diese sind auch beim Rasch-Modell *normierungsunabhängig*.

Der Ansatz, die Itemparameter des Rasch-Modells additiv zu zerlegen, ist nicht nur auf das dichotome Rasch-Modell anwendbar, sondern auch auf *ordinale Rasch-Modelle*. Im allgemeinen ordinalen Rasch-Modell (dem sogenannten partial-credit Modell, s. Kap. 3.3) lassen sich die Itemkategorienparameter σ_{ix} mit Hilfe einer dreidimensionalen Q-Matrix zerlegen.

Die Modellgleichung dieses *linearen partial-credit Modells (LPCM)* lautet:

$$(4) \quad p\left(X_{vi} = x\right) = \frac{\exp\left(x\,\theta_v - \sigma_{ix}\right)}{\sum_s \exp\left(s\,\theta_v - \sigma_{is}\right)}$$

$$\text{mit } \sigma_{ix} = \sum_{j=1}^{h} q_{ixj}\, \eta_j + x\,c\,.$$

Jedes Element der Q-Matrix drückt aus, wie oft oder mit welchem Anteil Komponente j bei Item i vorkommt, wenn man in Kategorie x antwortet. Beispiele für derartige *Item- und kategorienspezifische Komponenten* sind jedoch schwer zu finden. Hinzu kommt die Schwierigkeit, dass die additive Zerlegung auf die *kumulierten* Schwellenparameter angewendet wird (s.o. Kap. 3.3.1) und nicht auf die *Schwellenlokationen*, also die dekumulierten Parameter. Die Interpretation derartiger kategorienspezifischer Itemkomponenten ist daher etwas schwierig. Das Modell lässt sich jedoch gut im Rahmen der *Veränderungsmessung* anwenden (s. Kap. 3.5.4).

Die Modellstruktur des LPCM stellt eine sehr allgemeine algebraische Struktur dar, die das Obermodell von vielen anderen Modellen für Ratingdaten bildet (vgl. Kap. 3.3.2). Mit Hilfe der folgenden Q-Matrix lässt sich am Beispiel von 5 Items mit 4 Antwortkategorien das *Ratingskalen-Modell* im Rahmen des linearen partial-credit Modells darstellen.

x	i	j = 1	2	3	4	5	6	7
x=1	1	1					1	
	2		1				1	
	3			1			1	
	4				1		1	
	5					1	1	
x =2	1	2						1
	2		2					1
	3			2				1
	4				2			1
	5					2		1
x =3	1	3						
	2		3					
	3			3				
	4				3			
	5					3		

Diese Q-Matrix bewirkt, dass anstelle der σ_{ix} Parameter die Summe $x\sigma_i + \psi_x$ geschätzt wird. Es ergibt sich das in Kapitel 3.3.2 beschriebene *Ratingskalen-Modell*

$$(5)\quad p\left(X_{vi} = x\right) = \frac{\exp\left(x\theta_v - x\sigma_i - \psi_x\right)}{\sum_{s=0}^{m} \exp\left(s\theta_v - s\sigma_i - \psi_s\right)}.$$

In der Q-Matrix stellen die ersten fünf Basisparameter die Itemschwierigkeiten σ_i des Ratingskalen-Modells dar, deren Koeffizienten x (s. Gleichung (5)) durch die q-Gewichte erzeugt werden. Zu beachten ist hier, dass für die 0-te Kategorie keine I-temparameter zu schätzen sind, da diese sowohl im partial-credit wie im Rating-skalen-Modell gleich Null sind.

Der sechste und siebte Basisparameter entspricht den beiden kumulierten Schwellenparametern ψ_1 und ψ_2 des Ratingskalen-Modells. Da aufgrund der Normierungsbedingungen dieses Modells (s. Kap. 3.3.2) $\psi_0 = \psi_m = 0$ ist, bedarf es für die 0-te und m-te Kategorie keiner eigenen Spalten in der Q-Matrix.

Die abgebildete Q-Matrix zeigt der Vollständigkeit halber je eine Spalte für die 5 Items (j = 1 bis j = 5). Diese 5 Spalten sind jedoch von der Normierungskonstanten dieses Modells, die den Koeffizienten x hat (s. Gleichung (4)), linear abhängig, da die Summe dieser 5 Spaltenvektoren genau den Spaltenvektor der Normierungskonstanten ergibt. Bei der Schätzung der Modellparameter muss daher eine dieser Spalten ausgelassen werden.

Datenbeispiel:

Die 5 Items des NEOFFI-Fragebogens, die in Kapitel 3.3 als Datenbeispiel dienen, sind mit der dargestellten Q-Matrix analysiert worden. Es ergeben sich folgende Schätzwerte für die Basisparameter des linearen partial-credit Modells:

$$\begin{aligned} \eta_2 &= 0.67 \\ \eta_3 &= 0.98 \\ \eta_4 &= 0.02 \\ \eta_5 &= 1.12 \\ \eta_6 &= -2.74 \\ \eta_7 &= -2.19 \end{aligned}$$

Mit Hilfe der Normierungskonstanten $c = -0.56$ ergeben sich die folgenden Itemparameter des Ratingskalen-Modells

i	1	2	3	4	5
σ_i	-.56	.11	.42	-.54	.56

die den in Kapitel 3.3.2 angegebenen Schätzwerten entsprechen. Auch die Schwellenlokationen entsprechen einander, wenn man die Basisparameter dekumuliert:

$$\tau_1 = \eta_6 = -2.74$$

$$\tau_2 = \eta_7 - \eta_6 = 0.55.$$

Als eine weitere Möglichkeit für ein linear-logistisches Modell für ordinale Itemantworten lässt sich die additive Zerlegung auch auf die *Itemparameter dieses Ratingskalen-Modells* anwenden. Es gilt dann für die σ_i-Parameter in Gleichung (5) die folgende Restriktion:

$$(6) \qquad \sigma_i = \sum_{j=1}^{h} q_{ij}\, \eta_j + c\,.$$

Hier handelt es sich wieder (wie im dichotomen Fall, s.o.) um eine *zweidimensionale Q-Matrix*, in der für jedes Item die beteiligten Komponenten spezifiziert sind. Es lassen sich für dieses Modell *Anwendungen in der Einstellungsmessung* denken, z.B. wenn sich die Items aus verschiedenen Aspekten einer komplexeren Einstellungsstruktur zusammensetzen. Dann ist die Schwierigkeit eines Einstellungsitems eine additive Funktion der im jeweiligen Iteminhalt vertretenen Aspekte.

Die Anwendung linear-logistischer Testmodelle erfordert sehr *präzise prä-experimentelle Hypothesen*, da man die Struktur der Items in Form der Q-Matrix vorher festlegen muss. Ob das Modell dann auf die Daten passt, hängt davon ab, ob es gelungen ist, in der Q-Matrix die für die Schwierigkeit ausschlaggebenden Komponenten zu spezifizieren. Diese linear-logistischen Testmodelle stellen einen *sehr allgemeinen Ansatz* dar, Tests und Fragebögen auszuwerten, deren Items in irgendeinem Sinne systematisch konstruiert worden sind. Sie bilden z.B. die Grundlage für die Messung von Veränderungen, wenn *unvollständige Datenerhebungsdesigns* vorliegen (s. Kap. 3.5.4) und für die Auswertung von Facetten-Tests (s. oben).

Literatur

Das LLTM wurde von Fischer (1973, 1983a) entwickelt. Das Konzept von Itemkomponentenmodellen diskutieren Spada (1976) und Whitely (1980a,b). Anwendungen des LLTM auf systematisch konstruierte Items finden sich in Embretson (1985, 1998, 2002), Fischer & Formann (1982a), Häußler (1981), Hornke & Habon (1986), Hornke und Rettig (1988), Medina-Diaz (1993), Nährer (1980), Scheiblechner (1972), Spada (1976), Spiel (1994), Whitely & Schneider (1981) und Van Maanen et al. (1989). Das Problem von Fehlspezifikationen der Q-Matrix untersucht Baker (1993). Die Verallgemeinerungen des LLTM für ordinale Daten stammen von Fischer & Parzer (1991a,b) und Fischer & Ponocny (1994).

3.4.2 Mehrdimensionale Modelle

Ein mehrdimensionales Rasch-Modell wurde bereits in Kapitel 3.2.2 behandelt, nämlich das mehrdimensionale Rasch-Modell für nominale Daten. In diesem Modell wird angenommen, dass die Antwortwahrscheinlichkeit für jede Antwortkategorie von einer ‚eigenen' Personeneigenschaft oder Fähigkeit abhängt. Das Modell unterscheidet also so viele Dimensionen wie es Antwortkategorien gibt.

Das ist jedoch nicht der typische Fall, an den man denkt, wenn man von mehrdimensionalen Tests oder Modellen spricht. Mit mehrdimensionaler Testanalyse ist vielmehr die Situation gemeint, dass man eine Menge von Testitems hat, deren Beantwortung von mehreren latenten Variablen abhängt. Ein Spezialfall ist es, wenn jedes Item genau eine Dimension anspricht, so dass sich die Itemmenge in disjunkte Teilmengen aufteilt, die jeweils eindimensional sind. Der allgemeinere Fall besteht darin, dass dieselben Items mehrere Dimensionen ansprechen, d.h. die Antworten auf ein Item von mehreren latenten Variablen abhängen.

Im Rahmen der klassischen Testtheorie stellt das Modell der Faktorenanalyse das entsprechende Messfehlermodell dar.

Das Modell der Faktorenanalyse nimmt an, dass sich der Messwert X_{vi} der Person v auf Variable i additiv zusammensetzt aus einer gewichteten Summe von *Faktorwerten* F_{vi}, die diese Person auf einer begrenzten Anzahl von Faktoren hat. Diese sind jeweils mit Koeffizienten a_{ij} gewichtet, die angeben, wie stark der betreffende Faktor j zur Ausprägung der Variable i beiträgt:

$$X_{vi} = a_{i1} F_{v1} + a_{i2} F_{v2} + \cdots + a_{ih} F_{vh} + E_{vi}$$
$$= \sum_{j=1}^{h} a_{ij} F_{vj} + E_{vi}.$$

Im Modell der Faktorenanalyse stellen die Variablenausprägungen X_{vi} die *beobachteten Daten* dar.

F_{vj} ist die Eigenschaftsausprägung der v-ten Person auf der j-ten Eigenschaftsdimension, auch Faktor genannt, und die a_{ij} sind die zu schätzenden Modellparameter. Sie werden *Faktorladungen* genannt und entsprechen formal den Korrelationen der Antworten auf Item i mit dem j-ten Faktor:

$$a_{ij} = \text{Korr}\left(X_{vi}, F_{vj}\right).$$

Somit können diese Parameter auch als *Trennschärfeparameter* interpretiert werden, da sie wie r_{it} (vgl. Kap. 6.2.1) die Korrelation eines Items mit der zu messenden Eigenschaft ausdrücken. Der Unterschied besteht darin, dass es hier *mehrere* solcher Eigenschaften gibt. Tatsächlich stellt das Modell der Faktorenanalyse die mehrdimensionale Verallgemeinerung des Modells *kongenerischer* Messungen dar (vgl. (8) in Kap. 3.1.1.2.1).

Zur Modellgleichung (1) gehört noch die Annahme der Unkorreliertheit aller Fehlervariablen E_{vi} und Faktoren F_{vj}, d.h. für alle i und j muss gelten:

$$\text{(2)} \quad \text{Korr}\left(E_{vi}, E_{vi'}\right) = \text{Korr}\left(E_{vi}, F_{vj}\right)$$
$$= \text{Korr}\left(F_{vj}, F_{vj'}\right) = 0.$$

Damit ist die Faktorenanalyse als Testmodell bis auf eine 'kleine' Unbestimmtheit festgelegt. Diese *Unbestimmtheit* betrifft die Tatsache, dass die Testitems (als Punkte in einem h-dimensionalen Raum, h = die Anzahl der Faktoren) zwar in ihrer *Konstellation zueinander festgelegt* sind; jedoch führt jede Drehung (*Rotation*) der Achsen dieses Raumes zu *gleich guten Lösungen* (Schätzungen der a_{ij}). Da die Ladungen a_{ij} die Koordinatenwerte der Punkte (= Items) auf diesen Achsen sind, kann man ihre Werte nur berechnen, wenn man sich vorher auf eine bestimmte *Lage der Achsen* festlegt. Das wird in Form eines sogenannten *Rotationskriteriums* gemacht. Im folgenden Datenbeispiel wird das *Varimax*-Kriterium verwendet, das bewirkt, dass jeder Faktor nur *möglichst hohe* und *möglichst niedrige* Ladungen aufweist (aber keine mittleren).

Die Identifizierung der Faktoren (sog. Extraktion) geschieht mit Hilfe der Korrelationsrechnung, das heißt, je höher zwei Variablen miteinander korrelieren, desto eher werden sie derselben oder denselben latenten Dimensionen zugeordnet. Die Faktorenanalyse ist also ein Modell für metrische (mindestens intervallskalierte) Variablen, denn nur für dieses Messniveau ist die Korrelationsrechnung definiert. Trotzdem wird die Faktorenanalyse oft auf die Itemantworten eines Tests angewendet, um die Dimensionalität des Tests zu bestimmen.

Um die Faktorenanalyse als heuristisches Instrument zur Bestimmung der Anzahl der Dimensionen eines Tests zu illustrieren, wurden die 5 Neurotizismus-Items (s. Kap. 3.3, Einleitung) und 5 Extraversions-Items des NEOFFI *gemeinsam* mit dem Modell der Faktorenanalyse analysiert.

Die 5 Extraversions-Items

Es handelt sich um di Items Nr. 22,27,42 und 52 des NEOFFI. Sie lauten:

1. *(22) Ich bin gerne im Zentrum des Geschehens.*
2. *(27) Ich ziehe es gewöhnlich vor, Dinge allein zu tun.*
3. *(42) Ich bin kein gut gelaunter Optimist.*
4. *(47) Ich führe ein hektisches Leben.*
5. *(52) Ich bin ein sehr aktiver Mensch.*

Die mittlere Kategorie des ursprünglich 5-stufigen Antwortformats wurde mit der Kategorie 'unzutreffend' zusammengelegt, so dass die Daten 4-kategoriell sind. Das zweite und dritte Item wurde umgepolt, da beide Items in Richtung 'Introversion' formuliert sind. Die Daten stammen von denselben 1000 befragten Personen wie die Daten der Neurotizismus-Items.

Die 2-Faktoren-Lösung ergibt folgende Faktorladungen:

	Faktor 1	Faktor 2
N1	.57	.19
N2	.63	–.02
N3	.67	–.08
N4	.67	–.06
N5	.60	–.06
E1	–.05	.45
E2	–.01	.10
E3	–.52	.25
E4	.22	.57
E5	–.29	.57

Die 10 Items lassen sich mittels dieser Koordinatenwerte als Punkte in einem 2-dimensionalen Faktorraum darstellen:

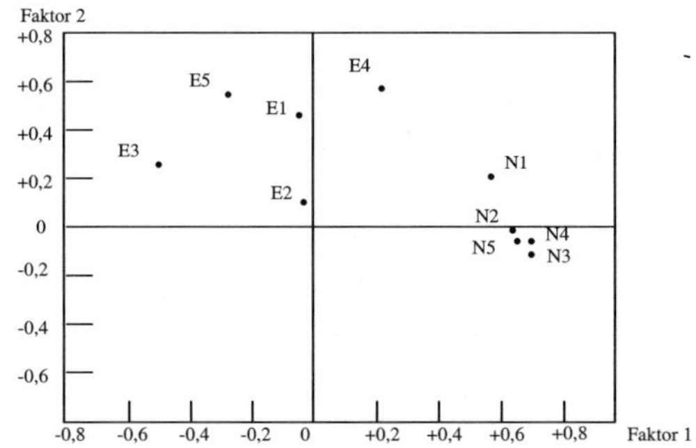

Abbildung 114: Der zweidimensionale Faktorraum der Neurotizismus- (N_i) und Extraversions-Items (E_i)

Die 5 Beispielitems, die die Eigenschaft 'Neurotizismus' erfassen, weisen alle eine hohe Trennschärfe bezüglich des horizontalen Faktors auf und nahezu Null-Korrelationen mit dem vertikalen Faktor. der horizontale Faktor kann daher als die Persönlichkeitseigenschaft 'Neurotizismus' interpretiert werden.

Die Extraversions-Items haben bezüglich des *vertikalen* Faktors mittelhohe Ladungen, aber auch fast ebenso große Ladungen auf dem horizontalen Faktor. Diese 5 Items messen offenbar 'ihren' Faktor nicht so gut wie die 5 Neurotizismus-Items.

Das Datenbeispiel zeigt, dass es mit der Faktorenanalyse ohne weiteres möglich ist, die beiden von den Testitems angesprochenen Dimensionen zu identifizieren. Die Entwicklung mehrdimensionaler Modelle im Rahmen der item-response Theorie geht *nicht* in die Richtung derartiger *explorativer* Verfahren, mit denen man die Art und Anzahl der von einem Test gemessenen Dimensionen ohne prä-experimentelle Hypothesen ermitteln könnte (obwohl es auch derartige Ansätze gibt, siehe Bartholomew (1987) und Muraki (1992)).

Vielmehr sind auch die mehrdimensionalen Rasch-Modelle *hypothesentestende* Modelle, d.h. die Zuordnung der Items zu den latenten Dimensionen ist präexperimentell festgelegt. Die Modellanwendung dient dazu, die Gültigkeit der angenommenen mehrdimensionalen Teststruktur zu überprüfen.

Die Modellgleichung eines mehrdimensionalen Rasch-Modells lässt sich jedoch ganz analog zum Modell der Faktorenanalyse formalisieren. Anstelle der (metrischen) Variable X in Gleichung (1) wird das lineare Modell für die Logits der Antwortwahrscheinlichkeiten aufgestellt (vgl. Kapitel 3.1.1.2.2):

$$(3)\quad \log\frac{p_{vi}}{1-p_{vi}} = \sum_{j=1}^{h} q_{ij}\theta_{vj} - \sigma_i\,,$$

wobei $p_{vi} = p(X_{vi}=1)$ ist. Die Personenparameter θ_{vj} entsprechen den Faktoren F_{vj} und die q_{ij}-Gewichte den Ladungen a_{ij}. Wie bereits erwähnt sind die q_{ij}-Gewichte vorher festgelegte Größen, während die Ladungen a_{ij} Modellparameter sind und geschätzt werden. Statt eines Fehlerterms E_{vi}, der in Gleichung (1) die Abweichung des vorhergesagten X-Wertes vom beobachteten X-Wert parametrisiert, drückt der Parameter σ_i in Gleichung (3) die Schwierigkeit des Items aus.

Umgewandelt in die übliche Form sieht die Modellgleichung dieses mehrdimensionalen Rasch-Modells folgendermaßen aus:

$$(3')\quad p(X_{vi}=1) = \frac{\exp\left(\sum_{j=1}^{h} q_{ij}\theta_{vj} - \sigma_i\right)}{1+\exp\left(\sum_{j=1}^{h} q_{ij}\theta_{vj} - \sigma_i\right)}$$

Die Matrix mit den Gewichten q_{ij} entspricht der Q-Matrix der linear-logistischen Testmodelle (s. Kap. 3.4.1) und spezifiziert mit beliebigen rationalen Zahlen die Gewichte, mit denen eine latente Dimension j an der Lösung des Items i beteiligt ist. Das Modell lässt sich für ordinale Itemantworten verallgemeinern, so dass wie beim ordinalen Rasch-Modell die σ_{ix}-Parameter die kumulierten Schwellenparameter darstellen (vgl. Kap. 3.3.1).

$$(4)\quad p(X_{vi}=x)=\frac{\exp\left(x\sum_{j=1}^{h}q_{ij}\theta_{vj}-\sigma_{ix}\right)}{\sum_{s=0}^{m}\exp\left(s\sum_{j=1}^{h}q_{ij}\theta_{vj}-\sigma_{is}\right)}$$

Die a priori angenommene Modellstruktur des *Datenbeispiels* ist eine Matrix mit den Werten 0 und 1:

Item	Neurotizismus	Extraversion
N1	1	0
N2	1	0
N3	1	0
N4	1	0
N5	1	0
E1	0	1
E2	0	1
E3	0	1
E4	0	1
E5	0	1

Berechnet man die Parameter des Modells (4) unter Verwendung der zuvor gezeigten Q-Matrix mit dem Programm MULTIRA, so ergeben sich die folgenden Schwellenparameter für die 10 Items.

Item	Schwelle 1	Schwelle 2	Schwelle 3	M
1	-3.66	0.14	1.78	-0.57
2	-2.01	0.47	2.11	0.19
3	-2.41	1.20	2.50	0.43
4	-3.88	0.06	2.15	-0.55
5	-2.08	1.34	2.26	0.50
6	-2.10	0.53	2.00	0.14
7	-1.87	0.86	2.66	0.55
8	-2.33	0.26	1.55	-0.17
9	-2.11	1.22	1.82	0.31
10	-3.81	-0.08	1.41	-0.88

Diese Parameterwerte entsprechen den Itemparametern von zwei eindimensionalen Modellen, getrennt für die Neurotizismus-Items und die Extraversions-Items. Auch die erforderlichen Normierungsbedingungen sind analog, d.h. es muss für jede Dimension ein Modellparameter fixiert werden bzw. eine Parametersorte summennormiert werden. Im vorliegenden Fall wurden die Items beider Dimensionen getrennt summen-normiert, so dass das Modell (3·5-1)+(3·5-1)=28 unabhängige Itemparameter enthält.

Die Itemparameter wurden nach Methode der bedingten Maximum-Likelihood-Methode geschätzt (CML, s. Kap. 4.2), so dass die Schätzwerte der Items unbeeinflusst von den Schätzwerten der Personenparameter sind. Anstelle der Personenparameter sind in der CML-Funktion jedoch deren erschöpfende Statistiken, also die Summenscores der Personen enthalten.

Die Anzahl der möglichen Summenscores ist bei mehrdimensionalen Modellen sehr groß, da es nicht bloß um die Summenscores geht, die eine Person hinsichtlich jeder Dimension erhält. Vielmehr ist bei einem mehrdimensionalen Modell auch die *Kombination* der Summenscores von Bedeutung, so dass sich in unserem Datenbeispiel die Scorehäufigkeiten in einer 16×16 Matrix anordnen. Die Häufigkeiten dieser Matrix geben an, wie viele Personen Score r_{v1} bei den Items der ersten Dimension und r_{v2} bei denen der zweiten Dimension haben. Bei einem dreidimensionalen Modell hat man es dementsprechend mit einem Kubus (einer dreidimensionalen Matrix) von Scorehäufigkeiten zu tun und bei noch höher dimensionierten Tests mit entsprechend umfangreichen Häufigkeitstabellen.

Diese Komplexität der Datenstruktur hat Auswirkungen sowohl auf die Parameterschätzung als auch für die Modellgeltungstests. So ist zum Beispiel die Analyse eines Tests mit 17 Dimensionen nicht mehr nach der CML-Methode möglich, sondern nur nach der unbedingten ML-Methode (UML, siehe Kapitel 3.1.1.2.2).

Modellgeltungstests mit Likelihoodquotienten (s. Kap. 5) und mit den Informationskriterien AIC und BIC sind wegen der großen Parameteranzahl schon bei 2 Dimensionen problematisch.

Will man zum Beispiel testen, ob die 5 Neurotizismus- und die 5 Extraversionsitems gemeinsam eine Skala messen oder - wie theoretisch erwartet - zwei getrennte Dimensionen, so stellt man beim Übergang von einer zu zwei latenten Dimensionen einen drastischen Anstieg der Log-Likelihood fest. Diese beträgt für das (eindimensionale) Rasch-Modell -10816 und für das zweidimensionale Modell -10192, ist also bei zwei Dimensionen sehr viel größer. Die Anzahl an unabhängigen Modellparametern steigt von 30+29=59 im eindimensionalen Fall auf $(16 \cdot 16\text{-}1)$-+28=283 im zwei-dimensionalen Fall.

In dieser Situation kommt das AIC-Kriterium zu einem anderen Schluss als der BIC (siehe Tabelle).

	Log-Likelihood	Parameteranzahl	AIC	BIC
Eine Dimension	-10816	59	21750	22039
Zwei Dimensionen	-10192	283	20949	22338

Laut AIC passt das zweidimensionale Modell besser, laut BIC das eindimensionale. Die stärkere Gewichtung der Parameteranzahl im BIC-Index führt dazu, dass die zweidimensionale Lösung abgelehnt werden müsste, was in diesem Fall natürlich unsinnig wäre.

Die Ursache dieses Problems liegt in der übergroßen Anzahl an Scoreparametern und ein Ausweg könnte darin bestehen, die (mehrdimensionale) Scoreverteilung in ähnlicher Weise zu modellieren, wie dies beim eindimensionalen Rasch-Modell gemacht werden kann (s. Kap. 3.1.1.2.2). Während diese Möglichkeit bislang noch nicht erprobt wurde, gibt es die Methode, die Verteilung der *latenten* Variable, also der Personenparameter zu modellieren und somit die große Anzahl multivariater Parameter zu reduzieren.

Dieses Verfahren gehört in den Bereich der marginal Maximum-Likelihood Methode (MML) und wurde beim eindimensionalen Rasch-Modell kurz erwähnt (s. Kap 3.1.1.2.2 und 4.2). Bei mehrdimensionalen Modellen hat dieses Verfahren über die Ersparnis von Modellparametern hinaus noch weitere Vorteile. Da hier die Verteilung der latenten Variable eine multivariate Verteilung ist, gehören auch die *Korrelationen* zwischen den Dimensionen zu den Parametern der latenten Verteilung und werden direkt, d.h. ohne den Umweg über die messfehlerbehafteten Personenparameter geschätzt. Die auf diesem Weg geschätzten Korrelationen der latenten Dimensionen sind daher nicht durch den Messfehler vermindert (oder ‚verdünnt') und man braucht sie auch nicht mit Hilfe der Verdünnungsformeln aufzuwerten (siehe Kapitel 6.4.2).

Das Programm CONQUEST bietet die Möglichkeit, die Verteilung einer zweidimensionalen Variable durch eine bivariate Normalverteilung zu modellieren.

Die bivariate Normalverteilung ist die zweidimensionale Verallgemeinerung der Gauss'schen Glockenkurve (vgl. Abb. 3). Ihr Funktionsgraph sieht wie ein eingipfliger Berg aus:

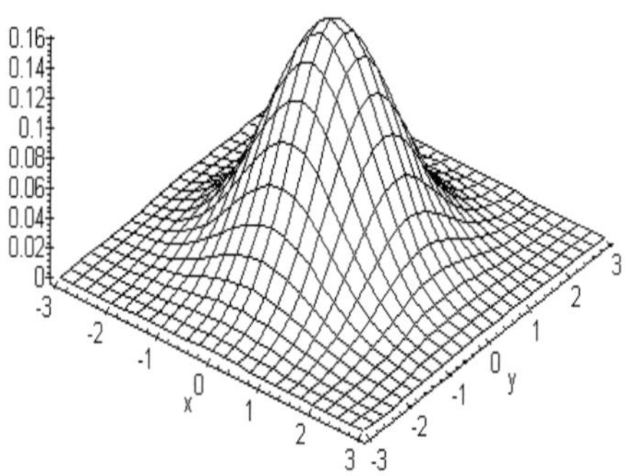

Abbildung 115: Die bivariate Normalverteilung

Die *5 Parameter* der bivariaten Normalverteilung sind die *Mittelwerte* und *Standardabweichungen* der beiden univariaten Verteilungen sowie die *Korrelation* beider Variablen.

Die Anwendung dieses Modells sieht also im Falle eines zweidimensionalen Tests 5 Parameter für die Modellierung der Verteilung der Personeneigenschaften vor (das sind 2 Mittelwertsparameter, 2 Varianzen und eine Korrelation), was im Vergleich zu den 255 Scoreparametern eine deutliche Einsparung darstellt. Dies geschieht zum Preis der Normalverteilungsannahme, die ‚eigentlich' bei Rasch-Modellen nicht notwendig ist.

In der folgenden Tabelle sind die 5 für das Datenbeispiel geschätzten Parameter der bivariaten Normalverteilung aufgeführt (linke bzw. mittlere Spalte).

	Bivariate Normal-verteilung	Personen-parameter-schätzungen
M1	-0.35	-0.34
M2	0.19	0.18
SD1	1.36	1.55
SD2	0.63	0.92
Korr	-0.35	-0.21

Die beiden Mittelwerte der bivariaten Normalverteilung sind unterschiedlich groß, sie tragen sogar ein unterschiedliches Vorzeichen. Wenn man den Nullpunkt der Skalen durch den Mittelwert aller Itemparameter der betreffenden (N- oder E-) Dimension festlegt, was durch die Summennormierung der Itemparameter geschieht, so sind die getesteten Personen etwas weniger neurotisch (-0.35) als es die Inhalte der 5 N-Items formulieren. Entsprechend sind die Personen etwas extravertierter (0.19) als es die Inhalte der 5 E-Items ausdrücken.

Dieses Ergebnis ist identisch zu der Berechnung der arithmetischen Mittelwerte der für beide Skalen geschätzten Personenparameter (siehe die rechte Spalte der Tabelle). Die rechte Spalte der Tabelle gibt nämlich die entsprechenden Statistiken der Personenparameter wieder, die man auf die übliche Art und Weise, d.h. ohne Verteilungsannahme der latenten Variablen mittels der Warm-Methode (siehe Kap. 4.2) schätzt. Hinsichtlich der *Skalenmittelwerte* führen also beide Berechnungsarten zu identischen Resultaten.

Anders sieht das bei den Standardabweichungen der beiden Personenvariablen N und E aus. Hier sind die Werte der latenten Verteilung systematisch kleiner als die aufgrund der Personenparameter errechneten. Das liegt daran, dass letztere den Messfehler mit umfassen, d.h. die Varianzen der Personenvariablen werden überschätzt, wenn man die Varianz anhand der Personenparameterschätzungen berechnet.

Noch eindrücklicher ist der Effekt bei der Korrelation beider Variablen. Hier ergibt die Schätzung des Verteilungsparameters den Wert –0.35, während die anhand der Personenparameter berechnete Korrelation nur –0.21 beträgt. Die Zahlen lassen sich ineinander überführen, wenn man auf sie die Axiome und Sätze der Messfehlertheorie (siehe Kapitel 5 und 6) anwendet.

Die als Verteilungsparameter geschätzten Varianzen geben die sogenannte wahre Varianz, Var(T), an. Die anhand der Personenparameter berechneten Varianzen stellen die sogenannte beobachtete Varianz, Var(X), dar. Dividiert man beide Werte, so erhält man die Reliabilität der jeweiligen Skala. Die folgende Tabelle gibt die aus zuvor berichteten Standardabweichungen als Varianzen (also quadriert), sowie die daraus berechneten Reliabilitäten wieder.

	Var(T)	Var(X)	Rel
Skala N	1.848	2.405	0.768
Skala E	0.400	0.852	0.469

Wendet man auf diese Werte die sogenannte Verdünnungsformel an, die den Einfluss des Messfehlers auf die Höhe der Korrelation formalisiert (siehe Kapitel 6.4.2), so wird der errechnete Korrelationskoeffizient von -0.21 auf -0.35 aufgewertet, d.h. genau auf den Wert, der auch als Verteilungsparameter geschätzt wurde:

$$-0.35 = \frac{-0.21}{\sqrt{0.768 \cdot 0.469}} .$$

Beide Methoden der Berechnung der Verteilungscharakteristika der Personenvariablen sind also ineinander überführbar. Jede Methode hat ihre Vor- und Nachteile.

So liefert die Modellierung der latenten Verteilung (Programm CONQUEST) korrekte Varianzen und Korrelationen für die latenten Variablen und reduziert die Parameteranzahl für die Personen auf ein Minimum, so dass Modellvergleiche ermöglicht werden.

Dafür muss die Annahme getroffen werden, dass alle latenten Variablen normalverteilt sind, und zwar nicht nur univariat, sondern auch bivariat. Eine bivariate Normalverteilung (NV) anzunehmen ist insofern restriktiv als hier ein einziger Parameter, nämlich die Korrelation, ausreichen muss, den Zusammenhang der beiden Variablen zu beschreiben. Es darf also keine komplexeren oder nicht-linearen Zusammenhänge geben.

Der gravierendere Nachteil dieser Methode besteht jedoch darin, dass *keine individuellen Testergebnisse* geschätzt werden, also keine Personenparameter. Und wenn man sie nachträglich mit den üblichen Schätzverfahren berechnen würde, so hätte die Verteilung dieser Parameterwerte nicht mehr die Varianzen und Korrelationen, die für die *latente* Verteilung geschätzt wurden.

Die Vor- und Nachteile der CML-Methode mit anschließender Personenparameterschätzung (Programm MULTIRA) sind entsprechend:

- Überschätzung der Varianzen um die Varianz des Messfehlers
- Unterschätzung (Verdünnung) der Korrelationen durch den Messfehler
- Inflation der Anzahl der Scoreparameter
- Identifizierbarkeit komplexer, auch nicht-linearer Zusammenhänge der latenten Variablen
- Die Schätzwerte der Personenparameter sind optimale Punktschätzer für die individuelle Eigenschaftsausprägung.

Je nach Fragestellung der Testanalyse kann es durchaus sinnvoll sein, beide Verfahren anzuwenden. Zur Bestimmung der Reliabilität der Testskalen stellt es auf jeden Fall ein elegantes Vorgehen dar, die Varianzen aus beiden Verfahren als die wahre und die beobachtete Varianz zu verwenden (s.o.).

Wendet man das zweidimensionale Modell mit Modellierung der latenten Verteilung auf das Datenbeispiel an, so ergeben sich – bis auf minimale Abweichungen – dieselben Itemparameter, wie im Modell ohne Modellierung der latenten Verteilung (s.o.). Die folgende Tabelle zeigt die log-Likelihood Werte für das ein- und das zweidimensionale Modell.

	Log-Lik.	n_p	AIC	BIC
1- Dim.	-10829	31	21596	21441
2- Dim.	-10290	33	20514	20349

Hier erweist sich das zweidimensionale Modell sowohl hinsichtlich des AIC - als auch des BIC - Kriteriums dem eindimensionalen Modell überlegen. Ein Anstieg von über 500 Punkten auf der log-Likelihoodfunktion wird mit nur 2 zusätzlichen Parametern erreicht. Dies könnte für Modellgeltungstests in der entgegen gesetzten Richtung problematisch sein: Während sich die Parameteranzahl ohne Verteilungsannahme für jede weitere Dimension inflationär erhöht, steigt sie mit Verteilungsannahme nur kaum wahrnehmbar an und lässt schon einen kleinen Anstieg der Likelihoodfunktion bedeutsam werden.

Dieses Problem mit der Anzahl der Freiheitsgrade bei der Modellgeltungsprüfung beeinträchtigt etwas die genaue Bestimmung der Anzahl der latenten Dimensionen eines Tests. Es ist jedoch nicht spezifisch für mehrdimensionale Modelle, sondern tritt überall dort auf, wo man mit inhaltlich unbedeutenden Parameterestriktionen große Anzahlen von Modellparametern einsparen kann.

Die in Gleichung (4) angegebene Modellgleichung eines mehrdimensionalen, ordinalen Rasch-Modells stellt noch nicht die allgemeinste Form mehrdimensionaler Modelle dar. Insbesondere lässt sich das in Kapitel 3.2.2 beschriebene mehrdimensionale Rasch-Modell nicht als Spezialfall von Modell (4) darstellen.

Das liegt daran, dass in Raschs Modell für mehrkategoriale Daten die Dimensionen auf die *Antwortkategorien* bezogen sind, während die Designmatrix des MULTIRA-Modells (4) gar keine Itemkomponenten (und somit latente Dimensionen) vorsieht, die von der Antwortkategorie x abhängen. Salopp gesagt, fehlt den q_{ij}-Gewichten der dritte Index x. Dies liegt daran, dass das MULTIRA-Modell eine Spezifikation von *Item*komponenten vorsieht und nicht von Komponenten der Antwortkategorien.

Die Spezifikation von kategorien- bezogenen Komponenten ermöglicht aber das Modell, das dem Programm CONQUEST zugrunde liegt. CONQUEST sieht eine dreidimensionale Designmatrix mit Gewichten q_{ixj} vor, so dass die Modellgleichung lautet:

$$(5)\quad p(X_{vi} = x) = \frac{\exp\left(x \sum_{j=1}^{h} q_{ixj}\theta_{vj} - \sigma_{ix}\right)}{\sum_{s=0}^{m} \exp\left(s \sum_{j=1}^{h} q_{ixj}\theta_{vj} - \sigma_{is}\right)}$$

$$\text{mit } \sigma_{ix} = \sum_{j=1}^{h} q_{ixj}\eta_j + xc$$

Das mehrdimensionale Rasch-Modell für kategoriale Daten hat in diesem Modell die folgende Designmatrix.

			Dimensionen			
			j=1	j=2	j=3	j=4
Item	1	x=1	1			
	1	x=2		1		
	1	x=3			1	
	1	x=4				1
	2	x=1	1			
	2	x=2		1		
	2	x=3			1	
	2	x=4				1
	3	x=1	1			
	3	x=2		1		
	3	x=3			1	
	3	x=4				1

Sie gibt die q_{ixj}-Gewichte zur Modellierung des mehrdimensionalen Rasch-Modells (s. Kapitel 3.2.2) für 3 Items mit 4 Antwortkategorien an.

Modell (5) hat zwar hinsichtlich der Dimensionalität der Personenparameter die allgemeinste Modellstruktur, jedoch sind die Itemparameter bislang nicht in die Modellierung der Antwortwahrscheinlichkeiten einbezogen worden. Eine naheliegende Modellerweiterung besteht darin, die Itemparameter σ_{ix}, die wie im eindimensionalen ordinalen Rasch-Modell kumulierte Schwellenparameter darstellen, den üblichen Restriktionen der Schwellendistanzen (siehe Kapitel 3.3.2) zu unterziehen. Diese Option bietet das Programm MULTIRA in Form der Äquidistanzannahme für die Schwellen aller Items eines Tests.

Noch weitergehend ist das Programm CONQUEST, das für die Itemparameter, wie im LLTM bzw. im LPCM (siehe Gleichung (2) und (4) in Kapitel 3.4.1), eine lineare Zerlegung vorsieht. Das heißt, es gibt eine zweite Designmatrix A, deren Elemente a_{jxb} Itemkomponenten für die Schwierigkeit der Items spezifizieren. Das vollständige CONQUEST-Modell lautet also:

$$(6)\quad p(X_{vi} = x) = \frac{\exp\left(\sum_{j=1}^{J} q_{ixj}\theta_{vj} - \sum_{k=1}^{K} a_{ixk}\eta_k\right)}{\sum_{s=0}^{m} \exp\left(\sum_{j=1}^{J} q_{isj}\theta_{vj} - \sum_{k=1}^{K} a_{isk}\eta_k\right)}.$$

Mit dieser Modellstruktur ist es nicht nur möglich, die bekannten Schwellenrestriktionen zu spezifizieren, sondern es kann jeweils eine eigene Itemkomponentenstruktur für die Personeneigenschaften und die Itemschwierigkeiten spezifiziert werden. Das Modell ist gleichzeitig ein Schwierigkeits- und ein Fähigkeitsmodell.

Die Symmetrie zwischen dem Fähigkeitsmodell und dem Schwierigkeitsmodell in Gleichung (6) ist jedoch auf die beiden Koeffizientenmatrizen beschränkt und betrifft nicht die Personen- und Itemparameter selbst. Während die Personenparameter θ_{vj} doppelt indiziert sind (es geht ja darum, für jede Person komponentenspezifische Fähigkeitsparameter einzuführen), sind die Itemparameter σ_{ix} gar nicht mehr vorhanden, sondern durch die (einfach indizierten) Komponentenparameter η_k ersetzt.

Dies drückt den Sachverhalt aus, dass das Fähigkeitsmodell eine *Generalisierung* des Rasch-Modells ist, während das Schwierigkeitsmodell eine *Restriktion* des Rasch-Modells darstellt. Entsprechend schwieriger sind derzeit noch die Probleme, die mit dem mehrdimensionalen Teil des Modells zusammenhängen, im Vergleich zu der additiven Zerlegung der Itemparameter. Dies gilt derzeit auch hinsichtlich der relativ großen Anzahl latenter Dimensionen in Facettentests.

Literatur

Mehrdimensionale Komponentenmodelle wurden erstmals von Stegelmann (1983) untersucht, auf den sich auch Rost & Carstensen (2002), Carstensen & Rost (2000) und Carstensen (2000) beziehen. Bartholomew (1987), Muraki & Carlson (1995) beschreiben faktorenanalytische Testmodelle, bei denen die Ladungen als Parameter geschätzt werden.

Spezielle Aspekte mehrdimensionaler Komponentenmodelle diskutieren: Hoskens & DeBoeck (2001), Hoijtink et al. (1999), Keldermann (1996), Reckase (1997) und Keldermann und Rijkes (1994).Das allgemeine mehrdimensionale Modell wird von Adams et al. (1997) beschrieben.

3.4.3 Linear-logistische Klassenanalyse

Eine Zerlegung der Modellparameter in Itemkomponenten bzw. deren Parameter ist nicht nur bei quantitativen, sondern auch bei klassifizierenden Testmodellen möglich. Geht man von den *logistisch transformierten Parametern der Klassenanalyse* aus, die bereits in Kapitel 3.1.2.4 über lokalisierte Klassen und in Kapitel 3.3.3 über die Analyse ordinaler Daten verwendet wurden, so lässt sich eine lineare Zerlegung leicht realisieren. Bei den α-Parametern der *logistischen Klassenanalyse*

$$(1)\quad p\left(X_{vi}=1\right)=\sum_{g=1}^{G}\pi_g\frac{\exp\left(\alpha_{ig}\right)}{1+\exp\left(\alpha_{ig}\right)}$$

handelt es sich um Itemparameter, die in ihrem Wertebereich nicht beschränkt sind, wie die sonst üblichen Wahrscheinlichkeitsparameter. Daher können bei einer additiven Zerlegung auch *keine Überschreitungen des Wertebereichs* auftreten.

Im Gegensatz zu quantitativen Modellen sind diese Itemparameter jedoch *klassenspezifisch*, d.h. sie unterscheiden sich für verschiedene Personengruppen. Die additive Zerlegung der Parameter

$$(2)\qquad \alpha_{ig}=\sum_{j=1}^{h}q_{ijg}\,\eta_j+c_{ig}$$

benötigt daher eine *dreidimensionale Q-Matrix,* wenn man im allgemeinsten Fall die *Itemkomponenten klassenspezifisch* definieren möchte.

Diese Möglichkeit klassenspezifischer Itemkomponenten stellt einen wesentlichen Unterschied zu den linear-logistischen Rasch-Modellen dar, da hier unterschiedliche Itemkomponenten *für ver schiedene Personengruppen* definiert werden können. Dies ermöglicht z. B. die Auswertung von Tests, bei denen man annimmt, dass zwei unterschiedliche Lösungsstrategien zur Bearbeitung der Items eingesetzt werden können, die beide in der getesteten Population verwendet werden.

Beispiel: zwei Lösungsstrategien

Ein Test lässt sich mit zwei unterschiedlichen Strategien bearbeiten, wobei die eine Strategie aus den *Denkoperationen A und B*, die andere Strategie aus den *Denkoperationen A, C und D* besteht. Die Items unterscheiden sich darin, wie oft man welche Denkoperation anwenden muss. Die Q-Matrix kann etwa wie folgt aussehen:

Denkoperationen

		A	B	C	D	
	1	1	1	0	0	
	2	0	3	0	0	
Items	3	2	1	0	0	Klasse 1
	4	2	2	0	0	
	5	1	1	0	0	
	1	1	0	1	1	
	2	0	0	1	4	
Items	3	2	0	1	1	Klasse 2
	4	2	0	2	2	
	5	1	0	1	1	

Während die Schwierigkeit der Denkoperation A anhand der Daten *aller* Personen geschätzt wird, da sie in beiden Klassen verwendet wird, sind die Parameter der Denkoperationen B, C und D klassenspezifisch.

Sind die angenommenen Itemkomponenten dagegen wirklich *Komponenten der Items*, die sich nicht zwischen den Personen unterscheiden, so kann selbstverständlich die Q-Matrix für alle latenten Klassen identisch definiert werden. Allerdings sind in diesem Fall für einige oder alle Denkoperationen *andere* Basisparameter in jeder Klasse zu spezifizieren, da es sonst keine Parameter gibt, hinsichtlich derer sich die Klassen unterscheiden.

Die folgende Q-Matrix drückt z.B. aus, dass in beiden Klassen die Denkoperationen A und B verwendet werden, dass sich die Lösungswahrscheinlichkeiten der beiden Klassen aber nur aufgrund der Schwierigkeit der Denkoperation B unterscheiden.

Denkoperationen

		A	B	B	
	1	1	1	0	
	2	0	3	0	
Items	3	2	1	0	Klasse 1
	4	2	2	0	
	5	1	1	0	
	1	1	0	1	
	2	0	0	3	
Items	3	2	0	1	Klasse 2
	4	2	0	2	
	5	1	0	1	

Wie auch beim linear-logistischen Testmodell (s. Kap. 3.4.1.) stellt die lineare Zerlegung der Modellparameter einen *Spezialfall* des Ausgangsmodells dar, hier also der normalen latent-class Analyse. Das bedeutet, dass das linear-logistische Klassenmodell nur passen kann, wenn die unrestringierte latent-class Analyse Modellgeltung besitzt. Inwieweit dann zusätzlich *die additive Zerlegung gültig* ist, lässt sich überprüfen, indem man die unrestringierten Modellparameter mit den aufgrund der Komponenten zurückgerechneten α_{ig}-Parametern vergleicht (vgl. das Datenbeispiel in Kap. 3.4.1). Der Vergleich lässt sich auch mit *statistischen* Mitteln durchführen, nämlich in Form eines Likelihood-Quotienten-Tests (vgl. Kap. 5.).

Die Parameter dieses Modells liegen, wie auch die Parameter der in den beiden vorangehenden Kapiteln behandelten Modelle auf einer *Absolutskala*. Das bedeutet, es ist keinerlei Transformation der Parameterwerte möglich, ohne dass sich die vorhergesagten Antwortwahrscheinlichkeiten ändern.

Die lineare Zerlegung der klassenspezifischen Itemparameter lässt sich auch bei dem Modell der *mehrkategoriellen* Klassenanalyse (vgl. Kapitel 3.2.1) vornehmen. In der logistischen Version dieses Modells (vgl. Kap. 3.3.4),

$$(3)\quad p\left(X_{vi}=x\right)=\sum_{g=1}^{G}\pi_g\frac{\exp\left(\alpha_{ixg}\right)}{\sum_{s=0}^{m}\exp\left(\alpha_{isg}\right)}$$

drücken die Parameter α_{ixg} die Tendenz der Personen in Klasse g aus, auf Item i eine Antwort in Kategorie x zu geben. Zerlegt man diese Parameter wiederum mit Hilfe einer prä-experimentell spezifizierten Q-Matrix, d.h.

$$(4)\quad \alpha_{ixg}=\sum_{j=1}^{h}q_{ixgj}\,\eta_j+c_{ixg}\,,$$

so benötigt man hierfür eine *vierdimensionale Q-Matrix*. In ihr sind die Gewichte festgelegt, mit der Komponente j bei Item i in Klasse g zur Antwortwahrscheinlichkeit der Kategorie x beiträgt.

Als Beispiel für die große Flexibilität dieses linear-logistischen Klassenmodells zeigt die folgende Q-Matrix, wie man eine Verallgemeinerung des Modells lokalisierter Klassen für mehrkategorielle, nominale Itemantworten erzeugt (vgl. Kap. 3.1.2.4). Nimmt man an, dass es bei Fragebögen mit nominalem Antwortformat (vgl. das Datenbeispiel aus Kap. 3.2) für jede Klasse eine Eigenschaftsausprägung bezüglich jeder Kategorie, θ_{xg}, und für jedes Item eine Schwierigkeit hinsichtlich jeder Kategorie, σ_{ix}, gibt, so führt das zu dem Klassenmodell:

$$(5)\quad p\left(X_{vi}=x\right)=\sum_{g=1}^{G}\pi_g\frac{\exp\left(\theta_{xg}-\sigma_{ix}\right)}{\sum_{s=0}^{m}\exp\left(\theta_{sg}-\sigma_{is}\right)}.$$

Es handelt sich hierbei um die *lokalisierte Klassen* Version des mehrdimensionalen, mehrkategoriellen Rasch-Modells (Kap. 3.2.2). Da der Exponent eine additive Zerlegung der α_{ixg}-Parameter des Modells (3) darstellt, lässt sich Modell (5) mittels einer geeigneten Q-Matrix mit der linear-logistischen Klassenanalyse berechnen. Die folgende Q-Matrix zeigt das für 3 Items, 4 Kategorien und 2 Klassen.

Die ersten drei Basisparameter η_1 bis η_3 entsprechen in diesem Beispiel den kategorienspezifischen Eigenschaftsausprägungen der ersten Klasse, θ_{x1}. Für die 0-te Kategorie kann kein Parameter geschätzt werden, da eine entsprechende vierte Spalte lineare Abhängigkeit erzeugt. Dies ist analog zum mehrdimensionalen Rasch-Modell, bei dem ebenfalls nur 3 Personenparameter geschätzt werden können (s. Kap. 3.2.2). Die Basisparameter η_4 bis η_6 sind die Eigenschaftsausprägungen der zweiten Klasse.

	j=														
g i x	1	2	3	4	5	6	7	8	9	10	11	12	13	14	15
1 1 0															
1	1						1								
2		1						1							
3			1						1						
2 0															
1	1									1					
2		1									1				
3			1									1			
3 0															
1	1												1		
2		1												1	
3			1												1
2 1 0															
1				1			1								
2					1			1							
3						1			1						
2 0															
1				1						1					
2					1						1				
3						1						1			
3 0															
1				1									1		
2					1									1	
3						1									1

Die übrigen Basisparameter entsprechen den Itemparametern des Modells (5), wobei wiederum für die 0-te Kategorie kein unabhängiger Parameter existiert.

Die Ersparnis an Modellparametern ist in diesem Beispiel gering: statt

$$m \cdot k \cdot G = 3 \cdot 3 \cdot 2 = 18$$

unrestringierte Antwortwahrscheinlichkeiten im normalen Klassenmodell sind im linear-logistischen Modell 15 Basisparameter zu schätzen. Die Einsparung wird jedoch umso größer, je mehr Items und Klassen man hat.

Das Beispiel macht deutlich, dass es sich bei der linear-logistischen Klassenanalyse um eine sehr allgemeine Modellstruktur handelt, mit der nicht nur Hypothesen über Itemkomponenten getestet werden können, sondern auch eine Vielzahl logistischer Klassenmodelle spezifiziert werden kann. Insbesondere lassen sich die Klassenmodelle für ordinale Daten (Kap. 3.3.3 und 3.3.4) mittels geeigneter Q-Matrizen herstellen.

Der Preis für den hohen Allgemeinheitsgrad dieser Modellstruktur liegt jedoch im praktischen Umgang mit dem Modell: die Q-Matrix wird bei mehreren Items, Kategorien und Klassen sehr groß und unübersichtlich.

Literatur

Die linear-logistische Klassenanalyse für dichotome Daten wird ausführlich von Formann (1984) behandelt. Weitere Anwendungen finden sich in Formann (1985, 1989). Die Verallgemeinerung für polytome Daten geht ebenfalls auf Formann zurück (1992).
Eine vertiefende Darstellung der linear-logistischen Klassenanalyse bietet Formann (1995).

3.5 Modelle der Veränderungsmessung

Die Messung von Veränderungen mit Hilfe von Tests und Fragebögen ist eine sehr weit verbreitete Forschungsmethode in allen Bereichen der angewandten Psychologie. Dies betrifft die Kontrolle des *Therapieverlaufs* oder Therapieerfolgs in der klinischen Psychologie genauso wie die Messung des *Leistungsfortschrittes* und des Lernzuwachses in der pädagogischen Psychologie. Es betrifft auch *entwicklungspsychologische Fragestellungen* wie die Untersuchung der Interessenentwicklung oder der Intelligenzdifferenzierung genauso wie *experimentalpsychologischen Studien*, in denen sich durch die experimentellen Maßnahmen etwas verändert. Bei genauerer Betrachtung kann man sogar zu der Schlussfolgerung kommen, dass sich die *meisten* psychologischen Fragestellungen auf irgendeine Veränderung des menschlichen Erlebens und Verhaltens beziehen, sei es als Folge von Reifung, Lernen, Situationsanpassung, Alterung, Ermüdung, Persönlichkeitsentwicklung oder was auch immer.

Dem steht gegenüber, dass in den Testmodellen, soweit sie bisher behandelt wurden, Lernen und Veränderung gar nicht vorgesehen sind, ja man kann sogar sagen, die Modelle sind zunächst einmal *starr und statisch*: Konzepte wie Personenfähigkeit oder Itemschwierigkeit setzen eher Stabilität als Veränderung voraus. Dies ist der Grund, weswegen Modellen zur Veränderungsmessung ein eigenes Kapitel gewidmet ist.

Es gibt verschiedene Ansätze, eine Erweiterung der Testtheorie in Richtung auf Veränderungsmessung vorzunehmen. In den folgenden Unterkapiteln werden drei solche Ansätze behandelt.

Erstens kann man Veränderungsmessung als eine Erweiterung der zweidimensionalen Datenstruktur von Testdaten um eine *dritte Dimension*, nämlich die Zeit, auffassen. Man hat es im Falle der Veränderungsmessung also nicht mehr mit einer Datenmatrix Personen × Items, sondern mit einem *Datenkubus* Personen × Items × Zeitpunkte zu tun.

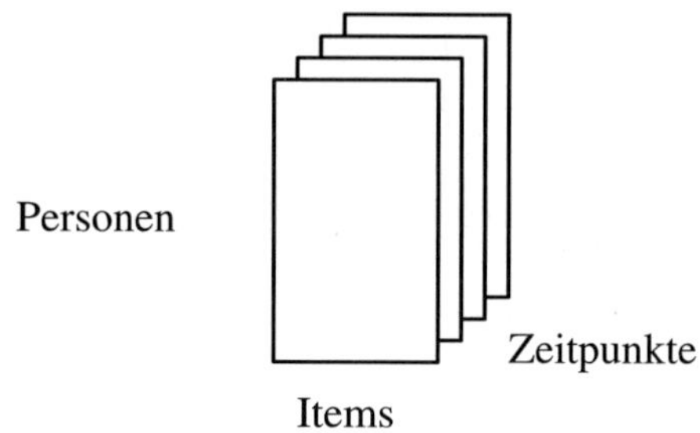

Abbildung 116: Der Datenkubus der Veränderungsmessung

In diesem Ansatz stellt sich Veränderungsmessung als die Erweiterung der Testtheorie von zwei auf drei Faktoren des Antwortverhaltens in einem Test dar. Dies wird in Kapitel 3.5.2 behandelt.

Zweitens kann Veränderung auch heißen, dass sich die Personenfähigkeit *während der Testbearbeitung* verändert, also das Stabilitätsprinzip der Personenvariable aufgegeben wird. Man spricht in diesem Fall von *dynamischen Testmodellen*, da sich die zu messende Variable, die Personenfähigkeit, während der Testbearbeitung verändert. Diese Veränderung ist meistens irgendeine Form von Lernen, weswegen man auch von 'Lernen während der Testbearbeitung' spricht. Dieser Ansatz wird in Kapitel 3.5.3 behandelt.

Drittens geht es bei der Veränderungsmessung oft darum, die *Ursachen* einer Veränderung z. B. in Form von bestimmten *experimentellen Maßnahmen* zum Gegenstand der Messung zu machen. Das bedeutet, dass bestimmte Veränderungen im Antwortverhalten auf bestimmte Maßnahmen oder Einflüsse auf dieses Testverhalten zurückgeführt werden sollen. Dafür benötigt man Testmodelle, in denen solche Faktoren in Form von Modellparametern berücksichtigt werden können. Dieser Ansatz wird in Kapitel 3.5.4 behandelt.

Bevor diese drei zentralen Ansätze der Erweiterung von Testmodellen behandelt werden, muss - nicht nur aus historischen Gründen - auf die sogenannten *klassischen Probleme der Veränderungsmessung* eingegangen werden. Dieses Kapitel 3.5.1 behandelt im engeren Sinne keine Testmodelle, macht aber die Notwendigkeit eigener Testmodelle für die Veränderungsmessung deutlich und schafft eine Grundlage für das Verständnis dieser Modelle.

3.5.1 Klassische Probleme der Veränderungsmessung

Die klassischen Probleme der Veränderungsmessung beziehen sich auf die denkbar einfachste Datenstruktur für Veränderungsmessung, nämlich den Fall, dass ein Test zu *zwei Zeitpunkten* vorgegeben wird, zwischen denen Veränderung stattfindet. Man hat es also nicht mit *einer* Datenmatrix zu tun, sondern mit *zwei* Datenmatrizen, wobei zunächst davon ausgegangen wird, dass nicht nur die Personen sondern auch die Items zu beiden Zeitpunkten dieselben sind.

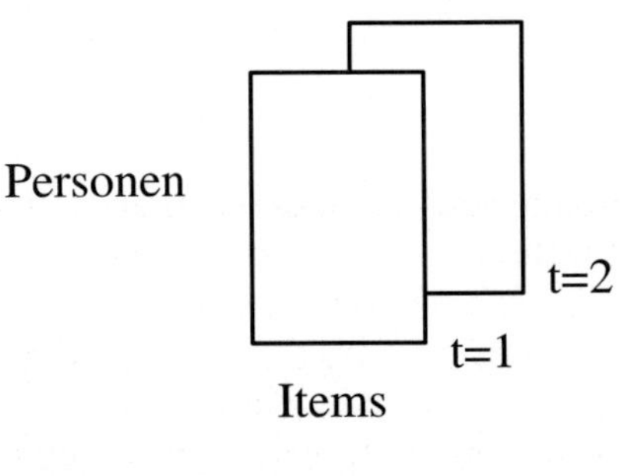

Abbildung 117: Die Datenstruktur für zwei Zeitpunkte

Als Maß für die Veränderung gilt in diesem Fall der Differenzwert der Personenvariable zum Zeitpunkt t=1 und zum Zeitpunkt t=2, also

$$D_v = \theta_{v2} - \theta_{v1} .$$

Mit diesen Differenzwerten sind *drei Probleme* verbunden, nämlich

1. sie sind meistens sehr unreliabel, also mit einem hohen Messfehler behaftet,

2. sie *korrelieren negativ* mit der Personenvariable zum Zeitpunkt t=1, d. h. der sogenannte Anfangswert und der Differenzwert sind negativ korreliert und

3. es stellt sich die Frage, ob man diese Differenzen überhaupt bilden darf, da man bekanntlich nur Gleiches von Gleichem abziehen darf. Es ist die Frage zu beantworten, *ob Vor- und Nachtest dasselbe messen.*

Da diese drei Probleme grundsätzlicher Natur sind und in allen Ansätzen zur Veränderungsmessung in der einen oder anderen Form auftauchen, werden sie im folgenden eingehender behandelt.

Dabei wird eine vereinfachte Notation verwendet, bei der die Messung im Vortest, also zum ersten Zeitpunkt mit X, die Messung im Nachtest mit Y bezeichnet wird. D bezeichnet den Differenzwert

$$D = Y - X.$$

Darüber hinaus wird die Notation der *Messfehlertheorie* verwendet, d.h.

- D, X und Y bezeichnen die fehlerbehafteten Messwerte,
- T_D, T_X und T_Y die zugehörigen *wahren*, d.h. fehlerfreien Messwerte und

$E_D = D - T_D$
$E_X = X - T_X$
$E_Y = Y - T_Y$
deren jeweilige Differenzen als Fehlervariablen.

Der Bezug zur sonst in Kapitel 3 verwendeten Notation besteht darin, dass die Messwerte X und Y den anhand der Daten *geschätzten* Personenparametern zu zwei Zeitpunkten entsprechen und die wahren Werte T_X und T_Y den exakten Parameterwerten der Personen. Zur Abgrenzung von den fehlerfreien Personenparametern θ werden deren Schätzungen oft mit einem Dach gekennzeichnet $\hat{\theta}$, so dass $X = \hat{\theta}$ und $T_X = \theta$ ist. In Kapitel 6.1.1 wird dargestellt, dass die Differenz von dem exakten Personenparameter und seiner Schätzung, $E_\theta = \hat{\theta} - \theta$, eine Fehlervariable im Sinne der Messfehlertheorie ist.

3.5.1.1. Die Reliabilität von Differenzwerten

Das Konzept der *Reliabilität* von Messwerten wurde bereits in Kapitel 2.1.2 im Rahmen der allgemeinen Messfehlertheorie eingeführt. Es bezeichnet das Verhältnis der Varianz der wahren Messwerte zur Varianz der tatsächlich erhaltenen, also fehlerbehafteten Messwerte,

$$(1) \qquad \mathrm{Rel}(\hat{\theta}) = \frac{\mathrm{Var}(\theta)}{\mathrm{Var}(\hat{\theta})},$$

oder in der Notation der Messfehlertheorie

$$\mathrm{Rel}(X) = \frac{\mathrm{Var}(T_X)}{\mathrm{Var}(X)}.$$

Nach dieser Definition lautet die Reliabilität von Differenzwerten

$$(2) \qquad \mathrm{Rel}(D) = \frac{\mathrm{Var}(T_D)}{\mathrm{Var}(D)}.$$

Da sich der Differenzwert aus dem wahren Differenzwert T_D und dem Messfehler E_D zusammensetzt,

$$D = T_D + E_D$$

und sich deren Varianzen auch addieren (vgl. Kap. 2.1.2):

$$\mathrm{Var}(D) = \mathrm{Var}(T_D) + \mathrm{Var}(E_D),$$

lässt sich Gleichung (2) auch umformen zu

$$(3) \quad \mathrm{Rel}(D) = \frac{\mathrm{Var}(D) - \mathrm{Var}(E_D)}{\mathrm{Var}(D)} = 1 - \frac{\mathrm{Var}(E_D)}{\mathrm{Var}(D)}.$$

Die Varianz der Differenzwerte im Nenner von (3) lässt sich auf die Varianzen von Vor- und Nachtest, unter Berücksichtigung von deren Kovarianz zurückführen (vgl. Kap. 2.1.2):

$$\mathrm{Var}(D) = \mathrm{Var}(X) + \mathrm{Var}(Y) - 2 \cdot \mathrm{Cov}(X, Y).$$

Die Fehlervariable der Differenzwerte, E_D, lässt sich als Differenz der beiden Fehlervariablen von Vor- und Nachtest darstellen:

$$\begin{aligned} E_D = D - T_D &= (Y - X) - (T_Y - T_X) \\ &= T_Y + E_Y - (T_X + E_X) - T_Y + T_X \\ &= E_Y - E_X, \end{aligned}$$

so dass sich auch deren Varianzen addieren

$$\mathrm{Var}(E_D) = \mathrm{Var}(E_Y) + \mathrm{Var}(E_X),$$

wenn man annimmt, dass die Fehlervariablen unkorreliert sind. Diese Annahme wird zwar im Rahmen der Messfehlertheorie meistens getroffen (s. das sog. Axiom IV der Messfehlertheorie, Kap. 2.1.2), ist aber gerade bei der Veränderungsmessung problematisch und wird bei einigen statistischen Modellen der Veränderungsmessung auch nicht oder nur in abgeschwächter Form getroffen.

Setzt man diese Varianzzerlegungen in Gleichung (3) ein, so ergibt sich

$$(4)\quad \mathrm{Rel(D)} = 1 - \frac{\mathrm{Var}(E_X) + \mathrm{Var}(E_Y)}{\mathrm{Var}(X) + \mathrm{Var}(Y) - 2 \cdot \mathrm{Cov}(X,Y)}.$$

Aus dieser Gleichung wird ersichtlich, dass in die Reliabilität der Differenzwerte die Messfehlervarianzen von *beiden* Messzeitpunkten additiv eingehen. Salopp ausgedrückt, haben die Differenzwerte einen *doppelten Messfehleranteil*, was für die geringere Reliabilität verantwortlich ist.

Betrachtet man den Nenner in Formel (4), so stellt man fest, dass hier auch die Varianzen der geschätzten Messwerte sich addieren und der Bruch somit wieder ausgewogener wird. Im Gegensatz zum Zähler wird aber im Nenner die *doppelte Kovarianz der Messwerte* von der Summe ihrer Varianzen wieder abgezogen. D. h. der Nenner verringert sich in dem Maß, in dem die beiden Messwerte miteinander kovariieren. Der doppelte Messfehleranteil im Zähler wird also nicht durch eine doppelt hohe Varianz im Nenner kompensiert - wenn Vor- und Nachtestwerte kovariieren.

Man kann sagen, dass diese Reliabilitätsformel nur dann zu einer 'normalen' Höhe der Reliabilität führt, wenn beide Messwerte *nicht* miteinander korrelieren. Eine solche Nullkorrelation ist aber im Rahmen von Veränderungsmessung kaum denkbar, da ja beide Messungen *dieselbe* Variable erfassen sollen, lediglich mit einer mehr oder weniger großen Veränderung zwischen den Messungen. Das Resultat klingt paradox, ist aber - wie die obigen Ausführungen gezeigt haben - durchaus logisch nachvollziehbar:

Je höher die Korrelation der Messwerte zwischen zwei Messzeitpunkten ist, desto geringer ist die Reliabilität der Differenzwerte.

Dieser Sachverhalt kann auch graphisch nachvollzogen werden, wie die folgende Abbildung zeigt

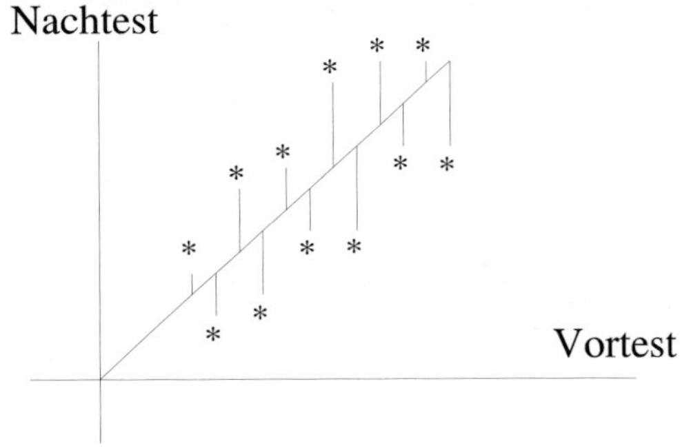

Abbildung 118: Differenzwerte als Abweichungen von der 45-Grad Linie

Die Differenzwerte D sind in der Abbildung als senkrechte Linien zwischen den Punkten, die jeweils eine Person repräsentieren, und der 45°-Linie dargestellt. Je schmaler und je länglicher die Punktewolke ist, desto höher ist die Korrelation von Vor- und Nachtestwerten und desto kleiner wird auch die Varianz von D. Sie nähert sich im Extremfall der Größenordnung der Fehlervarianz der beiden Messwerte an, was dann eine Reliabilität von Null bedeutet.

Man kann aus diesen Überlegungen folgern, dass zwei Messwertreihen X und Y *möglichst unabhängig* voneinander variieren müssen, wenn die Differenzwerte reliabel sein sollen. Verändern sich alle Personen in etwa gleichem Ausmaß , so ist die Korrelation von X und Y sehr hoch und die Reliabilität der Differenzwerte nahe Null.

Es liegt an der Definition der Reliabilität als Varianzverhältnis, dass die Reliabilität von Differenzwerten nicht nur etwas darüber aussagt, wie genau *intra*individuelle Veränderungen (= innerhalb der Person) gemessen werden, sondern auch wie stark die *inter*individuellen Unterschiede (= zwischen den Personen) dieser Veränderung sind.

Während Formel (4) die Reliabilität der Differenzwerte auf die Varianzen und Kovarianzen von Vor- und Nachtest zurückführt, zeigt die folgende Gleichung die Abhängigkeit der Reliabilität der Differenzwerte von der *Reliabilität von Vor- und Nachtest* und deren *Korrelation*. Unter der Annahme, dass zu beiden Messzeitpunkten die Fehlervarianzen gleich sind, die Varianzen der geschätzten Messwerte gleich sind und somit auch deren Reliabilitäten gleich sind, gilt die folgende Beziehung:

(5) $$\mathrm{Rel}(D) = \frac{\mathrm{Rel}(X) - \mathrm{Korr}(X,Y)}{1 - \mathrm{Korr}(X,Y)}.$$

Korr(X,Y) bezeichnet die Korrelation von Vortest X und Nachtest Y.

Ableitung:

Aus der Reliabilitätsdefinition

$$\mathrm{Rel}(D) = \frac{\mathrm{Var}(D) - \mathrm{Var}(E_D)}{\mathrm{Var}(D)}$$

folgt nach Einsetzen von $D = X - Y$ und $E_D = E_Y - E_X$ wegen der Unkorreliertheit der Messfehler:

$$\mathrm{Rel}(D) = \frac{\mathrm{Var}(X) + \mathrm{Var}(Y) - 2\,\mathrm{Cov}(X,Y) - \mathrm{Var}(E_X) - \mathrm{Var}(E_Y)}{\mathrm{Var}(X) + \mathrm{Var}(Y) - 2\,\mathrm{Cov}(X,Y)}$$

Nimmt man vereinfachend an, dass die Fehlervarianzen gleich sind, $\mathrm{Var}(E_X) = \mathrm{Var}(E_Y)$, und die Messwertvarianzen gleich sind, $\mathrm{Var}(X) = \mathrm{Var}(Y)$, und dividiert man Zähler und Nenner durch $\mathrm{Var}(X)$, so ergibt sich

$$\mathrm{Rel}(D) = \frac{1 + 1 - 2 \cdot \mathrm{Korr}(X,Y) - 2(1 - \mathrm{Rel}(X))}{1 + 1 - 2 \cdot \mathrm{Korr}(X,Y)}$$

da $\dfrac{\mathrm{Var}(E_X)}{\mathrm{Var}(X)} = 1 - \mathrm{Rel}(X)$ ist.

Kürzt man die 2, so ergibt sich

$$\mathrm{Rel}(D) = \frac{\mathrm{Rel}(X) - \mathrm{Korr}(X,Y)}{1 - \mathrm{Korr}(X,Y)}.$$

Man sieht an dieser Gleichung, dass unter den getroffenen, vereinfachenden Annahmen die Reliabilität der Differenzwerte nur dann in ihrer Höhe der Reliabilität eines der beiden beteiligten Messwerte entspricht, wenn die Korrelation der beiden Messwerte 0 ist. Je höher beide Messwertreihen miteinander korrelieren, desto stärker sinkt die Reliabilität der Differenzwerte.

Beträgt z.B. die Reliabilität beider Messungen 0.8 und korrelieren beide Messungen mit 0.7 miteinander, so beträgt die Reliabilität der Differenzwerte lediglich 0.33.

Für die Testkonstruktion ist aus diesen Ableitungen die Folgerung zu ziehen, dass man für Veränderungsmessung möglichst *änderungssensitive* Items formulieren muss, die dem sonst üblichen Prinzip möglichst großer Stabilität gegenüber der Testsituation widersprechen. Aufgrund der Reliabilitätsproblematik erfordert Veränderungsmessung auch eine andere Art der Itemkonstruktion.

3.5.1.2 Die Korrelation von Anfangswert und Differenzwert

Bei vielen Anwendungen von Modellen zur Veränderungsmessung müssen Fragen beantwortet werden, die *gleichzeitig* den Ausgangswert der Veränderung (Anfangswert) wie das Ausmaß der Veränderung (Differenzwert) betreffen. Oft ist man auch direkt am *Zusammenhang von Anfangswert und Differenzwert* interessiert, etwa wenn es darum geht, ob das Ausmaß der Veränderung eine andere diagnostische Information besitzt als das Ausgangsniveau.

In beiden Fällen macht es sich sehr nachteilig bemerkbar, dass Anfangswert und Differenzwert artifiziell, d.h. künstlich miteinander korreliert sind, und zwar in *negativer* Richtung. Das bedeutet, dass niedrigere Anfangswerte mit höheren Differenzwerten also Zuwachswerten einhergehen. Generell gibt es für die negative Korrelation von Anfangs- und Differenzwert einen *psychologischen*, einen *technischen* und einen *algebraischen* Grund.

Der psychologische Grund kann darin liegen, dass Probanden mit niedrigeren Ausgangswerten einfach *mehr Möglichkeiten* haben, sich in positive Richtung zu verändern und somit höhere Differenzwerte hervorzubringen. Z.B. haben Schüler mit schlechteren Ausgangsleistungen *die größeren Chancen* etwas dazu zu lernen, wenn der Unterricht auf die Förderung des unteren Leistungsspektrums ausgerichtet ist. Eine empirisch ermittelte negative Korrelation von Anfangswert und Differenzwert kann damit eine bestimmte inhaltliche Bedeutung haben, die mit der Abstimmung der Veränderungsmaßnahme auf das Ausgangsniveau zu tun hat. Eine dadurch bedingte negative Korrelation ist nicht artifiziell, sondern *substantiell*.

Der technische Grund liegt darin, dass der Vortest naturgemäß oft *zu schwer* ist, d.h. viele Items nicht in positiver Richtung beantwortet werden, während der Nachtest nach erfolgter Maßnahme oft *zu leicht* ist. Dies gilt nicht nur für *Leistungstests*, bei denen man vor einem Lernprogramm oft überfordert ist, während der Test nach dem Lernprogramm zu leicht ist. Das gilt im übertragenen Sinne auch für die Erfolgskontrolle bei Therapiestudien oder anderen Veränderungsmaßnahmen.

In diesem Fall weist der Vortest einen Bodeneffekt (Flooreffekt) auf, während der Nachtest einen Deckeneffekt (Ceilingeffekt) aufweist (vgl. Kap. 3.1). Diese Effekte sind insbesondere dann zu erwarten, wenn man *dieselben Items für beide Zeitpunkte* verwendet, anstatt die Items im Nachtest ein wenig schwerer, die im Vortest ein wenig leichter zu gestalten.

Während beide Effekte generell eine *Erhöhung der Fehlervarianz* im Vergleich zur tatsächlichen Varianz der Personenvariable, und somit eine *Senkung der Reliabilität* bewirken, bewirkt ein Ceilingeffekt im Nachtest speziell eine Veränderung der Korrelation zwischen Anfangswert und Differenzwert in Richtung einer Negativkorrelation. Dieser Effekt ist durch eine *geeignete Testkonstruktion* im Prinzip behebbar.

Die eigentlich problematische, weil algebraisch bedingte Ursache für die negative Korrelation liegt darin, dass hier eine *Variable mit einer Funktion von sich selbst* korreliert wird, und somit eine Art von 'Autokorrelation' (dt. etwa Selbstkorrelation) erzeugt wird. Der Differenzwert ist eine *lineare Funktion* vom Anfangswert, in der der Anfangswert mit negativem Vorzeichen enthalten ist. Somit wird die Korrelation zwischen Anfangswerten und Differenzwerten negativ beeinflusst.

Diese Ursache kann man noch in zwei Teilkomponenten aufteilen, nämlich einmal tritt dieser Effekt auch bei völlig exakten Messungen, d.h. *unabhängig vom Einfluss eines Messfehlers* auf. Zum anderen trägt der Messfehler *zusätzlich* zur Veränderung der Korrelation in negativer Richtung bei. Beides soll anhand eines kleinen Datenbeispiels verdeutlicht werden.

Beispiel: unkorrelierter Vor- und Nachtest

Die folgende Abbildung zeigt die fehlerfreien Vor- und Nachtestergebnisse von vier Personen mit einer Null-Korrelation zwischen den beiden Messzeitpunkten.

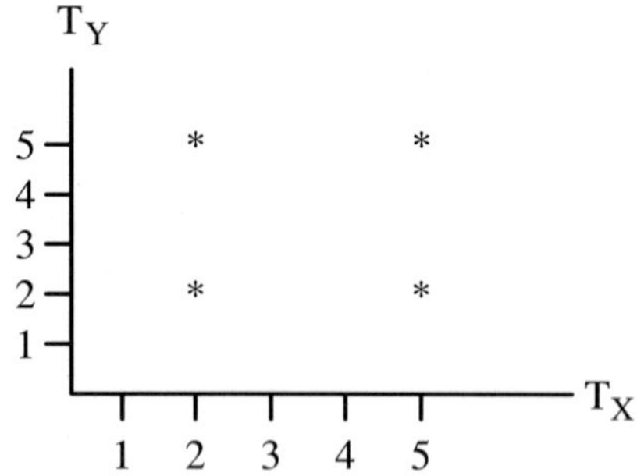

Jeder Vortestmesswert ist in diesem Datenbeispiel gleich oft mit jedem Nachtestmesswert verknüpft, so dass es sich korrelationsstatistisch um zwei völlig *unabhängige Dimensionen* handelt.

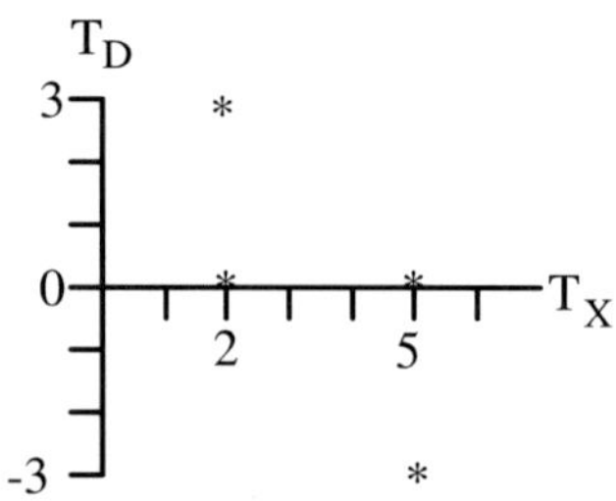

Die zweite Abbildung zeigt das Punktediagramm für Anfangswert und Differenzwert, woraus deutlich ersichtlich ist, dass die Korrelation zwischen beiden negativ ist. Dieser Effekt ist nicht überraschend, sondern eine algebraische Notwendigkeit.

Die zweite Wirkkomponente stellt der *Messfehler des Vortests*, E_x, dar, der in beide Variablen, die hier miteinander korreliert werden, mit umgekehrtem Vorzeichen eingeht:

$$(1)\quad \text{Korr}(X, D) = \text{Korr}(T_X + E_X, T_D + E_D)$$
$$= \text{Korr}(T_X + E_X, T_Y - T_X + E_Y - E_X)$$

Dies führt dazu, dass sogar in Datensätzen, bei denen (wahrer) Anfangswert und (wahrer) Differenzwert *tatsächlich unkorreliert* sind, eine negative Korrelation der messfehlerbehafteten Messungen zu beobachten ist. Das folgende Beispiel soll dies verdeutlichen.

Beispiel: unkorrelierter Anfangs- und Differenzwert

T_X	T_D	T_Y	E_X	X	D= T_Y–X
2	1	3	+1	3	0
2	3	5	+1	3	2
5	1	6	+1	6	0
5	3	8	+1	6	2
2	1	3	–1	1	2
2	3	5	–1	1	4
5	1	6	–1	4	2
5	3	8	–1	4	4

Die Tabelle gibt die Messwerte von 8 Personen wieder, deren wahrer Anfangswert T_X *nicht* mit ihrem wahren Differenzwert T_D korreliert. Man sieht dies daran, dass jede Valenz von T_D gleich häufig mit jeder Valenz von T_X kombiniert ist.

Während T_Y messfehlerfrei bleibt, was die Aussagekraft des Beispiels nicht beeinträchtigt, wird für T_X ein Messfehler E_X eingeführt, der sowohl mit T_X als auch mit T_D unkorreliert ist. Für das messfehlerbehaftete $X = T_X + E_X$ zeigt sich eine negative Korrelation mit D:

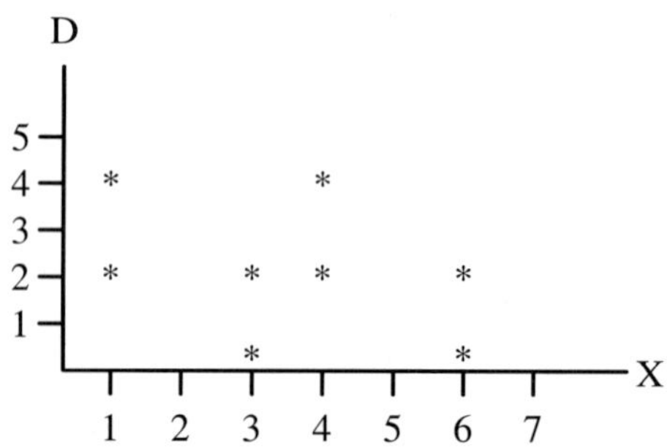

Während man gegen den erstgenannten Wirkungsmechanismus nichts unternehmen kann (es ist und bleibt problematisch, eine Variable mit einer Funktion ihrer selbst zu korrelieren), so kann man den *Effekt des Messfehlers* abschätzen und die empirisch berechnete Korrelation entsprechend korrigieren. Dies geht mit Hilfe einer sogenannten *Verdünnungsformel*, die man im Rahmen der allgemeinen Messfehlertheorie ableiten kann (s.a. Kap. 6.4.2).

Der Zweck solcher Verdünnungskorrekturen von Korrelationskoeffizienten besteht darin, die Korrelation zu berechnen, die sich ergeben würde, wenn man messfehlerfrei messen könnte.
Mit Hilfe der sogenannten Axiome der Messfehlertheorie (s.o. Kap. 2.1.2 und Kap. 6.1.1) lässt sich für die Korrelation von *messfehlerfreiem* Anfangswert T_X und *messfehlerfreiem* Differenzwert T_D die folgende Formel ableiten (s bezeichnet die Standardabweichung $s(X)=\sqrt{Var(X)}$, s^2 die Varianz und r die Korrelation):

$$(8)\quad r(T_X,T_D)=\frac{s(Y)r(X,Y)-s(X)Rel(X)}{\sqrt{Rel(X)(Rel(Y)s^2(Y)+Rel(X)s^2(X)-2r(X,Y)s(X)s(Y))}}.$$

Um die Struktur dieser Formel zu erkennen, ist es sinnvoll, sie mit Hilfe zusätzlicher Annahmen *weiter zu verkürzen.* So ergibt sich unter der Annahme, dass die Varianzen von Vor- und Nachtest gleich und auf eine Varianz von 1 standardisiert sind, die folgende Verkürzung:

$$(9)\quad r(T_X,T_D)=\frac{r(X,Y)-Rel(X)}{\sqrt{Rel(X)(Rel(X)+Rel(Y)-2(r(X,Y)))}}.$$

Man sieht an dieser Gleichung, dass unter der genannten Annahme die Korrelation von wahrem Anfangswert und wahrem Differenzwert in der Regel *negativ* ist, da die Reliabilität des Vortests größer als die Korrelation mit dem Nachtest ist (und somit der Zähler negativ wird). Dass die Reliabilität eines Messwertes stets größer ist als jede Korrelation mit einem anderen Messwert gleicher Reliabilität, ergibt sich aus den Annahmen der Messfehlertheorie (s. Kap. 6.4.2).

Nimmt man weiter an, dass *Vor- und Nachtest messfehlerfrei* sind, also die Reliabilitäten von X und Y gleich 1 sind, so verkürzt sich diese Formel weiter zu

$$(10)\quad r(T_X,T_D)=\frac{r(X,Y)-1}{\sqrt{2}\sqrt{1-r(X,Y)}}.$$

Aus ihr ist der bereits oben dargestellte Sachverhalt ablesbar, dass selbst bei einer Nullkorrelation von Vortest und Nachtest der Vortest mit dem Differenzwert negativ korreliert, und zwar *unabhängig vom Messfehler.* Unter den genannten Annahmen beträgt diese Korrelation

$$r(X,D)=-\frac{1}{\sqrt{2}}=-0.707.$$

Rechnet man für das obengenannte kleine Datenbeispiel die Höhe der negativen Korrelation aus, so ergibt sich ebenfalls dieser Betrag von –0.7.

Betrachtet man abschließend noch einmal die *vollständige Formel (8)*, so sieht man, dass die Korrelation zwischen wahrem Anfangswert und wahrem Differenzwert überhaupt nur positiv werden kann, wenn die *Varianz der Messwerte im Nachtest sehr viel größer* ist als die Varianz der Messwerte im Vortest. Dies ist auch intuitiv nachvollziehbar, denn bei einer positiven Korrelation von Anfangswert und Differenzwert kommen zu niedrigen Anfangswerten kleine Differenzen hinzu, während zu großen Anfangswerten große Differenzen hinzukommen. Dies bewirkt eine Erhöhung der Varianz des Nachtests im Vergleich zum Vortest.

Generell muss man sich dieser negativen Korrelation und ihrer verschiedenen Ursachen bewusst sein, wenn man mit Anfangswert und Differenzwert gemeinsam weitere Berechnungen anstellt, z.B. klären in Regressionsanalysen Anfangswert und Differenzwert als Prädiktoren gleiche Anteile der Kriteriumsvarianz auf.

3.5.1.3 Messen Vor- und Nachtest dasselbe?

Der Volksmund sagt, man darf nicht Äpfel und Birnen zusammenzählen. Genauso wenig darf man Messwerte voneinander subtrahieren, wenn nicht klar ist, dass wirklich dieselbe Variable gemessen wurde. Dies ist das *Validitätsproblem* der Veränderungsmessung.

Genauso wie man bei der Berechnung eines Messwertes aufgrund von Itemantworten zu prüfen hat, ob alle Items dieselbe Personenvariable messen, so muss auch bei der Bildung von Differenzwerten geprüft werden, ob die gemessene Personenvariable zu beiden Zeitpunkten dieselbe ist.

Zu einem 'klassischen' Problem der Veränderungsmessung ist dieser Sachverhalt deswegen geworden, weil normalerweise *mit Hilfe der Korrelation* zwischen zwei Variablen geprüft wird, inwieweit beide Variablen dasselbe messen. Im Falle von Veränderungen zwischen beiden Messzeitpunkten *versagt* dieses Instrument der Korrelation, denn die Personenwerte *sollen* sich ja in individuell unterschiedlicher Weise verändern (und daher niedrig miteinander korrelieren).

Mit der Anwendung von Testmodellen gibt es andere Möglichkeiten, die Frage nach der Validität zu beantworten, so dass dieses Problem lösbar wird.

'Dasselbe messen' heißt bei Testmodellen nichts anderes, als dass sich zwischen den Zeitpunkten *lediglich die Ausprägungen der Personenvariable* verändern dürfen, alle anderen Modellparameter aber konstant bleiben müssen.

Das bedeutet, man kann die Itemantworten zum zweiten Testzeitpunkt so behandeln als wären sie *von anderen Personen* hervorgebracht worden. Die Prüfung, ob die *echten* Personen (zum ersten Messzeitpunkt) und die *virtuellen* Personen (zum zweiten Messzeitpunkt) gemeinsam die Bedingungen eines Testmodells erfüllen, beantwortet dann die Frage, ob Vor- und Nachtest dasselbe messen.

Konkret ausgedrückt, kann man die Datenmatrizen von beiden Messzeitpunkten untereinander schreiben und mit doppelter Personenanzahl bei gleicher Itemanzahl die Parameter eines Testmodells schätzen. Dies setzt natürlich voraus, dass zu beiden Messzeitpunkten dieselben Items verwendet wurden.

Dieser Weg zur Untersuchung des Validitätsproblems ist sowohl bei quantitativen wie bei qualitativen Testmodellen anwendbar.

Im ersten Fall müssen die *Itemparameter für alle Personen konstant* sein, d.h. sie dürfen sich für die echten und die virtuellen Personen nicht unterscheiden. Das wäre mit entsprechenden Modellgeltungskontrollen zu prüfen (s. Kap. 5.).

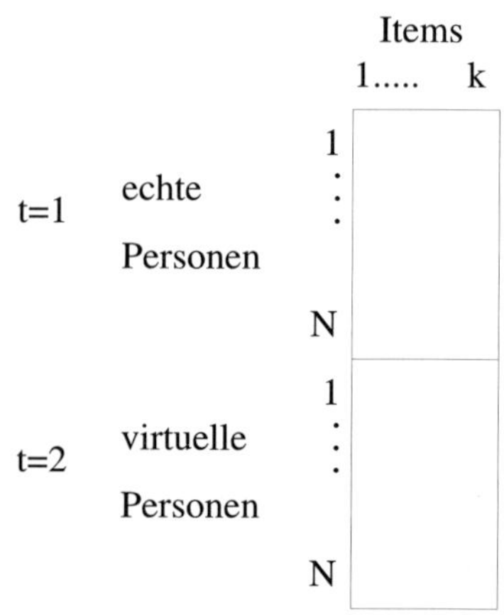

Abbildung 119: Reorganisation der Datenmatrix

Im zweiten Fall einer kategorialen Personenvariable heißt das, dass sich *zu beiden Messzeitpunkten dieselben Klassen* ergeben müssen. Es müssen sich für Vor-

und Nachtest dieselbe Klassenanzahl und dieselben Antwortwahrscheinlichkeiten innerhalb der Klassen ergeben. Veränderung drückt sich dann durch einen *Wechsel der Personen* von einer Klasse zu einer anderen Klasse aus.

Im Extremfall kann sich auch ergeben, dass es beim Nachtest Klassen gibt, die es im Vortest *noch nicht* gab, und im Vortest Klassen gab, die es beim Nachtest *nicht mehr* gibt. Ändern sich jedoch die Antwortwahrscheinlichkeiten in den Klassen zwischen den beiden Messzeitpunkten, so ist das Validitätsproblem der Veränderungsmessung nicht gelöst: es gibt keinen Beleg dafür, dass Vor- und Nachtest dasselbe messen.

Die Voraussetzung dieser Art der Untersuchung der Validitätsproblematik, dass nämlich zu beiden Messzeitpunkten *dieselben Items* verwendet werden, ist sehr restriktiv. Man kann die Überlegungen jedoch auf die Situation verallgemeinern, dass *lediglich einige Items* im Vor- und Nachtest identisch sind. Man erhält dann eine unvollständige Datenmatrix (s. Abb. 120) und die Beantwortung der Validitätsfrage ruht lediglich auf den jeweiligen *Brückenitems.*

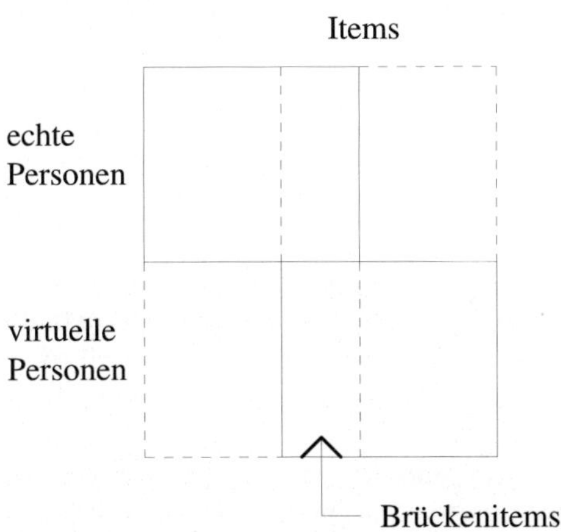

Abbildung 120: Unvollständige Datenmatrix

Items, die *nur* im Vortest oder *nur* im Nachtest vorgegeben werden, tragen nichts zur Klärung der Frage bei, ob Vor- und Nachtest dieselbe Personenvariable messen.

Literatur

Die klassischen Probleme der Veränderungsmessung wurden von Bereiter (1963) und Cronbach & Furby (1970) und Lord & Novick (1968) behandelt. Neuere Darstellungen geben Petermann (1978), Raykov 1994, Renkl & Gruber (1995), Rogossa (1988), Rogossa et al. (1982), Willet (1989), Guthke und Wiedl (1996) Spiel et al. (2001), Spiel & Glück (1998), Spiel (1998), Glück & Spiel (1997), Meiser et al. (1995, 1998), Raykov (1999)

3.5.2 Dreifaktorielle Testmodelle: Personen, Items und Zeitpunkte

Die Aufgabenstellung der Veränderungsmessung wird in diesem Kapitel als die Verallgemeinerung der Testtheorie von einer *zweidimensionalen* Datenstruktur (Personen × Item-Datenmatrix) auf eine *dreidimensionale Datenstruktur* betrachtet (s. Abb.121).

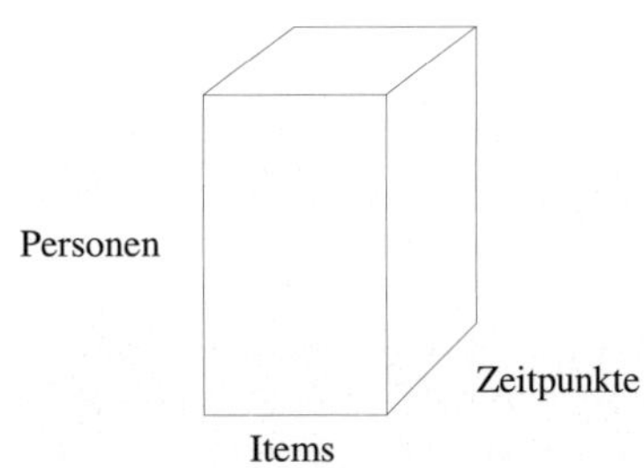

Abbildung 121: Dreidimensionale Datenstruktur

Diese Verallgemeinerung wird hier *nur für dichotome Daten* dargestellt. Für das *Rasch-Modell* zeigt sich dabei, dass es nicht nur *eine* Verallgemeinerung gibt, sondern je nach den getroffenen Annahmen ein *System von 8 Testmodellen* für dreifaktorielle Datenstrukturen resultiert. Dieses System wird im folgenden beschrieben, beginnend mit dem einfachsten und zugleich *restriktivsten Modell.*

Das Rasch-Modell lässt sich derart auf 3 Faktoren erweitern, dass man neben der Personenfähigkeit und der Itemschwierigkeit einen dritten Parameter, den *Zeitpunkteffekt* δ_t (delta) einführt.

Der Zeitpunktparameter δ_t beschreibt den Einfluss des Messzeitpunktes auf die Lösungswahrscheinlichkeit, der *bei allen*

Personen und *bei allen* Items als gleich groß angenommen wird. Man bezeichnet dieses Veränderungsmodell daher auch als das Modell *globaler Veränderungen*, weil die Veränderung weder spezifisch für einzelne Personen noch spezifisch für einzelne Items ist.

$$(1)\quad p\left(X_{vit}=1\right)=\frac{\exp\left(\theta_v+\sigma_i+\delta_t\right)}{1+\exp\left(\theta_v+\sigma_i+\delta_t\right)}$$

Aus Symmetriegründen werden in diesem Unterkapitel alle Modellparameter mit einem Pluszeichen verknüpft. Es handelt sich bei σ_i somit um die Item*leichtigkeit*, statt -schwierigkeit. Entsprechend beschreibt der Zeitpunktparameter δ_t die *Leichtigkeit* des Tests zum Zeitpunkt t.

Führt man z.B. im Rahmen einer Studie zum Therapieverlauf in jeder Woche denselben Test durch, so beschreibt δ_t die 'Leichtigkeit' des Tests in der t-ten Therapiewoche und kann als globales Maß für den Therapieverlauf bei allen Patienten interpretiert werden.

Eine allgemeinere Bezeichnung des Modells (1) lautet *dreifaktorielles Rasch-Modell*, da es nicht auf *Zeitpunkte* als dritten Faktor beschränkt ist, sondern z.B. auch unterschiedliche *Situationen* als dritten Einflussfaktor berücksichtigen kann.

In Analogie zur Terminologie der *Varianzanalyse* kann man das Modell auch als *Haupteffektmodell* bezeichnen.

Analogie zur Varianzanalyse

Die Analogie zur Varianzanalyse ergibt sich dadurch, dass man den Datenkubus (vgl. Abb. 121) als dreifaktoriellen Versuchsplan betrachtet mit den 3 unabhängigen Variablen: Personen, Items und Zeitpunkte. Da in dem Logit-Modell, in das sich Gleichung (1) umschreiben lässt (vgl. Kap. 3.1.1.2.2),

$$\log\frac{p\left(X_{vit}=1\right)}{p\left(X_{vit}=0\right)}=\theta_v+\sigma_i+\delta_t$$

keinerlei Wechselwirkungen zwischen den drei Faktoren zugelassen sind, handelt es sich um ein Haupteffektmodell.

Modell (1) stellt insofern die *konsequenteste Art* einer dreifaktoriellen Verallgemeinerung des Rasch-Modells dar, als auch hier die verschiedenen Einflüsse auf das Antwortverhalten voneinander *separiert* werden. Andererseits ist es äußerst restriktiv, da es annimmt, dass Veränderung für alle Personen und Items in gleichem Ausmaß stattfindet.

Nimmt man demgegenüber an, dass sich jede Person in unterschiedlichem Ausmaß verändert, so benötigt man ein Modell, das eine *Wechselwirkung* zwischen Personen und Items zulässt. Statt der beiden Haupteffekt-Parameter θ_v und δ_t wird ein doppelt indizierter Parameter δ_{vt} eingeführt, so dass sich für den Exponenten α_{vit} in der dreifaktoriellen logistischen Modellstruktur

$$p\left(X_{vit}=1\right)=\frac{\exp\left(\alpha_{vit}\right)}{1+\exp\left(\alpha_{vit}\right)}$$

die additive Zerlegung

(2) $$\alpha_{vit}=\sigma_i+\delta_{vt}$$

ergibt. In diesem Modell beschreibt der Parameter δ_{vt} die Ausprägung der Personeneigenschaft zum Zeitpunkt t. Das Modell bildet *personenspezifische Veränderungen* ab.

In dem Beispiel einer Studie zum Therapieverlauf erhält man für jede Person in jeder Woche einen Eigenschaftsparameter, mit denen sich die *individuellen* Therapieverläufe darstellen lassen.

Im Hinblick auf die Schätzung seiner Parameter lässt sich dieses Modell auf das normale zweifaktorielle Rasch-Modell reduzieren, indem man die Personen zu jedem weiteren Zeitpunkt als *virtuell neue Personen* handhabt, d.h. die Datenmatrizen *untereinander* anordnet.

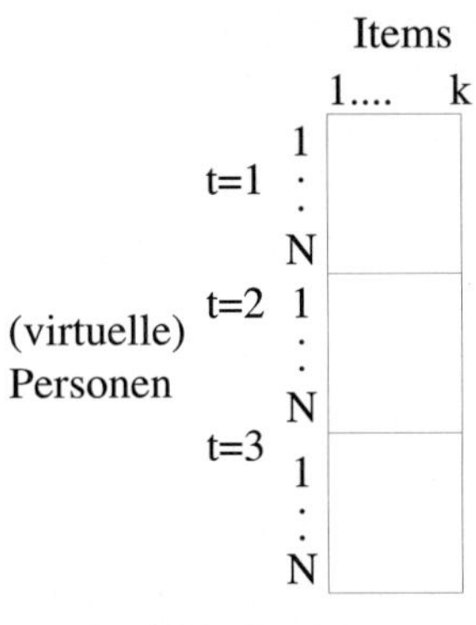

Abbildung 122: Datenorganisation für personenspezifische Veränderungen

Auf diese Weise wird *ein* Satz von Itemparametern geschätzt, der *für alle Personen* und *alle Zeitpunkte* gilt, jedoch wird für jede Person für jeden Zeitpunkt ein neuer Eigenschaftsparameter geschätzt.

Damit entspricht dieses Modell personenspezifischer Veränderung den Überlegungen, die im vorangegangenen Kapitel über die *klassischen Probleme der Veränderungsmessung* angestellt wurden. Insbesondere sind Differenzen der geschätzten $\hat{\delta}_{vt}$ Parameter zwischen den Zeitpunkten relativ unreliabel, negativ mit dem ersten Zeitpunktparameter korreliert und nur valide interpretierbar, wenn tatsächlich die Itemparameter für alle echten und virtuellen Personengruppen konstant sind. Letzteres ist bei der Modellanwendung zu prüfen.

Die übrigen 6 Veränderungsmodelle ergeben sich, wie Modell (2), durch Berücksichtigung verschiedener *Wechselwirkungen zwischen je zwei* der drei Einflussfaktoren.

Geht man davon aus, dass die Veränderung nicht personenspezifisch ist, aber die einzelnen *Items* in unterschiedlichem Ausmaß von der Veränderung betroffen sind, so ergibt sich das folgende Veränderungsmodell

(3) $$\alpha_{vit}=\theta_v+\sigma_{it}.$$

Es enthält mit dem σ_{it} Parameter einen Leichtigkeitsparameter für jedes Item zu jedem Zeitpunkt, ist also in der Lage, *itemspezifische Veränderungen* in Form von Differenzen dieser Parameter abzubilden.

Bei einem Test zur Kontrolle des Therapieverlaufs könnte es sich z.B. um einen Symptomfragebogen handeln, wobei sich die erfassten Symptome während der Therapie in unterschiedlichem Ausmaß verändern. Der Therapieverlauf kann dann mittels der Parameter σ_{it} in Form von symptomspezifischen Veränderungsverläufen dargestellt werden.

Auch dieses Modell lässt sich auf das normale zweifaktorielle Rasch-Modell reduzieren, wenn man die Items zu jedem Testzeitpunkt als *virtuell neue Items* auffasst, d.h. die Datenmatrizen *nebeneinander* schreibt.

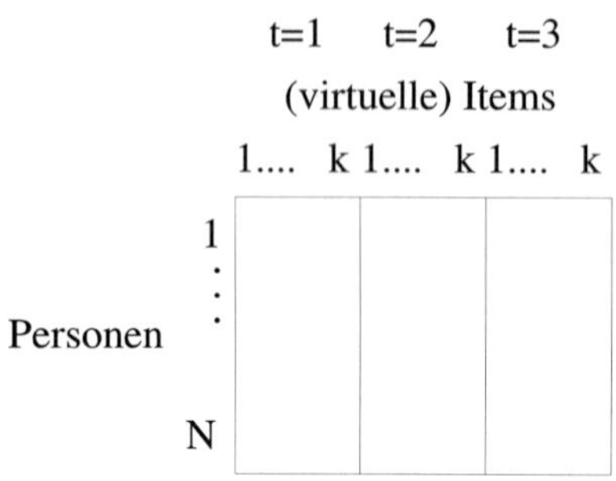

Abbildung 123: Datenorganisation für itemspezifische Veränderungen

Jede Veränderung wird hier durch eine Veränderung der Itemleichtigkeiten erfasst, und die Personeneigenschaften bleiben konstant über alle Zeitpunkte.

Das dritte Modell mit *einem* Wechselwirkungsparameter ist das folgende:

(4) $$\alpha_{vit} = \theta_{vi} + \delta_t,$$

in dem die Veränderung mit dem Parameter δ_t global erfasst wird, aber eine *Wechselwirkung zwischen Personen und Items* erlaubt ist. In diesem Modell wird das Grundprinzip von Rasch-Modellen aufgegeben, nämlich die Personeneinflüsse von den Itemeinflüssen zu separieren. Es stellt somit *keine* Anforderungen an die *Homogenität* des Itemmaterials, setzt aber voraus, dass sich die Veränderungen gleichmäßig auf jede Person × Item-Kombination auswirken.

Dieses Modell ist praktisch nur anwendbar, wenn man auf die Schätzung der *Wechselwirkungsparameter* θ_{vi} verzichtet. Das bedeutet, sie werden bei der Parameterschätzung der δ_t Parameter durch ihre *erschöpfenden Statistiken ersetzt* (vgl. Kap. 3.1.1.2.2). Die Grundstruktur dieses Modells liegt dem sogenannten linear-logistischen Testmodell mit abgeschwächten Annahmen (LLRA wie **r**elaxed **a**ssumptions) zugrunde, das in Kapitel 3.5.4 ausführlicher behandelt wird.

In dem Beispiel der Therapiestudie würde Modell (4) es ermöglichen, den *globalen* Therapieeffekt von Woche zu Woche zu quantifizieren, auch wenn der eingesetzte Fragebogen gar nicht homogen im Sinne des Rasch-Modells ist. Das heißt, bei den Patienten kann das Muster der Symptome sehr unterschiedlich sein, so dass es keine konstanten Itemschwierigkeiten für alle Personen gibt. Das Modell (4) ermöglicht trotzdem eine Quantifizierung des Therapieverlaufs, sofern sich die Maßnahmen auf alle Personen und alle Symptome gleichermaßen auswirken.

Neben diesen drei Modellen mit jeweils *einer* Wechselwirkung zwischen zwei Faktoren gibt es auf der nächsten Verallgemeinerungsstufe drei Modelle mit je *zwei* Wechselwirkungsparametern. Das erste dieser Modelle realisiert eine *Kombination von itemspezifischen und personenspezifischen* Veränderungen:

(5) $$\alpha_{vit} = \sigma_{it} + \delta_{vt}.$$

Angewendet auf das Therapie-Beispiel besagt dieses Modell, dass die Therapieerfolge symptomspezifisch sind, wobei sich der symptomspezifische Verlauf für die σ_{it}-Parameter darstellen lässt. Zudem gibt es aber auch individuelle Unterschiede im Therapieerfolg, was in den Verläufen der Eigenschaftsparameter δ_{vt} zum Ausdruck kommt. Insgesamt gesehen, ist es ein sehr wenig restriktives Modell, das aber fragwürdig in seiner Anwendung ist.

Da im Vergleich zum normalen Rasch-Modell sowohl Itemparameter wie Personenparameter einen *zweiten Index, t,* haben, erhält man die Parameter dieses Modells, indem man *für jeden Zeitpunkt getrennt* die Parameter des normalen Rasch-Modells schätzt: Alle Personen haben zu jedem neuen Zeitpunkt andere Fähigkeiten und stellen daher virtuell neue Personen dar. Ebenso haben alle Items zu jedem Zeitpunkt andere Leichtigkeiten und stellen somit virtuell neue Items dar.

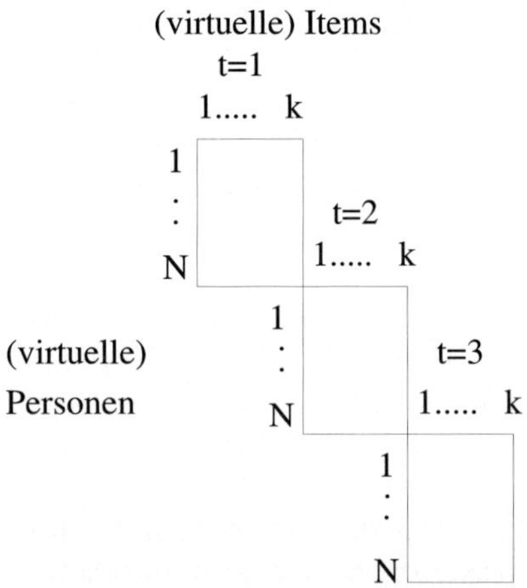

Abbildung 124: Datenorganisation für item- und personenspezifische Veränderungen

Es gibt bei dieser Datenstruktur keinen Zusammenhang mehr zwischen den Zeitpunkten und damit auch *kein Gesamtmodell* mehr für die gesamte Datenstruktur. Insbesondere ist das *Validitätsproblem*, d.h. die Frage, ob zu jedem Zeitpunkt noch dasselbe gemessen wird, bei diesem Modell nicht mehr lösbar. Jedoch ist das Modell *anwendbar*, da seine Parameter geschätzt werden können.

Schwieriger sieht es bei den beiden anderen Modellen mit doppelter Wechselwirkung aus. Nimmt man sowohl eine Wechselwirkung von Personen und Items als auch von Personen und Zeitpunkten an, so ergibt sich das Modell:

(6) $$\alpha_{vit} = \theta_{vi} + \delta_{vt}.$$

Hier sieht man allein schon an der Anzahl der zu schätzenden Parameter, dass das Modell praktisch nicht anwendbar ist: Jede Person erhält hier so viele Eigenschaftsparameter wie es Items und Zeitpunkte gibt.

Etwas weniger Parameter enthält das dritte Modell auf dieser Verallgemeinerungsstufe:

(7) $$\alpha_{vit} = \theta_{vi} + \sigma_{it}.$$

Es bildet mit dem Parameter σ_{it} itemspezifische Veränderungen ab und gibt gleichzeitig die Annahme der Itemhomogenität für alle Personen auf, da es einen Wechselwirkungsparameter zwischen Personen und Items enthält. In diesem Modell gibt es praktisch keinen Zusammenhang zwischen den Items mehr: sowohl die Personeneigenschaften als auch die Veränderungen sind itemspezifisch. Als Konsequenz lassen sich die Parameter dieses Modells schätzen, indem man für jedes *Item* getrennt eine Personen × Zeitpunkte Matrix aufstellt und darauf das normale zweifaktorielle Rasch-Modell anwendet:

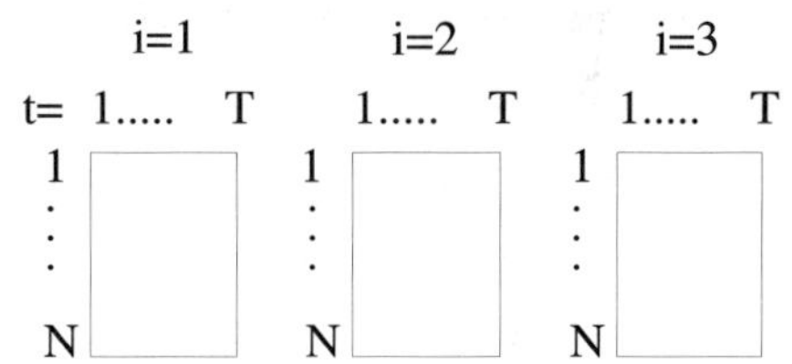

Abbildung 125: Datenorganisation für Modell (7)

Die Itemparameter entsprechen dabei den Zeitpunktparametern des Modells (7). Auch wenn bei diesem Modell jedes einzelne Item wie ein eigener Test behandelt wird, hat das Modell interessante Anwendungsfelder. Im Beispiel der Therapiestudie beschreiben die σ_{it}-Parameter den 'globalen', d.h. für alle Patienten gleichen Verlauf der Veränderungen jedes einzelnen Symptoms. Die Ausprägung des Symptoms kann dabei für jede Person unterschiedlich sein.

Als *achtes Modell* in dieser Systematik ergibt sich ein Modell mit *drei* Wechselwirkungsparametern:

$$(8) \qquad \alpha_{vit} = \theta_{vi} + \sigma_{it} + \delta_{vt}.$$

Wie bereits Modell (6), so ist auch dieses Modell praktisch nicht anwendbar und vervollständigt lediglich das System, welches in Abbildung 126 dargestellt ist.

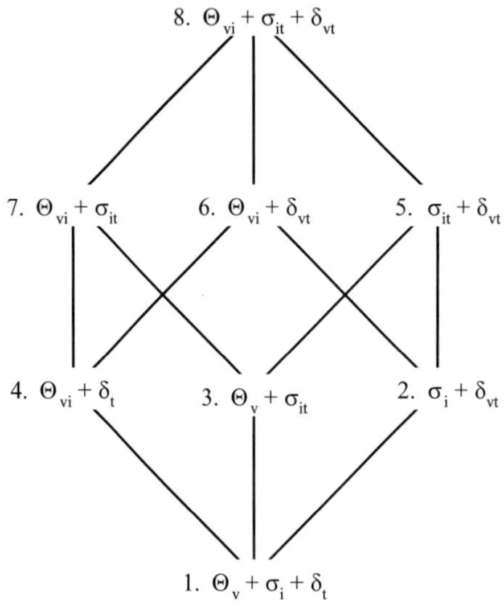

Abbildung 126: Das System der 8 dreifaktoriellen Veränderungsmodelle

Die Abbildung zeigt die vier Ebenen der Verallgemeinerung und verbindet solche Modelle miteinander, von denen das darunter stehende ein *Spezialfall* des darüber liegenden ist. Solche Relationen sind wichtig, wenn man Modellgeltungskontrollen vornehmen will, in denen ein spezifischeres Modell gegen ein allgemeineres getestet wird (s. Kap. 5.).

Dieses System lässt sich auch für *ordinale* Rasch-Modelle verallgemeinern, was hier jedoch nicht nachvollzogen werden soll.

Für Testmodelle mit kategorialer Personenvariable, also für *qualitative Testmodelle* reduziert sich dieses System auf lediglich *drei* unterschiedliche Modelle, da Wechselwirkungen zwischen Personen und Items bei latent-class Modellen ohnedies enthalten sind (alle Items haben für jeden Wert der Personenvariable unterschiedliche Leichtigkeiten). Es entfallen somit die Modelle 4, 6, 7 und 8.

Auch das restriktivste Modell (1) mit *globaler Veränderung* ist *nicht* auf qualitative Testmodelle übertragbar: Da bei diesen Modellen die Items einen quantitativen Parameter haben, die Personen aber einen kategorialen, kann globales Lernen nicht als für alle Personen konstante Veränderung definiert werden.

Hingegen sind die Konzepte von *itemspezifischer Veränderung und personenspezifischer Veränderung* sehr wohl auf qualitative Testmodelle übertragbar. Das Analogon zu Modell (3) mit itemspezifischer Veränderung bedeutet, dass sich die klassenspezifischen Itemlösungswahrscheinlichkeiten von Zeitpunkt zu Zeitpunkt verändern, während die Personenvariable, also die Klassenzugehörigkeit, konstant bleibt. Daraus ergibt sich das Klassenmodell

$$(9) \qquad p\left(X_{vit} = 1\right) = \sum_{g=1}^{G} \pi_g \, \pi_{igt}.$$

Die Parameter dieses Modells können wiederum dadurch geschätzt werden, dass die Datenmatrizen *nebeneinander* gestellt werden und die Items zu jedem neuen Testzeitpunkt als *virtuell neue Items* behandelt werden (s. Abb. 123). Die ermittelte Klasseneinteilung gilt dann für alle Items und Testzeitpunkte, d.h. die Personen wechseln *nicht* die Klassenzugehörigkeit von Zeitpunkt zu Zeitpunkt. Veränderung bedeutet in diesem Modell, dass sich *innerhalb* der Klassen die Lösungswahrscheinlichkeiten ändern.

Demgegenüber lässt sich *personenspezifische Veränderung* in Klassenmodellen als *Klassenwechsel* beschreiben, wobei die Lösungswahrscheinlichkeiten innerhalb der Klassen über die Zeitpunkte hinweg konstant bleiben:

$$(10) \qquad p\left(X_{vit}=1\right)=\sum_{g=1}^{G} \pi_{gt}\, \pi_{ig}\,.$$

Der Parameter π_{gt} bezeichnet hier die Größe der Klasse g zum Zeitpunkt t.

Die Parameter dieses Modells lassen sich dadurch schätzen, dass man die Datenmatrizen *untereinander* schreibt, d.h. die Personen zu jedem neuen Zeitpunkt als *virtuell neue Personen* behandelt (vgl. Abb. 122). Damit werden die klassenspezifischen Lösungswahrscheinlichkeiten über alle Zeitpunkte konstant gehalten, während sich Veränderung im Klassenwechsel ausdrückt.

Auf diese Weise erhält man nur die über alle Zeitpunkte *gemittelten* Klassengrößenparameter π_g. Wie groß die Klassen zu jedem Zeitpunkt sind, π_{gt}, lässt sich über die individuellen Zuordnungswahrscheinlichkeiten berechnen.

Das Analogon zu Modell (5) mit itemspezifischen *und* personenspezifischen Veränderungen entspricht wiederum der *getrennten Anwendung* der latent-class Analyse auf jeden Testzeitpunkt. Die *Validitätsproblematik* ist auch hier *nicht gelöst*, da sich zu jedem Testzeitpunkt nicht nur neue Klassenzugehörigkeiten der Personen ergeben, sondern auch qualitativ andere Klassen.

Die Verallgemeinerung von kategorialen und quantitativen Testmodellen auf die dreifaktorielle Datenstruktur der Veränderungsmessung ist somit prinzipiell möglich. Sie führt bei quantitativen Modellen zu einem System von 8, bei kategorialen Modellen lediglich zu 3 Veränderungsmodellen. Bei den meisten Modellen ist die Parameterschätzung durch eine entsprechende *Reorganisation des Datenkubus zu einer Datenmatrix* möglich.

Literatur

Das System der 8 quantitativen Veränderungsmodelle wurde von Rost & Spada (1983) beschrieben. Das dreifaktorielle Rasch-Modell (1) ist von Micko (1970) und Fischer (1974) behandelt worden. Das personenspezifische Modell (2) diskutiert Embretson (1991), und Modell (4) ist ein Spezialfall des LLRA von Fischer (1989, Fischer & Formann 1982b). Rost (1989) geht auf die Übertragung des Konzeptes item- und personenspezifischer Lerneffekte auf Klassenmodelle ein. Meiser et al. (1995) vergleichen Veränderungsmodelle mit quantitativer und kategorialer latenter Variable. Modelle für die Veränderungsmessung diskutieren Embretson (2000, 1995), Fischer & Ponocny (1995), Verguts & DeBoeck (2000), Langeheine et al. (1994, 2000), Meiser et al. (1998), Formann & Ponocny (2002) und Eid (2000).

3.5.3 Dynamische Modelle: Lernen während der Testbearbeitung

Eine ganz andere Sichtweise der Verallgemeinerung von Testmodellen in Richtung auf Veränderungsmessung stellt die Berücksichtigung von Veränderungen oder Lernen *während* der Testbearbeitung dar. Hier wird nicht die Datenstruktur auf einen dreidimensionalen Kubus erweitert, sondern Veränderung oder Lernen findet *zwischen* den Items, sozusagen *von Item zu Item* statt. Die Konstanz der Personeneigenschaft während des ganzen Tests wird nicht mehr vorausgesetzt, weshalb solche Modelle *dynamische Modelle* heißen.

Auch diese Lernprozesse können *itemspezifisch, personenspezifisch oder global* konzipiert werden (s. vorangehendes Kapitel). Daran orientiert sich auch die Einteilung der folgenden Unterkapitel. In ihnen werden *ausschließlich quantitative* Testmodelle behandelt, da die Veränderung einer kategorialen Personenvariable von Item zu Item schwierig zu realisieren und zu interpretieren ist.

3.5.3.1 Personenspezifisches Lernen

Die Konzeption des hier vorgestellten Modells geht auf die Idee sogenannter *Lerntests* zurück. In Lerntests wird versucht, die Veränderung der Personenfähigkeit während der Testbearbeitung als Indikator für *die individuelle Lernfähigkeit* zu messen. Dies setzt natürlich voraus, dass der Lerngewinn von Item zu Item *personenspezifisch* parametrisiert wird. Das bedeutet, dass neben dem Fähigkeitsparameter ein *zweiter Personenparameter* einzuführen ist, der das Ausmaß des Lerngewinns durch die Bearbeitung eines Items ausdrückt.

Beispiel

In einem Test, der aus 10 Items besteht, haben zwei Personen A und B die folgenden Antwortvektoren:

A: (0110110100)
B: (0000011111)

Beide Personen haben insgesamt 5 Items gelöst, also auch dieselbe Fähigkeitsausprägung. Die *Lernfähigkeit* beider Personen unterscheidet sich jedoch, denn offensichtlich hat Person B am Anfang sehr große Schwierigkeiten mit der Lösung der Items gehabt, dann aber dazugelernt und die restlichen 5 Items mit hoher Lösungswahrscheinlichkeit bearbeitet.

Genau diesen Sachverhalt soll ein zweiter Personenparameter δ_v abbilden, der umso höher sein soll, je mehr Items gegen *Ende* des Tests im Vergleich zum Testbeginn gelöst werden.

In dem folgenden Testmodell ist diese Idee eines Lernfähigkeitsparameters realisiert:

$$(1)\quad p\left(X_{vi}=1\right)=\frac{\exp(\theta_v-\sigma_i+(i-1)\delta_v)}{1+\exp(\theta_v-\sigma_i+(i-1)\delta_v)}.$$

Der Lernfähigkeitsparameter δ_v trägt zur Lösung des ersten Items gar nichts bei ($i-1=0$), während er zur Lösung des zehnten Items mit dem Faktor 9 beiträgt. Der Parameter δ_v bewirkt, dass die Lösungswahrscheinlichkeit von Item zu Item um einen konstanten Betrag erhöht wird, sofern er positiv ist. Ist er negativ, verringert er die Lösungswahrscheinlichkeiten von Item zu Item, man könnte ihn z.B. als Ermüdungsparameter interpretieren.

Der 'Bonus' δ_v, der der Personenfähigkeit θ_v zugeschlagen wird, richtet sich allein nach der Position des Items i, welche in der hier benutzten Notation seiner Itemnummer entspricht. Der Lernparameter δ_v erfasst also personenspezifisches Lernen, ist aber *nicht itemspezifisch*, da der Betrag des Lerneffektes unabhängig vom jeweiligen Item ist.

Aufgrund seines Koeffizienten ($i-1$) drückt der Parameter δ_v nicht den Lerngewinn infolge der Bearbeitung des ganzen Tests, sondern nur eines einzelnen Items aus. Dieser Lerngewinn ist zudem *unabhängig* davon, ob ein Item gelöst wurde oder nicht. Die Lernvorgänge, die mit diesem Modell erfasst werden, sind daher nicht *reaktionskontingent*, d.h. von den Reaktionen der Personen abhängig, sondern nur von der *Anzahl bearbeiteter* Items (vgl. Kap. 3.5.3.3).

Wie auf alle Modelle mit personenspezifischem Lernen treffen auch hier die *Probleme der Veränderungsmessung* - wenn auch in abgewandelter Form - zu. Die *Messgenauigkeit* beider Personenparameter ist geringer, und der Messfehler beider Parameterschätzungen ist korreliert, was auch zu einer *Beeinflussung der Kor-*

relation beider Parameterschätzungen führt. Auch die *Validitätsfrage* stellt sich hier, denn ein Test misst bei einer Person, die während der Bearbeitung *nichts* dazulernt, nicht unbedingt dasselbe wie bei einer Person, die während der Testbearbeitung *sehr viel* dazulernt.

Insbesondere aus Gründen der Messgenauigkeit haben Klauer und Sydow (1992) darauf verzichtet, die beiden Personenparameter *einzeln* zu schätzen. Sie haben vielmehr mit Hilfe einer *Verteilungsannahme* bezüglich beider Personenvariablen versucht, die Korrelation der *Statusfähigkeit* θ_v und der *Lernfähigkeit* δ_v messfehlerbereinigt zu schätzen.

Konkret sieht das so aus, dass die Annahme einer *bivariaten Normalverteilung* von θ und δ getroffen wird, und anstelle der einzelnen Personenparameter die 5 Parameter dieser bivariaten Normalverteilung geschätzt werden.

Die Schätzung der Korrelation von Status- und Lernfähigkeit mittels einer bivariaten Verteilungsannahme stellt einen sehr eleganten Weg dar, die Problematik der *messfehlerbedingten Korreliertheit* beider Maße zu umgehen (vgl. Kap. 3.5.1.2).

Bei der Anwendung dieses Testmodells ist darauf zu achten, dass während der Testbearbeitung auch Maßnahmen getroffen werden, die tatsächlich eine *Steigerung der Fähigkeit* erwarten lassen. Ein Beispiel hierfür ist die Rückmeldung über die Richtigkeit der Lösung nach jedem Item oder gar die Angabe des richtigen Lösungsweges.

3.5.3.2 Itemspezifisches Lernen

Im Unterschied zum vorangehenden Kapitel wird hier nicht angenommen, dass die *Personen* über unterschiedliche Lernfähigkeiten verfügen, sondern dass von den *Items* ein unterschiedlicher Lerneffekt ausgeht bzw. sich ein Lerneffekt bei den Items in unterschiedlicher Weise manifestiert: Der Lerneffekt ist abhängig davon, *welches* Item bearbeitet wird, und er erhöht nicht die Lösungswahrscheinlichkeit für *jedes andere Item* gleichermaßen.

Diese Art von Lernen lässt sich mit Hilfe des *linear-logistischen Testmodells* (vgl. Kap. 3.4.1) abbilden, da sich die Lerneffekte als eine lineare Verschiebung der Schwierigkeiten bestimmter Items ausdrücken lassen. Die Modellgleichung des LLTM lautet (vgl. Kap. 3.4.1):

$$(1)\quad p(X_{vi}=1)=\frac{\exp\left(\theta_v-\sum_{j=1}^{h} q_{ij}\,\eta_j-c\right)}{1+\exp\left(\theta_v-\sum_{j=1}^{h} q_{ij}\,\eta_j-c\right)}.$$

Um daraus ein Veränderungsmodell mit itemspezifischen Lerneffekten zu machen, muss in der Q-Matrix spezifiziert werden, welcher Lerneffekt von welchem Item ausgeht und auf welches Item wirkt.

Die folgende Q-Matrix beschreibt einen Test, der 7 Items umfasst (= Anzahl der Zeilen), und in dem zwei unterschiedliche Lerneffekte wirksam werden:

		Komponenten							j=	
		1	2	3	4	5	6	7	8	9
	1	1							0	0
	2		1						–1	0
	3			1					–1	–1
Items	4				1				–1	0
i=	5					1			–2	–2
	6						1		–2	0
	7							1	–3	–3

Die ersten sieben Spalten dieser Q-Matrix drücken aus, dass die *Itemparameter* der 7 Items unbekannt sind, d.h. es wird für jedes Item ein eigener Basisparameter η_j geschätzt.

In der achten Spalte ist ein *Parameter* für den Lerneffekt spezifiziert, der von Item 1, 4 und 6 ausgeht und jeweils auf alle nachfolgenden Items wirkt. Die q-Gewichte haben ein negatives Vorzeichen, da der zugehörige Basisparameter die Itemschwierigkeiten *verringern*, also die Lösungswahrscheinlichkeiten *erhöhen* soll (die Basisparameter gehen in Formel (1) als Subtrahend ein). Spalte 8 beschreibt also einen itemspezifischen Lerneffekt, der nur von bestimmten Items ausgelöst wird, aber auf alle nachfolgenden wirkt.

Demgegenüber spezifiziert die neunte Spalte einen Parameter, bei dem ein Lerneffekt nur von den ungeraden Items ausgeht und jeweils auch nur auf die ungeraden Items, also das 3., 5. und 7. Item wirkt. Alle geradzahligen Items sind von diesem Lerneffekt unberührt.

Dieses Beispiel illustriert, wie man mit Hilfe des LLTM Annahmen über itemspezifisches Lernen während der Testbearbeitung als *präexperimentelle Hypothese* formalisieren kann. Die Stärke dieses Lerneffektes wird in Form eines *Basisparameters* geschätzt.

Das obige Beispiel hat jedoch einen Haken, denn die Q-Matrix im LLTM darf keine linear abhängigen Spaltenvektoren enthalten (vgl. Kap. 3.4.1). Es stellt eine mathematische Gesetzmäßigkeit dar, dass in einer Matrix nur dann alle Spalten linear unabhängig sein können, wenn es *mehr Zeilen als Spalten* gibt. Das wiederum bedeutet, dass die Einführung von itemspezifischen Lerneffektparametern *nur möglich* ist, wenn man zugleich die Itemparameter auf eine geringere Anzahl von Itemkomponenten zurückführt, wie es in Kapitel 3.4.1 dargestellt ist.

Dieses Erfordernis hört sich gravierender an als es ist: wenn man schon itemspezifische Lerneffekthypothesen hat, so beruhen diese oft auf bestimmten *Strukturannahmen* bezüglich der Items dieses Tests. Der Schritt, aus diesen strukturellen Annahmen auch Itemkomponenten abzuleiten, ist dann nicht mehr groß. Diese Itemkomponenten sind anstelle der Itemparameter in der Q-Matrix zu spezifizieren.

Beispiel

Das obige Beispiel kann dahingehend ergänzt werden, dass im Lösungsweg der Items 1, 4 und 6 eine Denkoperation enthalten ist, deren Ausführung die Grundschwierigkeit der Items 2 bis 7 verringert. Alle Items mit ungerader Nummer erfordern eine zweite Denkoperation, deren Ausführung nur einen Lerneffekt auf die Schwierigkeit derselben Denkoperation hat. Aus diesen Annahmen resultiert die Q-Matrix:

	j= 1	2	3	4	5
i= 1	0	1	1	0	0
2	1	0	0	-1	0
3	1	0	1	-1	-1
4	1	1	0	-1	0
5	1	0	1	-2	-2
6	1	1	0	-2	0
7	1	0	1	-3	-3

Danach bezeichnet der Basisparameter η_j für j=

1: die Grundschwierigkeit der Items 2 bis 7
2: die Schwierigkeit der ersten Denkoperation
3: die Schwierigkeit der zweiten Denkoperation
4: den Lerneffekt der ersten Denkoperation
5: den Lerneffekt der zweiten Denkoperation.

Auch wenn dieses Beispiel ohne eine inhaltliche Benennung von Denkoperationen konstruiert wurde, macht es die Idee deutlich, itemspezifische Lerneffekte während der Testbearbeitung mit der Komponentenzerlegung von Itemschwierigkeiten (Kap. 3.4.1) zu verbinden. Man kann in diesem Fall statt von itemspezifischen Lerneffekten auch von *operationsspezifischen* Lerneffekten sprechen.

3.5.3.3 Globales reaktionskontingentes Lernen

In beiden vorangehenden Unterkapiteln sind die Lerneffekte unabhängig davon, ob eine Person ein Item *tatsächlich gelöst* hat oder nicht. Das Lernen findet in diesem Fall *reaktionsinkontingent* statt, d.h. unabhängig vom tatsächlichen Verhalten in diesem Test.

In den meisten Lerntheorien geht man dagegen davon aus, dass Lernen in *Abhängigkeit vom tatsächlichen bisherigen Verhalten* stattfindet, d.h. dass ein Lerneffekt anders ausfällt, wenn man ein Item gelöst hat, als wenn man es nicht gelöst hat.

Generell sind *beide Richtungen* denkbar, nämlich dass man nur dann lernt, wenn man ein Item gelöst hat, weil man ein 'reinforcement' (dt. eine Verstärkung) aufgrund der gelungenen Lösung erhält. Es ist aber auch denkbar, dass man ein Lerneffekt nur bei nicht-gelösten Aufgaben erzielt, denn nur bei solchen gibt es *noch etwas zu lernen*, z.B. durch die nachträgliche Mitteilung des korrekten Lösungsweges. Wie dem auch sei, Lernen findet oft *reaktionskontingent* statt, d.h. in Abhängigkeit davon, ob ein Item gelöst wird oder nicht.

In diesem Kapitel geht es um ein Testmodell, das reaktionskontingentes Lernen als *globales* Lernen erfasst. Dieser Lerneffekt ist *itemunspezifisch*, da er nicht davon abhängt, *welche* Items gelöst wurden, sondern nur *wie viele*. Zudem ist er *personenunspezifisch*, d.h. er gilt für alle Personen gleichermaßen.

Ein historischer Exkurs

Historisch gehen die Überlegungen zu einem solchen Modell auf Arbeiten von Kempf (1974) zurück, der folgende Modellgleichung als Ansatz für ein dynamisches Modell mit reaktionskontingentem Lernen untersuchte

$$(1)\quad p\left(X_{vi}=1\right)=\frac{\xi_v+\psi_r}{\xi_v+\varepsilon_i},$$

$$\text{mit } \xi_v=\exp(\theta_v) \text{ und } \varepsilon_i=\exp(\sigma_i).$$

In dieser Gleichung bezeichnet ξ_v (ksi) einen (delogarithmierten) Personenparameter, ε_i (epsilon) einen (delogarithmierten) Itemparameter und ψ_r den Lerneffekt, der damit verbunden ist, bei den vorangegangenen Items genau r-mal eine richtige Lösung erzielt zu haben.

Diese Gleichung sieht zunächst gar nicht nach einem *verallgemeinerten Rasch-Modell* aus, ist es aber. Um dies zu verstehen, muss man eine Umformung des Rasch-Modells zu Hilfe nehmen, in dem die exponentiellen Parameter θ_v und σ_i durch multiplikative Parameter ξ_v und ε_i ersetzt werden. Aus der Transformation

$$\xi_v=\exp\left(\theta_v\right) \text{ und } \varepsilon_i=\exp\left(\sigma_i\right)$$

ergibt sich nach Einsetzen in die Gleichung des Rasch-Modells (s. Kap. 3.1.1.2.2) die *multiplikative* Version des Rasch-Modells:

$$(2)\quad p\left(X_{vi}=1\right)=\frac{\xi_v\cdot\frac{1}{\varepsilon_i}}{1+\xi_v\cdot\frac{1}{\varepsilon_i}}.$$

Multipliziert man Zähler und Nenner mit ε_i, so ergibt sich das nur scheinbar additive, aber in Wirklichkeit immer noch multiplikative Rasch-Modell:

$$(3)\quad p\left(X_{vi}=1\right)=\frac{\xi_v}{\xi_v+\varepsilon_i}.$$

Die Idee des dynamischen Testmodells von Kempf bestand darin, in der gleichen Weise wie im Nenner Personenfähigkeit mit Itemschwierigkeit verknüpft ist, im Zähler die Personenfähigkeit mit einem 'Bonus' zu verknüpfen, der den *Lerneffekt infolge von r richtigen Itemlösungen* im bisherigen Test ausdrückt, siehe Gleichung (1).

Dieses Modell erwies sich als *schwer praktikabel*, d.h. die Parameter waren schwer zu schätzen, und es gab auch Interpretationsprobleme.

Dieselbe Idee eines reaktionskontingenten dynamischen Lernmodells ist jedoch in der üblichen *exponentiell additiven* Form im folgenden Modell realisiert, das von Verhelst und Glas (1993) publiziert wurde:

$$(4)\quad p\left(X_{vi}=1\right)=\frac{\exp\left(\theta_v-\sigma_i+\beta_{ri}\right)}{1+\exp\left(\theta_v-\sigma_i+\beta_{ri}\right)}.$$

In diesem Modell drückt β_{ri} den *Lerneffekt* aus, den man aufgrund von r richtigen Beantwortungen *vor* Item i erzielt. Wiederum stellt β_{ri} eine Art *Bonus* dar, der die Personenfähigkeit θ_v in Abhängigkeit von der Anzahl bisheriger richtiger Lösungen erhöht. Dieser Effekt ist nicht personenspezifisch und nur insofern itemspezifisch, als die Auswirkung auf das nachfolgende Item für jedes Item unterschiedlich sein kann.

Das schwierige Problem der Parameterschätzung, das bei der erstgenannten Version nicht befriedigend lösbar war, hat in diesem Modellansatz eine überraschend einfache Lösung. Mit Hilfe von *virtuellen Items* lassen sich die Parameter dieses Modells nämlich im Rahmen des *linear-logistischen Testmodells* (LLTM, s. Kap. 3.4.1) berechnen. Wie diese virtuellen Items zu konstruieren sind, zeigt das folgende Beispiel.

Beispiel

In dem Beispiel sind 3 reale Items dargestellt, die insgesamt 8 unterschiedliche Antwortpattern erzeugen können. Jede Person weist eines dieser 8 Antwortpattern auf. Nun werden statt der 3 tatsächlichen Items 6 virtuelle Items gebildet, die in folgender Tabelle wiedergegeben sind.

reale Items			virtuelle Items					
1	2	3	(1,0)	(2,0)	(2,1)	(3,0)	(3,1)	(3,2)
1	1	1	1	*	1	*	*	1
1	1	0	1	*	1	*	*	0
1	0	1	1	*	0	*	1	*
1	0	0	1	*	0	*	0	*
0	1	1	0	1	*	*	1	*
0	1	0	0	1	*	*	0	*
0	0	1	0	0	*	1	*	*
0	0	0	0	0	*	0	*	*

Abbildung 127 Zuordnung von realen zu virtuellen Items

Die *erste* dieser sechs Spalten ist identisch zum realen Item 1, d.h. eine Person bekommt immer dann eine 1, wenn sie das erste Item tatsächlich gelöst hat. Hier konnte noch kein Lernen stattfinden.

Das *zweite Item* wird in zwei virtuelle Items transformiert. So bekommt jede Person in der zweiten Spalte eine 1, wenn sie das zweite reale Item tatsächlich gelöst hat *und* zuvor 0 richtige Lösungen aufwies. Sie bekommt eine 0, wenn sie das zweite Item nicht gelöst hat *und* zuvor 0 richtige Lösungen aufwies. In allen anderen Fällen bekommt sie *Sternchen*.

Sternchen werden wie *'missing data'* (dt. fehlende Daten) behandelt, d.h. Personen, die das erste Item gelöst haben, haben das zweite virtuelle Item gar nicht bearbeitet.

Analog sind die weiteren vier Spalten konstruiert, so dass die virtuellen Items die Lösungen der realen Items widerspiegeln, jedoch unter der Bedingung einer bestimmten Anzahl vorher gelöster Aufgaben.

Für die so definierten sechs virtuellen Items erhält man *Parameterschätzungen*, die die Schwierigkeit dieses Items ausdrücken - jeweils differenziert nach der Anzahl vorher gelöster Items. Ist das dritte virtuelle Item z.B. um 0.5 Einheiten leichter als das zweite virtuelle Item, so drückt dieser Wert 0.5 den Lerngewinn einer richtigen Lösung des ersten Items aus.

Einerseits handelt es sich hierbei um *itemspezifisches Lernen*, denn der Effekt einer bestimmten Anzahl richtiger Lösungen wird getrennt für jedes Item parametrisiert. Andererseits ist der Effekt auch itemunspezifisch, denn für die Größe des Lerneffekts spielt es keine Rolle, *welche* Items zuvor gelöst wurden.

Um dieses Modell auf Daten anwenden zu können, bedarf es der Transformation der realen Items in virtuelle Items und eines Computerprogramms, das mit sogenannten missing data umgehen kann. Da dies in der allgemeinen Version des linearlogistischen Testmodells (LLTM) vorgesehen ist, stellt Modell (4) einen *Spezialfall des LLTM* dar. Auf die Eigenschaft des LLTM, mit unvollständigen Datenmatrizen umgehen zu können, wird im folgenden Kapitel eingegangen.

Literatur

Das Konzept von Lerntests diskutieren Guthke & Wiedl (1996), Klauer & Sydow (1992) haben das personenspezifische Lernmodell dargestellt Klauer et al. (1994) und Guthke et al. (2002) beschreiben eine experimentelle Anwendung dieses Modells. Beispiele für die Messung von item- und operationsspezifischen Lerneffekten finden sich in Spada (1976) und Spada & McGaw (1983). Kempf (1974) diskutiert das Konzept reaktionskontingenter Lernprozesse und Verhelst & Glas (1993) gehen auf die Parameterschätzung des Modells für reaktionskontingente Lernprozesse ein. Langeheine & v.d.Pol (1990a, b) und Rost (2002b) stellen Modelle vor, mit denen die reaktionskontingente Veränderung einer kategorialen Personenvariable während der Testbearbeitung analysiert werden kann.

3.5.4 Die Messung der Wirksamkeit von Maßnahmen

In den bisherigen Kapiteln zur Veränderungsmessung wurde davon ausgegangen, dass die getesteten Personen den Veränderungseinflüssen oder den Lernbedingungen in gleicher Weise oder *in gleichem Ausmaß ausgesetzt* sind. Dies gilt sowohl für Lernen zwischen den Testzeitpunkten (Kap. 3.5.2) als auch für Lernen während der Testbearbeitung (Kap. 3.5.3).

In vielen empirischen Studien möchte man jedoch die *Wirksamkeit verschiedener Maßnahmen vergleichen* und setzt daher verschiedene Personengruppen unterschiedlichen Veränderungseinflüssen aus. Die Funktion von Testmodellen besteht dann darin, die *Effekte* dieser unterschiedlichen Veränderungsmaßnahmen in den Modellparametern abzubilden, so dass sie *zwischen den Gruppen* von Personen verglichen werden können.

Für solche Untersuchungen gibt es eine *sehr einfache Art der Auswertung*, die allerdings in vielen Fällen große Nachteile hat. Diese Methode besteht darin, parallelisierten Personengruppen denselben Test vorzugeben, für jede einzelne Person den Personenparameter zu bestimmen und die Wirksamkeit der Maßnahmen durch *Vergleiche der Mittelwerte von Personenparametern* zu untersuchen. Diese Datenstruktur zeigt Abbildung 128.

Die *Nachteile* dieser Methode bestehen darin, dass allen Personen, auch wenn sie unterschiedlichen Maßnahmen ausgesetzt sind, *dieselben Items* vorgegeben werden müssen. Ein weiterer Nachteil liegt darin, dass der Vergleich der Wirksamkeit der Maßnahmen auf den Schätzungen der Personenparameter beruht. Diese Personenparameter haben aber, je nach Anzahl der Items, einen relativ hohen *Schätzfehler*. Dieser würde bei einem anschließenden Vergleich der Gruppenmittelwerte z. B. mit Hilfe von t-Tests oder einer Varianzanalyse *nicht berücksichtigt*, obwohl er berechenbar ist.

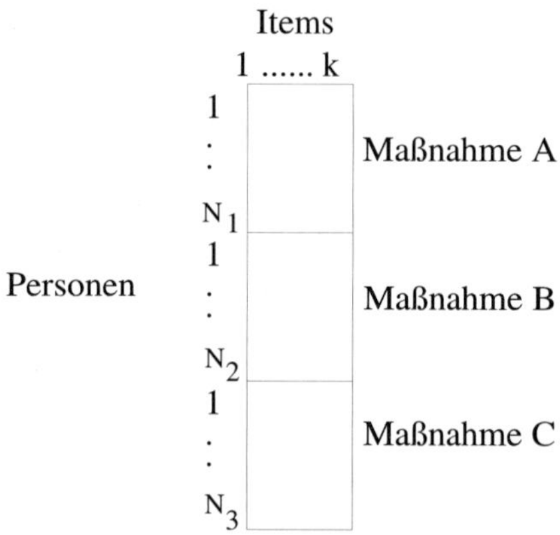

Abbildung 128: Die Datenstruktur bei Gruppenvergleichen

Diese Auswertungsmethode ist insofern *unflexibel*, als man mit ihr keine Untersuchungen auswerten kann, bei denen *dieselben Personen unterschiedlichen* Kombinationen von *Veränderungseinflüssen* ausgesetzt sind oder auch *mehrfach* mit unterschiedlichen Itemmengen *getestet* werden.

Was man für die Analyse derartiger Daten braucht, ist ein Testmodell, das mit *unvollständigen Datenmatrizen* umgehen kann. Damit sind Datenstrukturen gemeint, wie sie Abbildung 129 zeigt.

Ein solches Testmodell stellt das *linear-logistische Testmodell* dar, das bereits in Kapitel 3.4.1. über Itemkomponenten dargestellt wurde. Es ist die Kombination von *zwei Eigenschaften*, die dieses Modell zur Messung von Veränderungen mit unvollständigen Datenmatrizen so universell einsetzbar macht:

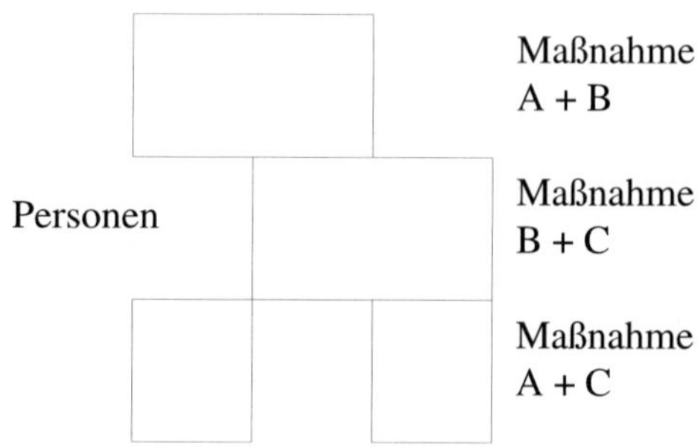

Abbildung 129: Unvollständige Datenstruktur

Erstens, die Eigenschaft in Form der Q-Matrix, *Beziehungen zwischen den Items* spezifizieren zu können. *Zweitens*, die Eigenschaft, dass nicht alle Personen alle Items bearbeitet haben müssen, sondern verschiedene Personengruppen jeweils bestimmte *Teilmengen von Items* bearbeiten können. Diese Teilmengen von Items müssen sich nicht einmal überlappen, wenn eine Verbindung zwischen ihnen mit Hilfe der Q-Matrix hergestellt wird.

Im linear-logistischen Testmodell

$$(1)\quad p\left(X_{vi}=1\right)=\frac{\exp\left(\theta_v-\sum_{j=1}^{h} q_{ij}\eta_j-c\right)}{1+\exp\left(\theta_v-\sum_{j=1}^{h} q_{ij}\eta_j-c\right)}$$

(vgl. auch Kap. 3.4.1) gibt die Q-Matrix an, auf welche *Basisparameter* η_j die Itemparameter des Rasch-Modells zurückgeführt werden können. Diese Rückführung auf Basisparameter erfolgt mit Hilfe einer gewichteten Summe, wobei die q_{ij}-Koeffizienten die prä-experimentell spezifizierten *Gewichte* darstellen.

Dieses Modell wurde in Kapitel 3.4.1 dazu benutzt, Itemschwierigkeiten in einzelne Itemkomponenten zu zerlegen und in Kapitel 3.5.3.2, um itemspezifisches Lernen während der Testbearbeitung abzubilden. Im Folgenden soll dargestellt werden, wie das Modell *zur Messung der Wirksamkeit* von Maßnahmen eingesetzt werden kann.

Beispiel: globales Lernen

Der wohl einfachste Fall, Lernen abzubilden, nämlich einen *globalen Lerneffekt* zwischen zwei Testzeitpunkten anzunehmen (zum Begriff 'globales Lernen' s. Kap. 3.5.2), drückt sich in folgender Q-Matrix aus:

		1			j				h
	1	1							
	.		1						
	.			1					
Vortest	.				1				
	.					1			
	.						1		
	k							1	
	1	1							1
	.		1						1
	.			1					1
Nachtest	.				1				1
	.					1			1
	.						1		1
	k							1	1

Abbildung 130: Die Q-Matrix für globales Lernen

In ihr ist spezifiziert, dass derselbe Test als Vor- und Nachtest vorgegeben wurde und lediglich globales Lernen stattfindet. Die Q-Matrix enthält 2·k Zeilen, wobei k die Anzahl der Items zu jedem Testzeitpunkt ist. Diese 2·k Itemparameter werden auf lediglich k Basisparameter (die Itemschwierigkeiten zu *beiden* Testzeitpunkten) zurückgeführt. Hinzu kommt ein weiterer Basisparameter, der nur in den Zeilen für den *zweiten* Messzeitpunkt eine 1 enthält. Der Wert dieses Parameters drückt den *Schwierigkeitsunterschied der Items* im Nachtest im Vergleich zum Vortest aus. Er parametrisiert das Ausmaß an globalem Lernen.

Da die Q-Matrix keine linear abhängigen Spaltenvektoren enthalten darf (vgl. Kap. 3.4.1), muss von den ersten k Spalten *eine eliminiert* werden. Diese Reduktion der Komponentenparameter um 1 entspricht der Summennormierung im normalen Rasch-Modell.

Das mit dieser Q-Matrix (Abb. 130) spezifizierte Lernmodell ist identisch mit dem dreifaktoriellen Testmodell mit globalem Lernen, Gleichung (1) in Kapitel 3.5.2. Der Basisparameter η_h entspricht dem Zeitpunktparameter δ_2. Das dreifaktorielle Rasch-Modell stellt also ebenfalls einen Spezialfall des LLTM dar.

Das zweite Beispiel für die Abbildung von Veränderungen in der Q-Matrix betrifft die Situation, dass als Vor- und Nachtest *unterschiedliche Items* vorgelegt werden.

Beispiel: globales Lernen bei unterschiedlichem Vor- und Nachtest

In diesem Fall ist lediglich erforderlich, dass *mindestens ein Item* (in Abb. 131 sind es zwei Items) *in Vor- und Nachtest identisch* ist bzw. einen identischen Schwierigkeitsparameter aufweist:

j=	1	2	3	4	5	6	7	8	9
Vortest	1								
		1							
			1						
				1					
					1				
Nachtest				1					1
					1				1
						1			1
							1		1
								1	1

Abbildung 131: Q-Matrix für Vor- und Nachtest mit 2 Brückenitems

Diese sogenannten *Brückenitems* sind erforderlich, da sonst die Schwierigkeiten der Vortestitems nicht in Bezug auf die Schwierigkeiten der Nachtestitems bestimmt werden können.

Allerdings hängt die Messgenauigkeit und Validität des Lerneffektparameters, hier η_9, stark von diesen Brückenitems ab. Sie sollten daher sehr sorgfältig ausgewählt werden und im Zweifelsfall sollte lieber ein weiteres Brückenitem aufgenommen werden.

Diese beiden Beispiele für die Quantifizierung von Veränderungen in Vortest-Nachtest-Designs bedienen sich lediglich der Q-Matrix, in der die Itemparameter auf Basisparameter zurückgeführt werden. Die eingangs genannte Verbindung mit der Möglichkeit, *unvollständige Datenmatrizen* zu verarbeiten, wurde hier noch nicht beansprucht. Dies ist anders, wenn man nicht zwei Tests anhand derselben Personenstichprobe vergleichen will, sondern Personengruppen, die *unterschiedliche* Maßnahmen erhalten haben.

j=	1	2	3	4	5	6
1	1				0	0
2		1			0	0
.			1		0	0
k_1				1	0	0
.	1				1	0
.		1			1	0
.			1		1	0
k_2				1	1	0
.	1				0	1
.		1			0	1
.			1		0	1
k				1	0	1

Abbildung 132: Q-Matrix für 3 Personengruppen

Die Q-Matrix in Abbildung 132 stellt ein Beispiel dar, in dem 3 verschiedene Personengruppen vor der Testbearbeitung unterschiedliche Maßnahmen erhalten haben.

Diese Q-Matrix entspricht der in Abbildung 130 dargestellten, jedoch hier für den Vergleich von drei (statt zwei) Messungen. Demzufolge gibt es *zwei Effektparameter*, die jeweils den Unterschied zur ersten Gruppe quantifizieren.

Der wesentliche Unterschied liegt jedoch darin, dass *nicht alle Items von denselben Personen* bearbeitet wurden, sondern jeweils ein Drittel der Items von einer anderen Personengruppe. Um diesen Sachverhalt zu erfassen, benötigt man eine zweite Matrix, in der für alle Personen spezifiziert ist, welche Items sie bearbeitet haben. Dies ist die sogenannte B-Matrix, die für das Beispiel folgendermaßen aussieht:

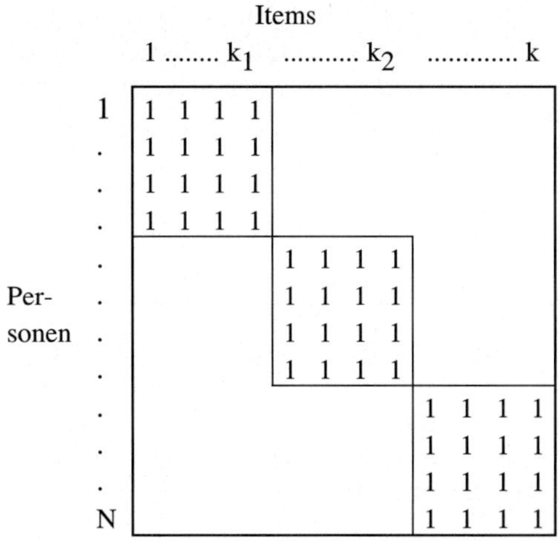

Abbildung 133: Die zu Abbildung 132 gehörende B-Matrix

Die 3 Teilmatrizen, in die die gesamte Datenstruktur *zerfällt,* sind mit Hilfe der Q-Matrix (s. Abb. 132) miteinander *verbunden*, in der ausgedrückt ist, dass die drei Gruppen *dieselben Items* bearbeitet haben.

Die in den letzten beiden Spalten der Q-Matrix spezifizierten globalen Effektparameter quantifizieren die Unterschiede zwischen den Gruppen.

Und zwar quantifizieren sie *sämtliche* Gruppenunterschiede, d.h. sowohl die Effekte der Maßnahmen als auch gegebenenfalls *vor* den Maßnahmen vorhandene Gruppenunterschiede. Es ist daher mit den Mitteln der Versuchsplanung dafür Sorge zu tragen, dass die 3 Personengruppen vergleichbar sind (z.B. durch Parallelisierung oder Randomisierung).

Dieses System, in dem die B-Matrix angibt, welche Personen welche Items bearbeitet haben, und die Q-Matrix, welche Items in welche Komponenten zerlegt werden, ist äußerst flexibel und ermöglicht es, *so gut wie alle denkbaren Datenstrukturen* der Veränderungsmessung zu analysieren.

Ein Beispiel für eine etwas komplexere Datenstruktur stellt die folgende Q-Matrix mit zugehöriger B-Matrix dar:

Beispiel: Drei-Gruppen Design mit 2 Messzeitpunkten

Es handelt sich um ein Experiment mit drei Personengruppen, die jeweils einen Vortest und einen Nachtest bearbeiten. Die Nachtestitems entsprechen den Items des Vortests und es wird lediglich globales Lernen angenommen. Die drei Personengruppen wurden aber unterschiedlichen Veränderungsmaßnahmen ausgesetzt, deren Effekte auf die Nachtestleistung analysiert werden sollen.

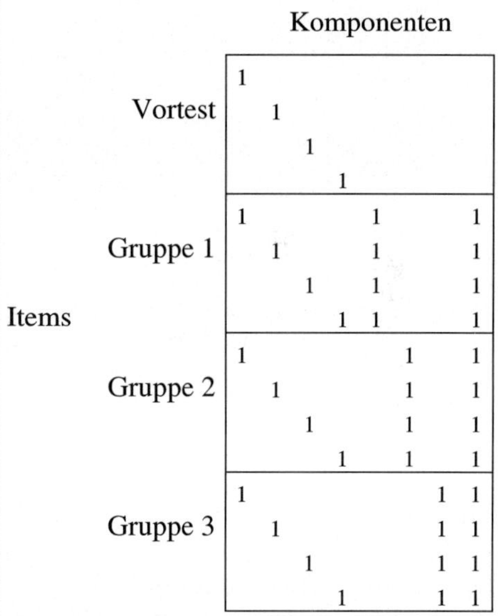

Abbildung 134: Q-Matrix für 3-Gruppen und 2 Messzeitpunkte

Der *globale Lerneffekt, der für alle drei Personengruppen identisch ist,* ist in der letzten Spalte der Q-Matrix spezifiziert. In den drei vorangehenden Spalten sind die *gruppenspezifischen Lerneffekte* spezifiziert. Von diesen drei Spalten muss wiederum eine gestrichen werden, da sie sich sonst zum letzten Spaltenvektor addieren.

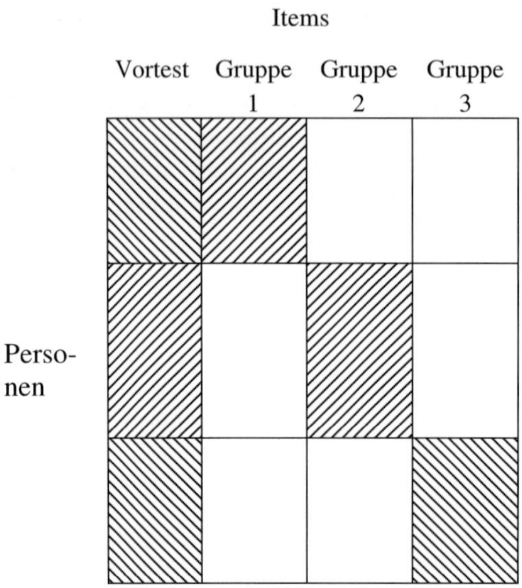

Abbildung 135: Die zugehörige B-Matrix

Was ist der Vorteil, wenn man Veränderungsmaßnahmen auf diese Weise quantifiziert anstatt über den *Mittelwertsvergleich* von Personenparametern?

Der erste Vorteil besteht darin, dass man prüfen kann, ob die getroffene *Annahme einer globalen Veränderung* überhaupt auf die Daten zutrifft. Dies kann man mit Hilfe der in Kapitel 5 beschriebenen Modellgeltungskontrollen tun. Man testet damit auch die *Voraussetzungen für einen Mittelwertsvergleich,* denn ein Mittelwertsvergleich setzt voraus, dass sich die Gruppenunterschiede quantitativ auf der gemessenen Dimension abbilden lassen.

Der zweite Vorteil liegt darin, dass die *statistische Signifikanz* der Veränderungseffekte (was der statistischen Signifikanz der Mittelwertunterschiede analog ist) direkt im Rahmen der Anwendung des Testmodells geprüft werden kann. Hierfür gibt es zwei Möglichkeiten, nämlich entweder, indem man einen *Modellvergleich* mit und ohne diesen Parameter durchführt (s. Kap. 5), oder indem man einen *Einzelparameter über seinen Standardschätzfehler* auf Abweichung von 0 testet (s. Kap. 6.1). Diese Art der Hypothesenprüfung ist insofern ein Vorteil, als man nicht mit fehlerbehafteten Schätzungen der Personenparameter rechnen muss (wie bei Mittelwertsvergleichen).

Bei diesen Beispielen zur Veränderungsmessung enthält die Q-Matrix nur Nullen und Einsen. Dies muss nicht notwendigerweise der Fall sein. Die Q-Matrix kann wie in Kapitel 3.4.1 beschrieben, auch *gebrochene Zahlen als Gewichte* enthalten. Dies ist dann sinnvoll, wenn man die *Dosis einer Maßnahme* in *Zeiteinheiten* wie Tagen oder Wochen, in *Häufigkeiten* oder in *Prozentanteilen* spezifizieren möchte. Diese Flexibilität bringt zusätzliche Vorteile gegenüber normalen Mittelwertsvergleichen.

Wie schon in Kapitel 3.4.1 ausgeführt wurde, stellt das linear-logistische Testmodell einen *Spezialfall des normalen Rasch-Modells* dar. Die Zerlegung in additive Komponenten setzt voraus, dass die Items die Annahmen des Rasch-Modells erfüllen. Insbesondere wird die Annahme der *Itemhomogenität* vorausgesetzt, d. h. alle Items erfassen dieselbe latente Dimension, auf der auch der Lernfortschritt oder die Veränderung abgetragen wird.

Dies ist eine sehr *restriktive Annahme,* wenn es um die Messung von Veränderungen geht. Das sogenannte *linear-logistische Testmodell mit abgeschwächten Annahmen* (LLRA wie relaxed assumptions) gibt diese Annahme der Homogenität der Items zu allen Messzeitpunkten auf.

Das Modell setzt allerdings voraus, dass dieselben Personen *mindestens zweimal* getestet wurden. Sie können jedoch eine individuelle Dosis verschiedener Maßnahmen erfahren haben, die wiederum in einer prä-experimentell festzulegenden Q-Matrix zu spezifizieren ist.

Für zwei Testzeitpunkte, $t = 1$ und $t = 2$, lässt sich das Modell wie folgt schreiben. Für den ersten Testzeitpunkt gilt die logistische Funktion, wobei keine Homogenität der Items angenommen wird. Der Parameter θ_{vi} beschreibt die Tendenz einer Person, bei Item i eine 1-Antwort zu geben.

$$(2)\quad p\left(X_{vit} = 1 \middle| t = 1\right) = \frac{\exp\left(\theta_{vi}\right)}{1 + \exp\left(\theta_{vi}\right)}.$$

Das Modell ist insofern als ein *mehrdimensionales Modell* zu charakterisieren, als jede Person hinsichtlich jedes Items eine andere Eigenschaftsausprägung in Form des Parameters θ_{vi} hat.

Die Antwortwahrscheinlichkeit zum Zeitpunkt $t = 2$ hängt von demselben Parameterwert ab, jedoch kommt nun ein globaler Effekt der Maßnahmen $j = 1$ bis $j = h$ hinzu, und zwar in Form einer mit q_{vj} gewichteten Summe.

$$(3)\quad p\left(X_{vit} = 1 \middle| t = 2\right) = \frac{\exp\left(\theta_{vi} - \sum_{j=1}^{h} q_{vj}\,\eta_j\right)}{1 + \exp\left(\theta_{vi} - \sum_{j=1}^{h} q_{vj}\,\eta_j\right)}.$$

Anders als beim LLTM, gibt diese Q-Matrix für jede *Person* an, welcher *Dosis der Maßnahme* j sie zwischen den beiden Zeitpunkten ausgesetzt war. Die in der Q-Matrix spezifizierten Gewichte können z.B. Dosierungen einer Medikation, Zeiteinheiten eines Lernprogramms oder Übungshäufigkeiten sein.

Die Veränderung, die in diesem Modell abgebildet wird, ist jedoch *global*, und zwar sowohl hinsichtlich der Items als auch hinsichtlich der Personen. Das bedeutet, der Effekt der Maßnahme j wirkt sich *in gleicher Höhe* auf die Veränderung der Antwortwahrscheinlichkeiten *aller Personen und aller Items* aus.

Es ergibt sich somit die zunächst etwas paradox erscheinende Kombination einer *relativ strengen Annahme*, was die Wirkung der Maßnahmen anbetrifft (dass sie nämlich gleich groß für alle Items und Personen sei) mit dem *Fehlen jeglicher Homogenitätsannahme* bezüglich der Items. Dies mag insofern paradox erscheinen, als nicht jedes Item dieselbe Dimension messen muss, andererseits sich aber die Veränderungsmaßnahmen gleichmäßig auf alle Items auswirken müssen, in diesem Sinne also einen 'homogenen' Effekt haben.

Inwieweit dies wirklich eine Paradoxie darstellt, kann wohl nur für den konkreten Fall entschieden werden. Auf jeden Fall gibt es viele Anwendungsfälle in der Veränderungsmessung, in denen man sich einen *globalen Effekt* auf eine Reihe von Indikatoren erhofft, ohne dass die einzelnen Indikatoren jedoch Ausdruck einer einzigen latenten Dimension sind.

Mit diesem Modellannahmen realisiert das LLRA eine eigenwillige Antwort auf die *Validitätsfrage* der Veränderungsmessung (Kap. 3.5.1.3): die Validität des Veränderungsmaßes drückt sich darin aus, dass die Veränderung bei allen Items *gleich groß* ist, unabhängig davon, ob die Items auch nur zu einem Zeitpunkt dasselbe messen.

Was das LLRA überhaupt erst anwendbar macht, ist die Tatsache, dass die θ_{vi}-Parameter *gar nicht geschätzt* zu werden brauchen. Vielmehr werden sie bei der Parameterschätzung 'herauskonditioniert' (s. u. Kap. 4.), so dass lediglich die η-Parameter geschätzt werden müssen.

Beispiel: Kontrollgruppendesign

Im Fall eines einfachen Versuchs-Kontrollgruppendesigns, in dem alle Personen der Kontrollgruppe *keine* Veränderungsmaßnahme und alle Personen der Experimentalgruppe *dieselbe* Maßnahme erhalten, besteht die Q-Matrix lediglich aus einem *einzelnen Spaltenvektor*: alle Personen der Kontrollgruppe erhalten eine 0 und alle Personen der Experimentalgruppe eine 1. Dementsprechend ist auch nur *ein einziger Effektparameter* η_j zu schätzen, der den Unterschied zwischen Experimentalgruppe und Kontrollgruppe zum zweiten Messzeitpunkt charakterisiert.

Dies stellt ein überaus *günstiges Verhältnis* von Datenmenge zur Anzahl der zu schätzenden Modellparameter dar.

Literatur

Das LLTM als Modell zur Quantifizierung der Effekte von Maßnahmen wurde von Fischer (1972, 1976, 1983a, 1987 und 1989) und Fischer & Formann (1982b) vorgestellt. Das LLRA geht ebenfalls auf Fischer zurück (1974a, 1977a, 1983b, 2001, 2003) s.a. Formann & Spiel, (1989) und Fischer & Seliger (1997).

Rückblickend auf Kapitel 3.5.2 sei daran erinnert, dass das LLRA mit diesen Modelleigenschaften die Messung *globaler* Veränderungen unter Zulassung einer *Wechselwirkung zwischen Personen und Items* erlaubt (Modell (4) in Kap. 3.5.2).

In diesem Kapitel wurden alle Modelle nur für *dichotome* Daten und eine *quantitative* Personenvariable dargestellt. Die Verallgemeinerungen auf mehrkategorielle ordinale Itemantworten ist für linear-logistische Modelle prinzipiell möglich und wurde bereits in Kapitel 3.4.1 kurz dargestellt. Diese verallgemeinerten Modelle lassen sich ebenso für Zwecke der Veränderungsmessung einsetzen, wie die hier dargestellten dichotomen Modelle.

Das Gleiche trifft auf linear logistische Klassenmodelle zu (s. Kap. 3.4.3), mit denen Veränderung als Klassenwechsel und als Änderung der klassenspezifischen Itemparameter abgebildet werden kann.

4. Parameterschätzung

In Kapitel 3 wurde eine Vielzahl von Testmodellen dargestellt, die das Antwortverhalten in einem Test in unterschiedlicher Weise beschreiben. Die meisten dieser Testmodelle enthalten sogenannte *Parameter*, d.h. Kenngrößen, deren Werte für einen bestimmten Test erst anhand der Daten ermittelt werden müssen. Ein solcher Parameter kann z.B. die Schwierigkeit sein, die Trennschärfe eines Items oder die Distanz der Schwellen bei mehrkategoriellen ordinalen Itemantworten. Vor allem stellen bei quantitativen Testmodellen auch die Messwerte der Personen Parameter dar, nämlich die Personenparameter.

Bei vielen Modellen können diese Parameter nicht einfach dadurch berechnet werden, dass man beobachtete Daten in eine Formel einsetzt und die Parameterwerte ausrechnet. Das liegt daran, dass es bei diesen Modellen *keine expliziten Gleichungen* gibt, d.h. Formeln, die jeweils nach einer unbekannten Größe auflösbar sind. Vielmehr stehen in diesen Gleichungen rechts und links vom Gleichheitszeichen unbekannte Größen (die Modellparameter), so dass man spezielle Rechenverfahren anwenden muss, um die Parameterwerte zu bestimmen. In diesem Kapitel soll das *Prinzip* dieser Rechenverfahren dargestellt werden, ohne jedoch für jedes Testmodell ein entsprechendes Verfahren im Detail darzustellen.

Man spricht von Parameter*schätzung* und nicht von Parameter*berechnung*, weil es sich um die Ermittlung von Populationskennwerten anhand von Stichprobendaten handelt. Mit dem Begriff der Parameterschätzung ist auch verbunden, dass man nicht nur einen Schätzwert *ermittelt*, sondern auch berechnen kann, *wie genau* dieser Schätzwert den wahren Parameter trifft.

Die Rolle der Parameterschätzung im Prozess einer Testanalyse ist in Abbildung 136 veranschaulicht, die an die Diskussion des Modellbegriffs in Kapitel 1.2.3 anknüpft.

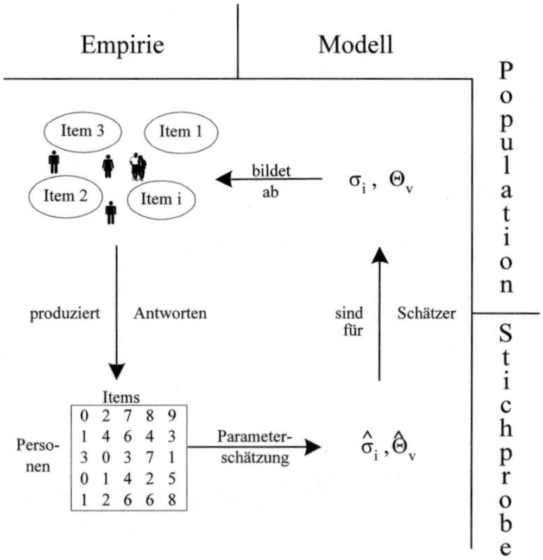

Abbildung 136: Die Rolle der Parameterschätzung bei der Testanalyse.

Während die linke Seite in Abbildung 136 *reale Gegebenheiten* wie die Personen, die Items und die Testdaten darstellt, enthält die rechte Seite der Abbildung die Modellparameter und deren Schätzer als die *unbekannten*, noch zu bestimmenden *Größen.* Einer Erläuterung bedarf die vertikale Unterteilung der Abbildung in *Population* und *Stichprobe*. Man könnte sich auf den Standpunkt stellen, dass überhaupt kein Stichprobenproblem gegeben ist, da man nur genau jene Personen messen will, die man auch untersucht hat, und genau jene Items, die auch im Test enthalten sind.

Warum *Schätzung* von Populationskennwerten?

Wenn man hier von Parameterschätzung anhand von Stichprobendaten spricht, so ist *nicht* gemeint, dass man aus einer Stichprobe von Personen auf eine *Population von Personen* verallgemeinern will.

Vielmehr hat man für die Ermittlung der Fähigkeit einer Person nur eine *Verhaltensstichprobe*, nämlich die Stichprobe der Reaktionen auf die Items im Test zur Verfügung. Entsprechend hat man zur Bestimmung der Itemeigenschaften nur eine *Stichprobe von Personen* zur Verfügung, nämlich diejenigen, die den Test bearbeitet haben.

Insofern schließt man von einer Stichprobe von *Item*antworten auf die Eigenschaftsausprägung einer *Person* und aus einer Stichprobe von *Personen*antworten auf die Eigenschaften eines *Items*. Die Genauigkeit der Schätzungen der *Personen*eigenschaften hängt daher von der Größe der *Item*stichprobe und ggf. von anderen Merkmalen dieser Stichprobe ab. Entsprechend hängt die Genauigkeit der Schätzungen der *Item*parameter von der Größe und weiteren Merkmalen der *Personen*stichprobe ab.

Der Vorgang der Parameterschätzung ist bei einigen Testmodellen, insbesondere bei den *deterministischen* Modellen sehr einfach, jedoch beim Großteil der *probabilistischen* Testmodelle so kompliziert, dass er nicht per Hand oder per Tischrechner durchgeführt werden kann. Hierfür ist man daher auf geeignete Computerprogramme angewiesen. In diesem Kapitel soll nur ein Grundverständnis der Methoden der Parameterschätzung vermittelt und kein detaillierter Überblick über neueste Schätzverfahren angestrebt werden.

Die Darstellung ist in diesem Kapitel insofern vereinfacht, weil sie sich ausschließlich auf sogenannte *Maximum-Likelihood-Verfahren* bezieht. Diese sind auf fast alle hier behandelten Modelle erfolgreich anwendbar und können sich auf eine ausgereifte mathematische Theorie stützen, deren Sätze und Theoreme bei der Anwendung von Testmodellen von großem praktischen Nutzen sind.

Ausgenommen von dieser Maximum-Likelihood-Methode sind zum Beispiel alle *deterministischen* Modelle, in denen nur die Wahrscheinlichkeiten 0 und 1 unterschieden werden. Bei diesen Modellen stellt sich das Problem der Parameterschätzung im allgemeinen nicht. So wurde z.B. bei der Guttman-Skala (Kap. 3.1.1.1.1), dem Parallelogramm-Modell (Kap. 3.1.1.3.1) oder beim Modell deterministischer Klassen (Kap. 3.1.2.1) darauf hingewiesen, dass man allein durch Auszählen von Patternhäufigkeiten oder Umsortieren von Personen und Items die gewünschten 'Messwerte' für Personen und Items erhält, welche meist nur in Rangordnungen bestehen.

Im ersten Unterkapitel 4.1 wird die universell einsetzbare Maximum-Likelihood-Methode dargestellt. Unterkapitel 4.2 behandelt die Parameterschätzung von Rasch-Modellen und Unterkapitel 4.3 stellt einen speziellen Algorithmus zur Parameterschätzung bei latenten Klassen Modellen vor. Das letzte Unterkapitel, 4.4, geht schließlich auf verschiedene Möglichkeiten ein, mit missing data (fehlenden Itemantworten) umzugehen.

4.1 Die Maximum-Likelihood-Methode

Die *Likelihoodfunktion* beschreibt die Wahrscheinlichkeit der beobachteten Testdaten unter der Bedingung des angenommenen Testmodells als Funktion der Modellparameter. Der Begriff wurde bereits im Kapitel 3.1.1.2.1 über das Binomialmodell eingeführt und in vielen Kapiteln über quantitative Testmodelle ist die Likelihoodfunktion des betreffenden Modells dargestellt worden.

Die Likelihoodfunktion beschreibt die Wahrscheinlichkeit der Daten *unter der Annahme, dass das Modell gilt.* Der Wert der Likelihoodfunktion gibt somit eine Antwort auf die Frage: Wie wahrscheinlich ist das, was ich beobachte, wenn mein Modell wirklich gilt? Haben dieselben Testdaten unter einem anderen Modell eine *höhere* Wahrscheinlichkeit, so ist das andere Modell offensichtlich *besser.* Man kann den Wert der Likelihoodfunktion also direkt benutzen, um etwas über die *Güte* des jeweiligen Testmodells auszusagen. Diese Einsatzmöglichkeit der Likelihoodfunktion wird in Kapitel 5 aufgegriffen. In diesem Kapitel interessiert dagegen, wie man mit Hilfe der Likelihoodfunktion Modellparameter schätzen kann.

Die *Modellgleichung* eines Testmodells beschreibt die Wahrscheinlichkeit einer einzelnen Itemantwort x_{vi}, d.h. einer Zelle der Datenmatrix:

$$(1) \qquad p\left(X_{vi} = x\right) = p_{vix}.$$

Eine solche Modellgleichung, was auch immer man für p_{vix} einsetzt, stellt *selbst schon eine Likelihoodfunktion* dar, nämlich die Likelihood eines einzelnen Datums. Was im folgenden jedoch unter Likelihoodfunktion verstanden wird, ist die Likelihood der gesamten Testdatenmatrix, d.h. die Wahrscheinlichkeit *aller* beobachteten Itemantworten.

Wenn man so will ist die Modellgleichung (1) das 'Likelihood-Atom', welches nicht weiter 'aufgesplittet' werden kann. Die Likelihoodfunktion der *gesamten* Testdaten setzt sich multiplikativ aus diesen elementaren Bausteinen zusammen, d.h. die Wahrscheinlichkeit der Testdatenmatrix ist das Produkt über alle Personen und über alle Items der Wahrscheinlichkeit der jeweiligen Itemantwort:

$$(2) \qquad L = \left(\text{Daten} \middle| \text{Modell}\right) = \prod_{v=1}^{N} \prod_{i=1}^{k} p_{vix}.$$

In der Likelihood*funktion* wird die Abhängigkeit der Wahrscheinlichkeit der Daten *von den Modellparametern* beschrieben. Damit ist gemeint, dass die Parameter eines Testmodells die *veränderlichen* Größen darstellen, also die X-Variablen in der üblichen Notation. Das bedeutet, dass die Likelihoodfunktion eine Funktion *mehrerer* Veränderlicher ist, in der Regel sogar sehr vieler Veränderlicher, nämlich so viele, wie es Modellparameter gibt.

Würde ein Testmodell nur einen *einzigen* Modellparameter enthalten, so könnte man sich die Likelihoodfunktion in Form eines Funktionsgraphen veranschaulichen (s. Abb. 137).

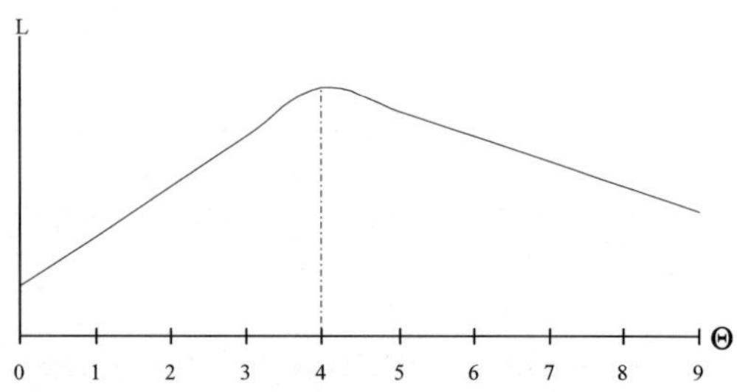

Abbildung 137: Beispiel für einen Funktionsgraphen der Likelihood in Abhängigkeit von nur einem Modellparameter θ

Anhand dieses Beispiels lässt sich verdeutlichen, inwiefern man die Likelihoodfunktion zur Parameterschätzung benutzen kann. Da man sein Testmodell, wozu auch die Modellparameter gehören, so konstruieren möchte, dass die Daten möglichst wahrscheinlich sind, wählt man in diesem Fall für den Modellparameter den Wert 4, da die Likelihoodfunktion an der Stelle $\theta = 4$ ein *Maximum* besitzt.

Das ist die Grundidee der Maximum-Likelihood-Methode (ML-Methode), die besagt, dass alle Modellparameter auf *den* Wert festgelegt werden, an dem die Likelihoodfunktion ihr *Maximum* hat. Der Wert 4 ist also in diesem Beispiel der Maximum-Likelihood-Schätzer (ML-Schätzer) für den Modellparameter θ.

Im Fall *mehrerer* Modellparameter kann man sich die Likelihoodfunktion nur noch als ein mehrdimensionales *Gebirge* vorstellen (sofern man hier noch von *Vorstellung* sprechen kann). Die Aufgabe der ML-Schätzung besteht in dieser Vorstellung darin, den *höchsten Gipfel* aufzuspüren und dessen Koordinaten zu bestimmen, welche dann die Schätzwerte für die Modellparameter sind.

Dies geschieht auf die gleiche Art und Weise, wie man bei Funktionen *einer* Veränderlichen die Extrema, d.h. die *Minima* und *Maxima* ermittelt. Man berechnet die erste Ableitung nach der Unbekannten X, setzt diese erste Ableitung gleich 0 und löst die Gleichung nach X auf.

Anmerkung: Im folgenden wird vorausgesetzt, dass diese Methode der Extremwertbestimmung bei einfachen Funktionen, z.B. aus dem Mathematikunterricht der Schule, bekannt ist.

Bei der Likelihoodfunktion handelt es sich jedoch um eine Funktion *mehrerer* Veränderlicher. Das Verfahren des 'Differenzierens und Nullsetzens' ist jedoch im wesentlichen das gleiche, d.h. es folgt derselben Logik und es wird praktisch genauso durchgeführt. Man spricht in diesem Fall vom *partiellen Differenzieren.*

Beim *partiellen Differenzieren* nach einer bestimmten Veränderlichen, d.h. nach einem bestimmten Parameter, werden alle anderen Parameter *wie Konstanten* behandelt und die üblichen Differenzierungsregeln angewandt.

Als Resultat erhält man nicht mehr nur *eine* Gleichung, die Null gesetzt werden muss, sondern ein ganzes Gleichungs*system.* Die Auflösung dieser Gleichungen besteht nicht mehr nur aus *einem Wert*, bei dem das Maximum liegt, sondern aus den Koordinaten des Maximums in einem mehrdimensionalen Raum, der soviel Dimensionen hat, wie es Modellparameter gibt. Diese Koordinaten sind genau die gesuchten Schätzwerte der Modellparameter.

Dieses Verfahren ist im folgenden anhand der Likelihoodfunktion des Binomialmodells illustriert. Die Likelihoodfunktion des *Binomialmodells* (s. Kap. 3.1.1.2.1)

$$(3)\quad L = \prod_{v=1}^{N} \theta_v^{r_v} \cdot (1-\theta_v)^{k-r_v}$$

ist eine Funktion von N Unbekannten, nämlich den Parametern θ_v der N getesteten Personen. Soll ein bestimmter Personenparameter θ_v geschätzt werden, so stellt dieser die Unbekannte dar, nach der partiell differenziert werden muss.

Da nach den Ableitungsregeln (s. Kasten 'Grundregeln des Differenzierens') die Ableitung von Produkten sehr mühsam ist, wird die Likelihoodfunktion zuvor *logarithmiert.* Dies ändert am Ort des Maximums nichts, da der Logarithmus eine *monotone* Transformation ist (vgl. Kap. 3.1.1.2.2). D.h., nimmt man von einer

Menge von Zahlen deren Logarithmus, so bleibt die größte Zahl auch nach ihrer Logarithmierung die relativ größte. Dementsprechend sind die Koordinaten des Maximums der *logarithmierten* Likelihoodfunktion identisch zu den Koordinaten des Maximums der *unlogarithmierten* Likelihood.

Die unlogarithmierte Likelihoodfunktion kann stets nur Werte *zwischen 0 und 1* annehmen, da sie als Produkt von Wahrscheinlichkeiten definiert ist und das Produkt von Wahrscheinlichkeiten stets wieder eine Wahrscheinlichkeit ergibt. Fernerhin werden diese Werte in der Regel ziemlich klein, d.h. sie liegen nahe *bei 0*, da das Produkt von Wahrscheinlichkeiten mit wachsender Anzahl der Faktoren immer kleiner wird.

Der natürliche Logarithmus der Likelihood, die log-Likelihood, ist stets negativ, da der Logarithmus von Zahlen zwischen 0 und 1 im Wertebereich von $-\infty$ und 0 liegt.

Der Logarithmus der Likelihoodfunktion des Binomialmodells lautet:

(4)

$$\log L = \sum_{v=1}^{N} \left[r_v \log(\theta_v) + (k - r_v) \log(1 - \theta_v) \right].$$

Um diese Transformation nachzuvollziehen, benötigt man zwei Rechenregeln über das Logarithmieren von algebraischen Ausdrücken (s.a. Kap. 3.1.1.2.2):

1. Der Logarithmus eines Produktes ist gleich der Summe der Logarithmen und
2. der Logarithmus einer Potenz ist gleich dem Exponenten multipliziert mit dem Logarithmus der Basis.

Differenziert man jetzt partiell nach einem bestimmten Personenparameter θ_v, so benötigt man von der gesamten Summe nur den oder die Summanden, in dem θ_v enthalten ist. Alle anderen Summanden stellen Konstanten dar und die Ableitung eines konstanten Summanden ist Null (s. Rechenregeln).

Grundregeln des Differenzierens

Summenregel: $(u+v)' = u' + v'$

Produktregel: $(uv)' = uv' + u'v$

Konstanter Summand: $(c+u)' = u'$

Konstanter Faktor: $(cu)' = cu'$

Quotientenregel: $\left(\frac{u}{v}\right)' = \frac{vu' - uv'}{v^2}$

Kettenregel: Ist $y = f(u)$ und $u = g(x)$

so ist $\frac{\partial y}{\partial x} = f'(u) \cdot g'(x)$

Funktion	Ableitung
x^n	$n \cdot x^{n-1}$
$\log(x)$	$\frac{1}{x}$
e^x	e^x

Es ergibt sich für die erste partielle Ableitung nach θ_v der folgende Ausdruck:

(5) $$\frac{\partial \log L}{\partial \theta_v} = r_v \cdot \frac{1}{\theta_v} + (k - r_v) \frac{1}{1 - \theta_v} \cdot (-1).$$

Hier benötigt man wiederum die Rechenregeln des Differenzierens. Insbesondere muss man beachten, dass die Ableitung des Logarithmus einer Unbekannten gleich 1 durch diese Unbekannte ist. Der letzte Koeffizient (–1) stellt die innere Ableitung von ($1-\theta_v$) dar (s. die sog. Kettenregel).

Setzt man Gleichung (2) gleich Null und bringt einen der beiden Summanden auf die andere Seite, so erhält man die Gleichung

$$(6) \quad \frac{r_v}{\theta_v} = \frac{k - r_v}{1 - \theta_v} \quad ,$$

die sich folgendermaßen auflösen lässt

$$(7) \quad r_v - r_v\theta_v = k\,\theta_v - r_v\theta_v$$

$$\theta_v = \frac{r_v}{k}.$$

Somit ist die relative Häufigkeit gelöster Items, $\frac{r_v}{k}$, der ML-Schätzer für den Fähigkeitsparameter θ_v.

Dieses Resultat ist nicht überraschend, man hätte es auch intuitiv erwartet: Die relative Anzahl gelöster Aufgaben in einem Test ist ein direktes Maß für die Personenfähigkeit, wenn alle Items als gleich schwierig angenommen werden.

Gleichung (7) beschreibt, genau genommen, nur *eine* Schätzgleichung, nämlich die für den Parameter der v-ten Person, nach dem differenziert wurde. Da aber die Schätzgleichungen für alle anderen Personen genauso aussehen, kann man Gleichung (7) auch als System von N Gleichungen auffassen, die sich für $v = 1$ bis $v = N$ ergeben.

Das Untypische an dieser Ableitung der Likelihoodfunktion des Binomialmodells liegt darin, dass sie zu *expliziten* Gleichungen für die Schätzung der Modellparameter geführt hat. Dies ist bei komplexeren Modellen nicht mehr der Fall, was oft schon daran liegt, dass die ersten partiellen Ableitungen Funktionen *mehrerer* Unbekannter sind und nicht nur *einer*, wie im Fall des Binomialmodells.

In solchen Fällen benötigt man sogenannte *iterative Verfahren*. 'Iterativ' bedeutet, 'wiederkehrend' oder 'wiederholend' und meint, dass man dieselben Rechenschritte immer wieder durchführt, bis man sich einer Lösung angenähert hat. Iterative Verfahren kann man z.B. anwenden, wenn nach dem Auflösen einer Gleichung nach *einer* Unbekannten rechts vom Gleichheitszeichen *weitere* Unbekannte stehen. Setzt man dann für die Unbekannten rechts vom Gleichheitszeichen Näherungswerte ein, erhält man für die Unbekannte links vom Gleichheitszeichen einen 'besseren' Näherungswert. Diese neuen Näherungswerte kann man wiederum in andere Gleichungen einsetzen, um damit neue Näherungswerte für die anderen Unbekannten zu berechnen.

Unter bestimmten Bedingungen *konvergiert* ein solches iteratives Verfahren gegen die richtigen Parameterwerte. Konvergieren heißt, dass jeder neue Näherungswert ein Stückchen dichter am richtigen Wert liegt als der vorige. Auf diese Weise erhält man in der Regel keinen endgültigen, bis auf die letzte Kommastelle festgelegten Wert, sondern nur eine mehr oder weniger genaue Schätzung. Die *Genauigkeit der Schätzwerte* hängt unter anderem davon ab, wie weit man das iterative Verfahren treibt, d.h. wann man es abbricht und sich mit der erreichten Genauigkeit zufrieden gibt.

Ein solches Abbruchkriterium braucht jedes iterative Verfahren, da es sonst beliebig lange weiterrechnen würde. Man kann als Abbruchkriterium entweder eine Anzahl von Iterationen angeben, bei deren Erreichung das Verfahren stoppt, z.B. 100 oder 1000, oder man drückt die angestrebte Genauigkeit in einer Differenz aus, um die sich die log-Likelihood der Daten von einer Iteration zur nächsten minimal unterscheiden muss. Beträgt das Genauigkeitskriterium zum Beispiel 0.0001, so stoppt der Algorithmus, wenn sich der Wert der log-Likelihoodfunktion von einer Iteration zur nächsten um weniger als 0.0001 verändert.

Wie groß oder klein ein solches Kriterium sein sollte, hängt von der Beschaffenheit der Likelihoodfunktion ab. Hat diese Funktion in der Nähe ihres Maximums einen sehr flachen Verlauf, d.h. ist sie einem leicht gewölbten Hochplateau ähnlicher als einem spitzen Berggipfel, so können sich die geschätzten Parameterwerte (das sind die berechneten Koordinaten des Gipfels) auch noch ändern, wenn sich die Likelihood (das ist die Höhe des vermuteten Gipfels) nur geringfügig erhöht. Je flacher der Verlauf der Likelihoodfunktion ist, desto kleiner sollte das Genauigkeitskriterium sein.

Tatsächlich sind die meisten Algorithmen am Anfang sehr schnell, d.h. das Verfahren geht mit großen Schritten und wenigen Iterationen in die Nähe des Maximums, um sich dann mit relativ kleinen Schritten langsam dem Maximum anzunähern. So steigt im Datenbeispiel des NEOFFI-Fragebogens (s. Kapitel 3.3) die log-Likelihood für das ordinale Rasch-Modell in der ersten Iteration auf den Wert –5269, nach 10 Iterationen auf -5035 und erreicht erst nach 60 Iterationen mit dem Wert -5028 das Genauigkeitskriterium von 0.0001.

Noch folgenschwerer als die Beschaffenheit der Likelihoodfunktion in der Nähe ihres Maximums kann ihre generelle Form für die Parameterschätzung sein. Hat die Funktion z.B. Sattelpunkte unterhalb ihres Maximums, kann der Algorithmus dort aufgrund des Erreichens des Genauigkeitskriteriums schon vorzeitig abbrechen. Hat die Likelihoodfunktion gar mehrere Gipfel (Maxima), so kann der Algorithmus auch auf einem Nebengipfel (lokalen Maximum) abbrechen.

Daher ist die Form der Likelihoodfunktion eines Testmodells von großer praktischer Bedeutung. Bei Rasch-Modellen geht man allgemein davon aus, dass ihre Likelihoodfunktionen konvex sind, d.h. unimodal und ohne Sattelpunkte. Das ist bei der Analyse latenter Klassen anders. Hier treten besonders bei großen Klassenanzahlen immer wieder lokale Maxima auf. Daher kommt hier auch den Startwerten des Algorithmus eine größere Bedeutung zu.

Unter *Startwerten* versteht man diejenigen Parameterwerte, die man am Anfang des Algorithmus im Gleichungssystem an die Stelle der Modellparameter einsetzt. Dies können beliebige feste Werte sein, mit dem Zufallszahlengenerator generierte 'zufällige' Startwerte oder aufgrund einer groben Abschätzung anhand der Daten bereits der endgültigen Lösung angenäherte Werte.

Bei vielen Algorithmen zu Rasch-Modellen setzt man die Startwerte einfach auf Null. Andere Algorithmen reagieren auf solche konstanten Startwerte gar nicht, das heißt, sie bewegen sich nicht von diesen Werten weg. Zufällige Startwerte verwendet man immer dann, wenn die Gefahr besteht, dass es mehrere Maxima gibt (siehe Abbildung 138).

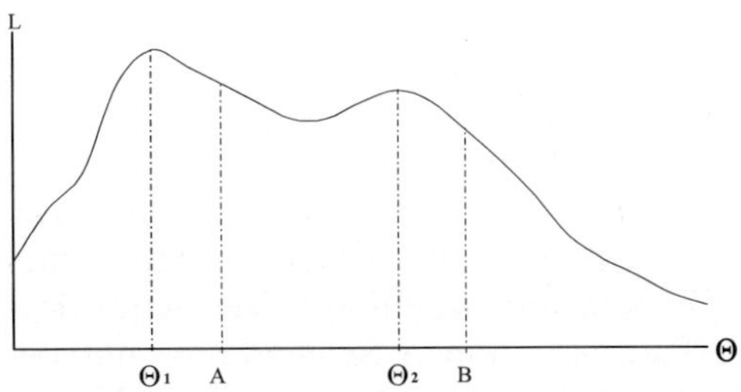

Abbildung 138: Ein Funktionsgraph mit multiplen Maxima

Die meisten Algorithmen kommen von Iteration zu Iteration zu einem höheren Likelihoodwert, das heißt, von ihnen weiß man, dass sie stets „bergauf" gehen. Bei einer Likelihoodfunktion wie in Abbildung 138 dargestellt, würde man bei unterschiedlichen „Gipfeln" und somit unterschiedlichen Parameterschätzungen landen, je nachdem, ob man von Startwert A oder B losgeht.

Daher ist es wichtig, dass man in mehreren Berechnungen von verschiedenen Startwerten ausgeht und die Ergebnisse miteinander vergleicht. Hierfür eignen sich natürlich zufällige Startwerte besonders gut. Auch könnte man sich ein systematisches 'Abscannen' der Oberfläche nach Maxima vorstellen, aber das ist eher unüblich und zu aufwendig. Da multiple Maxima praktisch nur bei latenten Klassenmodellen auftreten, wird hierauf nochmals in Kapitel 4.3 eingegangen.

Die Parameterschätzung nach der Maximum-Likelihood (ML-) Methode vorzunehmen, hat nicht nur den Vorteil, dass es sich um ein erprobtes Verfahren handelt, das nahezu universell einsetzbar ist. Man kann sich auch mathematische Sätze zu Nutze machen, die im Rahmen der allgemeinen Maximum-Likelihood-Theorie bewiesen wurden und auf jedes spezielle Modell, dessen Parameter nach dieser Methode geschätzt werden, angewendet werden können.

Dies betrifft zum Beispiel Sätze über die Identifizierbarkeit der Modellparameter und Sätze über den Standardschätzfehler der Parameter. Allein die Tatsache, dass die Parameter einen Schätzfehler mit bekannter Verteilung haben und diese Verteilung auch noch eine Normalverteilung ist, ist eine äußerst nützliche Eigenschaft der ML-Methode. Auf die Berechnung des Schätzfehlers, bzw. seiner Varianz, wird in Kapitel 4.2 eingegangen, auf die Identifizierbarkeitsbedingungen in Kapitel 4.3.

Literatur

Zum Begriff der Likelihood und zur Maximum-Likelihood-Methode siehe Wendt (1983) und Bortz (1984). Die mathematische Theorie der Maximum-Likelihood-Methode ist in Kendall & Stuart (1973) abgehandelt.

4.2 Parameterschätzung bei Rasch-Modellen

Bei der Anwendung des Rasch-Modells und seiner Verallgemeinerungen sind stets zwei Arten von Parametern zu schätzen, die Item- und die Personenparameter. Diese Unterscheidung gilt auch, wenn die Itemparameter in ordinalen Rasch-Modellen durch Schwellenparameter ersetzt, in linear-logistischen Modellen auf Komponentenparameter zurückgeführt oder im mehrkategoriellen mehrdimensionalen Rasch-Modell zu vektoriellen Item-Kategorien-Parametern verallgemeinert werden. Die Itemparameter sind die strukturellen Parameter des Modells, die Personenparameter die sog. inzidentellen Parameter (s. Kap. 3.1.1.2.2).

Die Schätzung der *Itemparameter* oder allgemeiner der strukturellen Parameter wirft bei Rasch-Modellen keine Probleme mehr auf. Es gibt zwar verschiedene Methoden diese zu schätzen, aber es ist bekannt, welche dieser Methoden unter statistischen Gesichtspunkten die besten sind. Letztere führen zu exakt denselben Schätzwerten, wenn auch auf unterschiedlichen Wegen.

Anders verhält es sich mit der Schätzung der *Personenparameter*. Hier gibt es verschiedene Verfahren, die zu unterschiedlichen Resultaten führen, und es gibt derzeit noch keinen Konsens, welches die beste Methode ist. Das klingt schlimmer, als es in Wirklichkeit ist. Bei allen Methoden hängen die Personenparameterschätzungen streng monoton mit dem Summenscore zusammen und diese Korrelation, die meist um 0.95 liegt, wird sogar noch übertroffen von den Korrelationen *zwischen* den verschiedenen Parameterschätzungen. Da sich die Methoden eigentlich nur hinsichtlich der *Varianz* der Schätzwerte unterscheiden, liegen deren Interkorrelationen bei 0.99. Handelt es sich also um ein Problem ohne praktische Konsequenzen?

Die praktischen Konsequenzen betreffen die Ermittlung der Messgenauigkeit eines Tests, also auch seiner Reliabilität. Die Verfahren unterscheiden sich nämlich nicht nur in der Varianz der Schätzwerte, sondern auch hinsichtlich ihrer Aussagen über die Größe des Messfehlers beträchtlich, so dass es hinsichtlich der Berechnung der Reliabilität eines Tests unterschiedliche Verfahren mit unterschiedlichen Ergebnissen gibt.

Zunächst zur Schätzung der Itemparameter. Klassischerweise unterscheidet man bei Rasch-Modellen drei verschiedene Likelihoodfunktionen: UML, CML und MML. Die Kürzel stehen für unbedingte (unconditional) maximum likelihood (ML), bisweilen auch JML (joint ML) genannt, bedingte (conditional) ML und marginal ML (s. Kap. 3.1.1.2.2). Alle drei Funktionen sind Funktionen (unter anderem) der Itemparameter, so dass die Koordinaten ihrer Maxima (bzw. einige von ihnen) Schätzer der Itemparameter sind.

Die Scoreverteilungs-Likelihood SL (vgl. Kap. 3.1.1.2.2) ist zusammengesetzt aus der CML und den Scoreparametern. Hinsichtlich der Schätzung der Itemparameter ist sie äquivalent zur CML.

In der UML-Funktion sind neben den Itemparametern auch die Personenparameter enthalten, es ist die einzige der drei Funktionen, in der beide Parameterarten gemeinsam (daher 'joint') vorkommen (siehe Gleichungen (6) bis (8) in Kapitel 3.1.1.2.2).

(1) $\text{UML} = f(\text{Daten} \mid \sigma, \theta)$

Daraus ergibt sich auch schon, dass die UML bei der Schätzung der Personenparameter eine Rolle spielt, nicht jedoch bei der Schätzung der Itemparameter, da die Schätzwerte für die Itemparameter in einer gemeinsamen Likelihoodfunktion unter der Ungenauigkeit der Personenparameterschätzungen leiden würden. Die UML-Methode wird im Rahmen der Schätzung der Personenparameter wieder aufgegriffen.

Die CML-Funktion ist eine Funktion allein der Itemparameter und eignet sich hervorragend zur Schätzung derselben. Sie liefert optimale Schätzwerte der Itemparameter, ohne dass man sich um die Schätzung der Personenparameter (wie bei UML) oder deren Verteilungsparameter (wie bei MML) kümmern muss. Allerdings beschreibt die CML-Funktion nicht die Wahrscheinlichkeit *aller* Daten, da sie die Wahrscheinlichkeit der Antwortpattern unter der Bedingung der gegebenen Summenscores beschreibt (siehe Gleichung (10) in Kapitel 3.1.1.2.2).

(2) $\text{CML} = f\left(\text{Daten} \mid \sigma, r_v\right)$

Es fehlt die Wahrscheinlichkeit der Scores r_v *vor* dem Bedingungsstrich. Mehr dazu später.

In der MML-Funktion sind schließlich neben den Itemparametern die Verteilungsparameter der Personenvariable enthalten (siehe Gleichung (17) in Kapitel 3.1.1.2.2).

(3) $\text{MML} = f\,(\text{Daten} \mid \sigma, f(\theta))$

Diese Methode stellt einen sehr eleganten Ausweg aus dem Problem der Schätzung der Personenparameter dar, da nicht die einzelnen Personenparameter geschätzt werden (wofür die statistische Information meist zu gering ist) sondern die wenigen Parameter, die ihre Verteilung beschreiben. Damit werden die Personenfähigkeiten wie die Itemschwierigkeiten durch strukturelle Parameter erfasst, zu deren Schätzung mit wachsender Stichprobengröße beliebig große statistische Information zur Verfügung steht.

Auch wenn den meisten Computerprogrammen zur MML-Methode 'nichts anderes einfällt' als eine Normalverteilung für die Personenvariable anzunehmen, hat die Erfahrung gezeigt, dass die Schätzwerte der Itemparameter, auch bei Verletzung der Normalverteilungsannahme, optimal und fast identisch mit den CML-Schätzwerten sind.

Es gibt noch andere Methoden der Schätzung der Itemparameter von Rasch-Modellen, die sich nicht aus der Maximierung einer bestimmten Likelihoodfunktion ableiten lassen. Der interessanteste Ansatz ist der sogenannte *pair-wise*, also paarweise Algorithmus. Er heißt so, weil er von den 'paarweisen' Antworthäufigkeiten aller Paare von Items ausgeht, das sind die Häufigkeiten n_{ji}, mit denen Item i gelöst wurde, aber nicht Item j. Es gibt nämlich eine ganz einfache Beziehung dieser Häufigkeiten zu den Itemparametern des Rasch-Modells:

(4) $$\frac{n_{ij}}{n_{ji}} = \frac{\exp(\sigma_j)}{\exp(\sigma_i)} .$$

Algorithmen, die die Itemparameter so schätzen, dass sich diese Quotienten maximal annähern, liefern Schätzwerte, die den CML-Schätzwerten äquivalent sind. Zudem funktioniert der einzige bekannte explizite, d.h. nicht-iterative Algorithmus nach dieser Methode.

Eine explizite Berechnungsformel für die Itemparameter

Logarithmiert man Gleichung (4), so ergibt sich

$$\log(n_{ij}) - \log(n_{ji}) = \sigma_j - \sigma_i .$$

Da diese Gleichung für jedes i gilt, welches ungleich j ist, gilt auch die Gleichheit der Summen

$$\sum_{i \neq j}\left(\log(n_{ij}) - \log(n_{ji})\right) = (k-1)\cdot\sigma_j - \sum_{i \neq j}\sigma_i$$

$$= k\cdot\sigma_j - \sum_i \sigma_i .$$

Sollen die Itemparameter summennormiert werden, so entfällt der letzte Summand (bzw. Subtrahend) und die Gleichung lässt sich nach σ_j auflösen:

$$\sigma_j = \left(\frac{1}{k}\right)\sum_{i \neq j}\left(\log(n_{ij}) - \log(n_{ji})\right)$$

Für das Datenbeispiel der KFT-Daten lauten die n_{ij}-Häufigkeiten:

		j=0				
		1	2	3	4	5
	1		45	81	99	119
	2	25		60	74	101
i=1	3	29	28		55	82
	4	17	12	25		52
	5	18	20	33	33	

Daraus lassen sich mit der o.g. Formel die folgenden Itemparameter berechnen:

	explizite Methode	CML
σ_1=	-1.05	-1.17
σ_2=	-0.72	-0.69
σ_3=	0.02	0.04
σ_4=	0.78	0.70
σ_5=	0.97	1.12

Diese Werte unterscheiden sich geringfügig von den CML-Schätzwerten. Und zwar sind die mittleren Werte im Absolutbetrag größer, während die Extremwerte im Betrag kleiner geschätzt werden.

Alle in Kapitel 3 aufgeführten Parameterschätzungen von strukturellen Parametern sind – soweit nicht anders vermerkt – CML-Schätzungen. Das Programm WINMIRA liefert ausschließlich und MULTIRA optional CML-Schätzungen. CONQUEST bietet MML-Schätzungen und RUMM (Rasch Unidimensional Measurement Models von B. Sheridan, Perth, Australia) wendet einen paarweisen Algorithmus an.

Die CML-Methode ist nicht zur Schätzung der *Personenparameter* geeignet, da diese gerade aus der CML-Funktion herauskonditioniert sind. Dasselbe trifft auf die paarweisen Algorithmen zu und die MML-Methode kennt nur die Verteilungsparameter der latenten Variable, nicht aber jeden einzelnen Personenparameter. Daher liegt es nahe, die Personenparameter mit der UML-Methode zu schätzen. Diese Methode und die von Warm (1989) vorgeschlagene Erweiterung wird im folgenden beschrieben.

Es gibt jedoch auch die Möglichkeit, im Anschluss an die Modellierung der latenten Verteilung, also im Rahmen der MML-Methode, an Personenparameterschätzungen zu gelangen. Die Berechnung dieser sogenannten EAP-Schätzer und die damit zusammenhängende Methode der plausible values werden im Anschluss daran dargestellt.

Die UML-Methode der Personenparameterschätzung

Die ersten partiellen Ableitungen der unbedingten Likelihoodfunktion des dichotomen Rasch-Modells, wurden in Kapitel

3.1.1.2.2 in den folgenden Ausdruck umgewandelt (vgl. ebd. Formel (8)):

$$(5)\quad L = \frac{\exp\left(\sum_{v=1}^{N} r_v\theta_v - \sum_{i=1}^{k} n_i\sigma_i\right)}{\prod_{v=1}^{N}\prod_{i=1}^{k}\left(1+\exp\left(\theta_v - \sigma_i\right)\right)},$$

der von den beobachteten Testdaten lediglich die *Randsummen* enthält, nämlich r_v, die Anzahl der Items die eine Person v gelöst hat, und n_i, die Anzahl der richtigen Itemantworten bei Item i .

Zunächst wird die Funktion *logarithmiert*, um die multiplikative Verknüpfung in eine additive Verknüpfung umzuwandeln:

$$(6)\quad \log L = \sum_{v=1}^{N} r_v\theta_v - \sum_{i=1}^{k} n_i\sigma_i - \sum_{v=1}^{N}\sum_{i=1}^{k}\log\left(1+\exp\left(\theta_v - \sigma_i\right)\right).$$

Da der Logarithmus die inverse Funktion der Exponentialfunktion ist, d.h.

$$\log(\exp(x)) = x,$$

bleiben beim Logarithmieren vom Zähler lediglich die Exponenten übrig. Im Nenner heben sich die Exponentialfunktion und der Logarithmus nicht gegenseitig auf, da der Logarithmus einer Summe nicht weiter aufgeschlüsselt werden kann.

Die erste *partielle Ableitung* nach einem Personenparameter θ_v lautet dann:

$$(7)\quad \frac{\partial \log L}{\partial \theta_v} = r_v - \sum_{i=1}^{k} \frac{1}{1+\exp\left(\theta_v - \sigma_i\right)} \cdot \exp\left(\theta_v - \sigma_i\right).$$

Die Rechenschritte

Vom *ersten* Summanden in (6) bleibt lediglich der Koeffizient r_v desjenigen θ übrig, nach dem differenziert wird. Der *zweite* Summand ist eine Konstante, deren Ableitung Null ist. Vom *dritten* Term bleibt nur *ein* Summenzeichen erhalten, da sich die Summe über die Personen auf jenen Summanden reduziert, der θ_v enthält (alle anderen Summanden sind Konstanten). Auf die einzelnen Summanden muss die Kettenregel angewendet werden, wobei die Ableitung der logarithmischen und der Exponentialfunktion benötigt werden (s.o. Grundregeln des Differenzierens).

Setzt man diese Gleichung gleich Null und löst sie nach r_v auf, so erhält man

$$(8)\quad r_v = \sum_{i=1}^{k} \frac{\exp\left(\theta_v - \sigma_i\right)}{1+\exp\left(\theta_v - \sigma_i\right)}$$

als Schätzgleichung für den Personenparameter θ_v. Die Gleichung lässt sich *nicht* nach θ_v auflösen. Für jedes andere θ erhält man eine Gleichung, die genauso aussieht, so dass man diese Gleichung auch als Gleichungs*system* zur Schätzung *aller* Personenparameter ansehen kann.

Dieses Gleichungssystem lässt sich kürzer schreiben, wenn man für den logistischen Ausdruck p_{vi} schreibt, die Lösungswahrscheinlichkeit von Person v bei Item i:

$$(8')\quad r_v = \sum_{i=1}^{k} p_{vi}\,.$$

Diese Schätzgleichung macht deutlich, dass die Personenparameter solche Werte annehmen, dass die Summenscores r_v ihren *Erwartungen* anhand der Modellgleichung entsprechen. D.h. der Summenscore einer Person, r_v, ist in Gleichung (8') gleich der Summe der Lösungswahrscheinlichkeiten über alle Items, was dem theoretisch erwarteten Summenscore entspricht.

Dieses Resultat sieht auf den ersten Blick sehr plausibel aus, tatsächlich sind die mit dieser Gleichung berechneten Schätzer aber nur konsistent, wenn die Anzahl der Items gegen unendlich geht, d.h. relativ groß ist.

Konsistente Schätzer

Man bezeichnet Schätzer dann als konsistent, wenn sich die Schätzwerte mit wachsender Anzahl von Beobachtungen dem wahren Wert des Parameters annähern. Konsistent in diesem Sinne sind die Schätzer im zuvor dargestellten Verfahren sehr wohl, nur dass 'wachsende Anzahl von Beobachtungen' hier heißt, dass Personenanzahl N *und* Itemanzahl k groß werden müssen, damit die Schätzer sich dem wahren Parameterwert annähern. Damit ist dieses Verfahren aber für Tests mit wenigen Items problematisch.

Zeitweise war es daher üblich, die nach der UML-Methode geschätzten Modellparameter mit einem einfachen Koeffizienten (nämlich (k-1)/k) zu korrigieren. Ein anderer Nachteil ließ sich mit einem solchen Korrekturterm aber nicht beheben. Die o.g. Schätzgleichung liefert nämlich für die Extremscores r=0 und r=k keine endlichen Schätzwerte. In dieser Gleichung müsste schon jeder Summand rechts vom Gleichheitszeichen 1 werden, um den Wert $r_v=k$ zu erreichen, bzw. 0 um den Wert $r_v=0$ zu erreichen. Eine Lösungswahrscheinlichkeit wird aber nur 0 oder 1, wenn – bei festgehaltenen Itemparametern – die Personenfähigkeit $+\infty$ oder $-\infty$ (unendlich) wird.

Früher hat man bisweilen die Personen mit einem solchen Maximal- oder Minimalscore von weiteren Analysen ausgeschlossen. Inzwischen gibt es bessere Verfahren zur Schätzung der Personenparameter, die auf der UML-Methode aufbauen. Hierzu gehört die sog. *weighted* (gewichtete) ML-Methode. Diese Methode beruht auf dem sog. *Bayes-Ansatz* der Parameterschätzung. Hierbei wird nicht wie bei der ML-Methode die Wahrscheinlichkeit der Daten unter der Bedingung der Modellparameter maximiert,

$$(9)\quad p\left(\underline{x}\middle|\theta,\sigma\right) \to \max,$$

sondern die Wahrscheinlichkeit der Personenparameter unter der Bedingung der Daten und der Itemparameter:

$$(10)\quad p\left(\theta\middle|\underline{x},\sigma\right) \to \max.$$

Diese Methode ist nach Bayes benannt, weil sich mit Hilfe des Satzes von Bayes die Ereignisse vor und hinter dem Bedingungsstrich vertauschen lassen (s. Kap 3.1.2.2 über die Klassenanalyse). Auch die Maximierung dieser Wahrscheinlichkeit hat ihre Logik: sollen doch diejenigen Parameterwerte für die Personen ermittelt werden, die bei den gegebenen Daten *am wahrscheinlichsten* sind.

Der Bayes-Ansatz hat jedoch den Nachteil, dass man irgendeine Annahme über die Art der Verteilung derjenigen Parameter treffen muss, deren Wahrscheinlichkeit man maximieren will, hier also der θ. Während man für die *unbedingte* Likelihood (9) eines Antwortpatterns den Ausdruck

(11)

$$p\left(\underline{x}_v\middle|\theta,\sigma\right) = \frac{\exp\left(r_v\,\theta_v\right)}{\prod_{i=1}^{k}\left(1+\exp\left(\theta_v-\sigma_i\right)\right)}\cdot\exp\left(-\sum_{i=1}^{k} x_i\,\sigma_i\right)$$

erhält (s.o. Gleichung (5)), ist die Bayes-Wahrscheinlichkeit (10) zu einem Ausdruck proportional (≈ ist das Proportionalitätszeichen), in dem die Dichtefunktion der Personenvariable f(θ) auftaucht:

$$(12)\quad p\left(\theta\middle|\underline{x}_v,\sigma\right) \approx \frac{\exp\left(r_v\,\theta_v\right)}{\prod_{i=1}^{k}\left(1+\exp\left(\theta_v-\sigma_i\right)\right)}\cdot f(\theta).$$

Warm (1989) setzt für f(θ) die Wurzel aus der Informationsfunktion ein (s. Kap. 6.1.1):

(13) $$f(\theta) = \sqrt{I(\theta)} = \sqrt{\sum_{i=1}^{k} p_{vi}\left(1 - p_{vi}\right)},$$

eine Funktion, in der extrem kleine oder große Werte für θ sehr unwahrscheinlich sind. Diese Funktion verhindert, dass die Schätzwerte für θ zu stark auseinandergehen und für $r = 0$ und $r = k$ gegen $-\infty$ bzw. $+\infty$ streben.

Logarithmieren und Differenzieren von (12) ergibt nach mehreren Zwischenschritten

(14) $$\frac{\partial \log\left(p\left(\theta|\underline{x},\sigma\right)\right)}{\partial \theta_v} = r_v - \sum_{i=1}^{k} p_{vi} + \frac{\sum_{i=1}^{k} p_{vi}\left(1-p_{vi}\right)\left(1-2p_{vi}\right)}{2\sum_{i=1}^{k} p_{vi}\left(1-p_{vi}\right)}.$$

Im Unterschied zur Ableitung der unbedingten Likelihood (vgl. (7)) tritt hier noch ein dritter Summand auf, der die Rolle eines *Korrekturterms* spielt. Setzt man Gleichung (14) gleich Null und löst sie folgendermaßen auf (vgl. (8'))

(15) $$r_v + \frac{\sum_{i=1}^{k} p_{vi}\left(1-p_{vi}\right)\left(1-2p_{vi}\right)}{2\sum_{i=1}^{k} p_{vi}\left(1-p_{vi}\right)} = \sum_{i=1}^{k} p_{vi},$$

so lässt sich die Funktionsweise dieses Korrekturterms analysieren. Während der Nenner nur positiv werden kann, wird der Zähler in Abhängigkeit vom dritten Faktor, (1-2 p_{vi}), mal positiv und mal negativ:

Ist $p_{vi} < 0.5$, so ist (1-2 p_{vi}) positiv.
Ist $p_{vi} > 0.5$, so ist (1-2 p_{vi}) negativ.

Das bedeutet, *kleine* Scores r werden etwas *vergrößert*, *große* Scores etwas *verkleinert*.

Genau dieser Effekt ermöglicht auch die Schätzung von Parametern für den Score $r = 0$ und $r = k$: Durch den Korrekturterm in Schätzgleichung (15) brauchen die erwarteten Scores, $\sum_i p_{vi}$, nicht 'ganz' gleich 0 bzw. k zu werden, was nur mit $\theta = -\infty$ bzw. $\theta = +\infty$ erreicht wäre.

Im Datenbeispiel der KFT-Daten sehen die Personenparameter nach der UML-Methode (MLE: Maximum Likelihood Estimates) und der WLE-Methode (Weighted-Likelihood-Estimates) wie folgt aus.

	n_r	MLE	WLE	EAP
0	58	****	-2.77	-2.61
1	48	-1.59	-1.33	-1.37
2	46	-0.47	-0.41	-.47
3	50	0.48	0.42	.38
4	60	1.59	1.33	1.31
5	38	****	2.75	2.50

Nach der einfachen UML-Methode sind für 96 Personen keine Parameter schätzbar, während diese nach der Warm-Methode endliche Werte annehmen.

Die Varianz der WLE ist gegenüber den einfachen MLE-Schätzern verringert, d.h. die Parameterschätzungen sind im Absolutbetrag kleiner. Diese modifizierte Methode nach Warm ist der einfachen UML-Methode überlegen und hat diese als 'Standardverfahren' ersetzt.

Die expected a posteriori Schätzer (EAP)

Die MML-Methode liefert keine Schätzungen für die Individualparameter. Es ist jedoch möglich, anhand der Verteilungsparameter der latenten Variable, welche im Rahmen der MML-Methode geschätzt werden, Erwartungswerte für die einzelnen Personenparameter zu berechnen. Diese sogenannten *expected a posteriori* (EAP-) Schätzer sind die Erwartungswerte der latenten Variable unter der Bedingung der Daten, der Itemparameter und der Verteilung der latenten Variable.

(16) $\text{EAP} = \text{Erw}\left(\theta \mid \text{Daten}, \sigma, f\left(\theta\right)\right).$

Die rechte Spalte der vorangehenden Tabelle zeigt, dass die EAP-Schätzer tatsächlich eine geringere Varianz haben als die WLE. Die Standardabweichung über alle Personen beträgt s=1.67 und ist damit kleiner als die Standardabweichung der WLE, s=1.77.

Um diesen Effekt noch einmal anhand von Daten zu überprüfen, deren Personenparameter wenigstens annähernd normalverteilt sind, zeigt die folgende Tabelle die nach den drei Methoden berechneten Parameterwerte für das Datenbeispiel der Neurotizismus-Items.

	n_r	MLE	WLE	EAP
0	6	****	-5.54	-3.50
1	17	-4.40	-4.12	-3.02
2	34	-3.33	-3.22	-2.48
3	62	-2.51	-2.46	-1.92
4	104	-1.76	-1.74	-1.40
5	183	-1.06	-1.01	-.91
6	154	-0.43	-0.36	-.46
7	136	0.11	0.18	-.03
8	90	0.60	0.64	.38
9	73	1.03	1.06	.77
10	55	1.45	1.45	1.12
11	37	1.87	1.83	1.48
12	22	2.32	2.24	1.84
13	12	2.87	2.71	2.21
14	7	3.68	3.34	2.60
15	7	****	4.54	3.07

Es ergibt sich, dass die WLE-Schätzer gegenüber den MLE-Schätzern wiederum eine leicht verringerte Varianz aufweisen, und die EAP-Schätzer eine nochmals verringerte Varianz haben. Die Standardabweichung der WLE beträgt s=1.55, die der EAP beträgt 1.18. Es stellt sich die Frage, welches denn die beste Schätzung der tatsächlichen Varianz ist, wobei wiederum nicht eindeutig ist, was denn die 'tatsächliche Varianz' ist.

Man könnte hiermit entweder das Konzept der 'wahren Varianz' aus der Messfehlertheorie meinen oder aber die Varianz der besten Schätzer der Personenmesswerte. Die nach der WLE-Methode geschätzten Personenparameter sind die besten *Punktschätzer* der individuellen Messwerte. Das bedeutet, dass sie die Fähigkeitsausprägung für eine einzelne Person am besten treffen, aber nicht, dass sie messfehlerbereinigt wären.

Der Messfehler lässt sich nicht aus einem einzelnen Messwert herausholen, sondern nur aus den Varianzen und Kovarianzen der Messwerte in der ganzen Population oder in Teilpopulationen. Die Varianz der WLE-Schätzer entspricht daher der Varianz der *beobachteten* Werte in der Terminologie der Messfehlertheorie.

Die Varianz der EAP-Schätzer ist deutlich geringer, da die EAP-Werte unter der Bedingung der Parameter der latenten Verteilung geschätzt wurden. Diese beträgt im Datenbeispiel s^2=1.84 und somit lautet die Standardabweichung s=1.35. Das bedeutet, dass die Varianz der EAP noch geringer ist als die geschätzte Varianz der latenten Verteilung. Die Erklärung ergibt sich daraus, dass die EAP-Werte Schätzer sind und somit auch einen Standardschätzfehler haben (s. Kap. 6.1). Die Varianz dieses Messfehlers muss zur Varianz der EAP-Werte hinzugerechnet werden, um auf den

Wert der Varianz der latenten Variable zu kommen (s. Kap. 6.3).

Tatsächlich werden die EAP-Schätzer selten als Messwerte der Personenvariable genommen. Sie können die WLE als beste Punktschätzer nicht ersetzen. Im folgenden ist ein Verfahren dargestellt, zu Messwerten zu gelangen, die den Standardschätzfehler der EAP mit berücksichtigen.

Die plausible values Technik

Die Schätzung der EAP kann man grafisch so veranschaulichen, als ob es für den Parameter jeder Person eine kleine Verteilung gibt, die die a posteriori Verteilung dieses Parameters darstellt.

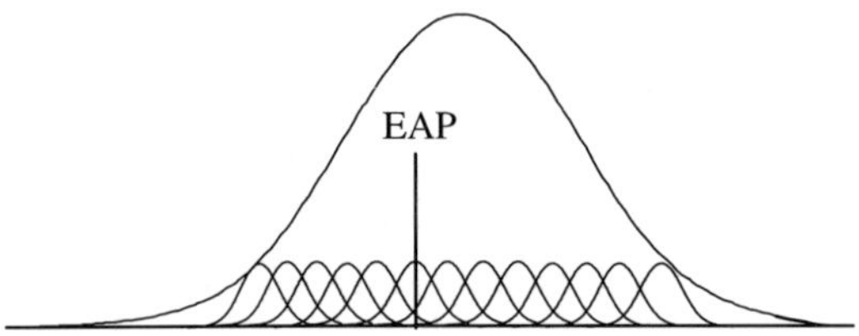

Abb. 139: Die a posteriori Verteilungen einiger Personenparameter und die Verteilung der latenten Variable

Die EAP-Werte sind die Erwartungswerte, also die Mittelwerte dieser kleinen Verteilungen. Obwohl es in der Regel Sinn macht, den Erwartungswert einer Verteilung als deren besten Repräsentanten zu nehmen, ignoriert man mit dieser Methode die Streuung der Verteilung um den Erwartungswert. Daraus ergibt sich die Grundidee der plausible values Technik, bei der man aus jeder dieser kleinen Verteilungen einen Zufallswert zieht und diesen Wert als Messwert der Person nimmt.

Dies mag befremdlich klingen, bemüht man doch den Zufallszahlengenerator, um den Messwert einer Person zu ermitteln. Mehr noch, man kann *mehrere* solcher Zufallswerte aus den a posteriori Verteilungen ziehen und tut das in der Regel auch. Der Vorteil gegenüber den EAP, also den Erwartungswerten, liegt darin, dass die Varianz dieser plausible values größer wird und sich der Varianz der latenten Verteilung annähert (beide Varianzen stimmen aber in der Regel rechnerisch nicht überein).

Diese plausible values Technik wird vor allem in großen, sogenannten *large scale assessment* studies angewandt, da mit ihr eine elegante Methode des Umgangs mit missing data verbunden ist (siehe Kapitel 4.4).

Die Eindeutigkeit der Parameterschätzungen

Wenn man die Parameter eines Testmodells schätzt, sollte man sich vorher Gedanken darüber machen, ob die Parameterwerte überhaupt existieren und eindeutig festliegen. In Kapitel 4.3 wird darauf eingegangen, dass dies bei latenten Klassenmodellen durchaus ein Problem darstellen kann.

Für das Rasch-Modell und seine Verallgemeinerungen ist dieses Problem in der Regel nicht von großer Bedeutung. Es gibt eine einfache, *notwendige und hinreichende Bedingung* für die Existenz und Eindeutigkeit, die im folgenden für das dichotome Rasch-Modell dargestellt ist. Diese Bedingung besteht darin, dass sich in der Testdatenmatrix die Items und Personen *nicht* so umordnen lassen dürfen, dass die Datenmatrix die folgende Struktur annimmt:

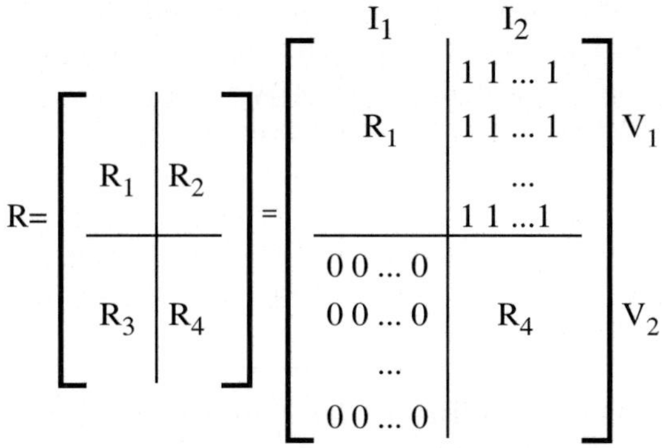

Abbildung 140: Struktur einer Datenmatrix, bei der Existenz und Eindeutigkeit von ML-Schätzungen *nicht* gegeben ist

Das bedeutet, es darf keine Aufteilung der Items in zwei Gruppen, I_1und I_2, und keine Aufteilung der Personen in zwei Gruppen, V_1 und V_2, geben, so dass alle Items der einen Gruppe von *allen* Personen einer Gruppe gelöst werden (R_2), während alle Items der anderen Gruppe von *keiner* Person der anderen Gruppe gelöst werden (R_3).

Dass bei Vorliegen einer solchen Datenstruktur keine Parameterschätzung möglich ist, ist *intuitiv leicht nachvollziehbar:* In diesem Fall würden nämlich die Parameterschätzungen der ersten Itemgruppe nur auf den Antworten der ersten Personengruppe beruhen und die Parameterschätzungen der zweiten Itemgruppe nur auf den Antworten der zweiten Personengruppe. Wie schwer jedoch die Items aus I_2 für die Personen aus V_1 sind oder wie schwer die Items aus I_1 für die Personen aus V_2 sind, lässt sich nicht schätzen, weil diese Personen alle bzw. kein Item der betreffenden Gruppe gelöst haben.

Der Datensatz 'zerfällt' in diesem Fall in zwei separate Datensätze R_1 und R_4, für die nur getrennte Parameterschätzungen möglich sind. Die Anordnung der Personen aus beiden Datensätzen auf einer *gemeinsamen* Skala ist nicht möglich, da sich weder die Item- noch die Personenstichproben überlappen.

Diese Bedingung ist für einen gegebenen Datensatz sehr leicht *überprüfbar.* Sofern eine Struktur wie in Abbildung 140 vorliegt, sind nämlich alle Itemscores n_i der Items aus I_1 kleiner als die der Items aus I_2. Entsprechend sind alle Personenscores r_v der Personen aus V_2 kleiner als die der Personen aus V_1. Ein *Sortieren* der Items und der Personen nach der Größe ihrer jeweiligen Summenscores erlaubt daher eine direkte visuelle Prüfung der resultierenden Datenmatrix, ob die in Abbildung 140 dargestellte kritische Struktur gegeben ist.

Auf eine *routinemäßige* Überprüfung dieser Bedingung wird in den meisten Computerprogrammen jedoch verzichtet, da sie sehr selten gegeben ist.

Literatur

Einen sehr allgemeinen Algorithmus für die Suche der Maxima von Likelihoodfunktionen stellt die Newton-Raphson-Methode dar (s. Andersen 1980). Molenaar (1995) gibt einen Überblick über die Schätzung der Itemparameter im Rasch-Modell. Die Eigenschaften bedingter ML-Schätzer hat Andersen (1973a) systematisch untersucht. Gustaffson (1980a) beschreibt Verfahren zur rekursiven Berechnung der symmetrischen Grundfunktionen. Der Bayes-Ansatz zur Schätzung der Personenparameter geht auf Warm (1989) zurück. Hoijtink & Boomsma (1995) vergleichen diese Methode mit anderen Schätzmethoden für die Personenparameter. Die marginale ML-Methode beschreibt Thissen (1982) und Mislevy & Wilson (1996), und Wright & Masters (1982) stellen mehrere Parameterschätzmethoden für ordinale Rasch-Modelle vergleichend vor. Fischer (1974) geht auch auf die Parameterschätzung beim mehrdimensionalen, mehrkategoriellen Rasch-Modell ein. Die Parameterschätzung bei mehrparametrigen item-response Modellen behandelt Baker (1992).

4.3 Parameterschätzung für die latente Klassenanalyse

Die Parameterschätzung für klassifizierende Testmodelle galt lange Zeit als recht schwierig und wurde erst in den 70-er Jahren für größere Datensätze technisch durchführbar. Obwohl inzwischen sehr viele verschiedene Algorithmen einsetzbar sind, hat sich doch eine Methode besonders bewährt, nämlich der sogenannte *EM-Algorithmus*. Der Name stellt eine Abkürzung dar, wobei E für *Erwartungswerte* und M für *Maximierung* steht. Die Bedeutung dieser Begriffe wird im folgenden deutlich werden.

Der EM-Algorithmus basiert nicht auf den partiellen Ableitungen der Likelihoodfunktion des jeweiligen Testmodells, sondern er stellt eine recht einfache Iterations*vorschrift* dar, für die man lediglich die Modellgleichungen benötigt. Über diesen Algorithmus ist nachgewiesen, dass mit jedem Iterationsschritt Parameterwerte erhalten werden, für die die Likelihoodfunktion einen *höheren Wert* annimmt, als im vorigen Iterationsschritt. Das heißt nichts anderes, als dass der Algorithmus stets ein Maximum der Likelihoodfunktion findet (auf Ausnahmen wird später eingegangen).

Dieser Algorithmus ist zudem so *flexibel*, dass alle in Kapitel 3 behandelten probabilistischen Modelle mit qualitativer Personenvariable mit ihm berechnet werden können. Im folgenden ist er für den *einfachsten* Fall dargestellt, nämlich für die Klassenanalyse für dichotome Daten ohne jede Parameterrestriktion (s. Kap. 3.1.2.2).

Die Idee des EM-Algorithmus besteht darin, die beobachteten *Häufigkeiten* der Antwortmuster auf die latenten Klassen *aufzusplitten*. Wurde ein bestimmtes Antwortmuster z.B. fünfmal beobachtet, d.h. von fünf Personen produziert, so stellt sich die Frage, welcher Anteil dieser Häufigkeit auf welche latente Klasse entfällt. Ist ein Pattern typisch für die erste latente Klasse, so würde man es dort z.B. mit einer Häufigkeit von 3.8 erwarten, in der zweiten Klasse, vielleicht mit einer Häufigkeit von 0.9 und in der dritten Klasse nur mit einer Häufigkeit von 0.3.

Die Aufsplittung der Patternhäufigkeiten

Item	f	Häufigkeit in Klassen		
1 2 3 4 5 6 7		1	2	3
0 1 1 0 1 0 1	5	3.8	0.9	0.3
1 0 0 0 1 1 1	1	0.1	0.8	0.1
1 1 1 1 0 1 1	15	11.2	1.2	2.6
0 0 1 0 0 1 0	3	0.8	0.1	2.1
.	.	.	.	.
.	.	.	.	.

Die Frage ist, wie man diese Aufsplittung der Häufigkeiten erhält, wenn man die Modellparameter doch noch gar nicht kennt. Der EM-Algorithmus *optimiert* eine zunächst willkürlich vorgenommene Aufsplittung von Iteration zu Iteration. Hat man erst einmal für jede Klasse die Häufigkeiten der Antwortmuster, so ist es ein leichtes, die Modellparameter zu berechnen:

Die Modellgleichung der Analyse latenter Klassen lautet (vgl. Kap. 3.1.2.2):

$$(1) \quad p(X_{vi}=1)=\sum_{g=1}^{G} \pi_g \, \pi_{ig},$$

d.h. es sind die Klassengrößenparameter π_g und die Lösungswahrscheinlichkeiten der Items innerhalb der Klassen π_{ig} zu berechnen.

Schätzer für die *Klassengrößenparameter* π_g erhält man, indem man die erwarteten Häufigkeiten in jeder Klasse zusammenzählt und durch die Gesamtanzahl der Personen dividiert. Für das obige Beispiel erhält man also folgende Klassengrößen, wenn man annimmt, dass nur diese vier Pattern beobachtet worden sind:

$\pi_1 = 15.9/24 = 0.66$
$\pi_2 = 3/24 = 0.13$
$\pi_3 = 5.1/24 = 0.21$

Entsprechend lassen sich die klassenspezifischen *Lösungswahrscheinlichkeiten* ermitteln, z.B. für die erste Klasse im obigen Beispiel:

	1	2	3	4	5	6	7
n_{ig}	11.3	15	15.8	11.2	3.9	12.1	15.1
π_{ig}	.71	.94	.99	.70	.24	.76	.95

Die Itemlösungshäufigkeiten n_{ig} ergeben sich jeweils durch das Zusammenzählen derjenigen Patternhäufigkeiten, in denen das Item gelöst wurde. Die Modellparameter π_{ig} erhält man dann durch Division durch die erwartete Personenanzahl in der jeweiligen Klasse, also z.B. 15.9 für die erste Klasse.

Hat man die Modellparameter auf diese Weise berechnet, so kann man mit deren Hilfe ein *neues Splitting* der beobachteten Patternhäufigkeiten vornehmen. Hierfür berechnet man für jedes beobachtete Pattern, wie wahrscheinlich es in jeder Klasse ist und splittet die beobachtete Patternhäufigkeit proportional zu diesen Werten auf. Anhand dieser neuen Patternhäufigkeiten für die einzelnen latenten Klassen lassen sich dann wieder die Modellparameter berechnen usw.

Genau dieses Verfahren bezeichnet man als *EM-Algorithmus*. Der E-Schritt (E wie Erwartungswerte) ist der Schritt, in dem man die beobachteten Patternhäufigkeiten proportional zu den Patternwahrscheinlichkeiten in den latenten Klassen aufsplittet. Man berechnet also die *erwarteten Patternhäufigkeiten* in den Klassen (daher E).

Der zweite Schritt, in dem man die Modellparameter für die einzelnen Klassen berechnet, ist der M-Schritt (M wie Maximierung), da die so berechneten Modellparameter *Maximum-Likelihood-Schätzungen* der Modellparameter unter der Bedingung der gegebenen klassenspezifischen Patternhäufigkeiten sind.

Tatsächlich *konvergiert* die iterative Abfolge dieser beiden Schritte zu einem Maximum der Likelihoodfunktion des jeweiligen klassifizierenden Testmodells. Im folgenden werden die beiden Rechenschritte etwas präziser als zuvor definiert.

E-Schritt

Der E-Schritt setzt vorläufige Parameterschätzungen aller Modellparameter voraus und ermittelt die erwarteten Patternhäufigkeiten für jede Klasse. Die in einer Klasse erwarteten Patternhäufigkeiten $\hat{n}_g(\underline{x})$ lassen sich aus den beobachteten Patternhäufigkeiten $n(\underline{x})$ dadurch berechnen, dass man sie mit der Wahrscheinlichkeit multipliziert, genau dieses Pattern in Klasse g zu beobachten:

$$(2)\quad \hat{n}_g(\underline{x}) = n(\underline{x}) \cdot \frac{p(\underline{x} \wedge g)}{p(\underline{x})}.$$

Der Zähler dieser letztgenannten Wahrscheinlichkeit, $p(\underline{x} \wedge g)$, ist von der bedingten Patternwahrscheinlichkeit $p(\underline{x}|g)$ folgendermaßen zu unterscheiden:

$$(3)\quad p(\underline{x} \wedge g) = \pi_g \cdot p(\underline{x}|g),$$

was sich aus der Definition bedingter Wahrscheinlichkeiten ergibt. Der Nenner in Gleichung (2), $p(\underline{x})$, ist folgendermaßen definiert (vgl. Gleichung (8) in Kapitel 3.1.2.2):

$$\text{(4)}\quad p(\underline{x}) = \sum_{g=1}^{G} \pi_g \, p(\underline{x}|g).$$

Die bedingte Patternwahrscheinlichkeit $p(\underline{x}|g)$, die in beiden Gleichungen (3) und (4) auftaucht, ist durch das Produkt aller Antwortwahrscheinlichkeiten definiert (vgl. Formel (9) in Kap. 3.1.2.2).

Mit Hilfe dieser Gleichungen lassen sich für jede beobachtete Patternhäufigkeit die erwarteten Anteile für jede latente Klasse g ermitteln.

M-Schritt

In diesem Schritt werden aufgrund der klassenspezifischen Patternhäufigkeiten $\hat{n}_g(\underline{x})$ die Modellparameter geschätzt. Die Schätzer für die Klassengrößenparameter lauten:

$$\text{(5)}\quad \hat{\pi}_g = \sum_{\underline{x}} \hat{n}_g(\underline{x}) / N ,$$

das ist die relative Häufigkeit der erwarteten Personenanzahl an der Gesamtstichprobe.

Die Schätzer für die klassenspezifischen Lösungswahrscheinlichkeiten lauten

$$\text{(6)}\quad \hat{\pi}_{ig} = \sum_{\underline{x}|x_i=1} \hat{n}_g(\underline{x}) / (\hat{\pi}_g \cdot N) ,$$

also die relative Anzahl aller in diese Klasse entfallenden Pattern, in denen das Item i eine 1-Antwort hat.

Auch hier ist es wieder nicht möglich, den Algorithmus per Hand durchzurechnen, so dass im folgenden zur Illustration die ersten 20 Iterationen eines Datenbeispiels wiedergegeben sind.

Die Tabelle enthält für das Datenbeispiel der KFT-Items (vgl. Kap. 3.1) die Parameter der Zweiklassenlösung der latent-class Analyse für dichotome Daten.

π_g	π_{gi}	Iterations-schritt
0.411 0.589	0.704 0.612 0.493 0.394 0.325 0.613 0.564 0.465 0.364 0.305	1
0.412 0.588	0.729 0.658 0.532 0.437 0.353 0.595 0.531 0.438 0.334 0.285	2
0.419 0.581	0.793 0.749 0.616 0.528 0.415 0.546 0.464 0.376 0.267 0.240	3
0.442 0.558	0.876 0.870 0.727 0.655 0.492 0.471 0.357 0.279 0.157 0.172	4
0.466 0.534	0.907 0.932 0.781 0.716 0.518 0.426 0.280 0.212 0.081 0.135	5
0.481 0.519	0.907 0.944 0.787 0.720 0.513 0.412 0.249 0.189 0.059 0.129	6
0.492 0.508	0.905 0.945 0.782 0.712 0.506 0.403 0.234 0.181 0.052 0.127	7
0.500 0.500	0.903 0.943 0.776 0.704 0.501 0.396 0.223 0.177 0.049 0.126	8
0.507 0.493	0.902 0.942 0.771 0.697 0.498 0.391 0.215 0.175 0.048 0.124	9
0.512 0.488	0.902 0.940 0.766 0.691 0.495 0.385 0.208 0.173 0.046 0.122	10
⋮	⋮	
0.530 0.470	0.900 0.935 0.751 0.673 0.486 0.369 0.187 0.167 0.043 0.118	16
0.531 0.469	0.899 0.935 0.750.0.671 0.486 0.367 0.185 0.167 0.043 0.118	17
0.532 0.468	0.899 0.935 0.749 0.670 0.485 0.366 0.183 0.167 0.043 0.118	18
0.533 0.467	0.899 0.934 0.748 0.669 0.485 0.365 0.182 0.166 0.042 0.117	19
0.534 0.466	0.899 0.934 0.748 0.668 0.484 0.365 0.181 0.166 0.042 0.117	20

Es zeigt sich schon nach wenigen Iterationen die Struktur der beiden entstehenden Klassen, dass es sich nämlich bei der ersten Klasse um eine Klasse mit durchweg höheren Lösungswahrscheinlichkeiten handelt, während diese in der zweiten Klasse niedriger sind. Lediglich die Klassengrößenparameter, deren Startwerte offensichtlich in der falschen Reihenfolge spezifiziert waren, kehren sich erst später, d.h. genau nach der achten Iteration um.

Das nach 20 Iterationen erreichte Resultat entspricht dem in Kapitel 3.1.2.2 wiedergegebenen.

Es ist ein typisches Merkmal dieses EM-Algorithmus, dass er am Anfang in relativ großen Schritten in Richtung des Maximums der Likelihoodfunktion schreitet, gegen Ende des Konvergenzprozesses jedoch *sehr langsam* wird, d.h. viele Iterationen braucht, in denen sich die Parameterwerte nur noch minimal verändern.

Dieser Algorithmus, dessen Prinzip hier für den einfachsten Fall einer Klassenanalyse dargestellt wurde, ist äußerst *universell anwendbar*, d.h. auch für die komplexeren Modelle mit Parameterrestriktionen oder für ordinale Daten.

Diese Flexibilität verdankt der EM-Algorithmus der Tatsache, dass im M-Schritt, in dem bereits die auf die Klassen aufgesplitteten Patternhäufigkeiten vorliegen, so ziemlich jedes Modell spezifiziert werden kann. Einzige Bedingung ist, dass man im M-Schritt *Maximum-Likelihood-Schätzer* für das jeweilige Modell berechnet. Zudem kann man im M-Schritt auch Modellparameter *gleichsetzen*, d.h. durch ihren gemeinsamen Mittelwert ersetzen oder auf a priori *fixierten Werten* festhalten (vgl. Kap. 3.1.2.3).

Dabei ist es *nicht* notwendig, dass im M-Schritt die Maximum-Likelihood-Schätzer für die Modellparameter anhand von *expliziten Gleichungen* berechnet werden, wie im Fall der dichotomen Klassenanalyse (s.o. 'M-Schritt'). Vielmehr kann man auch in jedem M-Schritt ein iteratives Verfahren anwenden, das der Berechnung von ML-Schätzern für das Modell *innerhalb* jeder Klasse dient. Ein solches ineinandergeschachteltes, 'doppeltes' Iterationsverfahren wird z.B. für die mixed Rasch-Modelle verwendet (vgl. Kap 3.1.3 und 3.3.5).

Die Eindeutigkeit der Parameterschätzungen

In diesem und dem vorangehenden Kapitel wurden Algorithmen zur Ermittlung von Parameterschätzwerten dargestellt, die die Likelihoodfunktion des betreffenden Testmodells maximieren. Dabei wurde die Frage ausgeklammert, ob die Likelihoodfunktion im Bereich der zulässigen Parameterwerte *überhaupt ein* Maximum besitzt (das ist die Frage nach der Existenz von ML-Schätzungen) und ob es *nur ein* eindeutig definiertes Maximum gibt (das die Frage nach der Eindeutigkeit von ML-Schätzungen).

Die Eindeutigkeit der Parameterschätzungen kann wiederum durch zwei Gegebenheiten verletzt sein, nämlich dadurch, dass es neben dem globalen Maximum noch weitere, *lokale Maxima* oder Nebenmaxima gibt, oder dass das Maximum der Likelihoodfunktion *nicht durch einen Punkt* definiert ist, sondern selbst ein Plateau oder eine Fläche darstellt.

Kann letzteres für ein bestimmtes, rechnerisch ermitteltes Maximum ausgeschlossen werden, d.h. stellt das Maximum tatsächlich einen Punkt und keine Fläche dar, so sagt man, dass das Modell *lokal identifizierbar* ist. Lokale Identifizierbarkeit impliziert jedoch nicht, dass es keine multiplen Maxima, d.h. Maxima an anderen Stellen des mehrdimensionalen Parameterraumes gibt.

Wir haben es also mit drei Problemen zu tun, nämlich der Frage nach

- der Existenz von ML-Schätzungen
- möglichen multiplen Maxima und
- der lokalen Identifizierbarkeit

Bei *klassifizierenden* Testmodellen gibt es zur Frage der Eindeutigkeit der Parameterschätzungen leider keine leicht prüfbare Voraussetzung wie bei Rasch-Modellen (vgl. Kap. 4.2). Darüber hinaus zeigt die Erfahrung, dass es bei großen Datensätzen mit vielen Items und mehreren latenten Klassen sehr wohl *des öfteren multiple Maxima* gibt. Auch gibt es bei Datensätzen mit wenig Items aber mehreren latenten Klassen manchmal Probleme mit der *lokalen Identifizierbarkeit.*

Es stellt sich also bei der praktischen Anwendung dieser Testmodelle die Notwendigkeit, entsprechende Berechnungen anzustellen und sich gegen Fehlinterpretationen von Ergebnissen abzusichern.

Im folgenden wird dieses Problem nicht theoretisch abgehandelt, sondern es werden einige Analyseschritte genannt, die man bei der Anwendung eines klassifizierenden Testmodells im Zweifelsfall durchführen sollte.

Ist die Parameteranzahl zu groß?

Eine erste Berechnung, die vor der Testanalyse durchgeführt werden kann, betrifft die Frage, ob das Testmodell eventuell *mehr* Modellparameter enthält als es beobachtete Patternhäufigkeiten gibt. Es stellt nämlich eine notwendige Voraussetzung dar, dass die Parameteranzahl *kleiner* sein muss, d.h. es muss gelten

$$(1)\ m^k - 1 > \text{Anz. unabh. Modellparameter},$$

wenn m die Anzahl der Antwortkategorien bei jedem von k Items ist. Wurden nicht alle möglichen Antwortpattern beobachtet, so ist auf der linken Seite der Ungleichung die entsprechend kleinere Anzahl *beobachteter* Antwortmuster einzusetzen.

Dies bedeutet z.B., dass mit drei dichotomen Items *keine* Zweiklassenlösung des Modells latenter Klassen berechnet werden kann, da es bei sieben unabhängigen Patternhäufigkeiten auch genau sieben zu schätzende Parameter gibt. Für komplexere Modelle ist die Anzahl unabhängiger Modellparameter jeweils unter Berücksichtigung der *Normierungsvorschriften* zu ermitteln (vgl. Kap. 3).

Neben dieser relativ einfachen, aber noch nicht sehr aussagekräftigen Prüfung, gibt es einen Test auf lokale Identifizierbarkeit, den manche Computerprogramme anbieten:

Sind die geschätzten Parameter lokal identifiziert?

Diese Prüfung bedient sich einer Gesetzmäßigkeit aus der Maximum-Likelihood-Theorie, die besagt, dass die Matrix der ersten partiellen Ableitungen der Patternwahrscheinlichkeiten nach den Modellparametern vollen Rang haben muss, d.h. Spaltenrang:

$$(2)\quad \text{Rang}\left[\frac{\partial p(\underline{x})}{\partial \pi_s}\right]_{m^k \times q} = q\,.$$

Die in der Klammer stehende Matrix hat m^k Zeilen, nämlich so viele wie es Patternwahrscheinlichkeiten gibt, und q Spalten, wobei q die Anzahl unabhängiger Modellparameter ist. Mit π_s wurde hier ein beliebiges Element aus dem Vektor der Modellparameter

$$\pi = (\pi_1, \pi_2, \ldots \pi_s \ldots \pi_q)$$

bezeichnet. Diese Matrix hat mehr Zeilen als Spalten und kann daher nur den Rang q erreichen (Spaltenrang). Ist der Rang der Matrix *kleiner*, so ist die lokale Identifizierbarkeit *nicht* gegeben.

Aber selbst wenn diese beiden Bedingungen erfüllt sind, ist immer noch nicht garantiert, dass nicht noch *weitere Maxima* neben dem gefundenen Maximum existieren (vgl. Kap. 4.1 Abb. 138)

Um sich gegen die Interpretation lokaler Maxima abzusichern, gibt es derzeit nur eine Strategie, und das ist die Berechnung der Modellparameter ausgehend von *verschiedenen Startwerten*. Das bedeutet, dass man dieselben Testanalysen mehrfach durchführen muss, wobei man jeweils die Startwerte für den Schätzalgorithmus ändert.

Die verschiedenen Computerprogramme bieten hierfür unterschiedliche Varianten an. Während eine Möglichkeit darin besteht, systematisch unterschiedliche *Startwerte* für alle Modellparameter in das Programm *einzugeben,* besteht die leichtere Möglichkeit darin, mit dem Zufallszahlengenerator jedes mal *neue zufällige Startwerte* für die Modellparameter zu generieren. In diesem Fall muss man bei dem entsprechenden Computerprogramm lediglich den *Startwert für den Zufallszahlengenerator* ändern, da auch ein Zufallszahlengenerator stets dieselben Zahlen produziert, wenn er mit demselben Startwert 'gezündet' wird. Noch komfortabler ist Software, die Berechnungen von mehreren Startwerten selbständig durchführt und die Ergebnisse automatisch vergleicht.

Im allgemeinen muss dieser *Vergleich* jedoch vom Benutzer des Programms selbst durchgeführt werden, d.h. man muss schauen, ob die verschiedenen Rechnungen mit unterschiedlichen Startwerten zum selben Maximum der Likelihoodfunktion geführt haben. Ist dies nicht der Fall, d.h. sind mit verschiedenen Startwerten auch unterschiedliche Werte der Likelihoodfunktion verbunden, so muss man den *größten* Wert der Likelihoodfunktion suchen. Dieses Resultat sollte man weiter absichern, indem man Rechnungen mit weiteren neuen Startwerten durchführt.

Dieses Verfahren klingt nicht sehr wissenschaftlich und ist in der Tat auch nur eine *Notlösung*. Es ist aber stets dann unerlässlich, wenn aufgrund der Daten- und Modellstruktur mit multiplen Maxima zu rechnen ist. Erfahrungsgemäß ist dies z.B. bei fünf latenten Klassen und mehr als 10 oder 12 Items öfters der Fall.

Hinsichtlich der Frage multipler Maxima gibt es bei Klassenmodellen noch ein spezielles Problem, nämlich dann, wenn einzelne Parameterwerte *zu ihren Grenzen* hin *konvergieren*, d.h. im Fall von Wahrscheinlichkeitsparametern die Werte Null oder Eins annehmen. Man spricht hier von sogenannten *boundary values*, d.h. Grenzwerten, die deswegen so problematisch sind, weil sich der Schätzalgorithmus im allgemeinen nicht mehr von diesem Wert wegbewegt.

Anders ausgedrückt, ein Finden des Maximums der Likelihoodfunktion kann verhindert werden, wenn im Laufe des Iterationsprozesses eine Antwortwahrscheinlichkeit den Wert 0 oder 1 annimmt. Auch dies passiert bei großen Klassenanzahlen manchmal und macht es erforderlich, dieselbe Rechnung mit neuen Startwerten durchzuführen. Erst wenn jedes mal *dieselben Modellparameter* auf *dieselben Grenzwerte* hin konvergieren, darf die gefundene Lösung akzeptiert und interpretiert werden.

Konvergieren bei wiederholten Berechnungen immer andere Modellparameter gegen ihre Grenzwerte, so ist dies ein Warnsignal, dass die gegebenen Daten zu *informationsarm* sind, das entsprechende Testmodell zu berechnen. Hier sollte die *Klassenanzahl verringert* werden und/oder das Modell durch *Parameterrestriktionen* sparsamer gemacht werden.

Literatur

Die Eindeutigkeitsbedingungen des Rasch-Modells hat Fischer (1981) untersucht. Den Rang der Matrix der ersten partiellen Ableitungen als Kriterium für die lokale Identifizierbarkeit beschreiben Goodman (1974) und Formann (1984). Die wiederholte Schätzung der Parameter mit anderen Startwerten empfiehlt Clogg (1981). Zur Identifizierbarkeit bei Klassenmodellen s.a. Titterington et al. (1985).

4.4 Parameterschätzung bei missing data

Bisher wurde davon ausgegangen, dass die Testdaten aus einer vollständigen Rechtecksmatrix, einer Menge von Personen, die eine Menge von Items bearbeitet hat, bestehen. Sehr oft ist jedoch die Situation gegeben, dass nicht alle Personen alle Aufgaben bearbeitet haben oder dass für einige Personen keine Item-Antwort vorliegt. Diese Art von fehlenden Werten nennt man *missing data*. Das Problem der Parameterschätzung bei fehlenden Werten stellt sich bei jeder statistischen Methode und es hat sich inzwischen eine reichhaltige Terminologie entwickelt, mit der versucht wird, modellübergreifende Methoden des Umgangs mit Missing data zu beschreiben.

Es gibt Begriffe, die verschiedene Ursachen der Entstehung von missing data beschreiben, andere, die unterschiedliche Eigenschaften von missing data beschreiben und schließlich Begriffe von Techniken, mit missing data umzugehen. Eindeutig definiert, und im Umgang im allgemeinen problemlos, sind Daten, die man *'missing by design'* nennt. Damit ist gemeint, dass einige Personen bestimmte Items oder Testteile gar nicht vorgelegt bekommen haben und daher auch keine Daten produzieren konnten. Die Datenmatrix hat also mehr oder weniger große, durch das Testdesign bedingte Löcher.

Die eleganteste Form des Umgangs mit fehlenden Werten aufgrund des Testdesigns ist sicherlich, nur jene Daten auszuwerten, die auch tatsächlich vorliegen. Dies setzt allerdings voraus, dass es Algorithmen gibt, die es erlauben, Itemparameter zu schätzen, wenn jedes Item von unterschiedlich vielen Personen beantwortet wurde, und die Parameter von Personen zu schätzen, die unterschiedliche Itemmengen erhalten haben.

Sollen Modelle angewendet werden, deren Algorithmen vollständige Datenmatrizen voraussetzen, so gibt es verschiedene Methoden, die fehlenden Werte durch Pseudodaten zu ersetzen, und so eine vollständige Datenmatrix zu erzeugen. Diese Verfahren nennt man *Imputationstechniken* und es gibt sie nicht nur für den Fall, dass die missing data durch das Testdesign bedingt sind.

Die schwierigeren Fälle sind gegeben, wenn die fehlenden Werte nicht designbedingt sind, sondern wenn Personen die Aufgaben nicht beantwortet haben, obwohl sie ihnen vorgelegt wurden. Fehlende Werte dieses Typs nennt man non-response-Daten, was andeuten soll, dass die Personen die Gelegenheit gehabt hätten, einen 'response' zu zeigen, dies aber nicht getan haben.

Die Ursachen für diese fehlenden Antworten können wiederum vielfältig sein. Der einfachste Fall besteht darin, anzunehmen, dass es nur vom Zufall abhängt, ob eine Aufgabe nicht beantwortet wurde. Diese Eigenschaft nennt man *missing-at-random* (MAR). Damit ist gemeint, dass die

Tatsache einer fehlenden Antwort in keinerlei Zusammenhang mit den Parametern der Person oder des Items steht. Solche MAR-Werte können genauso behandelt werden wie designbedingte missing data. Insbesondere sind hier Algorithmen einsetzbar, die sich mit den Daten 'zufrieden geben', die tatsächlich vorliegen. Man nennt diese Art von non-responses auch *ignorierbare non-responses*, da es aufgrund ihres Zufallcharakters keiner besonderen Methoden bedarf, sie in die Berechnungen einfließen zu lassen.

Wesentlich schwieriger sind die *psychologisch* bedingten Fälle von fehlenden Itemantworten. Hier bedarf es zunächst einmal guter Hypothesen darüber, warum die Personen die Items nicht beantwortet haben und natürlich geeigneterer Algorithmen, die eine Parameterschätzung unter diesen Bedingungen erlauben.

Relativ einfach zu diagnostizieren sind die 'Abbrecher', die Antwortvektoren erzeugen, welche bis zu einem bestimmten Item vollständig sind und von diesem Item an missing data aufweisen.

Bei Leistungstests, die mit Zeitbegrenzung vorgegeben wurden, liegt es nahe anzunehmen, dass die Zeit zur Bearbeitung aller Items nicht ausgereicht hat. In diesem Fall kann man die Länge des Antwortvektors einer Person als Messwert für die speed-Komponente der Testleistung, also für die Bearbeitungsgeschwindigkeit nehmen. Die Anzahl der richtigen Aufgabenlösungen bei den bearbeiteten Aufgaben drückt dann die power-Komponente der Testleistung aus.

Es kann jedoch auch aufgrund eines Absinkens der Testmotivation zum Testabbruch kommen, so dass die verbleibende Zeit von den Respondenten gar nicht genutzt wird, um die restlichen Aufgaben zu bearbeiten. Sind die Aufgaben nach aufsteigender Schwierigkeit sortiert, wie das bei vielen Intelligenztests der Fall ist, so kann ein Testabbruch auch bedeuten, dass alle folgenden Aufgaben zu schwer sind. Auch wenn die Abbrecher leicht zu diagnostizieren sind, kann es von Fall zu Fall unterschiedlich sein, *warum* sie die Testbearbeitung abgebrochen haben.

Sind in der Mitte des Tests Aufgaben oder Fragen nicht bearbeitet worden, so kann das ebenfalls auf die Einschätzung des Respondenten zurückzuführen sein, dass es sich angesichts der zur Verfügung stehenden Zeit nicht lohnt, diese (eher schwierigen) Aufgaben zu lösen.

Das Spektrum des Umgangs mit solchen nicht-zufälligen missing data lässt sich im Fall von Leistungstests zwischen zwei Extremen aufspannen. Das eine Extrem besteht darin, anzunehmen, dass die Person ein Item deswegen nicht beantwortet hat, weil es offensichtlich zu schwer war und die Person keine Antwort wusste. Unter dieser Annahme würde man fehlende Werte wie falsche Antworten behandeln. Das andere Extrem besteht darin, anzunehmen, dass die Person aufgrund der Nichtbearbeitung des Items auch keine Chance hatte es zu lösen. Unter dieser Annahme müsste man die fehlenden Antworten wie designbedingte missing data behandeln.

Extremvarianten sind diese beiden Umgangsformen mit missing data deswegen, weil man im ersten Fall die Fähigkeiten der Personen *unter*schätzt, weil sie vielleicht doch die eine oder andere Aufgabe noch hätten lösen können. Im zweiten Fall wird die Fähigkeit *über*schätzt, da es ja wohl doch einen Grund geben muss, warum eine Person gerade ein bestimmtes Item ausgelassen hat.

Im folgenden werden einige Methoden dargestellt, im Rahmen der Anwendung von Testmodellen mit missing data umzugehen.

Missing data als missing behandeln

Eine auf den ersten Blick verblüffende Argumentation lautet, man solle doch missing data als das behandeln, was sie sind: als fehlende Daten. Gemeint ist damit, dass man zur Parameterschätzung Algorithmen verwenden soll, die von jeder Person nur die Itemantworten berücksichtigen, die sie tatsächlich gegeben hat. Dies ist bei Rasch-Modellen ohne weiteres möglich.

Zum Beispiel kann man zur Schätzung der Itemparameter die paarweise Methode verwenden, die für jedes Itempaar nur diejenigen Personen berücksichtigt, die beide Items bearbeitet haben (vgl. Kap. 4.2). Dabei ist es völlig unerheblich, ob die Anzahl der Personen, die diese beiden Items bearbeitet haben, von Itempaar zu Itempaar variiert.

Dasselbe Prinzip ist auch im Rahmen der UML-Methode realisierbar, indem man als suffiziente Statistiken *relative Häufigkeiten* verwendet, also z.B. 37 von 90 Personen (37/90) haben ein bestimmtes Item gelöst. Auch im Rahmen der CML- und MML-Methode gibt es Wege, fehlende Daten als fehlend zu behandeln.

Hat man die Itemparameter trotz variierender Personenanzahl einmal geschätzt, ist auch die Schätzung der Personenparameter völlig problemlos. Das für die Schätzung der Personenparameter abgeleitete Gleichungssystem (8') in Kapitel 4.2 lässt sich auch auf die von einer Person tatsächlich bearbeiteten Items beziehen,

$$(1)\quad r_v = \sum_{i=1}^{k_v} p_{vi}$$

Dabei bezeichnet k_v die Anzahl der Items, die die Person v tatsächlich bearbeitet hat. Entsprechend läuft der Index i nur über die bearbeiteten Items.

Aus der Gleichung geht hervor, dass sich der erwartete Summenscore einer Person nach der Schwierigkeit der Items, die diese Person bearbeitet hat, richtet. Die pauschale Erkenntnis, das die gemessenen Fähigkeitsausprägungen bei Rasch-Modellen unabhängig von der Itemauswahl, also auch deren Schwierigkeiten sind, gilt nur für vollständige Datenmatrizen, also für den Fall, dass alle Personen dieselben Items bearbeitet haben.

Dass im Fall unterschiedlich schwieriger Items auch die Personenparameter für denselben Summenscore unterschiedlich ausfallen, ist eine Tatsache, von der man auch beim taylored testing, also bei der maßgeschneiderten Testvorgabe gewinnbringend Gebrauch macht.

Während es technisch also kein Problem bereitet, missing data einfach als fehlende Werte zu behandeln, stellt sich doch die Frage, welches Konzept von missing data hierbei zur Anwendung gelangt. Wenn man einfach ignoriert, welche Items ein Respondent unbearbeitet gelassen hat, so behandelt man die missing data wie Daten, die durch das Testdesign gar nicht zustande kommen konnten (missing-by-design), was äquivalent ist zur missing-at-random (MAR) Bedingung.

Es handelt sich also – bezogen auf Leistungstests – um eine sehr wohlwollende Interpretation fehlender Werte. Es bringt dem Respondenten keinerlei Nachteile, wenn er Aufgaben überspringt. Seine Fähigkeit wird aufgrund der Items berechnet, die er bearbeitet hat. Es empfiehlt sich bei dieser Methode für den Respondenten, nur wenige Items zu bearbeiten (und die dafür gründlich), wenn er eine hohe Fähigkeitsausprägung als Messwert erhalten will. Diese Methode kann also die Fähigkeiten je nach Anzahl unbearbeiteter Items und Auswahlstrategie der getesteten Personen erheblich überschätzen.

Bei Fragebogendaten kann diese Methode zu vergleichbaren Konsequenzen führen, etwa wenn Fragen mit einem hohen Schwierigkeitsgrad unbeantwortet bleiben, weil eine ehrliche Antwort peinlich oder sozial unerwünscht ist. In allen Fällen von design-bedingten oder zufälligen missing data, stellt es jedoch eine hervorragende Methode dar, fehlende Daten auch als solche zu behandeln.

Imputationen

Viele Algorithmen zur Testauswertung setzen eine vollständige Datenmatrix voraus, so dass man nicht daran vorbei kommt, fehlende Werte durch zulässige Werte zu ersetzen. Bei vielen Leistungstests werden fehlende Aufgabenlösungen gar nicht erst als missing data, sondern gleich wie falsche Itemantworten kodiert. Bei Auslassungen in Fragebögen kann man fehlende Itemantworten als 'nein'-Antwort oder als neutrale ('weder – noch') oder als unentschiedene Antwort kodieren.

Die Methode, fehlende Werte durch zulässige Werte zu ersetzen, bezeichnet man als Imputation. Jede Imputation beruht auf einer Annahme, warum die Itemantwort nicht zustande kam, und versucht, die eigentliche, aber nicht gegebene Itemantwort so zu ermitteln, dass die Ergebnisse möglichst wenig verzerrt werden.

So verzerrt die Kodierung fehlender Antworten in Leistungstests als falsche Antworten die Ergebnisse insoweit, als die Items auch von Personen, die diese Items ausgelassen haben, mit einer gewissen Ratewahrscheinlichkeit gelöst worden wären. Beträgt die durch das Antwortformat bedingte Ratewahrscheinlichkeit z.B. 25%, so ist es sinnvoll, jede vierte fehlende Antwort als 'gelöst' zu kodieren. Will man es ganz perfekt machen, so lässt man den Zufallszahlengenerator auswählen, welches Item als gelöst oder nicht-gelöst zu gelten hat.

Die meisten Imputationen gehen aber von einer MAR-Bedingung aus und versuchen, fehlende Werte so zu ersetzen, wie die Person 'vermutlich' geantwortet hätte, wenn es dazu gekommen wäre. Ein solches Vorgehen stellt z.B. die Ersetzung durch den Itemmittelwert dar, die zumindest sicherstellt, dass die Itemschwierigkeiten nicht durch die Imputationen verzerrt werden. Auch hier kann der Zufallsgenerator helfen, die richtige Anzahl von 0- und 1-Antworten auf die leeren Zellen einer Datenmatrix zu verteilen.

Der Itemmittelwert als Ersatzgröße lässt aber die Personenfähigkeit des non-Responders außer acht, so dass es auch Techniken gibt, die die Ersatzantwort mittels der über die anderen Items berechneten Personenfähigkeit ermitteln. Auf diese Weise bekommt eine leistungsstarke Person ein ausgelassenes Item eher als gelöst angerechnet als eine leistungsschwache Person. Das ist wohl die 'abnehmerfreundlichste' Imputationstechnik, die die Bearbeitungsstrategie begünstigt, leichte Items zu bearbeiten und schwere Items auszulassen. Tests, die so ausgewertet werden, dürften zu einem erheblichen Anteil die 'test-wiseness' der Respondenten miterfassen.

Eine letzte Steigerung, bei der Imputation dem Individuum gerecht zu werden, besteht darin, mit Hilfe von Kovariaten oder allgemein mit externen Variablen den besten Ersatzwert für eine Person zu ermitteln. Korreliert z.B. die Testleistung mit dem Schultyp, so wird eine fehlende Itemantwort eher als Aufgabenlösung angehen, wenn der Schüler ein Gymnasium besucht, als wenn er die Hauptschule besucht. Auch wenn man diese Imputationsmethode strikt auf die missing-by-design Situation beschränkt, hat sie den Beigeschmack, bekannte Befunde artifiziell fortzuschreiben.

Unter *multiplen Imputationen* versteht man das Vorgehen, fehlende Werte nicht nur einmal gegen einen Ersatzwert auszutauschen, sondern dieses mehrmals zu tun. Dabei werden nach den jeweils gegebenen Wahrscheinlichkeitsverteilungen mehrere Ersatzwerte für die missing data gezogen, so dass mehrere vollständige Datenmatrizen entstehen. Wendet man dasselbe Testmodell auf diese Datensätze an, so gibt die Variation der jeweils geschätzten Modellparameter Auskunft über die Effekte der Imputation.
Daneben gibt es Techniken der multiplen Imputation, bei denen nicht auf der Ebene der einzelnen Itemantworten, sondern auf der Ebene der Personenmesswerte multiple Imputationen vorgenommen werden. In Kapitel 4.2 wurde die plausible values Technik vorgestellt, bei der aus der a posteriori Verteilung der individuellen Messwerte per Zufall Messwerte gezogen werden, mit denen dann weitere Berechnungen angestellt werden können.

Diese Methode eignet sich hervorragend, den Informationsverlust auszugleichen, der bei großen Anteilen von missing data die Genauigkeit der Personenmesswerte beeinträchtigen würde. Solche großen Anteile an missing data hat man z.B. bei multi-matrix Designs, die bei large scale assessment Studien angewandt werden. Bei solchen Testdesigns erhält jede befragte Person nur einen kleinen Anteil der Testaufgaben, um im Rahmen einer vertretbaren Testdauer möglichst viele Items vorgeben zu können.

Um hier die Messgenauigkeit zu verbessern, werden bei der Ermittlung der a posteriori Verteilungen Regressionen auf Hintergrundvariablen (wie Geschlecht, Alter, Sozialstatus etc.) gerechnet. So ergeben sich für jede Person um so bessere Schätzer, je mehr Aufgaben sie bearbeitet hat und je mehr Hintergrundvariablen von ihr bekannt sind. Anschließende Berechnungen sollten mit mehreren plausible values durchgeführt werden, um aus der Variation der Ergebnisse Rückschlüsse auf die Genauigkeit der Messwerte ziehen zu können.

Variablen, die im Regressionsmodell bereits enthalten waren, brauchen nicht mehr mit den plausible values korreliert werden; deren Korrelationen hat man bereits in Form des Regressionskoeffizienten vorliegen. Berechnet man sie trotzdem, so sind auch diese Korrelationen messfehlerbereinigt. Um externe Variablen, die *nicht* im Regressionsmodell enthalten waren, mit dem Testergebnis zu korrelieren, ist es sinnvoller, die WLE-Schätzer als beste Punktschätzer zu verwenden (s. Kap. 4.2).

Non-response als Antwortkategorie

Die zuvor diskutierten Methoden des Umgangs mit missing data bezogen sich weitgehend auf Rasch-Modelle. Bei latenten Klassenmodellen gibt es dafür eine Methode, die auf elegante Weise Einblicke in die Ursachen fehlender Werte ermöglicht. Gemeint ist die Kodierung und Modellierung fehlender Werte als eigene Antwortkategorie. Dies setzt voraus, dass fehlende Werte mit einer gewissen Häufigkeit auftreten, andererseits aber nicht so massiv wie in einem multi-matrix Design (s.o.).

An den klassenspezifischen Antwortverteilungen lässt sich z.B. ablesen, ob sich das Auslassen einzelner Items nach dem Schwierigkeitsgrad richtet, den ein Item in einer Klasse hat, oder ob sich die missing data wirklich so zufällig verteilen, wie es die MAR-Bedingung verlangt.

Es gibt einige interessante Anwendungen der Klassenanalyse auf Leistungstests unter speed-Bedingungen, bei denen sich die Personen, die im Test unterschiedlich weit kommen, in verschiedenen Klassen sammeln. Auch die erste Anwendung eines Hybrid-Modells mit einer Rasch-Klasse und mehreren 'normalen' latenten Klassen bezog sich auf die Modellierung von Speed-Tests und der damit verbundenen Art von missing data.

Zusammenfassend lässt sich zur Behandlung von missing data sagen, dass es auch hier kein Patentrezept gibt. Die gewählte Methode muss zu den vermuteten Ursachen des Auslassens von Items passen. Im Zweifelsfall gilt auch hier, dass eine vorangehende Analyse mit einem latenten Klassenmodell und einer eigenen Antwortkategorie für missing data hilfreich sein kann, die richtige Art der Behandlung in einem quantitativen Testmodell zu ermitteln.

Literatur

Einen allgemeinen Überblick über Möglichkeiten zur Behandlung von missing data geben Collins et al. (2001) und Schafer & Graham (2002), Schafer (1999) und Rubin (1987) gehen auf Imputationstechniken ein.
Kolb & Dayton (1996) gehen auf Klassenmodelle zur Behandlung von „Non-Responses“ ein.

5. Modellgeltungstests

Jede Testauswertung beruht auf einem Modell über das Antwortverhalten der Personen in diesem Test (vgl. Kap. 1.2). *Ob* die Testergebnisse etwas über die getesteten Personen aussagen und *was* sie bestenfalls aussagen können, hängt davon ab, ob das bei der Auswertung angewendete Testmodell überhaupt auf die erhobenen Daten passt. Dies ist die Frage nach der Modellgültigkeit, die mit Hilfe von *Modellgeltungskontrollen* oder *Modellgeltungstests* zu beantworten ist.

Die *Parameter* eines Testmodells lassen sich anhand von Testdaten im allgemeinen auch dann *schätzen,* wenn das Modell nur schlecht auf die Daten passt. Das bedeutet, dass die Frage nach der Modellgeltung noch nicht beantwortet ist, wenn die Parameter des Modells geschätzt wurden. Jedoch ist für die meisten Modellgeltungstests die Schätzung der Parameter eine Voraussetzung, so dass die Prüfung der Modellgültigkeit der Parameterschätzung nachgeordnet ist.

Die Frage, ob ein Testmodell auf die Daten passt, ist genauso wenig mit 'ja' oder 'nein' zu beantworten, wie die Frage, ob eine Theorie *wahr oder falsch* ist (vgl. Kap. 1.2). Neben den allgemeinen erkenntnistheoretischen Gesichtspunkten zur Wahrheit wissenschaftlicher Aussagen, sind es vor allem zwei Gründe, warum man die Frage nach der Gültigkeit eines Testmodells nicht mit ja oder nein beantworten kann.

Zum einen passt jedes probabilistische Testmodell (und um diese geht es hier vor allem) *mehr oder weniger gut* auf die Daten, so dass es einer willkürlichen *Grenzziehung* bedarf, um zu sagen: 'Ab hier passt das Modell auf die Daten'.

Zum anderen ist bei der Beurteilung des Ausmaßes, in dem ein Modell auf die Daten passt, zu berücksichtigen, mit welchem Aufwand, d.h. *mit welcher Komplexität* der Modellstruktur diese Passung erreicht wird. Mit einem komplizierten Modell, das sehr viele Modellparameter umfasst, kann man allemal eine bessere Passung auf die Daten erreichen als mit einem sparsamen Modell, das nur wenige Parameter umfasst.

Das Einfachheitskriterium

Das Ziel einer Theorienbildung kann nicht nur darin bestehen, eine möglichst gute Übereinstimmung mit empirischen Daten herzustellen, sondern es besteht auch darin, dies mit möglichst *wenigen und einfachen Annahmen* zu erreichen. Neben dem Gütekriterium der *empirischen Gültigkeit* einer Theorie ist daher die Einfachheit einer Theorie ein weiteres wichtiges Gütekriterium: Je einfacher eine Theorie ist, desto besser ist sie.

Eine einfache Theorie ist aber natürlich nur dann besser, wenn sie *dieselben Sachverhalte* beschreibt und erklärt, wie die komplexere Theorie. Das heißt, man muss bei der Anwendung des Einfachheitskriteriums normalerweise auch den *Geltungsbereich* der Theorie mitberücksichtigen.

Der Geltungsbereich einer Theorie

Die Größe des Geltungsbereiches einer Theorie als Gütekriterium ist bei dem Vergleich alternativer Testmodelle vordergründig betrachtet vernachlässigbar, da sich alle Testmodelle auf denjenigen Datensatz beziehen, den es zu analysieren gilt. Der durch den Datensatz definierte Realitätsausschnitt ist der gemeinsame Geltungsbereich der konkurrierenden Testmodelle.

Bei näherer Betrachtung lassen sich jedoch auch größere Realitätsausschnitte als Geltungsbereich eines Testmodells auffassen und miteinander vergleichen. Hat sich zum Beispiel bei Fragebögen zur Erfassung neurotischer Beeinträchtigungen mehrfach gezeigt, dass derartige Fragebögen eindimensionale Variablen messen, so hätte die Annahme eines Drei-Klassenmodells für einen solchen Tests zunächst einmal einen *kleinen* Geltungsbereich. Dieses Modell wäre für derartige Fragebögen ungewöhnlich und kann nur für den einen analysierten Fragebogen Geltung beanspruchen.

Die Prüfung der Modellgültigkeit hat daher drei Dinge im Auge zu behalten, nämlich erstens, *wie gut* erklärt das Modell die Daten, zweitens, *mit welchem Aufwand* an Modellparametern wird dies erreicht und drittens, wie gut passt das Modell zum Forschungsstand in diesem Gebiet. Die Berücksichtigung der ersten beiden Kriterien stellt ein Gewichtungsproblem dar, das heißt, man muss die Übereinstimmung zwischen Modell und Daten dagegen aufwiegen, wie viel Parameter man 'investiert' hat. Das dritte Kriterium, der Geltungsbereich, entzieht sich einer formalisierten Betrachtung.

Das Kapitel gliedert sich in drei Unterkapitel. Im ersten, Kap. 5.1, werden die Möglichkeiten dargestellt, etwas über *die* Geltung eines Testmodells herauszufinden. Es soll die Frage beantwortet werden, inwieweit das Modell als Ganzes auf die Daten passt. Man bezeichnet solche Modelltests als *globale* oder over-all Tests. Angestrebt wird bei solchen Modelltests eine inferenz-statistische Entscheidung, ob das Modell passt oder nicht. Die bekanntesten Prüfgrößen sind hier der Likelihoodquotient und die Chi-quadrat Statistik. Das Ziel einer statistischen Entscheidung über die Modellgeltung wird auch von der sogenannten bootstrap-Methode verfolgt, die ebenfalls in diesem Unterkapitel dargestellt wird.

In Unterkapitel 5.2 wird von dem Versuch einer ja-nein-Entscheidung über die Modellgültigkeit Abstand genommen und anhand von Modellvergleichen das *relativ* am besten passende Modell gesucht. Dies geschieht mit Hilfe der bereits in Kapitel 3 benutzten Informationskriterien AIC und BIC.

Während diese beiden Arten der Modellgeltungskontrolle auf Rasch-Modelle und latente Klassenmodelle in gleicher Weise anwendbar sind, geht Unterkapitel 5.3 darauf ein, welche speziellen Möglichkeiten es darüber hinaus gibt, die Geltung von Rasch-Modellen zu prüfen.

5.1 Likelihoodquotienten und andere globale Fit-Statistiken

In den vorangegangenen Kapiteln wurde schon mehrfach gesagt, dass die Likelihood der Daten unter einem bestimmten Modell sehr viel darüber aussagt, *wie gut* das Modell auf die Daten passt: Je höher die Likelihood ist, desto besser erklärt das Modell die Daten.

Die Likelihood ist ganz allgemein definiert als das Produkt der Patternwahrscheinlichkeiten über alle Personen:

$$(1) \qquad L = \prod_{v=1}^{N} p(\underline{x}_v) \ .$$

Dies gilt für Rasch-Modelle und latente Klassenmodelle gleichermaßen. Diese beiden Arten von Testmodellen unterscheiden sich in der Struktur der Patternwahrscheinlichkeiten. Während in Rasch-Modellen die Summenscores der Personen, r_v, ‚herauskonditioniert' werden, d.h.

$$p(\underline{x}_v) = p(r_v) \cdot p(\underline{x}_v | r_v),$$

wird die Patternwahrscheinlichkeit in latenten Klassenmodellen auf eine (unbekannte) Zugehörigkeit der Personen zu einer bestimmten Anzahl von latenten Klassen konditioniert:

$$p(\underline{x}_v) = \sum_g \left(\pi_g \cdot p(\underline{x} | g)\right).$$

Da Personen mit demselben Antwortpattern $\underline{x}_v$ auch stets dieselbe Wahrscheinlichkeit ihres Patterns haben, lässt sich die Likelihood folgendermaßen schreiben

(1') $$L = \prod_{\underline{x}} p(\underline{x})^{n(\underline{x})},$$

wobei $n(\underline{x})$ die Häufigkeit bezeichnet, mit der das Pattern $\underline{x}$ in der Testdatenmatrix auftritt. Wurde ein *Pattern nicht beobachtet*, so ist diese Häufigkeit 0, und der entsprechende Faktor gleich 1, so dass die Wahrscheinlichkeiten nicht beobachteter Pattern die Likelihood nicht beeinflussen.

Mit sogenannten Likelihoodquotienten-Tests (englisch: likelihood ratio tests) lassen sich ebenfalls die Likelihoods von zwei unterschiedlichen Modellen miteinander vergleichen. Ein Likelihoodquotient ist der Quotient zweier Likelihoodwerte *derselben* Datenmatrix unter zwei unterschiedlichen Modellen:

(2) $$LR = \frac{L_0}{L_1}.$$

Die Betonung, dass es sich um dieselbe Datenmatrix handeln muss, ist nicht unwesentlich: So kann man z.B. nicht mit LR-Tests prüfen, ob ein Modell besser passt, wenn man 2 Antwortkategorien zusammenlegt, da dies eine Veränderung der Daten darstellt.

Bezüglich der beiden Likelihoods im Zähler und im Nenner müssen die folgenden *drei Bedingungen* erfüllt sein:

1. Das Modell, dessen Likelihood im Nenner steht, muss ein *echtes Obermodell* von dem Modell des Zählers sein. Das heißt, das Zählermodell muss sich durch eine Restriktion der Parameter des Nennermodells darstellen lassen. Aus diesem Grund wird die Likelihood des Zählers auch L_0 genannt (in Anlehnung an die Null-Hypothese der Inferenzstatistik).

2. Das restriktivere Modell im Zähler darf *nicht durch Null-Setzen einzelner Parameter* aus dem allgemeineren Modell hervorgehen. Dies ist eine sehr einschränkende Bedingung. Vergleicht man z.B. Modelle mit unterschiedlichen Klassenanzahlen miteinander, so ergibt sich das Modell mit einer niedrigeren Klassenanzahl durch die Fixierung aller Parameter einer (oder mehrerer) Klassen auf Null. In diesem Fall ist die Verteilung der Prüfstatistik (s.u.) unbekannt.

3. Es muss für das allgemeinere Modell im Nenner die *Modellgültigkeit* bereits nachgewiesen sein.

Sind diese drei Bedingungen erfüllt, so kann man den Likelihoodquotienten in eine χ^2-verteilte Prüfstatistik umwandeln:

(3) $$-2\log(LR) \rightarrow \chi^2,$$

das heißt, der doppelte negative Logarithmus eines Likelihoodquotienten ist bei hinreichend großer Datenmenge χ^2-verteilt.

Die *Anzahl der Freiheitsgrade* für diese χ^2-Verteilung entspricht der Differenz zwischen Parameteranzahl des Nennermodells minus Parameteranzahl des Zählermodells:

$$df = n_p(L_1) - n_p(L_0).$$

Was ist ein χ^2-Test?

Ein χ^2-Test (Chi-quadrat) ist ein *Signifikanztest*, d.h. ein Verfahren, mit dem man eine statistische Hypothese prüfen kann. 'Signifikanz' heißt 'Bedeutsamkeit' und der Begriff 'Signifikanztest' bezeichnet die Prüfung (=Test), ob die Abweichung einer anhand der Daten berechneten Größe (=Prüfgröße) von dem Idealwert, den diese Größe bei Geltung der Hypothese annimmt, bedeutsam, also signifikant ist.

Voraussetzung für die Durchführung eines Signifikanztests ist daher, dass eine *Prüfgröße* bekannt ist, deren *Verteilung bei Geltung der statistischen Hypothese* man kennt (= Prüfverteilung). Wenn man für jeden möglichen Wert der Prüfgröße sagen kann, wie wahrscheinlich er bei Geltung der Hypothese ist, kann man entscheiden, ob die statistische Hypothese eher wahrscheinlich oder eher unwahrscheinlich ist. Üblicherweise heißt 'unwahrscheinlich' dass die Auftretenswahrscheinlichkeit eines Wertes kleiner als $p = 0.05$ oder 5% ist. Diese Grenze ist die *Signifikanzgrenze* oder das *Signifikanzniveau.*

Im Falle des χ^2-Tests ist die Prüfverteilung die χ^2-Verteilung. Anders als z.B. bei der Normalverteilung hängt die Form der χ^2-Verteilung von ihren sogenannten *Freiheitsgraden* ab. Um eine Prüfgröße anhand der χ^2-Verteilung testen zu können, muss man die Anzahl der Freiheitsgrade der χ^2-Verteilung kennen. Den *kritischen Wert* für die Prüfgröße, d.i. der Wert, der nur mit einer Wahrscheinlichkeit kleiner als 0.05 überschritten wird, kann man in einer χ^2-Tabelle nachschauen. Die statistische Hypothese wird *verworfen*, wenn der errechnete Wert der Prüfgröße *größer* ist als der kritische Wert, also unwahrscheinlicher als 5%.

Es soll die Geltung der *Zweiklassenlösung* für das KFT-Datenbeispiel mit der *restringierten Zweiklassenlösung* verglichen werden, in der angenommen wird, dass eine Klasse von Könnern alle Items mit *90%iger Wahrscheinlichkeit* löst (vgl. das Datenbeispiel in Kapitel 3.1.2.3). Dieses Modell hat eine Log-Likelihood von -899.5 bei nur 6 zu schätzenden Parametern. Die unrestringierte Zweiklassenlösung hat die Likelihood -850.5 bei 11 zu schätzenden Parametern.

Der Logarithmus des Likelihoodquotienten ist gleich der Differenz der log-Likelihoods, das heißt, es gilt

$$\log(\mathrm{LR}) = \log(\mathrm{L}_0) - \log(\mathrm{L}_1)\ .$$

Der logarithmierte Likelihoodquotient beträgt in diesem Fall

$$-899.5 - (-850.5) = -49.$$

Die zugehörige χ^2-Verteilung hat $11 - 6 = 5$ Freiheitsgrade und laut χ^2-Tabelle liegt die 5%-Grenze bei 11.07. Das bedeutet, der errechnete Wert von

$$-2 \cdot (-49) = 98.0$$

liegt weit außerhalb der Signifikanzgrenze, womit die Annahme verworfen werden muss, dass es eine Klasse von Könnern gibt, die alle Items mit 10%iger Irrtumswahrscheinlichkeit lösen.

Anders verhält es sich mit der Hypothese, dass die Klassen der Könner und Nichtkönner *gleich groß* sind (vgl. ebenfalls Kapitel 3.1.2.3). Die Log-Likelihood dieses Modells beträgt –850.9 und ist demnach nur um 0.4 Punkte kleiner als die Likelihood der unrestringierten Zweiklassenlösung. Der daraus berechnete χ^2-Wert von 0.8 gehört zu einer χ^2-Verteilung mit einem Freiheitsgrad, da lediglich ein Klassengrößenparameter auf 0.5 fixiert wurde. Der kritische Wert der χ^2-Verteilung mit einem Freiheitsgrad beträgt 3.84, womit der empirische Wert von 0.8 nicht signifikant ist. Die Hypothese, dass die Klassen der Könner und Nichtkönner gleich groß sind, kann beibehalten werden.

Ein *Spezialfall*, und vielleicht die *häufigste Anwendung* des Likelihoodquotienten besteht darin, die Likelihood eines Modells gegen die des saturierten Modells zu testen.

Saturiertes Modell

Unter einem *saturierten* Modell versteht man das Modell, das die beobachteten Daten perfekt erklären kann und so viele Parameter enthält wie es unabhängige Daten gibt. Die Likelihood des saturierten Modells ist allein eine Funktion der Patternhäufigkeiten:

$$(4) \qquad L_{sat} = \prod_{\underline{x}} \left(\frac{n(\underline{x})}{N} \right)^{n(\underline{x})} .$$

Die Patternwahrscheinlichkeiten $p(\underline{x})$ stellen die Modellparameter des saturierten Modells dar und werden durch die relativen Häufigkeiten der Pattern geschätzt. Somit hat dieses Modell tatsächlich so viele Modellparameter wie es Antwortpattern gibt, von denen jedoch einer abhängig ist.

Das saturierte Modell ist das gemeinsame Obermodell von *allen* Modellen eines Datensatzes. Es gibt also kein saturiertes Rasch-Modell und kein saturiertes latente Klassen-Analyse-Modell, sondern nur eines.

Der *Vorteil* von Modellvergleichen mit dem saturierten Modell liegt darin, dass das saturierte Modell *nicht irgendeine beliebige Alternative* darstellt, sondern es das höchste Kriterium verkörpert, das es zu erreichen gilt: Ist der Likelihoodquotient eines Testmodells beim Vergleich mit dem saturierten Modell *nicht* signifikant, so erklärt das Modell die Daten genauso gut, wie wenn man die Patternhäufigkeiten selbst interpretieren würde.

Allerdings ist in diesem Fall nicht ausgeschlossen, dass *auch andere Modelle* den Vergleich mit dem saturierten Modell 'aushalten'. Die Schlussfolgerung kann also nicht sein, dass das ausgewählte Testmodell das *einzige* Modell ist, das die Daten erklärt, sondern nur *ein* Modell unter möglicherweise mehreren.

Ein *Nachteil* besteht darin, dass ein *negatives Ergebnis* des Modellvergleichs (das heißt, das saturierte Modell passt besser) wenig darüber aussagt, *welche* Modellannahmen verletzt sind. Bei Modellvergleichen zwischen zwei *ähnlichen* Modellen oder zwei Modellen, die sich in einem *bestimmten* Merkmal unterscheiden, ist die Schlussfolgerung wesentlich eindeutiger.

Datenbeispiel

In dem Datenbeispiel hat das saturierte Modell die log-Likelihood –830.4 mit 31 unabhängigen Parametern. Testet man die Geltung des *Rasch-Modells* gegen das saturierte Modell, so beträgt die Prüfgröße

$$-2 \cdot (-854.8 + 830.4) = 48.8 \ .$$

Die χ^2-Verteilung hat 31 – 9 = 22 Freiheitsgrade, so dass das Rasch-Modell *nicht* auf die Daten passt (der kritische Wert beträgt bei 22 Freiheitsgraden 33.9).

Dasselbe trifft auf die *Zweiklassenlösung* der Klassenanalyse zu, für die der empirische Wert der Prüfstatistik bei 20 Freiheitsgraden 40.3 beträgt (die kritische Grenze der χ^2-Verteilung beträgt 31.4).

Lediglich die Zweiklassenlösung des *mixed Rasch-Modells* (vgl. Kap. 3.1.3) weist beim Vergleich mit dem saturierten Modell eine gute Modellanpassung auf: Die log-Likelihood beträgt -841, so dass die Prüfstatistik den Wert 21.2 annimmt, was bei 14 Freiheitsgraden unterhalb der kritischen Grenze liegt (23.7).

LR-Tests mit dem oder 'gegen das' saturierte Modell machen deutlich, dass das oberste Kriterium für die Prüfung der Modellgültigkeit die Vorhersage der Patternhäufigkeiten ist. Sind die unter einem Modell erwarteten Patternhäufigkeiten nahe den beobachteten, so bleibt der LR-Test mit dem saturierten Modell nichtsignifikant, gibt es größere Unterschiede, wird er signifikant.

Ein naheliegender Weg für einen globalen Modellgeltungstest besteht deshalb darin, die von einem Modell vorhergesagten Patternhäufigkeiten mit den tatsächlich beobachteten zu vergleichen.

Die folgende Tabelle zeigt für das KFT-Datenbeispiel die *beobachteten* Patternhäufigkeiten $\underline{n}(x)$ und die unter drei verschiedenen Testmodellen *erwarteten* Patternhäufigkeiten.

Es zeigt sich, dass die Zweiklassenlösung des mixed Rasch-Modells (2MR) die beobachteten Patternhäufigkeiten am besten reproduziert, wohingegen bei zwei Klassen der latent-class Analyse (2LC) und beim Rasch-Modell (RM) die Abweichungen einzelner Patternhäufigkeiten größer sind.

$\underline{x}$	RM	2 LC	2MR	$n(\underline{x})$
0 0 0 0 0	58.0	51.6	57.8	58
0 0 0 0 1	2.2	6.8	2.5	4
0 0 0 1 0	3.4	2.3	2.8	2
0 0 0 1 1	0.4	0.4	0.3	1
0 0 1 0 0	6.5	10.3	5.7	11
0 0 1 0 1	0.9	1.5	0.9	2
0 0 1 1 0	1.3	0.7	1.0	1
0 0 1 1 1	0.5	0.3	0.4	1
0 1 0 0 0	13.6	11.7	11.9	8
0 1 0 0 1	1.8	2.1	1.9	1
0 1 0 1 0	2.7	1.8	2.0	2
0 1 1 0 0	5.2	4.1	4.3	3
0 1 1 0 1	1.9	2.1	2.0	1
0 1 1 1 0	2.8	4.0	2.5	2
0 1 1 1 1	2.7	3.6	7.7	8
1 0 0 0 0	22.2	29.5	24.6	23
1 0 0 0 1	2.9	4.2	4.4	7
1 0 0 1 0	4.4	2.1	2.3	2
1 0 1 0 0	8.6	7.0	9.1	6
1 0 1 0 1	3.1	1.9	4.6	2
1 0 1 1 0	4.6	2.7	2.6	2
1 0 1 1 1	4.4	2.3	4.3	3
1 1 0 0 0	17.7	12.2	19.2	21
1 1 0 0 1	6.3	6.4	19.7	10
1 1 0 1 0	9.6	12.2	5.5	8
1 1 0 1 1	9.0	11.1	8.9	10
1 1 1 0 0	18.6	18.7	20.4	24
1 1 1 0 1	17.4	16.4	6.4	6
1 1 1 1 0	26.5	34.7	33.2	33
1 1 1 1 1	38	32.3	38.5	38

Ein Modelltest hat die *Gesamtheit* aller Abweichungen zu berücksichtigen. Diese Prüfung kann mittels der Pearson'schen χ^2-Statistik erfolgen, die folgendermaßen definiert ist:

$$(5) \qquad CHI = \sum_{\underline{x}} \frac{(o_{\underline{x}} - e_{\underline{x}})^2}{e_{\underline{x}}} .$$

$o_{\underline{x}}$ bezeichnet die *beobachtete* Häufigkeit des Pattern $\underline{x}$ (o wie 'observed = beobachtet') und $e_{\underline{x}}$ die unter dem jeweiligen Modell *erwartete* Patternhäufigkeit. Diese Prüfstatistik ist χ^2-verteilt, wobei die Anzahl der Freiheitsgrade gleich der Anzahl der Antwortpattern minus der Anzahl unabhängiger Modellparameter minus 1 ist:

$$df = m^k - n_p - 1 .$$

Somit hat diese χ^2-Statistik zum Vergleich beobachteter und erwarteter Patternhäufigkeiten *dieselbe Anzahl von Freiheitsgraden* wie der *Likelihoodquotient* eines Modells im Vergleich zum saturierten Modell (s.o.). Tatsächlich sind beide Prüfstatistiken annähernd äquivalent und führen in der Regel zu denselben Ergebnissen.

Für das KFT-Datenbeispiel ergeben sich für drei unterschiedliche Modelle die folgenden χ^2-Werte

	−2 log (LR)	CHI	df
RM	48.8	49.4	22
2 LC	40.3	38.7	20
2 MR	21.2	18.3	14

Wie auch beim Likelihoodquotienten-Test zeigt sich hier, dass lediglich die Zweiklassenlösung des mixed Rasch-Modells einen nicht-signifikanten χ^2-Wert besitzt, das heißt, die Daten hinreichend gut reproduziert (s. die χ^2-Tabelle im Anhang).

Der *Vorteil* dieses χ^2-Tests besteht darin, dass man den Grund für signifikante Modellabweichungen leichter rekonstruieren kann: Da sich der χ^2-Wert aus den quadrierten Abweichungen von beobachteten und erwarteten Häufigkeiten zusammensetzt, kann man zurück verfolgen, welche Antwortpattern besonders zu dem hohen χ^2-Wert beitragen. Im Datenbeispiel sind dies z.B. die Pattern $\underline{x}$ = (01111) und $\underline{x}$ = (11101) beim Rasch-Modell. Beide Patternhäufigkeiten werden durch das mixed Rasch-Modell wesentlich besser vorhergesagt.

Die Prüfung, welche Antwortpattern für eine fehlende Modellanpassung verantwortlich sind, nennt man auch *Residuenanalyse* ('Residuum' bedeutet so viel wie 'Rest'). Bei einer Residuenanalyse sieht man sich an, welche 'Reste' an beobachteten Häufigkeiten übrig bleiben, wenn man die unter dem Modell erwarteten Häufigkeiten abzieht.

Die *Nachteile* dieser χ^2-Statistik sind im wesentlichen dieselben wie bei Likelihoodquotienten-Tests: Für größere Tests sind die *asymptotischen Bedingungen* der χ^2-Prüfstatistik nicht erfüllt, und zwar gilt dies genauso für die −2 log(LR)-Statistik wie für Pearson's CHI. Damit die Prüfgrößen tatsächlich χ^2-verteilt sind, müssen alle *erwarteten* Häufigkeiten größer als Eins sein. Wenn es viele Antwortpattern gibt, die gar nicht beobachtet wurden oder einen zu geringen Erwartungswert haben, folgt die Prüfgröße nicht mehr einer χ^2-Verteilung.

Ein Ausweg aus dieser Situation, der mit der rapide zunehmenden Geschwindigkeit von Computern immer attraktiver wird, besteht darin, die Prüfverteilung über *simulierte Daten* zu ermitteln. Als simulierte (dt. 'ähnlich gemachte') Daten bezeichnet man Daten, die mittels eines Zufallszahlengenerators auf dem Computer erzeugt werden. Dabei gibt man ein Testmodell einschließlich seiner Parameterwerte vor und erzeugt sich auf dem Computer Daten, die zu dem Modell passen. Von diesen künstlichen Daten weiß man dann genau, welches Modell gilt und man kennt die wahren Parameterwerte.

Wie simuliert man Daten?

Es sollen beispielsweise dichotome Testdaten erzeugt werden, für die das Rasch-Modell gilt. Hierfür müssen zunächst alle Item- und Personenparameter festgelegt werden. Mit Hilfe der Modellgleichung rechnet man sich für jede Person die Lösungswahrscheinlichkeit hinsichtlich jedes Items, p_{vi}, aus. Für jede einzelne Itemantwort wird dann der Zufallszahlengenerator aktiviert, der eine Zufallszahl a_{vi} ausgibt, die zwischen 0 und 1 liegt. Alle Zahlen zwischen 0 und 1 werden mit gleicher Wahrscheinlichkeit gezogen, d.h. die Zufallszahlen sind *gleichverteilt.*

Ist die erzeugte Zufallszahl a_{vi} *kleiner* als die Lösungswahrscheinlichkeit p_{vi}, so ist die Itemantwort $x_{vi} = 1$, d.h. es kommt eine 1 in die Datenmatrix. Ist $a_{vi} \geq p_{vi}$, so ist $x_{vi} = 0$. Auf diese Weise entspricht die Wahrscheinlichkeit, eine 1 für die Datenmatrix zu erhalten, genau der Lösungswahrscheinlichkeit.

Hat man für einen *echten* Datensatz die Parameter eines Testmodells geschätzt, so kann man mit diesen Parameterschätzungen wiederum neue, künstliche Daten simulieren. Dies bezeichnet man als *Resimulation*, weil man sich die Ausgangsdaten aufgrund der Parameterschätzungen *zurück* simuliert. Von solchen resimulierten Datensätzen weiß man, dass das Modell, das man für die *echten* Daten interpretieren will, *gilt.*

Um eine Prüfverteilung für den anhand der echten Daten errechneten CHI-Wert zu erhalten, resimuliert man viele künstliche Datensätze und berechnet für jeden die betreffende Prüfstatistik. Man erhält auf diese Weise eine empirisch ermittelte Prüfverteilung, anhand derer man den für die 'echten' Daten berechneten Wert beurteilen kann. Im einfachsten Fall zählt man lediglich aus, wie viele einen kleineren Wert als der echte Wert haben. Sind mehr als 95 % der Werte kleiner, so ist die echte Prüfgröße signifikant und zeigt damit, dass das Modell passt. Dieses Verfahren nennt man das *bootstrap-Verfahren.*

Was ist bootstrapping?

Bootstraps heißen die Schlaufen an Cowboy-Stiefeln, an denen man die Stiefel hochzieht. Die Metapher steht dafür, dass man versucht, sich an den eigenen Stiefelschlaufen hochzuheben, so wie Baron Münchhausen sich am eigenen Schopf aus dem Sumpf zieht. Das damit bezeichnete Verfahren der Modellgeltungskontrolle hat etwas von diesem Versuch: Man will wissen, ob ein Modell auf die Daten passt, und beantwortet die Frage mit Hilfe von Daten, die man mit diesem Modell erzeugt hat.

Abbildung 141 zeigt die Häufigkeitsverteilung der CHI-Prüfgröße (5) von 100 Datensätzen, die anhand der Parameterschätzungen des Rasch-Modells für die KFT-Daten simuliert wurden.

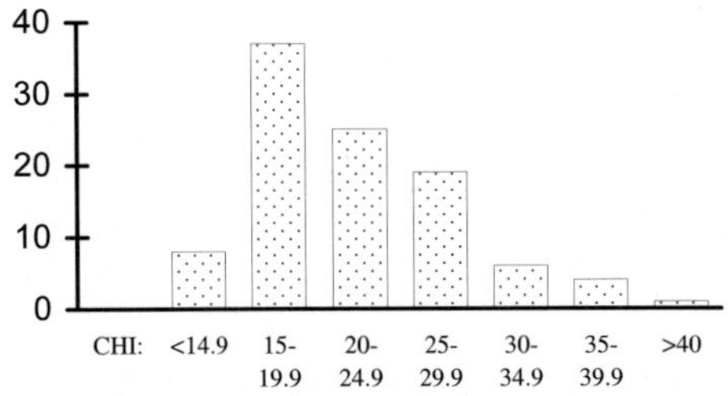

Abbildung 141: Häufigkeitsverteilung der CHI-Werte für 100 bootstrap-Stichproben

Der CHI-Wert des echten KFT-Datensatzes beträgt 49.4. Ein Vergleich mit der Verteilung in Abbildung 141 ergibt, dass ein derart hoher Wert äußerst selten erreicht wird, wenn das Modell gilt. In diesem Fall gab es nur 1 von 100 Werten in dieser Größenordnung. Demnach beschreibt das Rasch-Modell die Daten *nicht* hinreichend.

Da bei diesen Daten mit 32 Antwortpattern und 300 Personen die Voraussetzungen dafür, dass die Prüfgröße (5) χ^2-verteilt ist, recht gut erfüllt sind, entspricht das Bild der *simulierten* Häufigkeitsverteilung (Abb. 141) in etwa dem der χ^2-Verteilung mit 22 Freiheitsgraden.

Der *Vorteil* des bootstrap-Verfahrens besteht aber gerade darin, dass man auch für Datensätze, die die Voraussetzungen der χ^2-Verteilung *nicht* erfüllen, einen Modelltest zur Verfügung hat, der ähnlich wie ein Signifikanztest funktioniert.

Ein *Nachteil* ist der enorme Rechenaufwand, der hierbei betrieben wird. Die bootstrap-Stichproben müssen nicht nur simuliert werden (was den geringsten Zeitanteil ausmacht), für jeden Datensatz müssen auch die Modellparameter geschätzt und die Prüfgrößen berechnet werden.

Literatur

Der Chi-quadrat Test von Pearson ist in allen Statistiklehrbüchern enthalten (Bortz, 1977) und wird von Bishop et al. (1975) speziell für die Kreuztabellenanalyse behandelt. Holland (1981) und Cressie & Holland (1983) behandeln den Ansatz für quantitative Testmodelle, Glas (1988a) und Kelderman (1984) für Rasch-Modelle. Das bootstrap-Verfahren als Möglichkeit der Modellgeltungskontrolle stellen Efron & Tibshirani (1993) dar, siehe auch Langeheine et al. (1996). Resimulationen als Mittel der Modellgeltungskontrolle bei Klassenmodellen haben erstmals Aitkin et al. (1981) angewendet.
Einen Überblick über Fit-Statistiken geben Bartholomew & Tzamourani (1999) und v. Davier (1997). Molenaar (1997) geht auf die Aussagekraft von statistischen Modelltests ein.

5.2. Informationstheoretische Maße für den Modellvergleich

Der *Vorteil* von Likelihoodquotienten-Tests ist darin zu sehen, dass sie eine *statistische Absicherung* des Unterschieds zweier Modelle unter Berücksichtigung der Parameteranzahl erlauben. Somit lässt sich eindeutig aussagen, ob ein bestimmtes Modell besser auf die Daten passt als ein anderes Modell.

Die *Nachteile* von Likelihoodquotienten liegen darin, dass die Voraussetzungen für den inferenzstatisischen Schluss oft nicht erfüllt sind. So lässt sich z.B. mit Hilfe eines Likelihoodquotienten nicht testen, ob ein *quantitatives Testmodell* oder ein *Klassenmodell* besser auf die Daten passt, da beide nicht in einer hierarchischen Beziehung zueinander stehen, d.h. das eine Modell ein Obermodell des anderen ist. Auch geht sehr oft das restriktivere Modell durch Fixierung von Wahrscheinlichkeiten auf 0 aus dem allgemeineren hervor, so dass die Prüfverteilung nicht gilt. Auch die dritte Voraussetzung, die Gültigkeit des allgemeineren Modells, ist oft nicht gegeben, da man diese nicht immer prüfen kann.

Am meisten Probleme bereiten jedoch die *Voraussetzungen bezüglich der Datenmenge*, die im vorangehenden Kapitel diskutiert wurden. Die Voraussetzung dafür, dass die Prüfstatistik –2 log (LR) annähernd χ^2-verteilt ist, besteht darin, dass die *erwarteten Patternhäufigkeiten mindestens den Wert 1* haben. Dies ist in unserem kleinen Datenbeispiel mit 5 Items zwar annähernd gegeben, jedoch kann bereits bei 10 Items mit 1024 unterschiedlichen Antwortpattern davon ausgegangen werden, dass diese Voraussetzung selbst bei großen Personenstichproben nicht erfüllt ist. Somit bleibt der bootstrap als eine relativ aufwendige Möglichkeit der inferenzstatistischen Absicherung des Likelihoodquotienten.

Alle diese Voraussetzungen müssen nicht erfüllt sein, wenn man auf den Anspruch der Inferenzstatistik verzichtet und sich damit zufrieden gibt festzustellen, welches Modell unter mehreren Alternativen das relativ beste ist. Dieser Logik folgen die sogenannten informationstheoretischen Kriterien, mit denen man Modelle vergleichen kann, die *nicht* in einer hierarchischen Beziehung zueinander stehen, die mittels *beliebiger* Restriktionen definiert sind und deren Geltung *nicht* nachgewiesen sein muss.

Vor allem entfallen die Anforderungen an die Stichprobengröße, um die asymptotischen Voraussetzungen von Prüfverteilungen zu erfüllen. Es bleibt allerdings die Notwendigkeit, dass sich die Modelle, die man miteinander vergleichen will, auf dieselben Daten beziehen (s.o. Kap. 5.1).

Der Preis, den man für diese 'Anspruchslosigkeit' zahlt, besteht darin, dass man nicht sagen kann, *um wie viel* der Wert eines Informationsmaßes kleiner sein muss als sein Konkurrent, um die Überlegenheit eines Modells zu belegen.

Das Bemerkenswerte an den informationstheoretischen Maßen besteht darin, dass sie dieselben Informationen benutzen, die auch in einen Likelihoodquotienten eingehen, nämlich das Maximum der Likelihoodfunktion für ein bestimmtes Modell und einen bestimmten Datensatz, die Anzahl der Modellparameter und – zumindest ansatzweise – auch den Stichprobenumfang.

Schreibt man einen Likelihoodquotienten etwas um,

$$(1)\quad -2\log\left(\frac{L_0}{L_1}\right) = 2\log(L_1) - 2\log(L_0) = 2\big(\log(L_1) - \log(L_0)\big)$$

$$\rightarrow \chi^2_{df=n_{pL_1}-n_{pL_0}},$$

so sieht man, dass eine Einheit auf der Log-likelihood-Skala zwei Einheiten auf der Skala der χ^2-verteilten Werte entspricht. D.h. sinkt die Log-likelihood infolge einer Modellrestriktion um einen Punkt, so steigt der χ^2-Wert um 2 Punkte an.

Spart man mit der Restriktion einen Modellparameter ein, so hat die χ^2-Verteilung einen Freiheitsgrad mehr, was im Bereich von nur wenigen Freiheitsgraden in etwa einem Anstieg der Signifikanzgrenze um 2 Punkte entspricht:

$\chi^2_{\alpha=0.05,\, df=6}$: 12.59

$\chi^2_{\alpha=0.05,\, df=7}$: 14.07.

Das heißt, pro eingespartem Parameter sollte die Log-likelihood um ungefähr einen Punkt sinken. Dieses Abwägen von Parameteranzahl und Wert der Log-likelihood ist Gegenstand der informationstheoretischen Maße.

Der historisch erste Informationsindex, der nach seinem Autor Akaike benannte AIC (Akaikes information criterion),

$$(2)\quad AIC = 2\big(n_p - \log(L_0)\big)$$

nimmt diese Abwägung von Parameteranzahl n_p und Likelihoodwert ohne weitere Gewichtung vor. Da der AIC nur dahingehend interpretiert wird, welches Modell den kleinsten Wert aufweist, spielt der Koeffizient '2' zunächst auch keine Rolle.

In Kapitel 3.1 wurde der AIC schon ausgiebig benutzt, um die Geltung verschiedener Modelle für dichotome Daten zu beurteilen. Die folgende Tabelle gibt die Ergebnisse im Überblick wieder.

Modell	n_p	AIC
BIN	5	1751.0
RM	9	1727.6
RMgs	6	1727.2
2LC	11	1723.2
3LC	17	1709.8
4LC	23	1715.8
2LCmedian	10	1722.0
3LCrestr	13	1706.8
AFM	13	1707.8
AFMrestr	7	1711.4
2MRM	13	1717.2
2HYBRMgsLC	12	1725.8
SAT	31	1722.8

Daraus geht hervor, dass 3 Modelle einen kleineren AIC-Wert haben als 1710, nämlich neben dem 3-Klassenmodell und einer Restriktion dieses Modells das allgemeine Antwortfehlermodell. An diesem Ergebnis der Auswahl des best-passenden Modells lassen sich auch die Probleme von Informationskriterien für die Modellauswahl zeigen.

Liste der Modellbezeichnungen (Abkürzung)

BIN	Binomialmodell
RM	Rasch-Modell
LC	latentes Klassenmodell
AFM	Antwortfehlermodell
MRM	mixed Rasch-Modell
ORM	ordinales Rasch-Modell
RSM	Ratingskalen-Modell
EQU	Äquidistanzmodell
DIS	Dispersionsmodell
HYB	Hybrid-Modell
SAT	saturiertes Modell
med	Mediansplit
restr	restringiertes Modell
gs	geglättete Scoreverteilung
ks	klassenspezifische Parameter
ord	für ordinale Daten

Die drei genannten Modelle mit dem kleinsten AIC passen nach dem Ergebnis eines Likelihoodquotienten-Tests mit dem saturierten Modell auf die Daten, d.h. die χ^2-Prüfgrösse wird nicht signifikant. Es stellt sich die Frage, ob es Sinn macht, unter Modellen, die 'nachweislich' auf die Daten passen, noch nach dem relativ besser passenden zu suchen. Diese Frage ist um so schwerer zu beantworten, als die Unterschiede in den AIC-Werten hier sehr gering sind.

Tatsächlich lautet die am häufigsten gestellte Frage zu den Informationskriterien, wie groß denn ein Unterschied, z.B. im AIC, sein muss, um eine Modellauswahl zu begründen. Das ist eine schwer zu beantwortende Frage, sind doch die Informationskriterien als Alternative zur Inferenzstatistik gedacht und nicht als neue Prüfstatistik.

Am Beispiel der 3 Modelle mit dem kleinsten AIC lässt sich jedoch auch darstellen, dass das best-passende Modell ('the best fitting model') nicht unbedingt das 'beste' Modell sein muss, wenn man noch andere Gütekriterien für Theorien berücksichtigt. In der Einleitung zu Kapitel 5 wurde neben der empirischen Gültigkeit und dem Einfachheitskriterium noch der Geltungsbereich einer Theorie genannt. Der AIC bietet eine simultane Berücksichtigung von empirischer Geltung (in Form des Likelihoodwertes) und der Einfachheit (in Form der Parameteranzahl).

Betrachtet man die drei Modelle unter der Perspektive, welche über die 5 konkreten Items und die 300 getesteten Personen hinausgehenden Aussagen die Modelle machen, so gibt es deutliche Unterschiede. Das unrestringierte 3-Klassenmodell besagt, dass es drei etwa gleich große Gruppen von Schülern gibt, die die Aufgaben mit jeweils hoher, mittlerer oder niedriger Wahrscheinlichkeit lösen. Das restringierte Modell besagt, dass die Schüler der mittleren Klasse die ersten beiden Aufgaben mit hoher, die letzten beiden Aufgaben mit niedriger Wahrscheinlichkeit lösen.

Beide Ergebnisse sind relativ stark auf die jeweiligen Aufgaben und die Personenstichprobe bezogen und man erfährt relativ wenig über den KFT und seine psychometrische Struktur. Das ist anders bei dem dritten Modell, dem Antwortfehlermodell. Dieses besagt, dass es für jedes Item nur 2 Lösungswahrscheinlichkeiten gibt und eine streng monotone Anordnung der Aufgaben entlang des zu messenden Kontinuums. Personen unterscheiden sich darin, dass sie die Aufgaben bis zu einem bestimmten Schwierigkeitsgrad mit itemspezifischer Irrtumswahrscheinlichkeit lösen und schwierigere Aufgaben mit itemspezifischer Ratewahrscheinlichkeit bearbeiten (s.o. Kap. 3.1.2.3, Abb. 77).

Dieses Modell besagt relativ viel darüber, wie Schüler den KFT bearbeiten und es ist zu vermuten, dass dies auch für andere KFT-Items, andere Schüler und vermutlich auch für andere Tests gilt, deren Aufgaben ähnlich konstruiert sind. Sein Geltungsbereich ist daher höher und unter Berücksichtigung dieses Kriteriums wäre dem Antwortfehlermodell der Vorzug zu geben.

Nicht immer ist der Geltungsbereich eines Modells eine sinnvolle Ergänzung der beiden vom AIC berücksichtigten Gütekriterien. Viel öfter ist es das Kriterium der *Brauchbarkeit* einer Theorie.

Das Brauchbarkeitskriterium

Dieses zunächst wenig wissenschaftlich klingende Gütekriterium kam im Zuge der 'kritischen Psychologie' von Klaus Holzkamp und des (damaligen) Konstruktivismus in die wissenschaftstheoretische Diskussion. Mit der Relativierung des Wahrheitskriteriums infolge des Scheiterns positivistischer Erkenntnistheorien und mit dem Stellen der Relevanzfrage angesichts der Beliebigkeit psychologischer Forschungsthemen gewinnt die Brauchbarkeit psychologischer Theorien den Status eines Gütekriteriums für Theorien. Das Besondere dieses Gütekriteriums liegt darin, dass die Einschätzung der Brauchbarkeit einer Theorie nicht wertneutral erfolgen kann. Schon die Festlegung, *wofür* die Theorie brauchbar sein sollte, basiert auf subjektiven Wertsetzungen.

Nach dem Kriterium der Brauchbarkeit ist bei einem Intelligenztest wie dem KFT vermutlich das Rasch-Modell am brauchbarsten, da es nur die Anzahl der gelösten Aufgaben als Information über die Fähigkeit der getesteten Personen benötigt aber im Unterschied zum Antwortfehlermodell eine Transformation in metrische Messwerte erlaubt. Diese sind natürlich für die Weiterverarbeitung der Testergebnisse viel 'brauchbarer' als die ordinalen Messwerte des Antwortfehlermodells.

Ob diese Brauchbarkeitserwägung eine Bevorzugung des Rasch-Modells vor dem Antwortfehlermodell angesichts eines Unterschiedes von 1727 zu 1707 im AIC rechtfertigt, möge der Testanwender selbst entscheiden.

Der AIC nimmt gleichsam eine 1 zu 1 Gewichtung von Parameteranzahl und Log-likelihood vor (s.o. Gleichung (2)). Der BIC, der in Kapitel 3.3 zur Bewertung der Modelle für die Neurotizismusitems des NEO-FFI verwendet wurde, gewichtet die Parameteranzahl stärker und misst somit dem Einfachheitskriterium eine höhere Bedeutung bei. Dies ist insbesondere bei großen Datensätzen, also bei Tests mit vielen Items und Antwortkategorien erforderlich, da sonst durch ein paar zusätzliche Modellparameter immer noch ein besserer Fit erreicht werden kann.

Während der AIC die Parameteranzahl mit 2 gewichtet,

(2') $AIC = -2 \log L + 2\, n_p$,

wird im sogenannten Schwartz-Kriterium oder auch Bayes Information Criterion BIC die Parameteranzahl mit einem variablen Koeffizienten gewichtet, und zwar mit dem Logarithmus der Stichprobengröße N:

(3) $BIC = -2 \log L + (\log N)\, n_p$.

Dass dies im allgemeinen ein wesentlich höherer Koeffizient als 2 ist, zeigt die folgende Tabelle.

log N	N
2	>7
3	>20
4	>54
5	>148
6	>403
7	>1096

Die Gewichtung mit einer Funktion von N ist bei großen Datensätzen sinnvoll, weil bei der Vielzahl möglicher Antwortmuster jede neu hinzukommende Person in der Regel auch ein neues Antwortmuster mit in den Datensatz bringt. Bei großem Stichprobenumfang sind daher sehr viele Antwortmuster zu modellieren und jeder weitere Modellparameter trägt dazu bei, dass das gelingt. Um der damit verbundenen Überparametrisierung Einhalt zu gebieten, wird die Parameteranzahl mit log(N) gewichtet.

Obwohl im Datenbeispiel der fünf N-Items immerhin 270 der 1024 möglichen Antwortmuster beobachtet wurden, hat sich hier schon der BIC als wesentlich brauchbarer im Vergleich zum AIC erwiesen. Die folgende Tabelle zeigt alle behandelten Modelle im Überblick.

Modell	n_p	BIC
ORM	29	10.256,6
ORMgs	16	10.227,0
RSM	21	10.295,8
EQU	24	10.408,4
DIS	25	10.250,1
DISgs	12	10.250,5
2LC	31	10.492,4
2LCord	21	10.454,5
3LCord	27	10.288,6
3LCRSMks	23	10.234,4
2LCDISks	23	10.460,9
2MRMgs	33	10.158,5
2MRMDISgs	25	10.130,3
2HYBRMDISgsLCRSM	20	10.149,8
2HYBORMgsLCord	32	10.204,9
SAT	1023	16.403,7

Hier weisen die vier mixed Rasch bzw. Hybridmodelle den besten Modellfit auf, wobei das Dispersionsmodell als mixed Rasch-Modell mit 10.130 den absolut kleinsten BIC-Wert hat. Die Überlegenheit des Dispersionsmodells zeigt sich bereits bei den einfachen Rasch-Modellen.

Im Unterschied zu den KFT-Daten können bei diesem Datensatz keine Likelihoodquotiententests mit dem saturierten Modell durchgeführt werden. Um zu erfahren, ob das Modell mit dem kleinsten BIC, also das mixed Dispersionsmodell mit geglätteter Scoreverteilung in zwei Klassen auf die Daten passt, muss man schon die bootstrap-Prozedur durchführen. Allerdings zeigt sich bei keinem der behandelten Modelle ein positives bootstrap Ergebnis. Von 50 simulierten Datensätzen weisen alle Datenmatrizen kleinere Likelihoodquotienten mit dem saturierten Modell auf als der echte Datensatz. Somit kann für keines der Modelle die empirische Gültigkeit statistisch abgesichert werden.

Aus den BIC-Werten geht jedoch hervor, dass ein mixed Rasch oder ein Hybrid-Modell relativ besser auf die Daten passt als die anderen Modelle. Dieses Ergebnis steht im Einklang mit den Analysen der anderen 4 Skalen des NEO-FFI. Es zeigt sich, dass bei allen Skalen außer Extraversion latente Klassen von Personen mit verschiedenen response sets zu unterscheiden sind (Rost et al. 1999). Diese mixed Rasch-Modelle sind auch hinsichtlich des Brauchbarkeitskriteriums positiv zu bewerten, da sie eine ‚automatische' Korrektur des Personenparameters um en Einfluss des individuellen response sets liefern (s.o. Kap. 3.3.5).

Zuletzt sei noch ein dritter Index genannt, der sogenannte CAIC, der folgendermaßen definiert ist:

(4) $$\mathrm{CAIC} = -2 \log L + (\log N) \cdot n_p + n_p,$$

wobei CAIC für *consistent* AIC steht und eine Korrektur des AIC darstellt, die auch bei größerem Stichprobenumfang konsistent sein soll.

Mit Hilfe dieser Straffunktionen lassen sich die beiden Gütekriterien für Theorien, das Kriterium der *empirischen Gültigkeit* und das *Einfachheitskriterium* rein rechnerisch miteinander verknüpfen. Es zeigt sich jedoch auch, dass es für die Verknüpfung keine mathematisch beweisbare Funktion gibt, sondern stets *gewisse Beliebigkeit* bei der Auswahl eines Index herrscht.

Trotzdem ist der Wert dieser Informationskriterien bei der *praktischen Testanalyse* nicht zu unterschätzen. Geben sie doch erste, einfach interpretierbare Hinweise darauf, welches Testmodell das Antwortverhalten wie gut repräsentiert. Als grobes Auswahlkriterium kann gelten, dass der *AIC bei kleinen Itemanzahlen* mit *großen Patternhäufigkeiten*, der BIC bei großen Itemanzahlen und kleinen Patternhäufigkeiten vorzuziehen ist.

Ein *Vorteil* von diesen Informationsmaßen besteht darin, dass Modelle miteinander verglichen werden können, die in *keiner hierarchischen Beziehung* zueinander stehen, wie eben z.B. die Zweiklassenlösung der Klassenanalyse und das Rasch-Modell. Als alleiniges Auswahlkriterium für ein Testmodell eignen sie sich jedoch nicht. Die Entscheidung für ein bestimmtes Testsmodell sollte auch den Geltungsbereich und die Brauchbarkeit der damit verbundenen Theorie über das Antwortverhalten einbeziehen.

Literatur

Informationstheoretische Kriterien der Modellgeltung behandeln Bozdogan (1987), Read & Cressie (1988) und Lin & Dayton (1997). Likelihoodquotiententests werden im Rahmen der allgemeinen Maximum-Likelihood Theorie (Kendall & Stuart 1973) und der Kreuztabellen-Analyse (Bishop et al., 1975) dargestellt.

5.3 Spezielle Tests für Rasch-Modelle

Die in den vorangehenden Kapiteln 5.1 und 5.2 behandelten Verfahren zur Modellgeltungskontrolle lassen sich gleichermaßen auf quantifizierende und klassifizierende Testmodelle anwenden. Sie sind in ihrer Logik nicht auf ein spezielles Modell bezogen. Während es bei der Klassenanalyse auch keine Modelltests gibt, die gezielt die Annahmen einer klassifizierenden Testanalyse zum Gegenstand haben, gibt es eine Vielzahl von Tests für das Rasch-Modell und seine Verallgemeinerungen.

Diese Tests haben in der Regel eine zentrale Annahme des Rasch-Modells zum Gegenstand und testen die Geltung dieser Annahme durch eine statistische Entscheidung zwischen einer Null- und einer Alternativ-Hypothese. In der Null-Hypothese ist meistens die Geltung des Rasch-Modells formuliert und in der Alternativ-Hypothese die Geltung des Modells *ohne* die betreffende Annahme.

Etwas unübersichtlich wird die Menge von Modelltests dadurch, dass es keinen festgelegten Kanon gibt, welches die Annahmen des Rasch-Modells sind. So kann man denselben Modelltest als Verfahren zur Überprüfung einer der folgenden Annahmen finden:

- Eindimensionalität
- Lokale stochastische Unabhängigkeit der Itemreaktionen
- Homogenität
- Suffizienz der Summenscores
- Konstante Trennschärfen.

Als Folge davon gibt es keine allgemein anerkannte Taxonomie von Modelltests, wohl aber viele hervorragende Übersichtsartikel über Rasch-Modelltests. In diesem Kapitel soll eine sehr simple Einteilung von Rasch-Modelltests vorgenommen werden, nämlich die Unterscheidung von Tests auf Personenhomogenität (5.3.1) und auf Itemhomogenität (5.3.2). Diese Aufteilung betont einmal mehr die Symmetrie von Personen und Items im Rasch-Modell und sie ist tatsächlich komplementär in dem Sinne, dass sich Itemheterogenität nicht unbedingt in Tests auf Personenhomogenität zeigen muss und umgekehrt. D.h. man sollte beide Aspekte testen, um wirklich sicher zu sein, dass ein Test und eine Personenpopulation Rasch-skalierbar sind.

Der wohl bekannteste Rasch-Modelltest, der sogenannte Andersen-Test, ist das Kernstück von Tests auf Personenhomogenität und der sogenannte Martin-Löf-Test sein Pendant für Itemhomogenität. Mit dieser Beschränkung der Darstellung von Rasch-Modelltests bleiben sicherlich einige Verfahren der Modellgeltungskontrolle unerwähnt, die Beachtung verdient hätten. Andererseits sind mit den hier dargestellten Verfahren hinreichende Möglichkeiten gegeben, die Geltung eines Rasch-Modells abzusichern:

- Die in Kapitel 5.1 dargestellten Likelihoodquotiententests sind ein universelles Instrument zur Prüfung von Annahmen, welche sich als Modellrestriktion darstellen lassen
- Der in diesem Buch propagierte Weg, quantifizierende und klassifizierende Testmodelle miteinander zu vergleichen, stellt selbst schon eine empirische Geltungskontrolle des jeweils favorisierten Modells dar
- Die in Kapitel 6.1 und 6.2 behandelten Verfahren zur Überprüfung des Personen- und Itemfit stellen ebenfalls Modellgeltungskontrollen dar und bieten zugleich diagnostisch relevante Informationen, die zur Verbesserung der Modellgeltung genutzt werden können.

Oft sind die asymptotischen Voraussetzungen nicht erfüllt, um mit Hilfe einer Prüfstatistik etwas über die Geltung eines Modells für einen Datensatz zu erfahren. Als Ausweg wurde in Kapitel 5.1 schon der bootstrap behandelt. Es gibt jedoch noch einen anderen Weg, sich eine Verteilung zu generieren, anhand derer man die mögliche Verletzung einer Modellannahme beurteilen kann. Dieses von Ivo Ponocny entwickelte Verfahren bedient sich nicht der Simulation von Daten, wie es im bootstrap-Verfahren geschieht. Vielmehr wird mit einem Vertauschungsalgorithmus der Anteil bestimmter Datenmatrizen an all jenen ermittelt, die mit den suffizienten Statistiken des Raschmodells kompatibel sind.

Im Rasch-Modell sind alle Matrizen mit denselben Randsummen (Personen- und Itemscores) gleich wahrscheinlich. Das ergibt sich daraus, dass die Likelihood eines Datensatzes unter der Annahme, dass das Rasch-Modell gilt, nicht vom Inneren der Datenmatrix, sondern nur von ihren Randsummen abhängt (vgl. Kap. 3.1.1.2.2). Bezeichnet man die Anzahl an Datenmatrizen, die mit gegebenen Randvektoren $\underline{n}_i$ und $\underline{r}_v$ kompatibel mit A, so hat jede Datenmatrix die (bedingte) Wahrscheinlichkeit 1/A unter der Bedingung der Randsummen und der Geltung des Rasch-Modells.

Diese Zahl ist noch kein Modelltest. Es war die Idee von Georg Rasch, mit diesen Häufigkeiten einen Modelltest zu konstruieren, der parameterfrei ist, also nicht von den (fehlerbehafteten) Schätzwerten der Modellparameter beeinflusst ist. Seine Idee scheiterte daran, dass diese Anzahl von Matrizen, die mit gegebenen Randsummen kompatibel sind, nicht berechenbar ist, zumindest nicht für größere Anzahlen von Items und Personen. Das ist bis heute so geblieben.

Der Vertauschungsalgorithmus dient dazu, eine Teilmenge kompatibler Matrizen zu generieren, und beruht auf einer verblüffend einfachen Idee. Man nehme sich per Zufall eine Tetrade aus der Datenmatrix, wobei als Tetrade vier Itemantworten von 2 beliebigen Personen auf 2 beliebige Items bezeichnet wird.

	:		:	
...	1	...	0	...
	:		:	
...	0	...	1	...
	:		:	

Sodann vertauscht man die 0-en und die 1-en, so dass die Tetrade wie folgt aussieht:

	:		:	
...	0	...	1	...
	:		:	
...	1	...	0	...
	:		:	

Man erhält auf diese Weise wieder eine Datenmatrix, die mit den gegebenen Randsummen kompatibel ist. Auf den genauen Algorithmus soll hier nicht eingegangen werden. Mit den derart geschätzten Häufigkeiten können parameterfreie Modelltests konstruiert werden, indem relative Häufigkeiten für Matrizen mit bestimmten Eigenschaften geschätzt werden, z.B. für die beiden Teilmatrizen der männlichen und weiblichen Respondenten. Beispielsweise lässt sich beurteilen, ob ein Item auffällig oft von Männern positiv beantwortet wird, indem die Anzahl randsummenverträglicher Matrizen mit niedriger Itemschwierigkeit in der Teilmatrix männlicher Respondenten in Beziehung gesetzt wird zur Anzahl jener Matrizen, die überhaupt mit den Randsummen verträglich sind. Ist dieser Anteil sehr klein, so ist es wenig wahrscheinlich, dass das Rasch-Modell für Männer und Frauen gleichermaßen gilt.

Diese Art von Modelltests eignet sich besonders für kleine Stichprobenumfänge, also gerade dann, wenn die Bedingungen für die 'üblichen' asymptotischen Teststatistiken nicht erfüllt sind. Zur praktischen Durchführung muss aber auf die entsprechende Software verwiesen werden.

5.3.1 Prüfung der Personenhomogenität

Die Annahme der Personenhomogenität besagt, dass alle getesteten Personen den Test aufgrund *derselben Eigenschaft oder Fähigkeit* bearbeiten. Bei quantitativen Testmodellen bedeutet dies, dass dieselbe Personenvariable θ bei allen Personen gemessen wird. Misst der Test dagegen bei einigen Personen z.B. die Einstellung zur Kernenergie, bei anderen Personen z.B. die Tendenz, sozial erwünschte Antworten zu geben, so sind die Personen heterogen.

Das Prinzip derartiger Modellgeltungstests besteht darin, die *Itemparameter* in verschiedenen Untergruppen der Personenstichprobe zu schätzen und zu prüfen, ob sie sich zwischen den Gruppen unterscheiden. Diesem Vorgehen liegt die Überlegung zugrunde, dass die Itemschwierigkeiten in allen Personengruppen, in denen *dieselbe* Variable gemessen wird, *identisch* sind.

Um einen Test auf Personenhomogenität durchführen zu können, gibt es *zwei* Möglichkeiten:

- Entweder man hat eine Hypothese darüber, *welche* Personengruppen zueinander heterogen sein könnten. Dann kann man für diese Gruppen getrennt die Itemparameter schätzen und miteinander vergleichen.

- Oder man hat *keine Hypothese* über möglicherweise heterogene Personengruppen, dann wendet man das mixed Rasch-Modell an, welches nach latenten Personenpopulationen sucht, die zueinander heterogen sind. Ein Modelltest, der die Einklassenlösung mit der Zwei- oder Dreiklassenlösung des mixed Rasch-Modells vergleicht, ergibt dann die Prüfung auf Personenhomogenität.

Zunächst zum erstgenannten Fall. Das bei weitem am häufigsten verwendete *Teilungskriterium* für die Personenstichprobe ist der *Summenscore* der Personen. Das heißt, man vergleicht die Itemparameterschätzungen in zwei oder mehr Scoregruppen miteinander.

Teilt man die Personenstichprobe der KFT-Daten danach in zwei Gruppen ein, ob die Personen 0, 1 oder 2 Items gelöst haben (Gruppe 1) oder 3, 4 oder 5 Items (Gruppe 2), so ergeben sich die folgenden *Itemscores* in den beiden Personengruppen:

		r = 0,1,2	r = 3,4,5
Item	1	59	136
	2	35	140
	3	23	120
	4	8	105
	5	15	79
	N	152	148

Schätzt man die *Itemparameter* für diese beiden Personengruppen, so ergeben sich folgende Schätzwerte

		r = 0,1,2	r = 3,4,5
Item	1	−1.27	−0.52
	2	−0.45	−0.68
	3	0.04	−0.01
	4	1.17	0.35
	5	0.51	0.86

Um beurteilen zu können, *wie gut* die Schätzungen aus beiden Stichproben übereinstimmen, zeichnet man diese Werte in ein Diagramm ein:

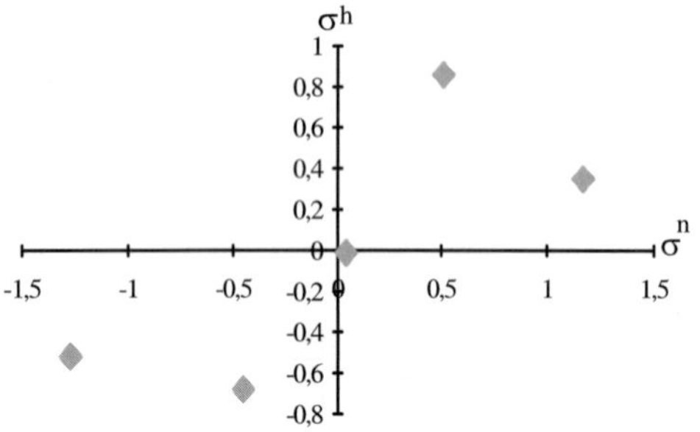

Abbildung 142: Der graphische Modelltest

Wenn die Itemparameter in beiden Stichproben genau übereinstimmen, liegen alle Punkte auf einer 45 Grad-Linie. Je weiter sie von dieser abweichen, desto ausgeprägter ist die Unterschiedlichkeit der beiden Personengruppen hinsichtlich der relativen Schwierigkeiten der Items. Man nennt diese graphische Prüfung auch den *graphischen Modelltest.*

Eine bloße Betrachtung der Unterschiedlichkeit von Itemparameterschätzungen stellt natürlich noch keine Modellgeltungs*prüfung* dar. Sie gibt lediglich Hinweise darauf, *welche* Items in *welchen* Gruppen relativ leicht und relativ schwer sind. Diese Abweichungen sollten interpretiert werden, denn sie können interessante inhaltliche Ergebnisse liefern über die psychologische Struktur des Tests für verschiedene Teilpopulationen.

Einen statistischen Modellgeltungstest erhält man, indem man den sogenannten *bedingten* Likelihoodquotiententest durchführt, der auch nach seinem Erfinder als '*Andersen*-Test' bezeichnet wird. Das Prinzip von Likelihoodquotiententests wurde in Kapitel 5.1. dargestellt. Hier wird jedoch der Likelihoodquotient mit den *bedingten Likelihoods* gebildet (vgl. Kap. 3.1.1.2.2, Gleichung (10)):

(1) $$cLR = \frac{cL_0}{\prod_{r=1}^{k-1} cL_r}.$$

Das *restriktivere* Modell, dessen Annahmen getestet werden sollen, ist das Rasch-Modell für die gesamte Stichprobe, so dass im Zähler des Likelihoodquotienten die bedingte Likelihood aller Daten ,cL_0, steht. Das *weniger restriktive* Modell, dessen Likelihood in den Nenner des Quotienten gehört, nimmt an, dass das Rasch-Modell *in jeder Scoregruppe* gilt, das heißt, in den Scoregruppen können unterschiedliche Itemparameter gelten. Die bedingten Likelihoods der Daten von Personen mit Score r werden hier mit cL_r bezeichnet.

Unter Geltung der Annahme der *Personenhomogenität* ist das Produkt der bedingten Likelihoods der Scoregruppen gleich der bedingten Gesamtlikelihood des Zählers. Je *heterogener* die Scoregruppen zueinander sind, desto größer wird die Wahrscheinlichkeit des Nenners im Vergleich zum Zähler und umso eher wird die Prüfgröße

$$-2 \log (cLR)$$

signifikant (s.o. Kap. 5.1).

Die χ^2-Verteilung hat in dem Fall, dass man die Itemparameter für jede der $k-1$ Scoregruppen getrennt schätzt (für $r = 0$ und $r = k$ sind keine Itemparameterschätzungen möglich),

$$df = (k-1) \cdot (k-2)$$

Freiheitsgrade. Üblicherweise führt man den Test jedoch nicht so durch, dass man in *jeder* Scoregruppe die Itemparameter schätzt, sondern man fasst Scoregruppen zusammen. Im oben genannten Beispiel wurden lediglich die 'Hochscorenden' und die 'Niedrigscorenden' unterschieden, wobei der *Trennscore* zwischen zwei und drei liegt.

Datenbeispiel

Der Logarithmus der bedingten Likelihood des Rasch-Modells beträgt für die KFT-Daten −320.6. Der Logarithmus des Produktes der beiden bedingten Likelihoods für die niedrigscorenden und die hochscorenden Versuchspersonen beträgt −319.6. Die Differenz ist −1, so dass die Prüfgröße

$$-2 \log (cLR) = 2.0$$

beträgt. Die Anzahl der Freiheitsgrade entspricht der Anzahl der Modellparameter im Nenner minus der im Zähler. Werden im Zähler 4 unabhängige Itemparameter geschätzt (wegen der Summennormierung), so sind es im Nenner 8, d.h. die χ^2-Verteilung hat 4 Freiheitsgrade.

Der empirische χ^2-Wert von 2.0 ist bei 4 Freiheitsgraden *nicht signifikant*, so dass die Annahme unterschiedlicher Itemschwierigkeiten für Personen mit hohem und mit niedrigem Summenscore verworfen werden muss.

Ein bedingter Likelihoodquotient wird sehr oft auch für *andere* Teilungskriterien der Personenstichprobe berechnet, z.B. für eine Teilung nach Geschlecht oder nach Alter.

Für den *Score* als Teilungskriterium kann der Likelihoodquotient auch mit Hilfe der Scoreverteilungs-Likelihood berechnet werden (vgl. Kap. 3.1.1.2.2, Gleichung (19)). Der resultierende Likelihoodquotient ist in beiden Fällen identisch.

cLR- und sLR-Tests bei Scoregruppen

Die rechnerische Äquivalenz von bedingten und Scoreverteilungs-LR-Tests beim Vergleich von Scoregruppen wird anhand der Aufteilung der Stichprobe in hoch- und niedrigscorende Personen gezeigt. In diesem Fall lautet der *bedingte* Likelihoodquotient:

$$(2) \qquad cLR = \frac{cL_0}{cL_n \cdot cL_h}$$

und der entsprechende, mit Hilfe der *Scoreverteilungs- Likelihood* gebildete Quotient:

$$(3) \qquad sLR = \frac{sL_0}{sL_n \cdot sL_h}.$$

Der Index n steht für die Gruppe mit niedrigem, h für die Gruppe mit hohem Score.

Aufgrund der Beziehung zwischen Scoreverteilungs- und bedingter Likelihood (s. Gleichung (21) in 3.1.1.2.2

$$(4) \qquad sL = \prod_{r=0}^{k} p(r)^{n_r} \cdot cL,$$

lässt sich der Scoreverteilungslikelihoodquotient auch folgendermaßen schreiben:

$$(5) \quad sLR = \frac{\prod_{r=0}^{k} p(r)^{n_r} \cdot cL_0}{\prod_{r=0}^{t} p(r)^{n_r} \cdot cL_n \cdot \prod_{r=t+1}^{k} p(r)^{n_r} \cdot cL_h} = \frac{cL_0}{cL_n \cdot cL_h}.$$

t bezeichnet den *Trennscore*, d.h. den höchsten Score in der Gruppe der Niedrigscorenden. Die Scorewahrscheinlichkeiten des Zählers und Nenners lassen sich *herauskürzen*, so dass ein bedingter Likelihoodquotient übrigbleibt.

Die Äquivalenz von bedingtem und Scoreverteilungs-LR-Test gilt jedoch *nur für den*

Score als Teilungskriterium. Bei allen anderen externen Teilungskriterien sind die Ergebnisse nicht identisch.

Anstatt eine Vielzahl unterschiedlicher Teilungskriterien *durchzuprobieren*, um die Annahme der Personenhomogenität abzusichern, besteht die einfachere Möglichkeit darin, einen Modellvergleich mit der *Zweiklassenlösung des mixed Rasch-Modells* durchzuführen. Dies ist insofern der elegantere Weg, als mit der Zweiklassenlösung des mixed Rasch-Modells jene Aufteilung der Personenstichprobe identifiziert wird, für die die *Itemparameter maximal unterschiedlich* sind.

Diese Aufteilung *kann, muss aber nicht* mit einem manifesten Teilungskriterium korrespondieren. Man kann mit dem mixed Rasch-Modell auch Personenheterogenität identifizieren, die man mit einer *manifesten* Aufteilung der Personenstichprobe nicht finden würde.

Datenbeispiel

Die Itemparameter der Zweiklassenlösung des mixed Rasch-Modells lauten für die KFT-Daten:

	Klasse 1 $\pi_1 = .71$	Klasse 2 $\pi_2 = .29$
1	−1.34	−0.02
2	−0.66	−0.87
Item 3	−0.01	0.17
4	1.18	−0.66
5	0.82	1.35

Der zugehörige graphische Modelltest ergibt folgendes Bild:

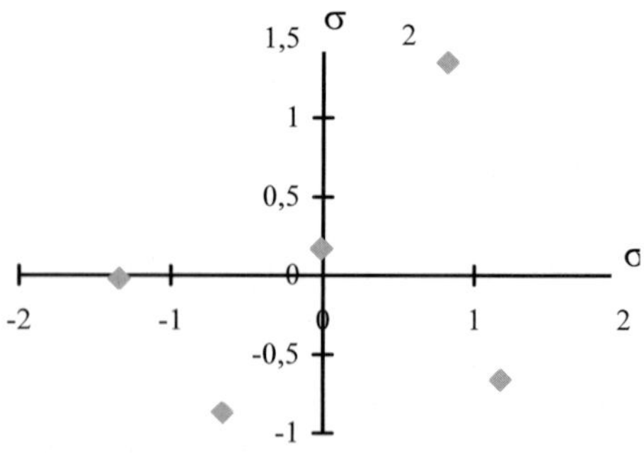

Abbildung 143: Der graphische Modelltest für das 2-Klassen mixed Rasch-Modell

Die beiden ermittelten Klassen haben *ähnliche Profile* ihrer Itemparameter wie die Klassen der niedrig- und der hochscorenden Personen (vgl. Abbildung 142). In beiden Aufteilungen der Stichprobe gibt es eine Gruppe, in der das erste Item das leichteste und das vierte Item das schwierigste ist, und eine Gruppe, in der das zweite das leichteste und das fünfte das schwierigste ist.

Die Korrespondenz zeigt sich auch in den *erwarteten Scores* für die beiden Klassen des mixed Rasch-Modells, denn der Erwartungswert des Scores ist in der ersten Klasse 1.64, während er in der zweiten Klasse 4.4 beträgt. Offensichtlich haben bei den KFT-Items die *'Könner' ein anderes Profil* der Itemschwierigkeiten *als die 'Nichtkönner'*.

Dieser Unterschied ist in der Zweiklassenlösung noch ausgeprägter als beim Andersen-Test, was sich auch in der Größe des zugehörigen Likelihoodquotienten ausdrückt.

Dieser beträgt nämlich

$$(6) \quad -2\log(sLR)$$
$$= -2\left(\log(sL_{RM}) - \log(sL_{2Kl})\right)$$
$$= -2(-854.8 + 841.6) = 26.4,$$

was bei $df = 17 - 9 = 8$ Freiheitsgraden signifikant ist.

Offensichtlich existiert in den KFT-Daten eine *bedeutsame Personenheterogenität*, die sich bei der Aufteilung der Stichprobe in hoch- und niedrigscorende Personen nicht als signifikant erwiesen hat, jedoch bei der Aufteilung in zwei latente Klassen. Diese Diskrepanz verwundert etwas, da die Profile der Itemleichtigkeiten in beiden Aufteilungen ähnlich sind. Allerdings zeigt sich bei der Aufteilung in latente Klassen, dass die Klasse der 'Könner' mit 29 % kleiner ist als die Klasse der 'Nichtkönner' und auch der erwartete Score mit 4.4 sehr hoch liegt.

Aus diesem Grunde wurde der Andersen-Test mit einer *anderen Scoreaufteilung* berechnet, die den beiden latenten Klassen besser entspricht, nämlich für den Trennscore $t = 3$ statt $t = 2$. Für diese Scoreaufteilung ergibt sich ein Likelihoodwert von –844.9, so dass der zugehörige χ^2-Wert

$$-2(-854.8 + 844.9) = 19.8$$

beträgt, was bei 4 Freiheitsgraden signifikant ist.

Dieses Datenbeispiel zeigt, dass mit dem mixed Rasch-Modell das optimale Teilungskriterium gefunden werden kann. Aber auch, wenn keine manifeste Variable für die Teilung der Stichprobe vorliegt, kann man mit dem mixed Rasch-Modell die Annahme der Personenhomogenität testen.

5.3.2 Prüfung der Itemhomogenität

Sowohl quantitative wie auch klassifizierende Testmodelle nehmen an, dass *alle Items dieselbe Personeneigenschaft* erfassen und in diesem Sinne *homogen* sind. Die Homogenität der Items kann zum einen über *Abweichungsmaße* für einzelne Items geprüft werden (vgl. Kap. 6.2). Zum anderen kann man aber auch über die Bildung von möglicherweise *heterogenen Itemgruppen* einen Modelltest durchführen. Dies ist ganz analog zur Prüfung der Personenhomogenität, nur dass nicht die Personen sondern die Items gruppiert werden.

Ausgangspunkt für diesen Modelltest ist eine *Hypothese* darüber, welche Itemgruppen möglicherweise unterschiedliche Persönlichkeitseigenschaften ansprechen. Im einfachsten Fall sind dies *zwei Testhälften*. Die Idee eines darauf beruhenden Modelltests ist die, dass man für beide Testhälften getrennt die *Personenparameter* ermittelt und prüft, ob beide Messwerte bis auf Zufallsschwankungen identisch sind.

Für *Rasch-Modelle* gibt es einen solchen Signifikanztest, den sogenannten 'Martin-Löf-Test', der jedoch nicht die geschätzten Personenparameter zum Gegenstand hat, sondern deren er*schöpfende Statistiken*, die Summenscores für beide Testhälften.

Datenbeispiel

Um die Hypothese zu testen, dass bei dem KFT *leichte* und *schwere Items* unterschiedliche Personeneigenschaften erfassen, wurden 10 Items ausgewählt, von denen 5 Items eher leicht und 5 Items eher schwer sind. Es handelt sich um die Items 21 bis 25 und 31 bis 35 der Form A des KFT.

Berechnet man für die 300 getesteten Personen (vgl. Kap. 3.1) die kombinierten *Summenscores* für beide Testteile, so ergeben sich die folgenden Häufigkeiten:

		schwere Items					
		s =					
	r =	0	1	2	3	4	5
	0	33	2	3	1		
leichte	1	25	11	9	2		1
Items	2	10	16	8	5	5	
	3	9	13	8	8	4	6
	4	7	6	12	11	17	12
	5	1	4	5	14	16	16

Z.B. haben 25 Personen ein leichtes Item, aber kein schweres Item gelöst.

Es zeigt sich eine recht gute Übereinstimmung der Summenscores in beiden Testteilen, da die Felder in der Nähe der Hauptdiagonalen am höchsten besetzt sind. Dass die größten Häufigkeiten etwas *unterhalb* der Hauptdiagonalen liegen, kommt daher, dass die meisten Personen für die schweren Items niedrigere Scores haben als für die leichten.

Der *Signifikanztest* zur Prüfung der Annahme, dass beide Testteile dieselbe latente Dimension erfassen, basiert auf den Häufigkeiten n_{rs}, mit denen Personen im ersten Testteil den Score r und im zweiten Testteil den Score s erhalten haben (vgl. die Tabelle. Der Signifikanztest ist ein modifizierter Likelihoodquotiententest, der auf den *bedingten Likelihoods beider Testteile* beruht. Die Prüfstatistik lautet

$$(1) \quad -2\log\frac{a \cdot cL_0}{b \cdot cL_1 \cdot cL_2}$$

$$\text{mit } a = \prod_{r=0}^{k}\left(\frac{n_r}{N}\right)^{n_r}$$

$$\text{mit } b = \prod_{r=0}^{k_1}\prod_{s=0}^{k_2}\left(\frac{n_{rs}}{N}\right)^{n_{rs}},$$

wobei n_r die Häufigkeit des Scores r in dem gesamten Test und n_{rs} die Häufigkeit des Scores r in der ersten und s in der zweiten Testhälfte bezeichnet. Diese Prüfstatistik ist χ^2-verteilt mit

$$df = k_1 \cdot k_2 - 1$$

Freiheitsgraden, wobei k_1 und k_2 die Itemanzahlen in der ersten und zweiten Testhälfte darstellen.

Datenbeispiel

Für die beiden oben genannten Testteile des KFT lauten die zur Berechnung der Prüfstatistik notwendigen Bestandteile:

$$\log(a \cdot cL_0) = -1640.75$$
$$\log(cL_1) = -350.21$$
$$\log(cL_2) = -311.39$$
$$\log(b) = -962.6.$$

Es ergibt sich eine Prüfstatistik von

$$-2 \cdot (-1640.75 + 1624.2) = 33.11$$

Die zugehörige χ^2-Verteilung hat $5 \cdot 5 - 1 = 24$.

Freiheitsgrade, so dass der empirische Wert unter der 5 % Grenze der χ^2-Verteilung liegt (36.4). Demnach sind beide Itemuntergruppen zueinander homogen und erfassen *dieselbe* Persönlichkeitseigenschaft.

Mit diesem Verfahren der Bildung von Itemgruppen lässt sich die Annahme der Itemhomogenität nur *hypothesengeleitet* testen, das heißt, man benötigt eine vorgegebene Aufteilung der Items in zwei Untergruppen. Ist der dafür berechnete χ^2-Wert nicht signifikant, so heißt das noch nicht, dass *alle* Items zueinander homogen sind, sondern lediglich, dass ich die Itemheterogenität nicht in dieser Aufspaltung niederschlägt.

Liegen keine prä-experimentellen Hypothesen über heterogene Itemgruppen vor oder haben sich diese Hypothesen nicht bestätigt, so kann man zunächst mittels der Faktorenanalyse (siehe Kapitel 3.4.2) oder mit klassifizierenden Testmodellen nach solchen Itemgruppen suchen.

Um ein Datenbeispiel zu verwenden, das aus zwei zueinander heterogenen Itemgruppen besteht, werden wiederum die 5 Neurotizismus-Items des NEOFFI gemeinsam mit den 5 Items der Extraversionsskala analysiert, die bereits in Kapitel 3.4.2 verwendet wurden.

Anhand der Ergebnisse der latenten Klassenanalyse zeigt sich, dass die 4 Klassen *Abstufungen* auf der Neurotizismus-Dimension darstellen (die ersten 5 Items erfassen diese Dimension), während die 5 Extraversions-Items in ihren Profilen eher 'durcheinander gehen'.

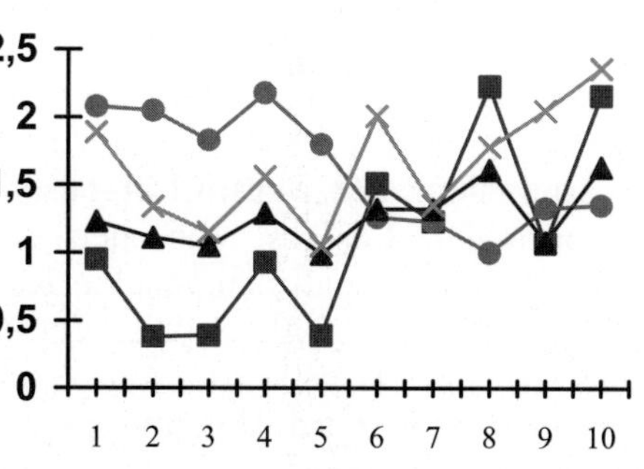

Abbildung 144: Die Erwartungswertprofile von 4 latenten Klassen

Dieses Ergebnis deckt sich insofern mit den Ergebnissen der *Faktorenanalyse* (s.Kap. 3.4.2), als auch dort die Neurotizismus-Items das *reinste Ladungsmuster*, d.h. hohe Ladungen auf dem einen, niedrige Ladungen auf dem anderen Faktor aufweisen. Auch bei einer Analyse mit dem mixed Rasch-Modell zeigen sich entsprechende Ergebnisse.

Die folgende Abbildung gibt die Profile der Itemschwierigkeiten der 2-Klassenlösung des mixed Ratingskalen-Modells (vgl. Kap. 3.3.5) wieder:

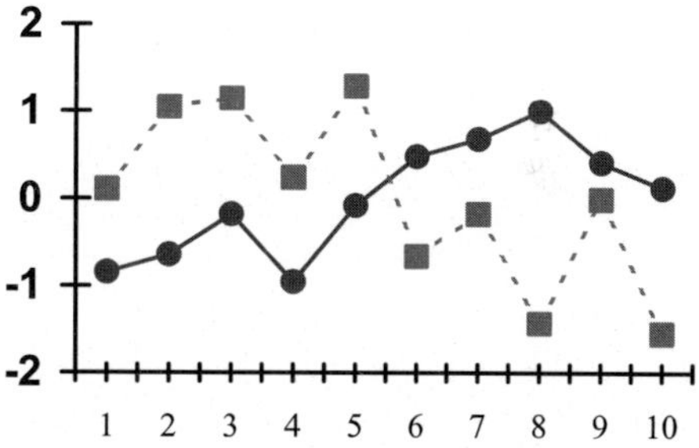

Abbildung 144: Die Profile der Itemparameter der 2-Klassenlösung des mixed Ratingskalen-Modells

In der Klasse mit dem gestrichelten Profil sind alle *Neurotizismus*-Items schwerer als in der Klasse mit der durchgezogenen Profillinie, während das für die Extraversions-Items umgekehrt ist. Die beiden latenten Klassen trennen Personen mit hohen N- aber niedrigen E-Werten von Personen mit niedrigen N- und hohen E-Werten.

Ein Modellgeltungstest zur Prüfung der Itemhomogenität sollte bei einer Aufteilung der 10 Items in die 5 Extraversions- und die 5 Neurotizismus-Items eine signifikante Verletzung dieser Annahme anzeigen.

Die Berechnung des Likelihoodquotienten des Martin-Löf-Tests (1) ist mittels des Likelihoodwertes des entsprechenden zweidimensionalen Rasch-Modells (vgl. Kapitel 3.4.2) möglich.

Genauer gesagt ist der Likelihoodquotient, der das eindimensionale Rasch-Modell für alle Items gegen das zweidimensionale Rasch-Modell testet, in dem alle Items einer Gruppe jeweils einer eigenen Dimension zugeordnet sind, identisch zu dem Likelihoodquotienten (1) von Martin-Löf. Dieser ist zwar mit den bedingten Likelihoodwerten gebildet, die Koeffizienten a und b in Gleichung (1) sind aber nichts anderes als die aufmultiplizierten Scorewahrscheinlichkeiten, die zusammen mit der bedingten Likelihood die Scoreverteilungs-Likelihood ergeben (s.o. Kap. 3.1.1.2.2).

$$(2)\quad LR = \frac{sL_{RM}}{sL_{2DIM}} = \frac{\prod_{r=0}^{k} (p(r))^{n_r} \cdot cL_{RM}}{\prod_{r=0}^{k_1} \prod_{s=0}^{k_2} p(r,s)^{n_{rs}} \cdot cL_{2DIM}}$$

Die suffizienten Statistiken für die Personenparameter im zweidimensionalen Modell sind die kombinierten Scores (r,s), die angeben wie viel Items eine Person in der ersten Itemgruppe gelöst hat (r) und zugleich in der zweiten (s), n_{rs} bezeichnet deren Häufigkeiten.

Der Test auf Homogenität der N- und E-Items im NEO-FFI ergibt folgende Resultate.

Modell	Log cL	Log(sv)	Log sL	N_p
1-Dim	-8296.2	-2520.0	-10816.2	59
N+E	-5778.3	-4413.6	-10191.9	283
2-Dim.	-6727.4	-3956.2	-10683.6	283

In der Tabelle sind für drei Modelle die bedingte Likelihood, das Produkt der Scorewahrscheinlichkeiten und – als deren Produkt – die Scoreverteilungslikelihood aufgeführt (jeweils in Logarithmen). Die Parameteranzahl n_p der beiden zweidimensionalen Modelle setzt sich folgendermaßen zusammen: Die cL beruht auf $m \cdot k\text{-}1=14$ Itemparametern pro Dimension, also 28 unabhängigen Parametern. Es gibt pro Subtest $m \cdot k+1=16$ unterschiedliche Scores und somit $16 \cdot 16=256$ Scorekombinationen, wovon einer wegen der Addition der Häufigkeiten zu N abzuziehen ist. Die Parameteranzahl ist daher 28+255=283.

Der Likelihoodquotient zur Prüfung der Homogenität von N- und E-Items ist mit

$$-2(-10816.2+10191.9)=1248{,}6$$

bei df=283-59=234 Freiheitsgraden

signifikant. Testet man dagegen das eindimensionale Modell gegen eine zufällige Gruppierung der Items (in der letzten Zeile der vorangehenden Tabelle sind die Werte für Aufteilung in gradzahlige und ungradzahlige Itemnummern aufgeführt) so ergibt sich keine Verwerfung der Homogenitätsannahme (-2log(LR)=264,6 bei 234 Freiheitsgraden). Der Test auf Itemhomogenität setzt also Hypothesen über möglicherweise zueinander heterogene Itemgruppen voraus, bzw. die Anwendung eines heuristischen Verfahrens zur Identifizierung solcher Itemgruppen. Dies kann mittels einer Faktorenanalyse (s. Kapitel 3.4.2) oder einer latenten Klassen- oder mixed Rasch-Analyse geschehen (s.o.).

Die Äquivalenz des Martin-Löf-Tests mit dem normalen LR-Test zwischen einem ein- und einem zweidimensionalen Rasch-Modell beinhaltet zugleich die Verallgemeinerung der Teststatistik auf ordinale Daten (wie schon im Datenbeispiel verwendet) und auf mehr als 2 Itemgruppen. Hat man eine Hypothese über eine Aufteilung der Items in 3 homogene Untergruppen, so testet man das eindimensionale gegen das entsprechende dreidimensionale Modell.

Literatur

Einen Überblick über Modelltests, die jeweils bestimmte Annahmen von Rasch-Modellen testen, geben Glas & Verhelst (1995), Gustafsson (1980b) und v.d. Wollenberg (1988). Der Andersen-Test geht auf Andersen (1973b) zurück, Rost & v.Davier (1995) gehen darauf ein, daß das mixed Rasch-Modell einen strengeren Test auf Personenhomogenität darstellt. Daß der Andersen-Test nicht notwendigerweise auf Itemheterogenität reagiert, zeigen Stelzl (1979) und Formann & Rop (1987). Der Martin-Löf Test (Martin-Löf 1973) wird von Gustafsson (1980b) beschrieben und von Carstensen (2000) als Anwendung eines mehrdimensionalen Modells für ordinale Daten und mehr als zwei Itemgruppen verallgemeinert.

Weitere Modelltests für Rasch-Modelle werden von Formann (1981), Glas (1988b), Molenaar (1983) und v.d. Wollenberg (1982a,b) vorgeschlagen. Weitere Modelltests werden von Andersen (1995), Formann (2000) und Ponocny (2002) beschrieben.

6. Testoptimierung

Die Qualität eines Tests wird traditionellerweise an den klassischen Gütekriterien der Objektivität, Reliabilität und Validität und dem 'Nebengütekriterium' der Normierung festgemacht. Hieran orientiert sich auch die Gliederung dieses Kapitels, in dem es in Kapitel 6.3 um die Reliabilität, in Kapitel 6.4 um die Validität und in Kapitel 6.5 um die Normierung geht.

Die Optimierung eines Tests durch Verbesserung seiner *Objektivität* wird hier nicht behandelt, sondern wurde bereits in Kapitel 2.5 aufgegriffen. Der Grund liegt darin, dass man eine hinreichende Testobjektivität im allgemeinen *vor* der Anwendung eines Testmodells sicherstellen kann und sollte. Hierfür müssen zwar auch einige Berechnungen angestellt werden, jedoch sind diese im allgemeinen nicht auf ein bestimmtes Testmodell bezogen.

Anders herum kann jedoch die Tatsache, dass ein bestimmtes Testmodell *nicht* auf die Daten passt, sehr wohl darauf hinweisen, dass mit der Testobjektivität etwas nicht in Ordnung ist. Allerdings sind solche Rückschlüsse nicht sehr spezifisch, d.h. man kann an den Modellparametern nicht unbedingt ablesen, *was* mit der Testobjektivität nicht stimmt.

Im Hinblick auf die Qualität und Optimierungsmöglichkeiten eines Tests ist weiterhin die Beurteilung der einzelnen Items und der einzelnen Personen von Bedeutung. Kriterien der Modellanpassung von Personen und Items sind Gegenstand der Kapitel 6.1 und 6.2.

6.1 Die Qualität der Personenmesswerte

Soll ein Test für individualdiagnostische Zwecke eingesetzt werden, so stellt nicht nur die Reliabilität und Validität des ganzen Tests, sondern auch die Qualität des einzelnen Testergebnisses ein zentrales Gütemerkmal dar. Als Diagnostiker möchte man etwas über die Genauigkeit und Gültigkeit des Testergebnisses einer einzelnen Person wissen. Die globalen Maße der Reliabilität und Validität des Tests wurden zumeist an einer Stichprobe erhoben, in der die getestete Person gar nicht enthalten war, und sagen nicht unbedingt etwas über diese neu hinzugekommene Person aus.

Bei Modellen, in denen der Personenmesswert einen Modellparameter darstellt, also bei Rasch-Modellen sind getrennte Aussagen über die Messgenauigkeit und (interne) Validität des einzelnen Testergebnisses möglich. Die *Messgenauigkeit* eines Testresultates ist im Rahmen der Maximum-Likelihood Theorie über die Standardschätzfehler der Personenparameter berechenbar (s. Kap. 6.1.1). Als Maße für die *interne Validität* eines einzelnen Testprotokolls gibt es Indizes, die ausdrücken, wie gut ein Antwortmuster zu dem zugrunde liegenden Testmodell passt (s. Kap. 6.1.2).

Bei klassifizierenden Testmodellen ist eine solche Trennung nicht möglich. Hier sagt die Wahrscheinlichkeit, mit der eine Person einer Klasse angehört, sowohl etwas über die Genauigkeit als auch über die interne Validität der (nominalen) Messung aus (s. Kap. 6.1.3).

6.1.1 Die Genauigkeit der Personenparameter

Im Rahmen der Maximum-Likelihood-(ML-) Theorie, also bei Modellen, deren Parameter nach dieser Methode geschätzt werden (s. Kap. 4.1), lässt sich die Genauigkeit einer Parameterschätzung über die *Schätzfehlervarianz* des Parameters definieren. Die Berechnung dieser Schätzfehlervarianz beruht auf einem generellen Satz der ML-Theorie, nach dem ML-Schätzer *asymptotisch normalverteilt* sind. Das bedeutet, dass sich bei wiederholter Schätzung desselben Parameters anhand unabhängiger Stichproben die Schätzwerte so verteilen, wie es die Normalverteilung angibt.

Der Mittelwert dieser Normalverteilung (s. Kap. 1.2.2) ist der wahre Parameterwert und die Glockenkurve spezifiziert, mit welcher Wahrscheinlichkeit Schätzwerte erhalten werden, die von diesem wahren Wert abweichen (s. Abb. 146).

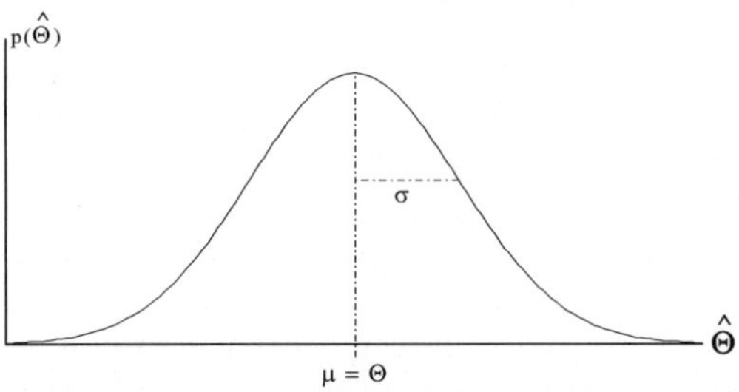

Abbildung 146: Normalverteilte ML-Schätzer

Je *kleiner* die Standardabweichung dieser Glockenkurve ist, desto *höher* ist die Genauigkeit einer Parameterschätzung, da stärkere Abweichungen vom wahren Wert dann weniger wahrscheinlich sind.

Von ML-Schätzern weiß man nicht nur, *dass* sie normalverteilt sind, sondern man kann sogar die *Varianz* dieser Normalverteilung berechnen.

Kennt man die Varianz der Verteilung eines Schätzers, so weiß man zwar immer noch nicht, wie groß der wahre Parameterwert ist, aber man kann sagen, *mit welcher Wahrscheinlichkeit* er in welchem Abstand vom geschätzten Wert liegt. Abbildung 147 verdeutlicht das.

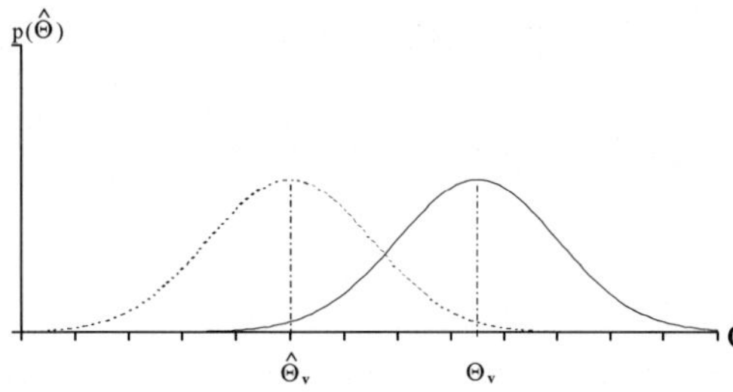

Abbildung 147: Die Wahrscheinlichkeit des Abstands von wahrem und geschätztem Parameterwert

Eigentlich gibt die Normalverteilung des Schätzers an, mit welcher Wahrscheinlichkeit ein *Schätzwert* einen bestimmten Abstand vom *wahren* Wert hat (rechte Kurve in Abb. 147). Diese Wahrscheinlichkeit ist aber identisch zu der Wahrscheinlichkeit des *wahren* Wertes, wenn man die Glockenkurve um den *geschätzten* Parameter zeichnet (linke Kurve).

Man kann also aus der Varianz der Verteilung der Schätzwerte sehr *praktische* Schlussfolgerungen bezüglich der Messgenauigkeit ziehen, z.B. wie weit der wahre Wert vom Schätzwert entfernt liegen könnte.

Diese Varianz der Schätzwerte eines Parameters kann mit Hilfe der sogenannten *Informationsfunktion* berechnet werden, ein Begriff der bereits 1921 von R.A. Fisher eingeführt wurde.

Die *Informationsfunktion* drückt die in den Daten enthaltene statistische Information hinsichtlich der Schätzung eines einzelnen Modellparameters aus. Sie ist gleich dem negativen Erwartungswert der zweiten partiellen Ableitung der log-Likelihoodfunktion nach einem bestimmten Parameter π, also

$$(1) \quad I(\pi) = -\text{Erw}\left(\frac{\partial^2 \log L}{\partial \pi^2}\right).$$

Je größer dieser Wert ist, desto mehr Information ist in den Daten bezüglich der Schätzung eines Modellparameters enthalten und desto kleiner ist demnach auch die Varianz des Schätzwertes dieses Parameters. Man nennt diese Varianz auch die Schätz*fehler*varianz, da sie allein durch die Ungenauigkeit der Parameterschätzung, also den *Schätzfehler* zustande kommt.

Tatsächlich ist die *Schätzfehlervarianz* eines Parameters direkt gleich dem reziproken Wert des Informationsbetrages (1), d.h. es gilt

$$(2) \quad \mathrm{Var}(E_\pi) = \frac{1}{I(\pi)}.$$

Die Standardabweichung der Normalverteilung des Schätzfehlers ist dann Eins durch Wurzel aus der Informationsfunktion:

$$(3) \quad s(E_\pi) = \frac{1}{\sqrt{I(\pi)}}.$$

Diese Berechnung der Schätzfehlervarianz gilt für *alle Testmodelle* deren Parameter nach der ML-Methode geschätzt werden, d.h. nicht nur für Rasch-Modelle, sondern auch für klassifizierende Testmodelle. Bevor darauf eingegangen wird, wozu man die so ermittelte Schätzgenauigkeit eines Parameters verwenden kann, soll das Prinzip ihrer Berechnung nach Formel (3) anhand der Parameter des dichotomen Rasch-Modells illustriert werden.

Die zweiten partiellen Ableitungen des dichotomen Rasch-Modells

Die ersten partiellen Ableitungen der Likelihoodfunktion dieses Modells (UML) nach den Personenparametern wurden bereits in Kapitel 4.2. angegeben:

$$(4) \quad \frac{\partial \log L}{\partial \theta_v} = r_v - \sum_{i=1}^{k} \frac{\exp(\theta_v - \sigma_i)}{1 + \exp(\theta_v - \sigma_i)} = r_v - \sum_{i=1}^{k} p_{vi}.$$

Die zweiten partiellen Ableitungen nach jeweils denselben Parametern lauten (nach mehreren Zwischenschritten) für die Personenparameter:

$$(5) \quad \frac{\partial^2 \log L}{\partial \theta_v^2} = -\sum_{i=1}^{k} \frac{\exp(\theta_v - \sigma_i)}{\left(1 + \exp(\theta_v - \sigma_i)\right)^2} = -\sum_{i=1}^{k} p_{vi}\left(1 - p_{vi}\right).$$

Nach der Definition der Informationsfunktion in Gleichung (1) benötigt man den *negativen Erwartungswert* dieser zweiten partiellen Ableitungen. Den Erwartungswert kann man natürlich nicht berechnen, wenn man nur eine *Stichprobe* zur Verfügung hat, so dass man die zweiten partiellen Ableitungen *selbst* als Annäherung des Erwartungswertes nimmt.

Das negative Vorzeichen in der Gleichung (5) hebt sich mit dem negativen Vorzeichen aus Gleichung (1) auf, so dass die positive Summe in Gleichung (5) den reziproken Wert der *Fehlervarianz* definiert:

$$(6) \quad \mathrm{Var}(E_\theta) = \frac{1}{\sum_{i=1}^{k} p_{vi}\left(1 - p_{vi}\right)}.$$

An dieser Formel für die Fehlervarianz eines Personenmesswertes lassen sich einige interessante Dinge ablesen. Zum einen sieht man, dass die Fehlervarianz eines Messwertes umgekehrt proportional zur *Summe* von Anteilen *aller Items* ist. Das bedeutet, jedes Item trägt einen bestimmten Anteil zur Messgenauigkeit eines Personenmesswertes bei. Da alle diese Anteile positiv sind (sie stellen nämlich das Produkt einer Wahrscheinlichkeit mit ihrer Gegenwahrscheinlichkeit dar), misst ein Test umso genauer, je länger er ist, d.h. je mehr Items er umfasst.

Die *Anteile jedes einzelnen Items* an der Messgenauigkeit können jedoch *unterschiedlich groß* sein. Ein Summand in Formel (2) wird dann am größten, wenn $p_{vi} = 0.5$ ist (nämlich $0.5 \cdot 0.5 = 0.25$). Ist die Lösungswahrscheinlichkeit größer oder kleiner als 0.5, so wird das Produkt von Wahrscheinlichkeit und Gegenwahrscheinlichkeit (das ist die *Varianz* der Antwortvariable, vgl. Kap. 2.2.4) stets kleiner.

Das bedeutet, ein Item trägt am meisten zur Schätzung eines Personenmesswertes bei, wenn es bei dieser Person eine Lösungswahrscheinlichkeit von 50% hat. Dieser Wert wird genau dann erreicht, wenn das Item 'so schwierig ist, wie die Person fähig ist': Personenparameter und Itemparameter müssen übereinstimmen, so dass der Exponent der logistischen Funktion 0 wird.

Ein Test wird also durch Hinzufügung weiterer Items besonders in seiner Messgenauigkeit erhöht, wenn die hinzugefügten Items zu der zu messenden Fähigkeitsausprägung *passen*. Möchte man Eigenschaftsausprägungen im unteren Bereich gut messen, so muss man leichte Items hinzufügen, für den oberen Bereich schwere Items.

Dasselbe gilt für mehrkategorielle, ordinale Itemantworten. Die Fehlervarianzen der Personenparameter sehen für *ordinale* Rasch-Modelle ganz ähnlich aus:

(7) $$\operatorname{Var}\left(E_{\theta_v}\right) = \frac{1}{\sum_{i=1}^{k} \left[\sum_{x=0}^{m} x^2 \, p_{vix} - \left(\sum_{x=0}^{m} x \, p_{vix} \right)^2 \right]},$$

wobei p_{vix} die Antwortwahrscheinlichkeit von Person v bei Item i in Kategorie x bezeichnet. Auch hier handelt es sich bei dem Ausdruck im Nenner um die Summe der Varianzen der Antwortvariablen.

Varianz einer Zufallsvariablen mit bekannter Wahrscheinlichkeitsverteilung

Die Antwortvariable X_{vi} nimmt Werte $x_{vi} \in \{0,1,2...m\}$ mit den Wahrscheinlichkeiten p_{vix} an. Die Varianz einer Variable ist durch den Erwartungswert der quadrierten Mittelwertabweichungen definiert:

$$\operatorname{Var}\left(X_{vi}\right) = \operatorname{Erw}\left(X_{vi} - \operatorname{Erw}\left(X_{vi}\right)\right)^2 ,$$

was sich umformen lässt zu

$$\begin{aligned} &\operatorname{Var}\left(X_{vi}\right) \\ &= \operatorname{Erw}\left(X_{vi}^2 - 2\, X_{vi} \operatorname{Erw}\left(X_{vi}\right) + \left(\operatorname{Erw}\left(X_{vi}\right)\right)^2 \right) \\ &= \operatorname{Erw}\left(X_{vi}^2\right) - 2 \operatorname{Erw}\left(X_{vi}\right) \operatorname{Erw}\left(X_{vi}\right) + \left(\operatorname{Erw}\left(X_{vi}\right)\right)^2 \\ &= \operatorname{Erw}\left(X_{vi}^2\right) - \left(\operatorname{Erw}\left(X_{vi}\right)\right)^2 . \end{aligned}$$

Setzt man hier die Definition des Erwartungswertes ein

$$\operatorname{Erw}\left(X_{vi}\right) = \sum_{x=0}^{m} x \, p_{vix} ,$$

so ergibt sich:

$$\operatorname{Var}\left(X_{vi}\right) = \sum_{x=0}^{m} x^2 \, p_{vix} - \left(\sum_{x=0}^{m} x \, p_{vix} \right)^2 .$$

Dies lässt sich zu dem Merksatz zusammenfassen: Die Varianz einer Zufallsvariable ist gleich dem Erwartungswert der quadrierten Variable minus dem Quadrat ihres Erwartungswertes.

Die Varianz der Fehlervariable (7) ist also gleich dem Kehrwert der Summe aller Varianzen der Antwortvariablen. Das bedeutet, *je größer die Varianz* der Itemantwort, *desto stärker* trägt ein Item zur Messgenauigkeit bei.

Ein weiterer Punkt, der sich an Formel (7) ablesen lässt, ist der, dass die Fehlervarianz *nicht für alle Personen gleich groß* ist, sondern sich für verschiedene Messwerte unterscheidet. Diese Abhängigkeit der Fehlervarianz von der Höhe des Personenmesswertes ist in Abbildung 148 anhand des NEO-FFI-Datenbeispiels aus Kapitel 3.3 dargestellt.

Abbildung 148 zeigt, dass ein Test im mittleren Bereich am genauesten misst und die Standardabweichung der Fehlervariable zu den beiden Extremen hin größer wird.

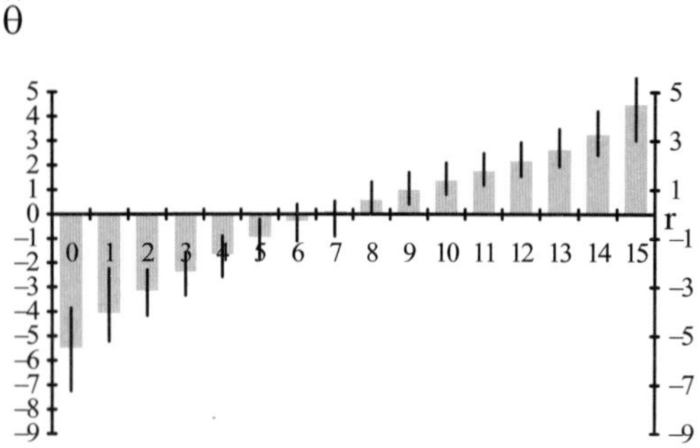

Abbildung 148: Die Abhängigkeit der Fehlervarianz (Länge der senkrechten Striche) vom Personenmesswert.

Für das Datenbeispiel der KFT-Items (s. Kap. 3.1) ergeben sich folgende *Standardschätzfehler* (das ist die Wurzel aus den Schätzfehlervarianzen, s. Formel (7)) für die Personenparameterschätzungen:

Score	0	1	2	3	4	5
$\hat{\theta}_r$	-2.77	-1.33	-0.41	0.42	1.33	2.76
$s(E_\theta)$	1.71	1.11	0.98	0.98	1.11	1.71

Wie man sieht, ist die Schätzungenauigkeit für Personen mit einem Score von 0 oder 5 größer als für Personen mit einem Score von 2 oder 3. Der Test misst also *im Mittelbereich* der Fähigkeiten *besser* als in den Randbereichen.

Die Standardschätzfehler für die *Personenparameter* sind sehr groß, da dieses Testbeispiel nur 5 Items umfasst. Zudem werden die Standardfehler der Personenparameter im Rahmen der UML-Methode immer noch leicht überschätzt, auch wenn man die Personenparameter und deren Standardfehler nach der modifizierten Methode von Warm (vgl. Kap. 4.2) berechnet.

Zur Abschätzung der Genauigkeit eines einzelnen Testergebnisses sind die Standardschätzfehler dennoch sehr brauchbar. Sie zeigen nicht nur, dass die Messgenauigkeit eines Tests von dessen Itemanzahl abhängt, was auch im Rahmen der klassischen Messfehlertheorie der Fall ist (siehe unten Kap. 6.3). Vor allem berücksichtigen sie die Abhängigkeit der Messgenauigkeit von der Schwierigkeit des Tests und von der Fähigkeit der Person.

Bei einer individualdiagnostischen Verwendung des Tests erlauben sie es, die Schwankungsbreite eines einzelnen Testergebnisses in Form von sogenannten *Konfidenz- oder Vertrauensintervallen* zu berechnen. Ein Vertrauensintervall gibt den Bereich um einen geschätzten Messwert an, in dem der 'wahre' Messwert mit einer bestimmten Wahrscheinlichkeit liegt. Dies ist in Abbildung 149 verdeutlicht.

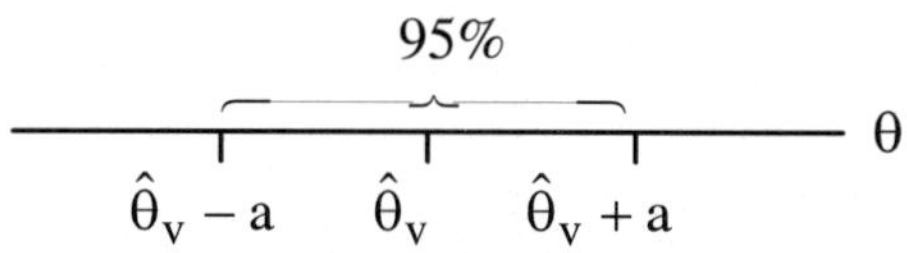

Abbildung 149: Vertrauensintervall für einen Messwert

Ein Vertrauensintervall besteht also aus

- zwei Zahlenangaben, die ein *Intervall* auf der Zahlengerade markieren, sowie
- einer *Wahrscheinlichkeitsangabe*, die spezifiziert, mit welcher Wahrscheinlichkeit der tatsächliche Messwert der Person innerhalb dieser Intervallgrenzen liegt.

Es hat sich eingebürgert, *95% Vertrauensintervalle* anzugeben, jedoch ist das eine beliebige Konvention. Es kann genauso sinnvoll sein, 50% Konfidenzintervalle anzugeben, wenn man sich mit dieser geringeren Sicherheit zufrieden gibt.

Mit Hilfe des Standardschätzfehlers lässt sich das Vertrauensintervall für einen Personenparameter berechnen. Da der Schätzfehler normalverteilt ist, lassen sich die Intervallgrenzen mittels der Flächenanteile unterhalb der Glockenkurve der Standardnormalverteilung berechnen.

Für die *Standardnormalverteilung*, also jener Normalverteilung, die den Mittelwert 0 und Standardabweichung 1 hat, betragen die Grenzen, innerhalb derer 95% der Fläche liegen, −1.96 und +1.96.

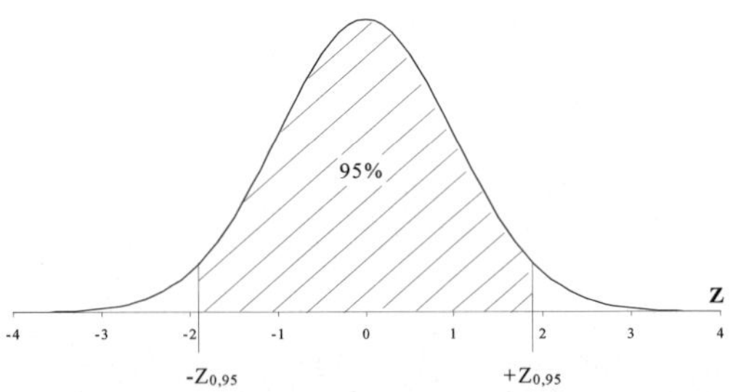

Abbildung 150: Die 95% Intervallgrenzen der Standardnormalverteilung

Diese und andere Intervallgrenzen der Standardnormalverteilung lassen sich aus den in jedem Statistiklehrbuch abgedruckten z-Tabellen ablesen. Die folgende Abbildung zeigt die am häufigsten verwendeten Wahrscheinlichkeitsgrenzen.

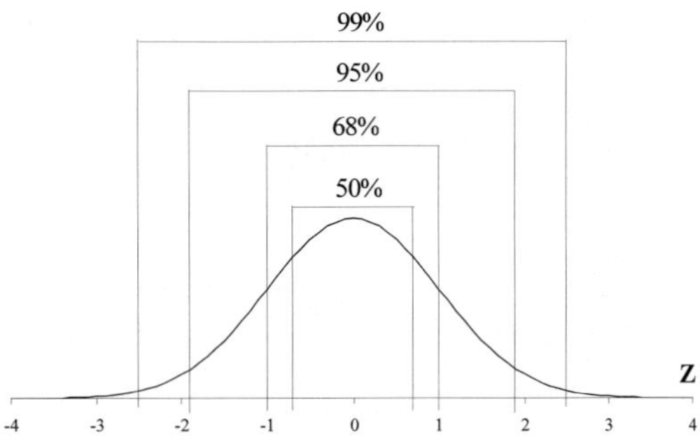

Abbildung 151: Einige wichtige Intervallgrenzen der Standardnormalverteilung

Die Intervallgrenzen der Standardnormalverteilung lassen sich in Intervallgrenzen der jeweiligen Fehlerverteilung eines Parameters $\hat{\theta}$ umrechnen, indem man sie mit der errechneten Standardabweichung der Fehlervariable multipliziert und zum jeweiligen Schätzwert addiert bzw. von ihm subtrahiert.

$$(8) \quad \text{KI}: \ \hat{\theta}_v \pm z_\alpha \cdot \sqrt{\text{Var}\left(E_{\theta_v}\right)} \ .$$

In dieser Gleichung gibt z_α die Intervallgrenze der Standardnormalverteilung an und $\text{Var}\left(E_{\theta_v}\right)$ die Schätzfehlervarianz des Parameters der Person v (s.o. Gleichung (6)).

Im KFT-Datenbeispiel hat der geschätzte Personenparameter $\hat{\theta}_v = -1.33$ einen Standardschätzfehler von

$$\sqrt{\text{Var}\left(E_{\theta_v}\right)} = 1.11 \ .$$

Somit liegt der wahre Parameter der Person v mit 95%-iger Wahrscheinlichkeit zwischen den Werten

$$-1.33 - 1.96 \cdot 1.11 = -3.50$$

und

$$-1.33 + 1.96 \cdot 1.11 = +0.84 \ .$$

Die Genauigkeit eines Testergebnisses lässt sich auf diese Weise für jeden Personenparameter bestimmen. Da die Konfidenzintervalle - anders als in der klassischen Messfehlertheorie – für jede Fähigkeitsausprägung unterschiedlich groß sind, bietet es sich an, sie einem publizierten Testinstrument in Tabellenform beizufügen.

Kennt man von einem Test nur die *Reliabilität* als globales Maß der Messgenauigkeit (s. unten Kap. 6.3) und nicht die Fehlervarianzen der einzelnen Personenmesswerte, so lassen sich auch Konfidenzintervalle berechnen. Diese sind dann allerdings für alle Personen gleich groß.

Man benötigt hierfür neben der Reliabilität des Tests auch noch die *Varianz der Messwerte* in der Stichprobe, um aus beidem die Fehlervarianz zurückrechnen zu können.

Die Reliabilität wurde bereits in Kapitel 2.1.2 als das Varianzverhältnis aus wahrer ($Var(T_X)$) und beobachteter Varianz, $Var(X)$, definiert,

$$(9)\quad Rel(X) = \frac{Var(T_X)}{Var(X)}$$

Die Reliabilität lässt sich auch mit Hilfe der Fehlervarianz, $Var(E_X)$, anstatt mit der wahren Varianz definieren. Da die Fehlervariable, E_X, und der wahre Wert, T_X, per definitionem unkorreliert sind (vgl. Kap. 2.1.2), addieren sich beide Varianzen zur beobachteten Varianz, d.h.

$$Var(X) = Var(T_X) + Var(E_X).$$

Somit lautet die zu (8) äquivalente, und für viele Zwecke brauchbarere Definition der Reliabilität

$$(10)\quad Rel(X) = \frac{\left(Var(X) - Var(E_X)\right)}{Var(X)} = 1 - \frac{Var(E_X)}{Var(X)}$$

Löst man diese Gleichung nach der Fehlervarianz auf, so zeigt sich, wie man mittels der Reliabilität des Tests und der Varianz der Messwerte die Fehlervarianz berechnen kann:

$$(11)\quad Var(E_X) = Var(X) \cdot (1 - Rel(X)).$$

Diese kann genutzt werden, Konfidenzintervalle zu bestimmen,

$$(12)\quad KI: x_v \pm z_\alpha \cdot \sqrt{Var(X) \cdot (1 - Rel(X)}\,.$$

In dieser Formel bezeichnet wiederum z_α die Grenzen der Standardnormalverteilung innerhalb derer die gewünschte Prozentzahl aller Fälle liegt. Der Unterschied zu Gleichung (8) besteht darin, dass die Konfidenzintervalle jetzt nicht mehr spezifisch für einen Messwert oder eine Person, sondern für alle Personen gleich groß sind.

Datenbeispiel

Die 5 Items des KFT haben bei den 300 getesteten Personen eine Reliabilität von Rel = 0.46 und eine Varianz der Messwerte von

$$Var\left(\hat{\theta}\right) = 3.13$$

(dies entspricht der beobachteten Varianz Var(X)). Nach Gleichung (12) ergibt sich für *jede* Person eine Intervallbreite (bei 95%) von

$$\hat{\theta}_v \pm 1.96\sqrt{3.13 \cdot 0.54} = \hat{\theta}_v \pm 3.31\,.$$

Ein Vergleich mit den individuell berechneten Konfidenzintervallen (vgl. Gleichung (8)) zeigt, dass die Konfidenzintervalle für die Parameter der Scores 1 bis 4 kleiner sind:

$\hat{\theta}_v \pm 1.92$ für die Scores 2 und 3,
$\hat{\theta}_v \pm 2.17$ für die Scores 1 und 4.

Die Konfidenzintervalle sind nicht nur *für alle Messwerte gleich breit*, auch das Faktum ist bemerkenswert, dass die *Varianz der Messwerte in der Stichprobe* Bestandteil der Berechnung des Konfidenzintervalls ist: Je größer die Varianz der Messwerte ist, desto größer werden auch die Konfidenzintervalle.

Dies ist nicht ganz so verwunderlich wie es zunächst scheinen mag, da auch die Reliabilität ein *varianzabhängiges Maß* darstellt, nämlich das Verhältnis der Varianz der wahren Messwerte zur Varianz der errechneten Messwerte. Durch die Multiplikation mit der Varianz der Messwerte in der Stichprobe (vgl. Formel (12)) wird lediglich die *Stichprobenvarianz* wieder aus der Berechnung der Reliabilität 'herausgeholt'.

Es ist daher wichtig, zur Berechnung der Vertrauensintervalle in Gleichung (12) stets diejenige Varianz der Messwerte einzusetzen *mit der auch die Reliabilität bestimmt wurde*.

Es würde zu einer groben *Unterschätzung* der Konfidenzintervalle (und damit zu einer *scheinbar hohen Messgenauigkeit*) führen, wenn man die Reliabilität an einer varianzstarken Stichprobe (z.B. in der Gesamtbevölkerung) bestimmt, für die Berechnung der Konfidenzintervalle aber die Varianz der Messwerte in einer sehr homogenen Stichprobe (z.B. nur Psychologiestudenten) verwendet.

Die Berechnung der Konfidenzintervalle mittels der Reliabilität beruht ebenfalls auf der Annahme, dass der Messfehler *normalverteilt* ist. Diese Annahme der Normalverteiltheit einer Fehlervariable ist selbst keine besonders strenge Annahme, denn unabhängige Störeinflüsse, deren Effekte sich addieren, führen stets zu normalverteilten Fehlervariablen. Die Frage ist lediglich, *wie* man die *Varianz* dieser Fehlervariable bestimmt. Hier unterscheidet sich das Vorgehen im Rahmen der Maximum-Likelihood Theorie von der Berechnung mittels der Reliabilität.

6.1.2 Modellkonforme und abweichende Antwortmuster

Der Standardschätzfehler als Maß für die Qualität eines Testergebnisses wird unter der Annahme berechnet, dass das Testmodell auf die Daten passt - oder umgekehrt – dass das Antwortmuster jeder Person zum Modell passt. Unter der Voraussetzung, dass eine Person modellkonform antwortet, sagt der Standardschätzfehler ihres Personenparameters alles über die Genauigkeit ihres Testergebnisses aus.

Um zu prüfen, *ob* eine Person modellkonform antwortet, wurde eine Vielzahl von Indizes entwickelt, sogenannte *person-fit* Indizes. Sie werden in der Literatur unter unterschiedlichen Namen berichtet, wie 'caution indices', 'aberrant response pattern detection' oder 'appropriateness measurement'. Im folgenden soll der wichtigste dieser Indizes dargestellt werden, der von den vorteilhaften statistischen Eigenschaften von Rasch-Modellen Gebrauch macht.

Der Index beruht auf der bedingten Wahrscheinlichkeit des Antwortmusters einer Person, wobei die Bedingung ihr Summenscore r_v ist

$$p(\underline{x}_v \mid r_v)\,.$$

Es wird also die Wahrscheinlichkeit berechnet, dass eine Person mit dem betreffenden Summenscore r_v genau dieses Antwortmuster produziert. Bei Rasch-Modellen benötigt man zur Berechnung dieser Wahrscheinlichkeit *nicht* den Personenparameter der betreffenden Person, was bei den Problemen, die die Schätzung der Personenparameter immer noch aufwirft, und deren relativ geringer Messgenauigkeit ein entscheidender Vorteil ist.

In Kapitel 3.1.1.2.2, Gleichung (13), wurde die bedingte Patternwahrscheinlichkeit bereits angegeben als:

$$(1) \quad p(\underline{x}|r) = \frac{\exp\left(-\sum_{i=1}^{k} x_i \sigma_i\right)}{\sum_{\underline{x}|r} \exp\left(-\sum_{i=1}^{k} x_i \sigma_i\right)}$$

Die Personenparameter tauchen in dieser Gleichung nicht auf. Der Nenner von (1) besteht aus den symmetrischen Grundfunktionen der Itemparameter (vgl. Kap. 3.1.1.2.2) und hängt daher gar nicht von dem jeweiligen Pattern der Person v ab. Er ist für jedes Antwortmuster mit dem Score r gleich groß.

Die Idee des zugehörigen Personen-Fit Index besteht darin, die Verteilung der bedingten Patternwahrscheinlichkeiten für jeden Score r zu ermitteln, um anhand dieser Verteilung zu beurteilen, wie häufig oder selten das beobachtete Pattern $\underline{x}_v$ vorkommt. Molenaar und Hoijtink (1990) sowie von Davier und Molenaar (2003) leiten entsprechende Prüfverteilungen ab und transformieren diese in eine Standardnormalverteilung.

Die Wahrscheinlichkeit eines gegebenen Antwortmusters lässt sich somit in Form eines Z-Wertes angeben (Z-Werte nennt man die Werte normalverteilter Variablen, nachdem man sie so transformiert hat, dass sie den Mittelwert 0 und die Standardabweichung 1 haben). Kleine Z-Werte (also im Absolutbetrag große negative Werte) drücken in diesem Fall aus, dass das Antwortmuster der Person sehr unwahrscheinlich oder selten ist. Nimmt man die übliche 5-%-Marke der Standardnormalverteilung, also den Wert z=1.96, als Kriterium, so zeigen Personen mit einem Fit-Wert, der kleiner als –1.96 ist, abweichendes Antwortverhalten. Personen-Fit Werte, die größer als +1.96 sind, zeigen ein überangpaßtes Antwortverhalten an (sogenannter *overfit*, s. unten Kap. 6.2).

Ob es Sinn macht, Personen mit einem abweichenden Antwortmuster zu identifizieren, hängt von dem jeweiligen Test ab. So kann es diagnostisch interessant sein, zu sehen, *welche* Antwortmuster eine Person produziert, wenn ihr Antwortverhalten nicht modellkonform ist. Andererseits darf *jedes* Antwortmuster mit einer mehr oder minder großen Wahrscheinlichkeit auftreten, so dass zunächst geprüft werden muss, ob es denn überzufällig viele abweichende Antwortmuster gibt.

Im KFT-Datenbeispiel sind 16 (von 300) Personen-Fit Werte kleiner als –1.96. Das sind etwa doppelt so viele, wie aufgrund der Prüfverteilung zu erwarten sind (unterhalb von –1.96 liegen theoretisch 2.5 % der Fälle, also 7 oder 8 von 300 Personen). Allein 8 dieser 16 Personen weisen das Pattern (0 1 1 1 1) auf, haben also außer dem ersten Item alle gelöst. Da das erste Item das leichteste ist, ist das Pattern (0 1 1 1 1) eher unwahrscheinlich. Man könnte Personen mit diesem Pattern als 'leistungsstark, aber mit Anlaufschwierigkeiten' interpretieren. Bei den gegebenen Häufigkeiten ist es aber fraglich, ob man eine solche Interpretation überhaupt vornehmen sollte.

Man kann den Personen-Fit auch nutzen, um die Testdaten zu 'bereinigen' (sog. data cleaning). Um eine bessere Anpassung des Modells an die Daten zu erreichen, entfernt man Personen mit einem abweichenden Antwortmuster aus der Stichprobe.

Von einem *formalen* Standpunkt aus betrachtet, besteht in der Testtheorie eine weitgehende *Symmetrie* zwischen *Items* und *Personen*, so auch bei der Frage nach der Modellgültigkeit eines Testmodells für eine gegebene Datenmatrix. Die Modellgültigkeit kann dadurch eingeschränkt sein, dass abweichende *Spaltenvektoren* (= Items) oder abweichende *Zeilenvektoren* (= Personen) in der Datenmatrix enthalten sind. Deren *Eliminierung* kann die Modellanpassung erhöhen.

Von einem *wissenschafts-ethischen* Standpunkt aus betrachtet, gibt es jedoch eine *Asymmetrie* in dieser Frage. Während die Selektion von *Items* als legitim gilt, schließlich sind sie von Menschenhand gemacht und können mit allen Fehlern behaftet sein, die eine Eliminierung rechtfertigen, gilt die Eliminierung unpassender Personen aus der Datenmatrix als illegitim. Es liegt der Argwohn der *Datenmanipulation* nahe, wenn man von einer *Stichprobe* von Beobachtungen, das sind in diesem Fall die Testprotokolle, einfach einem Teil weglässt, um die Ergebnisse zu *'verschönern'*.

Auch vom *Ziel* einer Testanalyse her betrachtet gibt es diese Asymmetrie, denn das Ziel besteht im allgemeinen darin, den *Test zu verbessern*. Das Testinstrument selbst verändert sich aber nur durch Itemselektion, nicht durch Personenselektion.

Trotzdem gibt es *einige gute Gründe*, weswegen man sich auch um abweichende Personen oder Personengruppen kümmern sollte.

Erstens muss ein Test nicht unbedingt *beanspruchen*, bei *allen* Personen eine Eigenschaft zu messen. Es kann durchaus sein, dass einige Personen von der zu messenden Eigenschaft gar keinen definierten Ausprägungsgrad haben.

Zweitens kann es einen *diagnostischen Wert* haben, Personen mit einem abweichenden Antwortmuster zu identifizieren. Das Ziel einer solchen Analyse besteht dann nicht darin, diese Personen aus den Ergebnissen herauszunehmen, sondern die Tatsache eines abweichenden Antwortmusters selbst *stellt das Testergebnis* für diese Person *dar*. So können z.B. Personen, die in einem Einstellungsfragebogen nicht das aufgrund ihres Summenscores zu erwartende Muster von Zustimmung und Ablehnung zeigen, gerade diejenigen mit einer besonders interessanten Einstellungsstruktur sein.

Drittens haben Test- und Fragebogendaten, die unter 'natürlichen Bedingungen' erhoben werden (im Gegensatz zu experimentellen Labordaten) einen hohen Grad an *bearbeitungsbedingter 'Verwässerung'*. Damit ist gemeint, dass ein gewisser Prozentsatz an Personen infolge fehlender Testmotivation, verfälschender Absicht, mangelnder Konzentration usw. überproportional stark zum *Messfehler des Test* beitragen. Bevor man hier wertvolle Items eliminiert oder brauchbare Testmodelle verwirft, ist es sinnvoller, unbrauchbare Testprotokolle als solche zu erkennen und von weiteren Analysen auszuschließen.

Viertens trifft allzu oft das Argument, dass die Personen eine *Zufallsstichprobe* aus einer definierten Population darstellen, welche man im Nachhinein *nicht* verändern darf, *gar nicht* zu. Vielmehr sind die meisten verfügbaren Testdaten an stark vorselegierten Personengruppen, wie Patienten, Kursteilnehmern, Stellenbewerbern oder Schülern gewonnen worden. Die 'Unantastbarkeit' einer Zufallsstichprobe dürfte hier nicht gegeben sein.

Schließlich kann man durch die Analyse abweichender Antwortmuster sehr wohl auch zur *Optimierung des Testinstrumentes selbst* beitragen, sei es dadurch, dass die abweichenden Antwortmuster Hinweise geben, wie die *Formulierung oder Reihenfolge der Items verbessert* werden kann, sei es dadurch, dass man erfährt, *für welche Personen* der Test *ungeeignet* ist.

Im KFT-Datenbeispiel zeigten am 5%-Niveau 16 von 300 Personen abweichendes Anwortverhalten. Es stellt sich die Frage, von welcher Größenordnung an man ein solches Ergebnis 'ernst nimmt' und man von einer Gruppe 'unskalierbarer Personen' spricht.

Ob es überhaupt eine *separierbare Gruppe* von Personen mit abweichendem Antwortverhalten gibt und *wie groß* diese Gruppe ist, lässt sich mit einem *klassifizierenden* Testmodell 'eleganter' klären (s.o. Kap.3.3.5). Der Vorteil dieser Methode der Personenselektion besteht darin, dass man nicht *im Nachhinein* Antwortmuster als 'Abweichend' deklariert, die man zuvor noch zur Schätzung der Modellparameter herangezogen hat.

Ein Nachteil besteht darin, dass man mit dieser Methode alle abweichenden Pattern *in einer Klasse* zusammenfasst, in welcher ein *bestimmtes Wahrscheinlichkeitsmodell* die Daten beschreibt. Damit ist gemeint, dass für *jede* latente Klasse, also auch für eine Klasse von *Unskalierbaren*, Modellparameter geschätzt werden müssen und diese Parameter eine bestimmte Wahrscheinlichkeitsverteilung der Itemantworten vorschreiben. Es stellt sich die Frage, ob es ein Widerspruch in sich ist, eine bestimmte Wahrscheinlichkeitsverteilung für 'unskalierbae' Itemantworten festzulegen.

Diese Frage kann nur in jedem Einzelfall beantwortet werden. Soll der Existenz einer Gruppe von 'Unskalierbaren' eine diagnostische Bedeutung beigemessen werden, so ist es auch sinnvoll, das Antwortverhalten dieser Gruppe zu modellieren und sie nicht bloß als Abweichung von einem Modell zu definieren.

6.1.3 Die Zuordnungswahrscheinlichkeiten bei Klassenmodellen

Bei Klassenmodellen stellt die Klassenzugehörigkeit einer Person den 'Messwert' dar. Da die latente Variable nominalskaliert ist und die Klassenzugehörigkeiten der Personen keine Modellparameter sind, gibt es keinen Standardschätzfehler für diese Variable. Statt dessen drückt sich die Messgenauigkeit in der Sicherheit aus, mit der man eine Person aufgrund ihres Antwortmusters ihrer latenten Klasse zuordnen kann.

Abweichende Antwortmuster mittels eines Personenfit-Maßes zu identifizieren, ist *eher* bei *quantifizierenden* Testmodellen üblich, auch wenn es prinzipiell möglich ist, den Personen-Fit-Index für klassifizierende Testmodelle zu definieren. Bei letzteren arbeitet man jedoch ohnedies mit *bedingten Patternwahrscheinlichkeiten*, nämlich den $p(\underline{x}_v|g)$, die mit Hilfe des Satzes von Bayes in *Zuordnungswahrscheinlichkeiten* $p(g|\underline{x}_v)$ transformiert werden (vgl. Kap. 3.1.2.2).

Diese Zuordnungssicherheit ist allgemein durch die *Wahrscheinlichkeit der Klassenzugehörigkeit* unter der Bedingung des gegebenen Antwortmusters in einem Test definiert (vgl. (11) in Kap. 3.1.2.2):

$$(1) \qquad p(g|\underline{x}) = \frac{\pi_g \, p(\underline{x}|g)}{\sum_{h=1}^{G} \pi_h \, p(\underline{x}|h)}.$$

Die Gleichung gilt gleichermaßen für alle Klassenmodelle und mixed Rasch-Modelle.

Diese Wahrscheinlichkeiten zeigen an, wie gut man eine Person aufgrund ihres Antwortmusters einer latenten Klasse zuordnen kann. Je größer der Wert ist, desto höher ist die Messgenauigkeit des Testergebnisses und desto besser passt das betreffende Antwortmuster zum Testmodell. Die in den beiden vorangehenden Unterkapiteln für quantitative Modelle getrennten Aspekte der Messgenauigkeit und der Modellanpassung lassen sich hier nicht unterscheiden.

Pattern	$p(\underline{x}\|g)$	Klasse
0 0 0 0 0	.99	2
0 0 0 0 1	.99	2
0 0 0 1 0	.96	2
0 0 0 1 1	.78	2
0 0 1 0 0	.98	2
0 0 1 0 1	.90	2
0 0 1 1 0	.63	2
0 0 1 1 1	.79	1
0 1 0 0 0	.94	2
0 1 0 0 1	.71	2
0 1 0 1 0	.68	1
0 1 1 0 0	.54	2
0 1 1 0 1	.84	1
0 1 1 1 0	.96	1
0 1 1 1 1	.99	1
1 0 0 0 0	.98	2
1 0 0 0 1	.90	2
1 0 0 1 0	.63	2
1 0 1 0 0	.82	2
1 0 1 0 1	.59	1
1 0 1 1 0	.89	1
1 0 1 1 1	.98	1
1 1 0 0 0	.53	2
1 1 0 0 1	.85	1
1 1 0 1 0	.97	1
1 1 0 1 1	.99	1
1 1 1 0 0	.92	1
1 1 1 0 1	.98	1
1 1 1 1 0	.99	1
1 1 1 1 1	.99	1

Die nebenstehende Tabelle zeigt für alle Antwortpattern des KFT-Datenbeispiels die Zuordnungswahrscheinlichkeiten im Rahmen der 2-Klassenlösung der latenten Klassenanalyse.

Die Lösungswahrscheinlichkeiten in den beiden latenten Klassen betragen:

	Item				
Klasse	1	2	3	4	5
1	.89	.93	.75	.67	.49
2	.37	.19	.17	.05	.12

Die beiden extremen Antwortmuster (11111) und (00000) gehören eindeutig (p=.999) der Klasse der 'Könner' (Klasse 1) bzw. der Klasse der 'Nicht-Könner' (Klasse 2) an. Auch die 5 Antwortmuster mit genau einer richtigen Lösung gehören eindeutig der Klasse 2 an. Interessant wird es bei den Pattern mit zwei richtigen Lösungen. Löst eine Person die beiden schwersten Items (00011), so gehört sie mit hoher Wahrscheinlichkeit (p=.79) zu den 'Nicht-Könnern'. Löst sie dagegen die beiden leichtesten Items (11000), so gehört sie nur noch ganz knapp zu den 'Nicht-Könnern' (p=.54).

Das sieht auf den ersten Blick paradox aus: ist es doch wahrscheinlicher, dass ein 'Nicht-Könner' die beiden leichtesten Items löst, als dass er die beiden schwersten löst. Die Erklärung ergibt sich, wenn man die Wahrscheinlichkeiten der beiden Pattern in der Klasse 1 betrachtet. Hier ist es sehr viel unwahrscheinlicher, dass eine Person dieser Klasse die drei leichtesten Items *nicht* löst und vergleichsweise wahrscheinlich, dass sie die drei schwersten Items nicht löst (siehe die folgende Tabelle).

$p(\underline{x}\mid g=1)$	Item 1	2	3	4	5
0 0 0 1 1	.11	.07	.25	.67	.49
1 1 0 0 0	.89	.93	.25	.33	.51

Da sich die Zuordnungswahrscheinlichkeiten aus einer Abwägung *beider* klassenspezifischer Patternwahrscheinlichkeiten ergeben, ist das Pattern mit der Lösung der beiden leichtesten Items tatsächlich fast gleichwahrscheinlich bei 'Könnern' und 'Nicht-Könnern'.

Dieses Beispiel soll zeigen, dass die Zuordnungswahrscheinlichkeiten bei Klassenmodellen nicht nur etwas über die Messgenauigkeit aussagen, sondern auch über die Passung der Antwortmuster zum Modell. Ist die Zuordnungswahrscheinlichkeit gering, so hat die Person ein untypisches Antwortmuster produziert. Mit nur 2 gelösten Aufgaben gehört eine Person eher zu den 'Nicht-Könnern'. Löst sie aber genau die beiden Items, die von 'Könnern' mit extrem hoher Wahrscheinlichkeit gelöst werden, so gehört sie auch schon fast zu dieser Gruppe.

Eine häufig gestellte Frage lautet, ob die Messgenauigkeit von Klassenmodellen zu- oder abnimmt, wenn man eine weitere latente Klasse zulässt. Hier kommen zwei gegeneinander wirkende Tendenzen zum Tragen. Einerseits bieten mehr latente Klassen ein differenzierteres Messinstrument, das eher in der Lage ist, Personen eindeutig zuzuordnen, die vorher 'zwischen' 2 Klassen lagen. Dies würde für eine Erhöhung der Messgenauigkeit sprechen.

Andererseits bieten mehr latente Klassen auch mehr Verwechslungsmöglichkeiten zwischen benachbarten Klassen, was für ein Absinken der Messgenauigkeit spricht. Welche Tendenz die stärkere ist und sich durchsetzt, hängt schließlich davon ab, welches Modell am besten auf die Daten passt.

Im KFT-Beispiel sinken die mittleren Zuordnungswahrscheinlichkeiten von 0.96 und 0.89 bei 2 latenten Klassen auf 0.89, .87 und .81 bei 3 latenten Klassen. Man kann die Veränderung der Zuordnungswahrscheinlichkeiten bei unterschiedlichen Klassenanzahlen geradezu als ein Kriterium zur Festlegung der optimalen Klassenanzahl benutzen. Auch hier sind Messgenauigkeit und Modellgeltung miteinander verwoben.

Literatur

Die Identifizierung abweichenden Antwortverhaltens wird als 'appropriateness measurement' von Drasgow et al. (1987), Levine & Drasgow (1982, 1988), als Anwendung von 'caution indices' von Tatsuoka & Linn (1983), Reise & Due (1991) und als 'person fit' von Molenaar & Hoijtink (1990) und Trabin & Weiss (1983) behandelt.
Der z-verteilte Personen-Fit-Index in WINMIRA wird von v. Davier & Molenaar (2003) beschrieben.
Vertiefende Literatur zum Personen-Fit: Ponocny & Klauer (2002), Ponocny (2000), Meijer (1996), Meijer & Sijtsma (1995, 2001), Meijer & Nering (1997).

6.2 Die Qualität der Items

Bei quantitativen Testmodellen stellt das Konzept der *Itemtrennschärfe* oder *Itemdiskrimination* ein zentrales Gütekriterium für Items dar. Der Begriff *'Trennschärfe'* zielt darauf ab, wie *'scharf'* die Antworten auf ein Item zwischen hohen und niedrigen Eigenschaftsausprägungen *'trennen'*, also wie gut sie die Personenstichprobe *'teilen'*. Die folgende Tabelle verdeutlicht dieses Konzept:

	$\hat{\theta}_v$	x_{v1}	x_{v2}	x_{v3}
	-3.5	0	0	0
	-2.7	0	1	0
	-2.1	0	0	1
	-1.6	0	1	0
	-1.0	0	0	0
Personen v	-0.6	0	1	0
	-0.3	0	0	1
	0.0	0	1	0
	0.2	1	0	1
	0.7	1	1	0
	1.2	1	0	1
	1.9	1	1	1
	2.6	1	0	1

In diesem Beispiel von hypothetischen Antworten auf 3 Items trennen die Antworten auf das *erste* Item perfekt zwischen hohen und niedrigen Messwerten. Die Trennschärfe dieses Items ist maximal. Dagegen hat das *zweite* Item überhaupt keine Trennschärfe, während das *dritte* Item ein Antwortmuster aufweist, wie man es bei empirischen Daten für ein brauchbares Item erwarten würde.

Das Konzept der Itemtrennschärfe lässt sich in unterschiedlicher Weise *operationalisieren*, oder besser: *formalisieren.*

In der sog. 'klassischen Testtheorie', die hier als allgemeine Messfehlertheorie behandelt wird, ist die Trennschärfe als *Korrelation* eines Items i mit dem Testergebnis t definiert, die sog. Item-Test-Korrelation:

(1) $$r_{it} = \text{Korr}\left(\hat{\theta}_v, x_{vi}\right) .$$

Hierbei handelt es sich um eine unter praktischen Gesichtspunkten sehr *brauchbare* Operationalisierung des Trennschärfebegriffs: während die Korrelation der beiden ersten Spalten in der o.g. Tabelle bei der gegebenen Schwierigkeit des Items maximal ist, ist die Korrelation zwischen der ersten und dritten Spalte so gut wie 0. Gibt es im Bereich der niedrigen Eigenschaftsausprägungen mehr Einsen als bei hohen Eigenschaftsausprägungen, kann die Korrelation sogar negativ werden und man spricht dann von einer *negativen Trennschärfe.*

Diese Operationalisierung der Trennschärfe mittels des Korrelationskoeffizienten wird bei probabilistischen Modellen *nicht* verwendet, vor allem weil die Korrelation für metrische Variablen definiert ist, die Itemantwort aber prinzipiell als nominal oder ordinal aufgefasst wird. Ein anderer Grund liegt darin, dass sich ein so wichtiges Konzept wie die Itemtrennschärfe in den *Modellparametern* eines Testmodells ausdrücken sollte, die Item-Test-Korrelation aber kein solcher ist.

Es ist daher konsequent, die Trennschärfe am *Verlauf der Itemfunktion* festzumachen. Es wurde in Kapitel 3 schon mehrfach angesprochen, dass die Trennschärfe als *Anstieg der Itemfunktion* definiert ist.

Auch diese Operationalisierung spiegelt sehr gut das Konzept der Trennschärfe wider, denn wenn ein Item eine steile Itemfunktion hat, heißt das, dass bis zu einer bestimmten Eigenschaftsausprägung die 0-

Antwort extrem wahrscheinlich ist und von diesem Wert an aufwärts eine 1-Antwort.

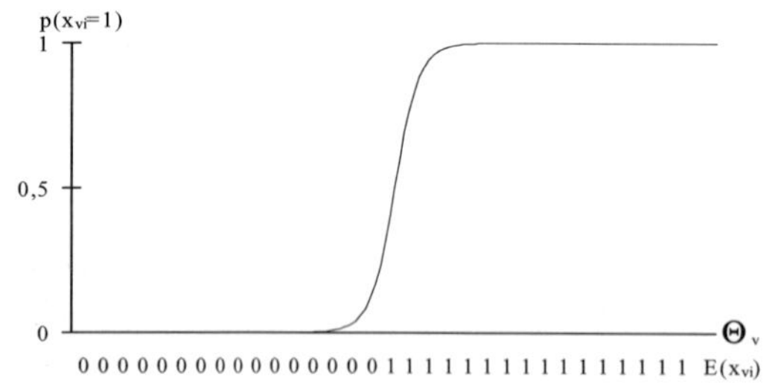

Abbildung 152: Eine steile Itemfunktion bedeutet hohe Trennschärfe

Bei einer flachen Itemfunktion ist die 'Trennung' zwischen niedrigen und hohen Eigenschaftsausprägungen nicht so 'scharf'.

Eine naheliegende Operationalisierung der Trennschärfe besteht daher darin, einen *eigenen Parameter* für den Anstieg der Itemfunktion einzuführen. Dies ist im sog. Birnbaum-Modell (auch 2-parametriges logistisches Modell genannt) geschehen (vgl. Kap. 3.1.1.2.3):

$$(2)\quad p\left(x_{vi}\right)=\frac{\exp\left(x_{vi}\,\beta_i\left(\theta_v-\sigma_i\right)\right)}{1+\exp\left(\beta_i\left(\theta_v-\sigma_i\right)\right)},\quad x\in\{0,1\}.$$

In diesem Modell bestimmt ein zweiter Itemparameter β_i den Anstieg der Itemfunktion.

Die Formalisierung der Trennschärfe durch einen zweiten, *multiplikativen* Parameter führt jedoch zu großen statistischen Problemen, die damit zusammenhängen, dass die Parameterverknüpfung im Exponenten der logistischen Funktion nicht mehr rein additiv ist.

Zudem hat sich herausgestellt, dass bei drei- und mehrkategoriellen, ordinalen Itemantworten der Anstieg der Itemfunktion eine Funktion der *Schwellendistanzen* ist: je enger die Schwellen beieinander liegen, desto steiler ist die Itemfunktion, die jetzt als Funktion der *erwarteten Itemantwort* von der Personeneigenschaft definiert ist (vgl. Kap. 3.3.2).

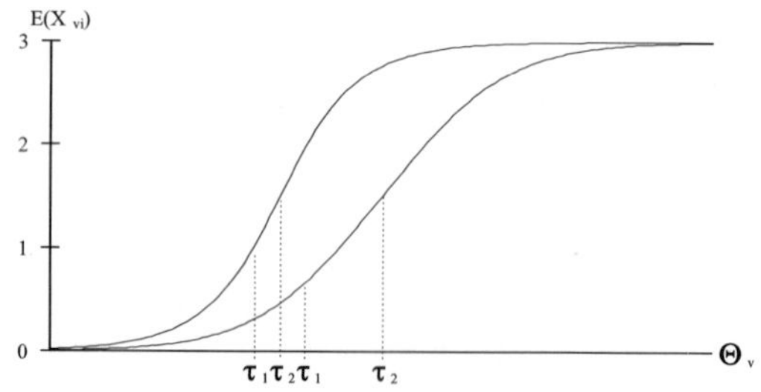

Abbildung 153: Die Steigung der Itemfunktion in Abhängigkeit von der Distanz zweier Schwellen τ_1 und τ_2

Da es bei dichotomen Antworten nur eine Schwelle, also keine *Schwellendistanz* gibt, müssen dort alle Itemfunktionen denselben Anstieg haben. Von 3 Kategorien an aufwärts braucht man keinen multiplikativen Trennschärfeparameter mehr, da jetzt die Steigung der Itemfunktion von der Schwellendistanz abhängt.

Aber auch diese Formalisierung der Trennschärfe als über die Schwellendistanzen *vermittelte Steigung* der Itemfunktion hat zu einem Problem der Verwendung der Trennschärfe *als Gütekriterium* geführt. Üblicherweise wird die Trennschärfe als Gütekriterium so verwendet, dass ein Item *umso besser* ist, *je größer* seine Trennschärfe ist.

Bei mehrkategoriellen, ordinalen Itemantworten führt das zu dem *Paradoxon*, dass ein Item umso trennschärfer ist, *je seltener die mittleren Antwortkategorien* verwendet werden. In dem folgenden hypothetischen Beispiel hat das erste Item die geringsten Schwellendistanzen, somit die steilste Itemfunktion und daher die höchste Trennschärfe.

Personen v

$\hat{\theta}_v$	x_{v1}	x_{v2}
-3.5	0	0
-2.7	0	0
-2.1	0	0
-1.6	0	1
-1.0	0	1
-0.6	0	1
-0.3	3	1
0.0	3	2
0.2	3	2
0.7	3	2
1.2	3	3
1.9	3	3
2.6	3	3

Obwohl die Itemantworten für das *zweite Item* so verteilt sind, wie man es sich für ein 'gutes' Item wünschen würde, hat es eine *geringere* Steigung der Itemfunktion und damit eine *kleinere Trennschärfe.*

'Paradox' ist dieser Effekt, weil man sich von mehrkategoriellen Itemantworten natürlich wünscht, dass die *mittleren Antwortkategorien* nicht nur *benutzt* werden, sondern auch im Mittelbereich der latenten Dimension diskriminieren, d.h. zwischen Personen mit 'mittelhohen' und 'mittelniedrigen' Eigenschaftsausprägungen trennen. Dies kann im o.g. Beispiel Item 2 offenbar *besser* als Item 1.

Dieser Effekt, dass der modellkonforme Gebrauch der mittleren Antwortkategorien das Gütemerkmal der Items beeinträchtigt, zeigt sich bei den sogenannten Itemfit-Maßen nicht. Itemfit-Maße zeigen an, wie gut ein Item zu dem Testmodell passt, das als Grundlage der Testauswertung dient.

Faktisch wird auch von diesen Maßen die Trennschärfe der Items mit erfasst, d.h. trennschwache Items bekommen – zumindest im Rahmen von Rasch-Modellen – schlechte Itemfit Werte. Es können jedoch von Itemfit-Maßen auch Modellverletzungen angezeigt werden, die nicht durch eine andere Steigung der Antwortfunktion bedingt sind.

Die meisten der in der Literatur diskutierten Itemfit-Indizes lassen sich einem von zwei prinzipiellen Ansätzen zuordnen, den residuen-basierten und den likelihood-basierten Fit-Maßen. Als Residuen bezeichnet man die Abweichungen von beobachteten und theoretisch erwarteten Werten. Gemeint sind im vorliegenden Fall die beobachteten und erwarteten Itemantworten, x_{vi} und $Erw(x_{vi})$.

Residuen-basierte Itemfit-Maße gehen von den Differenzen x_{vi}-$Erw(x_{vi})$ aus und unterscheiden sich darin, wie die erwarteten Antworten berechnet werden, ob und wie die Differenzen gewichtet werden und wie die Prüfverteilung abgeleitet wird.

Likelihood-basierte Fit-Maße gehen dagegen von der Wahrscheinlichkeit beobachteter Daten aus, also z.B. von der Wahrscheinlichkeit des beobachteten Itemvektors $p(\underline{x}_i)$. Sie unterscheiden sich darin, *welche* Wahrscheinlichkeit betrachtet wird und womit man sie vergleicht. Beide Ansätze sollen im folgenden dargestellt werden.

Das einfachste Residualmaß geht von den standardisierten Abweichungen aus, d.h. es wird die Differenz x_{vi}–$Erw(x_{vi})$ durch die Standardabweichung der erwarteten Itemantwort geteilt, wobei

$$Erw(x_{vi}) = \sum_{x=0}^{m} (x p_{vix}) \qquad \text{und}$$

$$Var(x_{vi}) = \sum_{x=0}^{m} (x - Erw(x))^2 p_{vix} .$$

Somit ist

$$(3)\quad z_{vi} = \frac{\left(x_{vi} - \text{Erw}\left(x_{vi}\right)\right)}{\sqrt{\text{Var}\left(x_{vi}\right)}}.$$

Diese standardisierten Residuen können für jede einzelne Itemantwort berechnet werden. Es handelt sich um Z-Werte, d.h. um standardnormalverteilte Größen mit Erwartungswert 0 und Standardabweichung 1. Sie eignen sich nicht ohne weiteres dazu, über alle Personen, die dieses Items beantwortet haben, addiert zu werden, da sich positive und negative Z-Werte zu Null summieren würden. Quadriert man Z-Werte bevor man sie addiert, so erhält man eine χ^2-verteilte Größe mit Erwartungswert N und Varianz 2N (N ist die Anzahl der Summanden, in diesem Fall die Personenanzahl)

$$(4)\quad \chi = \sum_{i=1}^{N} z_{vi}^{\;2}.$$

Im KFT-Datenbeispiel lauten die aufsummierten quadrierten z-Werte folgendermaßen:

Item	1	2	3	4	5
χ^2	340,2	260,7	307,8	254,7	336,3

Die äußeren 5 % der χ^2-Verteilung mit 300 Freiheitsgraden liegen jenseits des Wertes 341,2 und die äußeren 1 % beginnen bei 359,2. Demnach ist das erste Item mit einer 5%-igen Irrtumswahrscheinlichkeit gerade *nicht* signifikant, also - wie die anderen vier Items - modellkonform.

Da die χ^2-Verteilung asymmetrisch ist und man eher die Interpretation von z-Werten gewohnt ist, gibt es verschiedene Formeln um das χ^2-verteilte Itemfit-Maß wieder in eine standardnormalverteilte Prüfgröße zurückzuverwandeln.

Da verschiedene Computerprogramme auch unterschiedliche Transformationen der Prüfverteilung verwenden, sind die Itemfit-Maße in der Regel nicht völlig identisch. In diesem Kapitel werden nach der Darstellung des likelihood-basierten Itemfit-Index die Residualmaße berichtet, die das Programm MULTIRA anbietet.

Die Residualmaße haben das in seinen Auswirkungen schwer abschätzbare Problem an sich, dass die tatsächliche Itemantwort stets ganzzahlig ist, während ihr Erwartungswert in der Regel irgendwo zwischen zwei Antwortalternativen liegt. Da der Erwartungswert also in den seltensten Fällen von einer Person genau getroffen werden kann, liegt die Vermutung nahe, dass die Residuen Modellabweichungen eher *über*schätzen. Nicht zuletzt wegen ihrer Anschaulichkeit sind derartige Residualmaße jedoch weit verbreitet.

Einer anderen Logik folgen die likelihood-basierten Itemfit-Maße. Sie gehen von der Wahrscheinlichkeit des beobachteten Itemvektors aus und lassen sich völlig symmetrisch zu den Peronenfit-Indizes definieren (s.o. Kap. 6.1). Anstatt eines Zeilenvektors der Datenmatrix, also des Antwortvektors einer Person, geht es beim Itemfit um einen Spaltenvektor der Datenmatrix, also den Lösungsvektor eines Items.

Wie bei dem in Kapitel 6.1 dargestellten Personenfit-Maß wird auch hier die *bedingte* Vektorwahrscheinlichkeit betrachtet, d.h. die Wahrscheinlichkeit des Itemvektors $\underline{x}_i$ unter der Bedingung der erschöpfenden Statistik für die Itemschwierigkeit, das ist die Anzahl der Personen, die dieses Item lösten (n_i),

$$p\left(\underline{x}_i | n_i\right).$$

Diese Konditionierung der Wahrscheinlichkeit auf die suffizienten Statistiken des Items ist daher sinnvoll, weil es bei der Beurteilung der Güte eines Items nicht darum geht, ob das Item mit einer anderen Schwierigkeit, d.h. mit anderen Kategorienhäufigkeiten einen wahrscheinlicheren Itemvektor hätte haben können. Vielmehr geht es darum, ob die gegebenen Itemantworten auch von den 'richtigen' Personen gegeben wurden, d.h. von den Personen, deren Eigenschaftsausprägung entsprechend ist.

Die bedingte Patternwahrscheinlichkeit hängt nur von den Personenparametern θ_v, nicht aber von dem Parameter des betreffenden Items ab:

$$(5)\quad p(\underline{x}_i|n_i) = \frac{\exp \sum_{v=1}^{N} x_{vi} \cdot \theta_v}{\sum_{\underline{x}_i|n_i} \exp \sum_{w=1}^{N} x_{wi} \cdot \theta_w}$$

Ganz analog zur bedingten Patternwahrscheinlichkeit einer Person (s.o. Kap. 6.1.2 Gleichung (1)) stehen auch hier symmetrische Grundfunktionen im Nenner, diesmal jedoch die der Personenparameter θ_v. Sie brauchen jedoch nicht berechnet zu werden, wenn es darum geht, eine standardnormalverteilte Prüfgröße für den Itemfit zu berechnen. Da der Nenner von (5) für alle Itemvektoren mit derselben Lösungshäufigkeit n_i identisch ist, kann er bei der Berechnung des Erwartungswertes der bedingten Vektorwahrscheinlichkeit als Konstante behandelt, und somit vernachlässigt werden.

Die Idee eines normalverteilten Itemfit-Maßes besteht darin, für den Zähler von (5), genauer für dessen natürlichen Logarithmus, den Erwartungswert und die Varianz zu berechnen, um damit eine Z-Transformation durchführen zu können.

Bezeichnet man den Zähler der logarithmierten Vektorwahrscheinlichkeit (5) mit Q_i, d.h.

$$Q_i = \sum_{v=1}^{N} x_{vi} \cdot \theta_v \,,$$

so hat dieser Term den Erwartungswert

$$(6)\quad \mathrm{Erw}(Q_i) = \sum_{v=1}^{N} p_{vi} \cdot \theta_v$$

mit $p_{vi} = p(x_{vi} = 1)$.

Anmerkung: in der ersten Auflage dieses Lehrbuches und in Rost & von Davier (1994) wurde mit Q_i eine transformierte Größe bezeichnet, die Werte zwischen 0 und 1 annehmen konnte. Die zugehörige Prüfgröße ist jedoch identisch zu der hier beschriebenen.

Während der Erwartungswert von Q_i noch einfach nachzuvollziehen ist (es handelt sich um die mit den Personenparametern multiplizierten, aufsummierten Lösungswahrscheinlichkeiten), ist bei der Berechnung der Varianz von Q_i noch die Fehlervarianz der Personenparameterschätzungen zu berücksichtigen. Auf die Ableitung der Varianz von Q_i wird hier verzichtet und auf Rost & von Davier (1994) verwiesen.

Mit Hilfe ihres Erwartungswertes und ihrer Varianz werden die Q_i-Werte in standardnormalverteilte Größen, also in Z-Werte transformiert,

$$(7)\quad Z(Q_i) = \frac{Q_i - \mathrm{Erw}(Q_i)}{\sqrt{\mathrm{Var}(Q_i)}}$$

Mit deren Hilfe kann man prüfen, ob ein Itemvektor signifikant von dem unter Modellgeltung zu erwartenden Lösungsmuster abweicht. Ist Z_Q bei Wahl der üblichen

95%-Grenze kleiner als –1.96 oder größer als +1.96, so entspricht das Lösungsmuster des betreffenden Items nicht der Erwartung.

Dabei sind die beiden Richtungen zu unterscheiden, dass der Z-Wert signifikant *negativ* oder *positiv* ist.

Ein negativer Z_Q-Wert bedeutet, dass die beobachteten Itemantworten *weniger* von den vorhergesagten Itemantworten abweichen als dies unter Modellannahmen zu erwarten ist. Dies ist eine seltsame Art von Modellverletzung, da das Item sozusagen *'zu gut'* passt.

Man spricht in diesem Fall auch von einem *Overfit*, d.h. von einer Überanpassung. Man kann sich einen solchen Overfit so vorstellen, dass *zu wenig Probabilistik* in den Daten ist, d.h. dass jede Person exakt die Antwortkategorie auswählt, die ihrer Eigenschaftsausprägung entspricht.

Das Gegenstück hierzu, also positive Z-Werte, bezeichnet man als *Underfit*. Dies stellt den eigentlich interessierenden Fall einer Modellabweichung dar im Sinne einer zu geringen Abhängigkeit der Itemantwort von der Eigenschaftsausprägung, also einer *zu geringen Trennschärfe*.

Vergleicht man die Ergebnisse des Residualmaßes (s.o. (3) und (4)) und des Likelihoodmaßes (7) für die KFT-Daten, so ergibt sich, dass die Richtung der Modellabweichungen der 5 Items und in etwa auch die Rangordnung der Stärke der Modellabweichung bei beiden Itemfit-Maßen übereinstimmen.

KFT-Daten

Item	$Z_{Res.}$	Z_Q
1	1.74	0.47
2	-1.91	–0.68
3	0.76	0.34
4	-2.44	–1.02
5	1.50	0.92

Die stärkste Abweichung betrifft noch Item 1, das laut Q-Index weniger auffällig ist als Item 5, während es beim Residualmaß schon hart an der Signifikanzgrenze ist.

Die folgenden beiden Tabellen zeigen die entsprechenden Z-Werte für die N-Items und die E-Items des NEO-FFI.

N-Skala NEO-FFI

Item	$Z_{Res.}$	Z_Q
1	2.39	1.49
2	-0.23	0.06
3	-1.14	-0.86
4	-0.58	–0.61
5	-0.44	-0.15

E-Skala NEO-FFI

Item	$Z_{Res.}$	Z_Q
1	-1.86	-1.25
2	2.44	1.72
3	0.22	0.32
4	0.26	0.64
5	-1.27	-1.12

Generell scheint sich der oben geäußerte Verdacht zu bestätigen, dass über die Residuen die Modellabweichungen überschätzt werden.

Ein Vorteil des Z_Q-Index ist es, dass er auch im Rahmen des mixed Rasch-Modells berechnet werden kann. Zur Illustration zeigt die folgende Tabelle die Itemschwierigkeiten und die Z_Q-Werte der 2-Klassenlösung des mixed Rasch-Modells für die 5 N-Items und die 5 E-Items der NEO-FFI-Daten.

Itemparameter und Item-Fit der 10 NEO-FFI Items

Item	σ_{i1}	σ_{i2}	Z_{Qi1}	Z_{Qi2}
1	.08	-.76	-.60	-.37
2	.80	-.26	.33	-1.02
3	.94	-.44	-.79	-.31
4	.25	-.98	.42	-.56
5	1.08	-.10	-.45	-.55
6	-.44	.56	-1.24	.11
7	.09	.69	1.19	1.3
8	-1.12	1.09	1.47	3.26
9	-.04	.27	-1.15	-1.19
10	-1.63	-.08	.19	.38

Es zeigt sich, dass die ersten 5 Items, das sind die Neurotizismusitems, in beiden latenten Klassen unauffällig sind, während Item 8 in der ersten Klasse schon auffällig ist und in der zweiten Klasse einen extrem schlechten Fit hat. In der zweiten Klasse sind die N-Items relativ leicht und deren Item-Q-Werte negativ. Es ist also eine Klasse, in der die N-Dimension gemessen wird, wofür das dritte E-Item ('ich bin kein gut gelaunter Optimist') extrem unbrauchbar zu sein scheint.

Bei quantitativen Testmodellen und bei mixed Rasch-Modellen lässt sich die Qualität der einzelnen Items mit Itemfit-Maßen gut erfassen. Ein entsprechendes Pendant existiert für latente Klassenmodelle nicht. Hier könnte man post hoc, also nach Ermittlung der latenten Klassen, jedes Item prüfen, wie gut es zwischen den Klassen trennt. Der in der ersten Auflage diskutierte Diskriminationsindex bietet jedoch nicht viel mehr Information als durch Inspektion der klassenspezifischen Itemprofile auch ersichtlich wird. Je weiter die Itemprofile in den latenten Klassen bei einem Item auseinander liegen, desto trennschärfer ist das betreffende Item.

Literatur

Die Methoden der Itemselektion im Rahmen der Messfehlertheorie stellen Lienert & Raatz (1994) dar. Moosbrugger & Zistler (1994) gehen auf spezielle Probleme der Trennschärfe als Item-Test-Korrelation ein. Der Q-Index wird von Rost & v. Davier (1994) behandelt, Itemfit-Maße, die auf Itemresiduen beruhen, von Andrich & Kline (1981), Orlando & Thissen (2000) und Wright & Masters (1982). Reise (1990) geht auf Itemfit-Maße ein, die auf der Likelihood des Itemvektors beruhen. Die Prüfung der Unterschiedlichkeit der Itemparameter in zwei Teilstichproben geht auf Fischer & Scheiblechner (1970) zurück.

6.3 Die Reliabilität des Tests

Das Konzept der Reliabilität, definiert als das Verhältnis der Varianz der wahren (messfehlerfreien) und der Varianz der beobachteten (gemessenen) Testergebnisse (s. Kap. 2.1.2), erfüllt in der klassischen Messfehlertheorie eine doppelte Funktion. Zum einen soll mit einer Maßzahl ausgedrückt werden, wie gut ein Test misst. Die Reliabilität ist zunächst Gütemerkmal des Testinstrumentes. Zum anderen stellt die Berechnung der Reliabilität den einzigen Weg dar, Aussagen über die Messgenauigkeit eines einzelnen Testergebnisses abzuleiten.

In Kapitel 6.1 wurde schon deutlich, dass man für die letztgenannte Aufgabe die Reliabilität eines Tests *nicht* braucht. Ganz im Gegenteil, die mittels der Reliabilität gewonnenen Aussagen über die Genauigkeit einzelner Testergebnisse sind grob vereinfachend, wenn man daran denkt, dass dabei allen Messwerten dieselbe Fehlervarianz unterstellt wird.

Die erstgenannte Funktion, ein Gütemaß des Tests zu haben, muss ebenfalls präzisiert werden. Die Reliabilität ist ein Merkmal des Tests *in einer Population* von Personen. Es ist kein Merkmal, das dem Testinstrument wie ein Gütesiegel anhaftet, sondern man erhält in unterschiedlichen Personenpopulationen durchaus unterschiedliche Werte für die Reliabilität des Tests. Das muss so sein bei einem Maß, das als Varianzverhältnis definiert ist.

$$(1)\quad \mathrm{Rel}(X) = \frac{\mathrm{Var}(T_X)}{\mathrm{Var}(X)}$$

Ein tieferes Verständnis der Varianzabhängigkeit der Reliabilität erhält man, wenn man der Frage nachgeht, wo denn die Reliabilität eines Tests größer ist: In einer Population, in der es eine große Varianz des gemessenen Merkmals gibt (also z.B. ein Mathematiktest in der Gesamtbevölkerung) oder in einer Population mit kleiner Varianz (in der Population der Mathematikstudenten). Da die Varianz der Messwerte im Nenner der Reliabilitätsdefinition steht, kommt man leicht zu dem falschen Schluss, dass bei eingeschränkter Varianz die Reliabilität größer sei. Tatsächlich handelt es sich in dem Beispiel aber um eine Einschränkung der *wahren* Varianz, die den Zähler schneller schrumpfen lässt als den Nenner, in welchem noch die Fehlervarianz hinzu kommt.

Die folgende Umformung der Reliabilitätsdefinition hilft, solche Fehlschlüsse zu vermeiden:

$$(2)\quad \mathrm{Rel}(X) = 1 - \frac{\mathrm{Var}(E_X)}{\mathrm{Var}(X)}.$$

An dieser Formel sieht man, dass die Reliabilität 0 wird, wenn die Messwerte selbst gar nicht stärker variieren als ihr Fehleranteil, d.h. jegliche Variation der Messwerte durch ihren Messfehler bedingt ist.

Trotz der Abhängigkeit dieses Gütemerkmals von der Varianz des Merkmals, das gemessen wird, handelt es sich bei der Reliabilität um ein sehr sinnvolles Gütekriterium. Die Idee des Reliabilitätskonzeptes besteht darin, die *Fehlervarianz* der Messwerte mit der *Varianz der Messwerte* selbst in Beziehung zu setzen. Dies ist eine sehr sinnvolle Konzeption, denn derselbe Betrag an Fehlervarianz kann *relativ 'groß'*, und somit schwerwiegend sein, wenn die Messwerte selbst nur wenig variieren. Oder er kann *relativ 'klein'*, sprich unbedeutend sein, wenn die Varianz der Messwerte sehr groß ist.

Das Problem besteht eher darin, wie man die Reliabilität eines Tests berechnet oder als Populationskennwert schätzt. Hierauf wird im ersten Unterkapitel 6.3.1 eingegangen. Kapitel 6.3.2 geht auf die Frage ein, wie man die Reliabilität eines Tests optimiert.

6.3.1 Methoden der Reliabilitätsberechnung

Im Rahmen der Messfehlertheorie gibt es vier klassische Methoden der Reliabilitätsberechnung und weitere Methoden, die sich aus der Verallgemeinerung der Messfehlertheorie zur Faktorenanalyse und zu linearen Strukturgleichungsmodellen ergeben. Letztere sollen hier nicht behandelt werden Im Rahmen der probabilistischen Testtheorie gibt es keine 'traditionellen' Methoden, aber mindestens zwei neuere, noch wenig etablierte Möglichkeiten der Reliabilitätsschätzung. Diese werden nach den 'klassischen' Methoden dargestellt und anhand der Datenbeispiele miteinander verglichen.

Die Paralleltestmethode

Alle vier klassischen Methoden der Reliabilitätsberechnung basieren auf dem Sachverhalt, dass die Korrelation von zwei Tests, die dasselbe Merkmal messen, etwas über deren Reliabilitäten aussagt. Genauer gesagt, *ist* die Korrelation der Ergebnisse zweier Tests, die dasselbe messen, deren Reliabilität:

$$(1)\quad \mathrm{Korr}(X_1, X_2) = \mathrm{Rel}(X_1) = \mathrm{Rel}(X_2).$$

Die Bedingungen, unter denen dies gilt, lassen sich wie folgt ableiten. Die Definition einer Korrelation lautet

$$\mathrm{Korr}(X_1, X_2) = \frac{\mathrm{Kov}(X_1, X_2)}{\sqrt{(\mathrm{Var}(X_1) \cdot \mathrm{Var}(X_2))}}.$$

Da die Messfehler zur Kovarianz zweier Variablen nichts beitragen, d.h.

$$\mathrm{Kov}(X_1, X_2) = \mathrm{Kov}(T_1, T_2)$$

und die Kovarianz einer Variable mit sich selbst gleich ihrer Varianz ist,

$$\mathrm{Kov}(T_1, T_2) = \mathrm{Var}(T_1) = \mathrm{Var}(T_2),$$

ergibt sich unter der Annahme gleicher Fehlervarianzen (und somit gleicher Messwertvarianzen)von X_1 und X_2:

$$\mathrm{Korr}(X_1, X_2) = \frac{\mathrm{Var}(T_1)}{\mathrm{Var}(X_1)} = \frac{\mathrm{Var}(T_2)}{\mathrm{Var}(X_2)}.$$

Diese Formel lässt sich unmittelbar zur Berechnung der Reliabilität benutzen, wenn man zwei Tests hat, die dieselbe Truescore-Variable messen (T_1=T_2), dies mit gleicher Messgenauigkeit tun ($\mathrm{Var}(E_1)$=$\mathrm{Var}(E_2)$) und die beide derselben Stichprobe von Personen vorgegeben wurden. Da Messwerte, die die beiden erstgenannten Bedingungen erfüllen, in der Messfehlertheorie als *parallele Messungen* bezeichnet werden, heißt die Methode der Reliabilitätsbestimmung durch die Korrelation zweier Tests die *Paralleltestmethode.*

Die Schwierigkeit dieser Methode besteht nicht nur darin, dass man für einen Test, dessen Reliabilität man bestimmen will, erst einmal einen Paralleltest konstruieren muss. Beide Tests müssen auch noch von derselben Personenstichprobe bearbeitet werden, was zumindest für den jeweils zweiten verabreichten Test keine originale Testsituation mehr darstellt. Alle damit verbundenen Phänomene wie Ermüdung, Konzentrationsabfall, nachlassende Testmotivation, steigende Abbrecherquoten aber auch Lern- und Übungseffekte können die Testergebnisse und damit die nach dieser Methode berechnete Reliabilität beeinflussen.

Die Retest-Methode

Die Testwiederholungs- oder Retestmethode der Reliabilitätsberechnung benötigt nicht unbedingt eine Parallelform des Tests, da zwischen den beiden Testungen ausreichend viel Zeit vergeht, um die Effekte einer unmittelbaren Testwiederholung zu vermeiden. Formal beruht die Methode ebenfalls auf der Identität von Paralleltestkorrelation und Reliabilität.

Dass derselbe Test ein zweites Mal vorgegeben wird, garantiert jedoch nicht unbedingt, dass zu beiden Zeitpunkten dieselbe Variable gemessen wird, und auch nicht, dass sie mit derselben Genauigkeit gemessen wird. So können zwischenzeitlich Lern- oder Veränderungsprozesse bei den Personen stattgefunden haben, die den Test zum zweiten Zeitpunkt 'nicht mehr denselben sein lassen'.

Insofern bildet die nach der Retest-Methode berechnete Reliabilität zwei Aspekte gleichzeitig ab: Die (eigentliche) Reliabilität und die zeitliche Stabilität des getesteten Merkmals. Je geringer die zeitliche Stabilität ist, desto geringer wird auch die Korrelation zwischen den beiden Messungen sein und desto stärker wird die nach dieser Methode berechnete Reliabilität *unter*schätzt. Im Rahmen von speziellen Strukturgleichungs-Modellen, den sogenannten latent-state-latent-trait Modellen, ist eine Separierung von Stabilität und Reliabilität möglich (s. Eid und Steyer 1999).

Die Halbtestmethode

Die Reliabilität der *Summe zweier Messwerte* X_1 und X_2, die nicht nur dieselbe Personeneigenschaft messen sondern auch dieselbe Reliabilität haben, entspricht folgendem Ausdruck:

(2) $$\text{Rel}(X_1 + X_2) = \frac{2 \cdot \text{Rel}(X_1)}{1 + \text{Rel}(X_1)}.$$

Ableitung

Die Reliabilität der Summe zweier Variablen lautet nach Definition

$$\text{Rel}(X_1 + X_2) = \frac{\text{Var}(T_1 + T_2)}{\text{Var}(X_1 + X_2)}.$$

Da die Varianz der Summe zweier Variablen gleich der Summe der Varianzen plus zweimal die Kovarianz ist (s. Kap. 2.1.2), ergibt sich:

$$\text{Rel}(X_1 + X_2) = \frac{\text{Var}(T_1) + \text{Var}(T_2) + 2\,\text{Cov}(T_1, T_2)}{\text{Var}(X_1) + \text{Var}(X_2) + 2\,\text{Cov}(X_1, X_2)}.$$

Da die wahren Werte beider Messungen, T_1 und T_2, identisch sind, steht im *Zähler* die *Kovarianz einer Variablen mit sich selbst.* Dies entspricht der *Varianz* der betreffenden Variable, wie sich anhand der Kovarianzformel (s. Kap. 2.1.1) erkennen lässt. Laut Voraussetzung sind die Varianzen von T_1 und T_2, bzw. von X_1 und X_2 jeweils identisch, was zu folgender Verkürzung führt:

$$\text{Rel}(X_1 + X_2) = \frac{4\,\text{Var}(T_1)}{2\,\text{Var}(X_1) + 2\,\text{Cov}(X_1, X_2)}$$

Aus den Axiomen der allgemeinen Messfehlertheorie lässt sich ableiten, dass die Kovarianz zweier Messwerte gleich der Kovarianz ihrer wahren Werte ist, da die Messfehleranteile nichts zur Kovarianz beitragen. Das bedeutet, dass im *Nenner* die Kovarianz von X_1 und X_2 durch die Kovarianz der beiden wahren Werte und somit durch die *Varianz der wahren Werte* ersetzt werden kann:

$$\text{Rel}(X_1 + X_2) = \frac{4\,\text{Var}(T_1)}{2\,\text{Var}(X_1) + 2\,\text{Var}(T_1)} = \frac{2\,\text{Var}(T_1)}{\text{Var}(X_1) + \text{Var}(T_1)}.$$

Nach Division dieses Bruches durch die Varianz der Messwerte X_1 ergibt sich die oben genannte Formel für die Reliabilität der Summe zweier Messwerte:

$$\mathrm{Rel}(X_1 + X_2) = \frac{2\,\mathrm{Rel}(X_1)}{1 + \mathrm{Rel}(X_1)}.$$

An dieser Formel lässt sich ablesen, dass die Reliabilität der Summe oder des Mittelwertes zweier Messwerte, die dasselbe messen, *stets größer* ist als die Reliabilität jedes einzelnen Messwertes. Abbildung 154 zeigt den durch Gleichung (2) definierten Zusammenhang.

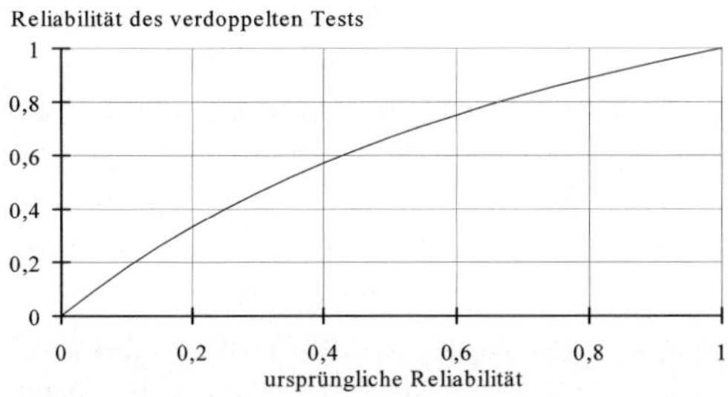

Abbildung 154: Reliabilitätssteigerung durch Testverdopplung

An der Graphik lässt sich z.B. ablesen, dass ein Test, der eine Reliabilität von 0.6 hat, nach Verdoppelung seiner Itemanzahl eine Reliabilität von 0.75 aufweist.

Die Methode der internen Konsistenz (Cronbachs α)

Einen Test in zwei Hälften zu teilen, um aus deren Korrelation etwas über die Reliabilität des Tests zu erfahren, ist ein relativ willkürliches Vorgehen. Warum wird der Test gerade in zwei und nicht in mehr Teile geteilt und welche Items gehören zu welchem Testteil?

Eine elegante Lösung dieses Problems ergibt sich, wenn man den Test in so viele Teile zerlegt, wie es Items gibt, d.h. jedes Item als eigenen Testteil betrachtet. Diese Aufteilung ist eindeutig und zudem der differenzierteste Weg, die innere Konsistenz eines Tests zu analysieren. Man nennt diesen Weg der Reliabilitätsberechnung daher auch die Methode der internen Konsistenz.

Die Formel zur Berechnung der internen Konsistenz wurde von verschiedenen Autoren unter unterschiedlicher Bezeichnung abgeleitet (z.B. Kuder-Richardson 20). Allgemein hat sich jedoch die Bezeichnung Cronbachs α oder sogar nur α durchgesetzt. Die Formel, die sich aus den Axiomen der Messfehlertheorie ableiten lässt, lautet:

$$(3)\quad \alpha = \frac{k}{k-1}\left(1 - \frac{\sum_{i=1}^{k} \mathrm{Var}(x_i)}{\mathrm{Var}(X)}\right)$$

Sie ist sehr einfach aufgebaut und enthält (überraschenderweise) keine Korrelationen. Die Korrelationen zwischen den Items, also den 'Testteilen' stecken aber indirekt in der Varianz der Summe der Teile, also in Var(X). Die Varianz der Summe von Variablen ist nämlich gleich der Summe ihrer Varianzen (das ist der Zähler in Formel (3)), wenn alle Kovarianzen gleich Null sind. Je höher die Items untereinander korrelieren, desto größer wird die Varianz der Summe (der Nenner in (3)) im Vergleich zur Summe der Varianzen (der Zähler in (3)) und umso größer wird die Reliabilität.

Die Reliabilität der 5 Neurotizismus-Items beträgt α=0.76 und ist damit wesentlich größer als die Reliabilität der 5 Extraversions-Items, die α=0.48 beträgt. Die Summenscores der 5 N-Items haben eine Varianz von 7.51, während die Scores der 5 E-Items nur eine Varianz von 4.28 aufweisen. Die größere Heterogenität der E-

Items bewirkt, dass ihr Summenscore nicht so varianzstark ist wie bei den N-Items.

Cronbachs α als Maß der Reliabilität hat noch weitere Vorteile gegenüber anderen Reliabilitätskoeffizienten. So setzt α nicht die Parallelität der Testteile voraus, sondern nur deren essentielle tau-Äquivalenz (vgl. Kapitel 3.1.1.2.1). Das bedeutet, dass die Items unterschiedliche Schwierigkeiten haben können. Unter noch schwächeren Annahmen, stellt α eine untere Schranke der Reliabilität dar, d.h. α unterschätzt dann die Reliabilität des Tests.

Es gibt jedoch auch Fälle, in denen α die Reliabilität überschätzt. Das ist bei den KFT-Daten der Fall, für die α=0.74 beträgt. Hier kommt die Erwartungswertmethode im Rahmen des Rasch-Modells zu einer wesentlich niedrigeren Schätzung.

Die Erwartungswertmethode

Die vier zuvor dargestellten Methoden der Reliabilitätsberechnung im Rahmen der Messfehlertheorie bedienen sich eines 'Tricks', um die Varianz der wahren Werte zu schätzen. Dieser Trick basiert auf dem Sachverhalt, dass Korrelationen etwas über Varianzanteile aussagen. Daher werden verschiedene Testteile miteinander korreliert, um aus der Höhe der Korrelationen etwas über die gemeinsamen Varianzanteile zu erfahren.

Ein solcher Umweg über die Korrelationen ist im Rahmen von Rasch-Modellen nicht nötig. Hier wird versucht, die Fehlervarianz oder die Varianz der wahren Werte (oder auch beide) *direkt* zu schätzen. Als Erwartungswertmethode wird der Ansatz bezeichnet, die Fehlervarianz über den Erwartungswert der Standardschätzfehler der Personenparameter zu ermitteln.

Die Varianz des Fehleranteils der Messwerte über alle Personen wird über den Mittelwert aller individuellen Schätzfehlervarianzen berechnet:

$$(4) \qquad \mathrm{Var}(E_\theta) = \frac{\sum_{v=1}^{N} \mathrm{Var}(E_{\theta_v})}{N},$$

so dass sich als Formel für die Reliabilität folgender Ausdruck ergibt:

$$(5) \qquad \mathrm{Rel}(\theta) = 1 - \frac{\sum_{v=1}^{N} \mathrm{Var}(E_{\theta_v})}{N \cdot \mathrm{Var}(\hat{\theta})}.$$

Im Datenbeispiel der 5 Neurotizismus-Items des NEO-FFI beträgt der Mittelwert der Fehlervarianzen

$$\mathrm{Var}(E_\theta) = 0.62$$

und die Stichprobenvarianz der geschätzten Personenparameter

$$\mathrm{Var}(\hat{\theta}) = 2.39.$$

Somit beträgt die Reliabilität $\mathrm{Rel} = 0.74$ und entspricht ziemlich gut dem α-Koeffizienten (α=0.76).

Das Besondere an dieser Art der Reliabilitätsberechnung liegt darin, dass die Fehlervarianz *unabhängig* von der Varianz der beobachteten Messwerte bestimmt wird. Die Fehlervarianz jedes Personenmesswertes hängt nicht davon ab, welche anderen Personen noch in der Stichprobe sind, sondern allein von der Anzahl und Schwierigkeit der Items in einem Test

Beim KFT-Datenbeispiel stimmt die Erwartungswertmethode in ihrem Ergebnis nicht mit Cronbachs α überein. Während α=0.74 beträgt, ergibt die Erwartungswertmethode nur einen Wert von 0.46. Die

Summenwerte der KFT-Items haben eine sehr große Varianz. Sie beträgt bei nur 6 unterschiedlichen Summenscores 2.9, was unter anderem dadurch zustande kommt, das knapp ein Drittel der Stichprobe (96 Personen) den Summenscore 0 oder 5 hat. Das ist für Cronbachs α günstig, d.h. führt zu einem hohen Reliabilitätswert.

In der Erwartungswertmethode sind es aber gerade diese 96 Personen, deren Parameter einen enorm hohen Standardschätzfehler haben, nämlich 1.7 auf der Logit-Skala. Das entspricht schon fast der Standardabweichung aller Personenparameter (1.77). Es sind nur die 204 Personen mit einem Score zwischen 1 und 4, die dafür sorgen, dass die Reliabilität größer als Null wird.

Die Varianz der latenten Verteilung

In der Erwartungswertmethode wird die *Fehlervarianz* geschätzt und zur Varianz der Messwerte in Beziehung gesetzt. Es gibt jedoch auch die Möglichkeit, die Varianz der *wahren Werte* zu bestimmen, um daraus die Reliabilität zu berechnen. In Kapitel 4 wurde die sogenannte MML-Methode zu Parameterschätzung beschrieben, bei der nicht die Personenparameter, sondern die Parameter der *Verteilung* der Personenparameter geschätzt werden.

In der Regel wird eine Normalverteilung der latenten Variable angenommen, so dass zwei Parameter, der Mittelwert und die Varianz der latenten Verteilung, geschätzt werden müssen. Da die Varianz der latenten Verteilung nicht die Fehleranteile der einzelnen Personenparameter als Varianzanteil enthält, spiegelt sie die Varianz der wahren, also fehlerfreien Werte wider (auch wenn letztere nicht berechnet werden können).

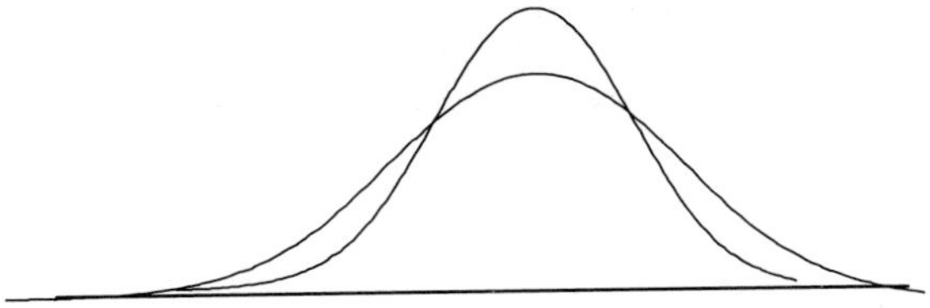

Abbildung 155: Verteilung der latenten Variable (schmale Kurve) und Verteilung der Messwerte (breite Kurve)

Die Varianz der latenten Verteilung ist stets kleiner als die Varianz der geschätzten Personenparameter, und das Verhältnis beider Varianzen kann als Maß für die Reliabilität interpretiert werden.

$$(6)\quad \mathrm{Rel} = \frac{\hat{\sigma}_\theta^2}{\mathrm{Var}\left(\hat{\theta}\right)}$$

Wobei $\hat{\sigma}_\theta^2$ die geschätzte Varianz der latenten Verteilung bezeichnet.

Die folgende Tabelle gibt die Varianzen und Reliabilitäten der verschiedenen Datenbeispiele wieder.

	$\hat{\sigma}_\theta^2$	$\mathrm{Var}(\hat{\theta})$	Rel
KFT	3.9	3.1	?
5 N-Items	1.84	2.4	0.76
5 E-Items	0.40	0.8	0.48
N+E Items	0.16	0.35	0.45

Während bei den Daten des NEO-FFI die Reliabiliäten nach der Methode der latenten Verteilung recht gut mit den Reliabilitäten der anderen Verfahren übereinstimmen, ist die latente Varianz bei den KFT-Daten offenbar drastisch überschätzt. Das liegt wohl vor allem daran, dass die latente Variable bei den KFT-

Daten alles andere als normalverteilt ist und somit die Modellierung der latenten Verteilung nicht gelingt.

Die Varianz der EAP

Schließlich lässt sich auch im Rahmen der Parameterschätzung nach der expected a posteriori (EAP) Methode (s. Kap. 4.2) ein Maß für die Reliabilität ableiten. Die EAP-Schätzer stellen die aufgrund der latenten Verteilung (daher: a posteriori) berechneten optimalen Schätzwerte für die individuellen Messwerte dar. Hierbei nimmt man als besten Schätzwert für ein Individuum den Erwartungswert (daher: expected) der 'kleinen' Verteilung, die man für jedes Individuum berechnet hat (s. Kap. 4.2, Abb. 139).

Es wurde in Kapitel 4.2 auch schon festgestellt, dass diese EAP-Schätzer eine *kleinere* Varianz haben als es die in Form eines Parameters geschätzte Varianz der latenten Verteilung angibt. Das liegt daran, dass jeder EAP-Schätzer noch eine eigene Fehlervarianz besitzt, nämlich die Varianzen der kleinen Verteilungen in Abbildung 139, deren Erwartungswerte die EAP's sind. Addiert man zu der EAP-Varianz, die im Beispiel der fünf N-Items 1.389 beträgt, den Mittelwert der Schätzfehlervarianzen aller EAP's (0.442) hinzu, so erhält man tatsächlich die Varianz der latenten Verteilung (1.839).

Die Varianz der latenten Verteilung, die zuvor (s.o. Gleichung (6)) als 'wahre Varianz' in die Reliabilitätsberechnung einging, kann also weiter zerlegt werden, wenn man sie zur Bedingung macht, unter der die EAP's geschätzt werden. Im Rahmen eines Bayes-Ansatzes (so nennt man die Schätzung von Modellparametern unter der Bedingung von als bekannt vorausgesetzten Verteilungen) wird die Gesamtvarianz der Messwerte zerlegt in die Varianz *zwischen* den Personen und die (Fehler-)Varianz *innerhalb* der Personen.

Analog zu Erwartungswertmethode der Reliabilität (s.o.), lässt sich damit eine Reliabilität der Bayes-Schätzer definieren:

$$(7)\quad Rel_{Bayes} = \frac{Var\left(\hat{\theta}_{EAP}\right)}{Var\left(\hat{\theta}_{EAP}\right) + \sum_{v=1}^{N} \frac{se^2\left(\hat{\theta}_{EAP}\right)}{N}}$$

Wobei $se^2\left(\hat{\theta}_{EAP}\right)$ den Standardschätzfehler der EAP bezeichnet.

Wie aus der folgenden Tabelle hervorgeht, sind die so berechneten Bayes-Reliabilitäten mehr oder weniger identisch zu den nach anderen Methoden berechneten Reliabilitäten.

	Cronbachs α	Erw.-wert.M	Lat. Vert.	Bayes-Rel.
KFT	.742	.460	>1.0	.711
5 N	.764	.741	.751	.759
5 E	.478	.449	.468	.473
N+E	.457	.437	.451	.453

Insbesondere besteht eine große Übereinstimmung zwischen der Bayes-Reliabilität und Cronbachs α. Die Erwartungswertmethode unterschätzt eher die Reliabilitäten und dies besonders dann, wenn sehr viele Personen mit einem Extremscore in der Stichprobe sind. Die Methode der latenten Verteilung sollte nur angewandt werden, wenn die Personenscores einigermaßen normalverteilt sind, bzw. die latente Verteilung passend modelliert wird.

6.3.2 Reliabilitätssteigerung durch Testverlängerung

Die Erhöhung der Messgenauigkeit eines Tests durch Hinzufügen weiterer Items hängt davon ab, *welche* Items man hinzufügt, d.h. im wesentlichen von deren Schwierigkeit. Im Rahmen der allgemeinen Messfehlertheorie kann man unter der vereinfachenden Annahme, dass *alle Items gleich gut messen*, Formeln ableiten, die die Veränderung der Reliabilität in Abhängigkeit von der Testlänge (Itemanzahl) angeben.

Eine solche Formel, die Spearman-Brown-Formel, wurde bereits in dem Abschnitt über die Halbtest-Methode der Reliabilitätsberechnung angegeben.

Diese Beziehung lässt sich auf einen beliebigen Verlängerungsfaktor k verallgemeinern, so dass die folgende Formel die Reliabilität des um den Faktor k verlängerten Tests angibt, wenn der Ausgangstest die Reliabilität Rel(X) aufweist.

$$(1)\ \mathrm{Rel}(X \cdot k) = \frac{k \cdot \mathrm{Rel}(X)}{1 + (k-1)\mathrm{Rel}(X)}.$$

Der Verlängerungsfaktor k liegt zwischen 1 und ∞. Wird ein Test von 10 Items auf 12 Items verlängert, so ist k = 1.2 und die Reliabilität wächst z.B. von 0.6 auf 0.72/1.12 = 0.64. Dieser Zusammenhang ist in Abbildung 156 für verschiedene Ausgangsreliabilitäten wiedergegeben.

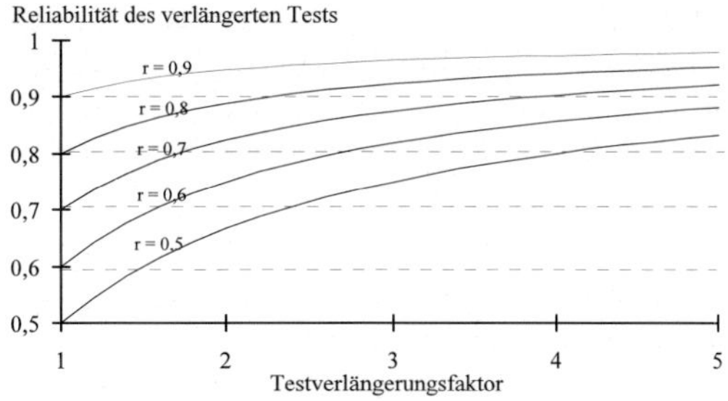

Abbildung 156: Reliabilitätssteigerung durch Testverlängerung

Man kann die Beziehung zwischen der Reliabilität einer Messung und der Reliabilität des um den Faktor k verlängerten Tests auch in umgekehrter Richtung betrachten: *Wie lang muss ein Test sein, damit er eine bestimmte Reliabilität aufweist?*

Hat ein Test, der aus 10 Items besteht, z.B. eine Reliabilität von .70, so müsste er aus 40 Items bestehen, um eine Reliabilität von .90 zu erreichen. Ob das den befragten Personen zumutbar ist und ob überhaupt so viele unterschiedliche Items formuliert werden können, steht auf einem anderen Blatt.

Diese Berechnungen lassen sämtliche *psychologischen Folgen* einer Testverlängerung außer acht . Natürlich kann eine Testverlängerung durch Ermüdungserscheinungen, Konzentrationsmängel, absinkender Testmotivation und Effekte des 'Genervtseins' dazu führen, dass die Testergebnisse unbrauchbarer werden und auch mit größeren Messfehlern versehen sind.

Weiterhin kommt es darauf an, um *welche* Items ein Test verlängert wird. Ein Test kann selbstverständlich auch schlechter werden, wenn man unbrauchbare Items hinzufügt, und er kann sogar besser werden, wenn man ihn verkürzt, indem man schlechte Items eliminiert.

Dieser Effekt ist in der vereinfachenden Gleichung (1) natürlich nicht berücksichtigt.

Ein Beispiel hierfür sind die 5 Extraversions-Items des NEO-FFI. Wendet man das ordinale Rasch-Modell auf die Daten an, so haben die 5 Items eine Reliabilität von 0.46. Eliminiert man das Item mit dem schlechtesten Item-Fit (s. Kap. 6.2), so haben die restlichen 4 Items eine Reliabilität von 0.47. Der Anstieg ist nicht groß, aber dafür, dass der Test auf 80% verkürzt wurde und infolge dessen unreliabler werden müsste, ist er doch beachtenswert.

Das liegt daran, dass die Reliabilität ein *kombiniertes* Maß für Messgenauigkeit und interne Validität ist. Man erkennt das an der Reliabilitätsdefinition im Rahmen der Erwartungswertmethode (s. Gleichung (5) in 6.3.1):

$$(2)\quad \operatorname{Rel}(\theta)=1-\frac{\sum_{v=1}^{N}\operatorname{Var}\left(E_{\theta_v}\right)}{N\operatorname{Var}\left(\hat{\theta}\right)}.$$

Die Schätzfehlervarianzen $\operatorname{Var}\left(E_{\theta_v}\right)$ im Zähler von (2) werden durch Itemselektion stets größer, und zwar unabhängig von der Trennschärfe der selegierten Items. Sie hängen allein von der Anzahl der Items und deren Schwierigkeiten ab (s. Gleichung (2) in 6.1.1). Insofern optimiert eine Itemselektion nach Trennschärfe *nicht* die Messgenauigkeit im Sinne der Verringerung der Fehlervarianz.

Die Eliminierung trennschwacher Items erhöht jedoch die *Varianz der Messwerte*, $\operatorname{Var}\left(\hat{\theta}\right)$, im Nenner von (2). Diese ist umso größer, je höher die Itemantworten kovariieren: Die Varianz der Summenscores $r_v=\sum_i x_{vi}$ ist als Varianz einer Summe von Variablen auch von der Kovarianz der Summanden abhängig (s. Kap 2.1.2) und die Varianz der Messwerte $\hat{\theta}_v$ wächst mit der Varianz der Summenscores.

Eine Itemselektion nach Trennschärfe kann daher den Nenner von (2) stärker erhöhen als der Zähler wächst und somit zu einer *Reliabilitätssteigerung* führen. Die Reliabilität ist somit als ein kombiniertes Maß für Messgenauigkeit und interne Validität anzusehen und als Kriterium für die Testoptimierung gut geeignet.

Literatur

Lienert & Raatz (1994) behandeln die Methoden der Reliabilitätsberechnung im Rahmen der Messfehlertheorie. Andrich (1988b) geht auf die Reliabilitätsberechnung beim dichotomen Rasch-Modell ein (s. Erwartungswertmethode). Die Varianz der latenten Variable und die EAP-Schätzer erhält man mit dem Programm CONQUEST (Wu, Adams & Wilson, 1997). Spezielle Fragen der Reliabilitätsberechnung diskutiert Raykov (2001a,b, 2002, 1998).

6.4 Die Validität von Tests

Der Nachweis, dass ein bestimmtes, theoretisch plausibles Testmodell auf die Testdaten paßt, ist bereits ein Nachweis von *Gültigkeit* des Tests, also von Validität. In Kapitel 2.1.1 wurde dieser Aspekt von Validität als *interne Validität* eingeführt. Die in den Kapiteln 6.1 und 6.2 diskutierten Aspekte der Item- und Personenqualität betreffen die interne Validität, da es sich um Maße der Anpassung eines Testmodells an die Daten handelt.

In diesem Kapitel geht es um die *externe Validität*, ein Gütekriterium, das stets die Existenz einer externen, also 'testfremden' Variable voraussetzt. Wie man die externe Validität eines Tests berechnet, wird im Kapitel 6.4.1 dargestellt.

Wie kann man einen Test hinsichtlich seiner externen Validität optimieren? Hierauf gibt es zwei Antworten, die sich teilweise widersprechen. Zum einen gilt die plakative Regel, dass ein Test nicht valider sein kann als es seine Reliabilität zuläßt. Das bedeutet, dass man die externe Validität durch eine Steigerung der Messgenauigkeit erhöhen kann. Diese Zusammenhänge werden in Kapitel 6.4.2 behandelt.

Zum anderen gilt auch die von vielen Testkritikern angeführte Beziehung, dass Maßnahmen zur Erhöhung der Reliabilität die externe Validität eines Tests *senken* können. Diese partielle Unvereinbarkeit einer gleichzeitigen Optimierung von Reliabilität und externer Validität wird als *Reliabilitäts-Validitäts-Dilemma* bezeichnet und in Kapitel 6.4.3 dargestellt.

6.4.1 Die Berechnung der externen Validität

Eine saloppe, aber zutreffende Aussage zur Bestimmung externer Validität besagt:

Ein Test hat so viele Validitäten wie es Validitätskriterien gibt.

Diese Aussage zielt darauf ab, dass die externe Validität nicht ein Gütekriterium *des Tests selbst* ist, das durch eine einzelne Zahl ausgedrückt werden kann, sondern stets ein Merkmal des Tests *in bezug auf* eine bestimmte Außenvariable, ein *Validitätskriterium* (s. Kap. 2.1.1).

Diese Variable muß sich per definitionem von der durch den Test gemessenen latenten Variable θ unterscheiden und wird im folgenden mit Y bezeichnet. Da sowohl θ wie auch Y eine quantitative oder eine kategoriale Variable sein kann, gilt es bei der Berechnung des Zusammenhangs vier Fälle zu unterscheiden:

		Y: quantitativ	Y: kategorial
θ	quantitativ	Korr	η
	kategorial	η	C

Üblicherweise wird die externe Validität nur für den Fall definiert, dass beide Variablen quantitativ sind, und zwar als Korrelation zwischen dem Messwert $\hat{\theta}$ und dem Kriterium Y:

(1) $$\mathrm{Val}_Y(\hat{\theta}) = \mathrm{Korr}(\hat{\theta}, Y)$$

Das Quadrat des Korrelationskoeffizienten gibt den gemeinsamen Varianzanteil beider Variablen an, was in Abbildung 157 graphisch veranschaulicht ist:

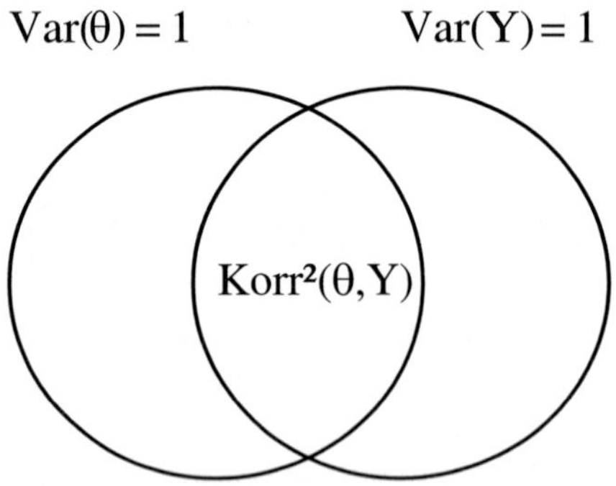

Abbildung 157: Der quadrierte Korrelationskoeffizient als gemeinsamer Varianzanteil

Somit gibt das Quadrat der Validität eines Tests an, welcher Anteil der Varianz des Validitätskriteriums durch den Test *erklärt* oder *vorhergesagt* werden kann. Hat ein Test bzgl. eines Kriteriums eine Validität von 0.70, so kann man mit dem Test 49% der Varianz des Kriteriums vorhersagen.

Ein solcher *Varianzanteil* läßt sich auch bestimmen, wenn die gemessene Variable θ kategorial ist, es sich also um einen klassifizierenden Test handelt. Das entsprechende Maß wird im Rahmen der Varianzanalyse als η^2 (Eta-quadrat) bezeichnet und läßt sich folgendermaßen berechnen:

$$(2)\qquad \eta^2 = \frac{\sum_{g=1}^{G} n_g\left(\overline{Y}_g - \overline{Y}\right)^2}{\sum_{v=1}^{N}\left(y_v - \overline{Y}\right)^2},$$

wobei y_v den Wert der Person v auf der Variable Y, $\overline{Y}$ den Gesamtmittelwert von Y und $\overline{Y}_g$ den Mittelwert aller Personen in Klasse g bezeichnet.

Die Wurzel aus η^2, also η, gibt die Validität eines klassifizierenden Tests an.

Datenbeispiel

Für das in Kapitel 3.2 beschriebene Datenbeispiel zum Umwelthandeln wird ein Validitätskriterium herangezogen, das das (selbstberichtete) Ausmaß an 'politischem' Umwelthandeln repräsentiert. Hierbei handelt es sich um eine quantitative Variable. Ihre Korrelationen mit den 4, durch den Fragebogen erhaltenen Messwerten betragen:

$$\mathrm{Val}_y(\theta_1) = 0.62$$
$$\mathrm{Val}_y(\theta_2) = -0.32$$
$$\mathrm{Val}_y(\theta_3) = -0.03$$
$$\mathrm{Val}_y(\theta_4) = -0.28.$$

Erwartungsgemäß ist die Korrelation mit dem ersten Messwert am höchsten. Dieser erfaßt die Tendenz der Personen, in Kategorie '0' zu antworten ('Habe ich schon getan bzw. tue ich bereits'). Der Messwert hat also eine Validität von 0.62. Da es sich bei den 4 Messwerten um ipsative Werte handelt, sind ihre Validitäten voneinander abhängig (vgl. Kap. 3.2.2). In diesem Fall ist ihre Summe fast gleich Null, wie es für ipsative Variablen mit gleichen Varianzen auch der Fall sein muß.

Die Klassenanalyse desselben Fragebogens ergab 3 Klassen, von denen die dritte Klasse die Personen mit der stärksten Tendenz zum Umwelthandeln umfaßt. Dies spiegelt sich auch in den folgenden Mittelwerten der Variable Y wider:

	$\overline{Y}_g$	n_g
Klasse 1	0.31	163
Klasse 2	0.15	187
Klasse 3	1.34	450

Zur Berechnung der Validität des klassifikatorischen Testergebnisses, d.h. zur Berechnung von η, benötigt man noch den Gesamtmittelwert, $\overline{Y} = 0.856$, und die Varianz von Y, $\text{Var}(Y) = 0.818$. Da die Varianz einer Variable definiert ist als die Abweichungsquadratsumme dividiert durch die Stichprobengröße

$$\text{Var}(Y) = \frac{\sum_{v=1}^{N} (y_v - \overline{Y})^2}{N},$$

erhält man den Nenner von η^2 (Gleichung (2)) durch Multiplikation der Varianz mit N, also $0.818 \cdot 800 = 654$. Der Zähler läßt sich mit den o.g. Klassenmittelwerten und Klassengrößen berechnen und beträgt 247, so dass sich ein η^2 von 0.38 und eine Validität von $\eta = 0.61$ ergibt.

Es handelt sich um einen glücklichen Zufall, dass bei diesen Daten die Validitäten des quantitativen und des klassifikatorischen Testergebnisses nahezu identisch sind. In der Regel muß das nicht der Fall sein. Beide Validitäten können sich dann unterscheiden, wenn die individuellen Unterschiede durch eines der Modelle schlechter repräsentiert sind als durch das andere.

Das Validitätskriterium kann auch aus einer *kategorialen Variable* bestehen, z.B. bei einem Test, der den Studienerfolg vorhersagen soll, aus der Variable mit den drei Kategorien:

Y = 1 : Studium abgebrochen
Y = 2 : Studium in der Regelstudienzeit abgeschlossen
Y = 3 : Studium mit zusätzlichen Semestern abgeschlossen.

Besteht das Testergebnis aus einem quantitativen Messwert, so kann dessen Validität ebenfalls mit Hilfe von η bestimmt werden, auch wenn hier die Rollen von θ und Y vertauscht sind:

$$(3) \qquad \text{Val}_y(\hat{\theta}) = \sqrt{\frac{\sum_{h=1}^{H} n_h (\overline{\theta}_h - \overline{\theta})^2}{\sum_{v=1}^{N} (\hat{\theta}_v - \overline{\theta})^2}}.$$

Mit $\overline{\theta}_h$ ist hier der Mittelwert der Messwerte aller Personen in der Kriteriumsgruppe h bezeichnet und mit n_h die Anzahl der Personen in dieser Gruppe. Zwar kann man das Quadrat der so berechneten Validität nicht als durch den Test aufgeklärten Anteil an der Varianz *des Validitätskriteriums* interpretieren, da für die kategoriale Variable Y keine Varianz berechnet werden kann. Aber es handelt sich trotzdem um einen Varianzanteil, nämlich den Anteil der *Messwertvarianz*, der für die Zuordnung zu den Kriteriumsgruppen herangezogen wird. Man nennt diesen Varianzanteil auch die *valide Varianz* des Tests.

Sind beide Variablen, θ und Y, kategorial, so wird ihr empirischer Zusammenhang durch eine *Häufigkeitstabelle* repräsentiert, z.B. für 3 latente Klassen und 3 Kriteriumsgruppen:

		Y: h = 1	h = 2	h = 3	
	g = 1	n_{11}	n_{12}	n_{13}	n_1
θ	g = 2	n_{21}	n_{22}	n_{23}	n_2
	g = 3	n_{31}	n_{32}	n_{33}	n_3
		n_1	n_2	n_3	

Diese Häufigkeitstabelle muß nicht quadratisch sein, da θ und Y unterschiedliche Kategorienanzahlen haben können. Damit entfällt die Möglichkeit, als Zusammenhangsmaß das in Kapitel 2.5.1 beschriebene Maß 'Cohen's κ' heranzuziehen.

Das allgemeinste Maß zur Beschreibung des Zusammenhangs zweier kategorialer Variablen ist der *Kontingenzkoeffizient* C, der aus dem χ^2-Wert einer Häufigkeitstabelle abgeleitet ist.

Der χ^2-Wert ist folgendermaßen definiert (vgl. Kap. 5.2):

$$(4) \quad \chi^2 = \sum_{g=1}^{G} \sum_{h=1}^{H} \frac{(n_{gh} - e_{gh})^2}{e_{gh}},$$

wobei die n_{gh} die *beobachteten* Zellenhäufigkeiten der Tabelle bezeichnen und e_{gh} die *erwarteten* Häufigkeiten unter der Annahme, dass es *keinen* Zusammenhang zwischen Testergebnis und Validitätskriterium gibt. Letztere lassen sich aus den Randsummen der Häufigkeitstabelle, also den Klassen- bzw. Gruppengrößen n_g und n_h berechnen:

$$e_{gh} = \frac{n_g \cdot n_h}{N}.$$

Der Kontingenzskoeffizient C ist dann folgendermaßen definiert:

$$(5) \quad C = \sqrt{\frac{\chi^2}{\chi^2 + N}}.$$

Die möglichen Werte von C liegen zwischen 0 und 1, wobei C allerdings den Nachteil hat, dass der maximal erreichbare Wert bei kleineren Häufigkeitstabellen deutlich unter 1 liegt. Für quadratische Häufigkeitstabellen läßt sich das Maximum von C berechnen, es beträgt nämlich

$$C_{max} = \sqrt{\frac{G-1}{G}},$$

wenn G die Anzahl der Zeilen bzw. Spalten der Tabelle ist. Um einen errechneten Wert von C hinsichtlich der Tabellengröße zu korrigieren, läßt sich folgende 'Aufwertung' von C vornehmen:

$$C_{corr} = \frac{C}{C_{max}}.$$

Anhand dieser Darstellung wird deutlich, dass der Kontingenzkoeffizient zwar eine pragmatische Möglichkeit bietet, die Validität eines klassifikatorischen Testergebnisses hinsichtlich eines kategorialen Validitätskriteriums zu berechnen. Er ist jedoch algebraisch nicht äquivalent zu dem Korrelationskoeffizienten oder zu η.

Neben diesen Möglichkeiten der Validitätsberechnung, die sich aus den unterschiedlichen *Skalenniveaus* der Messwerte und des Validitätskriteriums ergeben, werden verschiedene *Arten der Testvalidität* unterschieden, die sich aus der Art der Kriteriumsvariablen Y ergeben.

Von *prädiktiver* oder *prognostischer* Validität spricht man, wenn das Validitätskriterium Y zeitlich später erhoben wird und einen Teil dessen repräsentiert, was der Test vorhersagen soll (Prädiktion) oder im vorhinein erkennen soll (Prognose). Beispiele sind ein Schuleingangstest, der an der Abiturnote validiert wird, oder ein Psychotizismusfragebogen, der an einer späteren psychiatrischen Diagnose validiert wird. Das Gegenstück zur prädiktiven Validität ist die *konkurrente* Validität, bei der das Validitätskriterium mehr oder weniger zeitgleich mit der Testvorgabe erhoben wird.

Mit *Konstruktvalidität* ist der Zusammenhang des Testergebnisses mit anderen Messwerten gemeint, die dasselbe psychologische Konstrukt erfassen sollen. Ein Beispiel ist etwa die Validierung eines neu entwickelten Intelligenztests anhand anderer, bereits existierender Intelligenztests oder anhand weiterer Indikatoren für das, was der Testkonstrukteur unter Intelligenz versteht.

Als *faktorielle* Validität bezeichnet man eine Variante der Konstruktvalidität, die ihren Namen daher hat, dass die Validität mittels der *Faktorenanalyse* analysiert wird. Bei einer Faktorenanalyse werden die korrelativen Zusammenhänge sehr vieler Testergebnisse gemeinsam verarbeitet. Als Ergebnis erhält man sog. Faktorladungen, die die Korrelation eines Tests mit einer latenten Variable, einem Faktor angeben Hat ein Test eine hohe Ladung auf einem Faktor, der als das identifiziert werden kann, was der Test messen soll, so hat der Test eine hohe faktorielle Validität.

Das Begriffspaar *konvergente* und *diskriminante* Validität zielt darauf ab, dass ein Test nicht nur mit Tests, die ein ähnliches Konstrukt erfassen, *hoch* korrelieren sollte (konvergente Validität), sondern auch mit Tests, von denen sich das Konstrukt abgrenzen möchte, *niedrig* korrelieren sollte (diskriminante Validität). Ein Beispiel wäre etwa ein neuer Fragebogen zur Einstellung zum Umweltschutz, der nicht allzu hoch mit althergebrachten Skalen zum politischen Konservativismus korrelieren sollte, da er sonst keine wirklich eigenständige Einstellung erfaßt.

6.4.2 Maximal erreichbare Validitäten

Die Validität eines Tests ist definiert als Korrelation des (messfehlerbehafteten) Messwertes $\hat{\theta}$ mit einem Kriterium Y. Darüber, ob das Validitätskriterium fehlerfrei gemessen wird oder nicht, wurde nichts ausgesagt. Da man die Korrelation eines Testergebnisses mit einem Kriterium aber stets anhand empirisch festgestellter Werte ermittelt, kann man auch hier einen Messfehler annehmen. Die *empirisch berechnete* Validität ist daher in der Regel eine Korrelation zwischen zwei Schätzwerten oder fehlerbehafteten Messwerten:

$$\mathrm{Val}_y\left(\hat{\theta}\right) = \mathrm{Korr}\left(\hat{\theta}, \hat{Y}\right).$$

Wie wirkt sich der Messfehler des Testergebnisses und der Messung des Validitätskriteriums auf die Höhe der errechneten Validität aus? Die Antwort ist eindeutig: negativ. Bezeichnet man mit θ und Y, im Gegensatz zu $\hat{\theta}$ und $\hat{Y}$, die *fehlerfreien* also *wahren* Werte einer Person auf den beiden Variablen, so gilt allgemein:

$$(1)\quad \mathrm{Korr}\left(\hat{\theta}, \hat{Y}\right) \le \left\{ \begin{matrix} \mathrm{Korr}\left(\hat{\theta}, Y\right) \\ \text{oder} \\ \mathrm{Korr}\left(\theta, \hat{Y}\right) \end{matrix} \right\} \le \mathrm{Korr}\left(\theta, Y\right).$$

Das bedeutet, dass man die 'wahre Validität' eines Tests, also die Validität des Test, wenn es keine Messfehler gäbe, stets *unterschätzt* und das umso mehr, je größer der Messfehler ist. Im Rahmen der allgemeinen Messfehlertheorie (vgl. Kap. 6.1) gilt die Beziehung, dass die Korrelation zweier Variablen stets kleiner sein muß als die Wurzel aus der Reliabilität der Variablen mit der geringeren Reliabilität:

$$(2)\quad \mathrm{Korr}\left(\hat{\theta}, \hat{Y}\right) < \min\left(\sqrt{\mathrm{Rel}\left(\hat{\theta}\right)}, \sqrt{\mathrm{Rel}\left(\hat{Y}\right)}\right).$$

Hat ein Test z.B. eine Reliabilität von 0.81, so kann seine Validität gar nicht größer als 0.9 werden. Diesen Grenzwert erreicht die Validität auch nur dann, wenn das Validitätskriterium nicht nur völlig fehlerfrei gemessen wurde, sondern zudem auch noch identisch mit der im Test gemessenen latenten Variable θ ist. Die Wurzel aus der Testreliabilität entspricht nämlich der Korrelation des Messwertes mit dem fehlerfreien, *wahren* Messwert:

$$(3)\quad \sqrt{\mathrm{Rel}\left(\hat{\theta}\right)} = \mathrm{Korr}\left(\hat{\theta}, \theta\right).$$

Ableitung

Die Beziehung (3) ergibt sich allein aus dem Sachverhalt, dass das Quadrat einer Korrelation den *gemeinsamen* Varianzanteil der beiden korrelierten Variablen angibt (s. Abb. 159). Gleichung (3) läßt sich somit direkt aus der Definition der Reliabilität (vgl. Kap. 2.1.2) ableiten:

$$\mathrm{Rel}(\hat{\theta}) = \frac{\mathrm{Var}(\theta)}{\mathrm{Var}(\hat{\theta})} = \mathrm{Korr}(\hat{\theta}, \theta)^2 ,$$

wenn man bedenkt, dass die Varianz der *wahren* Werte in der Varianz der Messwerte *enthalten* ist, d.h.

$$\mathrm{Var}(\hat{\theta}) = \mathrm{Var}(\theta) + \mathrm{Var}(E_\theta) .$$

Da kein Messwert mit einer anderen Variable höher korrelieren kann als mit seinem eigenen wahren Wert, gilt die in Gleichung (2) ausgedrückte obere Grenze der Validität.

Diese Obergrenze läßt sich weiter präzisieren, wenn man annimmt, dass das Validitätskriterium dieselbe (oder keine höhere) Reliabilität hat wie der Test. In diesem Fall gilt

(4) $\mathrm{Korr}(\hat{\theta}, \hat{Y}) \leq \mathrm{Rel}(\hat{\theta})$, wenn $\mathrm{Rel}(\hat{Y}) \leq \mathrm{Rel}(\hat{\theta})$.

Die Kurzformel *'Die Validität kann nicht größer sein als die Reliabilität'* gilt also nur für den Fall, dass das Validitätskriterium auch keine höhere Reliabilität hat als der Test (was oft der Fall ist).

In Formel (4) gilt das Gleichheitszeichen, wenn die wahren Werte von Test und Validitätskriterium identisch sind:

(5) $\mathrm{Korr}(\hat{\theta}, \hat{Y}) = \mathrm{Rel}(\hat{\theta})$,

wenn $\theta = Y$ und $\mathrm{Rel}(\hat{Y}) = \mathrm{Rel}(\hat{\theta})$.

Diese Beziehung stellt die Grundlage dar für die Reliabilitätsberechnung im Rahmen der Messfehlertheorie (s. Kap. 6.3).

Bei einer Testentwicklung ist man oft daran interessiert zu berechnen, wie hoch denn die Validität des Tests wäre, wenn der Test reliabler wäre oder sich das Validitätskriterium reliabler erfassen ließe. Hier sind drei Fälle zu unterscheiden, nämlich die Korrelation des Messwertes $\hat{\theta}$ mit dem fehlerfreien Kriterium Y

(6) $$\mathrm{Korr}(\hat{\theta}, Y) = \frac{\mathrm{Korr}(\hat{\theta}, \hat{Y})}{\sqrt{\mathrm{Rel}(\hat{Y})}} ,$$

die Korrelation des wahren Messwertes θ mit dem fehlerbehafteten Kriterium $\hat{Y}$

(7) $$\mathrm{Korr}(\theta, \hat{Y}) = \frac{\mathrm{Korr}(\hat{\theta}, \hat{Y})}{\sqrt{\mathrm{Rel}(\hat{\theta})}}$$

und schließlich die Korrelation, wenn beide Messwerte fehlerfrei wären,

(8) $$\mathrm{Korr}(\theta, Y) = \frac{\mathrm{Korr}(\hat{\theta}, \hat{Y})}{\sqrt{\mathrm{Rel}(\hat{\theta}) \cdot \mathrm{Rel}(\hat{Y})}} .$$

Diese Formeln heißen *Verdünnungsformeln* (engl.: attenuation formulae), da sie zeigen, wie die empirisch ermittelten Validitäten durch die Messfehler von Test und Kriterium 'verdünnt' also 'verwässert' oder 'verkleinert' werden. Umgekehrt spricht man von einer *Aufwertung* oder *Minderungskorrektur* empirisch ermittelter Korrelationen, wenn man sie um den Messfehler der beteiligten Variablen bereinigt.

Ableitung

Die Verdünnungsformeln gehen bereits auf den Intelligenzforscher Spearman (1904) zurück, der diese Formeln ableitete und zur Stützung seiner Intelligenztheorie benützte, lange bevor die Messfehlertheorie als sog. klassische Testtheorie axiomatisiert wurde. Trotzdem sind die bisher behandelten Gesetzmäßigkeiten der allgemeinen Messfehlertheorie für die Ableitung dieser Formeln hilfreich. Zunächst benötigt man die Tatsache, dass die Kovarianzen (im Gegensatz zu den Korrelationen) *nicht* vom Messfehler beeinflußt sind, d.h. es gilt

$$(9)\quad \mathrm{Cov}\left(\hat{\theta},\hat{Y}\right)=\mathrm{Cov}\left(\hat{\theta},Y\right)=\mathrm{Cov}\left(\theta,\hat{Y}\right)=\mathrm{Cov}\left(\theta,Y\right).$$

Gleichung (9) ergibt sich aus der Additivität der Kovarianz für zusammengesetzte Werte

$$\mathrm{Cov}\left(\hat{\theta},\hat{Y}\right)=$$
$$\mathrm{Cov}\left(\theta,Y\right)+\mathrm{Cov}\left(\theta,E_y\right)+\mathrm{Cov}\left(E_\theta,Y\right)+\mathrm{Cov}\left(E_\theta,E_y\right)$$

und der Tatsache, dass die letzten drei Summanden wegen der Axiome II und IV der Messfehlertheorie (s. Kap. 2.1.2) gleich Null sind.

Unter Heranziehung der Definition des Korrelationskoeffizienten und der Reliabilität läßt sich Gleichung (8) folgendermaßen auflösen:

$$\mathrm{Korr}\left(\theta,Y\right)=\frac{\mathrm{Korr}\left(\hat{\theta},\hat{Y}\right)}{\sqrt{\mathrm{Rel}\left(\hat{\theta}\right)\cdot\mathrm{Rel}\left(\hat{Y}\right)}}$$

$$=\frac{\mathrm{Cov}\left(\hat{\theta}.\hat{Y}\right)}{\sqrt{\mathrm{Var}\left(\hat{\theta}\right)\cdot\mathrm{Var}\left(\hat{Y}\right)}\sqrt{\frac{\mathrm{Var}\left(\theta\right)}{\mathrm{Var}\left(\hat{\theta}\right)}\cdot\frac{\mathrm{Var}\left(Y\right)}{\mathrm{Var}\left(\hat{Y}\right)}}}$$

$$=\frac{\mathrm{Cov}\left(\hat{\theta},\hat{Y}\right)}{\sqrt{\mathrm{Var}\left(\theta\right)\cdot\mathrm{Var}\left(Y\right)}},$$

was wegen Gleichung (9) tatsächlich der Definition der Korrelation der wahren Werte entspricht. Die Gleichungen (6) und (7) lassen sich nach demselben Muster beweisen.

Die Effekte dieser Minderungskorrektur sind umso stärker, je weniger reliabel der Test oder das Validitätskriterium erfaßt wurde.

Die folgende Tabelle vermittelt einen Eindruck von der Stärke des Korrektureffektes:

		$\mathrm{Rel}\left(\hat{\theta}\right)$		
		.7	.8	.9
	.5	.60	.56	.53
	.6	.72	.67	.63
$\mathrm{Korr}\left(\hat{\theta},\hat{Y}\right)$	.7	.84	.78	.74
	.8	.96	.89	.84
	.9	–	–	.94

Das Innere der Tabelle gibt die nach Formel (7) aufgewertete Validität des Tests wieder, wenn dessen Messwerte fehlerfrei wären. Die beiden freien Plätze der Tabelle stellen Fälle dar, die nach Gleichung (2) nicht vorkommen können, da hier die Validität des Tests höher ist als die Wurzel aus seiner Reliabilität.

Anhand der Verdünnungsformeln läßt sich einerseits abschätzen, ob es sich lohnt, die Validität eines Tests über eine Erhöhung seiner Reliabilität zu optimieren. Andererseits macht es oft auch Sinn, Validitätsangaben gleich um den Messfehler des *Validitätskriteriums* zu bereinigen, denn die Unreliabilität eines Validierungskriteriums soll ja nicht zu Lasten eines Gütekriteriums *des Tests* gehen. Angaben über die *faktorielle Validität* eines Tests (s.o) sind in der Regel schon fehlerbereinigt (und somit höher), da eine Ladungszahl die Korrelation mit einer *latenten* Variable angibt und nicht mit einem Messwert.

6.4.3 Das Reliabilitäts-Validitäts-Dilemma

In diesem Kapitel geht es um die Frage, ob eine gleichzeitige Optimierung von Validität und Reliabilität überhaupt möglich ist, oder ob eine Validitätssteigerung durch Reliabilitätserhöhung nicht einen Widerspruch in sich birgt. Ein solcher Widerspruch wird in der weit verbreiteten Kritik an psychologischen Tests behauptet. Die Kritik besagt, dass ein zu starkes Augenmerk auf die Steigerung der Messgenauigkeit bei der Testentwicklung letztlich dazu führt, dass der Test etwas völlig Irrelevantes mißt - das allerdings sehr präzise.

Tatsächlich läßt sich im Rahmen der allgemeinen Messfehlertheorie ein solcher Widerspruch formal ableiten. Hierfür muß man die Axiome der Messfehlertheorie (vgl. Kap. 2.1.2) auf die Bestandteile eines Tests, also die Items anwenden. Das bedeutet, dass die Itemantworten X_{vi} selbst als fehlerbehaftete Messwerte betrachtet werden. Diese Annahme ist für dichotome Antwortvariablen problematisch (s. Kap. 3.1.1.2.1) aber zum Zwecke der Beweisführung kann man sich auch metrische Antwortvariablen vorstellen oder die Summenscores von *Itembündeln*, d.h. von kleinen Gruppen dichotomer Items. Diese Messwertvariablen werden mit X_i bezeichnet, ihr Summenscore $X = \sum_i X_i$ stellt das Testergebnis, also die Messwertvariable des Gesamttests dar, und Y ist ein externes Validitätskriterium.

Anmerkung

Das ^ über X und Y zur Unterscheidung von fehlerbehafteten und wahren Werten wird in diesem Kapitel weggelassen, da es sich *stets* um fehlerbehaftete Messwerte handelt.

Die *Validität eines einzelnen Items* läßt sich über seine Korrelation mit dem Kriterium definieren,

$$\mathrm{Val}(X_i) = \mathrm{Korr}(X_i, Y),$$

und seine Reliabilität ist eine monotone Funktion der Korrelation mit dem Gesamt Messwert X, also der Trennschärfe des Items:

$$\mathrm{Rel}(X_i) \approx \mathrm{Korr}(X_i, X).$$

Diese Beziehung zwischen der Reliabilität eines Items und seiner Trennschärfe ergibt sich aus der Tatsache, dass im Rahmen der allgemeinen Messfehlertheorie die Reliabilität eines Tests gleich der Korrelation des Tests mit einem anderen Test ist, welcher dieselbe Personenvariable mit gleicher Messgenauigkeit misst (sog. *Paralleltest* vgl. (5) in Kap. 6.3.1). Da jedes Item und der Gesamtscore zwar dieselbe Personenvariable erfassen, dies aber mit ungleicher Genauigkeit tun (der Gesamtscore ist wesentlich genauer), entsprechen Reliabilität und Trennschärfe nicht einander, stehen aber in einer engen Beziehung zueinander.

Aus Gleichung (8) des vorangehenden Kapitels läßt sich ableiten, dass die Korrelation zweier Messwerte X_i und X, die dieselbe Variable messen, gleich der Wurzel aus dem Produkt beider Reliabilitäten ist

$$(1) \quad \mathrm{Korr}(X_i, X) = \sqrt{\mathrm{Rel}(X_i) \cdot \mathrm{Rel}(X)}.$$

Die Auflösung der Gleichung nach der Itemreliabilität

$$\mathrm{Rel}(X_i) = \frac{\mathrm{Korr}(X_i, X)^2}{\mathrm{Rel}(X)}$$

zeigt, dass die Reliabilität eines Items stets kleiner ist als seine Trennschärfe. Sie könnte nur dann größer werden, wenn die Reliabilität des Gesamttests *kleiner* wäre als die Trennschärfe. Dieser Fall ist aber nach den Voraussetzungen nicht möglich.

Nach diesen Feststellungen über die Validität und Reliabilität eines *Items* wird im folgenden eine Gleichung abgeleitet, die das widersprüchliche Verhältnis von Reliabilität und Validität deutlich macht.

Die Validität des Gesamttests läßt sich folgendermaßen zerlegen:

$$(2)\ \mathrm{Korr}(X, Y) = \frac{\mathrm{Cov}(X, Y)}{\sqrt{\mathrm{Var}(X) \cdot \mathrm{Var}(Y)}}$$

$$= \frac{\mathrm{Cov}\left(\sum_i X_i, Y\right)}{\sqrt{\mathrm{Cov}\left(\sum_i X_i, X\right) \cdot \mathrm{Var}(Y)}}.$$

Hier wurde im Nenner die Varianz von X durch die Kovarianz von X mit sich selbst ersetzt (was algebraisch identisch ist) und im Zähler wie im Nenner wurde jeweils eine X-Variable durch die Summe der Itemvariablen ersetzt. Da die Kovarianz einer Summe von Variablen gleich der Summe der Kovarianzen ist (vgl. den Kasten in Kapitel 6.4.2) läßt sich die Validität weiter umwandeln in:

$$(3)\ \frac{\sum_{i=1}^{k} \mathrm{Cov}(X_i, Y)}{\sqrt{\sum_{i=1}^{k} \mathrm{Cov}(X_i, X) \cdot \mathrm{Var}(Y)}}$$

$$= \frac{\sum_{i=1}^{k} \mathrm{Cov}(X_i, Y) \cdot \sqrt{\mathrm{Var}(X)}}{\sum_{i=1}^{k} \mathrm{Cov}(X_i, X) \cdot \sqrt{\mathrm{Var}(Y)}},$$

nach Erweiterung des Bruches um $\sqrt{\mathrm{Var}(X)}$. Ersetzt man die Kovarianzen durch die Korrelationen, multipliziert mit der Wurzel aus den Varianzen, so ergibt sich

$$(4)\ \mathrm{Korr}(X, Y)$$

$$= \frac{\sqrt{\mathrm{Var}(X)} \sum_{i=1}^{k} \mathrm{Korr}(X_i, Y) \sqrt{\mathrm{Var}(X_i)} \sqrt{\mathrm{Var}(Y)}}{\sqrt{\mathrm{Var}(Y)} \sum_{i=1}^{k} \mathrm{Korr}(X_i, Y) \sqrt{\mathrm{Var}(X_i)} \sqrt{\mathrm{Var}(X)}}$$

$$= \frac{\sum_{i=1}^{k} \mathrm{Korr}(X_i, Y) \sqrt{\mathrm{Var}(X_i)}}{\sum_{i=1}^{k} \mathrm{Korr}(X_i, X) \sqrt{\mathrm{Var}(X_i)}}.$$

Dies ist die gesuchte Gleichung für die Validität des Gesamttests, in der im Zähler die Item-Validitäten und im Nenner die Item-Reliabilitäten (genauer: Trennschärfen) stehen. Die Gleichung besagt, dass die Validität des Gesamttests *sinkt*, wenn die Trennschärfen der Items (und somit die Testreliabilität) *steigen* (bei konstanten Item-Validitäten). Die in der Gleichung ausgedrückte Beziehung wird als das *Reliabilitäts-Validitäts-Dilemma* (der klassischen Testtheorie) bezeichnet.

Es läßt sich gut darüber spekulieren, ob die Annahmen unter denen Gleichung (4) zu einem Dilemma führt, wirklich realistisch sind. So ist es fraglich, ob eine Vergrößerung des Nenners (der Trennschärfen) möglich ist, *ohne* auch den Zähler (die Item-Validitäten) zu erhöhen: Ersetzt man nämlich ein trennschwaches Item bei der Testentwicklung durch ein trennschärferes, so dürfte dieses Item nach allem, was in Kapitel 6.4.2 gesagt wurde, auch eine höhere Validität besitzen. Die durch Gleichung (4) beschriebene Validität des Gesamttests senkt sich in diesem Fall *nicht*. Gleichung (4) beschreibt nur dann ein Dilemma, wenn man davon ausgeht, dass sich Trennschärfen und Item-Validitäten unabhängig voneinander variieren lassen.

Trotzdem stellt sich die Frage, ob sich das spannungsreiche (wenn schon nicht widersprüchliche) Verhältnis zwischen Reliabilität und Validität auch dann zeigt, wenn man nicht die allgemeine Messfehlertheorie, sondern eines der in Kapitel 3 beschriebenen Testmodelle auf die Itemantworten anwendet. Leider gibt es hierzu keine vergleichbare Formel, anhand derer sich das Verhältnis analysieren ließe.

Dass eine Itemauswahl, die sich ausschließlich an der Verringerung des Messfehlers und der Erhöhung der internen Validität (Modellgeltung) orientiert, zu einer *Homogenisierung* der Testitems führt, gilt wohl für jedes quantitative Testmodell. Items, die einen etwas anderen Aspekt der zu messenden Variable ansprechen, als der Rest der Items, laufen am ehesten Gefahr, eine schlechte Modellanpassung (Itemfit, vgl. Kap. 6.2) zu zeigen und bei der Testentwicklung herauszufallen. Das führt dazu, dass die verbleibenden Items einander immer ähnlicher, also *homogener* werden.

Will man andererseits ein lebensnahes Kriterium wie 'den Studienerfolg' oder 'das Auftreten psychischer Störungen' mit einem Test vorhersagen, so korreliert ein Testergebnis, das *sehr viele* Bedingungen des derart komplexen Kriteriums abdeckt, *höher* mit der Kriteriumsvariable. Für die externe Validität kann also *Heterogenität* der Testitems förderlich sein. So besehen gibt es auch hier ein 'Reliablilitäts-Validitäts-Dilemma'.

Dieses Dilemma ist jedoch kein Schwachpunkt irgendeiner Testtheorie, es ist überhaupt kein Problem der Testtheorie. Es entsteht erst dadurch, dass man die Konstruktion von intern validen Messwerten *nicht* von der Frage trennt, mit welchen anderen Variablen diese Messwerte korrelieren. Natürlich soll ein Testergebnis auch zur Vorhersage komplexer Kriterien brauchbar sein, aber *in Kombination* mit anderen Variablen, um der Komplexität des Kriteriums gerecht zu werden. Die notwendige *Heterogenität* von Variablen zur Vorhersage eines komplexen Kriteriums *innerhalb* eines Tests und eines Messwertes anzusiedeln, heißt, auf die sonstigen Qualitäten des Tests zu verzichten.

Literatur

Methoden und Probleme der Validitätsberechnung behandeln z.B. Lienert & Raatz (1994). Die Berechnung η^2 und des Kontingenzkoeffizienten findet sich in Bortz (1977). Die Verdünnungsformeln werden ausführlich von Lord & Norick (1968) behandelt und das Reliabilitäts-Validitäts-Dilemma diskutiert Loevinger (1954). Fragen der Validierung von Tests werden in vielen Lehrbüchern der psychologischen Diagnostik ausführlich behandelt.

6.5 Die Normierung von Tests

In Kapitel 2.1.4 wurde der Unterschied zwischen einer normorientierten und einer kriteriumsorientierten Testauswertung dargestellt. Das Konzept des *kriteriumsorientierten* Testens ist theoretisch sehr attraktiv, da es darauf abzielt, die Person nicht mit einem statistischen Populationsmittelwert zu vergleichen, sondern mit einem inhaltlich-psychologisch gesetzten Kriterium. Trotzdem arbeitet man in der Testpraxis meistens *normorientiert*, da es sehr informativ ist zu wissen, welche Position eine Person innerhalb ihrer Referenzpopulation einnimmt.

Es stellt sich die Frage, ob die für ein quantitatives Testmodell geschätzten Parameter $\hat{\theta}$ oder die anhand eines klassifizierenden Modells geschätzten Klassenzugehörigkeiten *per se* schon kriteriumsorientierte oder normorientierte Messwerte darstellen, wenn man die zur Datenanalyse herangezogene Personenstichprobe als *repräsentativ* für eine Referenzpopulation betrachtet. Für beide Möglichkeiten gibt es Argumente.

Zunächst zu den Parametern *quantitativer* Modelle. Diese unterliegen bereits gewissen *Normierungsbedingungen*, die in Kapitel 3 jeweils mit dargestellt wurden. Die Normierungsbedingung des dichotomen Rasch-Modells lautet z.B., dass die Summe der *Itemschwierigkeiten* während der Parameterschätzung gleich Null gesetzt wird. Das führt dazu, dass eine einzelne Itemschwierigkeit nichts aussagt, sondern nur ein Vergleich mit anderen Itemparametern.

Mit der Normierung der Itemparameter sind auch die *Personenparameter* festgelegt, jedoch *nicht* so, dass auch ihre Summe gleich Null wäre. Ist der Test zu leicht, so liegt der Mittelwert aller Personenparameter deutlich über Null (die Personen sind also sehr 'fähig'). Ist der Test zu schwer, liegt der Mittelwert unter Null. Ein Messwert von $\hat{\theta} = 0.0$ besagt, dass die Person die Items dieses Tests im Mittel mit der Wahrscheinlichkeit $p = 0.5$ löst.

Insofern machen die Personenparameter hier eine *kriteriumsorientierte* Aussage, nämlich darüber, wo die Personen hinsichtlich des durch die Itemauswahl gesetzten Kriteriums stehen.

Stellen die in einem Test zusammengefaßten Items das Kriterium dar, an dem die Personen gemessen werden sollen, so ermöglicht die übliche Summennormierung der Items eine kriteriumsorientierte Interpretation der Personenparameter.

Andererseits wird bei Rasch-Modellen oft hervorgehoben, dass die Testergebnisse *unabhängig* davon sind, ob der Test eher leichte oder eher schwere Items umfaßt. Diese Aussage bezieht sich auf den Fall, dass die *Personenparameter* für sich genommen normiert werden, also z.B. auch auf 'Summe gleich Null'. Tatsächlich sind dann die Schätzungen der Personenparameter in ihrer Höhe (nicht in ihrer Messgenauigkeit, vgl. Kap. 6.1) von der Schwierigkeit der Items *unabhängig*.

Normiert man die Modellparameter in dieser Weise, so machen die Personenparameter eine *normorientierte* Aussage, nämlich darüber, wo die Personen hinsichtlich des Populationsmittelwertes stehen.

Die Personenparameter des Rasch-Modells kann man normorientiert interpretieren, wenn man statt der Summe der Itemparameter die Summe der Personenparameter gleich Null setzt.

Datenbeispiel

Werden die Parameter des dichotomen Rasch-Modells für die KFT-Daten (vgl. Kap. 3.1) wie üblich normiert, d.h. so, dass die *Summe der Itemparameter* gleich Null ist, erhält eine Person, die 3 der 5 Items gelöst hat, einen Messwert von $\hat{\theta} = 0.42$. Dieser Messwert ist kriteriumsorientiert zu interpretieren und besagt, dass die Person die Aufgaben im Durchschnitt mit einer Wahrscheinlichkeit von 0,5 löst. Über die Leistung der Person relativ zu anderen Personen sagt dieser Wert zunächst nichts aus.

Normiert man statt der Itemparameter die *Personenparameter*, so liegt der Mittelwert aller Personenparameter bei $\bar{\theta} = 0.0$ und dieselbe Person erhält den Messwert $\hat{\theta} = 0.55$. Dieser Messwert ist normorientiert zu interpretieren, denn er besagt, dass die Person 0.55 Einheiten auf der logistischen Skala oberhalb des Populationsmittelwertes liegt. Darüber, wie leicht es der Person fällt, die Aufgaben zu lösen, sagt der Messwert nichts aus.

Die Normierung der Personenparameter kann man auch *nachträglich* vornehmen, indem man den Mittelwert $\bar{\theta}$ aller Personenparameter bei der üblichen (Item-) Normierung berechnet und ihn von allen Messwerten abzieht:

(1) $\hat{\theta}_{norm} = \hat{\theta}_{krit} - \bar{\theta}$.

Der Mittelwert beträgt im Datenbeispiel $\bar{\theta} = -0.13$, so dass sich aus dem kriteriumsorientierten Messwert $\hat{\theta}_{krit} = 0.42$ der normorientierte Wert $\hat{\theta}_{norm} = 0.55$ ergibt.

Obwohl der so definierte, normorientierte Messwert eine Aussage über die *Richtung* und das *Ausmaß* der Abweichung vom Populationsmittelwert macht, ist das *Ausmaß* der Abweichung selbst nicht *normorientiert* interpretierbar. Eine Abweichung von 0.55 Einheiten vom Mittelwert läßt sich eindeutig in eine Differenz von Lösungswahrscheinlichkeiten umrechnen: löst eine 'mittlere' Person ein Item mit

$$p = \exp(0)/(1+\exp(0)) = 0.5,$$

so löst es eine Person mit $\hat{\theta} = 0.55$ mit der Wahrscheinlichkeit

$$p = \exp(0.55)/(1+\exp(0.55)) = 0.63.$$

Wie viele Personen aber eine vergleichbare Abweichung nach oben haben, wird mit diesem Messwert nicht ausgedrückt.

Um auch der Abweichung vom Mittelwert eine normorientierte Interpretation zu verleihen, wird diese Abweichung *in Einheiten der Standardabweichung* der Messwerte ausgedrückt. Hierfür dividiert man die nach (1) berechneten Mittelwertsabweichungen durch die Standardabweichung der Messwerte (d.i. die Wurzel aus der Varianz):

(2) $$\hat{\theta}_{norm} = \frac{\hat{\theta}_{krit} - \bar{\theta}}{\sqrt{Var(\hat{\theta})}}.$$

Datenbeispiel:

Im Datenbeispiel beträgt die Standardabweichung der Messwerte

$$\sqrt{Var(\hat{\theta})} = 1.77$$

so dass sich für denMesswert $\hat{\theta} = 0.42$ die folgende Transformation ergibt

$$\hat{\theta}_{norm} = \frac{0.42 + 0.13}{1.77} = 0.31.$$

Die folgende Tabelle gibt eine Übersicht über die Umrechnungsschritte aller Personenparameter des Datenbeispiels:

r	n_r	$\hat{\theta}_r$	$\hat{\theta}_r - \overline{\theta}$	$(\hat{\theta}_r - \overline{\theta}) / \sqrt{Var(\hat{\theta})}$
0	58	−2.77	−2.64	−1.49
1	48	−1.33	−1.20	−0.68
2	46	−0.41	−0.28	−0.15
3	50	+0.42	+0.55	0.31
4	60	1.33	+1.46	0.82
5	38	2.75	2.48	1.63

Sofern die *Scoreverteilung* einer Normalverteilung einigermaßen ähnlich sieht (was in unserem Datenbeispiel *nicht* der Fall ist) sind die nach Gleichung (2) transformierten, normorientierten Messwerte wie standardnormalverteilte, sog. Z-Werte zu interpretieren (vgl. Kap. 6.1.1). So besagt z.B. ein normorientierter Messwert von $\hat{\theta}_{norm} = +1.0$, dass 50+34=84% der Personen in der Referenzpopulation *unterhalb* dieses Messwertes liegen (vgl. Abb. 152 in Kap. 6.1.1). Über diese zusätzliche Standardisierung ist auch die *Abweichung* vom Mittelwert normorientiert interpretierbar.

Natürlich kann die Normierung der Messwerte auch getrennt für bestimmte Teilpopulationen vorgenommen werden, z.B. für Männer und Frauen, bestimmte Berufsgruppen oder Altersgruppen. In diesem Fall ist in Gleichung (2) lediglich der Mittelwert und die Standardabweichung der entsprechenden Teilpopulation einzusetzen.

Bei der Interpretation *klassifizierender* Testmodelle ist die Unterscheidung zwischen normorientierter und kriteriumsorientierter Auswertung nicht üblich aber möglich. Die Berechnung der Klassenzugehörigkeit einer Person ist insofern schon *normorientiert*, als die Klassengrößenparameter π_g und somit die Verteilung der latenten Variable in der Referenzpopulation mit in die Berechnung eingeht.

In Kapitel 3.1.2.2 wurde die bedingte Klassenwahrscheinlichkeit $p(g|\underline{x})$ folgendermaßen definiert (vgl. Gleichung (11) in Kap. 3.1.2.2):

$$(3) \qquad p(g|\underline{x}) = \frac{\pi_g \, p(\underline{x}|g)}{\sum_{h=1}^{G} \pi_h \, p(\underline{x}|h)} .$$

In dieser Gleichung sind die Klassengrößen π_g als Gewichtungsfaktor für eine Klassenzugehörigkeit enthalten, so dass eine Person mit dem Pattern $\underline{x}$ eine *höhere* Wahrscheinlichkeit für Klasse g erhält, wenn diese Klasse in der Population stark vertreten ist, also π_g groß ist. Insofern ist das Testergebnis nicht allein von den Testitems *als Kriterium* abhängig, sondern auch von der Verteilung der Personenvariable in der (Norm-)Population.

Zu der normorientierten Interpretation der Klassenzugehörigkeiten gehört auch, dass man die Klassengrößen π_g mit angibt und zur Interpretation heranzieht. Die Aussage, dass eine Person zu Klasse 3 gehört, ist anders zu bewerten, wenn die Klassengröße $\pi_3 = 0.05$ beträgt als wenn sie $\pi_3 = 0.65$ beträgt.

Eine *kriteriumsorientierte* Interpretation von klassifizierenden Testergebnissen ist jedoch auch möglich. In diesem Fall bleiben die Klassengrößen in der Referenzpopulation unberücksichtigt und zwar bereits bei der Berechnung der bedingten Klassenwahrscheinlichkeiten:

$$(4) \qquad p(g|\underline{x}) = \frac{p(\underline{x}|g)}{\sum_{h=1}^{G} p(\underline{x}|h)} .$$

Hier ist der Messwert, also die Klassenzugehörigkeit allein an den Itemantworten als Kriterium orientiert und unabhängig davon, welche Messergebnisse *andere* Personen erhalten haben.

Literatur

Auf Fragen der Testnormierung oder -eichung gehen z.B. Lienert & Raatz (1994) ein. Als Grundlage kriteriumsorientierten Testens behandelt Klauer (1983, 1987) vor allem das Binomialmodell und seine Verallgemeinerungen, Hilke (1980) das Rasch-Modell und Hambleton et al. (1978) die item-response Modelle.

Literaturverzeichnis

Adams, R. Wilson, M. & Wang, W.C. (1997). The multidimensional random coefficients multinomial logit model. *Applied Psychological Measurement, 21,* 1, 1-23.

Aitkin, M., Anderson, D., Hinde, J. (1981). Statistical modelling of data on teaching styles. *Journal of the Royal Statistical Society A, 144,* 419-461.

Allesch, C.G. (1991). Über die Vorteile der Nachteile projektiver Techniken. *Diagnostica, 37,* 1, 93-96.

Amelang, M. & Zielinski, W. (1994). *Psychologische Diagnostik und Intervention.* Berlin: Springer-Verlag.

Amthauer, R. (1970). *Intelligenzstrukturtest IST-70.* Göttingen: Hogrefe.

Andersen, E.B. (1973a). Conditional inference for multiple-choice questionnaires. *British Journal of Mathematical and Statistical Psychology, 26,* 31-44.

Andersen, E.B. (1973b). A goodness of fit test for the Rasch model. *Psychometrika, 38,* 1, 123-140.

Andersen, E.B. (1974). Das mehrkategorielle logistische Testmodell. In W.F. Kempf (Hrsg.), *Probabilistische Modelle in der Sozialpsychologie.* Bern: Huber.

Andersen, E.B. (1977). Sufficient statistics and latent trait models. *Psychometrika, 42,* 1, 69-81.

Andersen, E.B. (1982). Latent structure analysis - A survey. *Scandinavian Journal of Statistics, 9,* 1-12.

Andersen, E.B. (1995). Residual analysis in the polytomous Rasch model. *Psychometrika, 60,* 3, 375-393.

Andrich, D. (1978a). Application of a psychometric rating model to ordered categories which are scored with successive integers. *Applied Psychological Measurement, 2,* 581-594.

Andrich, D. (1978b). Scaling attitude items constructed and scored in the Likert tradition. *Educational and Psychological Measurement, 38,* 665-680.

Andrich, D. (1978c). A binomial latent trait model for the study of Likert-style attitude questionnaires. *British Journal of Mathematical and Statistical Psychology, 31,* 84-98.

Andrich, D. (1982). An extension of the Rasch model for ratings providing both location and dispersion parameters. *Psychometrika, 47,* 1, 105-113.

Andrich, D. (1988a). The application of an unfolding model of the PIRT type to the measurement of attitude. *Applied Psychological Measurement, 12,* 33-51.

Andrich, D. (1988b). *Rasch models for measurement.* London: Sage.

Andrich, D. (1991). Review of latent trait and latent class models by R. Langeheine & J. Rost. New York and London: 1988. *Psychometrika, 56,* 1, 155-168.

Andrich, D. (1995a). Hyperbolic cosine latent trait models for unfolding direct responses and pairwise preferences. *Applied Psychological Measurement, 19,* 3, 269-290.

Andrich, D. (1995b). Models for measurement, precision, and the nondichotomization of graded responses. *Psychometrika, 60,* 1, 7-26.

Andrich, D. (1995c). Further remarks on nondichotomization of graded responses. *Psychometrika, 60,* 1, 37-46.

Andrich, D. (1996). A hyperbolic cosine latent trait model for unfolding polytomous responses: Reconciling Thurstone and Likert methodologies. *Bristish Journal of Mathematical and Statistical Psychology, 49,* 347-365.

Andrich, D. & Kline, P. (1981). Within and among population item fit with the simple logistic model. *Educational and Psychological Measurement, 41,* 35-48.

Andrich, D. & Luo, G. (1993). A hyperbolic cosine latent trait model for unfolding dichotomous single-stimulus responses. *Applied Psychological Measurement, 17,* 253-276.

Angleitner, A. & Riemann, R. (1996). Selbstberichtdaten: Fragebogen, Erlebnisanalyse. In K. Pawlik (Hrsg.), *Grundlagen und Methoden der Differentiellen Psychologie.* Göttingen: Hogrefe.

Angleitner, A. & Wiggins, J.S. (1986). *Personality assessment via questionnaires.* Berlin: Springer.

Asendorpf, J. (1994). Zur Mehrdeutigkeit projektiver Testergebnisse: Motiv-Projektion oder Thema-Sensitivität? *Zeitschrift für Differentielle und Diagnostische Psychologie, 15,* 3, 155-165.

Asendorpf, J. (1999). *Psychologie der Persönlichkeit.* Berlin: Springer.

Asendorpf, J. & Wallbott, H.G. (1979). Maße der Beobachterübereinstimmung: Ein systematischer Vergleich. *Zeitschrift für Sozialpsychologie*, *10*, 243-252.

Backmund, V. (1993). *Aspekte der Paarbeziehung. Eine Analyse des Paarklimas in jungen Ehen*. München: Institut für Psychologie der Universität.

Baker, F.B (1992). *Item response theory. Parameter estimation techniques*. New York: Marcel Dekker.

Baker, F.B. (1993). Sensitivity of the linear logistic test model to misspecification of the weight matrix. *Applied Psychological Measurement*, *17*, 3, 201-210.

Baker, F.B. & Harwell, M.R. (1996). Computing elementary symmetric functions and their derivatives: A didactic. *Applied Psychological Measurement*, *20*, 2, 169-192.

Balzer, W. (1997). *Die Wissenschaft und ihre Methoden: Grundsätze der Wissenschaftstheorie*. Freiburg i. Br.: Alber.

Bartholomew, D.J. (1987). *Latent variable models and factor analysis*. London: Charles Griffin & Company LTD.

Bartholomew, D.J. & Tzamourani, P. (1999). The goodness of fit of latent trait models in attitude measurement. *Sociological Methods & Research*, *27*, 4, 525-546.

Baumert, J., Heyn, S., Köller, O. & Lehrke, M. (1992). *Naturwissenschaftliche und psychosoziale Bildungsprozesse im Jugendalter (BIJU) - Testdokumentation*. Kiel: IPN.

Becker, P. (1982). *Der Interaktions-Angstfragebogen (IAF)*. Weinheim: Beltz.

Bem, D. & Allen, A. (1974). On predicting some of the people some of the time: The search for cross situational consistency in behavior. *Psychological Review*, *81*, 506-520.

Bereiter, C. (1963). Some persisting dilemmas in the measurement of change. In C.W. Harris (ed.), *Problems in measuring change*. Madison: University of Wisconsin Pr.

Berg, I.A. (1967). *Response set in personality assessment*. Chicago: Aldine.

Bergan, J.R. & Stone, C.A. (1985). Latent class models for knowledge domains. *Psychological Bulletin*, *98*, 166-184.

Bickel, P.J. & Doksum, K.A. (1977). *Mathematical statistics: Basic ideas and selected topics*. Prentice Hall: Englewood Clifts.

Birnbaum, A. (1968). Some latent trait models and their use in inferring an examinee's ability. In F.M. Lord & M.R. Novick (eds.), *Statistical theories of mental test scores* (pp. 395-479). Reading/Mass.: Addison-Wesley.

Bishop, Y.M.M., Fienberg, S.E., Holland, P.W. (1975). *Discrete multivariate analysis: Theory and practice*. Cambridge, MA: MIT Press.

Bond, T.G. & Fox, C.M. (2001). *Applying the Rasch model: Fundamental measurement in the human sciences*. Mahwah, NJ: Erlbaum.

Boomsma, A., van Duijn, M.A.J. & Snijders, T.A.B. (2001). *Essays on item response theory*. New York: Springer.

Borg, I. (1996). Facettentheorie. In E. Erdfelder, R. Mausfeld, T. Meiser & G. Rudinger (Hrsg.), *Handbuch Quantitative Methoden*. Weinheim: Beltz.

Borg, I. & Schönemann, P.H. (1996). Skalierung. In E. Erdfelder, R. Mausfeld, T. Meiser & G. Rudinger (Hrsg.), *Handbuch Quantitative Methoden*. Weinheim: Psychologie Verlags Union.

Borg, I. & Staufenbiel, T. (1993, 2. Auflage). *Theorien und Methoden der Skalierung*. Bern: Huber.

Borkenau, P. & Ostendorf, F. (1991). Ein Fragebogen zur Erfassung fünf robuster Persönlichkeitsfaktoren. *Diagnostica*, *37*, 1, 29-41.

Borkenau, P. & Ostendorf, F. (1993). *NEO-Fünf-Faktoren Inventar nach Costa und McCrae. Handanweisung*. Göttingen: Hogrefe.

Bortz, J. (1999). *Statistik für Sozialwissenschaftler*. Berlin: Springer.

Bortz, J. & Döring, N. (1995). *Forschungsmethoden und Evaluation*. Berlin: Springer.

Bortz, J. & Döring, N. (2002). *Forschungsmethoden und Evaluation für Human- und Sozialwissenschaftler*. Berlin: Springer.

Bozdogan, H. (1987). Model selection for Akaike's information criterion (AIC). *Psychometrika*, *53*, 3, 345-370.

Buse, L. (1980). Kritik am Moderatorenansatz in der Akquieszenz-Forschung. *Psychologische Beiträge*, *22*, 119-127.

Carstensen, C.H. (2000). *Mehrdimensionale Testmodelle mit Anwendungen aus der pädagogisch-psychologischen Diagnostik*. Kiel: IPN.

Carstensen, C.H. & Rost, J. (2000). *MULTIRA: Ein Programmsystem für mehrdimensionale Rasch-Modelle*. Kiel: IPN.

Clogg, C.C. (1979). Some latent structure models for the analysis of Likert-type data. *Social Science Research*, *8*, 287-301.

Clogg, C.C. (1981). New developments in latent structure analysis. In D.J. Jackson & E.F. Borgatta (eds.), *Factor analysis and measurement in sociological research*. London: Sage.

Clogg, C.C. (1988). Latent class models for measuring. In R. Langeheine & J. Rost, *Latent trait and latent class models*. New York: Plenum.

Clogg, C.C. (1995). Latent class models: Recent developments and prospects for the future. In G. Arminger, C.C. Clogg & M.E. Sobel (eds.), *Handbook of statistical modeling in the social sciences* (pp. 311-359). New York: Plenum.

Clogg, C.C. & Goodman, L.A. (1985). Simultaneous latent structure analysis in several groups. In N.B. Tuma (ed.), *Sociological Methodology*. San Francisco: Jossey Bass.

Clogg, C.C. & Sawyer, D.O. (1981). A comparison of alternative models for analyzing the scalability of response patterns. In S. Leinhardt (ed.), *Sociological Methodology*. San Francisco: Jossey Bass.

Cohen, J. (1960). A coefficient of agreement for nominal scales. *Educational and Psychological Measurement*, *20*, 37-46.

Cohen, J. (1968). Weighted kappa: Nominal scale agreement with provision for scaled disagreement of partial credit. *Psychological Bulletin*, *70*, 213-220.

Cohen, J. (1988). *Statistical power analysis for the behavioral sciences*. New York: Erlbaum.

Collins, L.M., Schafer, J.L. & Kam, C.M. (2001). A comparison of inclusive and restrictive strategies in modern missing data procedures. *Psychological Methods*, *6,* 4, 330-351.

Colonius, H. (1977). On Keats' generalisation of the Rasch model. *Psychometrika*, *42,* 3, 443-445.

Coombs, C.H. (1950). Psychological scaling without a unit of measurement. *Psychological Review*, *57*, 145-158.

Coombs, C.H. (1964). *A theory of data*. New York: Wiley (2nd ed. 1976).

Coombs, C.H., Dawes, R. & Tversky, A. (1975). *Mathematische Psychologie*. Weinheim: Beltz.

Couch, A. & Keniston, K. (1960). Yeasayers and naysayers: Agreeing response set as a personality variable. *Journal of Abnormal and Social Psychology*, *60*, 150-174.

Cressie, N. & Holland, P.W. (1983). Characterizing the manifest probabilities of latent trait models. *Psychometrika*, *48*, 129-142.

Cronbach, L.J. & Furby, L. (1970). How we should measure "change" - or should we? *Psychological Bulletin*, *74,* 1, 68-80.

Croon, M. (1990). Latent class analysis with ordered latent classes. *British Journal of Mathematical und Statistical Psychology*, *43*, 171-192.

Croon, M. (1991). Investigating Mokken scalability of dichotomous items by means of ordinal latent class analysis. *British Journal of Mathematical and Statistical Psychology*, *44*, 315-331.

Davier v., M. (1996). *Methoden zur Prüfung probabilistischer Testmodelle*. Kiel: IPN.

Davier v., M. (1997). Bootstrapping goodness-of-fit statistics for sparse categorical data: results of a Monte Carlo study. *Methods of Psychological Research*, *2,* 2, www.mpr-online.de.

Davier v., M. (2000). *WINMIRA - A program system for analyses with the Rasch model, with the latent class analysis and with the mixed Rasch model. Progamma.*

Davier v., M. & Molenaar, I.W. (2003 in press). A person-fit index for polytomous Rasch models, latent class models, and their mixture generalizations. *Psychometrika*.

Davier v., M. & Rost, J. (1995). Polytomous mixed Rasch models. In G. Fischer & I. Molenaar (eds.), *Rasch models: Foundations, recent developments, and applications* (pp. 371-379). Berlin: Springer.

Davier v., M. & Rost, J. (1996). Die Erfassung transsituativer Copingstile durch Stimulus-Response Inventare. *Diagnostica*, *42,* 4, 313-331.

Davier v., M. & Rost, J. (1997). Self monitoring - A class variable? In J. Rost & R. Langeheine (eds.), *Applications of latent trait and latent class models in the social sciences*. Münster: Waxmann.

Dawes, R.M. (1977). *Grundlagen der Einstellungsmessung*. Weinheim: Beltz.

Dayton, C.M. (1999). *Latent class scaling analysis. Quantitative applications in the social sciences.* Beverly Hills: Sage Publications.

Dayton, C.M. & Macready, G.B. (1976). A probabilistic model for validation of behavioral hierarchies. *Psychometrika, 41*, 189-204.

Dayton, C.M. & Macready, G.B. (1980). A scaling model with response errors and intrinsically unscalable respondents. *Psychometrika, 45,* 3, 343-356.

Dayton, M. & Macready, G.B. (1988). Concomitant-variable latent class models. *Journal of the American Statiscal Association, 83*, 173-178.

de Gruijter, D.N.M. (1994). Comparison of the nonparametric Mokken model and parametric IRT models using latent class analysis. *Applied Psychological Measurement, 18,* 1, 27-34.

de Menezes, L.M. & Bartholomew, D.J. (1996). New developments in latent structure analysis applied to social attitudes. *Journal of the Royal Statistical Society Series A-Statistics in Society, 159,* Part 2, 213-224.

Deinzer, R., Steyer, R., Eid, M., Notz, P., Schwenkmezger, P., Ostendorf, F. & Neubauer, A. (1995). Situtional effects in trait assessment: the FPI, NEOFFI, and EPI questionnaires. *European Journal of Personality, 9*, 1-23.

Dejong-Gierveld & Kamphuis, F. (1985). The development of a Rasch-type loneliness scale. *Applied Psychological Measurement, 9,* 3, 289-299.

Dempster, A.P., Laird, N.M. & Rubin, D.B. (1977). Maximum likelihood estimation from incomplete data via the EM-algorithm. *Journal of the Royal Statistical Society, 39*, 1-22.

Dillon, W.R. & Mulani, N. (1984). A probabilistic latent class model for assessing inter-judge reliability. *Multivariate Behavioral Research, 19*, 438-458.

Downing, S.M. & Haladyna T.M. (1997). Test item development: Validity evidence from quality assurance procedures. *Applied Measurement in Education , 10,* 1, 61-82.

Drasgow, F., Levine, M.V. & McLaughlin, M.E. (1987). Detecting inappropriate test scores with optimal and practical appropriateness indices. *Applied Psychological Measurement, 11*, 59-79.

Dubois, B. & Burns, J.A. (1975). An analysis of the meaning of the question mark response category in attitude scales. *Educational and Psychological Measurement, 35*, 869-884.

Edwards, A.L. (1957). *The social desirability variable in personality assessment research.* New York : Dryden.

Efron, B. & Tibshirani, R.J. (1993). *An introduction to the bootstrap.* New York: Chapman & Hall.

Eggert, D. (1974). *Eysenck-Persönlichkeits-Inventar (EPI).* Göttingen: Hogrefe.

Eid, M. (1995). *Modelle der Messung von Personen in Situationen.* Weinheim: Beltz - Psychologie Verlags Union.

Eid, M. (1997). Happiness and satisfaction: An application of a latent state-trait model for ordinal variables . In J. Rost & R. Langeheine (eds.), *Applications of latent trait and latent models in the social sciences.* Münster: Waxmann.

Eid, M. (2000). Neuere testtheoretische Modelle der Veränderungsmessung. In W. Maier, R.R. Engel, H.J. Möller & M. Linz (Hrsg.), *Methodik von Verlaufs- und Therapiestudien in Psychiatrie und Psychotherapie.* Göttingen: Hogrefe.

Eid, M. & Hoffmann, L. (1998). Measuring variability and change with an item response model for polytomous variables. *Journal of Educational and Behavioral Statistics, 23,* 3, 193-215.

Eid, M. & Rauber, M. (2000). Detecting measurement invariance in organizational surveys. *European Journal of psychological assessment, 16,* 1, 20-30.

Eid, M. Steyer, R. & Schwenkmezger, P. (1996b). A latent state-trait model for variables with ordered response categories and its application to the analysis of variability sensitivity of mood items. *Diagnostica, 42,* 4, 293-312.

Eid, M., Emmermann, A. & Schwenkmezger, P. (1996a). Are the experience and expression of anger universal constructs? Results of the analysis of the state-trait anger expression inventory with logistic mixture distribution models. *Diagnostica, 43,* 1, 3-26.

Eid, M., Langeheine, R. & Diener, E. (2003). Comparing typological structures across cultures by multigroup latent class analysis-a primer. *Journal of Cross-Cultural Psychology, 34,* 2, 195-210.

Embretson, S.E. (1985). *Test design: Developments in psychology and psychometrics.* New York: Academic Press.

Embretson, S.E. (1991). A multidimensional latent trait model for measuring learning and change. *Psychometrika, 56,* 3, 495-515.

Embretson, S.E. (1995). A measurement model for linking individual learning to processes and knowledge - Application to mathematical reasoning. *Journal of Educational Measurement, 32,* 3, 277-294.

Embretson, S.E. (1996b). Cognitive design principles and the succesful performer: A study on spatial ability. *Journal of Educational Measurement, 33,* 1, 29-39.

Embretson, S.E. (1996a). The new rules of measurement. *Psychological Assessment, 8,* 4, 341-349.

Embretson, S.E. (1998). A cognitive design system approach to generating valid tests: Application to abstract reasoning . *Psychological Methods, 3,* 3, 380-396.

Embretson, S.E. (2000). Multidimensional measurement from dynamic tests: Abstract reasoning under stress. *Multivariate Behavioral Research, 35 4 505-542.*

Embretson, S.E. (2002). Generating abstract reasoning items with cognitive theory. In S.H. Irvine & P.C. Kyllonen (eds.), *Item generation for test development*. New Jersey: Lawrence Erlbaum Associates.

Embretson, S.E. & Reise, S. (2000). *Item response theory for psychologists*. Erlbaum: Erlbaum Publishers.

Esser, H. (1977). Response set - Methodische Problematik und soziologische Interpretation. *Zeitschrift für Soziologie, 6,* 3, 253-263.

Eulefeld, G., Bolscho, D., Rode, H., Rost, J. & Seybold, H. (1993). *Entwicklung der Praxis schulischer Umwelterziehung in Deutschland* . Kiel: IPN-Schriftenreihe 138.

Fagot, R.F. (1991). Reliability of ratings for multiple judges: Intraclass correlation and metric scales. *Applied Psychological Measurement, 15,* 1-11.

Fischer, G.H. (1972). A measurement model for the effect of mass-media. *Acta Psychologica, 36,* 207-220.

Fischer, G.H. (1973). The linear logistic test model as an instrument in educational research. *Acta Psychologica, 37,* 359-374.

Fischer, G.H. (1974a). *Einführung in die Theorie psychologischer Tests*. Bern: Huber.

Fischer, G.H. (1974b). Lineare logistische Modelle zur Beschreibung von Einstellungs- und Verhaltensänderungen unter dem Einfluß von Massenkommunikation. In W.F.Kempf (Hrsg.), *Probabilistische Modelle in der Sozialpsychologie* (pp. 81-127). Bern: Huber.

Fischer, G.H. (1976). Some probabilistic models for measuring change. In D.N.M. de Gruijter & L. van der Kamp (eds.), *Advances in psychological and educational measurement* (pp. 97-110). New York: Wiley.

Fischer, G.H. (1977). Linear logistic trait models: Theory and application. In H. Spada & W. Kempf (eds.), *Structural models of thinking and learning* (pp. 203-225). Bern: Huber.

Fischer, G.H. (1978). Probabilistic test models and their application. *The German Journal of Psychology, 2,* 298-319.

Fischer, G.H. (1981). On the existence and uniqueness of maximum likelihood estimates in the Rasch model. *Psychometrika, 46,* 59-77.

Fischer, G.H. (1983a). Logistic latent trait models with linear constraints. *Psychometrika, 48,* 3-26.

Fischer, G.H. (1983b). Some latent trait models for measuring change in qualitative observations. In D.J. Weiss (ed.), *New horizons in testing* (pp. 309-329). New York: Academic Press.

Fischer, G.H. (1983c). Neuere Testtheorie. In C.F. Graumann u.a. (Hrsg.), *Enzyklopädie der Psychologie*. Göttingen: Hogrefe.

Fischer, G.H. (1987). Applying the principles of specific objectivity and generalizability to the measurement of change. *Psychometrika, 52,* 565-587.

Fischer, G.H. (1988). Spezifische Objektivität. In K.D. Kubinger (Hrsg.), *Moderne Testtheorie* (pp. 87-111). Weinheim: Beltz.

Fischer, G.H. (1989). An IRT-based model for dichotomous longitudinal data. *Psychometrika, 54,* 599-624.

Fischer, G.H. (1995). The linear logistic test model. In G.H. Fischer & I.W. Molenaar (eds.), *Rasch models. Foundations, recent developments, and applications*. Berlin: Springer.

Fischer, G.H. (1995a). Derivations of the Rasch model. In G.H. Fischer & I.W. Molenaar (eds.), *Rasch models - Foundations, recent developments, and applications*. New York: Springer.

Fischer, G.H. (1995b). The derivation of polytomous Rasch models. In G.H. Fischer & I.W. Molenaar (eds.), *Rasch models - Foundations, recent developments, and applications*. New York: Springer.

Fischer, G.H. (1995c). Some neglected problems in IRT. *Psychometrika, 60,* 4, 459-487.

Fischer, G.H. (2001). Gain scores revisited under an IRT perspective. In A. Boomsma, van Duijn et al. (eds.), *Essays on item response theory (pp. 43-68)*. New York: Springer.

Fischer, G.H. (2003). The precision of gain score under an item response theory perspective: A comparison of asymptotic and conditional inference about change. *Applied Psychological Measurement*, *27*, 1, 3-26.

Fischer, G.H. & Formann, A.K. (1982a). Some applications of logistic latent trait models with linear constraints on the parameters. *Applied Psychological Measurement*, *6*, 397-416.

Fischer, G.H. & Formann, A.K. (1982b). Veränderungsmessung mittels linear-logistischer Modelle. *Zeitschrift für Differentielle und Diagnostische Psychologie*, *3*, 75-99.

Fischer, G.H. & Molenaar, I.W. (1995). *Rasch models - Foundations, recent developments, and applications*. New York: Springer.

Fischer, G.H. & Parzer, P (1991a). An extension of the rating scale model with an application to the measurement of treatment effects. *Psychometrika*, *56*, 637-651.

Fischer, G.H. & Parzer, P. (1991b). LRSM: Parameter estimation for the linear rating scale model. *Applied Psychological Measurement*, *15*, 138.

Fischer, G.H. & Ponocny, I. (1994). An extension of the partial credit model with an application to the measurement of change. *Psychometrika*, *59*, 177-192.

Fischer, G.H. & Ponocny, I. (1995). Extended rating scale and partial credit models for assessing change. In G.H. Fischer & I.W. Molenaar (eds.), *Rasch Models. Foundations, recent developments, and applications* . New York: Springer.

Fischer, G.H. & Scheiblechner, H. (1970). Algorithmen und Programme für das probabilistische Testmodell von Rasch. *Psychologische Beiträge*, *12*, 23-51.

Fischer, G.H. & Seliger, E. (1997). Multidimensional linear logistic models for change. In W.J. van der Linden & R.K. Hambleton (eds.), *Handbook of modern item response theory (pp. 323-346)*. New York: Springer.

Fischer, G.H. & Spada, H. (1973). *Die psychometrischen Grundlagen des Rorschachtests und der Holtzman Inkblot Technique*. Bern: Huber.

Fleiss, J.L. (1971). Measuring nominal scale agreement among many raters. *Psychological Bulletin*, *76*, 378-382.

Fleiss, J.L. & Cohen, J. (1973). The equivalence of weighted kappa and the intraclass-correlation coefficient as measures of reliability. *Educational and Psychological Measurement*, *33*, 613-619.

Fleiss, J.L., Cohen, J. & Everitt, B.S. (1969). Large sample standard errors of kappa and weighted kappa. *Psychological Bulletin*, *72*, 323-327.

Formann, A.K. (1980). Neuere Verfahren der Parameterschätzung in der Latent-Class-Analyse. *Zeitschrift für Differentielle und Diagnostische Psychologie*, *1*, 2, 107-116.

Formann, A.K. (1981). Über die Verwendung von Items als Teilungskriterium für Modellkontrollen im Modell von Rasch. *Zeitschrift für Experimentelle und Angewandte Psychologie*, *28*, 4, 541-560.

Formann, A.K. (1984). *Dielatent-class-analyse*. Weinheim: Beltz.

Formann, A.K. (1985). Constrained latent class models: Theory and applications. *British Journal of Mathematical and Statistical Psychology*, *38*, 87-111.

Formann, A.K. (1989). Constrained latent class models: Some further applications. *British Journal of Mathematical and Statistical Psychology*, *42*, 37-54.

Formann, A.K. (1992a). Latent class models with order Restrictions. *Methodika*, *VI*, 131-149.

Formann, A.K. (1992b). Linear logistic latent class analysis for polytomous data. *Journal of the American Statistical Association*, *87*, 476-486.

Formann, A.K. (1995). Linear logistic latent class analysis and the Rasch model. In G.H. Fischer & I. W. Molenaar (eds.), *Rasch models - foundations, recent developments, and applications*. New York: Springer-Verlag.

Formann, A.K. (2000). Rater agreement and the generalized Rudas-Clogg-Lindsay index of fit. *Statistics in Medicine*, *19*, 14, 1881-1888.

Formann, A.K. (2002). Identifying types, response errors, and unscalable respondents from personality questionnaires. *Psychologische Beiträge*, *44*, 1, 78-93.

Formann, A.K. (2003). Latent class model diagnostics - a review and some proposals.

Computational Statistics & Data Analysis, 41, 3-4, 549-559.

Formann, A.K. & Kohlmann, T. (1998). Structural latent class models. *Sociological Methods & Research, 26,* 4, 530-565.

Formann, A.K. & Ponocny, I. (2002). Latent change classes in dichotomous data. *Psychometrika, 67,* 3, 437-457.

Formann, A.K. & Rop, I. (1987). On the inhomogenity of a test compounded of two Rasch homogenous subscales. *Psychometrika, 52,* 263-267.

Formann, A.K. & Spiel, C. (1989). Measuring change by means of a hybrid variant of the linear logistic model with relaxed assumptions. *Applied Psychological Measurement, 13,* 1, 91-103.

Formann, A.K., Ehlers, T. & Scheiblechner, H. (1980). Die Anwendung der "Latent-Class-Analyse" auf Probleme der diagnostischen Klassifikation am Beispiel der Marburger Verhaltensliste. *Zeitschrift für Differentielle und Diagnostische Psychologie, 1,* 4, 319-330.

Frick, U., Rehm, J. & Thien, U. (1997). Some hints on the latent structure of the Beck Depression Inventory (BDI): Using the "somatic" subscale to evaluate a clinical trial. In J. Rost & R. Langeheine (eds.), *Applications of latent trait and latent class models in the social sciences.* Münster: Waxmann.

Gangestad, S. & Snyder, M. (1985). "To carve nature at its joints": On the existence of discrete classes in Personality. *Psychological Review, 92,* 3, 317-349.

Giegler, H. & Rost, J. (1993). Typenbildung und Response sets beim Gießen-Test: Clusteranalyse versus Analyse latenter Klassen. *Zeitschrift für Differentielle und Diagnostische Psychologie, 14,* 3, 137-152.

Gigerenzer, G. (1981). *Messung und Modellbildung in der Psychologie.* München: Reinhardt.

Gitomer, D.H. & Yamamoto, K. (1991). Performance modeling that integrates latent trait and class theory. *Journal of Educational Measurement, 28,* 2, 173-189.

Gittler, G. (1991). *Dreidimensionaler Würfeltest (3DW). Ein Rasch-skalierter Test zur Messung des räumlichen Vorstellungsvermögens.* Weinheim: Beltz Test.

Gittler, G. (1999). Sind Raumvorstellungen und Reasoning separierbare Fähigkeitsdimensionen? Dimensionalitätsanalysen anhand zweier Rasch-skalierbarer Tests: 3DW und WMT. *Diagnostica, 45,* 69-81.

Gittler, G. & Wild, B. (1988). Der Einsatz des LLTM bei der Konstruktion eines Itempools für das adaptive Testen. In K.D. Kubinger (ed.), *Moderne Testtheorie* (pp. 115-139). Weinheim: Beltz.

Glas, C.A.W. (1988a). The Rasch model and multistage testing. *Journal of Educational Statistics, 13,* 45-52.

Glas, C.A.W. (1988b). The derivation of some tests for the Rasch model from the multinomial distribution. *Psychometrika, 53,* 525-546.

Glas, C.A.W. & Verhelst, N.D. (1989). Extensions of the partial credit model. *Psychometrika, 54,* 635-659.

Glas, C.A.W. & Verhelst, N.D. (1995). Testing the Rasch model. In G.H. Fischer & I.W. Molenaar (eds.), *Rasch models - Foundations, recent developments, and applications* (pp. 69-95). New York: Springer.

Glück, J. & Spiel, Ch. (1997). Item Response-Modelle für Meßwiederholungsdesigns: Anwendung und Grenzen verschiedener Ansätze. *MPR-online, 2,* 1, 1-19, www.mpr-online.de.

Goodman, L.A. (1974a). The analysis of systems of qualitative variables when some of the variables are unobservable, Part I-A modified latent structure approach. *American Journal of Sociology, 79,* 5, 1179-1259.

Goodman, L.A. (1974b). Exploratory latent structure analysis using both identifiable and unidentifiable models. *Biometrika, 61,* 2, 215-231.

Goodman, L.A. (1975). A new model for scaling response patterns: An application of the quasi-independence concept. *Journal of the American Statistical Association, 70,* 755-768.

Goodman, L.A. (1979). On the estimation of parameters in latent structure analysis. *Psychometrika, 44,* 123-128.

Grubitzsch, S. & Rexilius, G. (1999). *Testtheorie und Testpraxis.* Eschborn: Klotz.

Gulliksen, H. (1950). *Theory of mental tests.* New York: Wiley.

Gustafsson, J.E. (1980a). A solution of the conditional estimation problem for long tests in the Rasch model for dichotomous items.

Educational and Psychological Measurement, 40, 377-385.

Gustafsson, J.E. (1980b). Testing and obtaining fit of data to the Rasch model. *British Journal of Mathematical and Statistical Psychology, 33*, 205-233.

Guthke, J. & Wiedl, K.H. (1996). *Dynamisches Testen: Zur Psychodiagnostik der intraindividuellen Variabilität.* Göttingen: Hogrefe.

Guthke, J., Klauer, C. & Vahle, H. (2002). Prüfung der inneren Validität bei adaptiven Kurzzeit-Lerntests durch probabilistische Testmodelle. *Zeitschrift für Differentielle und Diagnostische Psychologie, 23,* 2, 113-127.

Guttman, L. (1950). The basis of scalogram analysis. In S.A. Stouffer, L. Guttman, E.A. Suchman, P.F. Lazarsfeld, S.A. Star, J.A. Clausen (eds.), *Studies in social psychology in world war II, Vol. IV*. Princeton/N.J.: Princeton Univ. Press.

Haberman, S.J. (1988). A stabilized Newton-Raphson algorithm for log-linear models for frequency tables derived by indirect observation. In C.C. Clogg (ed.), *Sociological Methodology 1988* (pp. 193-211). Washington: American Sociological Association.

Hagenaars, J.A. (1993). *Loglinear models with latent variables*. Beverly Hills: Sage Publications.

Hagenaars, J.A. (1998). Categorical causal modeling - Latent class analysis and directed log-linear models with latent variables. *Sociological Methods & Research, 25,* 4, 436-486.

Hagenaars, J.A. & A. McCutcheon (2001). *Applied latent class analysis*. Cambridge: University Press.

Haladyna, T.M., Downing, S.M. & Rodriguez, M.C. (2002). A review of multiple-choice item-writing guidelines for classroom assessment. *Applied Measurement in Education, 15,* 3, 309-334.

Hambleton, R.K. & Swaminathan, H. (1989, neue Auflage). *Item response theory. Principles and applications.* Boston: Kluwer-Nijhoff Publishing.

Hambleton, R.K., Swaminathan, H., Algina, J. & Coulson, D.B. (1978). Criterionreferenced testing and measurement: A review of technical issues and developments. *Review Educational Research, 48*, 1-48.

Hamerle, A. (1982). *Latent-Trait-Modelle.* Weinheim: Beltz.

Häussler, P. (1981). *Denken und Lernen Jugendlicher beim Erkennen funktionaler Beziehungen*. Bern: Huber.

Heinen, T. (1993). *Discrete Latent Variable Models.* Tilburg: University Press.

Heinen, T. (1996). *Latent class and discrete latent trait models: Similarities and differences.* Thousand Oaks, California: Sage.

Heller, K., Gaedike, A.-K. & Weinläder, H. (1976). *Kognitiver Fähigkeits-Test (KFT 4-13).* Weinheim: Beltz.

Henning, H.J. (1976). Die Technik der Mokken-Skalenanalyse. *Psychologische Beiträge, 18*, 410-430.

Hicks, L.E. (1970). Some properties of ipsative, normative, and forced-choice normative measures. *Psychological Bulletin, 74*, 167-184.

Hilke, R. (1980). *Grundlagen normorientierter und kriteriumorientierter Tests*. Bern: Huber.

Hilke, R., Kempf, W.F. & Scandura, J.M. (1977). Deterministic and probabilistic theorizing in structural learning. In H. Spada & W.F. Kempf (eds.), *Structural models of thinking and learning*. Bern: Huber.

Hoijtink, H. (1990). A latent trait model for dichotomous choice data. *Psychometrika, 55*, 641-656.

Hoijtink, H. (1991). The measurement of latent traits by proximity items. *Applied Psychological Measurement, 15,* 2, 153-169.

Hoijtink, H. & Boomsma, A (1995). On person parameter estimation in the dichotomous Rasch model. In G.H. Fischer & I.W. Molenaar (eds.), *Rasch models - Foundations, recent developments, and applications* (pp. 53-68). New York: Springer.

Hoijtink, H. & Molenaar I.W. (1997). A multidimensional item response model: Constrained latent class analysis using the Gibbs sampler and posterior predictive checks. *Psychometrika, 62,* 2, 171-189.

Hoijtink, H., Rooks, G. & Wilmink, F.W. (1999). Confirmatory factor analysis of items with a dichotomous response format using the multidimensional Rasch model. *Psychological Methods, 4,* 3, 300-314.

Holland, P.W. (1981). When are item response models consistent with observed data? *Psychometrika, 46,* 1, 79-92.

Hörmann, H. & Moog, W. (1957). *Der Rosenzweig P-F Test*. Göttingen: Hogrefe.

Hornke, L.F. & Habon, M.W. (1986). Rule-based item bank construction and evaluation within the linear logistic framework. *Applied Psychological Measurement, 10*, 369-380.

Hornke, L.F. & Rettig, K. (1988). Regelgeleitete Itemkonstruktion unter Zuhilfenahme kognitionspsychologischer Überlegungen. In K.D. Kubinger (ed.), *Moderne Testtheorie* (pp. 140-162). Weinheim: Beltz.

Hornke, L.F. & Rettig, K. (1992). Gibt es brauchbare, theoriegeleitete Konstruktionsansätze für Analogieitems? *Zeitschrift für Differentielle und Diagnostische Psychologie, 4*, 249-268.

Hosenfeld, L., Strauß, B. & Köller, O (1997). Geschlechtsdifferenzen bei Raumvorstellungsaufgaben - Eine Frage der Strategie? *Zeitschrift für Pädagogische Psychologie, 11,* 2, 85-94.

Hoskens, M. & de Boeck, P. (2001). Multidimensional componential item response theory models for polytomous items. *Applied Psychological Measurement, 25,* 1, 19-37.

Institut für Test- und Begabungsforschung (Hrsg.) (1989). *Test für medizinische Studiengänge (TMS)*. Göttingen: Hogrefe.

Jäger, R.S. & Petermann, F. (1995). *Psychologische Diagnostik*. Weinheim: Beltz, Psychologie Verlags Union.

Jansen, P.G.W. & Roskam, E.E. (1986). Latent trait models and dichotomization of graded responses. *Psychometrika, 51*, 69-92.

Keats, J.A. (1974). Applications of projective transformations to test theory. *Psychometrika, 39*, 359-360.

Kelderman, H. (1984). Log linear Rasch model tests. *Psychometrika, 49*, 223-245.

Kelderman, H. (1996). Multidimensional Rasch models for partial-credit scoring. *Applied Psychological Measurement, 20,* 2, 155-168.

Kelderman, H. & Macready, G.B. (1990). The use of loglinear models for assessing differential item functioning across manifest and latent examinee groups. *Journal of Educational Measurement, 27,* 4, 307-327.

Kelderman, H. & Rijkes, C.P.M. (1994). Loglinear multidimensional IRT models for polytomously scored items. *Psychometrika, 59*, 149-176.

Kempf, W.F. (1972). Probabilistische Modelle experimentalpsychologischer Versuchssituationen. *Psychologische Beiträge, 14*, 16-37.

Kempf, W.F. (1974). Dynamische Modelle zur Messung sozialer Verhaltensdispositionen. In W.F. Kempf (Hrsg.), *Probabilistische Modelle in der Sozialpsychologie* (pp. 13-55). Bern: Huber.

Kendall, M.G. & Stuart, A. (1973). *The advanced theory of statistics*. London: Griffin.

Klauer, K.C. (1995). The assessment of person fit. In G.H. Fischer & I.W. Molenaar (eds.), *Rasch models - foundations, recent developments, and applications*. New York: Springer.

Klauer, K.C. (1996a). Interrater agreement with dichotomous category systems. *Diagnostica, 42,* 2, 101-118.

Klauer, K.C. (1996b). Parameterschätzung. In E. Erdfelder, R. Mausfeld, T. Meiser & G. Rudinger (Hrsg.), *Handbuch Quantitative Methoden*. Weinheim: Beltz, Psychologie Verlags Union.

Klauer, K.C. & Batchelder, W.H. (1996). Structural analysis of subjective categorical data. *Psychometrika, 61,* 2, 199-239.

Klauer, K.C. & Sydow, H. (1992). Interindividuelle Unterschiede in der Lernfähigkeit: Zur Analyse von Lernprozessen bei Kurzzeitlerntests. *Zeitschrift für Differentielle und Diagnostische Psychologie,* 3, 175-190.

Klauer, K.C., Kauf, H. & Sydow, H. (1994). Experimentelle Validierung eines Lernmodells für Kurzzeitlerntests. *Diagnostica, 40,* 2, 124-142.

Klauer, K.J. (1972). Zur Theorie und Praxis des binomialen Modells lehrzielorientierter Tests. In K.J. Klauer, R. Fricke, M. Herbig, H. Rupprecht & F. Schott (Hrsg.), *Lehrzielorientierte Tests*. Düsseldorf: Schwann.

Klauer, K.J. (1983). Kriteriumsorientierte Tests. In H. Feger & J. Bredenkamp (Hrsg.), *Enzyklopädie der Psychologie, Bd.3: Messen und Testen*. Göttingen: Hogrefe.

Klauer, K.J. (1987). *Kriteriumsorientierte Tests*. Göttingen: Hogrefe.

Kline, P. (1986). *A handbook of test construction: Introduction to psychometric design*. London.

Kline, P. (2000). *The handbook of Psychological testing*. London: Routledge.

Kohlmann, T. & Formann, A.K. (1997). Using latent class models to analyze response patterns in epidemiologic mail surveys. In J. Rost & R. Langeheine (eds.), *Applications of latent trait and latent class models in the social sciences*. Münster: Waxmann.

Kolb, R.R. & Dayton, C.M. (1996). Correcting for nonresponse in latent class analysis. *Multivariate Behavioral Research*, *31*, 1, 7-32.

Köller, O. (1994). Psychometrische und psychologische Betrachtungen des Rateverhaltens in Schulleistungstests. *Empirische Pädagogik*, *8*, 1, 59-84.

Köller, O., Baumert, J. & Rost, J. (1998). Zielorientierungen: Ihr typologischer Charakter und ihre Entwicklung im frühen Jugendalter. *Zeitschrift für Entwicklungspsychologie und und Pädagogische Psychologie*, *30*, 3, 128-138.

Köller, O., Rost, J. & Köller, M. (1994). Individuelle Unterschiede beim Lösen von Raumvorstellungsaufgaben aus dem IST-70 bzw. IST-70 Untertest "Würfelaufgaben". *Zeitschrift für Psychologie*, *202*, 65-85.

Köller, O., Strauss, B. (1994). Was misst der Kompetenzfragebogen.. Eine Reanalyse der Kurzform des Kompetenzfragebogens von Staeudel. *Diagnostica*, 40, 1, 42-60.

Krauth, J. (1995). *Testkonstruktion und Testtheorie*. Weinheim: Beltz PVU.

Kriz, J., Lück, H.E. & Heidbrink, H. (1996). *Wissenschafts- und Erkenntnistheorie: eine Einführung für Psychologen und Humanwissenschaftler, 3. Auflage*. Leverkusen: Leske + Budrich.

Krohne, H.W., Rösch, W. & Kürsten, F. (1989). Die Erfassung von Angstbewältigung in physisch bedrohlichen Situationen. *Zeitschrift für Klinische Psychologie*, *18*, 3, 230-242.

Krope, P. (1996). *Konstruktive Pädagogische Diagnostik*. Münster: Waxmann.

Kubinger, K.D. (1979). Das Problemlöseverhalten bei der statistischen Auswertung psychologischer Experimente. *Zeitschrift für Experimentelle und Angewandte Psychologie*, *26*, 467-495.

Kubinger, K.D. (1988). *Moderne Testtheorie*. Weinheim: PVU.

Kubinger, K.D. (2002). On faking personality inventories. *Psychologische Beiträge*, *44*, 1, 10-16.

Lang, F.R., Lüdtke, O. & Asendorpf, J.B. (2001). Testgüte und psychometrische Äquivalenz der deutschen Version des Big Five Inventory (BFI) bei jungen, mittelalten und alten Erwachsenen. *Diagnostica*, *47*, 3, 111-121.

Langeheine, R. (1984). Neuere Entwicklungen in der Analyse latenter Klassen und latenter Strukturen. *Zeitschrift für Sozialpsychologie*, *15*, 199-210.

Langeheine, R. (1988). New developments in latent class theory. In R. Langeheine & J. Rost (eds.), *Latent trait and latent class models*. New York: Plenum.

Langeheine, R. & Rost, J. (1988). *Latent trait and latent class models*. New York: Plenum.

Langeheine, R. & Rost, J. (1993). Latent class analyse. *Psychologische Beiträge*, *35*, 177-198.

Langeheine, R. & van de Pol, F. (1990a). A unifying framework for Markov modeling in discrete space and discrete time. *Sociological Methods & Research*, *18*, 4, 416-441.

Langeheine, R. & van de Pol, F. (1990b). Veränderungsmessung bei kategorialen Daten. *Zeitschrift für Sozialpsychologie*, *21*, 88-100.

Langeheine, R. & Van de Pol, F. (1994). Discrete time mixed Markov latent class models. In A. Dale & R. Davies (eds.), *Analyzing social and political change: A casebook of methods* (pp. 170-197). Newbury Park, CA: Sage.

Langeheine, R., Häussler, P., Hoffmann, L., Rost, J. & Sievers, K. (2000). Veränderungen im Interesse an Physik über die Zeit: Altersdifferenzen oder epochale Effekte? *Empirische Pädagogik*, *14*, 1, 35-57.

Langeheine, R., Pannekoek, J. & van de Pol, F. (1996). Bootstrapping goodness-of-fit measures in categorical data analysis. *Sociological Methods & Research*, *24*, 4, 492-516.

Langeheine, R., Stern, E. & van de Pol, F. (1994). State mastery learning - dynamic-models for longitudinal data. *Applied Psychological Measurement*, *18*, 3, 277-291.

Langfeldt, H.P. & Tent, L. (1999). *Pädagogisch-psychologische Diagnostik*. Göttingen: Hogrefe.

Laux, L., Glanzmann, P., Schaffner, P. & Spielberger, C.D. (1981). *Das State-Trait-Angstinventar (STA)*. Weinheim: Beltz.

Lazarsfeld, P.F. (1950). The logical and mathematical foundation of latent structure analysis. In S.A. Stouffer, L. Guttman, E.A. Suchman, P.F. Lazarsfeld, S.A. Star, J.A.

Clausen (eds.), *Studies in social psychology in world war II, Vol. IV* (pp. 362-412). Princeton/N.J.: Princeton Univ. Press.

Lazarsfeld, P.F. & Henry, N.W. (1968). *Latent structure analysis*. Boston: Houghton Mifflin Co.

Levine, M.V. & Drasgow, F. (1982). Appropriateness measurement: Review, critique and validating studies. *British Journal of Mathematical and Statistical Psychology, 35*, 42-56.

Levine, M.V. & Drasgow, F. (1988). Optimal appropriateness measurement. *Psychometrika, 53*, 161-176.

Lienert, G.A. (1969). *Testaufbau und Testanalyse*. Weinheim: Beltz.

Lienert, G.A. (1995). Modified phi-correlation coefficients for the multivariate analysis of ordinally scaled variables. *Educational and Psychological Measurement, 55,* 2, 225-236.

Lienert, G.A. & Raatz, U. (1994). *Testaufbau und Testanalyse (5. Aufl.)*. Weinheim: Beltz.

Light, R.J. (1971). Measures of response agreement for qualitative data: Some generalizations and alternatives. *Psychological Bulletin, 76*, 365-377.

Likert, R. (1932). A technique for the measurement of attitude. *Archives of Psychology, 140*.

Lin, T.H. & Dayton, C.M. (1997). Model selection information criteria for non-nested latent class models. *Journal of Educational and Behavioral Statistics, 22,* 3, 249-264.

Linacre, J.M. (1989). *Many-faceted Rasch measurement*. Chicago: MESA Press.

Lindsay, B., Clogg, C.C. & Grego, J. (1991). Semiparametric estimation in the Rasch model and related exponential response models, including a simple latent class model for item analysis. *Journal of the American Statistical Association, 86*, 96-107.

Lischetzke, T., Eid, M., Wittig, F. & Trierweiler, L. (2001). Die Wahrnehmung eigener und fremder Gefühle, Konstruktion und Validierung von Skalen zur Erfassung der emotionalen Selbst- und Fremdaufmerksamkeit sowie der Klarheit über Gefühle. *Diagnostica, 47,* 4, 167-177.

Loevinger, J. (1954). The attenuation paradox in test theory. *Psychological Bulletin, 51*, 493.

Lord, F.M. (1980). *Applications of item response theory to practical testing problems*. Hillsdale: Erlbaum.

Lord, F.M. & Novick, M.R. (1968). *Statistical theories of mental test scores*. Reading, Mass.: Addison-Wesley.

Luo, G. (1998). A general formulation for unidimensional unfolding and pairwise preference models: Making explicit the latitude of acceptance. *Journal of Mathematical Psychology, 42*, 400-417.

Luo, G. (2000). A joint maximum likelihood estimation for the hyperbolic cosine model for single stimulus responses. *Applied Psychological Measurement, 24*, 33-49.

Luo, G. (2001). A class of probabilistic unfolding models for polytomous responses. *Journal of Mathematical Psychology, 45*, 224-248.

Luo, G., Andrich, D. & Styles, I. (1998). The JML estimation of the generalised unfolding model incorporating the latitude of acceptance parameter. *Australian Journal of Psychology, 50,* 3, 187-198.

Macready, G.B. & Dayton, C.M. (1977). The use of probabilistic models in the assessment of mastery. *Journal of Educational Statistics, 2*, 99-120.

Macready, G.B. & Dayton, C.M. (1980). The nature and use of state mastery learning models. *Applied Psychological Measurement, 4*, 493-516.

Martens, T. & Rost, J. (1998). Der Zusammenhang von wahrgenommener Bedrohung durch Umweltgefahren und der wahrgenommenen Handlungsintention. *Zeitschrift für Experimentelle Psychologie, 45,* 4, 345-364.

Martin-Loef, P. (1973). *Statistiska modeller*. (Statistical models. Notes from seminars 1969-70 by Rolf Sundberg. 2nd ed.). Stockholm.

Masters, G.N. (1982). A Rasch model for partial credit scoring. *Psychometrika, 47*, 149-174.

Masters, G.N. & Wright, B.D. (1984). The essential process in a family of measurement models. *Psychometrika, 49,* 4, 529-544.

Matschinger, H. & Angermeyer, M.C. (1992). Effekte der Itempolung auf das Antwortverhalten. *Zeitschrift für Differentielle und Diagnostische Psychologie, 13*, 97-110.

McCrae, R.R. & Costa, P.T. (1987). Valididation of the five-factor model of personality across instruments and observers. *Journal of Personality and Social Psychology, 52*, 81-90.

McCutcheon, A.L. (1987). *Latent class analysis*. Newbury Park: Sage.

McGraw, K.O. & Wong, S.P. (1996). Forming inferences about some intraclass correlation coefficients. *Psychological methods, 1,* 1, 30-46.

Medina-Diaz, M. (1993). Analysis of cognitive structure using the linear logistic test model and quadratic assignment. *Applied Psychological Measurement, 17,* 2, 117-130.

Meijer, R.R. (1996). Person-fit research: An introduction. *Applied Measurement in Education, 9,* 1, 3-8.

Meijer, R.R. & Nering, M.L. (1997). Trait level estimation for nonfitting response vectors. *Applied Psychological Measurement, 21,* 4, 321-336.

Meijer, R.R. & Sijtsma, K. (1995). Detection of aberrant item score patterns - A review of recent developments. *Applied Measurement in Education, 8,* 3, 261-272.

Meijer, R.R. & Sijtsma, K. (2001). Methodology review: Evaluating person fit. *Applied Psychological Measurement, 25,* 2, 107-135.

Meijer, R.R., Sijtsma, K., Smid, N.G. (1990). Theoretical and empirical comparison of the Mokken and the Rasch approach to IRT. *Applied Psychological Measurement, 14,* 3, 283-298.

Meiser, T. (1996). Loglinear Rasch models for the analysis of stability and change. *Psychometrika, 61,* 4, 629-645.

Meiser, T. & Fichtel, M (1995). Analyzing homogeneity and heterogeneity of change using Rasch and latent class models: A comparative and integrative approach. *Applied Psychological Measurement.*

Meiser, T., Hein-Eggers, M., Rompe, P. & Rudinger, G. (1995). Analyzing homogeneity and heterogeneity of change using Rasch and latent class models: A comparative and integrative approach. *Applied Psychological Measurement, 19,* 4, 377-391.

Meiser, T., Stern, E. & Langeheine, R. (1998). Latent change in discrete data: Unidimensional, multidimensional, and mixture distribution Rasch models for the analysis of repeated observations. *MPR-online, 3,* 2, www.mpr-online.de.

Metzler, P. & Schmidt, K.-H. (1992). Rasch-Skalierung des Mehrfachwahl-Wortschatztests (MWT). *Diagnostica, 38,* 1, 31-51.

Meulders, M., de Boeck, P. Kuppens, P., & van Mechelen, I. (2002). Constrained latent class analysis of three-way three-mode data. *Journal of Classification, 19,* 2, 277-302.

Micko, H.-C. (1970). Eine Verallgemeinerung des Meßmodells von Rasch mit einer Anwendung auf die Psychophysik der Reaktionen. *Psychologische Beiträge, 12*, 4-22.

Mislevy, R.J. (1996). Test theory reconceived. *Journal of Educational Measurement, 33,* 4, 379-416.

Mislevy, R.J. & Sheehan, K.M. (1989). Information matrices in latent-variable models. *Journal of Educational Statistics, 14*, 335-350.

Mislevy, R.J. & Verhelst, N. (1990). Modeling item responses when different subjects employ different solution strategies. *Psychometrika, 55,* 2, 195-215.

Mislevy, R.J. & Wilson, M. (1996). Marginal maximum likelihood estimation for a psychometric model of discontinuous development. *Psychometrika, 61,* 1, 41-71.

Mokken, R.J. (1971). *A theory and procedure of scale analysis*. The Hague: Mouton.

Mokken, R.J. & Lewis, C. (1982). A nonparametric approach to the analysis of dichotomous item responses. *Applied Psychological Measurement, 6*, 417-430.

Molenaar, I.W. (1983). Some improved diagnostics for failure of the Rasch model. *Psychometrika, 48,* 1, 49-72.

Molenaar, I.W. (1995). Estimation of item parameters. In G.H. Fischer & I.W. Molenaar (eds.), *Rasch models - Foundations, recent developments, and applications* (pp. 39-51). Berlin: Springer.

Molenaar, I.W. (1997). Lenient or strict application of IRT with an eye on practical consequences. In J. Rost & R. Langeheine (eds.), *Applications of latent trait and latent class models in the social sciences*. Münster: Waxmann.

Molenaar, I.W. (2001). Thirty years of nonparametric item response theory. *Applied Psychological Measurement, 25,* 3, 295-299.

Molenaar, I.W. & Hoijtink, H. (1990). The many null distributions of person fit indices. *Psychometrika, 55*, 75-106.

Moosbrugger, H. & Frank, D. (1992). *Clusteranalytische Methoden in der Persönlichkeitsforschung: Eine anwendungsorientierte Einführung in taxometrische Klassifikationsverfahren.* Bern: Huber.

Moosbrugger, H. & Zistler, R. (1993). Wie befreit man die Item-Trennschärfe von den Zwängen der Item-Schwierigkeit? Das SPSS-Verfahren. *Diagnostica, 39,* 1, 22-43.

Müller, H. (1987). A Rasch model for continuous ratings. *Psychometrika, 52,* 2, 165-181.

Müller, H. (1999). *Probabilistische Testmodelle für diskrete und kontinuierliche Ratingskalen.* Bern: Huber.

Mummendey, H.D. (1995). *Die Fragebogen-Methode: Grundlagen u. Anwendung in Persönlichkeits-, Einstellungs- u. Selbstkonzeptforschung.* Göttingen: Hogrefe.

Muraki, E. (1992). A generalized partial credit model: Application of an EM Algorithm. *Applied Psychological Measurement, 16,* 2, 159-176.

Muraki, E. & Carlson, J.E. (1995). Full-information factor-analysis for polytomous item responses. *Applied Psychological Measurement, 19,* 1, 73-90.

Muraki, E. & Engelhard, G. (1985). Full-Information Factor Analysis: Applications of EAP Scores. *Applied Psychological Measurement, 9,* 4, 417-430.

Nährer, W. (1980). Zur Analyse von Matrizenaufgaben mit dem linearen logistischen Testmodell. *Zeitschrift für Experimentelle und Angewandte Psychologie, 27,* 553-564.

Nährer, W. (1986). *Schnelligkeit und Güte als Dimensionen kognitiver Leistungen.* Berlin: Springer.

Neymann, J. & Scott, E.L. (1948). Consistent estimates based on partially consistent obervations. *Econometrica, 16,* 1, 1-32.

Orlando, M. & Thissen, D. (2000). Likelihood-based item-fit indices for dichotomous item response theory models. *Applied Psychological Measurement, 24,* 1, 48-62.

Orth, B. (1983). Grundlagen des Messens. In H. Feger & J. Bredenkamp (Hrsg.), *Enzyklopädie der Psychologie, Band 3: Messen und Testen.* Göttingen: Hogrefe.

Pearson, K. (1894). Contributions to the Mathematical Theory of Evolution. *Philosophical Transactions of the Royal Society of London, A,* 185, 71-110.

Petermann, F. (1978). *Veränderungsmessung.* Stuttgart: Kohlhammer.

Piel, E., Hautzinger, M. & Scherbarth-Roschmann, P (1991). Analyse der Freiburger Beschwerdenliste (FBL-K) mit Hilfe des stochastischen Testmodells von Rasch. *Diagnostica, 37,* 3, 226-235.

Ponocny, I. (2000). Exact person fit indexes for the Rasch model for arbitrary alternatives. *Psychometrika, 65,* 1, 29-42.

Ponocny, I. (2002a). Nonparametric goodness-of-fit tests for the Rasch model . *Psychometrika, 67,* 2, 315.

Ponocny, I. & Klauer, K.C. (2002b). Towards identification of unscalable personality questionnaire respondents: The use of person fit indices. *Psychologische Beiträge, 44,* 1, 94-107.

Popper, K.R. (1972). *Logik der Forschung.* Tübingen: J.C.B. Mohr.

Post, W.J. & Snijders, T.A.B. (1993). Nonparametric unfolding models for dichotomous data. *Methodika, 7,* 130-156.

Puchhammer, M. (1988a). Simulationsstudien zur Schätzbarkeit der Parameter des Birnbaum-Modells. In K.D. Kubinger (Hrsg.), *Moderne Testtheorie.* Weinheim: Beltz.

Puchhammer, M. (1988b). Die Berücksichtigung von Rateparametern im Modell von Rasch. In K.D. Kubinger (Hrsg.), *Moderne Testtheorie.* Weinheim: Beltz.

Rasch, G. (1960). *Probabilistic models for some intelligence and attainment tests.* Copenhagen: Nielsen & Lydiche (Expanded Edition, Chicago, University of Chicago Press, 1980).

Rasch, G. (1961). *On general laws and the meaning of measurement in psychology.* Berkeley: University of California Press.

Rasch, G. (1977). On specific objectivity. An attempt at formalizing the request for generality and validity of scientific statements. *Danish Yearbook of Philosophy, 14,* 58-94.

Raykov, T. (1994). Two-wave measurement of individual change and initial value dependence. *Zeitschrift für Psychologie, 202,* 275-290.

Raykov, T. (1998). Coefficient alpha and composite reliability with interrelated nonhomogeneous items. *Applied Psychological Measurement, 22,* 4, 375-385.

Raykov, T. (1999). Are simple change scores obsolete? An approach to studying correlates and predictors of change. *Applied Psychological Measurement, 23,* 2, 120-126.

Raykov, T. (2001a). Bias of coefficient alpha for fixed congeneric measures with correlated errors. *Applied Psychological Measurement, 25,* 1, 69-76.

Raykov, T. (2001b). Estimation of congeneric scale reliability using covariance structure analysis with nonlinear constraints. *British Journal of Mathematical & Statistical Psychology, 54,* Part 2, 315-323.

Raykov, T. (2002). Analytic estimation of standard error and confidence interval for scale realiability. *Multivariate Behavioral Research, 37,* 1, 89-103.

Read, T.R.C. & Cressie, N.A.C. (1988). *Goodness-of-fit statistics for discrete multivariate data.* New York: Springer.

Reckase, M.D. (1997). The past and future of multidimensional item response theory. *Applied Psychological Measurement, 21,* 1, 25-36.

Reise, S.P. (1990). A comparison of item- and person-fit methods of assessing model-data fit in IRT. *Applied Psychological Measurement, 14,* 2, 127-137.

Reise, S.P. & Due, A.M. (1991). The influence of test characteristics on the detection of aberrant response patterns. *Applied Psychological Measurement, 15,* 3, 217-226.

Reise, S.P. & Henson, J.M. (2000). *Fitting polytomous IRT models to the NEO PI-R facet scales.*

Reise, S.P. & Waller, N.G. (1990). Fitting the two-parameter model to personality data. *Applied Psychological Measurement, 14*, 45-58.

Reise, S.P., Smith, L. & Furr, R.M. (2003). Measurement invariance on the NEO PI-R neuroticism scale. .

Renkl, A. & Gruber, H. (1995). Erfassung von Veränderung: Wie und wieso? *Zeitschrift für Entwicklungspsychologie und Pädagogische Psychologie*, *27*, 173-190.

Revers, W.J. & Taeber, K. (1968). *Der thematische Apperzeptionstest (TAT)*. Bern: Huber.

Rindskopf, D. (1983). A general framework for using latent class analysis to test hierarchical and nonhierarchical learning models. *Psychometrika, 48,* 1, 85-97.

Roberts, J.S. (2001). GGUM2000: Estimation of parameters in the generalized graded unfolding model. *Applied Psychological Measurement, 25,* 1, 38.

Roberts, J.S. & Laughlin, J.E. (1996). A unidimensional item response theory model for unfolding responses from a graded disagree-agree response scale. *Applied Psychological Measurement, 20*, 231-255.

Roberts, J.S., Donoghue, J.R. & Laughlin, J.E. (2000). A general item response theory model for unfolding polytomous responses. *Applied Psychological Measurement*, *24*, 3-32.

Roberts, J.S., Laughlin, J.E. & Wedell, D.H. (1999). Validity issues in the Likert and Thurstone approaches to attitude measurement. *Educational and Psychological Measurement, 59,* 2, 211-233.

Rogassa, D.R. (1988). Myths about longitudinal research. In K.W. Schaie, R.T. Campbell, W. Meredith & S.C. Rawlings (eds.), *Methodological issues in aging research* (pp. 171-209). New York: Springer.

Rogossa, D.R., Brand, D. & Zimowski, M. (1982). A growth curve approach to the measurement of change. *Psychological Bulletin*, *90*, 726-748.

Roid, G.H. & Haladyna, M. (1982). *A technology for test-item writing*. New York.

Rorschach, H. (1954). *Psychodiagnostik.* Bern: Huber.

Roskam, E.E. (1983). Allgemeine Datentheorie. In H. Feger & J. Bredenkamp (Hrsg.), *Enzyklopädie der Psychologie, Band 3: Messen und Testen*. Göttingen: Hogrefe.

Roskam, E.E. (1995). Graded responses and joining categories: A rejoinder to Andrich's "Models for measurement, precision, and nondichotomization of graded responses". *Psychometrika, 60,* 1, 27-35.

Roskam, E.E. (1996a). Beobachtung und Daten. In E. Erdfelder, R. Mausfeld, T. Meiser & G. Rudinger (Hrsg.), *Handbuch Quantitative Methoden.* Weinheim: Psychologie Verlags Union.

Roskam, E.E. (1996b). Latent-Trait-Modelle. In E. Erdfelder, R. Mausfeld, T. Meiser & G. Rudinger (Hrsg.), *Handbuch Quantitative Methoden.* Weinheim: Psychologie Verlags Union.

Roskam, E.E. & Jansen, P.G.W. (1989). Conditions for Rasch-dichotomizability of the unidimensional polytomous Rasch model. *Psychometrika*, *54*, 317-333.

Rost, J. (1983). Cognitive preferences as components of student interest. *Studies in Educational Evaluation*, *9*, 285-302.

Rost, J. (1985). A latent class model for rating data. *Psychometrika, 50,* 1, 37-49.

Rost, J. (1988a). Measuring attitudes with a threshold model drawing on a traditional scaling concept. *Applied Psychological Measurement, 12,* 4, 397-409.

Rost, J. (1988b). Rating scale analysis with latent class models. *Psychometrika, 53,* 3, 327-348.

Rost, J. (1988c). Test theory with qualitative and quantitative latent variables. In R. Langeheine & J. Rost (eds.), *Latent trait and latent class models*. New York: Plenum.

Rost, J. (1988d). *Quantitative und qualitative probabilistische Testtheorie*. Bern: Huber.

Rost, J. (1989). Rasch models and latent class models for measuring change with ordinal variables. In R. Coppi & S. Bolasco (eds.), *Multiway data analysis*. North Holland: Elsevier Science Publishers B.V.

Rost, J. (1990a). Rasch models in latent classes: An integration of two approaches to item analysis. *Applied Psychological Measurement, 14,* 3, 271-282.

Rost, J. (1990b). Einstellungsmessung in der Tradition von Thurstones Skalierungsverfahren. *Empirische Pädagogik, 4*, 83-92.

Rost, J. (1991). A logistic mixture distribution model for polychotomous item responses. *The British Journal of Mathematical and Statistical Psychology, 44*, 75-92.

Rost, J. (1995). Die testdiagnostische Erfassung von Typen. In K.Pawlik (Hrsg.), *Bericht über den 39. Kongreß der DGPs in Hamburg* (pp. 392-393). Göttingen: Hogrefe.

Rost, J. (1996). Logistic mixture models. In W. van der Linden & R. Hambleton, *Handbook of modern item response theory*. Berlin: Springer.

Rost, J. (1999). Was ist aus dem Rasch-Modell geworden? *Psychologische Rundschau, 50,* 3, 140-156.

Rost, J. (2001). The growing family of Rasch models (S. 26-42). In A. Boomsma, M.A.J. van Duijn & T.A.B. Snijders (eds.), *Essays on item response theory*. New York: Springer.

Rost, J. (2002a). When personality questionnaires fail to be unidimensional. *Psychologische Beiträge, 44,* 1, 108-125.

Rost, J. (2002b). Mixed and latent Markov models as item response models. *MPR-online, 7,* 2, 53-72, www.mpr-online.de.

Rost, J. & Carstensen, C.H. (2002). Multidimensional Rasch measurement via item component models and faceted designs. *Applied Psychological Measurement, 26,* 1, 42-56.

Rost, J. & Davier v., M. (1994). A conditional item fit index for Rasch models. *Applied Psychological Measurement, 18*, 171-182.

Rost, J. & Davier v., M. (1995). Mixture distribution Rasch models. In G. Fischer & I. Molenaar (eds.), *Rasch models: Foundations, recent developments, and applications*. Berlin: Springer.

Rost, J. & Davier, v. M. (1993). Measuring different traits in different populations with the same items. In R. Steyer, K.F. Wender & K.F. Widaman, *Psychometric Methodology. Proceedings of the 7th European Meeting of the Psychometric Society in Trier*. Stuttgart: Fischer.

Rost, J. & Erdfelder, E. (1996). Mischverteilungsmodelle. In E. Erdfelder, R. Mausfeld, T. Meiser & G. Rudinger (Hrsg.), *Handbuch Quantitative Methoden*. Weinheim: Psychologie Verlags Union.

Rost, J. & Georg, W. (1991). Alternative Skalierungsmöglichkeiten zur klassischen Testtheorie am Beispiel der Skala "Jugendzentrismus". *Zentral-Archiv-Information, 28*.

Rost, J. & Gresele, C. (1994). Ermittlung idealtypischer Merkmalskonfigurationen: Die Latent Class Analyse. In W. Schröder, L. Vetter & O. Fränzle (Hrsg.), *Neuere statistische Verfahren und Modellbildung in der Geoökologie*. Wiesbaden: Vieweg.

Rost, J. & Langeheine, R. (1997a). A guide through latent structure models for categorical data. In J. Rost & R. Langeheine (eds.), *Applications of latent trait and latent class models in the social sciences*. Münster: Waxmann.

Rost, J. & Langeheine, R. (1997b). *Applications of latent trait and latent class models in the social sciences*. Münster: Waxmann. (Now: http:\\www.ipn.uni-kiel.de/...).

Rost, J. & Luo, G. (1997). An application of a Rasch-based unfolding model to a questionnaire on adolescent centrism. In J. Rost & R. Langeheine (eds.), *Applications of latent trait and latent class models in the social sciences*. Münster: Waxmann.

Rost, J. & Spada, H. (1983). Die Quantifizierung von Lerneffekten anhand von Testdaten.

Zeitschrift für Differentielle und Diagnostische Psychologie, 4, 29-49.

Rost, J. & Strauß, B. (1992). Review: Recent developments in psychometrics and test theory. *The German Journal of Psychology, 16,* 2, 91-119.

Rost, J., Carstensen, C.H. & Davier, v. M. (1999a). Sind die Big Five Rasch-skalierbar? Eine Reanalyse der NEO-FFI-Normierungsdaten. *Diagnostica, 45,* 3, 119-127.

Rost, J., Sievers, K., Häussler, P., Hoffmann, L. & Langeheine R. (1999). Struktur und Veränderung des Interesses an Physik bei Schülern der 6. bis 10. Klassenstufe. *Zeitschrift für Entwicklungspsychologie und Pädagogische Psychologie, 31*, 18-31.

Rubin, D.B. (1987). *Multiple imputation for nonresponse insurveys*. New York: J. Wiley & Sons.

Samejima, F. (1969). Estimation of latent ability using a response pattern of graded scores. *Psychometrika Special monograph, Monograph Supplement No.17.*

Schafer, J.L. (1999). Multiple imputation: a primer. *Statistical Methods in Medical Research, 8,* 1, 3-15.

Schafer, J.L. & Graham, J.W. (2002). Missing data: Our view of the state of the art. *Psychological Methods, 7,* 2, 147-177.

Scheiblechner, H.H. (1972). Das Lernen und Lösen komplexer Denkaufgaben. *Zeitschrift für Experimentelle und Angewandte Psychologie, 19*, 476.

Schmid, H. (1992). *Psychologische Tests: Theorie und Konstruktion (Freiburger Beiträge zur Psychologie Bd. 11)*. Göttingen : Hogrefe.

Schmidt, L.R. (1975). *Objektive Persönlichkeitsmessung in diagnostischer und klinischer Psychologie*. Weinheim: Beltz.

Schmidt, L.R. & Schwenkmezger, P. (1994). Differentialdiagnostische Untersuchungen mit objekten Persönlichkeitstests und Fragebogen im psychiatrischen Bereich: Neue empirische Ergebnisse. *Diagnostica, 40,* 1, 27-41.

Schmidt, L.R., Häcker, H., Schwenkmezger, P., Cattell, R.B. & Hänsgen, H.D. (1994). *Objekive Persönlichkeitstests*. Göttingen: Hogrefe.

Schneewind, K.A. (1992). Paarklima - die "Persönlichkeit" von Partnerschaften. In H. Mandl & H.-J. Kornadt (Hrsg.), *Kultur, Entwicklung, Denken*. Göttingen: Hogrefe.

Schnell, R., Hill, P.B. & Esser, E. (1999). *Methoden der empirischen Sozialforschung*. München: Oldenbourg.

Schuster, C. & Smith, D.A. (2002). Indexing systematic rater agreement with a latent class model. *Psychological Methods, 7,* 3, 384-395.

Shrout, P.E. & Fleiss, J.L. (1979). Intraclass correlations: Uses in assessing rater reliability. *Psychological Bulletin, 86,* 2, 420-428.

Schwarz, N. & Sudman, S. (1996). *Answering questions: Methodology for determing cognitive and communicative process in survey research.* San Francisco: Jossey-Bass.

Sijtsma, K. & Molenaar, I.W. (2002). *Introduction to nonparametric item response theory*. Thousand Oaks: Sage.

Sijtsma, K., Debets, P. & Molenaar, I.W. (1989). Mokken scale analysis for polychotomous items: Theory, a computer program and an empirical application. *Quality and Quantity, 24*, 173-188.

Smith, R.M., Kramer, G.A. & Kubiak, A.T. (1992). Components of difficulty in spatial ability test items. In M. Wilson (ed.), *Objective measurement theory into practice* (pp. 157-174). Norwood: Ablex Publishing Corporation.

Spada, H. (1976). *Modelle des Denkens und des Lernens*. Bern: Huber.

Spada, H. & May, R. (1982). The linear logistic test model and its application in educational research. In D. Spearritt (ed.), *The improvement of measurement in education and psychology* (pp. 67-84). Hawthorn, Victoria: The Australian Council for Educational Research.

Spada, H. & McGaw, B. (1983). The assessment of learning effects with linear logistic test models. In S.E. Whitely (ed.), *Test design: Contributions from psychology, education and psychometrics*. New York: Academic Press.

Späth, H. (1983). *Cluster-Formation und -Analyse.* München: Oldenbourg.

Spiel, C. (1994). Latent trait models for measuring change. In A. v. Eye & C.C. Clogg (eds.), *Latent variables analysis: Applications for Developmental Research* (pp. 274-293). London: Sage.

Spiel, Ch. (1998). Four methodological approaches to the study of stability and change in development. *MPR-online, 3,* 2, www.mpr-online.de.

Spiel, Ch. & Glück, J. (1998). Item response models for assessing change in dichotomous items. *International Journal of Behavioral Development, 22,* 3, 517-536.

Spiel, Ch., Glück, J. & Gössler, H. (2001). Stability and change of unidimensionality: The sample case of deductive reasoning. *Journal of Adolescent Research, 16,* 2, 150-168.

Stegelmann, W. (1983). Expanding the Rasch model to a general model having more than one dimension. *Psychometrika, 48,* 2, 259-267.

Stelzl, I. (1979). Ist der Modelltest des Rasch-Modells geeignet, Homogenitätshypothesen zu prüfen? Ein Bericht über Simulationsstudien mit inhomogenen Daten. *Zeitschrift für Experimentelle und Angewandte Psychologie, 26,* 4, 652-672.

Steyer, R. (1989). Models of classical psychometric test theory as stochastic measurement models: Representation, uniqueness, meaningfulness, identifiability, and testability. *Methodika, 3*, 25-60.

Steyer, R. & Eid, M. (1993). *Messen und Testen.* Berlin: Springer.

Stieglitz, R.D. & Baumann, U. (1994). *Psychodiagnostik psychischer Störungen.* Stuttgart: Ferdinand Enke Verlag.

Strauß, B. (1994). Orientierungen von Sportzuschauern. *Psychologie und Sport, 8*, 19-25.

Strauß, B. (1999). Latent trait and latent class models. *International Journal of Sport Psychology, 30*, 17-40.

Strauß, B., Köller, O. & Möller, J. (1995). Geschlechtsrollentypologien - Eine empirische Prüfung des additiven und des balancierten Modells. *Zeitschrift für Differentielle und Diagnostische Psychologie.*

Stumpf, H. (1996). Klassische Testtheorie. In E. Erdfelder, R. Mausfeld, T. Meiser & G. Rudinger (Hrsg.), *Handbuch Quantitative Methoden.* Weinheim: Beltz PVU.

Sudmans, S., Bradburne, N.V. & Schwarz, N. (1996) *Thinking about answers: The application of cognitive process to survey methodology.* San Francisco: Jossey-Bass.

Tarnai, C. (1989). Abbildung der Struktur von Inhaltskategorien mittels Latent-Class-Analyse für ordinale Daten. In W. Bos & C. Tarnai (Hrsg.), *Angewandte Inhaltsanalyse in Empirischer Pädagogik und Psychologie.* Münster: Waxmann.

Tarnai, C. & Rost, J. (1991). Die Auswertung inhaltsanalytischer Kategorien mit Latent-Class Modellen. *Zentralarchiv für empirische Sozialforschung, 28*, 75-87.

Tarnai, C. & Wuggenig, U. (1997). Traditionalism in the artworlds of Vienna and Hamburg. In J. Rost & R. Langeheine (eds.), *Applications of latent trait and latent class models in the social sciences.*

Tatsuoka K.K. & Linn R.L. (1983). Indices for detecting unusual patterns: Links between two general approaches and potential applications. *Applied Psychological Measurement, 7*, 81-96.

Tent, L. (1991). Aus der Arbeit des Testkuratoriums. *Diagnostica, 37,* 1, 83-88.

Thissen, D. (1982). Marginal maximum likelihood estimation for the one-parameter logistic model. *Psychometrika, 47,* 2, 175-186.

Thissen, D. & Steinberg, L. (1984). A response model for multiple choice items. *Psychometrika, 49*, 501-519.

Thurstone, L.L. & Chave, E.J. (1929). *The measurement of attitude.* Chicago: University of Chicago Press.

Tinsley, H.E.A. & Weiss, D.J. (2000). Interrater reliability and agreement. In H.E.A. Tinsley & S.D. Brown (eds.), *Handbook of applied multivariate statistics and mathematical modeling (pp. 95-124).* San Diego, CA: Academic Press.

Titterington, D.M., Smith, A.F.M. & Makov, U.E. (1985). *Statistical analysis of finite mixture distributions.* Chichester: Wiley.

Trabin, T.E. & Weiss, D.J. (1983). The person response curve: Fit of individuals to item response theory models. In D.J. Weiss (ed.), *New horizons in testing.* New York: Academic Press.

Tränkle, U. (1983). Fragebogenkonstruktion. In H. Feger & J. Bredenkamp (Hrsg.), *Enzyklopädie der Psychologie, Bd. 2, Datenerhebung* (pp. 222-301). Göttingen: Hogrefe.

Tutz, G. (1990). Sequential item response models with an ordered response. *The British Journal of Mathematical and Statistical Psychology, 43*, 39-55.

Tutz, G. (1997). Sequential models for ordered responses. In W.J. van der Linden & R.K. Hambleton (eds.), *Handbook of modern item response theory.* New York: Springer.

Uebersax, J.S. & Grove, W.M. (1993). A latent trait finite mixture model for the analysis of rating agreement. *Biometrics*, *49*, 823-835.

Vagt, G. & Wendt, W. (1978). Akquieszenz und die Validität von Fragebogenskalen. *Psycholoigsche Beiträge*, *20*, 428-439.

Van de Pol, F. & Langeheine, R. (1990). Mixed Markov latent class models. In C.C. Clogg (ed.), *Sociological Methodology, 1990* (pp. 213-247). Oxford: Blackwell.

Van den Wollenberg, A.L. (1982a). Two new statistics for the Rasch model. *Psychometrika*, *47*, 123-140.

Van den Wollenberg, A.L. (1982b). A simple and effective method to test the dimensionality axiom of the Rasch model. *Applied Pschological Measurement*, *6*, 83-92.

Van den Wollenberg, A.L. (1988). Testing a latent trait model. In R. Langeheine & J. Rost (Hrsg.), *Latent trait and latent class models*. New York: Plenum.

Van der Linden, W.J. (1979). Binomial test models and item difficulty. *Applied Psychological Measurement*, *3*, 401-411.

Van der Linden, W.J. & Hambleton (1997). *Handbook of modern item response theory*. New York: Springer.

Van Maanen, L., Been, P. & Sijtsma, K. (1989). The linear logistic test model and heterogeneity of cognitive strategies. In E.E. Roskam (ed.), *Mathematical Psychology in Progress* (pp. 267-287). New York: Springer.

Van Schuur, W.H. (1988). Stochastic unfolding. In W.E. Saris & I.N. Gallhofer (eds.), *Sociometric Research, vol.1: Data collection and scaling*. London: MacMillan.

Van Schuur, W.H. (1993). Nonparametric unidimensional unfolding for multicategory data. *Political Analysis*, *4*, 41-74.

Van Schuur, W.H. (1997). Nonparametric latent trait analysis of single peaked items: Intrinsic and extrinsic work satisfaction as a single unfolding scale. In J. Rost & R. Langeheine (eds.), *Applications of latent trait and latent class models in the social science*. Münster: Waxmann.

Van Schuur, W.H. & Kruijtbosch, M. (1995). Measuring subjective well-being: Unfolding the Bradburn affect balance scale. *Social Indicators Research*, *36,* 1, 49-74.

Verguts, T. & De Boeck, P. (2000). A Rasch model for detecting learning while solving an intelligence test. *Applied Psychological Measurement*, *24,* 2, 151-162.

Verhelst, N.D. & Glas, C.A.W. (1993). A dynamic generalization of the Rasch model. *Psychometrika*, *58*, 395-415.

Verhelst, N.D. & Glas, C.A.W. (1995). The one parameter logistic model. In G.H. Fischer & I.W. Molenaar (eds.), *Rasch models - Foundations, recent developments, and applications*. New York: Springer.

Verhelst, N.D. & Verstralen, H.H.F.M. (1993). A stochastic unfolding model derived from the partial credit model. *Kwantitatieve Methoden*, *42*, 73-92.

Vermunt, J.K. (1999). A general class of nonparametric models for ordinal categorical data. *Sociological Methodology*, *29*, 187-223.

Vermunt, J.K. (2001). The use of restricted latent class models for defining and testing nonparametric and parametric item response theory models. *Applied Psychological Measurement*, *25,* 3, 283-294.

Vierzigmann, G. (1993). *Beziehungskompetenz im Kontext der Herkunftsfamilie: Intrapersonale Modelle von Frauen und Männern*. München: Institut für Psychologie der Universität.

Warm, T.A. (1989). Weighted likelihood estimation of ability in item response models. *Psychometrika*, *54*, 427-450.

Wendt, D. (1983). Statistische Entscheidungstheorie und Bayes-Statistik. In J. Bredenkamp & H. Feger (Hrsg.), *Enzyklopädie der Psychologie, Bd. 5, Hypothesenprüfung*. Göttingen: Hogrefe.

Westermann, R. (2000). *Wissenschaftstheorie und Experimentalmethodik: ein Lehrbuch zur psychologischen Methodenlehre*. Göttingen: Hogrefe.

Westmeyer, H. (1994). Zu Selbstverständnis und Perspektiven der Verhaltensdiagnostik. *Diagnostica*, *40,* 3, 270-292.

Westmeyer, H. (1996). The constructionist approach to psychological assessment: Problems and prospects. In W. Battmann & S. Dutke (eds.), *Processes of the molar regulation of behavior*. Lengerich: Papst.

Whitely, S.E. (1980). Multicomponent latent trait models for ability tests. *Psychometrika*, *45*, 479-494.

Whitely, S.E. (1980). Modeling aptitude test validity from cognitive components. *Journal of Educational Psychology*, *72*, 750-769.

Whitely, S.E. & Schneider, L.M. (1981). Information structure for geometric analogies: A test theoretic approach. *Applied Psychological Measurement*, *5*, 383-397.

Willet, J.B. (1989). Questions and answers in the measurement of change. *Review of Research in Education*, *15*, 345-422.

Willmes, K. (1996). Neyman-Pearson-Theorie statistischen Testens. In E. Erdfelder, R. Mausfeld, T. Meiser & G. Rudinger (Hrsg.), *Handbuch Quantitative Methoden*. Weinheim: Beltz, Psychologie Verlags Union.

Wilson, M. (1992). The ordered partition model: An extension of the partial credit model. *Applied Psychological Measurement*, *16,* 4, 309-325.

Wilson, M. & Masters, G.N. (1993). The partial credit model and null categories. *Psychometrika*, *58*, 87-99.

Wilson, M. & Wang, W. (1995). Complex Composites: Issues that Arise in Combining different Modes of Assessment. *Applied Psychological Measurement*, *19,* 1, 51-71.

Wirtz, M. & Casper, F. (2002). *Beurteilerübereinstimmung und Beurteilerreliabilität: Methoden zur Bestimmung und Verbesserung der Zuverlässigkeit von Einschätzungen mittel Kategoriensystemen und Ratingskalen*. Göttingen: Hogrefe.

Wright, B.D. & Masters, G.N. (1982). *Rating scale analysis: Rasch measurement*. Chicago: Mesa Press.

Wu, M., Adams, R.J. & Wilson, M. (1997). *ConQuest - Generalised Item Response Modelling Software, Draft Release 2*. Camberwell: Australian Council for Educational Research.

Yamamoto, K. (1989). *A Hybrid model of IRT and latent class models*. (ETS Research Report (RR-89-41)). Educational Testing Service.

Yamamoto, K. & Everson, H. (1997). Modelling the effects of test length and test time on parameter estimation using the HYBRID model. In J. Rost & R. Langeheine (eds.), *Applications of latent trait and latent class models in the social sciences*. Münster: Waxmann.

Zegers, F.E. (1991). Coefficients for interrater agreement. *Applied Psychological Measurement*, *15,* 4, 321-333.

Zwick, R. (1988). Another look at the interrater agreement. *Psychological Bulletin*, *103,* 3, 374-378.

Zysno, P.V. (1993). Polytome Skalogramm-Analyse. *Zeitschrift für Differentielle und Diagnostische Psychologie*, *14,* 1, 37-49.

Chi-Quadrat-Tabelle

Anzahl der Freiheitsgrade	95%-Niveau	99%-Niveau
1	3.84	6.63
2	5.99	9.21
3	7.81	11.34
4	9.49	13.28
5	11.07	15.09
6	12.59	16.81
7	14.07	18.48
8	15.51	20.09
9	16.92	21.67
10	18.31	23.21
11	19.68	24.73
12	21.03	26.22
13	22.36	27.69
14	23.68	29.14
15	25.00	30.58
16	26.30	32.00
17	27.59	33.41
18	28.87	34.81
19	30.14	36.19
20	31.41	37.57
21	32.7	38.9
22	33.9	40.3
23	35.2	41.6
24	36.4	43.0
25	37.7	44.3
26	38.9	45.6
27	40.1	47.0
28	41.3	48.3
29	42.6	49.6
30	43.8	50.9
40	55.8	63.7
50	67.5	76.2
60	79.1	88.4
70	90.5	100.4
80	101.9	112.3
90	113.1	124.1
100	124.3	135.8
110	135.1	146.7
120	146.2	158.2
130	157.2	169.7
140	168.2	181.1
150	179.2	192.5
160	190.1	203.8
170	201.0	215.1
180	211.9	226.4
190	222.8	237.6
200	233.6	248.8
210	244.4	259.9
220	255.2	271.0
230	266.0	282.1
240	276.7	293.2
250	287.5	304.3
260	298.2	315.3
270	308.9	326.3
280	319.6	337.3
290	330.3	348.3
300	341.2	359.2
310	351.6	370.2
320	362.3	381.1
330	372.9	392.0
340	383.6	402.9
350	394.2	413.8
360	404.8	424.7
370	415.4	435.6
380	426.0	446.4
390	436.6	457.2
400	447.2	468.1
410	457.8	478.9
420	468.3	489.7
430	478.9	500.5
440	489.5	511.3
450	500.0	522.1
460	510.6	532.8
470	521.1	543.6
480	531.6	554.4
490	542.2	565.1
500	552.7	575.9
600	657.6	682.9
700	762.2	789.4
800	866.4	895.4
900	970.4	1001.0
1000	1074.2	1106.4
1100	1177.8	1211.5
1200	1281.2	1316.3
1300	1384.5	1421.0
1400	1487.6	1525.5
1500	1590.7	1629.8

Notationstabelle:

Lateinische Buchstaben:

a Ladungszahlen im Modell der Faktorenanalyse

C Kontingenzkoeffizient

c eine konstante, aber beliebige oder unbekannte Größe

D Differenzwert zwischen Vor- und Nachtest, oder Diskriminationsindex bei Klassenmodellen

d Abkürzung für den Nenner in logistischen Funktionen

E Fehlervariable in der Meßfehlertheorie

e Eulersche Zahl 2.718.. (die Basis der natürlichen Logarithmen), oder Ausprägung einer Fehlervariable, oder erwartete Häufigkeiten in χ^2-Tests

F Faktorvariable im Modell der Faktorenanalyse

f wie 'Frequenz' für Häufigkeiten oder wie 'Funktion' als Funktionsname

G Anzahl der Klassen

g Index für Personenklassen bei qualitativen Testmodellen

h zweiter Laufindex für latente Klassen oder Anzahl der Kompenenten in Komponentenmodellen

I Funktionsname für die statistische Information, die die Daten in Bezug auf einen Modellparameter enthalten

i Index für die Items eines Tests

j Index für die Items eines Tests

k Anzahl der Items in einem Test

L Funktionsname für die Likelihoodfunktion

m Anzahl der Schwellen bei ordinalen Daten, also Anzahl der Antwortkategorien minus 1

N Anzahl der Personen in der Stichprobe

n (im Allgemeinen mit Index) bezeichnet eine Personenhäufigkeit

o beobachtete (observed) Häufigkeit in einem χ^2-Tests

p Wahrscheinlichkeit eines Ereignisses (p wie probabilitas oder probability)

Q Bezeichnung für eine Matrix von präexperimentell festgelegten Gewichten, oder Bezeichnung für ein Abweichungsmaß für Items oder Personen (Q-Index)

q präexperimentell festgelegte Gewichte, oder Schwellenwahrscheinlichkeiten

r Summenscore einer Person, oder Funktionsname für den Korrelationskoeffizienten

s Laufindex für die Antwortkategorien, oder Bezeichnung für die Standardabweichung einer Variable

T wie 'Treffsicherheit' bezeichnet die mittlere Zuordnungswahrscheinlichkeit bei qualitativen Testmodellen oder Truescore-Variable in der Meßfehlertheorie

t Index für die Zeitpunkte (bei Veränderungsmessung) oder Ausprägung einer Truescore-Variable

v Index für die Personen

w Index für die Personen

X Antwortvariable oder Symbol für die Meßwerte im Vortest

x Ausprägungen einer Antwortvariable

Y Symbol für die Meßwerte im Nachtest oder Variable, die als Validitätskriterium fungiert

Z Werte einer standardisierten Variable (Mittelwert =0 und Standardabweichung =1)

Griechische Buchstaben:

α (alpha) ein logistischer Parameter, der additiv zerlegt wird

β (beta) ein (zweiter) Itemparameter (neben der Schwierigkeit, z.B. für die Trennschärfe oder für einen Lerneffekt)

γ (gamma) Funktionsname für die symmetrischen Grundfunktionen, oder Ratewahrscheinlichkeit

δ (delta) ein Distanz- oder Dispersionsparameter bei Modellen für ordinale Daten, oder ein Veränderungsparameter bei Modellen zur Veränderungsmessung

ε (epsilon) ein de-logarithmierter Schwierigkeitsparameter im Rasch-Modell

η (eta) Basisparameter bei linear-logistischen Modellen, oder die Wurzel aus dem Varianzanteil η^2

θ (theta) ein Personenparameter

κ (kappa) das Übereinstimmungsmaß Cohen's kappa

μ (my) der Mittelwertsparameter in einer Normalverteilung, oder der Lokationsparameter in einer logistischen Verteilung für die Personenscores

ξ (ksi) ein de-logarithmierter Personenparameter im Rasch-Modell

π (pi, klein) ein Wahrscheinlichkeitsparameter (mit dem 0-1-Intervall als Wertebereich), der oft nur durch seine Indices zu identifizieren ist, oder die Zahl 'Pi'

Π (pi, groß) Produktzeichen

ρ (rho) Dispersionsparameter der restringierten Scoreverteilung

σ (sigma, klein) ein (logistischer) Schwierigkeitsparameter, oder der Parameter für die Standardabweichung in einer Normalverteilung

Σ (sigma, groß) Summenzeichen

τ (tau) ein Schwellenparameter bei Modellen für ordinale Daten

ϕ ein muliplikativer Parameter im mehrkategoriellen Rasch-Modell

χ (chi) Symbol der Chiquadrat-Verteilung

ψ (psi) ein kumulierter Kategorienparameter bei Modellen für ordinale Daten

Mathematische Symbole, Funktionen und Abkürzungen:

$\mid$	Bedingungsstrich (in der Wahrscheinlichkeitsrechnung steht vor dem Strich ein Ereignis, hinter dem Strich die Bedingung, unter der die Wahrscheinlichkeit betrachtet wird)
^	Dach auf Modellparametern zur Kennzeichnung von Parameterschätzungen
$\in$	ist Element von (steht zwischen dem Element und der Menge, aus der das Element stammt)
π	die Zahl Pi (3.14..)
∂	Symbol für die partielle Ableitung einer Funktion
∞	unendlich
$\overline{X}$	(sprich x quer) der Mittelwert der Variable x
$\underline{x}$	einfach unterstrichene Buchstaben bezeichnen Vektoren
$\underline{\underline{x}}$	doppelt unterstrichene Buchstaben bezeichnen Matrizen
CHI	eine χ^2-verteilte Prüfgröße
cL	bedingte Likelihood (conditional)
cLR	bedingter (conditional) Likelihoodquotient (ratio)
Cov	die Kovarianz zwischen zwei Variablen
df	Freiheitsgrade (degrees of freedom)
Erw	Erwartungswert einer Variable
exp	Funktionsbezeichnung für die Exponentialfunktion, $\exp(x)=e^x$, d.h. die Eulersche Zahl 'hoch' x, (das ist die Umkehrfunktion zum natürlichen Logarithmus)
KI	Konfidenzintervall für einen geschätzten Parameter
Korr	die Korrelation zwischen zwei Variablen
log	Funktionsbezeichnung für den natürlichen (!) Logarithmus (üblicherweise: ln)
logit	Funktionsbezeichnung: $\text{logit}(p)=\log(p/(1-p))$
LR	Likelihoodquotient (ratio)
max	der maximale Wert einer Menge von Zahlen
mL	marginale Likelihood
ML	Maximum Likelihood
mLR	marginaler Likelihoodquotient (ratio)
Rel	die Reliabilität eines Tests oder einer Meßwertreihe
Rep	Reproduzierbarkeitsmaß
Res	Residuum
sL	Scoreverteilungs-Likelihood
uL	unbedingte Likelihood
Var	die Varianz einer Variable oder einer Meßwertreihe
Val	die Validität eines Meßwertes

Stichwortverzeichnis

A

B

C

D

E

Anzeigen

Auf der beiliegenden CD-ROM finden Sie:

- PC-Programme: WINMIRA und MULTIRA
- Übungsaufgaben und Lösungen
- Dozentenmaterial (PowerPoint-Präsentation)

Wenn für das CD-Laufwerk „Autostart“ eingestellt ist, öffnet sich die CD nach dem Einlegen mit dem Standardbrowser. Andernfalls benutzen Sie bitte den MS Internet Explorer oder Netscape 7.0, um die Indexdatei (index.htm) zu öffnen.